2025 최신개정판

LOGIN

전산세무 1급

*법인조정

김영철 지음

도서출판
어울림
www.aubook.co.kr

머리말

　회계는 기업의 언어입니다. 또한 이러한 회계의 자료를 가지고 기업의 경영성과에 대하여 기업은 사회적 책임을 집니다.

　이 책은 회계와 세법이론에 저자의 풍부한 실무경험을 바탕으로 하여 집필하였으므로, 전산세무1급 법인세를 공부하는 수험생분만 아니라 일선 세무사 사무소/회계사무소에 근무하시는 모든 분들에게 매우 유용할 것으로 확신합니다.

　회계는 매우 논리적인 학문이고, 세법은 회계보다 상대적으로 비논리적이나, 세법이 달성하고자 하는 목적이 있으므로 **세법의 이면에 있는 법의 취지를 이해하셔야 합니다.**

　회계와 세법을 매우 잘하시려면
　왜(WHY) 저렇게 처리할까? 계속 의문을 가지세요!!!
1. 회계는 이해하실려고 노력하세요.
2. 세법은 법의 제정 취지를 이해하십시오.
　(처음 접한 세법의 용어는 매우 생소할 수 있습니다.
　생소한 단어에 대해서 네이버나 DAUM의 검색을 통해서 이해하셔야 합니다.)
3. 이해가 안되시면 동료들과 전문가에게 계속 질문하십시오.

　전산세무를 공부하시는 수험생들 중 대다수는 이론실력이 없는 상태에서 전산프로그램 입력연습에 너무 많은 시간을 할애합니다. 그런 수험생들을 보면 너무 안쓰럽습니다.

　법인세는 회계이론의 정립된 상태에서 공부하셔야 합니다. 법인세는 세무회계의 핵심입니다. 법인세는 회계나 마찬가지입니다. 회계를 잘하시면 법인세도 잘합니다. 법인세는 세법의 꽃입니다. 법인세를 모르면 세법을 안다고 할 수 없을 정도로 우리나라의 가장 중요한 세법입니다.

　필자도 불혹의 나이에 세무사에 도전할 때 법인세에 대해서 외우다시피하여 세무사 시험에 합격하였습니다. 법인세 부분만 인터넷강의를 4명의 유명 강사들에게도 들었습니다. 그러나 이해가 되지 않았습니다. 그만큼 법인세가 어렵습니다.

필자가 학생들을 가르칠려고 하는데 법인세가 언제나 장벽이 되었습니다. 나도 이해되지 않는 상태에서 어떻게 가르칠까!!! 그래서 다시 다른 유명강사에게 인터넷강의를 들으면서, 아 법인세가 이런 것이구나 하는 것을 깨달았습니다.

아시다시피 전산세무1급 자격증은 합격률도 낮고 별로 강의하는 학원도 많지 않습니다.

이 책은 이론과 실무파트로 되어 있습니다. 이론을 공부하시고 반드시 예제에 있는 문제를 통해서 법인세법상 각종 서식을 수기로 작성하십시오 그러면 법인조정실무파트는 식은 죽 먹기입니다. 제발 컴퓨터에 앉아 있는 시간보다 나홀로 책상에 앉아서 문제를 푸시고 법인세법 서식을 수기로 작성하십시요.

그러면 법인세 세무조정 약 35점(이론 포함)을 다 맞을 수 있습니다. 그리고 나머지 파트에서 35점만 획득하면 그렇게 어려운 전산세무1급 자격증이 여러분 손에 있을 것입니다.

맨 처음 이 책을 통해서 세무조정을 접했을 때 여러분들이 처음 회계를 접했을 때 보다 더 이해가 안될 것입니다. 당연합니다. 저 뿐만 아니라 다른 세무사/공인회계사들도 똑 같은 경험을 했습니다. 처음 분개했듯이 세무상 분개를 계속 연습하십시요.

무엇보다도 전산프로그램 입력은 단순 반복적인 작업입니다.

회계나 세법실력과 무관하나,

전산세무1급에 합격하기 위해서는 회계와 세법이론에 입각한 입력을 하셔야만 합니다.

수험생 여러분!!

법인세는 회계와 똑같습니다. 원리를 이해하시고 공부하세요. 그리고 자신을 이기십시요!!!

마지막으로 이 책 출간을 마무리해 주신 도서출판 어울림 임직원에게 감사의 말을 드립니다.

2025년 2월

김 영 철

국가직무능력 표준(NCS)

1. 정의

국가직무능력표준(NCS, national competency standards)은 산업현장에서 직무를 수행하기 위해 요구되는 지식·기술·소양 등의 내용을 국가가 산업부문별·수준별로 체계화한 것으로 산업현장의 직무를 성공적으로 수행하기 위해 필요한 능력(지식, 기술, 태도)을 국가적 차원에서 표준화한 것을 의미

2. 훈련이수체계

		회계·감사	세무
6수준	전문가	사업결합회계	세무조사 대응 / 조세불복 청구 / 절세방안 수립
5수준	책임자	회계감사	법인세 신고 / 기타세무신고
4수준	중간 관리자	비영리회계	종합소득세 신고
3수준	실무자	원가계산 / 재무분석	세무정보 시스템 운용 / 원천징수 / 부가가치세 신고 / 법인세 세무조정 / 지방세 신고
2수준	초급자	전표관리 / 자금관리 / 재무제표 작성 / 회계정보 시스템 운용	전표처리 / 결산관리
–		직업기초능력	
수준 \ 직종		회계·감사	세무

3. 세무직무

(1) 정의

기업의 활동을 위하여 주어진 세법범위 내에서 조세부담을 최소화 시키는 조세전략을 포함하고 정확한 과세소득과 과세표준 및 세액을 산출하여 과세당국에 신고·납부하는 업무에 종사

(2) 능력단위요소

능력단위(수준)	수준	능력단위요소	교재 내용
전표처리	2	회계상 거래 인식하기	
		전표 처리하기	
		증빙서류 관리하기	
결산관리	2	손익계정 마감하기	
		자산부채계정 마감하기	
		재무제표 작성하기	
세무정보 시스템 운용	3	세무관련 전표등록하기	법인세 실무
		보고서 조회·출력하기	
		마스터데이터 관리하기	
원천징수	3	근로/퇴직/이자/배당/연금/사업/기타소득 원천징수하기	
		비거주자의 국내원천소득 원천징수하기	
		근로소득 연말정산하기	
		사업소득 연말정산하기	
부가가치세 신고	3	세금계산서 발급·수취하기	
		부가가치세 부속서류 작성하기	
		부가가치세 신고하기	
종합소득세 신고	4	사업소득 세무조정하기	
		종합소득세 부속서류 작성하기	
		종합소득세 신고하기	
법인세 세무조정	3	법인세신고 준비하기	
		부속서류 작성하기	법인세 이론/ 실무
법인세 신고	5	각사업년도소득 세무조정하기	
		부속서류 작성하기	
		법인세 신고하기	
		법인세 중간예납 신고하기	
지방세 신고	3	지방소득세 신고하기	[보론] 지방세법
		취득세 신고하기	
		주민세 신고하기	
기타세무 신고	5	양도소득세/상속 증여세 신고하기	
		국제조세 계산하기	
		세목별 수정신고·경정 청구하기	

합격수기

> DAUM카페 "로그인과 함께하는 전산회계/전산세무"에 있는 <u>수험생들의 공부방법과 좌절과 고통을 이겨내면서 합격하신 경험담을 같이 나누고자 합니다.</u>

전산세무1급 세무회계2급 합격했습니다!

김선빈

안녕하세요 세무사님 며칠전 질문 엄청하던 김선빈입니다.

오늘 합격발표 나오자마자 로그인 카페에 가장 먼저 알리고싶어서 이렇게 글을 씁니다. 결과먼저 말씀드리면 **전산세무1급 82점 세무회계 세법1부 89점 세법2부 85점으로 합격했습니다.**

진짜 세무사님 덕분입니다 세무회계 정말 이해가 안갔는데요. 무턱대고 하면서도 어떻게 해야하나 너무 힘들었는데 질문하면 친절하게 답변해주시고 그리고 무엇보다 책이 정말 완벽합니다 다른책들도 지금까지 시험을 보면서 봤었는데요.

<u>이 이렇게 잘반영되어 있는것은 로그인이 최고라고 생각합니다.</u>

시험공부는 12월 말부터 20일정도 잡고 했습니다.

저는 일과 병행하는 것이 아니고 집에서 쉬고 있는 입장이라 가능했던 거 같습니다.

그런데 20일 잡고하지 마세요 너무 방대하고 불안해서 잠을 잘 수가 없더라고요. 35일 정도는 잡아야 여유있게 할 수 있을 거 같아요.

20일정도 잡았었는데 갑자기 일주일 연장되어 너무 감사했네요 공부가 끝이 없었거든요.. 27일동안 무리해서 전산세무1급과 세무회계2급을 병행한 이유가 있습니다

8월에 전산세무2급을 보고 개인적인 일 때문에 정말 한두 달 정도 아무것도 못잡고 쉬다가 11월 세무회계3급 신청해두었었는데 아예 책을 앞부분만 피고 말았어서 시험장소 가지도 않고 시험신청비 날리고 그렇게 시간도 날리다가 정신차려야겠다 마음먹고 뭐부터 해야 하지? 막막하더라고요 일단 이 시험이 적용 전 마지막 시험이였기 때문에 세무회계3급은 보지말자 세무회계2급을 보자 (책을 3급 2급 두권 다 사놓은상태였습니다) 해서 일단 세무회계3급 책 산게 아깝기도 하고 세무회계2급에 없는 세세한 설명이나 그림예시를 통한 설명이 있는 부분만 공부하고 일단 25일중에 첫시작 5일은 세무회계2급 공부를 했습니다.

너무 어렵더라고요 세무회계2급이 시험은 솔직히 어렵다고 생각하지 않습니다.

그런데 세법을 이해하고 방대한 양을 익히는 과정이 어렵더라고요.

세무회계를 따려는 사람은 자격증을 따려는 목적도 있을테지만 세법을 이해하는게 목적인 분들이 많으실거니까요.

옛날 40회나 초기에 주관식들 계산문제들은 어려웠지만 요즘 문제 출제방식이 문제은행식이여서 사실 로그인책에 올려진 기출문제와 당해년도 기출문제만 푸신다면 60점은 넘으실 수 있을겁니다. 정말로요..

그런데 자격증따기 공부가 아닌 이해방식으로 공부하다보니 공부하다가 멘탈이 나가서 "이거 공부하는 사람들 어떻게 공부하는거지 아니 내가 공부를 이렇게 못하나?

뭐이리 어렵지 아니 이해가 가야 공부를 하지.." 진짜 이 말을 몇번 했는지 모르겠습니다 그럴 때마다 이 카페에 와서 도움을 받았네요.. 정말 감사드립니다.

전산세무1급 공부방법을 말씀드리면 일단

1. 교재 처음부터 끝까지 읽고 책 중간마다 기출문제 풀고 책을 무조건 끝까지 한번푼다

2. 일단 저는 기출을 60회~93회까지 풀었고요 솔직히 이건 바보같은 공부법 같지만 그래도 모든 유형을 거의 풀 수 있습니다.

60회부터 93회 기출문제 다운받은 후 kclep DB파일에다가 자료들을 전부 넣어주고 회사등록을 하면 전부 뜹니다. 그러면 한번씩 다풀면 다시 붙여넣기해서 기입력한 자료들 리셋하고 다시 푸는 방식으로 공부했습니다

※ 연말정산+부가가치세신고서는 88~93회와 적용된 교재의 기출문제만 풀었습니다.

부가가치세신고서는 60회부터 풀어도 되긴 하는데요 감면세율 때문에 답을 다 고쳐줘야합니다. 부속서류 같은 경우 년도마다 재활용폐자원이나 부동산임대 등 세율이 다르기 때문 기출문제 DB를 불러오면 그때당시 세율로 프로그램이 뜨는데요 프로그램에 있는거대로 써서 풀고 이번년도는 이거지만 이때는 이거였구나 그냥 이해하시고 지금이랑 다른 부분 있으면 직접 고치면 됩니다

3. 맞은 문제는 다 지우고 틀린 문제들만 모아놓고 다시풀었습니다
기출문제 시험지 HWP파일에서 맞으면 놔두고 틀리면 제가 직접 다 지우고 틀린 부분만 그 회차에 남겨놨습니다.

4. 법인조정도 60회~93회까지 풀었는데 다 프로그램이 그때 당시세율로 해주기 때문에 입력해보고 내가 생각했던 것과 답이 다르면(EX.일용직지급명세서 세율등) 이번년도는 한도가 이

거인데 저때는 저래서 답이 저렇게 나온거구나 하면서 풀었습니다 61회였나? 꼭 풀어보세요 93회랑 61회가 저는 제일 헷갈리게 함정을 잘파놓은 법인조정문제가 나왔다고 생각합니다.

법인조정은 그리고 진짜 시간을 갈아서 공부했는데요. 법인조정별로 나온 회차들 기업업무추진비조정명세서 00회, 00회 ,00회,00회 이렇게 60회부터 93회까지 나온 회차 다 정리해서 기업업무추진비 나왔던 시험문제 다 풀어보고 수입급액 다온 문제 전체 다풀어 보고 이런 식으로 전체를 세 번 정도 푼 다음에 나중에는 그냥 회차별로 주어진 법인조정대로 풀었습니다

5. 그렇게 풀다보면 틀린문제들만 모아지고 다시풀 때 그 문제들만 푸는데요 다시 풀때 이해가되는 부분이 있고 사실 틀린 문제는 다시 풀어도 또 틀립니다. 그래도 푸는 방식이 기억나서 다시 풀때 맞추게 되는 부분이있는데요. 그러면 그문제도 지워주고 다시 틀린 문제들만 모아줍니다.

6. **이제부터는 그냥 지겹게 반복하는겁니다** 이제 그만하고 싶다라고 생각은 들지만 솔직히 아직도 다시 풀면 틀리는 문제 있거든요 계속 풉니다.. 그런데 저는 마지막에 너무 괴로워서 틀린 이론문제 한번 더 안 풀어봤는데요 다시 안 풀어본 문제유형중 하나가 이번시험에 나와서 틀렸어요! 아이고!

그리고 생략할 부분은 생략하고 공부했습니다. 부속서류 같은 경우에 전회차에 나왔던게 다시 나오지 않는다고 보고 공제받지못할 매입세액 안 나올거라 생각하고 배제하고 의제매입세액 공제 분개 엄청팠는데요 재계산이 나왔네요 하하..

그런데 배제했다고 했지만 공제받지못할 매입세액은 두번씩은 풀어봤습니다 그이후로 다른 부속서류만 풀었어요

법인조정도 대손은 전 회차에 나와서 공부안하고 업무용도 안나오겠지 하고 안하고 가지급금 안하고 세개만 빼고 나머지는 다 공부했습니다 그런데 공부할수록 배제한 세개의 법인조정을 공부해야 되나? 계속 불안하더라고요 그래도 그냥 나머지를 더 공부하자 생각하고 배제했는데 전회차에 나왔던 업무용승용차가 또 나왔네요.

교훈 **〈결국에 배제하면서 영악한 방법으로 공부했지만 시험은 어떻게 나올지 모른다..〉**
하지만 어느정도 배제하는 것도 시간 절약하는 방법이라고 생각합니다.

결과적으로 이론3개 틀리고 기업업무추진비조정명세서 아예 이상한방식으로 풀어서 싹 다날린거, 외국인보험??일반전표문제 새로운 유형 나온거 제외하고는 집중하면 다 풀 수 있을 정도로 법인조정이나 결산같은 문제는 정말 쉽게 나온거 같아요 이론이 조금 어려웠던거 같아요 실

수를 안하는게 중요한데 역시 시간에 쫓기니 실수하는거 같아요.

세무회계2급 시험을 보는데 세무회계1급 시험보는 분들이 5명 2급이 5명이였는데 1급 보시는 분들 생각보다 많아서 놀랐고 진짜 멋있다고 느꼈습니다. 주관식으로만 이루어진 1급..저도 내년에 도전할 예정입니다.

사실 이렇게 열심히 쓰려고 하진 않았는데 쓰다 보니 또 길어지고 쓰면서 저도 마음을 다잡고 싶어서 열심히 써봤습니다. 두서없이 주저리주저리 썼네요.

저는 검정고시 고졸에 대학교도 안나왔기 때문에 전공도 회계가 아니지만 계속 공부해볼생각입니다.

누군가에게 도움이 될 수도 있고 나도 할 수 있겠다는 마음을 드리고 싶어서 써봤는데 어떤지 모르겠네요. 세무회계2급책에 맨앞에 장한수세무사님의 합격수기가 나오는데 그분은 일과 병행하시면서 전산세무1급과 세무회계2급 그리고 그 다음연도에는 토익점수, 기업회계1급 등 딸 계획이라 말하시고 계획대로 모두 이루시고 몇 년 뒤 세무사도 합격하셨더라고요.

참..인상깊기도 했고 저도 그렇게 결과로 보여줄 수있는 사람이 되고 싶습니다. 만약 그런 날이 온다면 꼭 카페에 글을 쓰겠습니다.

일단 취업하고 4월30일에 로그인 재경관리사 책 리뉴얼되어 나오면 그 책으로 다시 재경관리사 공부하고, 이번 년도에는 기업회계1급 ERP 인사,회계 내년에는 세무회계1급, IFRS관리사 목표로 삼고 공부하고 일도할 예정입니다.

재경관리사 공부할 때 또 질문드리러 오겠습니다 세무사님!! 진심으로 감사합니다.

합격수기..(도움이 되길 바라며)

띠로링(민주)

올해 세무사 1차시험 1문제 차로 떨어진 것 같아 우울한 마음에 ..(결국 떨어짐..)

쳐져있지말고 다른 자격증이라도 따볼까해서 5월에 부랴부랴 준비한 시험이네요.

총 공부기간은 3주밖에 안되지만 그래도 어렵게 생각하시는 분들께 도움이 될까해서 글을 남겨 봅니다.

인강은 법인세 소득세기타와 기출문제까지 총 4개 신청해서 들었구요.

장기적으로 공부하던 게 습관이 되었는지 침대에 누워있는 것보다 의자에 앉아있는 게 더 마음이 편해서 하루에 평균 10시간씩 공부한 것 같아요 ㅎㅎ

개인적인 1급 공부 방법은요..

이론30점+소득세 기타 30점+법인세 20점=총 80점을 목표로 했어요.

김영철 선생님께서 항상 법인세가 중요하다고 만점을 받으라고 강조하셨는데 저는 비록 20점을 목표로 했지만 그만큼 공부량에 비해 점수 내기가 어려운과목이라 시간 투자를 많이 해야 한다고 생각해요.

김영철 세무사님도 30점을 목표로 법인세를 공부를 열심히 하라는 뜻으로 하신 말씀 같아요.

저는 법인세는 실기를 총 3번 반복했고, 소득세 기타는 2번 했어요. 기출은 최근 8회분 2번 반복해서 풀었구요.

이론은 저는 이미 공부가 많이 되었던 부분이라 보지 않았지만 꼭 30점을 받겠다는 목표로 하는 게 좋아요.

결정적으로 합격 당락을 나누는 건 법인세라고 생각해요.

이론과 소득세기타는 공부한만큼 성적이 나오는데 법인세는 기출을 풀었을 때 점수 차가 굉장히 컸어요.

작정하고 어렵게 나오면 절반도 따기 힘들었으니 ...

그래서 좀 더 심혈을 기울여서 전략적으로 공부를 했습니다.

저는 당일날 복습 할 부분을 따로 정해뒀어요.

당일에 전부 다 대충대충 보는 것보다 이번 시험에 나올 가능성이 높은 것 위주로 체크를 해두고 당일날 실수하지 않고 정확하게 할 수 있게끔 봐두었어요.

또한 대손충당금이나 퇴직연금 같은 어려운 부분은 부분점수 받을 수 있는 필수적인 부분도 반사적으로 할 수 있게 연습해 두었어요.

그리고 전산세무 1급은 가끔 폭탄으로 어렵게 나오기 때문에 마음이 불안한데요.

저는 이번에 칠 때가 폭탄이라고 생각하고 그럼에도 불구하고 합격점이 나오게 하자는 마음가짐으로 매일매일 타이트하게 공부했어요.

이론을 너무 안봐서 실제로 시험에서는 이론을 많이틀려 큰일 날 뻔 했지만...ㅎㅎ

그래도 가채점 때 전부 다 실수를 해서 틀렸다고 가정해도 70점이었어요.

또 질문방을 많이 이용하세요.

여기 카페만큼 답글이 빨리 올라오고 친절한 곳이 또 있을까요^^

저는 제가 질문을 안올려도 찾아서 다 볼 수 있어서 너무 좋더라구요 ㅎㅎ

혼자 고민한다고 시간을 많이 쓰다보면 하기 싫어지고 자꾸 마음도 쳐지고 그래서 저는 바로 바로 찾아보는 편이에요.

마지막으로 시험 난이도는 체감적으로는 합격률이 20% 넘을 것 같다는 생각이 드네요.

시험장에서 옆옆자리에서 시험 쳤던 아주머니는 10분 전에 다 완성하고 나가셨어요.

저도 혹시나 실수가 있을까봐 전체적으로 한번 더 검토할 시간정도는 남았었구요.

글을 잘 썼는지 모르겠지만.....ㅠㅠ

어쨌든 합격을 하게 되서 기쁘고 다른 사람들에게 이 글이 도움이 되었으면 좋겠네요 !

모두들 합격하시고 합격수기에서 다시 봅시다 ~~!! 파이팅!

다음(Daum)카페 **"로그인과 함께하는 전산회계/전산세무"**

1. 실습 데이터(도서출판 어울림에서도 다운로드가 가능합니다.)

2. 오류수정표 및 추가 반영사항

3. Q/A게시판

로그인카페

NAVER 블로그 **"로그인 전산회계/전산세무/AT"**

1. 핵심요약(순차적으로 올릴 예정입니다.)

2. 오류수정표 및 추가반영사항

3. **개정세법 외**

"전산세무 1급 합격했어요~"

김현정님

로그인 마음깊이 감사드립니다~ 88점으로 합격했어요.

전산회계 1,2급 취득 후 오랜 시간이 걸렸어요. 처음에 전산 회계 1,2급을 2개월만에 취득해서 전산세무 1급도 쉬울거로 생각하고 도전했는데 법인세 부분이 정말 어렵더군요. 학원에서 2개월 가량 전산세무1급을 ○○○ 교재로 공부했는데 잡히지 않더라구요.

인터넷 강의도 여러번 들었지만 재미있게 공부하지 못했어요.

시작했으니까 끝까지 간다라는 생각으로 억지로 했으니까요. ○○○교재 이외의 대안이 없을 것 같았는데 (나와 있는 교재들 중 법인조정과 회계.부가.소득이 한권으로 되어 있는 것들이 많았어요) 로그인을 인터넷서점에서 운좋게(?) 발견했어요.

로그인으로 처음 공부했을 때는 장점을 모르고 ○○○ 교재와 같을거란 **선입견으로 자세히 보지 않고 개정된 세법에만 관심이 있었어요.**

저는 이론을 충분히 공부했다고 생각했는데 67점 68점 떨어졌고 61회때는 69점으로 떨어졌어요. 시험 볼 때 어렵게 느껴지지 않았는데 결과는 좋지 않았어요. 구멍이 있었던 거죠. 그래서 로그인 머리말부터 다시 보고 **이론을 처음부터 공부했어요.** 로그인의 장점은 예제에 있다는 것을 늦게 깨달았어요. 공부하는 기간이 길어지고 시간은 흘러가 마음이 조급해져 있었는데 머리를 식힐 수 있는 시간이 됐고, 구멍을 메울 수 있는 계기가 된거죠. **혼자서 공부하는게 외롭고 고독할 때는 로그인 회계원리 동영상을 반복해서 보고 고독함을 떨쳐내려 노력했구요.**

○○○ 교재와 다른 것들이 적지 않아서 처음엔 힘들었지만, 그때마다 질문을 올리면 국세청 기준에 입각해 빠르고 명쾌한 답변을 해 주신 김영철 세무사님께 감사드립니다. **덕분에 시간이 지날수록 회계가 재미있다는 걸 알았어요.** 이론이 명확하게 정리가 되니까 시험때 시간이 30여분 남아서 검토할 수 있는 여유가 있었는데도 실수를 했더군요. **제가 여러 번 불합격한 원인은 완벽하지 않은 이론 때문이었다는 것도 로그인 때문에 알게 되었어요.** 특히 법인조정은 한 부분만 실수해도 6점이 날아가버리기 때문에 더 이론에 치중했어요. 로그인 법인조정의 이론을 모두 머리 속에 담고 예제를 충실히 풀어본 후 기출로 유형을 익히고 시간을 줄이는 연습을(법인조정은 25분, 재무회계와 부가가치 25분, 원천징수 20분, 이론 20분) 여러번 하고 최종적으로 모의고사와 기출문제집에 있는 핵심 문제를 연습했어요. 법인조정의 예제는 굉장히 도움이 되었고 자신감도 생겨 마음이 편안했어요.

공부는 개정판으로 해야 한다고 생각합니다. 지나간 교재로는 개정된 세법을 알 수 없고(카페에 올려주시긴 합니다) 불안하기도 하니까요. 그럼 공부에 집중하기 어렵고 시간을 낭비하거든요.

결론은 로그인 교재 머리말처럼 공부하시면 됩니다.

저는 한국 나이로 49세, 만 47세이고 고3 엄마이기도 합니다. 아이한테 공부하라는 말보다 행동으로 보여 주려고 세무 공부를 시작했고 앞으로 계속 공부할 생각입니다. 물론 취업에도 도전하고 아이와 정신적 교감의 끈을 놓지 않으려 노력할거구요.

중도에 포기하지 마세요.

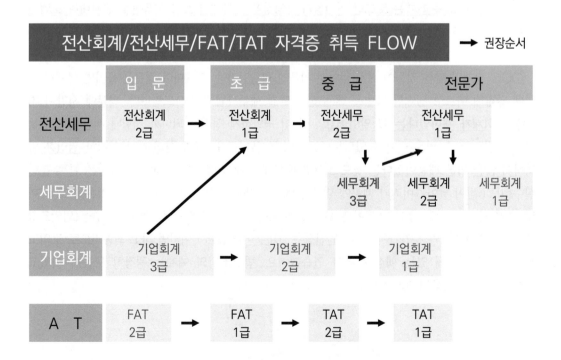

[2025년 전산세무회계 자격시험(국가공인) 일정공고]

1. 시험일자

회차	종목 및 등급	원서접수	시험일자	합격자발표
118회	전산세무 1,2급 전산회계 1,2급	01.02~01.08	02.09(일)	02.27(목)
119회		03.06~03.12	04.05(토)	04.24(목)
120회		05.02~05.08	06.07(토)	06.26(목)
121회		07.03~07.09	08.02(토)	08.21(목)
122회		08.28~09.03	09.28(일)	10.23(목)
123회		10.30~11.05	12.06(토)	12.24(수)
124회		**2026년 2월 시험예정(2025년 세법기준으로 출제)**		

2. 시험종목 및 평가범위

등급		평가범위
전산세무 1급 (90분)	이론	재무회계(10%), 원가회계(10%), 세무회계(10%)
	실무	재무회계 및 원가회계(15%), 부가가치세(15%), 원천제세(10%), 법인조정(30%)

3. 시험방법 및 합격자 결정기준

1) 시험방법 : 이론(30%)은 객관식 4지 선다형 필기시험으로,
   실무(70%)는 수험용 표준 프로그램 KcLep(케이 렙)을 이용한 실기시험으로 함.
2) 응시자격 : 제한없음(신분증 미소지자는 응시할 수 없음)
3) 합격자 결정기준 : 100점 만점에 70점 이상

4. 원서접수 및 합격자 발표

1) 접수기간 : 각 회별 원서접수기간내 접수
   (수험원서 접수 첫날 00시부터 원서접수 마지막 날 18시까지)
2) 접수 및 합격자 발표 : 자격시험사이트(http://www.license.kacpta.or.kr)

차 례

제1편 법인세 이론

제2편 실무능력

제5장 소득 및 과표계산 ───────────────────────── 481

NCS세무 - 5 법인세 신고 – 법인세 신고하기/ 부속서류 작성하기

제6장 공제감면조정 ──────────────────────────── 485

NCS세무 - 5 법인세 신고 – 법인세 신고하기/ 부속서류 작성하기

제7장 세액계산 및 신고서 ──────────────────────── 495

NCS세무 - 5 법인세 신고 – 법인세 신고하기/ 부속서류 작성하기/중간예납신고하기

제8장 신고부속서류 ──────────────────────────── 507

제3편   모의고사

제4편 최신기출문제

2024년 시행된 기출문제 중 합격율이 낮은 4회분 수록

[로그인 시리즈]				
전전기	전기	당기	차기	차차기
20yo	20x0	**20x1**	20x2	20x3
2023	2024	**2025**	2026	2027

1분강의
QR코드 활용방법

본서 안에 있는 QR코드를 통해 연결되는 유튜브 동영상이 수험생 여러분들의 학습에 도움이 되기를 바랍니다.

방법 1

❶ 스마트폰에서 다음(Daum)을 실행한 후 검색창의 오른쪽 아이콘 터치

❷ '코드검색'을 터치하면 카메라 앱이 실행됨

❸ 도서의 QR코드를 촬영하면 유튜브의 해당 동영상으로 자동 연결

방법 2

카메라 앱을 실행하고, QR코드를 촬영하면 해당 유튜브 영상으로 이동할 수 있습니다.

개정세법 반영

유튜브 상단 댓글에 고정시켰으니, 참고하시기 바랍니다.

댓글 1개   정렬 기준

댓글 추가...

@loginat1 1년 전
<개정세법 2023> 2023년 0.8억원 2024.7.1~2025.06.30
답글

✔ 과도한 데이터 사용량이 발생할 수 있으므로, Wi-Fi가 있는 곳에서 실행하시기 바랍니다.

Part I

법인세 이론

총 설

NCS세무 - 3   세무조정 - 신고준비

제1절   법인세란?

1. 법인의 과세소득

법인세는 **법인이 얻은 소득(순자산증가설)**에 대하여 그 법인에게 부과되는 조세이다.

법인세는 ① 각사업연도 소득 ② 청산소득 ③ 토지 등 양도소득 ④ 기업미환류소득 4가지의 과세소득으로 구성된다.

여기서 순자산(자본)증가설이란 일정기간 동안의 **순자산증가액(자본의 증가액 = 익금 - 손금)**을 파악하여 과세소득으로 본다는 이론으로, 순자산을 증대시키는 모든 소득에 대해서 포괄적으로 과세하는 방식을 말한다. 따라서 **포괄주의**란 표현을 하고 있다.

이에 반해 소득세는 일정기간 동안 계속·반복적으로 발생하는 소득에 대해서만 세금을 부과하는 소득원천설의 입장을 취하고 있으며 법에 열거된 소득에 대해서만 과세방식을 취하고 있다.

	법인세	소득세
소득학설	순자산증가설	소득원천설
과세방식	**포괄주의**	열거주의(금융·사업소득에 대해서는 유형별포괄주의)

과세표준		각사업연도의소득		토지등양도소득		청산소득
		익금총액		양도금액		잔여재산가액
	−	손금총액	−	장부가액	−	자기자본총액
	=	각사업연도소득금액	=	양도차익	=	청산소득금액
	−	이월결손금	−	비과세소득		
	−	비과세소득				
	−	소득공제				
	=	과세표준	=	과세표준	=	과세표준
세율	**9%, 19%, 21%, 24%**		기본 : 10% 미등기 : 40%		각사업연도소득과 동일	
신고 납부	**각사업연도 종료일이 속하는 달의 말일부터 3개월 이내** (12월말 결산법인 : 익년도 3월 31일)				잔여재산가액확정일이 속하는 달의 말일부터 3개월 이내 신고납부	

(1) 각 사업연도소득

각 사업연도소득이라 함은 법인의 각 사업연도의 익금총액에서 손금총액을 공제한 금액을 말하는바, 일반적으로 법인세라 하면 이를 의미한다.

(2) 토지등양도소득

법인의 부동산투기를 방지하기 위하여 주택(별장 추가), 비사업용토지와 투기지역 안의 토지 등을 양도함으로써 발생하는 소득을 말한다.

(3) 청산소득

영리내국법인이 해산(합병 또는 분할에 의한 해산은 제외)에 의해 소멸할 때 각사업연도 소득에서 과세되지 못한 소득(주로 자산의 평가차익)에 대하여 마지막으로 청산시 과세하는 것을 말한다.

(4) 미환류소득(투자 · 상생협력[*] 촉진세제 – 조특법)

투자, 임금증가, 상생협력출연금이 당기 소득 금액의 일정비율 이하인 경우 미달액에 대하여 20% 법인세를 추가적으로 부과한다. 대상기업은 **상호출자제한 기업소속 집단법인**이다.

[*] 대기업과 중소기업간, 중소기업 상호간에 기술, 구매, 판로 등의 부문에서 서로의 이익을 증진하기 위하여 하는 공동의 활동

2. 법인세의 납세의무자

법인세의 납세의무자는 "법인"이다. 이에는 설립등기된 법인뿐만 아니라 국세기본법에 의해 법인으로 보는 단체(법인격 아닌 단체[*1])도 포함된다. 다만, 국가 · 지방자치단체 · 지방자치단체 조합은 과세대상에서 제외한다.

[*1] 법인격 없는 단체(법인 아닌 단체) : 설립등기를 하지 않아 법인격을 취득하지 못한 사단, 재단, 그 밖의 단체를 말한다.

(1) 법인의 구분

① 내국법인과 외국법인

내국법인이란 법인의 **본점이나 주사무소 또는 사업의 실질적 지배관리장소**를 국내에 둔 법인을 말한다.

외국법인이란 외국에 본점 또는 주사무소를 둔 법인을 말한다.

내국법인은 국내+국외원천소득에 대해서 납세의무를 지고(무제한납세의무), 외국법인은 국내원천소득에 대해서만 납세의무를 진다.(제한납세의무)

② 영리법인과 비영리법인

영리법인은 **영리를 목적으로 하는 법인**을 말하며, 비영리법인이란 학술 · 종교 · 자선 기타 영리 아닌 사업을 목적으로 하는 법인을 말한다. 여기서 **영리란 이윤추구+이러한 이윤을 구성원에게 분배하는 것**을 말한다.

비영리법인이 고유목적사업(학술 · 종교 · 자선 등)에서 발생된 소득에 대해서는 법인세가 과세되지 않으나 만약 법인세법에서 규정하는 수익사업에서 발생하는 소득에 대해서는 각 사업연도의 소득에 대한 법인세납세의무를 진다. 이는 영리법인과 비영리법인사이의 과세형평을 고려한 것이다.

(2) 법인종류별 납세의무

구 분		각 사업연도소득	토지 등 양도소득	청산소득
내국 법인	영리법인	국내+국외원천소득	○	○
	비영리법인	국내+국외원천소득 중 수익사업	○	×[*1]
외국 법인	영리법인	국내원천소득	○	×[*2]
	비영리법인	국내원천소득 중 수익사업소득	○	
국가 · 지방자치단체[*3]		**비과세법인**		

[*1]. 비영리법인의 경우에는 해산으로 인한 잔여재산을 구성원에게 분배할 수 없고, 보통 국가나 다른 비영리법인에게 잔여재산을 인도한다.

[*2]. 외국법인의 경우에는 해산이 본점소재인 외국에서 행해지기 때문에 국내에 과세권이 없기 때문이다.

[*3]. <u>외국정부나 지방자치단체는 비영리외국법인으로 취급한다.</u>

제2절 사업연도와 납세지

1. 사업연도

법인의 소득을 파악하기 위해서 일정 기간을 단위로 구획하는데, 이를 사업연도라고 한다. **다만, 그 기간은 1년을 초과하지 못한다.**

정관·법령에 규정		법령 또는 법인의 정관 등에서 정하는 규정
정관·법령에 규정이 없는 경우	신 고	사업연도를 정하여 법인설립신고(**설립등기일로부터 2개월 이내**) 또는 사업자등록(**사업개시일로부터 20일 이내**)과 함께 납세지 관할세무서장에게 이를 신고하여야 한다.
	무신고	**매년 1월 1일부터 12월 31일까지를 그 법인의 사업연도로** 한다.

☞ 정관 : 법인의 조직 활동(설립목적, 조직, 업무내용등)을 정한 근본 규칙

(1) 최초 사업연도의 개시일

구 분	최초 사업연도의 개시일
내국법인	**원칙 : 설립등기일** 예외[1] : 당해 법인에 귀속시킨 손익이 최초로 발생한 날
외국법인	국내사업장을 가지게 된 날 (국내사업장이 없는 경우에는 부동산소득·양도소득이 최초로 발생한 날)

[1] 최초 사업연도의 개시일 전에 생긴 손익을 사실상 그 법인에 귀속시킨 것이 있는 경우, 조세포탈의 우려가 없을 때에는 최초 사업연도의 기간이 1년을 초과하지 않는 범위 내에서 이를 당해 법인의 최초 사업연도의 손익에 산입할 수 있다. 이 경우 최초 사업연도의 개시일은 **당해 법인에 귀속시킨 손익이 최초로 발생한 날**로 한다.

(2) 사업연도의 변경

사업연도를 변경하고자 하는 법인은 그 법인의 **직전 사업연도 종료일부터 3월 이내**에 납세지 관할세무서장에게 이를 신고하여야 하며, 기한 내에 신고를 하지 않은 경우에는 그 법인의 사업연도는 변경되지 않은 것으로 본다.

예를 들어 12월 결산법인의 경우 20×1년도부터 변경된 사업연도를 적용하려면 20×1년 3월 31일까지 사업연도변경신고서를 제출하여야 한다.

또한 사업연도가 변경된 경우에는 종전 사업연도의 개시 일부터 변경된 사업연도의 개시일 전일까지의 기간에 대하여는 이를 1사업연도로 한다. 다만, 그 기간이 1월 미만인 경우에는 변경된 사업연도에 이를 포함한다. 따라서 이 경우에는 사업연도가 1년을 초과하는 결과가 초래될 수 있는데, 이것은 예외적으로 허용된다.

또한 **신설법인은 최초사업연도가 경과하기전에 사업연도 변경이 허용되지 않는다.**

(3) 사업연도의 의제

① 해산 : 사업연도개시일~해산등기일, 해산등기일 다음날부터~사업연도종료일까지 각각 1
   사업연도로 본다.

② 합병(분할) 등 : 사업연도개시일~합병등기일(분할등기일)까지 1사업연도로 본다.

   ☞ 폐업은 사업연도에 영향을 주지 않는다.

2. 납세지

"납세지"란 납세의무자가 납세의무를 이행하고 과세권자가 부과징수를 행하는 기준이 되는
장소이다. 따라서 법인세는 이러한 납세지를 관할하는 세무서장 또는 지방국세청장이 과세하게
된다.

(1) 원칙적인 납세지

구 분	납 세 지
내국법인	당해 법인의 **등기부상의 본점 또는 주사무소의 소재지**
외국법인	국내사업장의 소재지(**2 이상의 국내사업장이 있는 경우에는 주된 사업장[*1]의 소재지**)
(법인으로 보는) 법인 아닌 단체	① 사업장이 있는 경우 : (주된) 사업장 소재지 ② 주된 소득이 부동산소득인 경우 : (주된) 부동산소재지

[*1]. 사업수입금액이 가장 많은 사업장(최초 납세지를 정하는 경우에만 적용)

(2) 원천징수한 법인세의 납세지

원천징수한 법인세의 납세지는 당해 **원천징수의무자의 소재지**로 한다. 이는 구체적으로 다음
의 장소를 말한다.

원천징수의무자	납 세 지
법인	① 원칙 : **당해 법인의 본점 등의 소재지** ② 예외 : 법인의 지점·영업소 기타 사업장이 독립채산제에 의하여 독자적으로 회계사무를 처리하는 경우에는 그 사업장의 소재지
개인	① 원천징수의무자가 거주자인 경우 : 그 거주자가 원천징수하는 사업장의 소재지 ② 원천징수의무자가 비거주자인 경우 : 그 비거주자가 원천징수하는 국내사업장의 소재지

(3) 납세지의 지정

관할지방국세청장(또는 국세청장)은 납세지가 그 법인의 납세지로서 부적당하다고 인정되는 경우에는 위의 규정에 불구하고 그 납세지를 지정할 수 있다.

이처럼 납세지를 지정한 때에는 그 법인의 당해 사업연도 종료일부터 45일 이내에 당해 법인에게 이를 통지하여야 하며, 기한 내에 통지하지 않은 경우에는 종전의 납세지를 그 법인의 납세지로 한다.

(4) 납세지의 변경

법인은 그 납세지가 변경된 경우 그 **변경된 날부터 15일 이내에 변경 후의 납세지 관할세무서장에게 이를 신고**하여야 하며 신고를 받은 세무서장은 그 신고 받은 내용을 변경 전의 납세지 관할세무서장에게 통보하여야 한다.(이 경우 납세지가 변경된 법인이 **부가가치세법의 규정에 의하여 그 변경된 사실을 신고한 경우에는 납세지 변경신고를 한 것**으로 본다.)

연/습/문/제

01. 다음 중 법인세 납세의무와 관련하여 설명한 것으로 틀린 것은?

① 법인세는 소득개념으로 순자산증가설을 채택하고 있다.

② 법인격이 없는 단체가 법인세의 납세의무가 있는 경우도 있다.

③ 외국정부는 대한민국정부 대한민국지방자치단체와 마찬가지로 비과세 법인이다.

④ 내국비영리법인은 청산소득에 대하여 법인세 납세의무가 없다.

02. 다음 중 법인세의 납세의무가 있는 것은?

① 서울특별시의 토지 등 양도소득

② 비영리내국법인의 청산소득

③ 비영리외국법인의 국내원천수익사업소득

④ 비영리내국법인의 국내원천고유목적사업소득

03. 다음은 법인세법상 납세의무자에 관한 설명이다. 옳지 않은 것은?

① '내국법인'은 국내원천소득 뿐 아니라 국외원천소득에 대하여도 각 사업연도의 소득에 대한 법인세 납세의무를 진다.

② '외국법인'은 외국에 본점 또는 주사무소를 둔 법인을 말한다.

③ '비영리내국법인'은 국내외 원천소득 중 일정한 수익사업에서 발생한 소득에 대하여만 법인세 납세의무가 있다.

④ '내국법인' 중 국가·지방자치단체에 대해서는 수익사업에서 발생한 소득에 대하여만 과세한다.

04. 다음 중 법인세법상 법인의 사업연도에 대한 설명으로 틀린 것은?

① 사업연도는 법령 또는 법인의 정관 등에서 정하는 1회계기간으로 한다.

② 위 ①에서 정한 1회계기간은 1년을 초과하지 못한다.

③ 내국법인이 폐업하는 경우에 사업연도는 그 사업연도개시일부터 폐업일까지로 한다.

④ 사업연도를 변경하고자 하는 법인은 그 법인의 직전 사업연도 종료일부터 3월 이내에 납세지관할 세무서장에게 이를 신고하여야 한다.

05. 다음은 법인세법상 사업연도에 관한 설명이다. 다음 중 옳은 것은?

① 외국법인의 최초사업연도 개시일은 국내에 법인 설립일이다.

② 내국법인의 최초 사업연도의 개시일은 원칙적으로 설립등기일이다.

③ 사업연도는 1년을 초과할 수 있다.

④ 사업연도를 변경하고자 하는 법인은 그 법인의 직전사업연도 종료일부터 2월 이내에 납세지 관할 세무서장에게 신고하여야 한다.

06. 다음 중 법인세법상 청산소득에 대한 납세의무가 있는 법인은 무엇인가?

① 국가 및 지방자치단체

② 비영리외국법인

③ 비영리내국법인

④ 영리내국법인

07. 다음은 법인세법상 법인의 납세지에 관한 설명이다. 옳지 않은 것은?

① 내국법인의 납세지는 원칙적으로 당해 법인의 등기부상의 본점 또는 주사무소의 소재지로 한다.

② 국내 사업장이 있는 외국법인의 법인세의 납세지는 국내사업장의 소재지로 한다.

③ 2 이상의 국내사업장이 있는 외국법인에 대하여는 해당 외국법인이 납세지로 신고한 장소를 납세지로 한다.

④ 국내사업장이 없는 외국법인으로서 부동산소득 또는 양도소득이 있는 외국법인의 납세지는 각각 그 자산의 소재지로 한다.

08. 다음 중 법인세에 대한 설명으로 가장 옳은 것은?

① 비영리 법인은 토지 등 양도소득에 대한 법인세 납세의무가 없다.

② 외국의 정부와 지방자치단체(지방자치단체조합 포함)는 비과세법인이므로 법인세의 납세의무가 없다.

③ 법인의 사업연도는 법령 또는 법인의 정관 등에서 정하는 1회계기간으로 하되, 그 기간은 1년을 초과하지 못한다.

④ 납세지변경신고서는 변경된 날로부터 3월 이내에 변경 후의 납세지 관할 세무서장에게 제출하여야 한다.

09. 다음 중 법인세법상 사업연도에 대하여 틀린 것은?

① 사업연도는 법령 또는 법인의 정관 등에서 정하는 1회계기간으로 한다.

② 회사가 합병에 의하여 해산한 경우 사업연도 개시일부터 합병등기일까지를 1사업연도로 본다.

③ 내국법인(법인으로 보는 단체아님)의 경우 최초의 사업연도 개시일은 설립등기일이다.

④ 신설법인은 최초 사업연도가 경과하기 전에 사업연도를 변경할 수 있다.

10. 법인세법상 법인의 사업연도에 관한 설명이다. 옳지 않은 것은?

① 사업연도는 법령이나 법인의 정관 등에서 정하는 1회계기간으로 한다. 다만, 그 기간은 1년을 초과하지 못한다.

② 내국법인의 최초 사업연도의 개시일은 사업자등록 신청일이다.

③ 사업연도를 변경하고자 하는 법인은 직전 사업연도의 종료일부터 3개월 이내에 신고하여야 한다.

④ 국내사업장이 있는 외국법인의 최초 사업연도의 개시일은 원칙적으로 국내사업장을 가지게 된 날이다.

MEMO

연/습/문/제 답안

1	2	3	4	5	6	7	8	9	10					
③	③	④	③	②	④	③	③	④	②					

[풀이]

01. <u>외국 정부나 지방자치단체는 비영리외국법인으로 분류</u>한다.

02. ① <u>국가, 지방자치단체등은 법인세납세의무가 없다.</u>

　 ③ 국내원천수익사업소득이 있는 외국법인은 법인세를 납부의무가 있다.

　 ④ 비영리내국법인의 국내에서 발생하는 고유목적사업소득은 법인세 납세의무가 없다.

03. <u>국가 · 지방자치단체는 법인세 비과세법인에 해당</u>한다.

04. <u>폐업은 사업연도에 영향을 주지 않는다.</u> 해산 · 합병 등의 경우에 비로소 사업연도가 달라진다.

05. ① 외국법인의 개시일은 국내사업장을 가지게 된 날로 함.

　 ③ <u>사업연도는 1년을 초과할 수 없음.</u>

　 ④ <u>사업연도 종료일로부터 3월 이내에 변경신고</u>하여야 함.

06. 청산소득의 납세의무자는 영리내국법인뿐이 없다.

07. 외국법인이 국내사업장이 둘이상의 경우에는 주된 사업장(최초로 납세지를 정할 경우 사업수입금액이 가장 많은 사업장)의 소재지를 납세지로 한다.

08. ① 토지등 양도소득은 모든 법인(국가, 지방자치단체 제외)에 대해 법인세납세의무가 있다.

　 ② 외국의 정부와 지방자치단체는 비영리외국법인으로 본다.

　 ④ 납세지변경신고서는 <u>변경된 날로부터 15일 이내에 변경 후의 납세지 관할 세무서장에게 제출</u>하여야 한다.

09. 신설법인은 <u>최초 사업연도가 경과하기 전에는 사업연도를 변경할 수 없다.</u>

10. 내국법인의 <u>최초 사업연도의 개시일은 설립등기일</u>이다.

법인세의 계산구조

NCS세무 - 3 세무조정 – 신고준비

결산서상당기순이익	
+ 익금산입 · 손금불산입	⇨ **가산조정**
– 손금산입 · 익금불산입	⇨ **차감조정**
+ 기 부 금 한 도 초 과 액	
= 각 사 업 연 도 소 득	
– 이 월 결 손 금	⇨ **당해 사업연도 개시일 전(15년, 10년, 5년) 발생한 세무상의 결손금**
– 비 과 세 소 득	
– 소 득 공 제	
= 과 세 표 준	
× 세 율	⇨ 9%, 19%, 21%, 24%
= 산 출 세 액	
– 세 액 감 면	
– 세 액 공 제	
+ 가산세및추가납부세액	
= 총 부 담 세 액	
– 기 납 부 세 액	⇨ **중간예납세액, 원천징수세액, 수시부과세액**
= 차 감 납 부 세 액	

가산조정 ┐
차감조정 ┘ — 세무조정

제1절   세무조정

각 사업연도의 소득은 **익금총액에서 손금총액을 공제한** 것이다. 손금총액이 익금총액을 초과하는 경우에는 그 초과하는 금액을 각 사업연도의 **결손금**(이것을 "기업회계상 결손금"과 구별하여 "세무회계상 결손금"이라고 부른다)이라고 한다.

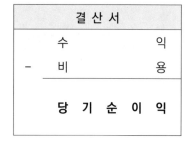

이처럼 **결산서상 당기순이익과 법인세법에 따른 각 사업연도의 소득금액 사이의 차이를 조정하는 과정, 즉 당기순이익에서 출발하여 각 사업연도의 소득금액에 산출하는 과정을 '세무조정'**이라고 한다.

1. 세무조정의 방법

*1. 직접법 : 익금총액에서 손금총액을 차감하여 계산하는 방법을 직접법이라 한다. 그러나 기업에서는 **100**개의 거래 중 **95**개 이상이 법인세법과 기업회계가 일치한다.

*2. 간접법 : 결산서상 당기순이익에서 출발하여 기업회계와 법인세법의 차이내용을 조정하는 것을 간접법이라 한다.

따라서 기업은 간접법에 따라 평소에는 기업회계기준대로 당기순이익을 산출하고 연말 법인세 계산시 세무조정을 통하여 각사업연도소득금액을 산출한다.

익금산입과 손금불산입은 모두 소득금액에 가산하는 세무조정이라는 점에서 일치하며 양자의 구별은 중요하지 않다. 그리하여 이들을 **가산조정**이라 하고, 손금산입과 익금불산입은 **차감조정**이라 한다.

이러한 세무조정사항은 **'소득금액조정합계표'**에 표시되며, 이러한 조정사항은 '법인세 과세표준 및 세액조정계산서'에 기재된다.

가 산 조 정	익 금 산 입	회계상 수익으로 계상되어 있지 않지만 법인세법상 익금에 해당하는 것
	손금불산입	회계상 비용으로 계상되어 있지만 법인세법상 손금에 해당하지 않는 것
차 감 조 정	손 금 산 입	회계상 비용으로 계상되어 있지 않지만 법인세법상 손금에 해당하는 것
	익금불산입	회계상 수익으로 계상되어 있지만 법인세법상 익금에 해당하지 않는 것

[별지 제15호 서식] (앞쪽)

사업연도	소득금액조정합계표		법인명	
사업자등록번호		법인등록번호		

익금산입 및 손금불산입 (가산조정)				손금산입 및 익금불산입 (차감조정)				
①과목	②금액	③소득처분		④과목	⑤금액	⑥소득처분		
		처분	코드			처분	코드	

2. 세무조정의 주체

신고	법 인
결정 · 경정하는 경우	과세관청

☞ 결정 : 법인이 무신고시 과세관청이 납세의무를 확정하는 것
경정 : 법인이 신고한 금액에 오류가 있어 과세관청이 재확정하는 것

3. 결산조정과 신고조정

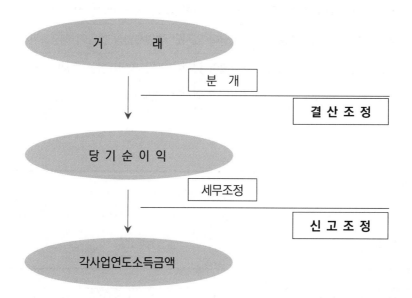

(1) 신고조정

① 정의 : 결산서에 과소계상된 경우에 반드시 신고조정을 하여야 하는 익금·손금항목을 말한다. 즉 **귀속시기가 강제된 사항으로서 회사의 객관적인 외부거래로 인해 반드시 익금 또는 손금에 산입되어야 하는 사항**들을 말한다.

② 대상 : **결산조정사항 이외의 모든 외부거래**를 말한다.

③ 사례

직원의 급여가 20,000원 발생하였는데, 결산서에 다음과 같이 반영했다고 가정하자.

	결산서	법인세법	세무조정
인건비 (급여)	20,000원	20,000원	없음
	15,000원	**20,000원**	**손금산입 5,000원** ◀
	25,000원	**20,000원**	**손금불산입 5,000원**

결산서에 과소(과대)계상한 경우에는 **반드시 세무조정을 통해서 각사업연도소득금액에 반영하는 것을 신고조정사항**이라 한다.

(2) 결산조정

① 정의 : 결산서에 비용으로 계상 시에만 손금으로 인정되는 항목으로서 결산서에 과소계상된 경우에 신고조정을 할 수 없는 손금항목을 말한다. 즉 **귀속시기를 선택할 수 있는 사항**으로서 회사의 내부거래로 손금산입여부가 법인 자신의 의사에 맡겨져 있는 사항들(감가상각비, 퇴직급여충당금, 대손충당금 등)을 말한다.

② 대상 : **손금항목 중 일정 열거항목(감가상각비, 대손충당금 등)**
☞ **법인세법은 현금지출이 없는 손금항목에 대해서 일정한 한도가 있다.**

③ 사례

감가상각비 손금한도가 20,000원인데, 결산서에 다음과 같이 반영했다고 가정하자.

	결산서	법인세법	세무조정
감가상각비	20,000원	20,000원	없음
	15,000원	**20,000원**	**없음** ◀
	25,000원	**20,000원**	**손금불산입 5,000원**

결산서에 과소계상한 경우에는 손금산입할 수 없지만 과대계상한 경우에는 반드시 세무조정을 통해서 각사업연도소득금액에 반영하는 것을 결산조정사항이라 한다.

④ 결산조정사항

결산조정사항은 법인세법을 공부하고 다시 보시면 정확히 이해하실 것입니다.

구분	내용	비고
자산의 상각	**고정자산의 감가상각비**	※ 예외적으로 국제회계적용기준 적용법인은 신고조정도 허용
충당금	**대손충당금, 퇴직급여충당금**	※ 퇴직연금부담금의 손금산입은 신고조정도 허용

구분	내용	비고
충당금	일시상각충당금 (또는 압축기장충당금)	※ 본래 결산조정사항이나 **신고조정도 허용** ☞ 기업회계기준에서 비용이 불인정되므로, 신고조정 허용
준비금	법인세법상준비금	※ 예외적으로 고유목적사업준비금은 잉여금처분에 의한 신고조 정도 허용된다.
	조특법상 준비금 등	※ 잉여금처분에 의한 신고조정도 허용된다. ☞ 기업회계기준에서 비용으로 불인정되므로, 신고조정 허용
자산의 감액손실등	**재고자산, 고정자산 및 주식 등의 감액손실**	
	대손금	※ **소멸시효완성분 등 일정한 대손금은 신고조정사항이다.**

[결산조정과 신고조정]

구분	결산조정	신고조정
특징	**내부거래(현금지출없는)**	**외부거래**
손금산입방법	**귀속시기 선택** **결산서에 비용으로 계상하여야만 손금인정**	**귀속시기 강제** ① 장부에 비용계상하거나 ② 세무조정을 통하여 손금산입하는 　경우 모두 인정
신고기한후 경정청구(수정 신고)가능여부	경정청구(수정신고)대상에서 제외 ☞ 기업의 임의선택사항이기 때문에 추후 　수정신고 불인정	경정청구(수정신고)대상
추후손금 인정여부	추후 결산상 비용으로 계상하면 손금인정됨.	결산상비용 또는 세무조정도 누락시 이 후 사업연도의 손금으로 인정되지 아니 함. 따라서 해당연도에 경정청구(수정신 고)를 하여야 함.

☞ 수정신고 : 신고한 과세표준과 세액이 세법에 의하여 신고하여야 할 <u>과세표준과 세액에 미달하는 때에 (과
소신고)</u> 납세의무자가 스스로 고쳐 정당한 과세표준과 세액을 신고하는 것

☞ 경정청구 : 신고한 과세표준과 세액이 세법에 의하여 신고하여야 할 과세표준과 세액에 <u>과대신고(과소환
급)</u>한 경우 과세관청으로 하여금 이를 정정하도록 촉구하는 납세의무자의 청구를 말한다.

제2절 소득처분

기업은 결산 후 주주총회의 의결에 의하여 **이익처분이라는 절차를 거쳐 주주에게 배당을 하거나 회사 내에 이익금(이익준비금이나 적립금)을 유보**시킨다. 법인세법도 마찬가지로 각 사업연도의 소득에 대하여도 그 귀속이 확인되어야 한다.

하지만 이미 결산서상의 당기순이익은 주주총회의 결의에 의하여 귀속이 결정되었는바, 당기순이익과 각사업연도의 소득의 차이인 세무조정금액의 귀속만을 추가적으로 확인하면 된다.

결산서의 당기순이익 1억과 법인세법상의 각 사업연도 소득 2억간의 차이는 1억이다. 그런데 0.3억만 법인세법상의 자본에 반영되고, 0.7억은 반영되지 않았다.

즉 **세무조정은 과세소득을 산출하는 과정이고, 소득처분은 회계상 자본과 세무상 자본의 차이 내역을 규명하는 것**이다.

1. 소득처분의 유형

법인세법상 소득처분도 상법상의 이익처분과 유사하게 사외유출과 유보(또는 △유보)로 크게 나누어진다. 세무조정금액이 **사외에 유출된 것이 분명한 경우에는 사외유출로 처분하고, 사외에 유출되지 않은 경우에는 유보(또는 △유보), 기타**로 처분한다.

구 분	기업 외부의 자에게 귀속된 경우	기업 내부에 남아있는 경우	
		결산서상 자본≠ 세무상 자본	결산서상 자본 = 세무상 자본
익금산입(손금불산입)	사외유출	유 보	기타(또는 잉여금)
손금산입(익금불산입)	-	△유 보	기타(또는 △잉여금)

2. 유보(또는 △ 유보)

(1) 유보의 개념

"유보(또는 △유보)"란 가산조정(익금산입·손금불산입) 또는 차감조정(손금산입·익금불산입)한 세무조정금액의 효과가 사외로 유출되지 않고 사내에 남아 있는 것으로 인정하는 처분이다. 즉, 그 금액만큼 당기순이익에 비해 각사업연도소득이 증가(또는 감소)될 뿐 아니라, 결산서상 자본에 비해 세무회계상 자본이 증가(또는 감소)된 것으로 인정하는 처분을 말한다.

따라서 유보란 회계상 순자산(=자본)과 법인세법상 순자산의 차이를 말한다.

그러면 유보에 대해서 예를 들어보기로 하자.

3기에 (주)무궁은 토지를 1,000원에 매입하고 취득세 20원을 지출하였다. 그리고 다음과 같이 회계처리하였다.

(차) 토   지   1,000원   (대) 현   금   1,020원
　　세금과공과금   20원

이러한 회계처리는 기업회계기준에도 위배되고 법인세법에도 위배되는 회계처리이다.

회계나 세법이나 토지의 취득가액은 1,020원이 되어야 한다.

이에 대해서 회계상 재무제표와 세무상 재무제표를 비교하면 다음과 같다.

〈재무상태표 – 결산서〉

차 변	대 변
현금 (1,020)	부 채
토지 1,000	자본 (20)

소득처분
유보 20

〈재무상태표 – 법인세법〉

차 변	대 변
현금 (1,020)	부 채
토지 1,020	자본 0

회계상 순자산 〈 세무상 순자산

〈손익계산서 – 결산서〉

차 변	대 변
세금과공과 20	수 익 0
당기순손실 (20)	

세무조정
(가산조정 +20)

〈손익계산서 – 법인세법〉

차 변	대 변
손금 :	익금 : 0
각사업연도소득 : 0	

따라서 지금 회계상 토지의 장부가액은 1,000원이나 세무상 토지의 장부가액은 1,020원이므로 **소득처분은 유보가 되어야 한다.**

이에 대해서 세무조정을 하는 방법을 이해하자.

① 회계상분개	(차) 토 지 1,000 (대) 현 금 1,020 세금과공과 20		
② 세무상분개	(차) 토 지 1,020 (대) 현 금 1,020		
③ 수정분개 (②-①)	회계상 분개를 세무상 분개로 바꾸기 위한 분개를 수정분개라 할 수 있다.		
	(차) 토 지 20	**(대) 세금과공과 20**	
	자산증가 20	비용감소 20	
⇩	⇩	⇩	
	토 지 20유보	**손금불산입 (세금과공과) 20**	
세무조정	〈손금불산입〉 토지[1] 20(유보)		

*1. 세무조정시 계정과목은 주로 자산, 부채, 자본의 계정과목을 쓴다.
   모든 세무조정은 이러한 수정분개로 인식하셔서 연습하면 된다.

수정분개를 통해서 세무조정이 어느 정도 숙달되면, 수정분개없이 바로 세무조정을 할 수 있게 됩니다.

4기에 (주)무궁은 토지를 1,300원에 처분하고 다음과 같이 회계처리하였다.

(차) 현　　금　　　　　　　1,300원　　(대) 토　　지　　　　　　　1,000원
　　　　　　　　　　　　　　　　　　　　　유형자산처분이익　　　　 300원

회계상 토지의 장부가액은 1,000원이지만 세무상 토지의 장부가액(유보 20원 포함)은 1,020원으로서 세무상 유형자산처분이익이 280원이 되어야 한다.

이에 대해서 회계상 재무제표와 세무상 재무제표를 비교하면 다음과 같다.

〈재무상태표 – 결산서〉

차　변	대　변
	부채
현금 280	자본
토지　0	(−20＋300) 280

소득처분

△유보 20

〈재무상태표 – 법인세법〉

차　변	대　변
	부채
현금 280	자본
토지　0	280

회계상 순자산＝세무상 순자산(유보추인 후 동일해진다)

〈손익계산서 – 결산서〉

차　변	대　변
비용　0	수 익 300
당기순이익 300	

세무조정

차감조정－20

〈손익계산서 – 법인세법〉

차　변	대　변
손금 : 0	익금 : 280
각사업연도소득 : 280	

이에 대해서 세무조정을 해보자.

① 회계상분개	(차)　현　금	1,300	(대)　토　지	1,000
			유형자산처분익	300
② 세무상분개	(차)　현　금	1,300	(대)　토　지	1,020
			유형자산처분익	280
③ 수정분개 (②－①)	**회계상분개를 세무상분개를 바꾸는 수정분개를 하면 다음과 같다.**			
	(차)　유형자산처분익	**20**	**(대)　토　지**	**20**
	수익감소	**20**	**자산감소**	**20**
⇩	⇩		⇩	
	익금불산입	20	토　지	20 △유보
세무조정	〈익금불산입〉 토지　20(△유보)			

(2) 유보의 추인

당기의 유보가 미래에 △유보로 조정되거나 당기의 △유보가 미래에 유보로 자동 조정되는 것을 말한다. 세무조정은 회계상 분개와 세법상의 분개를 비교하여 하는 것이 원칙이지만 유보의 추인 개념을 이해할 경우 **유보가 추인되는 시점에 이전 세무조정과 반대의 세무조정만 하면** 되므로 유보의 추인개념을 이해하면 손쉽게 세무조정을 할 수 있다.

자산은 미래의 비용(또는 수익의 감소)이고 부채는 미래의 수익(또는 비용의 감소)으로 이해할 수 있다.

만약 세법상 자산이 회계상 장부보다 더 많다면, 각사업연도 소득도 많겠지만, 미래에 세법상 자산이 소멸하는 경우에는 더 많은 비용이 인식되어 각사업연도 소득이 작아지게 된다. **즉, 지금의 유보가 미래에 자산이 소멸하는 시점에 차감조정의 △유보의 소득처분을 유발하게 되는 것이다.**

(3) 유보금액의 관리

이러한 유보는 차기 이후의 반대의 세무조정을 위하여 잘 관리하여야 하는데, 유보의 관리는 **'자본금과 적립금조정명세서(을)'에서 유보의 잔액을 관리하고, 세무상 자기자본은 '자본금과 적립금조정명세서(갑)' 표에서 관리**된다.

이러한 자본금과 적립금조정명세서는 추후 논의하기로 하자.

<예제 2 - 1> 유보(△유보)

㈜ 무궁의 다음 자료를 이용하여 **세무상분개 및 수정분개**를 통하여 세무조정을 행하시오.

1-1. X1년 비품을 1,000원에 현금 취득하였다. 기말에 감가상각비를 100원 계상하였다.
   (세법상 감가상각비 한도 : 80원이라 가정하자.)
   ☞ 감가상각비는 결산조정항목으로서 세법은 현금지출이 없는 내부거래(감가상각비, 대손충당금 등)에 대해서 일정한 한도가 있다.

1.회계상분개	(차) 비 품 1,000 (대) 현 금 1,000
	감가상각비 100 누계액 100
2.세무상분개	(차) (대)
3. 수정분개 (2-1)	(차) (대)
⇩	⇩ ⇩
세무조정	

1-2. X2년 상기 비품을 950원에 현금 매각하였다.

1.회계상분개	(차) 누계액 100 (대) 비 품 1,000
	현 금 950 처분익 50
2.세무상분개	(차) (대)
3. 수정분개 (2-1)	(차) (대)
⇩	⇩ ⇩
세무조정	

2. X1년 100원의 외상매출을 하였는데, 회계처리를 하지 않고, X2년에 회계처리를 하였다.

☞ 수익항목은 신고조정항목으로 세무조정을 행해야 한다.

(X1년도)

1.회계상분개	회계처리 안함.		
2.세무상분개	(차)	(대)	
3. 수정분개	(차)	(대)	
⇩		⇩	⇩
세무조정			

(X2년도)

1.회계상분개	(차) 외상매출금 100	(대) 매 출 100
2.세무상분개	(차)	(대)
3. 수정분개	(차)	(대)
⇩	유보의 추인으로 풀어보십시오.	
세무조정		

3. X1년 500원의 어음(만기는 X2년)으로 기부를 했다.

☞ 기부금은 신고조정항목으로 법인세법상 귀속시기는 현금주의로 규정하고 있다.

(X1년도)

1.회계상분개	(차) 기부금 500	(대) 미지급금 500	
2.세무상분개	(차)	(대)	
3. 수정분개	(차)	(대)	
⇩		⇩	⇩
세무조정			

(X2년도)

1. 회계상분개	(차) 미지급금	500	(대) 현 금	500
2. 세무상분개	(차)		(대)	
3. 수정분개	(차)		(대)	
⇩	유보의 추인으로 풀어보십시오.			
세무조정				

해답

1-1. 감가상각비

1. 회계상분개	(차) 비 품 감가상각비	1,000 100	(대) 현 금 누계액	1,000 100
2. 세무상분개	(차) 비 품 감가상각비	1,000 80	(대) 현 금 누계액	1,000 80
3. 수정분개	**(차) 누계액(비품)**	**20**	**(대) 감가상각비**	**20**
	자산증가	20 유보	비용감소	20
⇩	⇩		⇩	
	비품	20 유보	손금불산입	20
세무조정	〈손금불산입〉 감가상각비(비품)　20(유보)			

1-2. 감가상각비(유보추인)

1. 회계상분개	(차) 누계액 현 금	100 950	(대) 비 품 유형자산처분익	1,000 50
2. 세무상분개	(차) 누계액 현 금	80 950	(대) 비 품 유형자산처분익	1,000 30
3. 수정분개	**(차) 처분이익**	**20**	**(대) 누계액(비품)**	**20**
	수익감소	20	자산감소	20
⇩	⇩		⇩	
	〈익금불산입〉	20	비 품	20△유보
세무조정	〈익금불산입〉 감가상각비(비품)　20(△유보)			

2. 외상매출누락(X1년도)

1. 회계상분개	회계처리 안함.						
2. 세무상분개	(차)	외상매출금	100		(대)	매 출	100
3. 수정분개	**(차)**	**외상매출금**	**100**		**(대)**	**매 출**	**100**
⇩		자산증가	100 유보			수익증가	100
⇩		⇩					
		외상매출금	100 유보			익금산입	100
세무조정	〈익금산입〉 외상매출금 100(유보)						

매출누락추인(X2년도)

1. 회계상분개	(차)	외상매출금	100	(대)	매 출	100
2. 세무상분개	회계처리 없음.					
3. 수정분개	**(차)**	**매 출**	**100**	**(대)**	**외상매출금**	**100**
⇩	유보의 추인으로 풀어보십시오.					
세무조정	〈익금불산입〉 외상매출금 100(△유보)					

3. 어음지급기부금 (X1년도)

1. 회계상분개	(차)	기부금	500	(대)	미지급금	500
2. 세무상분개	기부금은 현금주의이다.					
3. 수정분개	**(차)**	**미지급금**	**500**	**(대)**	**기부금**	**500**
⇩		부채감소	500 유보		비용감소	500
⇩		⇩			⇩	
		미지급금	500 유보		손금불산입	500
세무조정	〈손금불산입〉 어음지급기부금 500(유보)					

어음지급기부금 추인(X2년도)

1. 회계상분개	(차)	미지급금	500	(대)	현 금	500
2. 세무상분개	(차)	기부금	500	(대)	현 금	500
3. 수정분개	**(차)**	**기부금**	**500**	**(대)**	**미지급금**	**500**
⇩	유보의 추인으로 풀어보십시오.					
세무조정	〈손금산입〉 전기어음지급기부금　500(△유보)					

〈유보 요약〉

세무조정	순자산가액 차이	소득처분	유보추인
가산조정 (익금산입 · 손금불산입)	회계상 순자산<세무상 순자산	유보	자산 · 부채가 소멸되는 시점에 반대의 세무조정을 하면 된다.
	회계상 자산<세무상 자산 회계상 부채>세무상 부채		
차감조정 (익금불산입 · 손금산입)	회계상 순자산>세무상 순자산	△유보	

가산조정을 익금산입 또는 손금불산입으로 표현해도 같은 표현이다.
차감조정도 또한 마찬가지이다.

▪▪▪

3. 기타

　기타는 가산조정 또는 차감조정된 세무조정사항의 효과가 사내에 남아있으나, 그럼에도 불구하고 **결산서상의 자산·부채가 적정하다고 인정하는 처분**이다.

　이 경우에는 사외유출이 일어나지 않았기 때문에 귀속자에 대한 납세의무도 유발되지 않는다. 그러므로 결산서상의 자산·부채가 왜곡되지 않았기 때문에 차기 이후에 반대의 세무조정도 유발되지 않는다.

　결국 **회계 또는 세법 중 한쪽은 순자산의 변화를 손익거래(손익의 변화)로 인식하고 한쪽은 자본거래(자본의 변화)로 인식함으로써 발생하는 차이로서 영구적차이로 자산·부채의 차이가 발생하지 않으므로** 자본의 차이를 유발하지 않는다.

그러면 기타에 대해서 예를 들어보기로 하자.

3기에 (주)무궁은 자기주식(장부가액 1,000원)을 1,200원에 현금처분하고 다음과 같이 회계처리하였다.

(차) 현　　금　　　　　　　1,200원　　　(대) 자기주식　　　　　　　　1,000원
　　　　　　　　　　　　　　　　　　　　　　자기주식처분익(자본잉여금) 200원

그러나 법인세법상 자기주식처분이익은 익금에 해당한다.

이에 대해서 회계상 재무제표와 세무상 재무제표를 비교하면 다음과 같다.

〈재무상태표 – 결산서〉

차 변	대 변
현금 1,200	부채
	자본 **1,200**

소득처분

기타 200

〈재무상태표 – 법인세법〉

차 변	대 변
현금 1,200	**부채**
	자본(1,000+200) **1,200**

회계상 자본과 세무상 자본 동일

〈손익계산서 – 결산서〉

차 변	대 변
비용 0	수 익 0
당기순이익 0	

세무조정

가산조정+200

〈손익계산서 – 법인세법〉

차 변	대 변
손금 : 0	익금 : 200
각사업연도소득 **: 200**	

자기주식처분이익은 법인세법상 익금에 해당함에도 불구하고 회사는 회계상 수익으로 인식하지 않았기 때문에 그 금액을 익금산입하여야 한다.

그러나 회계적으로 바로 자본을 증가시켰기 때문에 **회계상과 세법상 자본은 동일**하므로 소득처분을 '기타'로 처분하여야 한다.

이에 대해서 세무조정을 하는 방법을 이해하자.

1.회계상분개 (자본거래로 인식)	(차) 현 금	1,200	(대) 자기주식 **자기주식처분익(자본)**	1,000 200
2.세무상분개 (손익거래로 인식)	(차) 현 금	1,200	(대) 자기주식 **익금(자기주식처분익)**	1,000 200
3.수정분개	**(차) 자기주식처분이익 (자본잉여금)**	**200**	**(대) 익 금**	**200**
⇩	잉여금감소	200	수익증가	200
	⇩		⇩	
	잉여금(기타)	200	익금산입	200
세무조정	〈익금산입〉 자기주식처분익　200(기타)			

기타는 가산조정이나 차감조정에서 모두 발생한다.

<예제 2 - 2> 기타

㈜ 무궁은 국세환급가산금 100원을 현금수령하고 다음과 같이 회계처리하였다.

세무상분개 및 수정분개를 통하여 세무조정을 행하시오.

☞ 국세환급금가산금 : 납세의무자가 납부한 금액 중 <u>과오납금이 있거나 세법에 따라 환급하여야 할 환급세액</u>이 있을 때 이런 반환되어야 할 금액을 국세환급금이라 한다. 국세환급금가산금이란 국세환급금에 붙이는 이자로서 <u>국가가 납세의무자에게 지연에 따른 보상이자</u>로 보면 된다.
따라서 법인세법에서는 이러한 국세환급가산금(지방세의 경우 지방세 환부이자)은 익금불산입사항으로 보고 있다.

1.회계상분개 (손익거래)	(차) 현 금	100	(대) 잡이익	100
2.세무상분개 (자본거래)	(차)		(대)	
3.수정분개	(차)		(대)	
⇩				
	⇩		⇩	
세무조정				

해답

1. 회계상분개 (손익거래)	(차)	현 금	100	(대)	잡이익	100
2. 세무상분개 (자본거래)	(차)	현 금	100	(대)	잉여금	100
3. 수정분개	**(차)**	**잡이익**	**100**	**(대)**	**잉여금**	**100**
		수익감소	100		잉여금증가	100
⇩		⇩			⇩	
		익금불산입	100		잉여금(기타)	100
세무조정		〈익금불산입〉 국세환급가산금 100(기타)				

4. 사외유출

"사외유출"이란 **가산조정(익금산입·손금불산입)한 금액이 기업 외부의 자에게 귀속**된 것으로 인정하는 처분이다. **차감조정에서는 사외유출이라는 소득처분이 있을 수 없다.** 이 경우에는 그 귀속자에게 당해 법인의 이익이 분여된 것이므로 그 귀속자에게 소득세 또는 법인세의 납세의무가 유발된다.

회사의 **순자산감소(비용)로 회계처리하였으나 부당한 유출로 판단하여 세법은 손금으로 인정하지 않는 경우에 발생하는 것으로서, 세법은 이러한 순자산감소(비용)를 자본거래로 인식하는 경우에 발생**한다. 이 경우에도 회계상 자본과 세무상 자본의 차이가 발생하지 않는다.

그러면 사외유출에 대해서 예를 들어보기로 하자.

3기에 (주)무궁은 주주의 개인차량에 1,000원의 휘발유를 주유하고 회계상 비용으로 처리하였다.

(차) 차량유지비 1,000원 (대) 현 금 1,000원

그러나 법인세법에서는 사업과 관련없는 지출에 대해서 비용으로 인정되지 않는다.

이에 대해서 회계상 재무제표와 세무상 재무제표를 비교하면 다음과 같다.

〈재무상태표 – 결산서〉

차 변	대 변
현금 (1,000)	부채
	자본 (1,000)

소득처분
사외유출 1,000

〈재무상태표 – 법인세법〉

차 변	대 변
현금 (1,000)	부채
	자본 (1,000)

회계상 자본과 세무상 자본 동일

〈손익계산서 – 결산서〉

차 변	대 변
비용 1,000	수익 0
당기순손실 (1,000)	

세무조정
가산조정 + 1,000

〈손익계산서 – 법인세법〉

차 변	대 변
손금 : 0	익금 : 0
각사업연도소득 : +0	

이러한 회사의 자산이 주주에게 부당한 유출이 되었으므로 주주에게는 소득세를 부담하게 한다. 그리고 회계적으로도 자본을 감소시켰기 때문에 **회계상자본과 세법상 자본은 동일**하므로 소득처분을 '사외유출'로 처분하여야 한다.

이에 대해서 세무조정을 하는 방법을 이해하자.

1.회계상분개 (손익거래로 인식)	(차) 차량유지비	1,000	(대) 현 금	1,000
2.세무상분개 (자본거래로 인식)	(차) 잉 여 금	1,000	(대) 현 금	1,000
3.수정분개	**(차) 잉여금**	**1,000**	**(대) 차량유지비**	**1,000**
⇩	잉여금의 부당한 감소		비용감소	1,000
	⇩		⇩	
	사외유출	1,000	손금불산입	1,000
세무조정	〈손금불산입〉 주주의 차량유지비　　1,000(사외유출)			

이러한 **사외유출은 귀속자에 따라 소득처분이 달라진다.**

(1) 귀속자가 분명한 경우

귀 속 자	소 득 처 분	귀속자에 대한 과세	당해 법인의 원천징수의무
(1) 주주 등	**배당**	소득세법상 배당소득	○
(2) 임원 또는 사용인	**상여**	소득세법상 근로소득	○
(3) 법인 또는 사업자	**기타사외유출**	이미 각사업연도소득 또는 사업소득에 포함되어 있으므로 추가적인 과세는 없음	×
(4) 그 외의 자	**기타소득**	소득세법상 기타소득	○
(5) 중복되는 경우 　① **주주+법인** 　② **주주+임원(출자임원)**	**기타사외유출** **상여**	 ☞ 배당소득세율(14%)보다 근로소득세율(최고세율 45%)이 높으므로 상여처분	

(2) 사외유출된것은 분명하나 귀속자가 불분명한 경우

귀속자를 밝히도록 강제하기 위하여 **대표자에 대한 상여로 처분**한다.

(3) 추계의 경우

추계에 의해 결정된 과세표준과 결산서상 법인세비용차감전순이익과의 차액도 대표자에 대한 상여로 처분한다. 다만, 천재 · 지변 기타 불가항력으로 장부 기타 증빙서류가 멸실되어 추계 결정하는 경우에는 기타사외유출로 처분한다.

☞ 추계 : 소득금액을 계산할 때에 필요한 장부나 증명서류가 없는 경우 등 일정한 사유에 대해서 과세표준과 세액을 추정해서 계산하는 것을 말한다.

(4) 반드시 기타사외유출로 처분하여야 하는 경우

다음에 해당하는 항목은 귀속자를 묻지 않고 반드시 기타사외유출로 처분하여야 한다. 그 취지는 그 성격상 실질귀속자를 밝히기 어려운 점등을 감안하여 사후 관리의무를 면제하기 위한 배려이다.

① 임대보증금 등의 간주익금
② 업무용승용차 임차료 중 감가상각비상당액 한도초과액과 업무용승용차의 처분손실 한도초과액

③ 기업업무추진비의 손금불산입액[건당 3만원 초과 영수증 기업업무추진비, 기업업무추진비 한도초과액의 손금불산입액]

④ 기부금의 손금산입한도액을 초과하여 익금에 산입한 금액

⑤ 손금불산입한 채권자 불분명 사채이자 및 비실명 채권·증권이자에 대한 원천징수세액 상당액

⑥ 업무무관자산 등 관련 차입금 이자

⑦ 사외유출된 금액의 귀속이 불분명하여 대표자에 대한 상여로 처분한 경우 당해 법인이 그 처분에 따른 소득세 등을 대납하고 이를 손비로 계상하거나 그 대표자와의 특수관계가 소멸될 때까지 회수하지 않음에 따라 익금에 산입한 금액

〈유보, 사외유출과 기타의 비교〉

결산서	법인세법	세무조정
(차) 비용　　XX　(대) 현금　　XX **(손익거래)**	(차) 자산　　XX　(대) 현금　　XX **(손익거래)** ☞ **자산은 미래의 손금이다.**	〈**손금불산입**〉 **유보** ⇒ **시점의 차이**
(차) 비용　　XX　(대) 현금　　XX **(손익거래)**	(차) 잉여금 XX　　(대) 현금　　XX **(자본거래+부당한 유출)**	〈**손금불산입**〉 **사외유출**
(차) 비용　　XX　(대) 현금　　XX **(손익거래)**	(차) 잉여금 XX　　(대) 현금　　XX **(자본거래)**	〈**손금불산입**〉 **기타**
(차) 자본　　XX　(대) 현금　　XX **(자본거래)**	(차) 손금　　XX　(대) 현금　　XX **(손익거래)**	〈**손금산입**〉 **기타**
(차) 현금　　XX　(대) 수익　　XX **(손익거래)**	(차) 현금　　XX　(대) 자본　　XX **(자본거래)**	〈**익금불산입**〉 **기타**
(차) 현금　　XX　(대) 자본　　XX **(자본거래)**	(차) 현금　　XX　(대) 익금　　XX **(손익거래)**	〈**익금산입**〉 **기타**

위에서 설명한 세무조정과 소득처분은 세무조정계산서에서는 '소득금액조정합계표'에 요약되어 나타나게 된다.

[소득금액조정합계표]

익금산입 및 손금불산입			손금산입 및 익금불산입		
①과목	②금액	③처분	④과목	⑤금액	⑥처분

> 자산, 부채, 자본의 계정과목을 적거나
> 이해하기 쉬운 것을 적으시면 됩니다.

<예제 2 - 3> 소득금액조정합계표

㈜ 무궁의 다음 자료를 보고 소득금액조정합계표를 작성하시오.

1. 손익계산서에 계상된 비용에 대해서 법인세법상 한도초과액은 다음과 같다.

	법인세법상 한도 초과액
출자임원에게 지급한 상여금	1,000,000
감가상각비	1,200,000
기업업무추진비	1,400,000
대손충당금	1,600,000

2. 손익계산서상 수선비 중에는 대표이사의 별장 수선비가 2,000,000원이 있다.

3. 주주로부터 채무를 면제받았는데, 다음과 같이 회계처리하였다.
   (차) 차입금   3,000,000원   (대) 기타자본잉여금   3,000,000원
   ☞ 채무면제이익과 자산수증이익은 원칙적으로 법인세법상 익금에 해당한다.

4. 법인세비용은 4,000,000원이 있다.

해답

〈1-1. 임원상여금 한도초과〉							
1.회계상분개	(차)	상 여 금	1,000,000	(대)	현 금		1,000,000
2.세무상분개	(차)	잉 여 금	1,000,000	(대)	현 금		1,000,000
3.수정분개	(차)	잉 여 금	1,000,000	(대)	상 여 금		1,000,000
⇩		잉여금 감소(부당)	1,000,000		비용감소(손금불산입)		1,000,000
세무조정	〈손금불산입〉 임원상여금 한도 초과 1,000,000(상여)						
〈1-2. 감가상각비 한도초과〉							
1.회계상분개	(차)	감가상각비	1,200,000	(대)	감가상각누계액		1,200,000
2.세무상분개	(차)	-		(대)	-		
3.수정분개	(차)	감가상각누계액	1,200,000	(대)	감가상각비		1,200,000
⇩		자산증가(유보)	1,200,000		비용감소(손금불산입)		1,200,000
세무조정	〈손금불산입〉 감가상각비 한도초과 1,200,000(유보)						
〈1-3. 기업업무추진비 한도초과〉							
1.회계상분개	(차)	기업업무추진비	1,400,000	(대)	현 금		1,400,000
2.세무상분개	(차)	잉 여 금	1,400,000	(대)	현 금		1,400,000
3.수정분개	(차)	잉 여 금	1,400,000	(대)	기업업무추진비		1,400,000
⇩		무조건기타사외유출	1,400,000		비용감소(손금불산입)		1,400,000
세무조정	〈손금불산입〉 기업업무추진비한도 초과 1,400,000(기타사외유출)						
〈1-4. 대손충당금 한도초과〉							
1.회계상분개	(차)	대손상각비	1,600,000	(대)	대손충당금		1,600,000
2.세무상분개	(차)	-		(대)	-		
3.수정분개	(차)	대손충당금	1,600,000	(대)	대손상각비		1,600,000
⇩		자산증가(유보)	1,600,000		비용감소(손금불산입)		1,600,000
세무조정	〈손금불산입〉 대손충당금한도초과 1,600,000(유보)						

〈2. 업무무관경비〉

1.회계상분개	(차)	수 선 비	2,000,000	(대)	현　금	2,000,000
2.세무상분개	(차)	잉 여 금	2,000,000	(대)	현　금	2,000,000
3.수정분개	(차)	잉 여 금	2,000,000	(대)	수 선 비	2,000,000
⇩		잉여금＋부당유출	2,000,000		비용감소(손금불산입)	2,000,000
세무조정		〈손금불산입〉 업무무관경비　2,000,000(상여)				

〈3. 채무면제이익〉

1.회계상분개	(차)	차 입 금	3,000,000	(대)	잉 여 금	3,000,000
2.세무상분개	(차)	차 입 금	3,000,000	(대)	익　금	3,000,000
3.수정분개	(차)	잉 여 금	3,000,000	(대)	익　금	3,000,000
⇩		잉여금 감소(기타)	3,000,000		수익증가(익금산입)	3,000,000
세무조정		〈익금산입〉 채무면제이익　3,000,000(기타)				

〈4. 법인세비용〉

1.회계상분개	(차)	법인세비용	4,000,000	(대)	미지급세금	4,000,000
2.세무상분개	(차)	잉 여 금	4,000,000	(대)	미지급세금	4,000,000
3.수정분개	(차)	잉 여 금	4,000,000	(대)	법인세비용	4,000,000
⇩		잉여금＋사외유출	4,000,000		비용감소(손금불산입)	4,000,000
세무조정		〈손금불산입〉 법인세비용　4,000,000(기타사외유출)				

☞ 법인세(지방소득세 등)는 무조건 손금불산입(기타사외유출)하여 법인세를 차감하기 전의 상태로 복귀
시켜야 한다.
왜냐하면 법인세를 도출하기 위해서는 법인세가 차감되기 전의 금액으로 만들어야 하기 때문이다.

☞ 기업회계에서는 회계처리가 중요하나 법인세법의 관심사는 순자산 증감의 원인을 법인세법에 따라 평가
하여 과세소득에 포함시킬 수 있느냐가 관심사이다. 따라서 회사가 회계처리를 기업회계기준대로 처리하
지 않았다고 하여도 법인세법상 과세소득에 해당하면 과세소득에 포함시키면 된다.

[소득금액조정합계표]

익금산입 및 손금불산입			손금산입 및 익금불산입		
①과목	②금액	③처분	④과목	⑤금액	⑥처분
출자임원상여금	1,000,000	상여			
감가상각비	1,200,000	유보			
기업업무추진비	1,400,000	기타사외유출			
대손충당금	1,600,000	유보			
수선비	2,000,000	상여			
채무면제이익	3,000,000	기타			
법인세비용	4,000,000	기타사외유출			

연/습/문/제

01. 법인세법상 법인의 각사업연도소득과 기업회계이익의 차이는 세법과 기업회계의 목적이 다르기 때문에 차이가 발생한다. 다음 중 차이 발생의 요인에 대한 설명이 틀린 것은?

① 자본거래의 손익의 경우 세법상은 소득계산시 일부산입한다.

② 유가증권의 평가기준에서 세법상은 원가법이 원칙이다.

③ 주식배당의 경우 기업회계기준은 이익에 불산입한다.

④ 비용의 제한에 있어서 세법과 기업회계기준에 차이가 없다.

02. 다음 중 법인세법상 결산서에 비용으로 계상되지 않은 경우 반드시 세무조정에 의해 손금산입하여야 하는 것은?

① 임차료 지급기간이 3년인 경우 기간경과분에 해당하는 임차료 미계상액

② 대손충당금의 손금산입

③ 파손 등의 사유로 인하여 정상가격으로 판매할 수 없는 재고자산의 평가손

④ 기술의 낙후로 인하여 생산설비의 일부를 폐기한 경우의 생산설비의 폐기손

03. 다음 중 법인세법상 반드시 법인이 장부상 비용으로 계상한 경우에만 각 사업연도의 소득금액계산상 손금으로 산입할 수 있는 경우는 무엇인가?

① 압축기장충당금의 설정   ② 일시상각충당금의 설정

③ 고유목적사업준비금의 설정   ④ 대손충당금의 설정

04. 법인세법상 결산조정과 신고조정에 관련된 설명으로 잘못된 것은?

① 결산조정항목은 원칙적으로 결산서상 비용으로 계상하여야 손금으로 인정받을 수 있다.

② 신고조정항목은 결산서상 비용으로 계상하지 않은 경우 세무조정을 통하여 손금산입할 것인지 여부를 법인이 결정할 수 있다.

③ 일시상각충당금(압축기장충당금)은 결산조정사항이지만 예외적으로 신고조정도 허용한다.

④ 소멸시효 완성된 대손금의 손금산입은 손금산입시기를 선택할 수 없다.

05. 다음은 법인세법상 소득처분에 대한 설명이다. 바르게 설명된 것은?

① 모든 소득처분은 소득 귀속자에게 소득세 또는 법인세의 납세의무가 유발된다.

② 모든 소득처분은 차기이후 세무상 소득금액에 영향을 미친다.

③ 출자자 및 출자임원에게 귀속되는 소득은 모두 상여로 처분한다.

④ 채권자가 불분명한 사채이자는 대표자 상여로 소득처분되며, 그 원천징수세액 상당액만 기타사외유출로 소득처분한다.

06. 다음은 법인세법의 소득처분에 대한 설명이다. 옳지 않은 것은?

① 법인세를 추계결정하는 경우 과세표준과 법인의 재무상태표상의 당기순이익과의 차액(법인세 상당액을 공제하지 아니한 금액)은 대표자에 대한 이익처분에 의한 상여로 한다.

② 사외유출된 소득의 귀속이 불분명하여 대표자에 대한 상여로 처분함에 따라 법인이 그에 대한 소득세를 대납하고 이를 손비로 계상한 경우에는 이를 손금불산입하여 상여로 처분한다.

③ 유보로 처분된 익금산입액은 세무상 자기자본을 증가시킨다.

④ 유보(△유보 포함)의 소득처분은 조세부담의 일시적 차이이므로 차기 이후에 당초의 세무조정에 반대되는 세무조정이 발생한다.

07. 다음 중 법인세 세무조정시 세무조정과 소득처분이 바르게 연결된 것은?

① 주주임원에 대한 익금산입 : 배당처분

② 주주인 개인사업자의 사업소득을 구성하는 익금산입 : 기타사외유출처분

③ 임직원인 개인사업자의 사업소득을 구성하는 익금산입 : 상여처분

④ 소득이 사외유출 되었으나 귀속자가 불분명한 익금산입 : 기타사외유출처분

08. 다음은 법인세법상 소득처분에 관한 설명이다. 옳지 않은 것은?

① 세무조사과정에서 현금매출이 누락된 사실이 발각된 경우에는 부가가치세를 포함한 전액을 익금산입하고 대표자 상여로 처분한다.

② 사외유출된 소득의 귀속자가 주주이며 임원인 경우에는 배당으로 처분한다.

③ 채권자가 불분명한 사채이자(동 이자에 대한 원천징수세액은 제외)는 대표자 상여로 처분하고, 이자에 대한 원천징수세액은 기타사외유출로 처분한다.

④ 천재지변 기타 불가항력으로 장부 등이 멸실되는 경우를 제외하고 추계조사에 의하여 결정된 과세표준과 법인세비용차감전이익과의 차액은 대표자 상여로 처분한다.

09. 다음 중 법인세법상 소득처분의 성격이 다른 것은?

① 기부금의 한도초과액

② 기업업무추진비의 한도초과액

③ 업무무관자산 등에 대한 지급이자

④ 임원퇴직급여의 한도초과액

10. 다음의 익금산입액 중 법인이 귀속자에게 소득세액을 원천징수하여야 하는 것은?

① 임원퇴직금의 한도초과액   ② 일반 기부금한도초과액

③ 감가상각비한도초과액   ④ 대손충당금한도초과액

11. 다음 중 법인세법상 소득처분에 대한 귀속자와 그 귀속자에 대한 과세영향을 설명한 것 중 옳지 않은 것은?

① 순수한 출자자의 경우에는 그 귀속자에 대한 배당으로 처리하고, 귀속자의 배당소득으로 소득세를 부과하고 원천징수가 필요하다.

② 임원의 경우에는 이익처분에 의한 상여로 처리하고, 귀속자의 근로소득으로 소득세를 부과하고 원천징수가 필요하다.

③ 귀속자가 개인사업자의 경우에는 기타사외유출로 처분하고, 사업소득으로 추가과세하고 원천징수가 필요하다.

④ 귀속자가 법인인 경우에는 기타사외유출로 처분하고, 각사업연도 소득에 이미 포함되어서 추가과세가 필요 없고 원천징수대상소득도 아니다.

12. 다음 중 법인이 소득의 귀속자에게 소득세를 원천징수하여야 하는 대상이 아닌 것은?

① 출자임원이 사용하는 업무무관건물에 대한 수선비 손금불산입

② 대주주의 자녀(비사업자인 개인)에게 증여한 토지의 시가상당액 익금산입

③ 임원 또는 사용인에 해당하지 아니하는 지배주주에게 지급한 여비 손금불산입

④ 개인으로부터 구입한 유형자산인 토지에 대한 취득세 비용처리분 손금불산입

연/습/문/제 답안

1	2	3	4	5	6	7	8	9	10	11	12
④	①	④	②	④	②	②	②	④	①	③	④

[풀이]

01. ① 자기주식처분의 경우 회계상 자본거래이나 세법상 손익거래로 인식한다.
    ③ 주식배당의 경우 회계처리를 하지 않고, 주식수와 단가만 재계산한다.
    ④ 비용의 제한의 경우 세법상은 한도에 의하여 규제하고, 기업회계기준상은 제한없이 비용에 산입한다.

02. ① 신고조정, ②③④ 결산조정사항이다.

03. **압축기장충당금, 일시상각충당금, 고유목적사업준비금은 원칙적으로 결산조정사항이나 신고조정도 허용**된다. 그러나 대손충당금은 결산조정만 허용된다.

04. 신고조정은 강제조정항목으로 **손금귀속시기를 선택할 수 없다.**

05. ① 유보 또는 기타로 처분되는 경우에는 소득귀속자에게 납세의무가 유발되지 않는다.
    ② 사외유출이나 기타로 소득처분되는 경우에는 차기이후 세무상 소득금액에 영향을 미치지 않는다.
    ③ 출자자가 개인이면 배당, 출자법인이면 기타사외유출로 소득처분된다.

06. 사외유출된 소득의 귀속이 불분명하여 대표자에 대한 **상여로 처분함에 따라 법인이 그에 대한 소득세를 대납**하고 이를 손비로 계상한 경우에는 이를 **손금불산입하여 기타사외유출로 처분**한다.

07. ① 상여처분, ③ 기타사외유출처분, ④ (대표자)상여처분

08. 임원이며 주주인 경우에는 상여로 처분한다.

09. 임원퇴직급여의 한도초과액은 상여로 나머지는 기타사외유출로 처분한다.

10. 임원퇴직금의 한도초과액은 사외유출 중 상여에 해당되므로 세무상 자기자본에 영향이 없고, 법인에게 원천징수의무가 있다.

11. 개인사업자의 경우에는 귀속자가 법인의 경우인 ④와 동일하게 처분한다.

12. 토지에 대한 취득세를 비용처리한 경우 토지의 취득원가에 가산하여야 하므로 이를 손금불산입 하고 유보로 소득처분하여야 하므로 이에 대한 원천징수는 없다. ① 상여, ② 기타소득, ③ 배당으로 소득처분하고 소득세를 원천징수하여야 한다.

NCS세무 - 3   세무조정 – 신고준비

제1절   익금

당해 법인의 순자산을 증가시키는 거래로 인하여 발생하는 수익(이익 또는 수입)의 금액을 말한다. 다만, **자본·출자의 납입과 익금불산입항목은 제외**한다.

그러나 이것은 어디까지나 대표적인 수익을 예시한 것에 불과하며 여기에 열거되지 않은 것이라도 **모든 순자산증가액은 원칙적으로 익금에 해당**한다.

1. 본래의 익금항목

(1) 사업수입금액

사업수입금액은 각종 사업에서 생기는 수입금액(도급금액·판매금액 등을 포함하되, 기업회계기준에 의한 환입액 및 매출에누리 그리고 매출할인을 제외한다.)을 말한다. 이것은 전형적인 영업수익으로서 기업회계기준서상 매출액에 해당한다.

 – **법인의 임직원에 대한 재화·용역의 할인금액은 사업수입금액에 포함(개정세법 25)**

(2) 자산(**자기주식 포함**)의 양도금액

자산의 양도금액은 "사업수입금액"에 해당하지 않는 것으로서, 주로 재고자산 외의 자산의 양도금액을 말하는 것이다. 이처럼 자산의 양도금액이 익금에 해당하는 것과 대응하여 그 양도한 자산의 양도 당시의 장부가액은 손금으로 인정된다.

기업회계기준에서 재고자산 외의 자산을 양도한 경우에 그 양도가액에서 장부가액을 차감한 잔액을 처분손익으로 계상한다.(순액법) 이에 반하여 법인세법은 자산의 양도금액과 양도당시의 장부가액을 각각 익금 및 손금으로 인정하는 입장을 취하고 있다(총액법). 그러나 양자 사이에는 결과적으로 금액에 차이가 없기 때문에 세무조정이 불필요하다.

(3) 자산의 임대료

임대업을 영위하지 않는 법인이 일시적으로 자산을 임대하여 얻는 수입을 말한다.

(4) 자산의 평가차익

법인세법에서는 자산평가차익을 수익으로 예시되어 있다. 하지만, **그 대부분의 항목은 다시 익금불산입 항목으로 규정되어 있다.** 그러나 보험업법 기타 법률의 규정에 의한 평가차익에 대해서는 자산의 평가차익에 대해서 자산의 평가증을 인정하고 있다.

(5) 자산수증이익과 채무면제이익(이월결손금보전에 충당한 금액은 제외)

기업회계기준에서는 자산수증이익과 채무면제이익을 영업외수익으로 계상하도록 하고 있다. 법인세법도 순자산증가설의 입장에서 이들을 익금으로 보고 있다.

(6) 손금에 산입한 금액 중 환입된 금액(이월손금)

결산서 즉, 손익계산서에 이미 손금으로 인정받은 금액이 환입되는 경우에 그 금액은 익금에 해당한다. 이에 반하여 지출 당시에 손금으로 인정받지 못한 금액이 환입되는 경우에 그 금액은 익금에 해당하지 않는다.

구 분	사 례	환 입 액
(1) 지출 당시 손금에 산입된 금액	재산세, 자동차세 등	익금에 해당함
(2) 지출 당시 손금에 산입되지 않은 금액	법인세 등	익금불산입

(7) 이익처분에 의하지 않고 손금으로 계상된 적립금액

법인의 적립금은 주주총회의 이익처분 결의에 의하여 적립된다. 따라서 손금으로 계상하는 경우란 있을 수 없으나, 회사가 이를 비용으로 잘못 계상한 경우에 이를 손금불산입항목으로 본다는 의미이다.

이는 익금산입과 손금불산입은 본래 동일한 세무조정이므로 문제는 없다.

(8) 불공정 자본거래로 인하여 특수 관계자로부터 분여 받은 이익

불공정자본거래(증자, 감자, 합병등)로 인하여 특수 관계자로부터 분여 받은 이익은 이를 익금으로 본다. 예를 들어 증자시 기존주주에게 주식 지분비율만큼 신주를 발행해야 하는데, 주주가 신주인수권을 포기하여 실권주가 발생시 주주들 상호간 지분비율이 변동된다.

이 경우 신주를 저가 또는 고가로 발행시 어떤 주주들은 이익을 보고, 다른 주주들은 손실을 보게되는데 이것을 불공정자본거래(불균등 증자)라 한다.

이는 자본거래와 관련한 특수관계자간의 이익분여행위에 대하여 개인주주의 증여세 과세와 형평성을 유지할 수 있도록 한 규정이다.

(9) 정당한 사유없이 회수하지 않은 가지급금 등

① **특수관계가 소멸되는 날까지 회수하지 않은 가지급금등**
② 특수관계가 소멸되지 않은 경우로서 가지급금의 이자를 이자발생일이 속하는 사업연도 종료일부터 1년이 되는 날까지 회수하지 않은 경우 그 이자

(10) 기타의 수익으로서 그 법인에 귀속되었거나 귀속될 금액

익금은 법인세법에서 반드시 규정하지 않는다 하더라도 익금불산입항목을 제외한 순자산증가액이면 모두 익금에 해당하는 것으로 본다.

대표적인 것이 **국고보조금** 등이 있는데 기업회계기준에서는 자산의 취득에 충당할 국고보조금·공사부담금 등으로 자산을 취득한 경우에는 이를 관련자산의 차감계정으로 표시하나, **법인세법에서는 이들을 그 원인 여하를 불문하고 익금으로 본다.**

2. 특수한 익금항목

(1) 유가증권의 저가매입에 따른 이익

법인이 ⓐ**특수관계에 있는 개인으로 부터** ⓑ**유가증권을** ⓒ**저가 매입한 경우**에는 매입시점에 시가와 그 매입가액의 차액을 익금으로 본다.

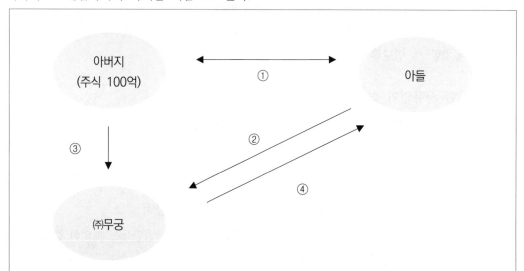

① 아버지가 아들에게 살아서 증여하면 증여세(최고세율 50%)가 사망시 상속세(최고세율 50%)가 과세됨.
② 아들이 ㈜무궁의 주식을 인수하여 최대주주가 됨.
③ 아버지가 시가 주식 100억을 ㈜무궁에게 1,000원에 양도함.
　☞ 수증자가 영리법인인 경우 증여세가 면제되므로 제재조항을 만듦.
④ ㈜무궁의 최대주주인 아들이 저가매입에 따른 이익을 수혜

〈자산의 저가매입에 대한 취득가액 산정〉

구 분	저가 매입시	비 고
1. 원칙	저가를 취득가액으로 본다.	처분 또는 상각시 그 차액이 과세소득에 포함된다.
2. 예외 : **특수관계에 있는 개인으로부터 유가증권을 저가매입시**	**시가와 매입가액의 차액을 익금으로 본다.**	**유가증권의 특성상 미실현이익을 조기에 과세할려는 법의 취지입니다.**

| <예제 3 - 1> 유가증권의 저가매입 |

㈜ 무궁의 다음 자료에 따라 세무조정을 행하시오.

1. 7기에 특수관계자인 홍길동씨로부터 시가 1,000,000원이 주식을 500,000원에 매입하고 다음과 같이 회계처리하였다.

  (차) 단기매매증권   500,000원 (대) 현   금   500,000원

2. 8기에 위 주식을 1,200,000원에 처분하고 다음과 같이 회계처리하였다.

  (차) 현   금   1,200,000원 (대) 단기매매증권   500,000원

  　　　　　　　　　　　　　　　　　　　단기매매증권처분익   700,000원

해답

1. 7기〈저가매입〉

1.회계상분개	(차)	단기매매증권	500,000	(대)	현 금		500,000
2.세무상분개	(차)	단기매매증권	1,000,000	(대)	현 금		500,000
					익 금		500,000
3.수정분개	**(차)**	**단기매매증권**	**500,000**	**(대)**	**익 금**		**500,000**
세무조정	〈익금산입〉 유가증권 저가매입액 500,000원(유보)						

2. 8기〈처분〉

1.회계상분개	(차)	현 금	1,200,000	(대)	단기매매증권	500,000
					단기매매증권처분익	700,000
2.세무상분개	(차)	현 금	1,200,000	(대)	단기매매증권	1,000,000
					단기매매증권처분익	200,000
3.수정분개	**(차)**	**단기매매증권처분익**	**500,000**	**(대)**	**단기매매증권**	**500,000**
세무조정	〈익금불산입〉 유가증권 처분 500,000원 (△유보) ← 유보추인					

(2) 임대보증금 등에 대한 간주익금

부동산 등을 임대하고 받는 임대료는 익금에 해당하지만, 임대보증금이나 전세금을 받는 경우 그 금액은 부채에 해당할 뿐 익금이 될 수 없다. 그러나 이것을 방치한다면 임대보증금등의 운용수입이 포착되어 과세되지 않는 한, 임대료를 받는 경우와 임대보증금 등을 받는 경우 사이에 과세형평이 맞지 않게 된다. 그리하여 법인세법은 임대보증금 등에 대하여는 그 정기예금 이자 상당액을 임대료로 간주하여 익금에 산입하도록 하고 있는데 이것을 간주임대료 즉, 간주 익금이다.

① 추계하는 경우

장부 기타 증빙서류가 없거나 미비하여 소득금액을 계산할 수 없는 경우에는 소득금액을 추정하여 계산하게 되는데, 이것을 "추계"라고 한다. 이 경우 부동산임대로 받은 전세금 또는 임대보증금에 대한 수입금액은 다음과 같이 계산한다.

$$\text{간주익금} = \text{보증금등의적수} \times \frac{1}{365/366\text{일}} \times \text{정기예금이자율}$$

② 추계하지 않는 경우

다음의 요건을 모두 충족한 경우에 한하여 임대보증금 등에 대한 간주익금 규정이 적용된다.

    ⓐ **부동산임대업을 주업으로 하는 법인**(자산총액 중 임대사업에 사용되는 자산가액이 50% 이상)

    ⓑ **영리내국법인**일 것

    ⓒ **차입금 과다법인**일 것

$$\text{간주익금} = \left\{ \text{보증금등의 적수} - \frac{\text{임대용부동산의}}{\text{건설비상당액의 적수}} \right\} \times \frac{1}{365/366} \times \text{정기예금이자율} - \text{금융수익}$$

☞ 적수란 매일의 수치를 일정기간 단위로 합산한 것을 말한다.

<예제 3 - 2> 임대보증금 간주익금

㈜무궁은 임대보증금에 대한 간주익금 규정이 적용되는 법인이라고 간주한다. 임대보증금에 대한 간주익금을 계산하고 세무조정을 하시오

1. 임대보증금 변동내역은 다음과 같다.

일 자	적 요	임대면적	차 변	대 변	잔 액
전기이월		110㎡		6,000,000원	6,000,000원
4. 1.	201호 퇴실	10㎡ 감소	500,000원		5,500,000원

2. 건물 및 부속토지 내역은 다음과 같다.

계정과목	적 요	20x1. 12. 31.	20x0. 12. 31.	비 고
토 지	건물 부속토지	10,000,000원	10,000,000원	면적 50㎡
건 물	건 물	5,000,000원	5,000,000원	연면적 200㎡
	감가상각누계액	(1,500,000원)	(1,400,000원)	

3. 이자수익 300,000원 중 30,000원은 임대보증금에서 발생된 운용수익이다.

4. 정기예금이자율 1.8%, 1년은 365일로 가정한다.

해답

1. 보증금적수	2,052,500,000	6,000,000×90일(1.1~3.31)+5,500,000×275일
2. 건설비상당액 적수	935,000,000	5,000,000×90일×110㎡/200㎡ +5,000,000×275일×100㎡/200㎡
3. 보증금등에서 발생한 운용수익	30,000	
4. 간주익금	25,109	(1-2)×1.8%÷365일-3

〈세무조정〉

익금산입	임대보증금 간주익금	25,109원	기타사외유출

※ 본 서적 마지막 부분에 각종 서식을 첨부했으니, 독자들께서는 반드시 수기로 연습하시면 나중에 실무 입력이 편합니다.

[간주익금조정명세서 작성]

1 임대보등금 적수계산 ⇒ **2** 건설비상당액 적수계산계산 **3** 운용수익금액명세 ⇒ **4** 간주익금조정순서로 작성한다.

사업 연도	· · ~ · ·	임대보증금등의 간주익금조정명세서	법인명	
			사업자등록번호	

4 ❶ 임대보증금 등의 간주익금조정

①임대보증금 등적수	②건설비 상당액적수	③보증금 잔액 [(①-②)÷365 또는 366]	④이자율	⑤익금 상당액(③×④)	⑥보증금 운용수입	⑦익금산입금액 (⑤-⑥)
2,052,500,000	935,000,000	3,061,643	1.8%(가정)	55,109	30,000	25,109

1 ❷ 임대보증금 등 적수계산

⑧일 자	⑨적 요	⑩임대보증금누계	⑪일 수	⑫적수(⑩×⑪)
01/01	전기이월	6,000,000	90	540,000,000
04/01	반환	5,500,000	275	1,512,500,000
합 계				2,052,500,000

2 ❸ 건설비 상당액 적수계산
가. 건설비의 안분계산

⑬건설비총액적수 (⑳의 합계)	⑭임대면적적수 (㉔의 합계)	⑮건물 연면적적수 (㉘의 합계)	⑯건설비상당액적수 (⑬×⑭÷⑮)
1,825,000,000	37,400	73,000	935,000,000

나. 임대면적 등 적수계산

⑰건설비총액적수			㉑건물 임대면적 적수			㉕건물연면적 적수		
⑱건설비 총액누계	⑲임대 일수	⑳적수 (⑱×⑲)	㉒임대 면적누계	㉓임대 일수	㉔적수 (㉒×㉓)	㉖건물연면적 누계	㉗임대 일수	㉘적수 (㉖×㉗)
5,000,000	365	1,825,000,000	110	90	9,900	200	365	73,000
			100	275	27,500			
합 계		1,825,000,000	합 계		37,400	합 계		73,000

3 ❹ 임대보증금 운용수입금액 명세

㉙과 목	㉚계정금액	㉛보증금운용수입금액	㉜기타 수입금액	비 고
이자수익	300,000	30,000	270,000	
계				

※ 참고로 예제에 대해서 회계프로그램에 입력하였습니다. 임의회사를 등록하여 직접 입력하시면 됩니다.

간주익금조정명세서 참고

1. 임대보증금등 적수계산

2.임대보증금등의 적수계산 | 크게보기

No	⑧일 자		⑨적 요	⑩임대보증금누계			⑪일 수	⑫적 수 (⑩X⑪)
				입금액	반환액	잔액누계		
1	01	01	전기이월	6,000,000		6,000,000	90	540,000,000
2	04	01	반환		500,000	5,500,000	275	1,512,500,000
3								
			계	6,000,000	500,000	5,500,000	365	2,052,500,000

2. 건설비 상당액 적수계산

3.건설비 상당액 적수계산

가.건설비의 안분계산	⑬건설비 총액적수 ((20)의 합계)	⑭임대면적 적수 ((24)의 합계)	⑮건물연면적 적수 ((28)의 합계)	(16)건설비상당액적수 ((⑬X⑭)/⑮)
	1,825,000,000	37,400	73,000	935,000,000

나.임대면적등적수계산 : (17)건설비 총액적수

No	⑧일 자		건설비 총액	(18)건설비총액 누계	(19)일 수	(20)적 수 ((18)X(19))
1	01	01	5,000,000	5,000,000	365	1,825,000,000
2						
			계		365	1,825,000,000

나.임대면적등적수계산 : (21)건물임대면적 적수(공유면적 포함)

No	⑧일 자		입실면적	퇴실면적	(22)임대면적 누계	(23)일 수	(24)적 수 ((22)X(23))
1	01	01	110.00		110	90	9,900
2	04	01		10.00	100	275	27,500
3							
				계		365	37,400

나.임대면적등적수계산 : (25)건물연면적 적수(지하층 포함)

No	⑧일 자		건물연면적 총계	(26)건물연면적 누계	(27)일 수	(28)적 수 ((26)X(27))
1	01	01	200.00	200	365	73,000
			계		365	73,000

3. 임대보증금 등의 운용수입금액 명세서

4.임대보증금등의 운용수입금액 명세서

No	(29)과 목	(30)계 정 금 액	(31)보증금운용수입금액	(32)기타수입금액	(33)비 고
1	이자수익	300,000	30,000	270,000	

4. 임대보증금 등의 간주익금조정

1.임대보증금등의 간주익금 조정 | 보증금적수계산 일수 수정

①임대보증금등 적 수	②건설비상당액 적 수	③보증금잔액 {(①-②)/365}	④이자율 (%)	⑤(③X④) 익금상당액	⑥보증금운용 수 입	⑦(⑤-⑥) 익금산입금액
2,052,500,000	935,000,000	3,061,643	1.8	55,109	30,000	25,109

(3) 의제배당

현행 법인세법은 형식상 배당이 아니더라도 사실상 회사의 이익이 주주에게 귀속되는 경우에는 이를 배당으로 의제하여 주주에게 소득세 또는 법인세를 과세하고 있다.

배당이란 법인이 획득한 소득을 주주들에게 배분하는 것으로 말한다. 일반적으로 배당은 현금배당을 말하지만 반드시 현금배당만이 법인의 소득이 주주에게 유일한 방법은 아니다.

[일반적인 배당 – 현금배당]

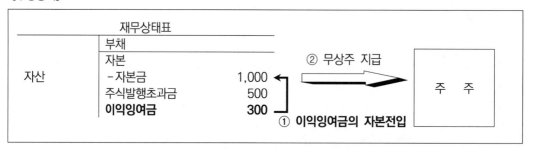

[무상증자]

법인세법은 **무상증자도 현금배당과 동일하게 법인의 소득이 주주에게 이전된 것으로 보아 주주에게 배당으로 과세한다. 그러나 주식발행초과금의 자본전입으로 인하여 무상주를 수령시 의제배당**으로 보지 않는다. 왜냐하면 주식발행초과금은 법인의 소득이 아니라 주주가 출자한 금액이고 이에 대해서 무상주 지급시 주주에게 자본의 환급으로 보기 때문이다.

① 잉여금의 자본전입으로 인한 의제배당(무상주)

법인(피투자회사)이 잉여금을 자본전입하여 주주인 법인(투자회사)이 취득하는 주식은 배당으로 의제한다.

기업회계기준에서는 이러한 무상주와 주식배당은 배당이 아니라 주주지분의 재분류로 보아 주주가 받은 주식에 대해서 아무런 회계처리를 하지 않는다.

그러나 세법은 **잉여금의 자본전입과 주식배당을 원칙적으로 모두 배당으로 의제**한다.

다만 법인세가 과세되지 않은 자본잉여금을 자본전입하는 것은 예외적으로 배당으로 의제하지 않는다.

〈잉여금의 자본전입이 배당에 해당하는지의 여부〉

		의제배당여부
법인세가 과세된 잉여금	– 이익잉여금 – 자기주식처분이익 등	**의제배당 ○**
법인세가 과세되지 않는 잉여금	– 주식발행초과금(채무면제이익 제외) – 감자차익(예외규정이 있다)	**의제배당 ×**

② 감자·해산·합병 및 분할 등으로 인한 의제배당

감자 등으로 인하여 보유하던 주식 대신 받는 금전 등 재산가액의 합계액이 동 주식을 취득하기 위해 소요된 금액을 배당으로 본다.

의제배당액 = 감자등으로 인해 받는 재산가액 – 주식취득가액

3. 익금불산입항목

다음의 항목들은 순자산증가액임에도 불구하고 이를 익금으로 보지 않는다.

(1) 자본거래	① 주식발행액면초과액(출자전환시 채무면제이익은 제외) ② 감자차익 ③ 합병차익 및 분할차익 ④ **자산수증이익·채무면제이익 중 이월결손금의 보전에 충당된 금액** ⑤ 출자전환시 채무면제이익 중 결손금 보전에 충당할 금액
(2) 이중과세방지	⑥ **각사업연도의 소득으로 이미 과세된 소득(이월익금)** ⑦ **법인세 또는 지방소득세의 환급액** ⑧ 지주회사 및 일반법인의 수입배당금액 중 일정액
(3) 기타	⑨ 자산의 평가차익(일정한 평가차익은 제외) ⑩ 부가가치세 매출세액 ⑪ **국세·지방세 과오납금의 환급금에 대한 이자**

(1) 주식발행액면초과액(주식발행초과금)

액면 이상의 주식을 발행한 경우 그 액면을 초과하는 금액을 주식발행액면초과액이라 말한다. 이러한 주식발행액면초과액은 비록 법정자본금은 아니지만 실질적으로 출자의 일부이다.

다만, **채무의 출자전환으로 주식 등을 발행하는 경우 주식의 발행가액이 당해 주식 등의 시가를 초과하는 금액은 채무면제이익으로 보며 익금항목에 해당한다.**

다음의 예를 보고 이해해 보도록 하자.

차입금 10,000원에 대해서 채권자에게 주식 1주(액면가 5,000원, 시가 8,000원)를 발행해 주었다고 가정하자.

	채무면제이익 **(2,000원)**
채무면제 **(10,000원)**	
	주식 1주 **액면가액** **(5,000원)**
	1주 시가 **(8,000원)**

〈주식발행초과금〉

결산서	(차)	단기차입금	10,000	(대)	자 본 금	5,000
					주식발행초과금	5,000
세무상	(차)	단기차입금	10,000	(대)	자 본 금	5,000
					주식발행초과금	3,000
					채무면제이익	2,000
수정분개	(차)	**주식발행초과금**	**2,000**	(대)	**채무면제이익(수익)**	**2,000**
세무조정		〈익금산입〉 채무면제이익	2,000원(기타)			

(2) 감자차익

자본감소의 경우에 그 감소액이 주식소각, 주식대금의 반환에 소요된 금액과 결손보전에 충당된 금액을 초과하는 경우 그 초과금액을 감자차익이라 한다.

이러한 감자차익은 자본감소 후에도 주주에게 반환되지 않고 불입자본으로 남아 있는 부분이므로, 근본적으로 주주의 불입에 기인하는 것으로서 그 성격은 사실상 주식발행액면초과액과 같다. 따라서 기업회계에서는 이를 자본잉여금으로 계상하고 있으며, 법인세법도 이것을 익금으로 보지 않고 있다.

(3) 합병차익 및 분할차익(합병평가차익과 분할평가차익은 제외)

"합병차익"이란 합병의 경우에 합병법인이 피합병법인으로부터 승계한 순자산가액이 피합병법인의 주주 등에게 지급한 합병대가를 초과하는 경우 그 초과액을 말한다.

분할이란 합병의 반대개념으로서 하나의 회사를 둘 이상의 회사로 나누어 쪼개는 것을 말한다. 분할의 경우에 분할신설법인이 분할법인으로부터 승계한 순자산가액이 분할법인의 주주 등에게 지급한 분할대가를 초과하는 경우 그 초과액을 말한다.

> 합병차익 = 승계한 순자산가액 − 합병대가(합병교부금 + 합병교부주식가액)
> 분할차익 = 승계한 순자산가액 − 분할대가(분할교부금 + 분할교부주식가액)

다만 **자산의 평가증으로 인하여 생기는 합병평가차익과 분할평가차익은 익금**으로 본다.

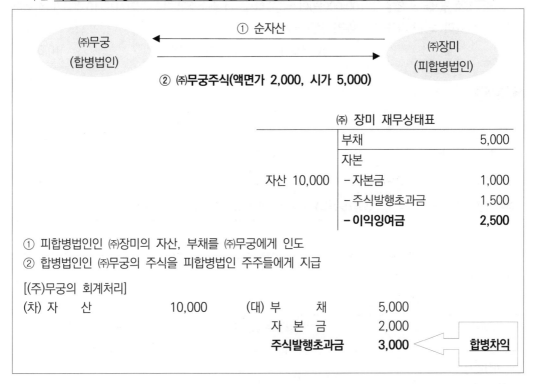

(4) 자산수증이익과 채무면제이익 중 이월결손금의 보전에 충당된 금액

자산수증이익과 채무면제이익은 법인의 순자산증가액이므로 익금에 산입한다. 이 경우 자산의 가액은 시가로 평가한다. 그러나 결손이 많은 회사들에게 결손보전을 촉진함으로써 자본충실을 기하기 위하여 이러한 규정을 두고 있다.

자산수증이익(국고보조금 등은 제외)과 채무면제이익 중 이월결손금의 보전에 충당된 금액은 익금으로 보지 않는다. 여기서 말하는 "이월결손금"이란 세무상 이월결손금으로서 그 후의 각 사업연도의 과세표준계산에 있어서 공제되지 않은 금액을 말하며, **그 발생시점에는 제한이 없다.**

이처럼 자산수증이익 · 채무면제이익으로 충당된 이월결손금은 각 사업연도의 과세표준계산에 있어서 공제된 것으로 본다.

따라서 세무상이월결손금은 **ⓐ과세표준 계산상 이월결손금(15년, 2009~2019 발생분은 10년) 공제하거나 ⓑ자산수증이익 · 채무면제익에 의해 소득금액에서 보전됨으로써 소멸되는 것이다.**

| <예제 3 - 3> 자산수증이익(이월결손금보전) |

㈜ 무궁은 결손금(세무상 결손금 100,000원)이 많은 회사로서 대주주로부터 건물(시가 10,000원)을 증여 받아 다음과 같이 회계처리하였다. 세무조정을 하시오

(차) 건　　　물　　　　　　　　　10,000원　　(대) 자산수증이익　　　　　　　　10,000원

해답

결산서	(차)	건　물	10,000	(대)	자산수증이익	10,000
세무상	(차)	건　물	10,000	(대)	결　손　금	10,000
수정분개	**(차)**	**자산수증이익**	**10,000**	**(대)**	**결　손　금**	**10,000**
세무조정	〈익금불산입〉 자산수증이익 결손금보전　　10,000원(기타)					

위의 예에서 회사는 **ⓐ과세표준 계산상 이월결손금공제** 또는 **ⓑ자산수증이익 중 이월결손금보전에 충당할 수 있는 방법(익금불산입)을** 선택할 수 있다.

만약 1건의 거래만 있었다고 가정하면

	이월결손금공제	익금불산입
순이익	10,000	10,000
＋ 가산조정		
－차감조정	0	**10,000**
각사업연도 소득	10,000	0
(－) 이월결손금	10,000	0
과세표준	0	0
동일한 효과가 나타나나, 익금불산입규정은 이월결손금의 발생시점에 제한이 없으므로 약간의 혜택이 있다.		

(5) 각사업연도의 소득으로 이미 과세된 소득(이월익금)

각 사업연도의 소득으로 이미 과세된 소득을 다시 당해 사업연도의 익금에 산입한 금액을 말하는데, 이것을 방치하면 동일한 소득에 대해 중복하여 과세하는 결과가 되기 때문에 이를 익금불산입항목으로 규정한 것이다.

(6) 법인세 또는 지방소득세(소득분)의 환급액

법인세 또는 지방소득세 소득분은 지출 당시에 손금으로 인정받지 못하므로 이를 환급받은 금액은 익금에 산입하지 않는다. 이것도 성격상 이월익금의 일종이라고 할 수 있다.

| <예제 3 - 4> 이월익금 |

다음은 ㈜ 무궁의 손익계산서에 영업외수익으로 계상된 금액이다. 세무조정을 하시오.

항 목	금 액	비 고
1. 잡이익	50,000원	전기에 손금불산입한 것으로 법인세환급액이다.
2. 대손충당금 환입	10,000원	전기에 대손처리(손금불산입)된 대여금을 회수한 것이다.

해답

1. 법인세 환급액

결산서	(차) 현 금	50,000	(대) 잡 이 익	50,000
세무상	(차) 현 금	50,000	(대) 잉 여 금	50,000
수정분개	(차) 잡 이 익	50,000	(대) 잉 여 금	50,000
세무조정	〈익금불산입〉 전기 법인세 환급액 50,000(기타) ☞ 전기에 손금불산입(기타사외유출)된 법인세가 당기에 환입되었으로 이월익금으로서 익금불산입에 해당된다.			

2. 전기대손부인 채권회수

결산서	(차) 현 금	10,000	(대) 대손충당금환입	10,000
세무상	(차) 현 금	10,000	(대) 대 여 금	10,000
수정분개	(차) 대손충당금환입(영)	10,000	(대) 대 여 금	10,000

세무조정	〈익금불산입〉 전기 대손부인채권 회수 10,000(△유보)				
	☞ 전기에 손금불산입(유보)된 대여금이 당기에 회수했으므로 이월익금으로서 익금불산입에 해당된다.				
	결산서	(차) 대손충당금 10,000 (대) 대여금			10,000
	세무상	×(대손부인채권)			
	세무조정	〈손금불산입〉 대손부인채권 10,000(유보)			

(7) 수입배당금액의 익금불산입

– ㈜백두는 ㈜한강(기타법인)의 1인 주주로서 당기순이익을 전액 배당받았다고 가정하자.

	㈜한강 – 피투자법인	㈜백두 – 투자법인	익금불산입 (100%)
법인세차감전순이익	10,000	8,000	0
법인세(20%)	2,000	1,600	0
당기순이익	8,000	6,400	0

동일소득에 대하여
이중과세(3,600)

이중과세조정

이에 대하여 ㈜백두의 세무조정 및 소득처분을 하면, 다음과 같다.

결산서	(차) 현 금 8,000 (대) 배당금수익 8,000
세무상	(차) 현 금 8,000 (대) 잉 여 금 8,000
수정분개	(차) 배당금수익 8,000 (대) 잉 여 금 8,000
세무조정	〈익금불산입〉 수입배당금의 익금불산입 8,000(기타)

[익금불산입]

수 입 배 당 금 액	
× 익 금 불 산 입 율	100%, 80%,30%
= 익 금 불 산 입 대 상 금 액 (–) 지 급 이 자 차 감	지급이자차감액[1] = 지급이자 × $\dfrac{주식적수}{총자산적수}$ × 익금불산입율
= 익 금 불 산 입	*소득처분(기타)*

$$최종계산식 : 익금불산입액 = \left[수입배당금액 - 지급이자 × \dfrac{주식적수}{총자산적수} \right] × 익금불산입율$$

*1. 지급이자 중 주식 투자분에 대한 지급이자를 손금불산입을 적용하는 대신 익금불산입에서 차감하는 방법을 취하고 있다.

참고

익금불산입율

※기업형태 구분없이 지분율에 따라 결정

자회사 지분율	익금불산입율
50% 이상	100%
20% 이상 ~ 50% 미만	80%
20% 미만	30%

<예제 3 - 5> 수입배당금의 익금불산입

다음은 ㈜ 무궁(일반법인)의 다음 자료에 의하여 세무조정을 하시오.

1. ㈜무궁이 출자한 회사의 출자 및 배당 내역(전년도부터 출자하고 있음)

피투자회사	지분율	배당금	익금불산입율
㈜한강	100%	5,000,000원	상단의 참고를 보고 선택한다.
㈜낙동	0.5%	1,000,00원	

2. 당사는 지급이자가 없는 것으로 가정하고 이에 따라 익금불산입 배제금액은 없다.

해답

피투자회사	익금불산입율	배당금	익금불산입	세무조정
㈜한강	100%	5,000,000원	5,000,000원	〈익不〉 기타
㈜낙동	30%	1,000,00원	300,000원	〈익不〉 기타

[수입배당금액명세서 작성]

수입배당금액명세서

사업연도		법인명		사업자등록번호	

1. 지주회사 또는 출자법인 현황

①법인명	②구분	③사업자등록번호	④소재지	⑤대표자 성명	⑥업태종목

2. 자회사 또는 배당금 지급법인 현황

⑦법인명	⑧구분	⑨사업자등록번호	⑩소재지	⑪대표자	⑫발행 주식총수	⑬지분율(%)
㈜한강	기타법인					100
㈜낙동	주권상장법인					0.5

3. 수입배당금 및 익금불산입 금액 명세

⑭자회사 또는 배당금 지급법인명	⑮배당금액	⑯익금불산입 비율(%)	⑰익금불산입 대상금액 (⑮×⑯)	⑱지급이자 관련 익금불산입 배제금액	⑲익금불산입액 (⑰ - ⑱)
㈜한강	5,000,000	100%	5,000,000		5,000,000
㈜낙동	1,000,000	30%	300,000		300,000
계					

수입배당금액명세서 참고

1. 임대보증금등 적수계산

2. 2.자회사 또는 배당금 지급법인 현황

No	7. 법인명	8.구분	사업자등록번	10. 소재지	11.대표자	12. 발행주식총수	13.지분율(%)
1	(주)한강	2.기타법인					100.00
2	(주)낙동	1.주권,코스닥상장					0.50

2. 건설비 상당액 적수계산

3. 3.수입배당금 및 익금불산입 금액 명세

No	14.자회사 또는 배당 금 지급 법인명	15.배당금액	16.익금불산 입비율(%)	17.익금불산입대 상금액(15×16)	18.지급이자관련익금불산입배제금액					19.익금불산입액 (17-18)
					지급이자	16.비율(%)	익금불산입 적용대상자회사 주식의 장부가액	지주회사(출자법 인)의 자산총액	18.배제금액	
1	(주)한강	5,000,000	100.00	5,000,000	100.00					5,000,000
2	(주)낙동	1,000,000	30.00	300,000	30.00					300,000

(8) 자산의 평가차익

자산의 평가차익은 원칙적으로 익금으로 보지 않는다. 따라서 기업회계기준에 의해 계상되는 자산평가이익 등은 거의 대부분 세법상 인정되지 않는다. 다만, 예외적으로 다음의 평가차익은 익금으로 본다.

① **보험업법 기타 법률에 의한 고정자산의 평가차익**

② **화폐성 외화자산·부채의 환율변동으로 인한 평가이익**

이 가운데 고정자산의 평가차익에 대한 법인세법상의 취급을 요약하면 다음 도표와 같다.

〈고정자산(유·무형자산)의 평가차익에 대한 취급〉

구 분	법 인 세
① **임의평가차익**	**익금불산입 항목**
② 보험업법 기타 법률의 규정에 의한 고정자산의 평가차익	익금 항목

(9) 부가가치세의 매출세액

사업자가 재화나 용역을 공급할 때 공급받는 자로부터 거래징수한 부가가치세 매출세액은 당연히 익금에 해당하지 않는다. 다만, 회사가 회계기준에 따르지 않고 수익으로 잘못 계상한 경우 이를 시정하기 위한 예시에 불과하다.

(10) 국세 또는 지방세의 과오납금의 환급금에 대한 이자

국세 또는 지방세를 과오납한 경우에는 이를 환급받게 되는데, 이 경우 그 환급금에 가산하여 받게 되는 이자(**국세환급가산금 또는 지방세 환부이자**를 말한다)는 익금에 산입하지 않는다. 만일 이것을 익금에 산입하면 그에 대한 법인세 부담액만큼 그 보상의 효과가 줄어들기 때문이다.

(11) 이외에 주식의 포괄적 교환차익, 이전차익 등은 익금불산입항목이다.

연/습/문/제

 세무조정

[1] 잡이익 중에는 부가가치세 환급 시에 수령한 국세환급가산금 53,000원이 포함되어 있다.

결산서	(차)	(대)
세무상	(차)	(대)
수정분개	(차)	(대)
세무조정		

[2] 20x1년 귀속 법인세 신고시 결손으로서 결손금 소급공제신청을 하여 20x0년에 납부한 법인세 50,000원을 환급받았는데 이는 잡이익으로 처리되어 있다.

결산서	(차)	(대)
세무상	(차)	(대)
수정분개	(차)	(대)
세무조정		

[3] 채무액(차입금) 550,000원을 출자로 전환함에 따라 주식(액면가총액 450,000원 시가총액 500,000원)을 발행하고 발행가액과 액면가액의 차액 100,000원을 주식발행초과금으로 계상하였다.

결산서	(차)	(대)
세무상	(차)	(대)
수정분개	(차)	(대)
세무조정		

[4] 대표이사로부터 토지를 증여(시가 3,000,000원)받아 회사의 이월결손금 보전에 충당하였고, 영업외수익중 자산수증익으로 회계처리하였다.

결산서	(차)	(대)
세무상	(차)	(대)
수정분개	(차)	(대)
세무조정		

[5] 전기에 대표이사에 대한 차입금 8,000,000원을 면제받았으나 이를 회계처리하지 아니하여 세무조정시 익금산입하였고, 이에 대하여 당기 중에 다음과 같이 회계처리하였다.
(차) 단기차입금   8,000,000원 (대) 전기오류수정이익(영업외수익)   8,000,000원

결산서	(차)	(대)
세무상	(차)	(대)
수정분개	(차)	(대)
세무조정		

[6] 자기주식을 2,000,000원에 취득한 후 2,500,000원에 처분하고, 기업회계기준에 따라 회계처리하였다.

결산서	(차)	(대)
세무상	(차)	(대)
수정분개	(차)	(대)
세무조정		

[7] 회사는 정부로부터 국고보조금 500,000원을 지원받았으며 이를 자본조정계정으로 회계처리하였다. 동 국고보조금은 압축기장충당금이나 일시상각충당금 설정대상이 아니다.(상환의무가 없음)

결산서	(차)	(대)
세무상	(차)	(대)
수정분개	(차)	(대)
세무조정		

객관식

01. 다음 항목 중 법인세법상 이월결손금의 보전에 충당시 해당 이월결손금이 소멸하는 것은?

① 자산수증이익   ② 감자차익

③ 합병차익   ④ 주식발행액면초과액

02. 다음 중 법인세법상 익금이 아닌 것은?

① 자산의 양도금액

② 자기주식의 양도금액

③ 채무의 면제로 인하여 생기는 부채의 감소

④ 지방세 과오납금의 환급금에 대한 이자

03. 다음 중 법인세법상 익금산입 항목은 어느 것인가?

① 임대보증금 등에 대한 간주익금

② 감자차익

③ 부가가치세 매출세액

④ 국세 과오납금의 환급금 이자

04. 다음은 법인세법상 익금불산입 항목을 설명한 것이다. 이에 해당하지 않는 것은?

① 주식발행액면초과액

② 부가가치세 매출세액

③ 이익처분에 의하지 않고 손금으로 계상된 임의적립금액

④ 감자차익

05. 다음 중 법인세법상 순자산증가액임에도 불구하고 익금으로 보지 않는 항목에 해당하지 않는 것은?

① 주식의 포괄적 교환차익

② 감자차익

③ 자기주식양도차익

④ 국세 과오납금의 환급금에 대한 이자

06. 법인세법상 장부에 의한 간주임대료의 적용대상법인에 대한 설명으로 틀린 것은?

① 영리법인이어야 한다.

② 차입금이 자기자본의 2배를 초과하여야 한다.

③ 간주임대료는 익금산입하고 소득처분은 기타소득으로 처분한다.

④ 법인의 사업연도종료일 현재 자산총액 중 임대사업에 사용된 자산가액이 50% 이상이어야 한다.

07. 다음 중 법인세법상 의제배당에 해당하지 않는 것은?

① 법인 해산시에 주주가 당초 주식의 취득금액을 초과하여 잔여재산을 분배받는 경우에 그 초과금액

② 자본잉여금 중 주식발행초과금을 자본에 전입하는 경우에 교부받아 취득하는 무상주식의 가액

③ 이익잉여금 중 이익준비금을 자본에 전입하는 경우에 교부받아 취득하는 무상주식의 가액

④ 법인이 자기주식소각이익을 2년 이내에 자본에 전입하는 경우에 교부받아 취득하는 무상주식의 가액

08. 법인이 특수관계자인 대주주로부터 제2기에 시가가 1천만원의 유가증권을 8백만원에 매입회계처리하였다. 당해 유가증권을 제3기에 타인에게 시가 1천5백만원에 매각한 경우 각각의 사업연도에 매매와 관련한 세무조정금액이 맞는 것은?

① 제3기에만 7,000,000원을 익금산입한다.

② 제2기는 2,000,000원 익금산입하고, 제3기는 2,000,000원을 손금산입한다.

③ 제2기는 2,000,000원을 손금산입하고, 제3기는 9,000,000원을 익금산입한다.

④ 제2기는 2,000,000원을 익금산입하고, 제3기는 7,000,000원을 익금산입한다.

09. 법인세법상 익금에 해당하는 것은?

① 부가가치세 매출세액

② 지방소득세 소득분 과오납금의 환급금에 대한 이자

③ 지방소득세 소득분 과오납금의 환급금

④ 특수관계가 소멸되는 날까지 회수하지 않은 가지급금

10. 다음 중 법인세법상 각 사업연도의 소득금액을 계산함에 있어서 익금에 해당하는 것은?

① 직전 사업연도에 세무조사로 납부한 법인세의 환급세액

② 업무용토지 관련 재산세 과오납금의 환급금에 대한 이자

③ 자본금을 증자함에 있어 주식을 액면가 이상으로 발행함에 따라 액면가를 초과하여 납입된 금액

④ 금융기관이 보유하고 있는 외화예금의 환율변동으로 인한 평가차익

연/습/문/제 답안

🔑 세무조정

1. 국세환급 가산금

결산서	(차)	현 금	53,000	(대)	잡 이 익	53,000
세무상	(차)	현 금	53,000	(대)	잉 여 금	53,000
수정분개	(차)	잡 이 익	53,000	(대)	잉 여 금	53,000
세무조정	〈익금불산입〉 국세환급가산금　53,000원(기타)					

2. 차입금의 출자전환

결산서	(차)	현 금	50,000	(대)	잡 이 익	50,000
세무상	(차)	현 금	50,000	(대)	잉 여 금	50,000
수정분개	(차)	잡 이 익	50,000	(대)	잉 여 금	50,000
세무조정	〈익금불산입〉 결손금소급공제 환급분　50,000원(기타) ☞ 소급공제란 중소기업이 당해 결손이 발생했을 경우 전기에 납부한 법인세를 환급받을 수 있는 조세지원제도이다. 법인세 등은 손금불산입항목으로서 이를 환급받은 경우에는 이월익금에 해당되어 익금불산입하며 잉여금의 변화는 없으므로 기타로 처분한다.					

3. 차입금의 출자전환

결산서	(차)	차 입 금	550,000	(대)	자 본 금 주식발행초과금	450,000 100,000
세무상	(차)	차 입 금	550,000	(대)	자 본 금 주식발행초과금 채무면제이익	450,000 50,000 50,000
수정분개	(차)	주식발행초과금	50,000	(대)	채무면제이익	50,000
세무조정	〈익금산입〉 채무면제이익 중 시가 초과분　50,000원(기타) ☞ 채무의 출자전환으로 주식 등을 발행하는 경우 주식의 발행가액(550,000원)이 당해 주식 등의 시가 (500,000원)를 초과하는 금액은 채무면제이익으로 보며 익금항목에 해당한다.					

4. 이월결손금 보전

결산서	(차) 토　지	3,000,000	(대) 자산수증익	3,000,000
세무상	(차) 토　지	3,000,000	(대) 잉여금(결손금)	3,000,000
수정분개	(차) 자산수증이익	3,000,000	(대) 잉여금(결손금)	3,000,000
세무조정	〈익금불산입〉 이월결손금보전에 충당된 자산수증익　3,000,000원(기타)			

5. 채무면제이익

결산서	(차) 차 입 금	8,000,000	(대) 전기오류수정이익	8,000,000
세무상	(차)　　　　－		(대)　　　　－	
수정분개	(차) 전기오류수정이익	8,000,000	(대) 차 입 금	8,000,000
세무조정	〈익금불산입〉 전기오류수정이익　8,000,000원(△유보) ☞ 신고조정항목으로 귀속시기가 전기이므로 전기에 세무조정을 해야 한다. 　전기 세무조정 : 〈익금산입〉 채무면제이익　8,000,000원(유보)			

6. 자기주식 처분손익

결산서	(차) 현　금	2,500,000	(대) 자 기 주 식 자기주식처분익 (자본잉여금)	2,000,000 500,000
세무상	(차) 현　금	2,500,000	(대) 자 기 주 식 자기주식처분익 (익　금)	2,000,000 500,000
수정분개	(차) 잉 여 금(자본)	500,000	(대) 자기주식처분익(익금)	500,000
세무조정	〈익금산입〉 자기주식처분이익　500,000원(기타) ☞ 자기주식처분익은 법인세법상 익금에 해당한다.			

7. 국고보조금

결산서	(차) 현　금	500,000	(대) 자본조정	500,000
세무상	(차) 현　금	500,000	(대) 익　금	500,000
수정분개	(차) 자본조정(잉여금)	500,000	(대) 익　금	500,000
세무조정	〈익금산입〉 국고보조금　500,000원(기타) ☞ 국고보조금은 법인세법상 익금항목이다.			

⚏ 객관식

1	2	3	4	5	6	7	8	9	10					
①	④	①	③	③	③	②	②	④	④					

[풀이 - 객관식]

01. 자산수증이익 또는 채무면제이익을 **이월결손금보전에 충당시 이월결손금은 소멸**한다.

02. **지방세환부이자와 국세환급금가산금은 익금불산입사항**이다.

03. 내국영리법인으로 부동산임대업을 주업으로 하는 차입금과다법인이 부동산 등을 대여하고 받은 보증금 등에 대해서 간주익금규정이 적용된다.

04. 이익처분에 의하지 않고 손금계상된 적립금은 손금불산입한다.

05. 자기주식처분이익은 익금항목이다.

06. **간주임대료는 무조건 기타사외유출로 처분**한다.

07. 법인세법상 과세되지 않은 잉여금(주식발행초과금)의 자본전입은 의제배당에 해당되지 않는다.

08. 법인이 특수관계자인 개인에게 유가증권을 시가에 미달하게 매입시 시가와의 차액을 익금산입한다.

    제2기는 10,000,000원 - 8,000,000원 = 2,000,000원 유보로 익금산입하고,

    제3기는 매각연도에 2,000,000원 (-)유보로 손금산입한다.

10. 금융회사의 외화자산·부채의 평가손익을 인정한다.

NCS세무 - 3 · 세무조정 – 신고준비

제1절 손금 및 손금불산입

"손금"이란 당해 법인의 순자산을 감소시키는 거래로 인하여 발생하는 손비(손실 또는 비용)의 금액을 말한다. 다만, **자본 또는 지분의 환급, 잉여금의 처분 및 손금불산입항목은 제외**한다.

이러한 손비의 범위를 구체적으로 규정하고 있는데, 이는 어디까지나 대표적인 손비를 예시한 것에 불과하다. **법인세법에 열거되지 않은 것이라도 업무와 관련하여 초래된 모든 순자산감소액은 원칙적으로 손금에 해당**한다.

1. 손금일반원칙

(1) 비용배분의 원칙

기업회계기준과 동일하다.

(2) 손금의 증빙요건

법인은 모든 거래에 관한 증빙서류를 작성 또는 수취하여 **과세표준 신고기한이 경과한 날부터 5년간 이를 보관**하여야 한다.

이 경우 법인이 재화 또는 용역을 공급받고, 그 대가를 지급하는 경우에는 **적격증빙(신용카드 매출전표 · 현금영수증 · 세금계산서 · 계산서 등)**을 수취하여 이를 보관하여야 한다.

법인세법은 적격증빙서류를 수취하지 하지 않고 영수증을 수취한 경우에는 다음과 같은 규제를 두고 있다.

영수증을 수취한 경우		법인세법상 규제
1. 기업업무추진비	① **건당 3만원 초과**	**손금불산입** ☞ 증빙미수취가산세가 부과되지 않음
	② 건당 경조금 20만원 초과	
2.기타의 지출	**건당 3만원 초과**	**증빙미수취가산세(2%) 부과** ☞ 객관적으로 지급사실이 확인되면 손금은 인정되고, 손금인정금액에 대해서 가산세 부과

2. 손비의 범위

법인세법의 "손비"는 법인세법 및 다른 법률에 달리 정하고 있는 것을 제외하고는
① 그 법인의 사업과 관련하여 발생하거나 지출된 손실 또는 비용으로서
② 일반적으로 용인되는 통상적인 것이거나 수익과 직접 관련된 것으로 한다.

이러한 요건은 수익의 경우에 순자산증가액이면 아무런 추가적인 요건도 필요로 하지 않고 익금에 해당하는 것과 대조적이다. 법인세법에서 예시한 손비의 범위는 다음과 같다.
① 판매한 상품 또는 제품에 대한 원료의 매입가액(기업회계기준에 의한 매입에누리 및 매입할인금액은 제외)과 그 부대비용
  - 판매한 상품 또는 제품의 보관료, 포장비, 판매장려금 및 판매수당 등 판매와 관련된 비용(**판매장려금 및 판매수당의 경우 사전약정없이 지급하는 경우를 포함한다.**)
② 양도한 자산의 양도 당시의 장부가액
③ 인건비
  - **법인의 임직원에 대한 재화·용역 등 할인금액(개정세법 25)**
  - **법인이 계열회사에 지급하는 할인금액 상당액(개정세법 25)**
④ 고정자산의 수선비
⑤ 고정자산의 감가상각비
⑥ 자산의 임차료
⑦ 차입금 이자
⑧ 회수할 수 없는 부가가치세 매출세액 미수금(대손세액공제를 받지 아니한 것에 한정)
⑨ 자산의 평가차손
⑩ 제세공과금

⑪ 영업자가 조직한 단체로서 법인이거나 주무관청에 등록된 조합 또는 협회에 지급한 일반
회비

☞ 일반회비 : 법령 또는 정관이 정하는 바에 따라 경상경비를 충당할 목적으로 회원에게 정기적으로 부과하는 회비

⑫ 음 · 식료품의 제조업 · 도매업 또는 소매업을 영위하는 내국법인이 당해 사업에서 발생한
식품 등(생활용품 포함)을 국가 또는 지방자치단체에 잉여식품활용사업자로 등록한 자 또
는 제공자가 하는 자에게 무상으로 기증하는 경우 기증한 잉여식품 등의 장부가액
(이 경우 그 금액은 기부금에 포함하지 않는다. – 따라서 전액 손금으로 인정된다.)

⑬ 업무와 관련있는 해외시찰 · 훈련비

⑭ 근로자복지기본법에 의한 우리사주조합에 출연하는 자사주의 장부가액 또는 금품

⑮ 장식 · 환경미화 등의 목적으로 사무실 등 여러 사람이 볼 수 있는 공간에 항상 전시하는
미술품의 취득가액을 그 취득한 날이 속하는 사업연도의 손금으로 계상한 경우에는
그 취득가액[1,000만원 이하인 것에 한정한다.]

⑯ 광고선전목적으로 기증한 물품의 구입비용[특정인에게 기증한 물품[개당 3만원이하의 물
품은 제외한다.]의 경우에는 연간 5만원이내의 금액에 한정한다.

⑰ 주식매수선택권 등 그 밖의 손비로서 그 법인에 귀속되었거나 귀속될 금액

☞ 주식매수선택권(stock option) : 법인의 경영 · 기술혁신 등에 기여하였거나 기여할 능력을 갖춘 임직
원등에게 낮은 가격으로 당해 법인의 신주를 매입할 수 있도록 부여한 권리

⑱ 임원 또는 사용인의 사망 이후 주주총회, 이사회의 결의 등에 의하여 결정된 기준에 따라
유족에게 일시적으로 지급하는 학자금 등 위로금

⑲ 내국법인이 설립한 사내근로복지기금 등에 지출하는 금액

⑳ 근로자에게 지급하는 출산 · 양육지원금

㉑ 그 밖의 손비로서 그 법인에 귀속되었거나 귀속될 금액

3. 손금불산입항목

일정한 손비는 순자산감소액임에도 불구하고 손금으로 인정되지 않는데, 그 내용은 다음과 같다.

(1) 자본거래 등으로 인한 손비의 손금불산입

① 잉여금의 처분을 손비로 계상한 금액.
② 주식할인발행차금(신주발행비 포함)

(2) 제세공과금의 손금불산입

① 법인세 등 일정한 조세
② 일정한 공과금
③ 벌금 · 과료 · 과태료 및 강제징수비

(3) 징벌적 손해배상금에 대한 손금불산입

징벌적 성격의 손해배상금(예 : 제조물책임법에 따른 손해배상등) 및 화해결정에 따른 지급 금액 중 실손해를 초과하여 지급한 금액

(4) 자산의 평가손실의 손금불산입

자산의 평가손실은 원칙적으로 손금에 산입하지 않는다.

다만, 재고자산, 유가증권, 화폐성 외화자산·부채 등을 법인세법 시행령[1]의 방법에 의해 평가함으로써 발생하는 평가손실은 손금에 해당한다.

*1. 시행령 : 법률에 의해 위임된 사항과 그 시행에 필요한 사항을 규정하는 것을 목적으로 제정한 법령

(5) 감가상각비의 손금불산입

(6) 기부금의 손금불산입

(7) 기업업무추진비의 손금불산입

(8) 과다경비 등의 손금불산입

다음의 손비 중 과다하거나 부당하다고 인정되는 금액은 손금에 산입하지 않는다.

① 인건비
② 복리후생비
③ 여비 및 교육·훈련비

법인의 임직원이 아닌 지배주주 등(특수관계자 포함)에게 지급한 여비 또는 교육훈련비는 손금에 산입하지 않는다.

④ 보험업법인의 사업비
⑤ 공동경비

법인이 다른 법인 등과 공동사업 등을 운영하여 지출한 비용을 공동사업법인간에 나눌 때 적정한 금액 이상을 부담한 경우 적정금액 초과분은 손금으로 인정하지 않는다.

⑥ 위 ①~⑤ 외에 법인의 업무와 직접 관련이 적다고 인정되는 경비로서 대통령령이 정하는 것(현재는 대통령령에 규정이 없음)

(9) 업무무관비용의 손금불산입

(10) 지급이자의 손금불산입

(11) 대손금의 손금불산입

제2절 인건비

인건비는 근로의 대가로서 근로자에게 지급하는 일체의 금품을 말한다.

인건비는 이익처분에 의하여 지급되는 것이 아닌 한 원칙적으로 손금으로 인정된다. 그러나 특정한 경우에는 손금으로 인정되지 않는다.

1. 일반급여

(1) 원칙 : 손금

(2) 예외 : 손금불산입

① **법인이 지배주주 및 그와 특수관계가 있는 임직원에게 정당한 사유없이 동일 직위에 있는 지배주주 등 외의 임직원에게 지급하는 금액을 초과하여 보수를 지급한 경우 그 초과금액**

☞ 지배주주 : 1% 이상의 지분을 소유한 주주 등으로서 그와 특수관계에 있는 자와의 소유주식의 합계가 해당법인의 주주 중 가장 많은 경우의 해당주주 등을 말한다.

② 비상근임원에게 지급하는 보수 중 부당행위계산부인에 해당하는 것

2. 상여금

(1) 일반상여

① 원칙 : **손금**

② 예외 : 손금불산입(사외유출 – 상여)

임원상여금 한도 초과액은 손금불산입한다. 한도는 **정관·주주총회·사원총회 또는 이사회의 결의 따라 결정된 급여지급기준에 의한 금액**을 말한다.

(2) 이익처분에 의한 상여

자본거래이기 때문에 **손금불산입한다. 또한 합명회사 또는 합자회사의 노무출자사원에 지급하는 보수는 이익처분에 의한 상여로 본다.**

다만 성과배분상여금 등을 인건비(비용)으로 처리시 손금처리가 가능하다.

☞ 합명회사 : 무한책임사원만으로 구성되는 상법상의 회사를 말한다. 따라서 각 사원이 업무집행권 및 대표권을 가진다.(가족적 형태의 회사)
　합자회사 : 무한책임사원(경영)과 유한책임사원(자본제공)으로 이루어지는 회사로서 합명회사와 마찬가지로 친한 사람들이 공동으로 사업을 하는데 적합하다.

3. 퇴직급여

법인이 임직원에게 지급하는 퇴직급여는 **임직원이 현실적으로 퇴직하는 경우에 지급하는 것에 한정하여 이를 손금에 산입**한다.

현실적 퇴직	현실적 퇴직에 해당하지 않는 경우
① **사용인이 임원으로 취임한 경우** ② 임직원이 그 법인의 조직변경·합병·분할 또는 사업양도에 따라 퇴직한 때 ③ **법에 따라 퇴직급여를 중간 정산하여 지급한 경우** ④ 임원에게 정관 등의 규정에 의하여 법에 따른 사유(장기요양 등)로 중간 정산하여 퇴직급여를 지급한 경우	① 임원이 연임된 경우 ② 법인의 대주주의 변동으로 인하여 계산의 편의, 기타사유로 전사용인에게 퇴직급여를 지급한 경우 ③ 외국법인의 국내지점 종업원이 본점(본국)으로 전출하는 경우 ④ 법에 따라 퇴직급여를 중간정산하기로 하였으나 이를 실제로 지급하지 않은 경우.
손금	**업무무관가지급금으로 간주**

☞ 조직변경 : 회사 인격의 동일성은 유지되지만 법률상의 조직을 변경하여 다른 종류의 회사로 되는 것
  (예 : 주식회사 ↔ 유한회사의 변경)

(1) 원칙 : 손금

(2) 예외 : 손금불산입(사외유출 – 상여)

임원퇴직금 한도 초과액은 손금불산입한다. 한도는 **정관상 임원의 퇴직급여지급기준에 따른다.**
만약 지급규정이 없는 경우 **법인세법상 한도액 기준**을 따른다.

임원퇴직금한도 = **퇴직전 1년간 총급여액**[1]**×10%×근속년수(월미만 절사)**

---

[1]. 손금불산입된 급여·상여 및 비과세 근로소득은 제외한다.

4. 복리후생비

　법인이 그 임직원을 위하여 직장시설보육비, 직장체육비, 직장문화비(직장연예비), 우리사주 조합의 운영비, 사용자부담 건강보험료 및 고용보험료 등의 복리후생비를 지출한 때에는 이를 손금에 산입한다.

〈인건비 손금인정여부〉

		사용인	임원
1. 급여		○	○
2. 상여금	① 일반상여	○	상여지급기준내
	② 이익처분에 의한 상여	×	×
3. 퇴직급여		○	정관규정한도내
4. 복리후생비		열거된 것 및 유사한 것	

* ○은 원칙적으로 손금사항임.

<예제 4 - 1> 인건비

㈜ 무궁의 다음 자료에 의하여 세무조정을 행하시오.

단, 이사회결의에 따른 규정에 따르면 임직원에 대한 상여금은 연간급여액의 40%이고, 퇴직금지급규정은 없다.

당기말에 관리임원과 인사과장이 퇴직하였다. 현실적인 퇴직으로 회사는 퇴직급여충당금을 설정하지 않고 있다.

	급　여	상여금	퇴직급여
관리임원	50,000,000원	25,000,000원	30,000,000원
인사과장	30,000,000원	20,000,000원	25,000,000원

* 관리임원과 인사과장의 근속년수는 3년 3개월 15일로 동일하다.

해답

1. 상여금에 대한 세무조정

- 임원상여금 한도초과액 : 25,000,000원 – 50,000,000원×40% = 5,000,000원 **(손금불산입 – 상여)**
- 사용인에 대한 상여는 한도가 없으므로 손금산입함.

2. 퇴직금에 대한 세무조정

- 임원퇴직급여 한도초과액 : ⓐ – ⓑ = 7,250,000원 **(손금불산입 – 상여)**

ⓐ 퇴직금지급액 : 30,000,000원

ⓑ 한도액 : [50,000,000원 + 25,000,000원 – 5,000,000원(손금불산입된 상여)] × 10%
   × (36개월 + 3개월)/12개월 = 22,750,000원

- 사용인에 대한 퇴직금은 한도가 없으므로 손금산입함.

제3절 　세금과공과금

1. 조세

조세는 업무와 관련된 것에 대해서 원칙적으로 손금으로 인정된다. 다만 몇가지 예외적으로 손금되지 않는 것이 있다.

		종 류	소득처분
1. 원칙 : 손금	**당기손금**	**재산세, 자동차세,** 주민세(균등분, 재산분, 종업원분), 종합부동산세 등	–
	미래손금 (자산원가)	**취득세 등**	
2. 예외 : 손금불산입		① **법인세 및 지방소득세(법인),** 농어촌특별세	기타사외유출
		② **간접세** : 부가가치세매입세액, 개별소비세, 교통세, 주세 등	유보
		③ **징벌효과 : 가산세와 징수불이행 세액**	기타사외유출

〈부가가치세 매입세액에 대한 법인세법상 취급〉

종 류	법인세법규정
1. 공제매입세액(비용처리시)	**손금불산입(유보)**
2. 불공제 매입세액 ① **본래부터 공제되지 않는 매입세액(부가가치미창출)** – 영수증을 발급받은 거래분의 매입세액 – 면세사업/토지/기업업무추진비관련 매입세액 – 비영업용소형승용차 관련 매입세액	**손금산입** * 자산계상분은 추후 손금인정
② **의무불이행으로 공제되지 않는 매입세액** – 세금계산서 미수취 · 불명분매입세액 – 사업과 관련없는 매입세액, 　사업자등록전 매입세액(매입세액불공제분) 등	**손금불산입** * 자산으로도 계상 못함

2. 공과금

"공과금"이란 조세 이외의 강제적 부담금을 말한다. 즉, 공법상의 단체에 의무적으로 부담하는 부담금을 말하는 것이다.

(1) 원칙 : 손금(교통유발부담금[*1], 폐기물처리부담금[*2], 환경개선부담금[*3])

공과금은 지출시 즉시 손금으로 인정되나, 개발부담금[*4], 재건축부담금[*5]등은 자산의 취득가액으로 계상된 후에 추후에 손금으로 인정된다.

[*1]. 교통혼잡완화를 위하여 원인자부담의 원칙에 따라 혼잡을 유발하는 시설물에 대하여 부과하는 공과금

[*2]. 특정유해물질 등을 함유하고 있거나, 재활용이 어렵고 폐기물관리상 문제를 일으킬 수 있는 제품 등에 대해 그 폐기물의 처리에 소요되는 비용을 해당 제품 등의 제조업자 등에게 부담하도록 하는 제도

[*3]. 유통·소비부문을 대상으로 『오염원인자부담원칙』에 의거 오염원인자에게 오염물질 처리비용을 부담토록 하여 오염 저감을 유도하고 환경투자재원을 안정적으로 확보하기 위한 간접규제 제도이다.

[*4]. 개발사업 대상 토지에 대한 투기를 방지하고 그 토지의 효율적인 이용을 촉진하기 위해 법규에 의한 해당사업의 개발이익에 대해 부과·징수되는 환수금이 개발부담금이다.

[*5]. 재건축 아파트의 과도한 가격상승을 막기 위해 법에 따라 부과되는 부담금

(2) 예외 : 손금불산입

① 법령에 의하여 의무적으로 납부하는 것이 아닌 것 : 임의출연금 등

② 법령에 의한 의무의 불이행 또는 금지·제한 등의 위반에 대한 제재로서 부과되는 것 **[폐수배출부담금[*1]** 등]

[*1]. 폐수배출관련의무를 불이행시 제재 목적으로 부과되는 부담금

(3) 협회비나 조합비로서 일반회비 : 손금

영업자가 조직한 단체로서 법인이거나 주무관청에 등록된 조합 또는 협회에 지급한 일반 회비는 전액 손금사항이다.

3. 벌금·과료·과태료 및 강제징수비 : 손금불산입

벌금, 과료(통고처분에 의한 벌금 또는 과료 상당액 포함), 과태료(과료와 과태금 포함), 강제징수비는 손금에 산입하지 않는다. 벌금 등을 손금으로 인정하지 않는 이유는 **징벌의 효과를 감소시키지 않기 위한 데** 있다. 그리고 강제징수비를 손금으로 인정하지 않는 이유는 만일 이것을 손금으로 인정하면 그에 대한 법인세 상당액만큼의 강제징수비를 국가가 대신 부담해 준 결과가 되기 때문이다.

☞ 강제징수비 : 납세자가 국세를 체납시 강제징수에 관한 규정에 의한 재산의 압류와 압류한 재산의 보관과 운반 및 공매에 소요된 비용이 강제징수비이다.

〈벌금 등의 사례〉

벌금 등 해당하는 것	벌금등에 해당하지 않는 것
① 법인의 임원 또는 사용인이 관세법을 위반하고 지급한 벌과금 ② 업무와 관련하여 발생한 **교통사고벌과금** ③ 산업재해보상보험법 규정에 의하여 부과하는 **산재보험료의 가산금** ④ 국민건강보험법의 규정에 의하여 징수하는 **연체금(가산금)** ⑤ 외국의 법률에 의하여 국외에서 납부한 벌금	① **사계약상의 의무불이행으로 인하여 부과하는 지체상금** ② 산업재해보상보험법 규정에 의한 **산재보험료의 연체료** ③ **전기요금의 납부지연으로 인한 연체가산금**

<예제 4 - 2> 세금과공과금

㈜ 무궁의 판매비와 관리비의 세금과공과금의 내역이다. 다음 자료에 의하여 세무조정을 행하시오.

	금 액	비 고
① 주민세 재산분	100,000	사업소 연면적 1㎡당 과세
② 동업자 협회의 조합비	200,000	주무관청에 등록된 조합이고, 일반회비이다.
③ 외국에서 납부한 벌금	300,000	
④ 취득세	400,000	토지의 취득시 부담한 것임.
⑤ 폐수배출부담금	100,000	
⑥ 교통사고벌과금	200,000	
⑦ 등록세	300,000	신주발행시 등록비용
⑧ 개발부담금	400,000	
⑨ 자동차세	500,000	
⑩ 지체상금	200,000	거래처의 납품지연에 대한 부담한 것임
⑪ 산재보상보험료 가산금	300,000	
⑫ 산재보상보험료 연체료	400,000	
⑬ 전기요금납부지연 연체이자	500,000	
⑭ 교통유발부담금	600,000	

해답

	세무조정	내　역
① 주민세 재산분	–	손금인정
② 동업자 협회의 조합비	–	일반회비는 전액손금
③ 외국에서 납부한 벌금	손不 : 기타사외유출 – 300,000	벌금에 해당함.
④ 취득세	손不 : 유보 – 400,000	토지의 취득원가에 해당함.
⑤ 폐수배출부담금	손不 : 기타사외유출 – 100,000	법령에 의해 제재로서 부과됨.
⑥ 교통사고벌과금	손不 : 기타사외유출 – 200,000	벌금에 해당함.
⑦ 등록세	손不 : 기타 – 300,000[1]	신주발행시 등록비용
⑧ 개발부담금	손不 : 유보 – 400,000	토지의 취득원가임.
⑨ 자동차세	–	손금인정
⑩ 지체상금	–	손금인정
⑪ 산재보상보험료 가산금	손不 : 기타사외유출 – 300,000	벌금등에 해당함.
⑫ 산재보상보험료 연체료	–	벌금등에 해당하지 아니함.
⑬ 전기요금납부지연 연체이자	–	벌금등에 해당하지 아니함.
⑭ 교통유발부담금	–	

[1]. [신주발행비 세무조정]

결산서	(차)　세금과공과　　300,000　(대)　현　　금　　300,000		
세무상	(차)　잉 여 금　　300,000　(대)　현　　금　　300,000		
수정분개	(차)　잉 여 금　　300,000　(대)　세금과공과　　300,000		
세무조정	〈손금불산입〉 신주발행비　　300,000원(기타)		

> ### 제4절 업무무관경비

1. 업무무관경비

다음의 업무무관경비는 손금에 산입하지 아니한다.

① **업무무관자산을 취득·관리에 따른 비용·유지비·수선비와 이에 관련된 비용**

② 법인이 직접 사용하지 않고 타인(비출자임원·소액주주임원 및 사용인을 제외)이 주로 사용하는 장소·건축물·물건 등의 유지비·관리비·사용료와 이에 관련된 지출금

　☞ 소액주주 : 발행주식 총수의 1%에 미달하는 주식을 소유한 주주

③ **출자자(소액주주 제외)나 출연자인 임원 또는 그 친족이 사용하고 있는 사택의 유지비·사용료와 이에 관련되는 지출금**

④ 업무무관자산을 취득하기 위하여 지출한 자금의 차입과 관련되는 비용

⑤ 형법상 뇌물에 해당하는 금전과 금전이외의 자산 및 경제적 이익의 합계액

⑥ **노동조합의 전임자에게 지급하는 급여**

2. 업무무관자산

법인의 업무와 직접 관련이 없다고 인정되는 다음의 자산을 말한다.

① 업무에 직접 사용하지 않는 부동산 및 자동차 등

② 서화 및 골동품(장식·환경미화 등의 목적으로 사무실·복도 등 여러 사람이 볼 수 있는 공간에 상시 비치되는 것은 제외)

③ 기타 유사한 자산으로서 법인의 업무에 직접 사용하지 않는 자산

〈업무무관자산의 세무처리〉

취득시	보유시	처분시
취득원가 =매입가액+취득부대비용	감가상각비 : 손금불산입 유보	손금산입 △유보
	유지비용 : 손금불산입 사외유출	–

3. 업무용승용차 관련비용

(1) 대상승용차 : 부가세법상 매입세액 불공제 대상 승용차

(2) 관련비용 : 감가상각비, 임차료, 유류비, 보험료, 수선비, 자동차세, 통행료 등

(3) 비용 인정기준

① 임직원 전용 자동차 보험가입 및 전용번호판 부착 등 일정요건 충족(귀속자에 따라 사외유출)

    ☞ **전용번호판 부착은 취득가액 8,000만원 이상의 차량**

    – 운행기록 작성 : 업무사용비율에 따라 손금산입

    – 운행기록 미작성 : **1,500만원**을 한도로 손금에 산입

        ⓐ 1,500만원이하인 경우 : 100분의 100

        ⓑ 1,500만원을 초과하는 경우 : 1,500만원/업무용승용차관련비용

        즉 **MIN[① 15,000,000원, ② 업무용승용차관련비용]**

② 감가상각비(내용연수 5년, 정액법)와 임차료 중 감가상각비 상당액[1]

    : **업무에 사용한 금액 중 800만원을 한도로 손금산입**

> 감가상각비(감가상각비 상당액)×업무사용비율 – 800만원 = 감가상각비 한도초과액
>
>   → **손금불산입(유보)**   ▶ **감가상각비 상당액은 기타사외유출**

[1]. 시설대여업자(리스회사) : 임차료에서 보험료, 자동차세, 수선유지비를 차감한 금액

    자동차대여사업자(렌트카) : 임차료의 **70%**에 해당하는 금액

③ 처분손실 : 매년 800만원을 한도로 손금에 산입한다.

    한도초과액은 손금불산입(기타사외유출) → 이월액 손금산입(기타)

    ☞ 사업연도 중 취득 또는 처분시 월할계산

〈렌트 VS 리스〉

구분	사업자	**감가상각비 상당액**
렌트	시설대여업자 외의 자동차대여사업자	**임차료×70%**
(운용)리스	시설대여업자	**임차료에 포함된 보험료, 자동차세, 수선유지비를 차감한 금액**

<예제 4 - 3> 업무용승용차(자가)

㈜무궁의 업무용승용차 관련 내역이다. 이에 대한 세무조정을 행하시오. 임직원전용 자동차 보험 가입과 차량운행일지를 작성하였다. 취득일은 당기 1월 1일이다.

(1) 업무용 승용차 내역

코드	차량번호	임차여부	취득가액	총주행거리	업무용사용거리
0101	123가1234	자가	80,000,000원	20,000km	16,000km

(2) 업무용승용차 관련 비용

감가상각비	유류비	보험료	기타	계
16,000,000원	10,000,000원	1,000,000원	5,000,000원	32,000,000원

해답

1. 업무사용비율 = 업무용사용거리(16,000㎞)÷총주행거리(20,000㎞) = 80%
2. 감가상각비 시부인

회사계상액	상각범위액	한도초과
16,000,000	16,000,000원(= **80,000,000원/5년**)	-

3. 업무미사용금액의 손금불산입

   업무용승용차관련비용×(1 - 업무사용비율) = 32,000,000×(1 - 80%) = **6,400,000(손금불산입, 상여)**
4. 업무사용 감가상각비중 800만원(년) 초과분의 손금불산입

   16,000,000×80% - 8,000,000 = **4,800,000원(손금불산입, 유보)**

<예제 4 - 4> 업무용승용차(렌트)

㈜무궁의 업무용승용차 관련 내역이다. 이에 대한 세무조정을 행하시오. 임직원전용 자동차보험 가입과 차량운행일지를 작성하였다. 취득일은 당기 1월 1일이다.

(1) 업무용 승용차 내역

코드	차량번호	임차여부	임차기간	총주행거리	업무용사용거리
0102	123가1235	렌트	1.1~12.31	20,000km	16,000km

(2) 업무용승용차 관련 비용

렌트료(연간)	유류비(연간)	기타(연간)	계
18,000,000원	10,000,000원	5,000,000원	33,000,000원

해답

1. 업무사용비율 = 업무용사용거리(16,000㎞)÷총주행거리(20,000㎞) = 80%
2. 업무미사용금액의 손금불산입

   ① 업무승용차관련비용 33,000,000원

   ② 업무용승용차관련비용×(1 - 업무사용비율) = 33,000,000×(1 - 80%) = **6,600,000(손금불산입, 상여)**

3. 업무사용감가상각비 상당액 중 800만원 초과분 손금불산입

　① 감가상각비 상당액＝18,000,000(렌트료)×**70%(감가상각비 상당 비율)**×80%(업무사용 비율)

　　＝10,080,000원

　② 8백만원(연) 초과분 **손금불산입　2,080,000원(기타사외유출)**

■ ■

|<예제 4 - 5> 업무용승용차(운용리스)|

㈜ 무궁의 업무용승용차 관련 내역이다. 이에 대한 세무조정을 행하시오. 임직원전용 자동차보험 가입과 차량운행일지를 작성하였다. 취득일은 당기 1월 1일이다.

(1) 업무용 승용차 내역

코드	차량번호	임차여부	임차기간	총주행거리	업무용사용거리
0103	123가1236	운용리스	1.1~12.31	20,000km	16,000km

(2) 업무용승용차 관련 비용

리스료(연간)	유류비(연간)	보험료(연간)	자동차세	수선유지비	계
18,000,000원	10,000,000원	1,000,000원	1,000,000원	3,000,000원	33,000,000원

→ **리스료에는 보험료, 자동차세, 수선유지비가 포함되어 있지 않다.**

해답

1. 업무사용비율＝업무용사용거리(16,000km)÷총주행거리(20,000km)＝80%

2. 업무미사용금액의 손금불산입

　① 업무승용차관련비용 33,000,000원

　② 업무용승용차관련비용×(1－업무사용비율)＝33,000,000×(1－80%)＝**6,600,000(손금불산입, 상여)**

3. 업무사용감가상각비 상당액 중 800만원 초과분 손금불산입

　① 감가상각비 상당액＝18,000,000(리스료)×80%(업무사용 비율)＝14,400,000원

　② 8백만원(연) 초과분 **손금불산입　6,400,000원(기타사외유출)**

업무용승용차관련 비용명세

1. 업무용승용차 관련비용명세(자가)

1 업무용 사용 비율 및 업무용 승용차 관련 비용 명세 (운행기록부: 적용) 취득일: 2020-01-01 ☐ 부동산임대업등 법령39조③항

(5) 총주행 거리(km)	(6) 업무용 사용 거리(km)	(7) 업무 사용비율	(8) 취득가액	(9) 보유또는 임차휠수	(10)업무용 승용차 관련 비용							
					(11) 감가상각비	(12) 임차료 (감가상각비포함)	(13) 감가상 각비상당액	(14) 유류비	(15) 보험료	(16) 수선비	(17) 자동차세	(18) 기타	(19) 합계
20,000	16,000	80.0000	80,000,000	12	16,000,000			10,000,000	1,000,000			5,000,000	32,000,000
합 계					16,000,000			10,000,000	1,000,000			5,000,000	32,000,000

2 업무용 승용차 관련 비용 손금불산입 계산

(22) 업무 사용 금액			(23) 업무외 사용 금액				(31) 손금불산입 합계 ((29)+(30))	(32) 손금산입 합계 ((19)-(31))
(24) 감가상각비 (상당액)[((11)또는 (13))X(7)]	(25) 관련 비용 [((19)-(11)또는 (19)-(13))X(7)]	(26) 합계 ((24)+(25))	(27) 감가상각비 (상당액)X(11)-(24) 또는 (13)-(24))	(28) 관련 비용 [((19)-(11)또는 (19)-(13))-(25)]	(29) 합계 ((27)+(28))	(30) 감가상각비 (상당액) 한도초과금액		
12,800,000	12,800,000	25,600,000	3,200,000	3,200,000	6,400,000	4,800,000	11,200,000	20,800,000
12,800,000	12,800,000	25,600,000	3,200,000	3,200,000	6,400,000	4,800,000	11,200,000	20,800,000

3 감가상각비(상당액) 한도초과금액 이월 명세

(37) 전기이휠액	(38) 당기 감가상각비(상당액) 한도초과금액	(39) 감가상각비(상당액) 한도초과금액 누계	(40) 손금추인(산입)액	(41) 차기이휠액((39)-(40))
	4,800,000	4,800,000		4,800,000

2. 업무용승용차 관련비용명세(렌트)

1 업무용 사용 비율 및 업무용 승용차 관련 비용 명세 (운행기록부: 적용) 임차기간: 없음 ☐ 부동산임대업등 법령39조③항

(5) 총주행 거리(km)	(6) 업무용 사용 거리(km)	(7) 업무 사용비율	(8) 취득가액	(9) 보유또는 임차휠수	(10)업무용 승용차 관련 비용							
					(11) 감가상각비	(12) 임차료 (감가상각비포함)	(13) 감가상 각비상당액	(14) 유류비	(15) 보험료	(16) 수선비	(17) 자동차세	(18) 기타	(19) 합계
20,000	16,000	80.0000		12		18,000,000	12,600,000	10,000,000				5,000,000	33,000,000
합 계			16,000,000			18,000,000	12,600,000	20,000,000	1,000,000			10,000,000	65,000,000

2 업무용 승용차 관련 비용 손금불산입 계산

(22) 업무 사용 금액			(23) 업무외 사용 금액				(31) 손금불산입 합계 ((29)+(30))	(32) 손금산입 합계 ((19)-(31))
(24) 감가상각비 (상당액)[((11)또는 (13))X(7)]	(25) 관련 비용 [((19)-(11)또는 (19)-(13))X(7)]	(26) 합계 ((24)+(25))	(27) 감가상각비 (상당액)X(11)-(24) 또는 (13)-(24))	(28) 관련 비용 [((19)-(11)또는 (19)-(13))-(25)]	(29) 합계 ((27)+(28))	(30) 감가상각비 (상당액) 한도초과금액		
10,080,000	16,320,000	26,400,000	2,520,000	4,080,000	6,600,000	2,080,000	8,680,000	24,320,000

3. 업무용승용차 관련비용명세(운용리스)

1 업무용 사용 비율 및 업무용 승용차 관련 비용 명세 (운행기록부: 적용) 임차기간: 없음 ☐ 부동산임대업등 법령39조③항

(5) 총주행 거리(km)	(6) 업무용 사용 거리(km)	(7) 업무 사용비율	(8) 취득가액	(9) 보유또는 임차휠수	(10)업무용 승용차 관련 비용							
					(11) 감가상각비	(12) 임차료 (감가상각비포함)	(13) 감가상 각비상당액	(14) 유류비	(15) 보험료	(16) 수선비	(17) 자동차세	(18) 기타	(19) 합계
20,000	16,000	80.0000		12		18,000,000	18,000,000	10,000,000	1,000,000	3,000,000	1,000,000		33,000,000
합 계			16,000,000			36,000,000	30,600,000	30,000,000	2,000,000	3,000,000	1,000,000	10,000,000	98,000,000

2 업무용 승용차 관련 비용 손금불산입 계산

(22) 업무 사용 금액			(23) 업무외 사용 금액				(31) 손금불산입 합계 ((29)+(30))	(32) 손금산입 합계 ((19)-(31))
(24) 감가상각비 (상당액)[((11)또는 (13))X(7)]	(25) 관련 비용 [((19)-(11)또는 (19)-(13))X(7)]	(26) 합계 ((24)+(25))	(27) 감가상각비 (상당액)X(11)-(24) 또는 (13)-(24))	(28) 관련 비용 [((19)-(11)또는 (19)-(13))-(25)]	(29) 합계 ((27)+(28))	(30) 감가상각비 (상당액) 한도초과금액		
14,400,000	12,000,000	26,400,000	3,600,000	3,000,000	6,600,000	6,400,000	13,000,000	20,000,000

> **참 고**
>
> ### 성실신고확인대상 소규모 법인에 대한 손금인정 제한
>
> 1. 특정내국법인(①&②&③)
>   ① 지배주주 등이 출자총액의 50% 초과 소유
>   ② 부동산 임대업이 주된 사업 또는 부동산임대 · 이자 · 배당 매출액이 50% 이상일 것
>   ③ 상시근로자수가 5인 미만일 것
> 2. **기업업무추진비손금산입 한도 축소 : 한도액의 50%**
> 3. **업무용 승용차 관련비용 손금산입 한도 축소 : 한도액의 50%**
>   (운행기록 미작성시 5백만원, 감가상각비 한도 400만원, 승용차 처분손실 한도 400만원)
> 4. 법인세율 : 0~200억원 이하 세율 19%(개정세법 25)

보론 - 지방세법

NCS세무 - 3 지방세 신고

전산세무 1급에서는 출제가 되지 않으나 회사 실무에 필요한 내용이므로 참고하시기 바랍니다.

Ⅰ. 지방세의 의의와 구조

1. 의의

지방세는 지역의 공공서비스를 제공하는데 필요한 재원으로 쓰기 위하여 지방자치단체별로 과세하는 세금입니다.

2. 구조

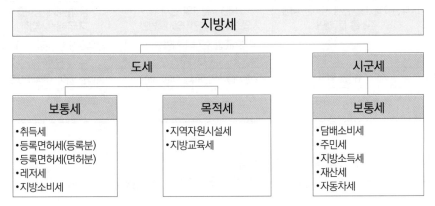

Ⅱ. 주요 지방세

1. 취득세

① 과세대상 : 부동산, 선박, 광업권, 어업권, 기계장비, 입목, 항공기, 골프회원권 등
② 납세의무자 : 취득자
③ 과세표준 : 취득당시의 가액으로 한다.
④ 세율 : 1,000분의 10 ~ 1,000분의 40
⑤ 납부방법 : 취득일로부터 60일 이내 신고납부

2. 등록면허세(등록분)

① 과세대상 : 재산권 등 그 밖의 권리의 변동사항을 공부에 등기·등록하는 행위
② 납세의무자 : 등록을 받은 자
③ 과세표준 : 권리등의 등록당시의 가액이나 채권금액 또는 출자금액
④ 세율
　㉠ 부동산등기 : 소유권보존 : 8/1,000, 소유권이전 : 유상 20/1,000, 무상 15/1,000
　㉡ 법인등기 : 0.1~0.4% 또는 정액

4. 재산세

① 납세의무자 : 과세기준일 현재(매년6월1일) 재산을 사실상 소유하고 있는 자
② 과세표준 : 시가표준액에 부동산 시장의 동향과 지방재정 여건 등을 고려하여 산정
     ㉠ 토지 및 건축물 : 시가표준액의 100분의 50부터 100분의 90까지
     ㉡ 주택 : 시가표준액의 100분의 40부터 100분의 80까지
③ 세율 : 과세대상별로 차등적용
④ 납기

7.16~7.31	주택의 1/2	건축물	선박,항공기
9.16~9.30	주택의 1/2	토지	-

5. 주민세

	개인분주민세	사업소분 주민세	종업원분 주민세
납세의무자	매년 7월 1일 현재 시·군 내에 주소를 둔 개인	매년 7월 1일 현재 사업소를 둔 개인사업자·법인	종업원에게 급여를 지급하는 사업주
과세표준	-	과세기준일 현재의 사업소 및 그 연면적	종업원에게 지급한 그달의 급여총액
세율	개인 : 1만원 범위 내	기본세율+연면적에 대한 세율	종업원 급여 총액의 0.5%
납기	매년 8.16 ~ 8.31	매년 8.1 ~ 8.31	매월분을 다음달 10일까지 신고납부

6. 지방소득세

① 과세대상 : 개인지방소득 및 법인지방소득
② 납세의무자 : 소득세 및 법인세 납세의무가 있는자(개인 및 법인)
③ 납기
     ㉠ 특별징수분 : 매월분을 다음달 10일까지 신고납입
     ㉡ 종합소득세/양도소득세분 : 소득세 신고기간 만료일까지(소득세와 동시징수)
     ㉢ 법인세분 : 사업년도 종료일부터 4월
④ 세율 : 소득세법 및 법인세법 상 소득세(법인세)율의 10% 수준의 독립세율

7. 자동차세

① 납세의무자 : 납기가 있는 달의 1일 현재(6.1/12.1)의 자동차 소유자
② 과세표준 : 자동차의 배기량, 승차정원, 적재정량
③ 세율 : 과세대상별로 차등적용
④ 납기

	과세기준일	납부기간
1기분(1~ 6월)	6월 1일	6.16~6.30
2기분(7~12월)	12월 1일	12.16~12.31

연/습/문/제

 세무조정

[1] 당기 중 유상증자를 실시하였는데, 신주발행에 따른 등록세와 주권인쇄비 등 130,000원은 수수료비용에 계상하였다.

결산서	(차)	(대)
세무상	(차)	(대)
수정분개	**(차)**	**(대)**
세무조정		

[2] 상여금(판) 중 임원에 대한 상여금은 영업이사에 대한 상여금 2,000,000원 뿐이다. 영업이사는 출자 임원에 해당하며 당사는 임원 상여금에 대한 지급규정을 가지고 있지 아니하다.

결산서	(차)	(대)
세무상	(차)	(대)
수정분개	**(차)**	**(대)**
세무조정		

[3] 세금과공과 중에는 폐수배출부담금 300,000원과 산재보험료가산금 20,000원이 포함되어 있음을 확인하다.

결산서	(차)	(대)
세무상	(차)	(대)
수정분개	**(차)**	**(대)**
세무조정		

[4] 당기 손익계산서상 세금과공과 계정에는 교통사고벌과금 50,000원과 전기요금 납부지연으로 인한 연체금 20,000원이 포함되어 있다.

결산서	(차)	(대)
세무상	(차)	(대)
수정분개	**(차)**	**(대)**
세무조정		

[5] 손익계산서상 여비교통비 중에는 지배주주인 홍나리에게 지급한 당사의 업무와 무관한 해외시찰비 800,000원이 포함되어 있다. 홍나리는 (주)해성전자의 임원 또는 사용인이 아니다.

결산서	(차)	(대)
세무상	(차)	(대)
수정분개	**(차)**	**(대)**
세무조정		

[6] 업무용 토지를 구입하면서 지출한 취득세 500,000원을 세금과공과금(판)으로 처리하였다.

결산서	(차)	(대)
세무상	(차)	(대)
수정분개	**(차)**	**(대)**
세무조정		

[7] 세금과공과금 중 대표이사의 개인소유 주택의 재산세 300,000원이 있다.

결산서	(차)	(대)
세무상	(차)	(대)
수정분개	**(차)**	**(대)**
세무조정		

[8]　전년도 법인세에 대한 추가납부분 100,000원을 전기오류수정손실(영업외비용)로 하여 계상하였다.

결산서	(차)	(대)
세무상	(차)	(대)
수정분개	(차)	(대)
세무조정		

[9]　보험료계정에는 회사가 임원을 피보험자 및 수익자로 하는 저축성보험에 대한 보험료가 300,000원 계상되어 있다.

결산서	(차)	(대)
세무상	(차)	(대)
수정분개	(차)	(대)
세무조정		

[10]　세금과공과(제) 중에는 업무와 관련없이 시세차익 목적으로 취득한 토지에 대한 취득세등 지방세 200,000원이 포함되어 있다.

결산서	(차)	(대)
세무상	(차)	(대)
수정분개	(차)	(대)
세무조정		

[11]　세금과공과(제) 중에는 세금계산서미수취로 인한 불공제매입세액이 270,000원이 포함되어 있다.

결산서	(차)	(대)
세무상	(차)	(대)
수정분개	(차)	(대)
세무조정		

[12] 지배주주가 변동됨에 따라 모든 임직원에 대하여 지배주주변동일까지의 퇴직급여 4,000,000원을 지급하고 다음과 같이 회계처리하였으나, 이는 "근로자퇴직급여보장법"상 퇴직급여의 중간정산에는 해당하지 아니한다.

(차) 퇴직급여(판)　　　　　　　　　4,000,000　　　(대) 보통예금　　　　　　　　　　4,000,000

결산서	(차)	(대)
세무상	(차)	(대)
수정분개	**(차)**	**(대)**
세무조정		

 객관식

01. 법인세법상 부가가치세의 매입세액에 대한 세무상 처리에 대한 설명 중 틀린 것은?

　① 토지관련 지출 중 자본적 지출에 해당하는 토 지비용과 관련된 부가가치세의 매입세액이 당기의 비용으로 회계처리된 경우 손금불산입하고 유보로 소득처분한다.

　② 기업업무추진비 및 이와 유사한 지출관련 매입세액은 기업업무추진비 등으로 보아 기업업무추진비시부인계산을 하며 만약 기업업무추진비 한도금액을 초과한다면 손금불산입하고 기타사외유출로 소득처분한다.

　③ 비영업용소형승용차의 구입ㆍ유지와 관련된 매입세액은 모두 자본적 지출로 보아 손금불산입하고 유보로 소득처분한다.

　④ 면세농산물과 관련하여 의제매입세액공제를 받은 세액을 원재료의 매입가액에서 차감한 경우 세무조정과 소득처분은 발생하지 않는다.

02. 현행 법인세법에서는 기업이 실제로 지출한 인건비라 하더라도 손금인정 여부를 달리 규정하고 있다. 다음 중 법인세법상 손금산입 요건에 가장 맞지 않는 경우는?

　① 회사는 근로자와 연봉제계약을 맺고 매년 '근로자퇴직급여보장법'에 따라 퇴직급여를 중간정산하여 퇴직금으로 손금처리하였다.

　② 회사는 임원에게 퇴직금을 지급함에 있어'퇴직전 1년간 총급여액×10%×근속연수'를 기준으로 하여 지급하고 있으나, 회사는 임원에 대한 별도의 퇴직금규정을 두고 있지 않다.

　③ 회사는 근로자(임원 제외)에게 상여금(이익처분에 의한 상여금은 아님)을 지급하고 있으나, 별도의 상여금지급기준을 두고 있지 않다.

　④ 회사는 임원에 대한 상여금을 근로자 퇴직급여 보장법에 따라 지급하고 있으며 별도의 상여금지급규정은 없다.

03. 법인세법상의 익금과 손금에 관하여 기술한 내용이다. 잘못된 것은?

① 법인이 채무의 면제 또는 소멸로 인하여 생기는 부채의 감소액은 익금에 해당한다.

② 업무에 사용하지 않는 토지에 대한 재산세는 손금산입항목이다.

③ 법인이 특수관계에 있는 개인으로부터 유가증권을 시가보다 낮은 가액으로 양수했을 때, 그 시가와 실제 양수가액과의 차액은 익금이다.

④ 손금은 자본 또는 출자의 환급 · 잉여금의 처분 및 손금불산입항목을 제외하고 법인의 순자산을 감소시키는 거래로 인하여 발생하는 손비의 금액으로 한다.

04. 법인세법상 임원퇴직금은 정관에 퇴직금이 정해진 경우 그 금액으로 하되, 그 이외의 경우에는 다음 산식에 의하여 계산한다. 괄호 안에 알맞은 숫자는?

퇴직직전 1년간 총급여액 × (   ) × 근속연수

① 1/10   ② 1/12   ③ 1/15   ④ 1/20

05. 다음 중 법인세법상 법인의 손금으로 인정되지 않는 것은?

① 양도한 자산의 양도 당시의 장부가액

② 노동조합전임자에게 지급하는 급여

③ 영업자가 조직한 단체로서 법인이거나 주무관청에 등록된 조합 또는 협회에 지급한 일반회비

④ 고정자산의 소액수선비

06. 법인세법상 손금산입 되는 조세로 옳지 않은 것은?

① 주민세(재산분)   ② 지방소득세 소득분

③ 업무와 관련있는 재산세   ④ 업무와 관련있는 자동차세

07. ㈜동양이 고정자산인 토지를 1억원에 취득하면서 납부한 토지분 취득세 2,000,000원을 관리비의 세금과공과(비용)으로 회계처리한 경우 이에 대한 법인세법상 세무조정과 소득처분으로 옳은 것은?

① 〈손금불산입〉 토지 2,000,000 (유보)

② 〈손금불산입〉 토지 2,000,000 (기타사외유출)

③ 〈익금불산입〉 토지 2,000,000 (기타)

④ 〈익금불산입〉 토지 2,000,000 (△유보)

08. 다음 중 법인세법상 손금불산입항목이 아닌 것은?

① 급여규정이 없이 지급한 임원상여금

② 전기요금 연체가산금

③ 업무와 관련하여 발생한 교통사고벌과금

④ 외국의 법률에 의하여 국외에서 납부한 벌금

09. 다음은 법인세법상 업무무관자산의 과세상 취급에 대한 설명이다. 옳지 않은 것은?

① 업무무관자산이란 해당 법인의 업무와 직접 관련이 없다고 인정되는 동산과 부동산을 말한다.

② 업무무관자산을 관리하면서 발생하는 관리비, 재산세, 감가상각비 등은 손금에 산입하지 아니한다.

③ 업무무관자산에 대하여는 법인세법상 지급이자 손금불산입 규정을 적용한다.

④ 법인의 소액주주 및 사용인이 사용하고 있는 사택의 사용료 등은 업무무관비용으로 손금에 산입하지 아니한다.

10. 다음은 법인세법상 인건비에 대한 설명이다. 가장 옳지 않은 것은?

① 비상근임원에게 지급하는 보수는 전액 손금산입한다.

② 사용인이 임원으로 취임하는 경우 현실적인 퇴직으로 본다.

③ 주주총회에서 이익처분결의를 통해서 임원에게 지급하는 상여금은 손금에 산입하지 아니한다.

④ 임원에게 퇴직금을 지급하는 경우 퇴직급여지급기준을 초과하여 지급하는 금액은 손금불산입하고 상여처분한다.

11. 법인세법상 손금의 범위에 대한 설명으로 잘못된 것은?

① 판매장려금의 경우 사전약정 없이 지급하는 경우 손금불산입한다.

② 우리사주조합에 출연하는 금품은 손금으로 인정한다.

③ 업무와 관련있는 훈련비는 손금인정하지만, 업무와 관련없는 훈련비는 손금불산입한다.

④ 회수할 수 없는 부가가치세 매출세액 미수금(대손세액공제를 받지 않은 것)은 손금으로 인정한다.

12. 법인이 그 임원 또는 사용인을 위하여 지출한 비용 중 복리후생비로써 손금에 산입되지 않는 것은 어느 것인가?

① 직장체육비　　　　　　　　　　② 직장문화비

③ 사내노동조합의 운영비　　　　　④ 우리사주조합의 운영비

13. 다음은 법인세법상 손금불산입되는 제세공과금 항목에 대한 설명이다. 이에 해당하지 않는 것은?

① 법인세 및 그에 관한 법인세분 지방소득세·농어촌특별세

② 세법에 따른 의무불이행으로 인한 세액(가산세 포함)

③ 개별소비세

④ 주민세

14. 법인세법상 법인의 업무와 관련된 공과금은 원칙적으로 지출하는 사업연도에 즉시 손금으로 인정되거나 또는 자산의 취득가액으로 계상된 후 추후에 손금으로 인정된다. 다음 중 예외적으로 손금불산입되는 공과금은 어느 것인가?

① 개발부담금   ② 교통유발부담금

③ 재건축부담금   ④ 폐수배출부담금

15. 부가가치세매입세액에 대한 법인세법상 처리에 대한 설명으로 옳지 않은 것은?

① 면세사업과 관련된 부가가치세 매입세액 불공제액은 그 성격에 따라 자산의 취득원가 또는 당기 손비로 처리한다.

② 면세농산물과 관련하여 의제 매입세액공제를 받은 경우 이를 원재료의 매입가액에서 차감한다.

③ 비영업용 소형승용차의 취득에 따른 매입세액은 손금불산입한다.

④ 기업업무추진비와 관련된 매입세액은 법인세법상 기업업무추진비로 본다.

16. 다음은 법인세법상 업무무관비용의 손금불산입에 관한 내용이다. 다음 중 옳지 않은 것은?

① 업무무관자산을 취득·관리함으로써 생기는 비용이다.

② 해당법인의 사용인 또는 소액주주등이 사용하는 사택의 유지비·관리비·사용료도 해당한다.

③ 업무무관자산을 취득하기 위하여 지출한 자금의 차입과 관련된 비용도 포함된다.

④ 형법 등에 의해 뇌물에 해당하는 비용도 포함된다.

17. ㈜세무는 건설업을 영위하는 법인으로서 1월 30일 5인승 승용차(개별소비세 부과 대상이며, 경차 아님)를 업무용으로 구매하였다. 이와 관련한 다음의 설명 중 틀린 것을 고르시오.

① 업무전용 자동차보험에 가입하지 않은 경우 승용차 관련 비용을 원칙상 손금으로 불인정하고 그에 대해 항상 대표자상여로 소득처분한다.

② 당해 승용차에 대해서는 결산조정과 관계없이 내용연수 5년에 정액법으로 감가상각한다.

③ 업무전용 자동차보험에 가입하고 업무용 승용차 관련비용이 1,500만원 이하인 경우 전액 손금으로 인정한다.

④ 업무용 승용차 관련비용에는 취득 관련한 비용 외에 감가상각비, 임차료, 유류비, 수선비, 보험료, 자동차세, 통행료 등의 유지와 관련한 비용을 포함한다.

18. 다음 중 법인세법상 업무용승용차에 관한 설명으로 틀린 것은?(단, 해당 법인은 제조업이 주업이며 업무전용 자동차보험에 가입하였고, 해당 사업연도는 20x1.1.1.~20x1.12.31.이다.)

① 해당 법인에서 20x1년 1월 1일에 업무용승용차를 취득하였다면 정액법으로 5년간 강제상각하여야 한다.

② 업무사용 비율이 100%인 경우에는 해당 업무용승용차의 감가상각비가 1,500만원인 경우에도 감가상각비 한도초과액은 없다.

③ 해당 사업연도에 운행기록을 작성하지 않더라도 업무용승용차 관련비용이 1,500만원(12개월 기준) 이하인 경우 업무용승용차의 업무사용비율은 100%를 인정한다.

④ 해당 사업연도에 업무용승용차를 처분하여 1,000만원의 처분손실이 발생한 경우 200만원은 해당사업연도에 손금에 산입하지 아니하고 이월하여 손금에 산입한다.

19. 다음 법인세법상 업무용승용차의 세무처리에 대한 설명 중 틀린 것은?

① 업무용승용자동차의 감가상각비는 내용연수 5년, 정률법으로 강제 상각해야 한다.

② 업무용 전용 자동차 보험에 가입하지 않은 경우 업무용승용차 관련비용 중 업무사용금액은 없는 것으로 본다.

③ 업무용승용차의 관련비용 중 감가상각비 800만원 초과액은 해당 사업연도의 다음 사업연도부터 해당 업무용승용차의 업무사용금액 중 감가상각비가 800만원에 미달하는 경우, 그 미달하는 금액을 한도로 하여 손금으로 추인한다.

④ 업무용 승용자동차 관련비용이란 감가상각비, 임차료 등 업무용승용차의 취득·유지를 위하여 지출한 비용을 말한다.

주관식

01. 다음 자료에 의하여 당기 업무용승용차관련 세무조정을 하시오.
전기 대표이사 전용 5인승 승용차를 ㈜대여캐피탈과 장기렌트계약을 체결하였다.

구분	금액	비고
렌트료	? 원	매월 2,000,000원(부가가치세 포함) 세금계산서를 수령한다.
유류비	3,600,000원	
임차기간 (보험기간)	전기 01.01.~차기 12.31	
거리	1. 전기이월누적거리 18,500km 3. 출퇴근 외 업무거리 1,000km	2. 출퇴근거리 5,000km 4. 당기 총주행거리 6,000km
기타	1. 업무전용보험가입	2. 운행기록부 작성함

02~03. 다음의 법인차량에 대한 자료에 의하여 업무용 승용차 관련 세무조정을 반영하시오.
(임직원 전용보험가입과 차량운행일지 작성을 이행하였고, 당사는 부동산임대업을 주된 사업으로
하지 않는다.)

02. 그랜져(자가)

- 취득일 : 20x1년 10월 1일
- 취득가액 : 54,000,000원
- 감가상각비 : 2,700,000원
- 유류비 : 1,300,000원
- 보험료 : 1,200,000원(20x1년 당기분)
- 자동차세 : 630,000원
- 보험기간 : 20x1. 10. 1. ~ 20x2. 9. 30.
- 20x1년도 총 주행거리 : 4,200㎞(업무용 사용거리 4,200㎞)

03. K5(운용리스)

- 취득일 : 20x0년 5월 1일
- **월 리스료 : 600,000원(보험료, 자동차세, 수선유지비 미포함)**
- 리스기간 : 20x0. 5. 1. ~ 20x2. 4. 30.
- 유류비 : 8,100,000원
- 보험료 : 720,000원
- 자동차세 : 450,000원
- 수선유지비 : 100,000원
- 보험기간 : 20x1. 1. 1. ~ 20x1. 12. 31.
- 20x1년도 총 주행거리 : 21,000㎞(업무용 사용거리 19,950㎞)

연/습/문/제 답안

🔑 세무조정

1. 신주발행비

결산서	(차)	수수료비용	130,000	(대)	현 금		130,000
세무상	(차)	잉 여 금 (주식할인발행차금)	130,000	(대)	현 금		130,000
수정분개	**(차)**	**잉 여 금**	**130,000**	**(대)**	**수수료비용**		**130,000**
세무조정		〈손금불산입〉 신주발행비　130,000원(기타)					

2. 상여금

결산서	(차)	상 여 금	2,000,000	(대)	현 금		2,000,000
세무상	(차)	잉 여 금	2,000,000	(대)	현 금		2,000,000
수정분개	**(차)**	**잉여금＋부당**	**2,000,000**	**(대)**	**상 여 금**		**2,000,000**
세무조정		〈손금불산입〉 임원상여 한도초과　2,000,000원(상여)					

3. 부담금/가산금

결산서	(차)	세금과공과	320,000	(대)	현 금		320,000
세무상	(차)	잉 여 금	320,000	(대)	현 금		320,000
수정분개	**(차)**	**잉여금＋부당**	**320,000**	**(대)**	**세금과공과**		**320,000**
세무조정		〈손금불산입〉 폐수배출부담금　300,000원(기타사외유출) 〈손금불산입〉 산재보험료가산금[1]　20,000원(기타사외유출) *1. 4대보험의 가산금은 조세의 가산세에 해당한다.					

4. 벌과금/연체금

결산서	(차)	세금과공과	70,000	(대)	현 금		70,000
세무상	(차)	잉 여 금 세금과공과	50,000 20,000[1]	(대)	현 금		70,000
수정분개	**(차)**	**잉여금＋부당**	**50,000**	**(대)**	**세금과공과**		**50,000**
세무조정		〈손금불산입〉 교통사고벌과금　50,000원(기타사외유출) *1. 사계약상 연체이자, 연체료 등은 손금사항임.					

5. 업무무관경비

결산서	(차) 여비교통비	800,000	(대) 현 금	800,000
세무상	(차) 잉 여 금	800,000	(대) 현 금	800,000
수정분개	**(차) 잉여금+부당**	**800,000**	**(대) 여비교통비**	**800,000**
세무조정	〈손금불산입〉 지배주주 여비교통비 800,000원(배당)			

6. 토지의 부대비용

결산서	(차) 세금과공과	500,000	(대) 현 금	500,000
세무상	(차) 토 지	500,000	(대) 현 금	500,000
수정분개	**(차) 토 지**	**500,000**	**(대) 세금과공과**	**500,000**
세무조정	〈손금불산입〉 토지(세금과공과) 500,000원(유보) ☞ 취득세는 토지의 취득부대비용임.			

7. 대표이사 재산세

결산서	(차) 세금과공과	300,000	(대) 현 금	300,000
세무상	(차) 잉 여 금	300,000	(대) 현 금	300,000
수정분개	**(차) 잉여금+부당**	**300,000**	**(대) 세금과공과**	**300,000**
세무조정	〈손금불산입〉 대표이사 재산세 300,000원(상여)			

8. 법인세 추가납부

결산서	(차) 전기오류수정손실 (영업외비용)[1]	100,000	(대) 현 금	100,000
세무상	(차) 잉 여 금	100,000	(대) 현 금	100,000
수정분개	**(차) 잉 여 금**	**100,000**	**(대) 전기오류수정손실**	**100,000**
세무조정	〈손금불산입〉 전기법인세비용 100,000원(기타사외유출) [1]. 중대한 오류로서 전기오류수정손실(이익잉여금)으로 처리했다면 세무조정이 필요없다.			

9. 저축성 보험료

결산서	(차) 보 험 료	300,000	(대) 현 금	300,000
세무상	(차) 잉 여 금	300,000	(대) 현 금	300,000
수정분개	**(차) 잉여금+부당**	**300,000**	**(대) 보 험 료**	**300,000**
세무조정	〈손금불산입〉 임원의 저축성보험료 300,000원(상여) ☞ 임원에 대한 저축성 보험은 회사와 무관한 경비이다.			

10. 업무무관자산 취득세

결산서	(차)	세금과공과	200,000	(대)	현　금	200,000
세무상	(차)	투자부동산	200,000	(대)	현　금	200,000
수정분개	**(차)**	**투자부동산**	**200,000**	**(대)**	**세금과공과**	**200,000**
세무조정	〈손금불산입〉 투자부동산 (토지) 취득세　200,000원(유보)					

11. 불공제매입세액(비용)

결산서	(차)	세금과공과	270,000	(대)	현　금	270,000
세무상	(차)	잉 여 금	270,000	(대)	현　금	270,000
수정분개	**(차)**	**잉여금＋부당**	**270,000**	**(대)**	**세금과공과**	**270,000**
세무조정	〈손금불산입〉 세금계산서 미수취불공제매입세액　270,000원(기타사외유출)					

12. 비현실적 퇴직

결산서	(차)	퇴직급여	4,000,000	(대)	보통예금	4,000,000
세무상	(차)	가지급금	4,000,000	(대)	보통예금	4,000,000
수정분개	**(차)**	**가지급금**	**4,000,000**	**(대)**	**퇴직급여**	**4,000,000**
세무조정	〈손금불산입〉 업무무관가지급금(비현실적 퇴직급여)　4,000,000원(유보)					

🔑 객관식

1	2	3	4	5	6	7	8	9	10	11	12	13	14	15
③	④	②	①	②	②	①	②	④	①	①	③	④	④	③

16	17	18	19											
②	①③	②	①											

[풀이 - 객관식]

01. 비영업용소형승용차의 구입·유지 관련분 매입세액 중 수익적 지출 관련분은 손금으로 인정된다.

02. **임원의 상여금은 지급규정이 없는 경우 전액 손금불산입**한다.

03. 재산세는 본래 손금으로 인정되는 조세이다. 그러나 업무무관자산에 대한 재산세는 업무무관비용에 해당하므로 손금으로 인정되지 않는다.

05. **노동조합의 전임자 급여는 업무무관비용으로 손금불산입**한다.

06. 법인세에 부가되는 지방소득세 소득분은 손금불산입된다.

07. 취득세는 토지의 취득원가를 구성한다.

08. **전기요금연체가산금은 손금항목**이다.

09. 소액주주 및 사용인이 사용하고 있는 사택의 사용료는 업무무관자산에 해당하지 않는다.

10. 비상근임원에게 지급하는 보수는 원칙적으로 손금이나 부당행위계산에 해당하는 경우 손금불산입한다.

11. 판매장려금의 경우 사전약정을 불문하고 손금으로 인정한다.

13. 주민세는 손금사항이다.

14. 제재목적의 폐수배출부담금은 손금불산입사항이다.

15. 비영업용 소형승용차의 취득에 따른 매입세액은 취득원가에 포함한다.

16. **사용인 또는 소액주주가 사용하는 사택유지비는 업무무관비용이 아니다.**

17. 업무용승용차 관련비용 중 손금불산입된 금액(감가상각비 포함)은 그 귀속자에 따라 소득처분(상여, 배당, 기타처분 등)하며, 귀속자가 불분명한 때에는 대표자에게 처분한다.
또한 운행기록을 작성하지 않은 경우 15,000,000원 이하인 경우 업무사용비율을 100%로 보아 손금산입하는 것이나, 이 경우 **차량에 대한 감가상각 시부인 계산으로 부인금액이 발생**할 수도 있으므로 전액 손금 인정된다는 표현은 잘못된 것이다.

18. 운행기록을 작성하고 **업무사용비율 100%인 경우에도 감가상각비가 연 800만원을 초과**하는 경우 손금불산입이 발생한다.

19. 정액법으로 강제상각한다.

○━ 주관식

| 01 | 〈해설참고〉 | 02 | 〈해설참고〉 | 03 | 〈해설참고〉 |

[풀이 - 주관식]

01. 업무용 승용차 관련(렌트)

(1) 업무사용비율 = 업무용사용거리(6,000Km)/총주행거리(6,000km) = 100%

(2) 업무미사용금액의 손금불산입

① 업무용승용차관련비용 = 렌트료(2,000,000원 – 부가세 포함)×12개월 + 유류비(3,600,000)
　　　　　　　　 = 27,600,000원

② 업무용승용차관련비용×(1 - 업무사용비율) = 27,600,000×(1 - 100%) = **0(세무조정 없음)**

(3) 업무사용감가상각비 상당액 중 800만원 초과분 손금불산입

- 감가상각비 상당액 : 24,000,000(임차료)×**70%(감가상각비 상당 비율)**×100%(업무 사용비율)
　　　　　　　　 = 16,800,000원

- 8백만원 초과분 **손금불산입　8,800,000원(기타사외유출)**

02. 업무용 승용차 관련(자가)

(1) 업무사용비율 = 업무용사용거리(4,200Km)/총주행거리(4,200km) = 100%

(2) 감가상각비 시부인

회사계상액	상각범위액	한도초과
2,700,000	2,700,000원(= **54,000,000원/5년×3/12**)	–

(3) 업무미사용금액의 손금불산입 : 미사용금액 없음

(4) 업무사용 감가상각비 중 800만원(년) 초과분

- 감가상각비(2,700,000)×업무사용비율(100%) - 8,000,000×3월/12월 = **700,000원(손불, 유보)**

03. 업무용 승용차 관련(운용리스)

① 업무사용비율 = 업무용사용거리(19,950Km)/총주행거리(21,000km) = 95%

② 업무미사용금액의 손금불산입

업무용 승용차관련비용(16,570,000)×[1 - 업무사용비용(95%)] = **828,500원(손불, 상여)**

③ 업무사용 **감가상각비 상당액(600,000×12개월)** 중 800만원(년) 초과분은 없음

☞ 감가상각비 상당액(운용리스) : 임차료에 포함된 보험료, 자동차세, 수선유지비를 차감한 금액이므로 월리스료(600,000)가 감가상각비 상당액이 되는 것임.

손익의 귀속

NCS세무 - 5 법인세 신고 - 각사업연도 세무조정/ 부속서류 작성하기

제1절 권리의무확정주의

각 사업연도의 익금과 손금의 귀속사업연도는 그 익금과 손금이 확정된 날이 속하는 사업연도로 한다. 여기서 확정이란 **익금의 경우에는 권리의 확정**을 말하고 **손금의 경우에는 의무의 확정**을 말한다.

따라서 익금은 권리가 확정된 시점, 손금은 의무가 확정된 시점에 귀속되는 것이다.

이러한 권리의무확정주의는 어떠한 시점에서 익금과 손금을 확실히 인식할 수 있을 것인가를 법률적 측면에서 포착하기 위한 것이다.

〈법인세법과 기업회계의 비교〉

	기업회계	법인세법
수익(익금)	실현주의	권리확정주의
비용(손금)	발생주의(수익비용대응의 원칙)	의무확정주의

| 제2절 | 자산의 판매손익 등의 귀속사업연도 |

1. 원칙적인 귀속시기

자산의 양도 등으로 인한 손익 귀속시기는 기업회계기준과 거의 동일하다.

	기업회계	법인세법
1. 상품 등의 판매 (부동산 제외)	인도기준	**좌동**
2. 상품 등의 시용판매 (부동산 제외)	구매자가 구입의사를 표시한 날	**좌동**
3. 자산양도손익 (부동산 포함)	법적소유권이 구매자에게 이전되는 시점. 다만 그전에 소유에 따른 위험과 효익이 구매자에게 실질적으로 이전되는 경우에는 그 시점	**- 원칙 : 대금청산일** **- 예외 : 대금청산전에 자산을 인도하거나 소유권의 이전등기 또는 상대방에게 사용 수익하게 한 경우** **즉, ⓐ대금청산일 ⓑ소유권이전등기일** **ⓒ인도일(사용수익일) 중 빠른 날**
4. 자산의 위탁판매	수탁자가 해당 재화를 판매시	**좌동**

2. 장기할부의 귀속사업연도

(1) 장기할부판매의 범위

① 판매(수입)금액을 월부·연부 기타의 지불방법에 따라 2회 이상으로 분할하여 수입하는 것 중

② 당해 목적물 인도일의 다음날부터 최종할부금의 지급기일까지의 기간이 1년 이상인 것을 말한다.

(2) 손익의 귀속시기

	기업회계	법인세법
1. 단기할부판매	인도기준	좌동
2. 장기할부판매	(현재가치)인도기준	원칙 : (명목가액)인도기준

	* 비상장중소기업 등의 경우
	  회수기일도래기준 적용가능
		특례
		 – 현재가치 인도기준 수용
		 – 회수기일도래기준 수용
		 – 중소기업은 결산서에 인도기준으로
		   인식한 경우에도 회수기일도래기준
		   으로 신고조정할 수 있다.

> **제3절**   용역제공 등에 의한 손익의 귀속사업연도

1. 원칙 : 진행기준

건설 등(도급공사 및 예약매출포함)의 제공으로 인한 익금과 손금은 **그 목적물의 착수일이 속하는 사업연도부터 그 목적물의 인도일이 속하는 사업연도까지 그 목적물의 건설 등을 완료한 정도(작업진행률)를 기준으로 하여 계산한 수익과 비용**을 각각 해당 사업연도의 익금과 손금에 산입한다.

> * 작업진행률 = $\dfrac{\text{당해 사업연도말까지 발생한 총공사비 누적액}}{\text{총공사 예정비}}$
>
> * 익금 = (도급금액 × 작업진행율) – 직전사업연도말까지의 수익계상액
>
> * 손금 = 당해 사업연도에 발생한 총비용

2. 특례 : 인도기준

중소기업의 단기건설계약의 경우에는 결산서상 진행기준으로 손익을 인식하였더라도 신고조정을 통해 인도기준으로 익금과 손금에 산입할 수 있다.

〈용역제공등에 대한 손익의 귀속시기〉

	기업회계	법인세법
1. 단기건설 등	진행기준 * 비상장중소기업은 인도기준·완성기준 가능	* **원칙 : 진행기준** * **특례 : 중소기업은 인도기준으로 신고 조정 가능**
2. 장기건설 등	진행기준	**진행기준**

<예제 5 - 1> 장기도급공사의 손익

㈜ 무궁의 다음 자료에 의하여 7기와 8기의 세무조정을 행하시오.

기말 현재 진행중인 A건물 신축공사는 다음과 같다.

공사기간	도급금액	총공사예정비	7기공사비
7기 10.5~ 8기 12.31	10,000,000	8,000,000	2,000,000

* 총공사비는 총공사예정비와 일치하였으며 나머지 공사비는 8기에 투입되었다.
  회사는 인도기준으로 회계처리 하였다.

해답

장기도급공사(공사기간 1년이상)을 인도기준으로 회계처리하였으므로, 진행기준과의 차이를 세무조정하여야
한다.

구분		결산서	세무상	세무조정
공사수익	7기	–	2,500,000[*1]	익금산입 2,500,000(유보)
	8기	10,000,000	7,500,000[*2]	익금불산입 2,500,000(△유보)
공사원가	7기	–	2,000,000	손금산입 2,000,000(△유보)
	8기	8,000,000	6,000,000	손금불산입 2,000,000(유보)

*1 제7기 : ① 작업진행률 = 2,000,000/8,000,000 = 25%

② 공사수익 = 10,000,000 × 25% = 2,500,000원

③ 공사원가 = 2,000,000원

*2 제8기 : ① 작업진행률 = 8,000,000/8,000,000 = 100%

② 공사수익 = 10,000,000 × 100% – 2,500,000(7기공사수익) = 7,500,000원

③ 공사원가 = 6,000,000원

제4절 이자소득 등의 귀속사업연도

1. 이자수익

(1) 일반법인

소득세법에 따른 **이자소득의 수입시기(실제로 받은 날 또는 받기로 한 날)**가 속하는 사업연도의 익금으로 한다. 그러나 결산을 확정시 이미 경과한 기간에 대응하는 이자등(**법인세가 원천징수되는 이자 등은 제외)**을 해당 사업연도의 수익으로 계상한 경우에는 계상한 사업연도의 익금으로 한다. 그런데 현재 이자수익은 거의 대부분이 법인세 원천징수대상으로 규정되어 있으므로 예외규정(발생주의)으로 적용하는 예는 거의 없다.

(2) 금융보험업을 영위하는 법인

실제로 수입된 날이 속하는 사업연도의 익금으로 한다. - 현금주의

2. 이자비용

법인이 지급하는 이자 등은 소득세법에 따른 이자소득의 수입시기가 속하는 사업연도의 손금으로 한다. 다만 **결산확정시 이미 경과한 기간에 대응하는 이자등을 해당 사업연도의 손금으로 계상한 경우에는 손금으로 한다. - 발생주의 수용**

〈이자수익과 이자비용의 귀속시기〉

	기업회계	법인세법(일반법인)
1. 이자수익	발생주의	* **원칙 : 수령일 또는 약정일 - 권리의무확정주의** * **특례 : 법인세가 원천징수되지 않는 이자수익의 경우 기간경과분 수익을 인정**
2. 이자비용		* 원칙 : 지급일 또는 지급약정일 * **특례 : 발생주의 수용**

3. 배당금수익

법인이 받는 배당소득의 손익의 귀속시기는 소득세법상 배당소득 수입시기(**잉여금처분결의일, 실제로 받은 날 등**)로 한다.

|<예제 5 - 2> 이자수익과 이자비용|

㈜ 무궁(일반법인)의 다음 자료에 의하여 7기의 세무조정을 행하시오.

1. 국내 정기예금에 대한 미수이자를 다음과 같이 회계처리하였다.

 (차) 미수수익   1,000,000원   (대) 이자수익   1,000,000원

2. 차입금에 대한 이자비용에 대하여 다음과 같이 회계처리하였다.

 (차) 이자비용   2,000,000원   (대) 미지급비용   2,000,000원

해답

1. **국내 정기예금이자는 원천징수대상이므로 미수수익(이자수익)계상을 인정하지 않는다.**

 〈익금불산입〉 정기예금미수수익   1,000,000(△유보)

  ☞ 이 △유보는 이자를 수령하는 연도에 유보추인 – 익금산입(유보)한다.

2. 지급이자에 대한 기간경과분 미지급이자를 계상하는 것은 법인세법도 수용한다.

 따라서 세무조정은 없다.

4. 임대료 등 손익의 귀속사업연도

 자산을 임대한 경우의 손익의 귀속사업연도는 임대료의 지급일이 정해진 경우는 지급일, 지급일이 정해지지 않는 경우는 실제 지급을 받은 날로 한다.

 다만, 경과한 기간에 대한 미수임대료를 회계기준에 따라 결산상 반영한 경우 및 임대료지급기간이 1년을 초과한 경우 이미 경과한 기간에 대응하는 임대료 상당액과 비용은 이를 각각 당해 사업연도의 익금과 손금으로 한다.

〈임대손익의 귀속시기〉

기업회계	법인세법(일반법인)
발생주의	*원칙 : 약정일 또는 수령일 – 권리의무확정주의 *예외 : ① 기간경과분을 임대수익으로 계상한 경우 인정한다. ② 지급기간이 **1년을 초과하는 경우 기간경과분을 강제적으로 임대수익 인식**

5. 기타의 손익귀속

(1) 사채할인발행차금 : 기업회계기준수용

(2) 매출할인 : 약정에 의한 지급기일

(3) 판매보증비, 경품비, 하자보수비등 : 현금주의

| 제5절 | 수입금액조정명세서 |

수입금액조정명세서는 기업회계기준에 의하여 확정된 수입금액(매출액)을 세법에서 규정하고 있는 수익의 인식기준에 따라 조정하는 조정계산서이다. 법인세법의 수익의 인식 기준은 권리확정주의를 채택하고 있으므로 현금의 수입과 관계없이 권리가 확정되는 시점이 수익으로 인식하는 시점인 것이다.

'수입금액'은 기업회계기준에 따라 계산한 매출액을 말하는데, 회사의 장부와 기업회계기준의 차이로 인한 금액은 가감해 주어야 한다. 즉, 기업회계기준에 따라 누락한 매출 등을 포함시켜야 한다.

수입금액에 포함되는 것	수입금액에 포함되지 않는 것
1. 상품 · 제품매출액 **2. 반제품 · 부산물 · 작업폐물 매출액** 3. 중단사업부문의 매출액	1. 영업외수익 2. 임대보증금에 대한 간주익금

이러한 **수입금액은 향후 기업업무추진비 한도 계산에 영향을 미친다.**

|<예제 5 - 3> 수입금액조정명세서|

㈜ 무궁(일반법인)의 다음 자료에 의하여 7기의 세무조정을 행하시오.

1. 결산서상 수입금액 내역

상 품 매 출	60,000,000원
제 품 매 출	100,000,000원
공 사 수 입 금	20,000,000원

2. 공사현황(건물A신축)

도 급 자	(주)한라
공 사 기 간	6기 5.1 ~ 8기 7. 31
도 급 금 액	100,000,000원
예 정 총 원 가	80,000,000원
전 기 공 사 원 가	15,000,000원
당 기 공 사 원 가	35,000,000원
전 기 말 수 익 계 상	20,000,000원
결 산 서 상 수 익 계 상	20,000,000원

* 전기의 세무조정사항은 없었고, 공사원가는 비용으로 계상하였다. 또한 예정총원가는 실제발생원가와 일치하였다.

3. 위탁상품누락

회사는 (주)한라에 상품일부를 위탁판매하고 있다. 수탁회사는 7기 12월 27일 (주)영산에서 상품을 판매하였으나 8기 1월 10일에 이 사실을 알려왔다. 위탁상품의 판매가는 1,200,000원이며, 원가는 800,000원이다.

4. 매출할인의 처리

회사의 제품 매출에 대한 매출할인 1,000,000원을 영업외비용으로 처리하였다.

5. 잡이익에는 작업폐물 매각액 2,000,000원이 있다.

해답

1. 공사수익

구분		결산서	세무상	세무조정
공사수익	6기	20,000,000	20,000,000	–
	7기	20,000,000	42,500,000[*1]	**익금산입 22,500,000(유보)**
	8기	60,000,000	37,500,000	익금불산입 22,500,000(△유보)
공사원가	6기	15,000,000	15,000,000	–
	7기	35,000,000	35,000,000	–
	8기	30,000,000	30,000,000	–

*1 제7기 : ① 작업진행률＝50,000,000/80,000,000＝62.5%
　　　　　　② 공사수익＝100,000,0000(총도급금액)×62.5%－20,000,000(전기수익)＝42,500,000원

2. 적송품 누락은 매출누락과 원가도 누락했으므로 7기에 세무조정을 해주어야 한다.
　　〈익금산입〉 위탁상품 매출　　1,200,000원 (유보)
　　〈손금산입〉 위탁상품 원가　　　800,000원 (△유보)
　　☞ 이러한 세무조정사항은 8기에 유보추인을 하면 된다.

3. 매출할인은 기업회계기준상 총매출액 차감항목이다. 따라서 매출할인만큼 수입금액에서 조정해야 한다. 그러나 영업외비용처리나 총매출액에서 차감하나 손금항목으로 기재되었으므로 별도 세무조정은 필요가 없으나 수입금액조정명세서에 반영하여야 한다.

4. 작업폐물매각액은 기업회계상 매출액에 해당되지 않으나, 법인세법상 수입금액으로 본다.

[수입금액조정명세서 작성]

수입금액조정명세서는 **❶**작업진행율에 의한 수입금액, 기타수입금액 ⇒ **❷**수입금액조정계산 순서로 작성한다.

■ 법인세법 시행규칙 [별지 제16호 서식] (앞 쪽)

사 업 연 도	· · · ~ · · ·	수입금액조정명세서	법 인 명	
			사업자등록번호	

❷1. 수입금액 조정계산

계 정 과 목		③결산서상 수입금액	조 정		⑥조정 후 수입금액 (③＋④－⑤)	비 고
①항 목	②과 목		④가 산	⑤차 감		
매출	상품매출	60,000,000	1,200,000		61,200,000	
매출	제품매출	100,000,000		1,000,000	99,000,000	
매출	공사수입금	20,000,000	22,500,000		42,500,000	
영업외수익	잡이익	2,000,000			2,000,000	
	계				204,700,000	

작업진행율차이 매출할인액 위탁매출

❶ 2. 수입금액 조정명세

가. 작업진행률에 의한 수입금액

⑦ 공사명	⑧ 도급자	⑨ 도급 금액	작업진행률계산			⑬누적익금 산입액 (⑨×⑫)	⑭전기말 누적수입 계상액	⑮ 당기회사 수입계상액	⑯조정액 (⑬－⑭－⑮)
			⑩해당사업 연도말 총공사비 누적액	⑪ 총공사 예정비	⑫ 진행률 (⑩/⑪)				
건물A 신축	(주)한라	100,000,000	15,000,000＋ 35,000,000＝ 50,000,000	80,000,000	62.5%	62,500,000	20,000,000	20,000,000	22,500,000
계									익금산입

나. 중소기업 등 수입금액 인식기준 적용특례에 의한 수입금액

계 정 과 목		⑲세법상당기 수입금액	⑳당기 회사수입금액 계상액	㉑조정액(⑲－⑳)	㉒근거법령
⑰항 목	⑱과 목				
	계				

다. 기타 수입금액

㉓구 분	㉔근 거 법 령	㉕수 입 금 액	㉖대 응 원 가	비 고
위탁매출누락		1,200,000	800,000	
		익금산입	손금산입	
계				

210mm×297mm[일반용지 70g/㎡(재활용품)]

수입금액조정명세서

1. 작업진행률에 의한 수입금액

	⑦공사명	⑧도급자	⑨도급금액	작업진행률계산		⑬진행률 (⑩/⑪)	⑭누적익금 산입액 (③×⑫)	⑮전기말누적 수입계상액	⑯당기회사 수입계상액	(16)조정액 (⑭-⑮-⑯)
				⑩해당사업연도말 총공사비누적액 (작업시간등)	⑪총공사 예정비 (작업시간등)					
1	건물A신축	(주)한라	100,000,000	50,000,000	80,000,000	62.50	62,500,000	20,000,000	20,000,000	22,500,000
2										

2. 기타수입금액조정

2.수입금액 조정명세
다.기타 수입금액

	(23)구　　　분	(24)근 거 법 령	(25)수 입 금 액	(26)대 응 원 가	비　　고
1	위탁매출누락		1,200,000	800,000	
2					

3. 수입금액조정계산

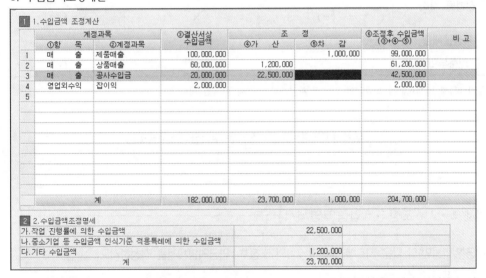

1.수입금액 조정계산

	계정과목		③결산서상 수입금액	조　　정		⑥조정후 수입금액 (③+④-⑤)	비 고
	①항　　목	②계정과목		④가　산	⑤차　감		
1	매　　출	제품매출	100,000,000		1,000,000	99,000,000	
2	매　　출	상품매출	60,000,000	1,200,000		61,200,000	
3	매　　출	공사수입금	20,000,000	22,500,000		42,500,000	
4	영업외수익	잡이익	2,000,000			2,000,000	
5							
	계		182,000,000	23,700,000	1,000,000	204,700,000	

2.수입금액조정명세
가.작업 진행률에 의한 수입금액	22,500,000
나.중소기업 등 수입금액 인식기준 적용특례에 의한 수입금액	
다.기타 수입금액	1,200,000
계	23,700,000

| 제6절 | 조정후수입금액명세서 |

조정후 수입금액명세서는 법인세법상 수입금액과 부가가치세법상 신고한 과세표준과의 차액을 설명하는 서식이다.

법인세법상 수입금액에서 출발하여 부가가치세법상 과세표준과 일치시키면 된다.

	수입금액 (법인세법)	과세표준 (부가가치세법)	차액조정 수입금액 → 과세표준
간주공급	×	○	(+)
간주임대료	×	○	(+)
고정자산매각	×	○	(+)
진행율 차이	(+) (−)	×[1] ×[1]	(−) (+)
부산물매출	○	○	−
매출누락	○	×[1]	(−)

[1] 부가가치세 과세표준에 포함되어 있으면 차이분만 조정해 주시면 됩니다.

부가가치세과세표준 = 조정후 수입금액 ± 차액조정

| <예제 5 - 4> 조정후수입금액명세서 |

㈜ 무궁(일반법인)의 다음 자료에 의하여 7기의 조정후수입금액명세서를 작성하시오.

[자료1] 손익계산서상 수익계상 내역

구	분		기준경비율코드	금 액(원)
매출액	공사수익	건설/토목	452101	480,000,000
	제품매출	제조/철구조물	289302	700,000,000[1]
영업외 수 익	유형자산처분이익			5,000,000
	부산물매각익	제조/철구조물	289302	20,000,000
합 계				1,205,000,000

[1] 제품매출에는 **200,000,000원**이 수출이다.

[자료2] 수입금액조정명세서

> • 공사수익 : 작업진행률에 의한 수입금액으로 20,000,000원이 가산되었다.
> • 제품매출 : 동 위탁매출(적송매출)누락분(7,200,000원)에 대해서는 부가가치세 수정신고를 하였으나,
>   결산서에는 반영하지 못하였다.

[자료3] 부가가치세법상의 과세표준내역

구 분	금 액(원)	비 고
일 반 영세율	1,122,200,000 200,000,000	부가가치세법상의 관련규정은 모두 준수하였으며, **수정신고내용도 반영되어 있음.**
합 계	1,322,200,000	

1. 사업용 고정자산 매각대금 100,000,000원이 포함되어 있다.
2. 선세금계산서 : 10,000,000원(부가세별도)을 결제받고 공급시기 전 세금계산서를 발행하였다.
   결산서에 선수금으로 처리하였다.
3. 거래처에 선물로 제공한 상품이 포함되어 있으며, 원가는 4,000,000원, 시가는 5,000,000원이다.

해답

1. 수입금액조정명세서

구	분	결산서상수입금액	가산 또는 차감	조정후수입금액
매출액	공사수익	480,000,000	20,000,000	500,000,000
	제품매출	700,000,000	7,200,000	707,200,000
영업외 수 익	부산물 매각익	20,000,000		20,000,000
합 계		1,200,000,000	27,200,000	1,227,200,000

2. 차액검토 및 수입금액과 차액내역

   차액 = 부가가치세법상 과세표준 – 조정후수입금액

       = 1,322,200,000원 – 1,227,200,000원 = 95,000,000원

[차액내역]

구 분	부가세법상 과세표준(A)	법인세법상 수입금액(B)	±차액조정(A – B)
사 업 상 증 여	5,000,000	0	5,000,000
고 정 자 산 매 각 액	100,000,000	0	100,000,000
작 업 진 행 율 차 이	0	20,000,000	– 20,000,000
거 래 시 기 차 이 가산*1	10,000,000	0	10,000,000
위 탁 매 출	7,200,000*2	7,200,000	0
합 계	122,200,000	27,200,000	95,000,000

*1 구분은 부가가치세법상 기준(선세금계산서)으로 생각하세요.

*2 위탁매출은 부가가치세법상 수정신고를 하였고, 수입금액에 가산하였으므로 조정할 게 없다.

[조정후 수입금액명세서 작성]

조정후 수입금액명세서는 ■ 1. 업종별 수입금액명세서 ⇒ ② 2.(1) 부가가치세 과세표준과 수입금액 차액 ⇒ ③ 2.(2) 수입금액과의 차액내역 순서로 작성한다.

사업 연도	. . ～ . .	조정후수입금액명세서	법 인 명	
			사 업 자 등 록 번 호	

■ 1.업종별 수입금액명세서

①업태	②종목	코드	③기준 (단순)경비율번호	④계(⑤+⑥+⑦)	⑤국내생산품	⑥수입상품	⑦수출
제조업	일반철물	01	289302	727,200,000	527,200,000		200,000,000
건설업	토목	02	452101	500,000,000	500,000,000		
〈103〉		03					
〈104〉		04					
〈106〉		06					
〈107〉		07					
〈111〉기타		11					
〈112〉합계		99		1,227,200,000	1,027,200,000		200,000,000

(수입금액 / 내수 헤더는 ④계(⑤+⑥+⑦) 아래, ⑤국내생산품·⑥수입상품 위에 걸쳐 있음)

2. 부가가치세 과세표준과 수입금액 차액 검토

② (1) 부가가치세 과세표준과 수입금액 차액

⑧과세(일반)	⑨과세(영세율)	⑩면세수입금액	⑪합계(⑧+⑨+⑩)	⑫수입금액	⑬차액(⑪-⑫)
1,122,200,000	200,000,000		1,322,200,000	1,227,200,000	95,000,000

③ (2) 수입금액과의 차액내역

⑭구분	⑮코드	〈16〉금액	비고	⑭구분	⑮코드	〈16〉금액	비고
자가공급	21			거래시기차이감액	30		
사업상증여	22	5,000,000		주세·특별소비세	31		
개인적공급	23			매출누락	32		
간주임대료	24				33		
자산 고정자산매각액	25	100,000,000			34		
매각 그 밖의 자산매각액	26				35		
잔존재고재화	27				36		
작업진행률차이	28	–20,000,000			37		
거래시기차이가산	29	10,000,000		〈17〉차액계	50	95,000,000	

조정후수입금액명세서 〔참 고〕

1. 업종별수입금액명세서

1 1.업종별 수입금액명세서

①업 태	②종 목	순번	③기준(단순) 경비율번호	수 입 금 액			⑦수 출 (영세율대상)
				수입금액계정조회	내 수 판 매		
				④계(⑤+⑥+⑦)	⑤국내생산품	⑥수입상품	
조립금속제품 제	일반철물 제조업	01	289302	727,200,000	527,200,000		200,000,000
건설업	토공사업	02	452101	500,000,000	500,000,000		
		03					
		04					
		05					
		06					
		07					
		08					
		09					
		10					
(111)기 타		11					
(112)합 계		99		1,227,200,000	1,027,200,000		200,000,000

2. 과세표준과 수입금액차액 검토

2 2.부가가치세 과세표준과 수입금액 차액 검토   부가가치세 신고 내역보기

(1) 부가가치세 과세표준과 수입금액 차액

⑧과세(일반)	⑨과세(영세율)	⑩면세수입금액	⑪합계(⑧+⑨+⑩)	⑫조정후수입금액	⑬차액(⑪-⑫)
1,122,200,000	200,000,000		1,322,200,000	1,227,200,000	95,000,000

(2) 수입금액과의 차액내역(부가세과표에 포함되어 있으면 +금액, 포함되지 않았으면 -금액 처리)

⑭구 분	코드	(16)금 액	비 고	⑭구 분	코드	(16)금 액	비 고
자가공급(면세전용등)	21			거래(공급)시기차이감액	30		
사업상증여(접대제공)	22	5,000,000		주세·개별소비세	31		
개인적공급(개인적사용)	23			매출누락	32		
간주임대료	24				33		
자산 고정자산매각액	25	100,000,000			34		
매각 그밖의자산매각액(부산물)	26				35		
폐업시 잔존재고재화	27				36		
작업진행률 차이	28	-20,000,000			37		
거래(공급)시기차이가산	29	10,000,000		(17)차 액 계	50	95,000,000	
				(13)차액과(17)차액계의차이금액			

연/습/문/제

 세무조정

[1] 전기에 정기적금에 가입하고 발생주의에 따른 미수이자 1,000,000원을 손익계산서에 수익으로 계상하였다. 당기에 만기가 도래하여 전기 미수이자 1,000,000원을 수령하였다. 또한, 당기말 미수이자 2,000,000원을 계상하였다.

[전기미수이자]

결산서	(차)	(대)
세무상	(차)	(대)
수정분개	**(차)**	**(대)**
세무조정		

[당기미수이자]

결산서	(차)	(대)
세무상	(차)	(대)
수정분개	**(차)**	**(대)**
세무조정		

[2] 회계담당자는 자산처리한 화재보험료 중 전기의 기간경과분 1,000,000원에 대한 비용처리를 누락하여 당기에 다음과 같이 회계처리 하였다.(전기의 세무조정은 적절하게 이루어졌다.)

(차) 전기오류수정손실(영업외비용)　　1,000,000원　　(대) 선급비용　　　　1,000,000원

결산서	(차)	(대)
세무상	(차)	(대)
수정분개	**(차)**	**(대)**
세무조정		

[3] 12월 31일에 상품권 2,000,000원을 현금발행하고, 상품매출로 처리하였다. 12월 31일까지 회수된 상품권은 없다.

결산서	(차)	(대)
세무상	(차)	(대)
수정분개	**(차)**	**(대)**
세무조정		

[4] 20x1년 자본금과 적립금조정명세서(을) 기초잔액은 다음과 같다.
- 선급비용 : 210,000원

(20x0년에 계약한 화재보험료로 보험계약기간은 20x0.10.01 ~ 20x2.09.30이다.)

결산서	(차)	(대)
세무상	(차)	(대)
수정분개	**(차)**	**(대)**
세무조정		

[5] 20x1년 12월 30일에 안진(주)로부터 시송품에 대한 구입의사표시(외상)을 받았는데, 결산재무제표에 반영하지 못하였다.[시송품(상품) 판매가 7,000,000원이며 매출원가는 적정한 것으로 가정한다.]

결산서	(차)	(대)
세무상	(차)	(대)
수정분개	**(차)**	**(대)**
세무조정		

[6] 20x1년 결산일 현재 진행 중인 공사는 도급금액이 29,000,000원인 다음의 공사 한 건분이다.

> - 계약기간 : 20x0년 1월 20일 ~ 20x2년 4월 3일
> - 총공사비누적액/총공사예정비 : 20,400,000원/24,000,000원
> - 전기말수입계상액은 18,000,000원이며 당기에 장부상 수입계상액은 6,000,000원이다.

결산서	(차)	(대)
세무상	(차)	(대)
수정분개	**(차)**	**(대)**
세무조정		

[7] 회사의 재고자산의 제품계정에는 적송품 1,000,000원(100개, 개당 @10,000원)이 포함되어 있다. 이 중 수탁회사는 60개를 20x1년 12월 31일에 판매하였고, 나머지 40개는 20x2년에 판매하였음을 20x2년 2월 20일 통보받았다. 수탁자의 판매가격은 제조원가에 20%를 가산한 금액이며, 판매수수료 및 부가가치세예수금 등은 무시한다.

[적송품매출]

결산서	(차)	(대)
세무상	(차)	(대)
수정분개	**(차)**	**(대)**
세무조정		

[적송품 매출원가]

결산서	(차)	(대)
세무상	(차)	(대)
수정분개	**(차)**	**(대)**
세무조정		

객관식

01. 다음은 법인세법의 손익귀속사업연도와 관련된 설명이다. 적합하지 않은 것은?

① 법인이 결산을 확정함에 있어 이미 경과한 기간에 대응하는 이자비용을 계상하는 경우 세법상 이를 인정한다.

② 법인의 각 사업연도의 익금과 손금의 귀속사업연도는 원칙적으로 그 익금과 손금이 확정된 날이 속하는 사업연도로 한다.

③ 법인의 장기건설의 경우에는 원칙적으로 작업진행률을 기준으로 하여 수익과 비용을 해당 사업연도의 익금과 손금에 산입한다.

④ 법인이 수입하는 이자 등은 기업회계기준에 의한 기간 경과분을 수익으로 계상한 경우 익금으로 한다.

02. 법인세법상 손익의 귀속시기에 대한 설명 중 옳지 않은 것은?

① 사채할인발행차금 : 기업회계기준에 의한 사채할인발행차금의 상각방법에 따라 손금산입

② 일반법인의 원천징수되는 수입이자 : 소득세법상 이자소득의 수입시기

③ 상품 등의 시용판매 : 구입의사표시일과 특약에 의해 판매가 확정되는 날 중 빠른 시기

④ 상품 등의 위탁판매 : 수탁자가 위탁상품을 인수한 시기

03. 다음 법인세법상 손익의 귀속사업연도에 관한 설명으로 옳지 않은 것은?

① 부동산매매업을 영위하는 법인의 부동산의 판매로 인하여 발생한 판매손익의 귀속사업연도는 대금청산일, 소유권이전등기 · 등록일, 인도일 · 사용수익일 중 늦은 날이 속하는 사업연도이다.

② 사채할인발행차금은 기업회계기준에 따른 사채할인발행차금의 상각방법에 따라 손금에 산입한다.

③ 계약기간이 1년 미만인 단기건설에 대하여 중소기업이 완성기준을 적용한 경우에는 법인세법상 이를 인정한다.

④ 장기할부조건에 의하여 자산을 판매함으로써 발생한 채권에 대하여 기업회계기준이 정하는 바에 따라 계상한 현재가치할인차금은 그에 따라 환입하였거나 환입할 금액을 각 사업연도의 익금에 산입한다.

04. 법인세법상 자산의 양도 등으로 인한 익금 및 손금의 귀속사업연도로 옳지 않은 것은?

① 상품(부동산을 제외한다)·제품 또는 기타의 생산품의 판매 : 그 상품 등을 인도한 날

② 상품 등의 시용판매 : 상대방이 그 상품 등에 대한 구입의 의사를 표시한 날. 다만, 일정기간내에 반송하거나 거절의 의사를 표시하지 아니하면 특약 등에 의하여 그 판매가 확정되는 경우에는 그 기간의 만료일로 한다.

③ 상품 등 외의 자산의 양도 : 사용수익일

④ 자산의 위탁매매 : 수탁자가 그 위탁자산을 매매한 날

05. 다음은 법인세법상 용역제공 등에 의한 손익의 귀속사업연도 내용이다. 해당 법인이 1차년도말에 익금산입할 금액은?

- 대금수령방법은 매년말 1억원씩 지급약정함
- 건설기간은 올해 초 1월부터 3년간이다.
- 총대금수령액을 현재가치로 환산하면 267,567,321원으로 가정한다.
- 매년 작업진행율은 1차년도는 40%, 2차년도는 80%, 3차년도는 100%이다.

① 익금산입 100,000,000원　　　　② 익금산입 107,026,928원

③ 익금산입 120,000,000원　　　　④ 익금산입　89,189,100원

06. 법인세법상 공사계약에 따른 손익의 귀속시기와 세무조정에 대한 설명으로 가장 틀린 것은?

① 장기공사를 완성기준을 적용하여 회계처리 하였다면 세무조정은 없다.

② 단기공사에 대하여 완성기준을 적용하여 회계처리 하였다면 세무조정은 없다.

③ 단기공사에 대하여 진행기준을 적용하여 회계처리 하였다면 세무조정은 없다.

④ 장기공사를 진행기준을 적용하여 회계처리 하였다면 세무조정은 없다.

07. 부동산매매업을 영위하는 (주)평화는 상가를 신축하여 판매하는 사업을 하고 있다. 다음 자료를 기초로 할 때 법인세법상 판매손익의 귀속시기는 언제인가?

- 계약일 : 20x1년 4월 13일
- 준공검사필증교부일 : 20x1년 9월 25일
- 소유권이전등기일 : 20x2년 1월 6일
- 잔금청산일 : 20x1년 10월 6일
- 사용수익개시일 : 20x1년 9월 30일

① 잔금청산일　　　　　　　　　② 준공검사필증교부일

③ 사용수익개시일　　　　　　　④ 소유권이전등기일

08. 다음 중 법인세법상 손익귀속사업연도에 대한 설명으로 가장 옳지 않은 것은?

① 매출할인을 하는 경우 해당금액은 상대방과의 약정에 의한 경우에는 지급기일이 속하는 사업연도의 매출액에서 차감한다.

② 장기할부조건으로는 월부, 연부에 따라 2회이상 분할하여 수입하고 인도일부터 최종 할부금의 지급기일까지의 기간이 1년 이상인 것을 말한다.

③ 용역제공에 따른 손익귀속은 원칙적으로 진행기준을 적용하나, 예외적으로 중소기업의 계약기간 1년 미만의 건설 등의 경우에는 인도기준을 적용할 수 있는 특례규정이 있다.

④ 결산확정시 이미 경과한 기간에 대응하는 이자 등(법인세가 원천징수되는 이자 등은 제외)을 해당 사업연도의 수익으로 계상한 경우에는 계상한 연도의 익금으로 한다.

09. 법인세법상 손익의 귀속시기에 관한 설명이다. 틀린 것은?

① 임대료 지급기간이 1년을 초과하는 경우에는 이미 경과한 기간에 대응하는 임대료 상당액과 비용은 이를 각각 해당 사업연도의 익금과 손금으로 본다.

② 중소기업인 경우 계약기간 1년 미만의 건설의 경우 수익과 비용을 각각 그 목적물의 인도일이 속하는 사업연도의 익금과 손금에 산입할 수 없다.

③ 용역제공에 의한 손익 귀속사업연도에서 기업회계기준에 근거하여 인도기준으로 회계 처리한 경우 이를 인정한다.

④ 자산을 위탁판매하는 경우에는 그 수탁자가 매매한 날이 속하는 사업연도의 익금으로 한다.

10. 법인세법상 손익귀속시기에 관한 다음의 설명 중 가장 옳지 않은 것은?

① 지급기간이 1년 이하인 단기임대료는 원칙적으로 계약상 지급일을 귀속사업연도로 하나, 기간경과분에 대하여 임대료를 수익으로 계상한 경우에는 이를 익금으로 인정한다.

② 용역제공에 의한 손익 귀속사업연도에서 기업회계기준에 근거하여 인도기준으로 회계처리한 경우 이를 인정한다.

③ 중소기업의 계약기간 1년 미만인 건설의 경우라 하여도 수익과 비용을 각각 그 목적물의 인도일이 속하는 사업연도의 익금과 손금에 산입할 수 없다.

④ 자산을 타인에게 위탁하여 판매하는 경우에는 수탁자가 그 자산을 판매한 날이 속하는 사업연도를 귀속사업연도로 한다.

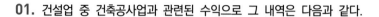 주관식

01. 건설업 중 건축공사업과 관련된 수익으로 그 내역은 다음과 같다.

공사명/도급자	빌딩신축공사/㈜기린
공사기간	20x1.3.1.~20x4.10.05.
도급금액	10,000,000,000원
총공사예정비	8,000,000,000원
해당사업연말총공사누적액	1,000,000,000원
당기손익계산서에 반영된공사수익	1,200,000,000원

당기 세무상 공사수익은 얼마인가?

02. 다음 자료를 이용하여 회사의 조정후 수입금액을 구하시오.

(1) 손익계산서상 수입금액

	수입금액	기타
제품매출	3,500,000,000원	수출(영세율대상) 300,000,000원 포함
상품매출	2,405,000,000원	

(2) 수탁자가 판매하였으나 전자세금계산서를 미발급하고, 당사에 통보하지 않은 제품매출 800,000원이 있었음을 확인하였다. 해당 매출 누락과 관련된 대응원가는 400,000원이고 기말재고로 집계되었다. (단, 매출누락과 관련하여 부가가치세 및 가산세 등은 고려하지 않는다.)

(3) 제품(제조원가 2,000,000원, 시가 4,000,000원)을 매출거래처에 판매장려금으로 지급하고 다음과 같이 회계처리하였으며 이에 대한 부가가치세 신고는 적정하게 이루어졌다.

차변	대변
판매촉진비 2,400,000원	제 품 2,000,000원 부가세예수금 400,000원

03. 2번자료를 활용하여 회사의 부가가치세 과세표준(수정신고 전)을 구하시오.

04. 다음 자료를 보고 법인세법상 조정후수입금액을 구하시오.

> (1) 결산서상 수입금액 내역 : 제품매출 3,515,000,000원, 상품매출 2,500,000,000원
>
> (2) 제품 재고액 중 20대(1대당 원가 1,000,000원, 1대당 판매가 1,300,000원)는 시송품이며, 20x1.
>   12. 31. 현재 15대는 구입의사표시를 받은 상태인데 시송매출과 관련 원가는 회계처리하지 않음.
>
> (3) 상품권 판매액 : 15,000,000원(상품권 판매액은 전액 결산서상 상품매출로 계상되어 있으며, 실제
>   상품권과의 교환으로 출고된 상품의 매출금액은 10,000,000원임)
>
> (4) 부산물매각대 3,000,000원을 잡이익으로 계상함.

05. 다음 자료를 이용하여 부가가치세법상 과세표준을 구하시오.

> ① 손익계산서상의 수익 반영 내역
>
> | 구분 | | 금액(원) | 비고 |
> |---|---|---|---|
> | 매출액 | 제품매출 | 1,387,000,000 | 직수출액 127,000,000원 포함 |
> | | 상품매출 | 830,000,000 | |
> | 영업외수익(잡이익) | 부산물 매각대 | 3,000,000 | |
> | 합계 | | 2,220,000,000 | |
>
> ② 기계장치 매각대 : 50,000,000원
>
> ③ 당사는 매출거래처에 제품 8,000,000원(시가 10,000,000원)을 증여하고 다음과 같이 회계처리하였
>   으며 이에 대한 부가가치세 신고는 적정하게 이루어졌다.
>
> | (차) 기업업무추진비 | 9,000,000원 | (대) 제　　　품 | 8,000,000원 |
> |---|---|---|---|
> | | | 부가세예수금 | 1,000,000원 |
>
> ④ 부가가치세는 관련규정에 따라 적법하게 신고하였다.

연/습/문/제 답안

⚿ 세무조정

1-1. 전기 미수이자

결산서	(차)	현 금	1,000,000	(대)	미수수익	1,000,000
세무상	(차)	현 금	1,000,000	(대)	이자수익	1,000,000
수정분개	**(차)**	**미수수익**	**1,000,000**	**(대)**	**이자수익**	**1,000,000**
세무조정	〈익금산입〉 전기 미수이자 1,000,000원(유보) ☞ 원천징수대상이자소득의 수익귀속시기는 수령한 날이다.					

1-2. 당기 미수이자

결산서	(차)	미수수익	2,000,000	(대)	이자수익	2,000,000
세무상	(차)		–	(대)		–
수정분개	**(차)**	**이자수익**	**2,000,000**	**(대)**	**미수수익**	**2,000,000**
세무조정	〈익금불산입〉 당기 미수이자 2,000,000원(△유보)					

2. 이월손금

결산서	(차)	전기오류수정손실(영)	1,000,000	(대)	선급비용	1,000,000
세무상	(차)		–	(대)		–
수정분개	**(차)**	**선급비용**	**1,000,000**	**(대)**	**전기오류수정손실(영)**	**1,000,000**
세무조정	〈손금불산입〉 전기선급비용 1,000,000원(유보) ☞ 이월손금으로서 전기에 세무조정으로 손금산입 유보처리 된 내용이 당기에 손금으로 반영되어 있으므로 이에 대한 세무조정이 필요하다.					

3. 상품권

결산서	(차) 현　　금	2,000,000	(대) 상품매출	2,000,000
세무상	(차) 현　　금	2,000,000	(대) 선 수 금	2,000,000
수정분개	**(차) 상품매출**	**2,000,000**	**(대) 선 수 금**	**2,000,000**
세무조정	《익금불산입》 상품권매출　2,000,000원(△유보) ☞ 상품권과 재화를 교환시 수익인식한다. 즉 인도기준이다.			

4. 선급비용

결산서	(차)	–	(대)	–
세무상	(차) 보 험 료	120,000[*1]	(대) 선급비용	120,000
수정분개	**(차) 보 험 료**	**120,000**	**(대) 선급비용**	**120,000**
세무조정	《손금산입》 선급비용　120,000원(△유보) *1. 보험료 잔여개월수 : 21개월(20X1년 12개월 + 20×2년 9개월) 　　당기보험료 = 210,000원×12개월/21개월 = 120,000원			

5. 시송품 판매

결산서	(차)	–	(대)	–
세무상	(차) 외상매출금	7,000,000	(대) 상품매출	7,000,000
수정분개	**(차) 외상매출금**	**7,000,000**	**(대) 상품매출**	**7,000,000**
세무조정	《익금산입》 시용매출누락　7,000,000원(유보) ☞ 시용매출원가는 적정하게 처리하였다고 가정했으므로 세무조정없다.			

6. 공사수익

결산서	(차) 현 금 등	6,000,000	(대) 공사수익	6,000,000
세무상	(차) 현 금 등 　　　외상매출금	6,000,000 650,000	(대) 공사수익	6,650,000[*1]
수정분개	**(차) 외상매출금**	**650,000**	**(대) 공사수익**	**650,000**
세무조정	《익금산입》 당기공사수익 누락분　650,000원(유보) *1. 20×1년 : ① 작업진행률 = 20,400,000/24,000,000 = 85% 　　　　　　② 당기공사수익 = 29,000,000×85% − 18,000,000 = 6,650,000원			

7-1. 적송품 매출

결산서	(차)		-	(대)		-	
세무상	(차)	외상매출금	720,000	(대)	제품매출		720,000[*1]
수정분개	**(차)**	**외상매출금**	**720,000**	**(대)**	**제품매출**		**720,000**
세무조정	《익금산입》 적송품매출누락 720,000원(유보) *1. 60개×10,000원×120%						

7-2. 적송품 매출원가

결산서	(차)		-	(대)			-	
세무상	(차)	제품매출원가	600,000	(대)	제	품		600,000[*1]
수정분개	**(차)**	**제품매출원가**	**600,000**	**(대)**	**제**	**품**		**600,000**
세무조정	《손금산입》 적송품매출원가 600,000원(△유보) *1. 60개×10,000원 ☞ 이러한 적송품매출, 매출원가는 결산서에 수익과 비용을 계상했을 경우 유보추인한다.							

○━ 객관식

1	2	3	4	5	6	7	8	9	10				
④	④	①	③	③	①	③	②	②	③				

[풀이 - 객관식]

01. 법인이 수입하는 이자 등은 **소득세법에 따른 이자소득의 수입시기(수령일 또는 약정일)**가 속하는 사업연도의 익금으로 한다.

02. 상품 등의 위탁판매는 수탁자가 그 위탁상품을 판매한 시기에 수익으로 인식한다.

03. 부동산매매업을 영위하는 법인의 부동산의 판매로 인하여 발생한 판매손익의 귀속사업연도는 **대금청산일, 소유권이전등기·등록일, 인도일·사용수익일 중 빠른 날**로 한다.

04. 상품 등 외의 자산의 양도의 귀속사업연도는 그 대금을 청산한 날이다

05. 장기도급계약은 공사진행기준에 따라 익금과 손금을 계산하여야 한다.
300,000,000원×40% = 120,000,000원

06. **장기공사는 진행기준**을 적용하여야 하므로 세무조정이 발생한다.

07. **인도 또는 사용수익개시일과 등기이전일 및 잔금청산일 중 가장 빠른 날**이 손익귀속시기이다.

08. 장기할부는 **인도일의 다음날부터 최종할부금의 지급기일까지의 기간이 1년 이상**인 것을 말한다.

09. **비상장중소기업인 경우 단기건설(1년 미만)의 경우에는 인도기준 또는 완성기준**에 따라 수익과 비용을 인도일이 속하는 사업연도의 익금과 손금에 산입할 수 있다.

10. **중소기업인 경우 단기건설(1년 미만)의 경우에는 인도기준에 따라 수익과 비용을 인도일이 속하는 사업연도의 익금과 손금**에 산입할 수 있다.(특례조항)

주관식

01	1,250,000,000	02	5,905,800,000	03	5,909,000,000
04	6,032,500,000	05	2,280,000,000		

[풀이 - 주관식]

01. • 작업진행률 = 1,000,000,000/8,000,000,000 = 12.5%
- 당기 세무상공사수익 = 10,000,000,000 × 12.5% = 1,250,000,000원

〈참고사항 - 세무조정〉
- 세무상 수익(1,250,000,000) - 회계상 수익(1,200,000,000) = 50,000,000(익금산입, 유보)

02.

구	분	결산서상수입금액	가산 또는 차감	조정후수입금액
매출액	제품매출	3,500,000,000	800,000(위탁매출)	3,500,800,000
	상품매출	2,405,000,000		2.405,000,000
합	계	5,905,000,000	800,000	5,905,800,000

〈참고사항 - 세무조정〉
- 제품매출 누락   800,000(익금산입, 유보),
- 제품원가 누락   400,000(손금산입, △유보)

03.

1. 조정후수입금액	5,905,800,000	
2. 차액조정		
- 간주공급(사업상증여)	4,000,000	
- 위탁매출	-800,000	수정신고하지 않음.
3. 과세표준(부가세법)	5,909,000,000	

04.

구 분	결산서상수입금액	가산 또는 차감	조정후수입금액
제품매출	3,515,000,000	19,500,000*1	3,534,500,000
상품매출	2,500,000,000	−5,000,000*2	2.495,000,000
집이익(부산물)	3,000,000		3,000,000
합 계	6,018,000,000	14,500,000	6,032,500,000

*1. 시송품매출＝15대×1,300.000＝19,500,000

*2. 상품권매출 중 상품권 미회수액

〈참고사항 – 세무조정〉

- 제품매출(시송품) 누락 19,500,000(익금산입, 유보)
- 제품원가 누락 15,000,000(손금산입, △유보)
- 상품권 미회수 5,000,000(손금산입, △유보)

05.

1. 조정후수입금액	2,220,000,000	결산서상 수입금액과 동일
2. 차액조정		
− 고정자산매각	50,000,000	
− 사업상증여	10,000,000	
3. 과세표준(부가세법)	2,280,000,000	

자산·부채의 평가

제1절   자산의 취득가액

자산의 취득가액은 법인세법상 입장에서 보면 **미래의 손금을 결정**하는 것이다. 즉 자산의 가액은 미래에 손익계산서로 흘러 들어가 비용으로 처리되면서 소멸된다.

즉, 과세당국의 입장에서 법인의 자산 취득가액을 얼마로 인정하느냐 하는 것은 그 자체로 종결되는 것이 아니라 추후 손금인정을 동 금액만큼 허용한다는 것과 같은 개념인 것이다.

일반적으로 기업회계기준과 동일하다.

1. 일반원칙

구 분	취 득 가 액
1. 타인으로부터 매입한 자산(당기손익금융자산등은 제외)	매입가액 + 취득부대비용
2. 자기가 제조·생산·건설등에 의하여 취득한 자산	제작원가 + 취득부대비용
3. 당기손익인식금융자산	매입가액(부대비용은 당기비용)
4. 기타 자산	**취득당시의 시가**

☞ 당기손익인식금융자산(구 : 단기매매금융자산) : 일반기업회계기준의 단기매매증권과 유사한 개념으로 보시면 됩니다.

2. 자산의 저가·고가매입

구 분		내 용
(1) 저가매입	원칙	인정
	예외	**특수관계자(개인)으로부터 유가증권을 저가 매입시 차액 (시가 - 매입가액)은 취득가액에 포함**
(2) 고가매입	원칙	인정
	예외	① **특수관계자로 부터 고가매입시 시가 초과액은 취득가액에서 제외 된다.** ② **특수관계 없는 자로부터 고가매입시 정상가액(시가의 130%)을 초과하는 금액은 기부금의제(간주기부금)**

제2절 자산·부채의 평가기준

1. 원칙 : 임의평가불인정

법인이 보유하는 자산과 부채를 평가한 경우에는 그 자산과 부채의 장부가액은 그 평가하기 전의 가액으로 한다. 따라서 **원칙적으로 자산 및 부채의 평가증, 평가감을 모두 부인**한다.

2. 예외

다음과 같은 감액(평가감)사유가 발생한 날이 속하는 사업연도에만 결산조정반영시 평가손실을 손금으로 인정한다.

(1) 감액(평가감)할 수 있는 경우

구 분		평가액
재고자산	① **파손·부패 등**으로 평가차손을 계상한 경우 ② 세법상 **저가법으로 신고한 법인이 평가손실을 계상**한 경우	시가
고정자산	천재지변·**화재, 법령에 의한 수용 등의 사유로 파손**되거나 **멸실**된 것	시가

구 분			평가액
주 식	부도 등	**주권 상장법인 또는 특수관계에 있지 않는 비상장법인**이 발행한 주식 등으로서 발행한 법인이 **부도가 발생한 경우** 또는 소정의 법률에 따른 회생계획인가의 결정을 받았거나 부실징후 기업이 된 경우	시가(시가로 평가한 가액이 1,000원 이하인 경우 1,000원으로 한다.)
	파산	**주식발행법인이 파산**한 경우	
화폐성외화 자산ㆍ부채		**평가하는 방법(마감환율 평가방법)을 신고한 경우에 평가손익을 인정**	기말 매매기준율

(2) 평가증 할 수 있는 경우

① 고정자산에 대해서 보험법 등 법률에 따른 평가증만 인정(평가감은 불인정)
② **화폐성 외화자산ㆍ부채(마감환율 평가방법 신고시)**

제3절 재고자산의 평가

1. 재고자산의 평가방법

재고자산의 평가는 이 가운데 법인이 납세지 관할 세무서장에게 신고한 방법에 따른다.

	내 용
1. 원가법	① 개별법 ② 선입선출법 ③ 후입선출법 ④ 총평균법 ⑤ 이동평균법 ⑥ 매출가격환원법(소매재고법) 중 하나의 방법에 의하여 산출한 가액으로 평가하는 방법
2. 저가법	• 원가법 또는 시가법에 의하여 평가한 가액 중 낮은 가액을 평가액으로 하는 방법 • 기업회계기준에서 저가법으로 평가손실을 계상하였더라도 세법상 원가법을 채택하면 평가손실을 손금으로 인정하지 않음. • 저가법 신고시 시가와 비교되는 원가법을 함께 신고하여야 한다.

2. 평가대상 재고자산의 범위와 평가방법의 선택

법인은 **다음의 재고자산을 구분하여 영업종목별, 영업장별로 각각 다른 방법**에 의하여 평가할 수 있다.

① **제품 · 상품**(부동산매매업자의 매매목적 부동산 포함, 유가증권 제외)
② **반제품 · 재공품** ③ **원재료** ④ **저장품**

3. 재고자산 평가방법의 신고와 변경신고

	신 고 기 한
1. 최초신고	• 설립일이 속하는 사업연도의 법인세 과세표준의 신고기한(3/31)
2. 변경신고 및 무신고 후 최초신고시	• 변경할 평가방법을 적용하고자 하는 **사업연도의 종료일 이전 3개월이 되는 날까지 신고(9/30)**하여야 한다. ☞ 무신고후 무신고시 평가방법을 적용받는 법인이 그 평가방법을 변경하고자 하는 경우에도 마찬가지이다.

4. 무신고 및 임의변경시 평가방법

	무신고시 평가방법	임의변경시 평가액[*1]
재고자산	**선입선출법**	MAX [① **무신고시 평가방법,**
매매목적용 부동산	개별법	② **당초신고한 평가방법**]

*1. 평가방법을 신고하고 신고한 방법에 따라 평가하였으나 <u>기장 또는 계산상의 착오가 있는 경우에는 평가방법을 달리하여 평가한 것으로 보지 않는다.</u>

〈최초신고 : 총평균법〉		1기	2기	3기
① 기한내신고 (총평균법)		총평균	총평균	총평균
② 기한후신고 (총평균법)		무신고 (선입선출)	9/30까지 (총평균)	총평균
			10/1 이후 (무신고)	총평균

1기   2기   3기

①   ②
3/31

〈변경신고 : 총평균법 → 선입선출법〉		7기	8기
① 기한내신고 (선입선출법)		선입선출법	선입선출법
② 기한후신고 (선입선출법)		총평균법	선입선출법

6기   7기   8기

① ②
9/30

5. 세무조정

구　　　분	당기 세무조정	차기 세무조정
세무상 재고자산 > 재무상태표상 재고자산	익금산입(유보) **재고자산평가감**[1]	손금산입(△유보)
세무상 재고자산 < 재무상태표상 재고자산	손금산입(△유보) **재고자산평가증**[2]	익금산입(유보)

[1] 장부기준으로 장부의 재고자산이 과소평가되어 있다는 표현입니다.
[2] 장부기준으로 장부의 재고자산이 과대평가되어 있다는 표현입니다.

　　당기의 세무조정이 그 다음 사업연도에 반대조정으로 소멸되는 이유는 당기말 재고자산가액의 과대(과소)평가액은 자연적으로 차기의 매출원가를 통해 자동적으로 차이가 해소되기 때문이다.

|<예제 6 - 1> 재고자산의 평가|

㈜ 무궁의 다음 자료에 의하여 7기(20×1)의 세무조정을 행하시오.

1. 재고자산에 대한 회계상 평가액과 각각의 평가방법에 의한 금액은 다음과 같다.

(백만원)

구　분	장부상 평가액	총 평 균 법	후입선출법	선입선출법
제　품	20	20	17	19
재 공 품	12	12	11	13
원 재 료	7	9	8	7
저 장 품	6	7	6	8

2. 제7기 9월 10일에 제품의 평가방법을 총평균법에서 후입선출법으로 변경신고하였으나, 실제로 총평균법에 따른 평가액을 장부에 기록하였다.

3. 재공품과 원재료의 평가방법은 각각 총평균법과 후입선출법으로 신고되어 있다.
   원재료는 계산실수로 1,000,000원을 과소 계상하였다.

4. 저장품은 재고자산 평가방법을 신고하지 않았다.

해답

(백만원)

	계산근거	장부상 평가액	세법상 평가액	세무조정
제품	임의변경에 해당함. MAX[①선입선출법, ②후입선출법]	20	19	〈손금산입〉 제품 평가증 1(△유보)
재공품	총평균법	12	12	
원재료	후입선출법 **계산착오는 임의변경으로 보지 않는다.**	7	8	〈익금산입〉 원재료 평가감 1(유보)
저장품	무신고 – 선입선출법	6	8	〈익금산입〉 저장품 평가감 2(유보)

[재고자산평가조정명세서 작성]

재고자산평가조정명세서는 **1** 재고자산평가방법검토 ⇒ **2** 평가조정계산 순서로 작성한다.

| 사업연도 | | ■재고자산
□유가증권 | 평가조정명세서 | | 법인명 | (주)무궁 |

| ※관리번호 | | – | | | 사업자등록번호 | | | – | | – | | | | |

※ 표시란은 기입하지 마십시오.

1 1. 재고자산평가방법검토

①자산별		②평가방법 신고연월일	③신고방법	④평가방법	⑤적부	⑥비고
제품및상품		20X1.9.10	후입선출법	총평균법	부	
반제품및재공품		20Y0.3.31	총평균법	총평균법	적	
원재료		20Y0.3.31	후입선출법	후입선출법	적	
저장품		–	무신고	후입선출법	부	
유가증권	채권					
	기타					

2 2. 평가조정계산

⑦ 과목	⑧ 품명	⑨ 규격	⑩ 단위	⑪ 수량	회사계산		조정계산금액				⑱조정액(⑮ 또는 ⑮와 ⑰중 큰 금액–⑬)
							신고방법		선입선출법		
					⑫ 단가	⑬ 금액	⑭ 단가	⑮ 금액	⑯ 단가	⑰ 금액	
제품						20,000,000		17,000,000		19,000,000	– 1,000,000
재공품						12,000,000		12,000,000			–
원재료						7.000,000		8,000,000			1,000,000
저장품						6,000,000				8,000,000	2,000,000
계					계정과목별로 세무조정해야 한다.					→	2,000,000

익금산입

161

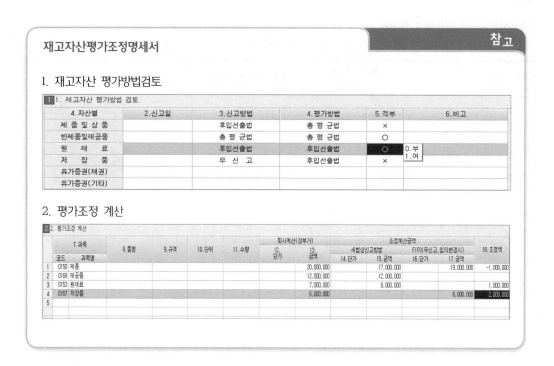

참고

재고자산평가조정명세서

1. 재고자산 평가방법검토

4.자산별	2.신고일	3.신고방법	4.평가방법	5.적부	6.비고
제 품 및 상 품		후입선출법	총 평 균 법	×	
반제품및재공품		총 평 균 법	총 평 균 법	○	
원 재 료		후입선출법	후입선출법	○	0.부 1.여
저 장 품		무 신 고	후입선출법	×	
유가증권(채권)					
유가증권(기타)					

2. 평가조정 계산

7.과목 코드	과목명	8.품명	9.규격	10.단위	11.수량	회사계산(장부가) 12.단가	13.금액	세법상신고방법 14.단가	15.금액	FIFO(무신고,임의변경시) 16.단가	17.금액	18.조정액
1 0150	제품						20,000,000		17,000,000		19,000,000	-1,000,000
2 0169	재공품						12,000,000		12,000,000			
3 0153	원재료						7,000,000		8,000,000			1,000,000
4 0167	저장품						6,000,000				8,000,000	2,000,000
5												

제4절 유가증권의 평가

1. 유가증권의 평가방법

구 분		내 용
원가법	주식	① 총평균법 ② 이동평균법 중 선택
	채권	① **개별법** ② 총평균법 ③ 이동평균법 중 선택

* 주식의 평가차익, 평가차손 불인정

2. 유가증권 평가방법의 신고와 변경신고 : 재고자산과 동일하다.

3. 무신고 및 임의변경시 평가방법

	무신고시 평가방법	임의변경시 평가액
유가증권	**총평균법**	**MAX[① 총평균법 ②당초신고한 평가방법]**

4. 세무조정

	단기매매증권	매도가능증권	
	손익계산서에 반영 (당기순이익에 반영)	재무상태표에 반영 (자본 – 기타포괄손익누계액)	
평가이익	익금불산입(△유보)	**익금산입(기타)**	**익금불산입(△유보)**
평가손실	손금불산입(유보)	**손금산입(기타)**	**손금불산입(유보)**

[이중세무조정의 이해]

1. 총액법과 순액법

총액법은 자산·부채의 증감 총액을 수익·비용의 발생으로 회계처리하는 방법이고, 순액법은 자산·부채의 증감 총액을 수익·비용의 순액(또는 차액)을 이익 또는 손실로 인식하는 방법을 말한다.

예를 들어 상품(원가 7,000원)을 10,000원에 현금판매하였다고 가정하고, 총액법과 순액법의 회계처리를 보자.

구 분	총액법	순액법
(수익인식)	(차) 현　　　금　　　10,000원 　(대) 상 품 매 출　　　10,000원	(차) 현　　　금　　　10,000원 　(대) 상　　　품　　　7,000원 　　　상품매매이익　　　3,000원
(비용인식)	(차) 상품매출원가　　　7,000원 　(대) 상　　　품　　　7,000원	
기업회계기준	기업회계기준은 **상품매출(제품매출)에 대해서는 총액법으로 표시하여야 하고 이외의 자산(유형자산처분손익)은 순액법으로 회계처리**한다.	
법인세법	기업회계기준과 달리 순자산의 증감원인을 세법적으로 판단하여 과세소득에 포함시킬 것인지 여부를 판단하여야 하므로 **모든 거래에 대해서 총액법을 원칙으로 하고 있다. 또한 총액법으로 인식하면 세무조정이 편리하다.**	

2. 이중세무조정

세무조정은 회계상의 분개를 세법상의 분개로 수정하는 것으로 수정분개는 세법상 관점으로 표현한 것이다.

회계상의 분개는 재무상태표 계정(자산, 부채, 자본)의 변화를 순액법으로 회계처리하므로 이러한 수정분개는 2개 이상의 재무상태계정의 변화를 한 줄로서 표현할 수 있으나, 세법은 재무상태표계정의 변화를 총액법으로 회계처리하므로, 세무조정은 재무상태표계정 변화시마다 그에 대응하는 손익계정의 변화를 함께 동반하여 표현한다.

따라서 수정분개가 **2개 이상의 재무상태 계정의 변화가 있으면 재무상태계정이 변화된 수만큼 세무조정이 필요**하게 된다. 따라서, 수정분개의 차대변이 모두 재무상태 계정인 경우에는 이중세무조정을 수반하게 된다.

결산서	(차) XX	10,000	(대) ZZ	10,000
세무상	(차) XX	10,000	(대) WW	10,000
수정분개	(차) ZZ(재무상태계정)	10,000	(대) WW(재무상태계정)	10,000
세무조정	**이중세무조정**			

상기와 같이 수정분개가 차변, 대변 공히 재무상태계정이 나타나면 이중세무조정이 나타난다. 그러면 아래와 같이 **재무상태표계정을 손익계정으로 변화시켜 2개의 세무조정을 수행**하면 된다.

수정분개	(차) ZZ(재무상태계정) 10,000 (대) <u>수익 또는 비용</u> 10,000	익금산입 또는 손금불산입
	(차) <u>수익 또는 비용</u> 10,000 (대) WW(재무상태계정) 10,000	손금산입 또는 익금불산입

|<예제 6 - 2> 이중세무조정|

㈜ 무궁의 다음 사항에 대해서 세무조정하시오.

1. 기말에 단기매매증권 평가이익을 1,000원 계상하다.

2. 기말에 매도가능증권 평가이익을 2,000원 계상하다.

3. 토지의 취득세에 대한 가산세 3,000원을 현금납부하고, 토지의 취득원가로 계상하다.

4. 개발부서 임원의 상여금을 4,000원 지급하고, 개발비로 회계처리하다.(회사는 임원상여지급규정이 없다)

5. 특수관계자인 대주주로부터 토지(시가 5,000원)를 9,000원에 현금매입하다.

해답

1. 단기매매증권평가익 : 법인세법은 주식의 평가손익을 불인정한다.

결산서	(차) 단기매매증권	1,000	(대) 단기매매증권평가이익	10,000
세무상	세법은 불인정한다.			
수정분개	**(차) 단기매매증권평가이익** **(손익계정)**	**1,000**	**(대) 단기매매증권** **(재무상태계정)**	**1,000**
세무조정	〈익금불산입〉 단기매매증권평가이익　　1,000원(△유보)			

2. 매도가능증권평가이익 : 법인세법은 주식의 평가손익을 불인정한다.

결산서		(차) 매도가능증권	2,000	(대) 매도가능증권평가익	2,000
세무상		세법은 불인정한다.			
수정분개	순액법	(차) 매도가능증권평가익 (재무상태계정)	2,000	(대) 매도가능증권 (재무상태계정)	2,000
	총액법	**(차) 비　　용** **(손익계정)**	**2,000**	(대) 매도가능증권 (재무상태계정)	2,000
		(차) 매도가능증권평가익 (재무상태계정-잉여금)	2,000	**(대) 수　　익** **(손익계정)**	**2,000**
세무조정		〈손금산입〉 매도가능증권　　2,000(△유보) 〈익금산입〉 매도가능증권평가익　2,000(기타) * 상기의 예에서 가산조정과 차감조정이 동시에 나타나므로 당기 과세소득에는 영향이 없다.			

3. 토지의 가산세 : **가산세는 자산의 취득원가가 아니고, 가산세는 기타사외유출 사항이다.**

결산서		(차) 토　　지	3,000	(대) 현　　금	3,000
세무상		(차) 잉여금(사외유출)	3,000	(대) 현　　금	3,000
수정분개	순액법	(차) 잉여금(사외유출) (재무상태계정)	3,000	(대) 토　　지 (재무상태계정)	3,000
	총액법	**(차) 비　　용** **(손익계정)**	**3,000**	(대) 토　　지 (재무상태계정)	3,000
		(차) 잉여금(사외유출) (재무상태계정-잉여금)	3,000	**(대) 비　　용** **(손익계정)**	**3,000**
세무조정		〈손금산입〉 토지　　　　　　3,000(△유보) 〈손금불산입〉 토지가산세　　3,000(기타사외유출)			

4. 개발비 : **상여지급규정이 없는 임원의 상여는 사외유출사항이고, 또한 자산의 취득원가를 구성하지 않는다.**

결산서		(차) 개 발 비	4,000	(대) 현　　금	4,000
세무상		(차) 잉여금(사외유출)	4,000	(대) 현　　금	4,000
수정분개	순액법	(차) 잉여금(사외유출) 　(재무상태계정)	4,000	(대) 개 발 비 　(재무상태계정)	4,000
	총액법	**(차) 비　　용** **(손익계정)**	**4,000**	(대) 개 발 비 　(재무상태계정)	4,000
		(차) 잉여금(사외유출) 　(재무상태계정-잉여금)	4,000	**(대) 비　　용** **(손익계정)**	**4,000**
세무조정		〈손금산입〉 개발비　　　　4,000(△유보) 〈손금불산입〉 임원상여한도초과　4,000(상여)			

5. 자산의 고가매입 : **특수관계자로 부터 자산의 고가매입시 시가초과액은 자산의 취득원가가 아니고, 고가매입액만큼 사외유출사항이다.**

결산서		(차) 토　　지	9,000	(대) 현　　금	9,000
세무상		(차) 토　　지 　　잉여금(사외유출)	5,000 4,000	(대) 현　　금	9,000
수정분개	순액법	(차) 잉여금(사외유출) 　(재무상태계정)	4,000	(대) 토　　지 　(재무상태계정)	4,000
	총액법	**(차) 비　　용** **(손익계정)**	**4,000**	(대) 토　　지 　(재무상태계정)	4,000
		(차) 잉여금(사외유출) 　(재무상태계정-잉여금)	4,000	**(대) 비　　용** **(손익계정)**	**4,000**
세무조정		〈손금산입〉 토지　　4,000(△유보) 〈손금불산입〉 토지의 고가매입　4,000(배당)			

[이중세무조정요약]

수정분개				세무조정
(차) 손익계정	XXX	(대) 재무상태계정 또는	XXX	세무조정 1줄
(차) 재무상태계정	XXX	(대) 손익계정	XXX	
(차) 재무상태계정	**XXX**	**(대) 재무상태계정**	**XXX**	**세무조정 2줄**
(차) 손익계정	XXX	(대) 손익계정	XXX	세무조정 없음

| 제5절 | 기타 자산·부채의 평가 |

1. 외화채권·채무의 외환차손익

법인이 상환받거나 상환하는 외화채권·채무의 외환차손익은 외환차이가 발생하는 회계기간의 손익으로 인식한다. 따라서 **기업회계기준에 따라 인식한 외환차손익에 대해서 별도 세무조정을 하지 않아도 된다.**

2. 외화자산·부채의 평가손익

외화환산손익은 미실현손익이기 때문에 원칙적으로 세무상 손익으로 인정되지 않는다. 그러나 법인세법에서는 회계와 세법의 불일치로 인한 세무조정 부담을 완화하기 위하여 금융회사 및 비금융회사가 보유하는 화폐성 외화자산·부채에 대해서 외화환산손익을 인식할 수 있도록 하였다.

(1) 일반법인(비금융회사)

다음의 방법 중 관할 세무서장에게 신고한 방법에 따라 평가한다.

① **거래일 환율평가 방법** : 화폐성 외화자산·부채의 **취득일 또는 발생일** 현재의 매매기준율 등으로 평가하는 방법(기말평가손익 불인정)

② **마감환율 평가방법** : <u>사업년도 종료일 현재의 매매기준율 등으로 평가하는 방법(기업회계기준 수용)</u>

☞ ②를 적용하려는 법인은 적용하려는 사업연도의 과세표준 신고시 관할세무서장에게 신고한다.

(2) 금융회사

사업연도 종료일 현재의 기획재정부령으로 정하는 매매기준율 또는 재정된 매매기준율로 평가한다.

3. 평가대상 외화자산·부채

평가대상이 되는 화폐성항목	평가대상이 아닌 비화폐성 항목
① 외화현금, 외화예금, 외화보증금 ② 외화채권·채무 ③ 현금 등으로 상환하는 충당부채 등	① 재화와 용역에 대한 선급금, 선수금 ② 주식, 유·무형자산, 재고자산 등

| **<예제 6 - 3> 외화자산 · 부채 평가손익** |

㈜ 무궁의 다음 사항에 대해서 세무 조정하시오.

계정과목	발생일자	외화종류	외화금액	발생시 적용환율	기말 매매기준율
외상매출금	20x1. 4. 5.	USD	$5,000	$당 1,100원	$당 1,200원
장기차입금	20x1. 9. 10.	USD	$1,000	$당 1,000원	$당 1,200원

- 회사는 외화자산과 외화부채에 대하여 마감환율 평가방법으로 관할 세무서에 신고하였다.
- 회사는 결산시 대고객외국환매입율[*1]인 $1 = 1,300원을 적용하여 외화채권, 채무를 평가하였다.

   *1. 대고객외국환매입율 : 은행이 고객으로부터 외환을 살 때 적용하는 환율

해답

마감환율 평가방법(매매기준율)으로 평가하여야 하는데 대고객외국환매입율로 평가했으므로 세무조정을 하여야 한다.

1. 외화환산이익

결산서	(차)	외상매출금	1,000,000	(대)	외화환산이익	1,000,000
세무상	(차)	외상매출금	500,000	(대)	외화환산이익	500,000
수정분개	**(차)**	**외화환산이익**	**500,000**	**(대)**	**외상매출금**	**500,000**
세무조정	〈익금불산입〉 외환환산이익 500,000원 (△유보)					

2. 외화환산손실

결산서	(차)	외화환산손실	300,000	(대)	외화장기차입금	300,000
세무상	(차)	외화환산손실	200,000	(대)	외화장기차입금	200,000
수정분개	**(차)**	**외화장기차입금**	**100,000**	**(대)**	**외화환산손실**	**100,000**
세무조정	〈손금불산입〉 외환환산손실 100,000원 (유보)					

☞ 평가내역

계정과목	발생일 기준 환율	장부상 평가환율	외화금액 ($)	장부상 평가손익 (A)	세무상 평가환율	세무상 평가손익(B)	차이 (B – A)
외상매출금	1,100	1,300	5,000	1,000,000	1,200원	500,000	– 500,000
장기차입금	1,000		1,000	– 300,000		– 200,000	+ 100,000
회계상 손익금계상액				700,000	세무상 손익금	300,000	– 400,000

[외화자산등 평가차손익조정명세서] 을표, 갑표순으로 작성한다.

〈외화자산등 평가차손익조정명세서(을)〉

외화자산 부채별로 작성한다.

■ 법인세법 시행규칙 [별지 제40호 서식(을)]　　　　　　　　　　　　　(앞 쪽)

사 업 연 도	·　·　· ~ ·　·　·	외화자산 등 평가차손익조정명세서(을)		법 인 명	
				사업자등록번호	

①구분	②외화종류	③외화금액	④장부가액		⑦평가금액		⑩평가손익
			⑤적용환율	⑥원화금액	⑧적용환율	⑨원화금액	자산(⑨-⑥) 부채(⑥-⑨)
외화 자산	USD	$5,000	1,100	5,500,000	1,200	6,000,000	500,000
	합　계						
외화 부채	USD	$1,000	1,000	1,000,000	1,200	1,200,000	−200,000
	합　계						

당기 : 발생일
전기 : 직전년도
　　　평가환율

평가손익합계
(300,000)

〈외화자산등 평가차손익조정명세서(갑)

■ 법인세법 시행규칙 [별지 제40호 서식(갑)]　　　　　　　　　　　　　(앞 쪽)

사 업 연 도	·　·　· ~ ·　·　·	외화자산 등 평가차손익조정명세서(갑)		법인명	
				사업자등록번호	

1. 손익 조정금액

①구　분		②당기손익금 해 당 액	③회사손익금 계 상 액	조　　　　정		⑥손익 조정금액 ((②-③))
				④차익조정 (③-②)	⑤차손조정 (②-③)	
가. 화폐성 외화자산 · 부채 평가손익		300,000	700,000			−400,000
나.통화선도 · 통화스왑 · 환변동 보험 평가손익						
다. 환 율 조 정 계 정 손 익	차익					
	차손					
계						

외화자산등 평가차손익조정명세서   참고

1. 외화자산 입력

	②외화종류(자산)	③외화금액	④장부가액		⑦평가금액		⑩평가손익
			⑤적용환율	⑥원화금액	⑧적용환율	⑨원화금액	자 산(⑨-⑥)
1	usd	5,000	1,100	5,500,000	1,200	6,000,000	500,000
2							

2. 외화부채 입력

	②외화종류(부채)	③외화금액	④장부가액		⑦평가금액		⑩평가손익
			⑤적용환율	⑥원화금액	⑧적용환율	⑨원화금액	부 채(⑥-⑨)
1	usd	1,000	1,000	1,000,000	1,200	1,200,000	-200,000
2							

3. 손익조경금액

①구분		②당기손익금 해당액	③회사손익금 계상액	조정		⑥손익조정금액 (②-③)
				④차익조정(③-②)	⑤차손조정(②-③)	
가. 화폐성 외화자산.부채 평가손익		300,000	700,000			-400,000
나. 통화선도.통화스왑.환변동보험 평가손익						
다. 환율조정 계정손익	차익					
	차손					
계		300,000	700,000			-400,000

연/습/문/제

 세무조정

[1] 토지를 당사의 대주주로부터 현금 3,000,000원에 매입하였다. 이 토지의 시가는 2,000,000원이다.

결산서	(차)	(대)
세무상	(차)	(대)
수정분개	**(차)**	**(대)**
세무조정		

[2] 재고자산 중에서 원재료는 신고한 평가방법에 의하여 평가하였으나, 계산의 착오로 150,000원을 과다계상하였다.

결산서	(차)	(대)
세무상	(차)	(대)
수정분개	**(차)**	**(대)**
세무조정		

[3] 전기에 대주주로부터 구입한 유가증권(취득원가 : 1,000,000원, 시가 : 1,200,000원)을 처분하고 영업외수익에 유가증권처분이익 500,000원이 포함되어 있다. 전기의 세무조정은 적정하게 이루어졌다. 단, 유가증권은 매도가능증권으로 분류한다.
[유보추인으로 푸세요]

결산서	(차)	(대)
세무상	(차)	(대)
수정분개	**(차)**	**(대)**
세무조정		

[4] · 전기말의 유보잔액은 다음과 같다.

> – 재산세 자본적 지출처리　400,000원(△유보)
> 재산세 자본적지출처리액 400,000원은 전기 사업연도 중 취득한 토지의 재산세를 토지원
> 가에 가산한 회계처리에 대한 수정사항으로써, 당 법인은 이를 당기 사업연도 중 토지가액 및
> 이월이익잉여금에서 차감하였다.

결산서	(차)	(대)
세무상	(차)	(대)
수정분개	**(차)**	**(대)**
세무조정		

[5] 회사가 보유하고 있는 매도가능증권의 내역은 다음과 같으며 기말 평가는 기업회계기준에 따라
처리하였다.

취득가액	기말 공정가액	비　　고
1,000,000원	800,000원	시장성 있음

결산서	(차)	(대)
세무상	(차)	(대)
수정분개	**(차)**	**(대)**
세무조정		

[6] 자본금과 적립금조정명세서(을) 기초잔액　•외화환산이익 : △1,500,000원
(전년도 외상매출금에 대한 것으로, 당해연도에 전액 회수하였다.)

세무조정(유보추인)	

[7] 회사가 보유하고 있는 토지, 건물에 대해 재평가를 실시하여 재평가차익 토지 15,000,000원과
건물 10,000,000원을 인식하였다.

결산서	(차)	(대)
세무상	(차)	(대)
수정분개	**(차)**	**(대)**
세무조정		

객관식

01. 당사는 제8기(20x1.1.1 ~ 20x1.12.31)에 유형자산인 건물(장부가액 82,000,000원)을 100,000,000원으로 평가증하고 다음과 같이 회계처리하였다.

(차) 건　　물	18,000,000원	(대) 재평가잉여금	18,000,000원

당해 건물을 제9기(20x2.1.1 ~ 20x2.12.31)에 97,000,000원에 매각하고 처분손실 3,000,000원을 영업외비용으로 처리한 경우 제9기의 세무조정으로 맞는 것은? 다만, 당해 평가증은 법률에 의한 평가증에 해당하지 아니하며 동 건물 감가상각비는 계상한 적이 없다. 법인세법상 평가증에 대하여 인정하지 않는다고 가정한다.

① 익금산입　　건물　　　　　　　18,000,000원(유보)
② 손금불산입　유형자산처분손실　　3,000,000원(기타사외유출)
③ 익금산입　　건물　　　　　　　15,000,000원(유보)
④ 세무조정　　없음

02. 법인세법상 고정자산의 평가차손은 원칙상 손금불산입이다. 다만, 일정한 사유로 인하여 파손 또는 멸실된 고정자산의 사업연도종료일 현재 시가와 장부가액과의 평가차손에 대하여 손금에 산입된다. 그 사유가 아닌 것은?
① 현저한 시가의 하락의 경우
② 천재 · 지변 · 화재의 경우
③ 법령에 의한 수용 등의 경우
④ 채굴예정량의 채진으로 인한 폐광의 경우

03. 다음은 20x1년 12월말 결산 일반법인에 대한 법인세법상 자산의 평가에 관한 설명이다. 가장 옳지 않은 것은?
① 법인세법상 일반법인은 평가방법을 신고한 경우에 외화자산, 부채에 대한 환산손익을 인정한다.
② 일반법인이 보유하는 유가증권은 개별법(채권에 한함), 총평균법, 이동평균법, 시가법 중에서 법인이 납세지 관할세무서장에게 신고한 방법에 의해 평가한다.
③ 주권상장법인이 발행한 주식으로서 발행법인이 부도가 난 경우에는 당해 주식을 보유한 법인이 평가손실을 장부에 계상한 경우에 손금인정된다.
④ 재고자산으로서 「파손 · 부패 등의 사유로 인하여 정상가격으로 판매할 수 없는 것」에 대해서는 사업연도종료일 현재 「처분가능한 시가로 평가한 가액」으로 감액할 수 있다.

04. 법인세법상 자산 및 부채의 평가에 관한 사항이다. 옳지 않은 것은?

① 신설된 영리내국법인은 해당법인 설립일이 속하는 사업연도의 결산일까지 재고자산평가방법을 신고하여야 한다.

② 재고자산(유가증권 및 매매용 부동산 제외) 평가방법을 임의로 변경하는 경우에는 선입선출법과 당초 신고방법에 의한 가액 중 큰 금액으로 평가한다.

③ 재고자산으로서 파손·부패 등의 사유로 인하여 정상가격으로 판매할 수 없는 것은 장부가액을 감액할 수 있다.

④ 도매업을 영위하는 내국법인이 보유하고 있는 비화폐성 외화자산의 평가손익은 해당 연도에 익금 또는 손금으로 인정하지 아니한다.

05. 법인세법상 재고자산의 평가에 대한 설명으로 옳지 않은 것은?

① 법인이 재고자산을 평가함에 있어 영업장별 또는 재고자산의 종류별로 각각 다른 방법에 의하여 평가할 수 있다.

② 신설하는 영리법인은 설립일이 속하는 사업연도의 법인세 과세표준신고기한까지 평가방법신고 서를 납세지 관할세무서장에게 제출하여야 한다.

③ 재고자산의 평가방법을 임의변경한 경우에는 당초 신고한 평가방법에 의한 평가금액과 무신고시 의 평가방법에 의한 평가금액 중 작은 금액으로 평가한다.

④ 재고자산의 평가방법을 변경하고자 하는 법인은 변경할 평가방법을 적용하고자 하는 사업연도의 종료일 이전 3개월이 되는 날까지 신고하여야 한다.

06. 다음은 법인세법상 자산의 취득가액에 대한 설명이다. 다음 중 자산의 취득가액에 포함되는 것은?

① 자산을 취득하는 경우에 발생한 채무를 기업회계기준에 의해 현재가치로 평가하여 계상하는 현 재가치할인차금

② 사업용고정자산의 취득원가에 산입된 특정차입금이자

③ 특수관계자로부터 고가매입한 경우의 시가초과액

④ 특수관계 없는 자로부터 고가매입한 경우 정상가액(시가의 130%)을 초과하는 금액

07. 법인세법상 재고자산에 대한 평가방법을 설명하고 있다. 틀린 것은?

① 재고자산의 평가방법은 원가법과 저가법이 있다.

② 재고자산 평가방법의 하나인 원가법에는 매출가격환원법을 포함하고 있다.

③ 재고자산인 반제품과 재공품은 각각 다른 평가방법을 적용할 수 있다.

④ 재고자산 평가방법중 법인의 선택에 따라 재고자산을 각목의 자산별로 구분한 종류별, 영업장별로 각각 다른 방법으로 평가할 수가 있다.

08. 기업회계기준에 의해 다음처럼 회계처리하였으나 법인세법상 세무조정을 수행하여야 하는 경우는?

① 건설업의 경우 건설공사에 대하여 원가기준으로 진행률을 산정하여 수익을 인식한다.

② 단기매매증권을 취득한 후 공정가액법으로 평가한다.

③ 보험료를 선급한 경우 결산일에 선급보험료를 인식하는 회계처리를 한다.

④ 업무용 차량운반구 수선비를 차량유지비로 회계처리를 한다.

09. 법인세법상 자산의 평가는 역사적 원가주의이지만 예외적으로 자산의 장부가액에 대한 감액을 허용하고 있다. 이에 해당하지 않는 것은?

① 파손 · 부패 등의 사유로 인하여 정상가격으로 판매할 수 없는 재고자산

② 특수관계에 있는 비상장법인이 부도가 발생한 경우로 그 비상장법인이 발행한 주식 등

③ 천재 · 지변, 화재 등으로 파손 멸실된 고정자산

④ 주식 등을 발행한 법인이 파산한 경우의 해당주식

10. 다음 중 법인세법상 취득가액이 가장 큰 것은?

① 기계장치(장부가액 1,200,000원, 시가 900,000원)를 동종의 기계장치(시가 980,000원)와 교환한 경우

② 대표이사로부터 시가 950,000원의 유가증권을 1,000,000원에 매입한 경우

③ 갑법인이 을법인으로부터 토지(을법인 장부가액 1,100,000원, 시가 1,000,000원)를 수증받은 경우

④ 특수관계에 있는 개인으로부터 시가 950,000원의 유가증권을 900,000원에 매입한 경우

11. 다음은 법인세법상 자산의 취득가액에 대한 설명이다. 다음 중 옳지 않은 것은?

① 교환으로 취득한 자산은 교환으로 제공한 자산의 장부가액

② 타인으로부터 매입한 자산은 매입가액에 부대비용을 가산한 금액

③ 자기가 제조·생산 또는 건설 기타 이에 준하는 방법에 의하여 취득한 자산은 제작원가에 부대비용을 가산한 금액

④ 현물출자에 따라 취득한 자산은 장부에 계상한 출자가액 또는 승계가액으로 하되 시가초과액은 제외한다.

12. 법인세법상 재고자산 평가에 관한 설명으로 잘못된 것은?

① 재고자산평가방법을 신고하고 신고한 방법으로 평가하였으나 기장 또는 계산상의 착오가 있는 경우에는 재고자산의 평가방법을 달리하여 평가한 것으로 보지 아니한다.

② 신설법인은 당해 사업연도의 법인세 과세표준 신고기한까지 재고자산평가방법을 신고하여야 한다.

③ 재고자산평가방법의 변경은 변경할 평가방법을 적용하고자 하는 사업연도의 종료일 이전 3월이 되는 날까지 변경신고를 함으로써 가능하며 별도의 승인을 요하는 것은 아니다.

④ 재고자산 평가방법을 원가법으로 신고한 경우에 그 평가손실을 손금에 산입할 수 없다.

13. 다음의 보기 중 법인세법상 자산의 취득원가에 포함되지 아니하는 것은 몇 개인가?

㉠ 취득세
㉡ 특수관계자에게 시가를 초과하여 계상한 금액
㉢ 자동차세　　　　　　　　　　　　　㉣ 시운전비
㉤ 취득과정에서 발생한 보험료
㉥ 연지급수입에 있어서 취득가액과 구분하여 지급이자로 계상한 금액
㉦ 현재가치로 평가하고 계상한 현재가치할인차금
㉧ 취득 후 발생한 보험료　　　　　　㉨ 자본적 지출에 해당하는 금액

① 3개　　　　　　② 4개　　　　　　③ 5개　　　　　　④ 6개

14. 다음 중 법인세법상 자산·부채의 평가에 관한 설명이 옳은 것은?

① 재고자산은 동일한 사업장의 제품과 반제품은 동일한 방법으로 평가한다.

② 평가방법을 신고하지 아니한 유가증권은 선입선출법을 적용한다.

③ 무신고한 매매목적용 소유 부동산은 개별법으로 평가한다.

④ 유가증권의 평가방법은 원칙적으로 시가법이다.

15. 법인세법상 자산·부채의 취득 및 평가에서 자산의 취득가액에 가감하는 내용이다. 틀린 것은?

① 고정자산에 대한 자본적지출액은 취득가액에 가산한다.

② 유형고정자산의 취득과 함께 국공채를 매입하는 경우 기업회계기준에 따라 매입가액과 현재가치의 차액을 취득가액으로 계상한 금액도 취득가액에 가산한다.

③ 자산의 장기할부취득시 발생한 채무를 현재가치로 평가하여 계상한 현재가치할인차금은 취득가액에 포함하지 아니한다.

④ 부가가치세법상 의제매입세액과 재활용폐자원 등에 대한 매입세액은 원재료에 가산한다.

 주관식

01. 다음 자료를 이용하여 필요한 세무조정을 하시오.

- 당사는 원재료에 대하여 총평균법을 세법상 적정하게 신고하였으나, 제품의 평가방법에 대하여 신고한 적이 없다.
- 당사의 재고자산 평가방법은 후입선출법에 의하고 있다.
- 전기의 재고자산평가감(제품) 1,800,000원이 유보처분 되어 있다.
- 재고자산 평가액은 다음과 같다.

구 분	원 재 료	제 품
평가방법 신고일	2012. 3. 31.	무신고
신고한 평가방법	총평균법	무신고
회사 평가방법	후입선출법	후입선출법
장부금액(후입선출법)	7,000,000원	8,000,000원
선입선출법 평가액	7,500,000원	8,300,000원
총평균법 평가액	7,530,000원	8,800,000원

02. 기말재고자산에 대하여 세무조정을 하시오.

1. 제품의 평가방법을 선입선출법으로 신고하고 평가하였다.

2. 재공품의 평가방법을 신고하지 아니하였으나, 20x1년 10월 30일에 재공품의 평가방법을 총평균법으로 신고하였다.

3. 원재료의 평가방법을 총평균법으로 신고하고 평가하였으나, 계산착오로 인하여 300,000원을 과소평가하였다.

4. 제품과 원재료는 1기 법인세신고기한(2014. 3. 31.)에 재고자산평가방법신고서를 제출하였다.

구 분	회사평가액	선입선출법	후입선출법	총평균법
제 품	9,000,000원	9,000,000원	5,000,000원	6,000,000원
재공품	6,500,000원	7,500,000원	5,500,000원	6,500,000원
원재료	2,200,000원	3,000,000원	2,200,000원	2,500,000원

03. 다음 자료에 의하여 세무조정을 하시오.

계정과목	발생일자	외화종류	외화금액	발생시 적용환율	기말 매매기준율
장기대여금	20x1. 7. 1.	USD	$5,000	$1 = 1,200원	$1 = 1,300원
단기차입금	20x1. 3. 1.	USD	$20,000	$1 = 1,250원	$1 = 1,300원

- 발생 시 적용환율은 일반기업회계기준과 법인세법상 환율이다.
- 회사는 외화자산과 외화부채에 대한 평가손익을 기말환율로 인식하고 있으며, 화폐성 외화자산등 평가방법신고서를 작성하여 20x1년도 법인세 신고 시 제출하였다.
- 20x1년 결산 회계처리 시 $1 = 1,350원을 적용하여 외화자산과 부채를 평가하였다.
- 세무조정은 각 자산 부채별로 하기로 한다.

04. 다음 자료에 의하여 세무조정을 하시오.

계정과목	발생일자	외화종류	외화금액	발생시 적용환율	기말 매매기준율
외화예금	04. 5.	USD	$10,000	$1 = 1,200원	$1 = 1,250원
선급금	05.10.	JPY	¥100,000	¥100 = 1,100원	¥100 = 1,050원
외화차입금	09.10.	USD	$50,000	$1 = 1,300원	$1 = 1,250원

- 당기 외화자산과 외화부채는 위의 자료뿐이며 모두 당기에 발생하였다.
- 선급금은 원재료 수입을 위하여 미리 지급한 금액이다.
- 발생 시 적용환율은 일반기업회계기준과 법인세법상 환율이다.
- 당사는 외화자산과 외화부채에 대하여 평가손익을 계상하지 아니하였다.
- 20x1년부터 법인세 신고시 외화자산과 외화부채에 대한 평가손익을 기말환율로 인식하기로 하였으며, 이에 대한 신고를 위해 화폐성외화자산등 평가방법신고서를 작성하여 법인세 신고 시 제출하고자 한다.
- 세무조정은 각 자산 부채별로 하기로 한다.

연/습/문/제 답안

🔑 세무조정

1. 자산의 고가매입

결산서	(차) 토　지	3,000,000	(대) 현　금	3,000,000
세무상	(차) 토　지 잉여금	2,000,000 1,000,000	(대) 현　금	3,000,000
수정분개	**(차) 비　용** (손익계정)	**1,000,000**	**(대) 토　지** (재무상태계정)	**1,000,000**
	(차) 잉여금＋부당 (재무상태계정)	**1,000,000**	**(대) 비용 or 수익** (손익계정)	**1,000,000**
세무조정	《손금산입》 토지　　1,000,000원(△유보) 《익금산입》 토지고가매입　1,000,000원(배당)			

2. 재고자산

결산서	(차) 원 재 료	150,000	(대) 수익(매출원가)*1	150,000
세무상	(차)	–	(대)	–
수정분개	**(차) 수익(매출원가)**	**150,000**	**(대) 원 재 료**	**150,000**
세무조정	《손금산입》 원재료평가증　　150,000원(△유보) *1. 원재료의 장부상 과다는 장부상 비용의 감소(즉, 수익의 증가)가 나타난다. ☞ 신고한 평가방법에 의해 평가하였으나, 계산착오로 인하여 동 평가방법상의 금액보다 과다 또는 　과소하게 계상한 경우에는 임의변경으로 보지 아니한다.			

3. 유가증권 처분(전기 저가구입)

전기결산서	(차) 매도가능증권	1,000,000	(대) 현　금	1,000,000
전기세무상	(차) 매도가능증권	1,200,000	(대) 현　금 　　익　금	1,000,000 200,000
전기수정분개	**(차) 매도가능증권**	**200,000**	**(대) 익　금**	**200,000**
세무조정	전기	《익금산입》 유가증권저가매입액　200,000원(유보)		
	당기	《익금불산입》 전기 유가증권저가매입액　　200,000원(△유보) ← 유보추인		

4. 전기 재산세

결산서	(차) 잉 여 금	400,000	(대) 토 지	400,000
세무상		전기에 적정하게 세무조정했음		
수정분개	**(차) 토 지** (재무상태계정)	**400,000**	**(대) 비 용** (손익계정)	**400,000**
	(차) 비 용 (손익계정)	**400,000**	**(대) 잉 여 금** (재무상태계정)	**400,000**
세무조정	〈손금불산입〉 전기재산세 자본적지출액 400,000원(유보) 〈손금산입〉 잉여금(전기재산세) 400,000원(기타)			

[전기 세무조정]

결산서	(차) 토 지	400,000	(대) 현 금	400,000
세무상	(차) 세금과공과	400,000	(대) 현 금	400,000
세무조정	〈손금산입〉 토지 400,000원(△유보)			

5. 매도가능증권(기말 평가)

결산서	(차) 매도가능증권평가손실	200,000	(대) 매도가능증권	200,000
세무상	(차) –		(대) –	
수정분개	**(차) 비 용** (손익계정	**200,000**	**(대) 매도가능증권평가손실** (재무상태계정)	**200,000**
	(차) 매도가능증권 (재무상태계정)	**200,000**	**(대) 비 용** (손익계정)	**200,000**
세무조정	〈손금산입〉 매도가증권평가손실 200,000원(기타) 〈손금불산입〉 매도가능증권 200,000원(유보)			

6. 전기 외화환산이익

세무조정	〈익금산입〉 전기외화환산이익 1,500,000원(유보) ☞ 유보(또는 △유보)는 차기 이후의 회계적 사건(처분 또는 회수 등)으로 반대의 세무조정 △유보 (또는 유보)에 의해 상쇄된다.

7. 재평가차익

결산서	(차)	토 지	15,000,000	(대)	재평가잉여금	25,000,000
		건 물	10,000,000			
세무상	일반법인의 고정자산 평가를 인정하지 않는다.					
수정분개	(차)	비 용	25,000,000	(대)	토 지	15,000,000
		(손익계정)			건 물	10,000,000
	(차)	재평가잉여금	25,000,000	(대)	비 용	25,000,000
		(재무상태계정)			(손익계정)	

세무조정	〈손금산입〉 토지 재평가차익 15,000,000원(△유보)
	〈손금산입〉 건물 재평가차익 10,000,000원(△유보)
	〈손금불산입〉 재평가잉여금 25,000,000원(기타)
	☞ 재평가차익은 세법상 인정되지 않는다. 따라서, 증액한 토지, 건물을 감액하는 세무조정을 하고, 반대의 세무조정을 통해 손익을 인식하지 않는다.(기업회계상 재평가차익은 당기손익이 아닌 포괄손익으로 처리하므로 소득처분은 기타로 하여야 함)

객관식

1	2	3	4	5	6	7	8	9	10	11	12	13	14	15
①	①	②	①	③	②	③	②	②	③	①	④	③	③	④

[풀이 - 객관식]

01. 제8기 세무조정

결산서	(차)	건 물	18,000,000	(대)	재평가잉여금	18,000,000
세무상	**일반법인은 자산의 임의평가를 인정하지 아니함.**					
수정분개	(차)	비 용(손익계정)	18,000,000	(대)	건 물	18,000,000
	(차)	재평가잉여금	18,000,000	(대)	비용(손익계정)	18,000,000
세무조정	〈손금산입〉 건물 재평가차익 18,000,000원(△유보)					
	〈손금불산입〉 재평가잉여금 18,000,000원(기타)					

제9기 세무조정(유보의 추인) : 익금산입 건물 18,000,000원(유보)

02. 현저한 시가하락의 경우는 평가손실을 손금으로 계상할 수 없다.

03. <u>일반법인(금융회사이외)의 유가증권에 대해서 시가법 평가를 인정하지 아니한다.</u>

04. 신설된 영리내국법인은 해당법인 **설립일이 속하는 사업연도의 과세표준 신고기한까지** 재고자산평가방법을 신고하여야 한다.

05. 재고자산의 평가방법을 임의변경한 경우에는 당초 신고한 평가방법에 의한 평가금액과 무신고시의 평가방법에 의한 평가금액 중 큰 금액으로 평가한다.

06. 건설중인 자산의 특정차입금에 대한 이자는 건설자금이자로서 법인세법상 취득원가를 구성한다.

07. 재고자산을 각목의 **자산별로 구분한 종류별 자산인 반제품과 재공품은 같은 방법을 반드시 사용**하여야 한다.

08. 법인세법상 유가증권은 원가로 평가한다.

09. 특수관계에 있지 않는 비상장법인이 발행한 주식이 **부도가 발생한 경우** 예외적으로 감액을 허용한다.

10. ① 기업회계에서 동종자산과 교환으로 취득하는 유형고정자산의 취득원가는 교환으로제공한 자산의 장부가액으로 평가하지만 법인세법은 이러한 경우에도 취득 당시의 시가에 의한다. 동종자산의 교환 당시의 시가 : 980,000원

② 특수관계자로 부터 고가매입시 시가를 취득가액으로 한다. 시가 : 950,000원

③ 무상취득시 취득당시의 시간에 의한다. 시가 : 1,000,000원

④ 특수관계자인 개인으로부터 유가증권을 저가매입시 시가를 취득가액으로 한다. 시가 : 950,000원

11. 교환의 경우는 취득당시의 시가에 의한다.

12. 재고자산의 파손, 부패 등으로 정상가격으로 판매할 수 없는 자산은 사업연도 종료일 현재의 처분가능한 시가로 평가하여 그 평가손실을 결산서에 반영한 경우 손금산입한다.(결산조정사항)

13. 취득가액에서 제외되는 것 : ○,○,○,○,○

14. 매매목적용 소유 부동산은 법인세법상 재고자산으로 분류하지만 무신고시 개별법으로 평가한다.

① 재고자산은 **동일한 사업장의 제품과 반제품은 다른 방법으로 평가**할 수 있다.

② 평가방법을 **신고하지 아니한 유가증권은 총평균법**을 적용한다.

④ **유가증권의 평가방법은 원칙적으로 원가법**이다.

15. 의제매입세액과 재활용폐자원 등에 대한 매입세액은 원재료에서 차감한다.

◉━ 주관식

01. 재고자산 평가조정명세서

① 재고자산 평가방법의 검토

자 산 별	신고연월일	신고방법	평가방법	적부
원재료	2012.3.31	총평균법	후입선출법	부
제품 및 상품		무신고	후입선출법	부

제품의 평가방법을 무신고한 경우 선입선출법으로,
원재료는 임의변경하였으므로 MAX(총평균법, 선입선출법)으로 평가 세무조정한다.

② 평가조정 계산

과목	회사계산		조정계산금액				조정액(원)
			신고방법		선입선출법		
	단가	금액(원)	단가	금액(원)	단가	금액(원)	
원재료 (임의변경)		7,000,000		7,530,000 (총평균법)		7,500,000	530,000
제 품 (무신고)		8,000,000				8,300,000	300,000
계							830,000

〈세무조정〉

손금산입	전기재고자산평가감(제품)	1,800,000원	△유보
익금산입	재고자산평가감(원재료)	530,000원	유보
익금산입	재고자산평가감(제품)	300,000원	유보

02. 재고자산평가   (백만원)

	계산근거	장부상 평가액	세법상 평가액	세무조정
제품	선입선출법	9	9	-
재공품	무신고 - 선입선출법	6.5	7.5	〈익금산입〉 평가감 1(유보)
원재료	총평균법 **계산착오는 임의변경으로 보지 않는다.**	2.2	2.5	〈익금산입〉 평가감 0.3(유보)

☞ 재공품 : 법인이 재고자산의 평가방법을 최초 신고 기한이 경과된 후에 신고한 경우에는 그 신고일이 속하는 사업연도까지는 무신고시의 평가방법을 적용하고, 그 후의 사업연도에 있어서는 법인이 신고한 평가방법에 의한다.

☞ 원재료 : 재고자산 평가방법을 신고하고 신고한 방법에 의하여 평가하였으나 기장 또는 계산상의 착오가 있는 경우에는 재고자산의 평가방법을 달리하여 평가한 것으로 보지 아니한다.

〈세무조정〉

손금불산입	재공품 평가감	1,000,000원	유보
손금불산입	원재료 평가감	300,000원	유보

03. 외화자산등 평가

계정과목	발생일 기준 환율	장부상 평가 환율	외화금액 ($)	장부상 평가손익 (A)	세무상 평가환율	세무상 평가손익 (B)	차이 (B-A)
장기대여금	1,200	1,350	5,000	750,000	1,300	500,000	-250,000
단기차입금	1,250		20,000	-2,000,000		-1,000,000	1,000,000
회계상 손익금계상액				-1,250,000	세무상손익금	500,000	+750,000

〈세무조정〉

익금불산입	외화장기대여금	250,000원	△유보
손금불산입	외화 단기차입금	1,000,000원	유보

04. 외화자산등 평가

계정과목	발생일 기준 환율	장부상 평가 환율	외화금액 ($)	장부상 평가손익 (A)	세무상 평가환율	세무상 평가손익 (B)	차이 (B-A)
외화예금	1,200	1,200	10,000	0	1,250	+500,000	+500,000
외화차입금	1,300	1,300	50,000	0		+2,500,000	+2,500,000
회계상 손익금계상액				0	세무상손익금	3,000,000	3,000,000

☞ 선급금은 비화폐성자산으로 평가대상에서 제외

〈세무조정〉

익금산입	외화예금평가이익	500,000원	유보
익금산입	외화차입금평가이익	2,500,000원	유보

Chapter 7

기업업무추진비

로그인 전산세무 1급

NCS세무 - 5 법인세 신고 – 각사업연도 세무조정/ 부속서류 작성하기

제1절 기업업무추진비의 범위

1. 기업업무추진비의 개념

기업업무추진비란 접대비 및 교제비, 사례금 그 밖에 어떠한 명목이든 상관없이 이와 유사한 성질의 비용으로서 법인의 업무와 관련하여 지출한 금액을 말한다.

즉 ① **무상지급**+② **업무관련**+③**특정인**의 3가지 조건을 충족하면 기업업무추진비에 해당한다.

〈기업업무추진비와 기타비용의 비교〉

구 분		세무상처리
업무관련	특정인에 대한 지출	기업업무추진비
	불특정다수인에 대한 지출	광고선전비
업무무관		기부금

2. 기업업무추진비의 범위

기업업무추진비에 해당하는지의 여부는 거래명칭 · 계정과목 등과 관계없이 그 **실질내용에 따라 판정한다.**

① 사용인이 조직한 단체에 지출한 복리시설비
  - 해당조합이나 단체가 법인인 경우 : 기업업무추진비(예 : 노동조합)
  - 법인이 아닌 경우 : 해당 법인의 경리의 일부(복리후생비)로 본다.
② 사업상증여에 따른 부가가치세 매출세액과 접대관련 불공제 매입세액은 기업업무추진비로 본다.
③ 약정에 따라 채권의 전부 또는 일부를 포기한 경우에는 이를 대손금으로 보지 않고 기부금 또는 기업업무추진비로 본다.

〈채권포기〉

구 분		세무상처리
불가피한 사유가 아닌 경우	**업무관련**	**기업업무추진비**
	업무무관	기부금
불가피한 사유(대손사유)		**손금**

④ 기업업무추진비로 보지 않는 금액
  ㉠ 주주, 임직원이 부담하여야 할 기업업무추진비 ⇒ 손금불산입 사외유출
  ㉡ 특수관계자 외의 자에게 지급되는 판매장려금(사전약정 불문)
  ㉢ 광고선전 목적으로 기증한 물품의 구입비용(특정인에게 기증한 물품의 경우에는 연간 5만원 이내의 금액에 한하며 개당 3만원 이하의 물품은 5만원 한도 미적용한다.) ⇒ 광고선전비

참고

문화 및 전통시장 사용 기업업무추진비

1. 문화 기업업무추진비
   ① 공연 · 전시회 · 박물관 입장권 구입비용
   ② 체육활동의 관람을 위한 입장권 구입비용
   ③ 비디오물, 음반 · 음악영상물, 간행물 구입비용
   ④ **관광공연장 입장권 구입비용 전액**
   ⑤ 100만원 이하 증정용 미술품 구입비용

2. 전통시장에서 사용하는 기업업무추진비

세무조정순서			세무상처리
Ⅰ.직부인 기업업무추진비	1. 개인사용경비		사외유출
	2. 증빙불비기업업무추진비		대표자상여
	3. 건당 3만원 초과 적격증빙미수취분[*1](일반영수증)		기타사외유출
Ⅱ.한도규제 기업업무추진비	4. 직부인기업업무추진비를 제외한 기업업무추진비 중	4-1. 한도초과액	기타사외유출
		4-2. 한도내 금액	손금

*1. 건당 3만원(경조금은 20만원) 초과 적격증빙미수취 기업업무추진비
 ㉠ 적격증빙 : 세금계산서, 계산서, 신용카드영수증, 현금영수증 등을 말한다.
 ㉡ 예외
  ⓐ 적격증명서류를 구비하기 어려운 국외지역에서 지출한 것으로서 객관적으로 명백한 기업업무추진비
  ⓑ 법인이 직접 생산한 제품 등으로 제공한 기업업무추진비(현물기업업무추진비)
  ⓒ 농어민으로부터 직접 접대용 재화구입비용(금융기관을 통해 지급한 것에 한함)

[법인카드 및 개인카드]

	기업업무추진비		기타경비	
법인신용카드	기업업무추진비 한도계산		-	
개인(임직원) 신용카드	3만원 초과	손금불산입, 기타사외유출	3만원 초과	-
	3만원 이내	기업업무추진비 한도계산	3만원 이하	-

1. 기업업무추진비의 손금산입한도액(1+2)

1. 기본한도	1,200만원[**중소기업 : 3,600만원**]×해당사업연도의 월수/12
2. 수입금액한도	일반수입금액×적용률＋특정수입금액×적용률×10%
3. 문화기업업무추진비한도	일반기업업무추진비 한도의 20% 추가
4. 전통시장 기업업무추진비 한도	일반기업업무추진비 한도의 10% 추가

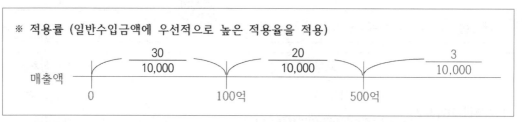

※ 적용률 (일반수입금액에 우선적으로 높은 적용율을 적용)

① 수입금액 : 기업회계기준상 매출액을 말한다. 즉 앞에서 언급한 수입금액조정명세서 상의 금액을 말한다. **여기에는 영업외수익으로 계상하였다 하더라도 반제품·부산물·작업폐물의 매출액을 포함한다.**

② 특정수입금액 : 특수관계자와의 거래에서 발생한 수입금액을 말한다.

2. 현물기업업무추진비의 평가 : MAX[① 시가 ② 장부가액]

이는 기업업무추진비지출금액을 증가시키므로 한도초과액이 늘어나므로 기업업무추진비를 제재하기 위함이다.

예를 들어 회사의 제품(원가 : 10,000원, 시가 : 20,000원)을 거래처에 기업업무추진(접대)하고 다음과 같이 회계처리하였다고 가정하자.

(차) 기업업무추진비   12,000원   (대) 제   품   10,000원
                                        부가세예수금   2,000원

결산서	(차) 기업업무추진비	12,000	(대) 제 품	10,000
			부가세예수금	2,000
세무상	(차) 기업업무추진비	22,000	(대) 제 품	10,000
			부가세예수금	2,000
			평가이익	10,000
수정분개	**(차)** 기업업무추진비 (손익계정)	**10,000**	**(대) 평가이익** (손익계정)	**10,000**
세무조정	<u>세무조정은 없고, 기업업무추진비 지출액에 10,000원(시가와 장부가액의 차이)을 가산한다.</u>			

3. 기업업무추진비의 손금귀속시기 : 기업업무추진 행위가 이루어진 날(발생주의)

| <예제 7 - 1> 기업업무추진비 |

㈜ 무궁의 다음 자료에 의하여 7기의 세무조정을 행하시오. (주)무궁은 중소기업이다.

1. 손익계산서상의 매출액과 영업외수익은 다음과 같다.

구 분	매출액	기타
제품매출액	7억원	특수관계자간 거래분 2억원
상품매출액	3억원	
영업외수익	1억원	부산물매출액

또한 법인세 세무조정시 익금산입한 간주임대료는 50,000,000원이다.

2. 기업업무추진비 계정의 총금액은 50,000,000원으로서 그 내역은 다음과 같다.

구 분	금액	비 고
증빙미수취(증빙불비)	3,000,000원	1건임
전무이사 개인사용경비	6,000,000원	1건임
신용카드 사용분	37,800,000원	전액 3만원초과분임
현물기업업무추진비	1,200,000원	제품(원가 1,000,000원 시가 2,000,000원)으로 원가와 부가세예수금만 기업업무추진비로 회계처리함.
일반영수증사용분	2,000,000원	일 반 : 3만원 초과 500,000원 (3만원 이하 1,200,000원) 경조사비[1] : 20만원 초과 300,000원
기업업무추진비 계	50,000,000원	

[1]. 경조사비의 증빙은 청첩장, 부고장등을 의미한다.

<접대비 명칭 변경 - 세법>

☞ 접대비의 명칭이 기업업무추진비로 변경되었습니다. 그러나 세법이 변경됐지만, 회계에서는 별도 언급이 없습니다. Kc - Lep(전산 프로그램)에서는 기업업무추진비로 Smart - A에서는 접대비라는 계정을 사용합니다.

해답

세무조정순서			금 액	소득처분
I.직부인 기업업무 추진비	1. 개인사용경비		6,000,000	상여(전무)
	2. 증빙불비(증빙미수취)기업업무추진비		3,000,000	상여(대표자)
	3-1. 건당 3만원초과 적격증빙미수취분		500,000	기타사외유출
	3-2. 건당 20만원초과 적격증빙미수취		300,000	기타사외유출
II.한도규제 기업업무 추진비	**4.직부인기업업무추진비 제외**	4-1. 한도초과액	2,440,000*	기타사외유출
		4-2. 한도내 금액	38,760,000	손금
계			51,000,000	

현물기업업무추진비 1,000,000원 가산

[기업업무추진비 한도 초과액계산(법인세법)]

1. 수입금액 : 1,100,000,000원

　① 제품,상품매출액 : 1,000,000,000원(특정수입금액 200,000,000원 포함)

　② 부산물매출액 : 100,000,000원(작업폐물, 부산물매출액은 법인세법상 수입금액에 해당한다.)

　③ 간주임대료는 기업회계상 매출액이 아니다.

2. 기업업무추진비 한도액(①+②) : 38,760,000원

　① 기본금액 : 36,000,000원(중소기업)

　② 수입금액 : 2,760,000원

　　ⓐ 일반수입금액 : 900,000,000원×30/10,000=2,700,000원

　　ⓑ 특정수입금액 : 200,000,000원×30/10,000×10%=60,000원

3. 기업업무추진비해당액 : 41,200,000원

　50,000,000원+1,000,000원(현물기업업무추진비)-9,800,000원(직부인기업업무추진비 계)

4. 기업업무추진비 초과액(3-2) : 2,440,000원(손금불산입, 기타사외유출)

[기업업무추진비조정명세서] 을표, 갑표순으로 작성한다.

〈기업업무추진비조정명세서(을)〉

1 1. 수입금액명세 ⇒ **2** 2. 기업업무추진비 해당 금액 순으로 작성한다.

사 업 연 도	. . . ~ . . .	기업업무추진비조정명세서(을)	법 인 명	
			사업자등록번호	

1 1. 수입금액명세

구 분	①일반수입금액	②특수관계인간 거래금액	③합 계 (①+②)
금 액	900,000,000	200,000,000	1,100,000,000

2 2. 기업업무추진비 해당 금액

④계 정 과 목		기업업무추진비(판)		합 계
⑤계 정 금 액		51,000,000 ← 현물기업업무추진비 1,000,000가산		
⑥기업업무추진비계상액 중 사적사용경비		9,000,000 ← 개인사용경비+증비불비		
⑦기업업무추진비 해당 금액 (⑤-⑥)		42,000,000		
⑧신 용 카 드 등 미사용 금 액	경조사비 중 기준 금액 초과액	⑨신용카드 등 미사용금액	300,000 ← 분자 : 분모중 신용카드미사용액 분모 : 20만원 초과	
		⑩총 초과금액	300,000	
	국외지역 지출액 (「법인세법 시행령」 제41조제2항제1호)	⑪신용카드 등 미사용금액		
		⑫총 지출액		
	농어민 지출액 (「법인세법 시행령」 제41조제2항제2호)	⑬송금명세서 미제출금액		
		⑭총 지출액		
	기업업무추진비 중 기준금액초과액	⑮신용카드 등 미사용금액	500,000 ← 분자 : 분모중 신용카드미사용액 분모 : 3만원 초과기업업무추진비	
		⑯총 초과금액	40,500,000*1	
	⑰신용카드 등 미사용 부인액(⑨+⑪+⑬+⑮)		800,000 ← 신용카드미사용액중 분자금액 합계(300,000+500,000)	
⑱접 대 비 부 인 액 (⑥+⑰)		9,800,000 ← 손금불산입, 사외유출		

*1. ⑯ 총초과금액은 3만원 초과 기업업무추진비 총액으로 ⑥의 사적사용경비를 포함하지 않는다.

　　[40,500,000＝51,000,000－9,000,000－1,200,000(3만원이하 기업업무추진비)－300,000(경조사비)]

〈기업업무추진비조정명세서(갑)〉

사 업 연 도	· · · ~ · · ·	기업업무추진비조정명세서(갑)	법 인 명	
			사업자등록번호	

구 분				금 액
①기업업무추진비 해당 금액			을표⑦ ➡	42,000,000
②기준금액 초과 기업업무추진비 중 신용카드 등 미사용으로 인한 손금불산입액			을표 ⑰ ➡	800,000
③차감 기업업무추진비 해당 금액(①-②)				41,200,000
일반 기업업무추진비 한도	④	1,200만원 (중소기업 3,600만원) × 해당 사업연도 월수(12)/12		**36,000,000**
	총수입금액 기준	100억원 이하의 금액×30/10,000		3,300,000
		100억원 초과 500억원 이하의 금액×20/10,000		
		500억원 초과 금액×3/10,000		
		⑤소계		3,300,000
	일반수입금액 기준	100억원 이하의 금액×30/10,000		2,700,000
		100억원 초과 500억원 이하의 금액×20/10,000		
		500억원 초과 금액×3/10,000		
		⑥소계		2,700,000
	⑦기타수입금액 기준	(⑤-⑥)×10/100(**특정수입금액 한도 : 10%**)		60,000
	⑧일반기업업무추진비 한도액(④+⑥+⑦)			38,760,000
문화기업업무 추진비 한도 (「조세특례제한법」 제136조 제3항)	⑨문화기업업무추진비 지출액			
	⑩문화기업업무추진비 한도액 (⑨과 (⑧×20/100) 중 작은 금액)			
⑪기업업무추진비 한도액 합계(⑧+⑩)			기타사외유출 ➡	38,760,000
⑫한도초과액(③-⑪)				2,440,000
⑬손금산입한도 내 기업업무추진비지출액(③과 ⑪중 작은 금액)				38,760,000

참고

기업업무추진비조정명세서

1. 수입금액명세

1. 수입금액명세			
구 분	① 일반수입금액	② 특수관계인간 거래금액	③ 합 계(①+②)
금 액	900,000,000	200,000,000	1,100,000,000

2. 기업업무추진비해당금액

2. 기업업무추진비 해당금액			합계	기업업무추진비(판관)	
4. 계정과목					
5. 계정금액			51,000,000	51,000,000	
6. 기업업무추진비계상액 중 사적사용경비			9,000,000	9,000,000	
7. 기업업무추진비해당금액(5-6)			42,000,000	42,000,000	
8. 신용카드등 미사용금액	경조사비 중 기준금액 초과액	9. 신용카드 등 미사용금액	300,000	300,000	
		10. 총 초과금액	300,000	300,000	
	국외지역 지출액 (법인세법 시행령 제41조제2항제1호)	11. 신용카드 등 미사용금액			
		12. 총 지출액			
	농어민 지출액 (법인세법 시행령 제41조제2항제2호)	13. 송금명세서 미체출금액			
		14. 총 지출액			
	기업업무추진비 중 기준금액 초과액	15. 신용카드 등 미사용금액	500,000	500,000	
		16. 총 초과금액	40,500,000	40,500,000	
17. 신용카드 등 미사용 부인액			800,000	800,000	
18. 기업업무추진비 부인액(6+17)			9,800,000	9,800,000	

3. 기업업무추진비 한도초과액 조정

3 기업업무추진비 한도초과액 조정			
중소기업		☐ 정부출자법인 ☐ 부동산임대업등(법.령제42조제2항)	
구분			금액
1. 기업업무추진비 해당 금액			42,000,000
2. 기준금액 초과 기업업무추진비 중 신용카드 등 미사용으로 인한 손금불산입액			800,000
3. 차감 기업업무추진비 해당금액(1-2)			41,200,000
기업업무추진비 한도	일반 기업업무추진비 한도	4. 12,000,000 (중소기업 36,000,000) X 월수(12) / 12	36,000,000
		총수입금액 기준 : 100억원 이하의 금액 X 30/10,000	3,300,000
		100억원 초과 500억원 이하의 금액 X 20/10,000	
		500억원 초과 금액 X 3/10,000	
		5. 소계	3,300,000
		일반수입금액 기준 : 100억원 이하의 금액 X 30/10,000	2,700,000
		100억원 초과 500억원 이하의 금액 X 20/10,000	
		500억원 초과 금액 X 3/10,000	
		6. 소계	2,700,000
		7. 수입금액기준 (5-6) X 10/100	60,000
		8. 일반기업업무추진비 한도액 (4+6+7)	38,760,000
문화기업업무추진비 한도(「조특법」 제136조제3항)		9. 문화기업업무추진비 지출액	
		10. 문화기업업무추진비 한도액(9와 (8 X 20/100) 중 작은 금액)	
전통시장기업업무추진비 한도(「조특법」 제136조제6항)		11. 전통시장기업업무추진비 지출액	
		12. 전통시장기업업무추진비 한도액(11과 (8 X 10/100) 중 작은 금액)	
13. 기업업무추진비 한도액 합계(8+10+12)			38,760,000
14. 한도초과액(3-13)			2,440,000
15. 손금산입한도 내 기업업무추진비 지출액(3과 13중 작은 금액)			38,760,000

 세무조정

[1] 세법상 기업업무추진비 한도액은 49,500,000원이나 회사는 기업업무추진비로 51,500,000원을 지출하였다. 단, 모든 기업업무추진비는 법적증빙을 적격하게 수취하였다고 가정한다.

결산서	(차)	(대)
세무상	(차)	(대)
수정분개	**(차)**	**(대)**
세무조정		

[2] 기업업무추진비(판) 중에는 대표이사 모친의 환갑잔치 소요경비를 법인명의 카드로 지출한 금액 840,000원이 포함되어 있다.

결산서	(차)	(대)
세무상	(차)	(대)
수정분개	**(차)**	**(대)**
세무조정		

[3] 1회 접대시 3만원초과 기업업무추진비 35,000,000원 중 2,400,000원은 일반간이영수증 지출분이고, 500,000원(1건)은 거래처 모친 별세 경조금지출분이다.

결산서	(차)	(대)
세무상	(차)	(대)
수정분개	**(차)**	**(대)**
세무조정		

객관식

01. 다음은 법인세법상 기타사외유출에 대한 소득처분을 나열하고 있다. 이에 해당되지 않는 것은?

① 귀속이 불분명하여 대표자에게 상여로 처분한 금액에 대한 법인의 소득세부담액
② 일반 기부금의 한도초과액
③ 건당 3만원(경조사비 제외)을 초과한 기업업무추진비 중 증빙미수취 기업업무추진비
④ 채권자불분명사채이자에 대한 원천징수세액

02. (주)인천산업에서 업무관련 경비를 지출함에 있어 경리부장 개인이 5,000,000원을 지출하고 다음날 현금으로 정산받은 경우와 관련된 법인세법 규정에 대한 설명으로 가장 틀린 것은?

① 첨부된 증빙이 개인신용카드매출전표로서 '기업업무추진비'에 해당한다면 전액 손금불산입대상이다.
② 첨부된 증빙이 개인신용카드매출전표로서 '직원 회식비'라면 증빙불비가산세 대상이다.
③ 첨부된 증빙이 간이영수증이고 '광고선전비'라면 손금산입되나 증빙불비가산세 대상이다.
④ 첨부된 증빙이 개인신용카드매출전표라면 연말정산시 신용카드등사용액소득공제시 차감하여야 한다.

03. 다음은 법인세법상 기업업무추진비에 관한 설명이다. 옳은 것은?

① 기업업무추진비 관련 부가가치세 매입세액은 부가가치세법상 매입세액공제가 배제되므로 시부 인없이 전액에 손금산입한다.
② 현물기업업무추진비는 이를 제공한 시점의 장부가액과 시가를 비교하여 큰 금액으로 계산한다.
③ 부가가치세법상 간주공급에 해당하는 금액은 기업업무추진비 한도액 계산시 수입금액에 포함된다.
④ 약정에 따라 포기한 미수금(업무무관)이 있는 바, 동 포기사유가 정당하지 아니한 경우에는 기업 업무추진비로 간주한다.

04. 다음은 법인세법상 기업업무추진비에 관한 설명이다. 다음 중 옳지 않은 것은?

① 내국법인이 1회의 접대에 지출한 기업업무추진비 중 경조금은 적격증빙을 수취하지 아니하여도 30만원 이내의 금액은 손금불산입 하지 아니한다.
② 적격증빙을 수취하지 아니한 기업업무추진비(경조금 제외)는 건당 3만원을 초과하면 손금불산 입한다.
③ 기업업무추진비를 지출하였으나 증빙을 누락한 경우에는 손금불산입하고 대표자상여 처분한다.
④ 기업업무추진비 지출액 중 손금불산입대상을 제외한 기업업무추진비는 한도액을 계산하여 한도 초과액을 손금불산입하고 기타사외유출 처분한다.

05. 다음 중 법인세법상 기업업무추진비에 대한 설명으로 옳지 않은 것은?

① 임직원의 명의로 발급받은 신용카드를 사용하여 기업업무추진비를 지출한 경우 신용카드사용액으로 보지 아니한다.

② 법인이 기업업무추진비를 금전 외의 자산으로 제공한 경우 해당 자산의 가액은 이를 제공한 때의 시가(시가가 장부가액보다 낮은 경우에는 장부가액)에 의한다.

③ 내국법인이 1회의 접대에 지출한 경조금이 10만원을 초과한 경우에는 세법상 요구되는 증빙이 있어야만 손금으로 산입할 수 있다.

④ 기업업무추진비는 발생주의에 따라 귀속시기를 판단하므로 해당 사업연도에 발생한 기업업무추진비를 다음 사업연도로 이연시킨 경우에도 해당 사업연도의 기업업무추진비로 본다.

06. 법인세법상 기업업무추진비에 관한 다음의 설명 중 옳지 않은 것은?

① 내국법인이 경조금이 아닌 일반적인 기업업무추진비로 지출한 금액이 3만원을 초과하는 경우 법인신용카드매출전표 등 적격증빙을 수취하지 아니한 때에는 당해 금액을 손금에 산입하지 아니한다.

② 주주·출자자나 임원 또는 사용인이 부담하여야 할 기업업무추진비를 법인이 지출한 것은 기업업무추진비로 보지 아니한다.

③ 법인이 광고선전 물품을 불특정다수인에게 기증하기 위하여 지출한 비용은 기업업무추진비로 보지 아니한다.

④ 기업업무추진비를 미지급금으로 계상한 경우에는 실제로 지출할 때까지 기업업무추진비로 보지 아니한다.

07. 법인세법상 기업업무추진비에 대한 설명 중 틀린 것은?

① 현물기업업무추진비는 시가와 장부가액 중 큰 금액으로 평가한다.

② 채권의 일부를 조기에 회수하기 위해서 채권의 일부를 불가피하게 포기한 경우에도 기업업무추진비로 본다.

③ 기업업무추진비에 대한 매입세액불공제액과 사업상 증여에 대한 매출세액은 기업업무추진비로 본다.

④ 기업업무추진비가 3만원(경조금 20만원)을 초과하는 경우에는 적격증명서류를 수취하여야 한다.

🔑 주관식

01. 다음 자료를 이용하여 필요한 세무조정을 하시오.

1. 수입금액(중소기업임) 조정명세서 내역은 다음과 같다.
   - 상품매출액 : 830,000,000원
   - 제품매출액 : 1,390,000,000원(특수관계자에 대한 매출 200,000,000원 포함되어 있음)
   - 상품 및 제품매출 관련 조정사항은 없다.
2. 장부상 기업업무추진비 내역은 다음과 같다.

계정	금 액	법인카드 사용액	개인카드사용액	합 계
기업업무추진비 (판관비)	3만원 초과분	20,000,000원	1,000,000원	21,000,000원
	3만원 이하분	0원	0원	0원
	합 계	20,000,000원	1,000,000원	21,000,000원
기업업무추진비 (제조경비)	3만원 초과분	30,000,000원	4,000,000원	34,000,000원
	3만원 이하분	0원	0원	0원
	합 계	30,000,000원	4,000,000원	34,000,000원

   - 기업업무추진비(판관비) 중에는 대표이사가 개인적인 용도로 사용하고, 법인카드로 결제한 금액 3,000,000원(1건)이 포함되어있다.
   - 위 표와는 별도로 판매거래처에 경조사비 500,000원(1건)을 현금으로 지출하고, 기업업무추진비(판)으로 계정처리하였다.

02. 다음 자료에 의하여 필요한 세무조정을 하시오.

1. 수입금액(중소기업) 조정명세서 내역은 다음과 같다.
   - 상품매출액은 40억원, 제품매출액은 80억원이며 상품 및 제품매출 관련 조정사항은 없다.
   - 특수관계자에 대한 매출은 제품매출액 5억원, 상품매출액 3억원을 포함하고 있다.
2. 현물기업업무추진비 내역은 다음과 같다.(원가 4,000,000원, 시가 5,000,000원)
   (차) 기업업무추진비(판)   4,500,000원   (대) 상 품   4,000,000원
   　　　　　　　　　　　　　　　　　　　　　　　　　 부가세예수금   500,000원
3. 장부상 기업업무추진비 내역은 다음과 같다.

	카드 사용내역	판매비와 관리비	제조경비
3만원 초과	법인카드사용액	35,000,000원	35,000,000원
	임직원카드사용액	5,000,000원	10,000,000원
	합계	40,000,000원	45,000,000원
3만원 이하		500,000원	300,000원

연/습/문/제 답안

🔑 세무조정

1. 기업업무추진비 한도초과

결산서	(차)	기업업무추진비	51,500,000	(대)	현 금 등	51,500,000
세무상	(차)	기업업무추진비 잉 여 금	49,500,000 2,000,000	(대)	현 금 등	51,500,000
수정분개	**(차)**	**잉여금＋부당**	**2,000,000**	**(대)**	**기업업무추진비**	**2,000,000**
세무조정	〈손금불산입〉 기업업무추진비 한도초과액　2,000,000원(기타사외유출) ☞ 기업업무추진비한도초과액은 무조건 기타사외유출로 한다.					

2. 개인사용경비

결산서	(차)	기업업무추진비	840,000	(대)	현　　금	840,000
세무상	(차)	잉 여 금	840,000	(대)	현　　금	840,000
수정분개	**(차)**	**잉여금＋부당**	**840,000**	**(대)**	기업업무추진비	**840,000**
세무조정	〈손금불산입〉 개인경비 기업업무추진비　840,000원(상여)					

3. 신용카드 미사용 기업업무추진비

결산서	(차)	기업업무추진비	2,900,000	(대)	현　　금	2,900,000
세무상	(차)	잉 여 금	2,900,000	(대)	현　　금	2,900,000
수정분개	**(차)**	**잉여금＋부당**	**2,900,000**	**(대)**	기업업무추진비	**2,900,000**
세무조정	〈손금불산입〉 신용카드 미사용 기업업무추진비　2,900,000원(기타사외유출)					

객관식

1	2	3	4	5	6	7							
③	②	②	①	③	④	②							

[풀이 - 객관식]

01. 건당 3만원(경조사비 제외)을 초과한 기업업무추진비 중 **증빙미수취 기업업무추진비는 대표자상여로 처분**한다.

02. 법인의 업무관련 경비를 지출함에 있어 세금계산서, 계산서, 신용카드매출전표 등을 갖추지 아니한 경우에는 증빙불비가산세를 적용하며 이 경우 **법인 및 개인신용카드여부를 구분하지 아니한다.** 또한 기업업무추진비의 경우에는 반드시 법인신용카드로만 규정하고 있어 **개인신용카드로 지출된 기업업무추진비는 일반영수증으로 지출된 기업업무추진비로 본다.**

03. ① 기업업무추진비 관련 부가가치세 매입세액은 부가가치세법상 매입세액공제가 배제되므로 기업업무추진비로 보아 시부인 계산한다.

③ **부가가치세법상 간주공급에 해당하는 금액**은 기업회계상 매출액이 아니므로 **수입금액에 포함되지 않는다.**

④ 약정에 따라 포기한 미수금이 있는 바, 동 포기사유가 정당하지 아니한 경우에는 기부금으로 간주한다. 왜냐하면 미수금은 업무관련 채권으로 볼 수 없기 때문이다.

04. 경조금은 20만원 이내이다.

05. 경조금의 경우에는 20만원을 초과한 경우이다.

06. 기업업무추진비의 **손금귀속시기는 기업업무추진(접대) 행위가 일어난 사업연도에 속한다.** 따라서 기업업무추진(접대) 행위가 일어났으나 아직 미지급된 금액도 그 사업연도의 기업업무추진비로 인정한다.

07. 채권의 일부를 불가피하게 포기한 경우에는 대손금으로 본다.

0ᴥ 주관식

01. 기업업무추진비

개인카드는 일반영수증으로 본다

세무조정순서			금 액	소득처분
I.직부인 기업업무 추진비	1. 개인사용경비		3,000,000	상여(대표)
	2-1. 건당 3만원초과 적격증빙미수취분		5,000,000	기타사외유출
	2-2. 건당 20만원초과 적격증빙미수취		500,000	기타사외유출
II.한도규제 기업업무 추진비	3. **직부인기업업무추진비** **제외**	4-1. 한도초과액	4,880,000*	기타사외유출
		4-2. 한도내 금액	42,120,000	손금
계			55,500,000	

[기업업무추진비 한도 초과액계산]

(1) 수입금액 : 2,220,000,000원(특정수입금액 200,000,000원 포함)

(2) 기업업무추진비 한도액(①+②) : 42,120,000원

    ① 기본금액 : 36,000,000원(중소기업)

    ② 수입금액 : 6,120,000원

        ⓐ 일반수입금액 : 2,020,000,000원×30/10,000 = 6,060,000원

        ⓑ 특정수입금액 : 200,000,000원×30/10,000×10% = 60,000원

(3) 기업업무추진비해당액 : 47,000,000원

    55,500,000원(장부상기업업무추진비) - 3,000,000원(개인사용) - 5,500,000원(적격증빙미수취)

(4) **기업업무추진비 초과액(3 - 2) : 4,880,000원**(손금불산입, 기타사외유출)

(5) 세무조정

손금불산입	대표이사개인용도	3,000,000원	상여
손금불산입	3만원 초과 신용카드등미사용 기업업무추진비	5,000,000원	기타사외유출
손금불산입	20만원 초과 신용카드등미사용 기업업무추진비 (경조금)	500,000원	기타사외유출
손금불산입	기업업무추진비한도초과 기업업무추진비	4,880,000원	기타사외유출

02. 기업업무추진비

세무조정순서		금 액	소득처분
Ⅰ.직부인	**1. 건당 3만원 초과 적격증빙미수취분** ☞ 임직원카드영수증은 일반영수증으로 본다	15,000,000	기타사외유출
Ⅱ.한도규제 기업업무 추진비	**2. 직부인기업업무 추진비 제외** 4-1. 한도초과액	3,240,000	기타사외유출
	4-2. 한도내 금액	68,560,000	손금
계		86,800,000	현물기업업무 추진비가산

[기업업무추진비 한도 초과액계산]

(1) 수입금액 : 12,000,000,000원(특정수입금액 800,000,000원 포함)

(2) 기업업무추진비 한도액(①+②) : 68,560,000원

    ① 기본금액 : 36,000,000원(중소기업)

    ② 수입금액 : 32,560,000원

        ⓐ 일반수입금액 : 10,000,000,000원×30/10,000 = 30,000,000원

                1,200,000,000원×20/10,000 = 2,400,000원

        ⓑ 특정수입금액 : 800,000,000원×20/10,000×10% = 60,000원

(3) 기업업무추진비해당액 : 71,800,000원

    85,800,000원(장부상기업업무추진비) + 1,000,000원(현물기업업무추진비) – 15,000,000
    (적격증빙미수취)

(4) 기업업무추진비 초과액(3 – 2) : 3,240,000원

(5) 세무조정

손금불산입	신용카드등 미사용 기업업무추진비	15,000,000원	기타사외유출
손금불산입	기업업무추진비 한도초과액	3,240,000원	기타사외유출

Chapter 8

감가상각비

법인세 신고 – 각사업연도 세무조정/ 부속서류 작성하기

제1절 감가상각제도의 특징

감가상각이란 적정한 기간손익계산을 위하여 고정자산의 취득가액에서 잔존가액을 차감한 금액을 그 자산의 내용연수에 걸쳐 합리적·체계적 방법에 따라 비용으로 배분하는 것이다.

법인세법상 감가상각제도는 조세부담의 공평과 계산의 편의성을 고려하여 다음과 같은 특징이 있다.

1. **임의상각제도**: 감가상각여부는 법인의 판단에 따른다.
2. **감가상각비의 한도**: 법인이 감가상각비를 비용에 계상하더라도 법인세법상 한도를 두어 이를 초과할 경우 그 금액은 손금으로 인정되지 않는다.

다음은 기업회계기준과 법인세법상 차이를 보면 쉽게 이해될 것이다.

〈법인세법과 기업회계기준의 비교〉

구 분	기업회계기준	법인세법
1. 잔존가액	추정	원칙 : 0
2. 내용년수	추정	기준내용년수 규정

구 분	기업회계기준	법인세법
3. 감가상각방법	정액법, 정률법, 생산량비례법, 기타 합리적방법	정액법, 정률법, 생산량비례법
4. 감가상각비	과대, 과소 상각불허	<u>임의상각</u> – 과소상각 : 허용 – 과대상각 : 초과분 손금불산입

제2절 감가상각자산의 범위

1. 감가상각자산의 기본요건

① 법인소유의 자산
② 사업용 유형·무형자산

2. 감가상각자산

	감가상각자산 범위
유형자산	① 건물 및 구축물 ② 차량 및 운반구, 공구, 기구, 비품 ③ 선박 및 항공기 ④ 기계 및 장치 ⑤ 동물 및 식물 ⑥ 기타 이와 유사한 유형고정자산
무형자산	① 영업권, 의장권, 실용신안권, 상표권, 특허권, 어업권 등 ② 개발비 ③ 사용수익기부자산가액[1] 등

[1]. 금전 외의 자산을 기부금단체(비지정기부금 제외)에 기부한 후 그 자산을 사용하거나 그 자산으로부터 수익을 얻는 경우 해당 자산의 장부가액

3. 감가상각하지 않는 자산

① 사업에 사용하지 않는 것(일시적 조업중단으로 인한 유휴설비 제외)
② 건설 중인 것
③ 시간의 경과에 따라 그 가치가 감소되지 않는 것

제3절 감가상각 시부인 계산구조

1. 시부인원리

법인세법상 **감가상각비 한도가 100원**이라 가정하자.

		상각부인액	시인부족액
회사계상 상각비		120	70
(−)법인세법상 한도		(−)100	(−)100
(=)	+XX (상각부인액)	20	−30
	−YY (시인부족액)		
세무조정		〈손금불산입〉 20 유보	1. 원칙 : 세무조정 없음[1] (차기 이후에 영향을 미치지 않는다.) 2. 전기상각부인액 존재시 〈손금산입〉 30[2] △유보

*1. 국제회계기준을 적용하는 내국법인의 경우에는 예외적으로 신고조정이 가능한 경우도 있다.

*2. 법인이 감가상각비를 손금으로 계상하지 않는 경우에도 상각범위액을 한도로 하여 전기상각부인액을 손금 추인한다.

2. 시부인 계산단위 : 개별자산별

| <예제 8 - 1> 감가상각비 시부인 |

㈜ 무궁의 다음 자료에 의하여 7기의 세무조정을 행하시오.

구 분	기계장치A	차량운반구B	비품C
전기말부인누계액 (상각부인누계액)	100,000원	200,000원	120,000원
회사계상상각비(A)	400,000원	200,000원	200,000원
상각범위액(B) (법인세법상 한도)	300,000원	250,000원	400,000원
시부인액(A – B)	100,000원 (상각부인액)	△50,000원 (시인부족액)	△200,000원 (시인부족액)

해답

구 분	기계장치A	차량운반구B	비품C
전기말부인누계액 (상각부인누계액)	100,000원	200,000원	120,000원
시부인액(A – B)	100,000원 (상각부인액)	△50,000원 (시인부족액)	△200,000원 (시인부족액)
세무조정	**〈손금불산입〉** **100,000 유보**	**〈손금산입〉** **50,000 △유보**	**〈손금산입〉** **120,000 △유보**
기말상각부인누계액	**200,000원**	**150,000원**	**0원**[1]

*1. (−)일 경우 "0"이다.

205

제4절	감가상각방법

1. 자산별 감가상각방법

법인은 감가상각방법 중 하나를 선택하여 납세지 관할 세무서장에게 신고하여야 하고, 이렇게 선택한 감가상각방법은 이후 사업연도에도 계속하여 적용하여야 한다.

구 분			선택가능한 상각방법	무신고시 상각방법
유형 자산	일 반		정률법 또는 정액법	**정률법**
	건 축 물		정액법	**정액법**
	광 업 용		생산량비례법, 정률법 또는 정액법	**생산량비례법**
무형 자산	일 반		정액법	정액법
	광 업 권		생산량비례법 또는 정액법	생산량비례법
	개 발 비		20년 이내 정액법	5년간 균등상각(월할상각)
	사용수익기부자산	사용수익기간 동안 균등 상각		

2. 감가상각방법의 신고

① 신설법인과 새로 수익사업을 개시한 비영리법인

   영업개시일이 속하는 사업연도의 법인세 과세표준 신고기한

② ① 외의 법인이 위의 구분을 달리하는 고정자산을 새로 취득한 경우

   취득일이 속하는 사업연도의 법인세 과세표준 신고기한

3. 감가상각방법의 변경

① 합병 등 일정한 사유가 있을 경우 납세지 관할세무서장의 승인을 얻어 그 상각방법을 변경할 수 있다.

② 신고기한 : 변경할 상각방법을 적용하고자 하는 **최초 사업연도의 종료일까지 신고**하며, 납세지 관할세무서장은 사업연도 종료일부터 1개월 이내에 승인 여부를 결정하여 통지하여야 한다.

제5절 상각범위액의 결정요소

1. 취득가액

(1) 일반원칙

감가상각자산의 취득가액은 일반적인 자산의 취득가액에 관한 규정을 적용하여 계산한다. 또한 취득가액이라 하면 **세무상 취득가액**을 말한다.

(2) 자본적지출과 수익적지출의 구분

자본적지출이란 내용년수를 연장시키거나 해당자산의 가치를 현실적으로 증가시키기 위하여 지출한 수선비를 말한다. 따라서 기업회계기준과 동일하다.

(3) 즉시상각의 의제

① 원칙 : 법인이 감가상각자산을 취득하기 위하여 지출한 금액과 감가상각자산에 대한 **자본적지출에 해당하는 금액을 수익적 지출로 회계처리한 경우에는 이를 감가상각한 것으로 보아 상각범위액을 계산**한다.

예를 들어 취득가액 10,000원인 기계장치가 있는데, 이러한 기계장치에 대해서 자본적지출에 해당하는 지출 1,000원에 대해서 수선비로 처리한 경우 세법은 다음과 같이 처리한다.

〈자본적지출〉					
결산서	(차) 수 선 비	1,000	(대) 현 금		1,000
세무상	(차) ~~기계장치~~	1,000	(대) 현 금		1,000
	감가상각비	1,000	~~기계장치~~		1,000
	(차) 감가상각비	1,000	(대) 현 금		1,000
효과	1. **세무상 취득가액 증가** : 재무상태표 취득가액은 10,000원인데 **세무상 취득가액은 11,000원이** 된다.				
	2. **감가상각비금액 증가** : 감가상각비에 즉시상각의제액 1,000원을 추가로 더해주어야 한다.				

② 특례

법인이 감가상각자산의 취득가액 또는 자본적지출액을 손금으로 계상한 경우에 **위의 규정에 불구하고 감가상각시부인 계산없이 손금으로 인정하는 특례**가 있다. 이는 계산의 경제성을 고려하여 금액적으로 중요하지 않은 경우 감가상각시부인 계산을 생략하기 위함이다.

	내 용
1. 소액자산의 취득가액	취득가액이 **거래단위별로 100만원 이하인 감가상각자산** **–다음의 것은 제외한다.** ① **그 고유업무의 성질상 대량으로 보유하는 자산** ② **그 사업의 개시 또는 확장을 위하여 취득한 자산**
2. 단기사용자산 및 소모성자산	① 어업에 사용되는 어구 ② 영화필름, 공구, 가구, 전기기구, 시험기기, 측정기기 및 간판 등 ③ 대여사업용 비디오테이프 및 음악용콤팩트디스크로서 개별자산의 취득가액이 30만원 미만인 것 ④ 전화기(휴대용전화기 포함) 및 **개인용컴퓨터(주변기기 포함)**
3. 소액수선비	다음에 해당하는 수선비 ① 개별자산별로 수선비로 지출한 금액이 **600만원 미만**인 경우 ② 개별자산별로 수선비 지출한 금액이 **전기말 현재 재무상태표상 자산의 장부가액의 5%에 미달**하는 경우 ③ **3년 미만의** 기간마다 주기적인 수선을 위하여 지출하는 경우
4. 폐기손실 (비망가액 1,000원)	시설의 개체 또는 기술의 낙후로 인하여 생산설비의 일부를 폐기한 경우
	사업의 폐지 또는 사업장의 이전으로 임대차계약에 따라 임차사업장의 원상회복을 위하여 시설물을 철거하는 경우

(4) 손상차손

감가상각자산의 진부화, 물리적 손상 등에 따라 시장가치가 급격히 하락하여 법인이 회계기준에 따라 손상차손을 계상한 경우에는 해당 금액을 감가상각비로서 손금계상한 것으로 보아 감가상각시부인 계산을 한다.

2. 잔존가액

(1) 원칙

유무형자산구분없이 잔존가액을 '0'으로 규정하고 있다.

(2) 정률법의 경우

정률법에 따라 상각범위액을 계산하는 경우에는 취득가액의 5%에 상당하는 금액을 잔존가액으로 하되, 그 금액은 해당 감가상각자산에 대한 미상각잔액(세무상 장부가액)이 최초로 취득가액의 5%이하가 되는 사업연도의 상각범위액에 가산한다.

(3) 비망가액

감가상각이 종료되는 감가상각자산에 대해서는 위의 규정에 불구하고 취득가액의 5%와 1,000원 중 적은 금액(결국 1,000원이 될 것이다)을 해당 감가상각자산의 장부가액으로 하고, 동 금액에 대해서는 손금에 산입하지 않는다. 결국 이러한 비망가액은 그 자산이 처분시 손금에 산입된다.

3. 내용연수

(1) 의의

내용연수란 자산의 사용가능기간을 말하나, 기업회계기준은 이러한 내용연수에 대하여 추정을 허용하고 있으나, 법인세법은 자산별·업종별로 정하고 있다. 이는 법인의 자의적인 내용연수 적용시 소득금액의 축소로 적정 세수를 확보하기 어렵기 때문이다.

또한 법인세법에서 규정한 내용연수는 그 내용연수내에 감가상각을 완료해야 한다는 의미가 아니라 **상각범위액을 계산할 때 상각률을 정하는 기준일 뿐**이다.

(2) 기준내용연수와 신고내용연수

① 기준내용연수

법인세법 시행규칙에는 **자산별·업종별로 내용연수를 규정**하고 있는데, 이를 기준내용연수라 한다.

② 신고내용연수

기준내용연수의 **상하 25% 범위 내에서 내용연수**를 선택하여 이를 납세지 관할세무서장에서 신고할 수 있는데 이를 신고내용연수라 한다.

예를 들어 기준내용연수가 8년이면 6년~10년 사이의 내용연수중 법인이 선택할 수 있다.

	내 용 연 수	
	신 고	무신고
개발비	20년 이내의 신고한 내용연수	5년
사용수익기부자산	사용수익기간	좌동
시험연구용자산 및 기타 무형고정자산	기준내용연수	좌동
위 이외의 자산	**기준내용연수±25%**	**기준내용연수**

(3) 내용연수의 신고

내용연수는 자산을 취득한 날이 속하는 사업연도의 법인세 과세표준 신고기한까지 관할 세무서장에게 신고하여야 한다.

제6절 **상각범위액의 계산(정액법과 정률법)**

1. 정액법 : 감가상각대상액법(취득가액 – 잔존가치"0")

상각범위액 = 기말세무상 취득가액*1 × 상각률*2

*1. *기말세무상취득가액＝재무상태표 취득가액＋즉시상각의제액(전기이전분＋당기발생분)*
*2. 상각률은 법인세법에서 규정함.

2. 정률법 : 장부가액법(취득가액 – 감가상각누계액)

상각범위액 = 세무상 미상각잔액(세무상장부가액)*1 × 상각률*2

*1. *세무상미상각잔액＝기말T취득가액 – 기초T감가상각누계액*
= 기말재무상태표 취득가액＋전기이전즉시상각의제＋당기즉시상각의제
  － (기초재무상태표 감가상각누계액＋전기이전즉시상각의제 － 전기이월상각부인액)
= *기말재무상태표 취득가액 – 기초재무상태표 감가상각누계액＋즉시상각의제액(당기)*
  ＋전기이월상각부인액(유보)
*2. 상각률은 잔존가액의 **5%**로 가정하여 산출하며, 법인세법에서 규정함.

다음의 예를 들어 감가상각비에 대한 세무조정을 해보자.

결산일 현재 다음의 재무상태표와 손익계산서가 있고 상각률은 정액법 0.13, 정률법 0.3이라 가정하자. 또한 기계장치에 대한 전기 상각부인액이 50,000원이 있다고 가정하자.

부분재무상태표 (12/31)

– 기계장치	1,000,000	
감가상각누계액	(200,000)	800,000

부분손익계산서(1.1~12.31)

Ⅲ. 판매비와 관리비	
6. 감가상각비	100,000

그리고 자본적 지출액에 대해서 회사는 다음과 같이 회계처리하였다.

(차) 수 선 비   200,000원   (대) 현   금   200,000원

정액법상의 **세무상취득가액(1,200,000원) = 기말재무상태상 취득가액(1,000,000원) + 즉시상각의제액(200,000원)**이 된다.

따라서 **상각범위액 = 세무상취득가액(1,200,000원) × 상각률(0.13) = 156,000원**이 된다.

세무상 기말취득가액(A)		상각범위액(B) = A × 상각률	
= 기말재무상태표상 취득가액 + 즉시상각의제액(전기) + 즉시상각의제액(당기)	1,000,000원 – 200,000원	상각률	156,000원
1,200,000원		0.13	

정률법상의 **미상각잔액 = 기말 세무상 취득가액 − 기초 세무상 감가상각누계액**

= (기말재무상태표상 취득가액 + 당기즉시상각의제액) − (기말재무상태표상 감가상각누계액 −
  당기감가상각비 − 전기상각부인누계액)

= (1,000,000원 + 200,000원) − (200,000원 − 100,000원 − 50,000원) = 1,150,000원이 된다.

따라서 상각범위액 = 세무상미상각잔액(1,150,000원) × 상각률(0.3) = 345,000원이 된다.

세무상 기말취득가액(A)		세무상 기초감가상각누계액(B)	
= 기말재무상태표상 취득가액 + 즉시상각의제액[*1]	1,000,000원 200,000원	기말재무상태표상 감가상각누계액 (−) 당기감가상각비 (−) 전기상각부인누계액	200,000원 (100,000)원 (50,000)원
1,200,000원		50,000원	
미상각잔액(C = A − B) = 1,150,000원			
상각범위액 = 미상각잔액 × 상각률(0.3) = 345,000			

*1. 정액법일 경우 전기이전발생분 + 당기발생분

    정률법일 경우 당기발생분(왜냐하면 전기분은 감가상각누계액 + 상각부인액에 자동반영되어 있기 때문이다.)

[정액법과 정률법의 비교]

	정액법	정률법
상각범위액	**세무상 취득가액(A)×상각률** =1,200,000원×0.13 =156,000원	**세무상 미상각잔액(C)×상각률** =1,150,000원×0.3 =345,000원
회사계상 상각비	회사계상감가상각비(100,000원)+당기즉시상각의제액(200,000원) =300,000원	
시부인액	**부인액 144,000원**	**시인부족액 45,000원**
세무조정	〈손금불산입〉 144,000원(유보)	〈손금산입〉 45,000원(△유보)
당기말상각부인누계액	**194,000원(50,000+144,000)**	**5,000원(50,000-45,000)**

3. 특수한 경우 상각범위액 계산방법

① 당기 취득자산 : 월할상각한다.(1월 미만의 일수는 1월로 한다.)

② 당기 처분자산 : **당기 상각비에 대한 시부인이 불필요**하다. 왜냐하면 고정자산처분손익으로 반영되기 때문이다. 그리고 전기 상각부인누계액만 추인해주면 된다.

③ 자본적 지출의 경우

월할 상각하지 않고 감가상각자산의 기초가액에 합산하면 된다. 즉 1년 상각한다.

④ 감가상각과 평가증의 우선순위 : 법률에 따른 평가증을 한 경우 **먼저 감가상각을 한 후 자산의 평가증을 한 것으로 본다.**

4. 회사계상상각비 = 당기 감가상각누계액 증가액[1] + 당기 즉시상각의제

[1]. 회계처리를 감가상각비 또는 전기오류수정손익(영업외비용 또는 이익잉여금)으로 처리하더라도 당기 회사계상각비는 **당기 감가상각누계액 증가액이다.**

제7절 감가상각의제

법인세가 면제되거나 감면되는 사업을 영위하는 법인으로서 법인세를 면제받거나 감면받을 경우에는 감가상각비를 계상하지 아니하거나 과소계상하였더라도 법인세법상의 **상각범위액까지는 손금에 산입하여야 한다. 또한 추계결정 또는 경정을 하는 경우에도 감가상각비를 손금에 산입한 것으로 간주한다.**

법인세가 면제되는 법인이 1기 5월 1일에 비품을 900원에 취득하였고, 내용연수 3년, 정액법으로, 3기부터 매년 300원씩 감가상각하고, 6기에 처분하였다고 가정하자.

	1기	2기	3기	4기	5기	6기
회사 계상상각비	0	0	300	300	300	처분
세무상 상각범위액	**200*1(의제)**	**300(의제)**	**300**	**100**	**0**	
세무조정	손입 200	손입 300	–	손부 200	손부 300	

*1. 감가상각비는 월할상각한다. **900원/3년 × 8개월/12개월＝200원**

이러한 감가상각의제는 **법인세를 면제, 감면받는 법인이 임의상각제도를 악용하여 조세회피를 방지하는 강제상각제도**인 것이다.

| <예제 8 - 2> 감가상각비(정률법) ├──────────────────

㈜ 무궁의 다음 자료에 의하여 7기의 세무조정을 행하시오.

1. 회사가 보유하고 있는 감가상각대상자산은 다음과 같다.

계정과목	항목	취득년월일	취득가액	전기말감가상각누계액	전기말감가상각시부인액	기 준 내용연수
기계 장치	기계A	2010.3.20	100,000,000	39,219,249	(10,000,000)	8년
	기계B	2010.10.2	50,000,000	20,000,000	1,662,113	8년

2. 기계장치인 기계A에 발생한 전기분 시인부족액 10,000,000원에 대하여 당기에 다음과 같이 수정분개하였다.
   (차) 이익잉여금　　　　　10,000,000원　　(대) 감가상각누계액　　　　　10,000,000원

3. 재무제표에 반영된 감가상각비는 다음과 같다.

구분	감가상각비
기계A	15,000,000원
기계B	9,000,000원

4. 당사는 감가상각 방법을 신고한 적이 없다.

5. 내용연수 8년의 상각률은 다음과 같다.(정액법 0.125, 정률법 0.313)

해답

1. 감가상각방법을 신고하지 않았으므로 정률법(일반 유형자산)을 적용한다.

2. **정률법은 세무상미상각잔액을 구하는게 핵심입니다.**

3. **이익잉여금으로 처리한 감가상각누계액**

결산서	(차) 이익잉여금	10,000,000	(대) 감가상각누계액	10,000,000
세무상	(차) 감가상각비	10,000,000	(대) 감가상각누계액	10,000,000
수정분개	**(차) 감가상각비**	**10,000,000**	**(대) 이익잉여금**	**10,000,000**
세무조정	〈손금산입〉 기계A에 대한 감가상각비 10,000,000(기타) 동시에 회사 계상 감가상각비에 10,000,000원을 가산한다.			

4. 감가상각비에 한도 계산 및 세무조정

① 기계A

세무상취득가액(A)		세무상 기초감가상각누계액(B)	
= 기말재무상태표상 취득가액 + 즉시상각의제액(당기)	100,000,000원	기초재무상태표상 감가상각누계액 (−) 전기상각부인누계액	39,219,249원 0원
	100,000,000원		39,219,249원
미상각잔액(C = A − B) = 60,780,751원			
상각범위액(D)	세무상미상각잔액(C) × 상각률(0.313) = 19,024,375원		
회사계상상각비(E)	15,000,000원 + 10,000,000원(잉여금) = 25,000,000원		
시부인액(D − E)	**부인액 5,975,625원**		
세무조정	**〈손금불산입〉 감가상각비 한도 초과 5,975,625원(유보)**		

② 기계B

세무상취득가액(A)		세무상 기초감가상각누계액(B)	
= 기말재무상태표상 취득가액 + 즉시상각의제액(당기)	50,000,000원	기초재무상태표상 감가상각누계액 (-) 전기상각부인누계액	20,000,000원 1,662,113원
	50,000,000원		18,337,887원
미상각잔액(C = A - B) = 31,662,113원			
상각범위액(D)	세무상미상각잔액(C)×상각률(0.313)=9,910,241원		
회사계상상각비(E)	9,000,000원		
시부인액(D - E)	시인부족액 910,241원(전기 상각부인액 한도 손금추인)		
세무조정	〈손금산입〉 전기상각부인액 추인 910,241원(△유보)		

[감가상각비 조정명세서(정률법)]

감가상각비 조정명세서는 전문가도 작성하기 힘든 조정명세서입니다. 법인세를 처음 배우시는 분은 한번만 수기로 작성해 보십시오. 그러면 실무편에서는 작성하기가 쉽습니다. 기본적인 이론을 습득하셔야 회계프로그램에 입력하기 편합니다.

■ 법인세법 시행규칙 [별지 제20호서식(1)] (앞 쪽)

사 업 연 도	· · · ~ · · ·	유형자산감가상각비 조정명세서(정률법)		법 인 명	
				사업자등록번호	

자산 구분	①종류또는업종명		총계		
	②구조(용도)또는자산명			기계A	기계B
	③취득일			2010.3.20	2010.10.2
④내용연수(기준·신고)				8	8
상각계산의 기초가액	재무상태표 자산가액	⑤기말현재액		100,000,000	50,000,000
		⑥감가상각누계액		64,219,249	29,000,000
		⑦미상각잔액(⑤-⑥)		35,780,751	21,000,000
	⑧회사계산감가상각비			25,000,000	9,000,000
	⑨자본적지출액				
	⑩전기말의제상각누계액				
	⑪전기말부인누계				1,662,113
	⑫가감계(⑦+⑧+⑨-⑩+⑪)			60,780,751	31,662,113
⑬일반상각률·특별상각률				0.313	0.313
상각범위액 계산	당기산출 상각액	⑭일반상각액		19,024,375	9,910,241
		⑮특별상각액			
		⑯계(⑭+⑮)		19,024,375	9,910,241
	취득가액	⑰전기말현재취득가액		100,000,000	50,000,000
		⑱당기회사계산증가액			
		⑲당기자본적지출액			
		⑳계(⑰+⑱+⑲)		100,000,000	50,000,000
	㉑잔존가액(⑳×5/100)			5,000,000	2,500,000
	㉒당기상각시인범위액 {⑯, 단 (⑫-⑧)≤㉑인 경우 ⑫}			19,024,375	9,910,241
㉓회사계상상각액(⑧+⑨)				25,000,000	9,000,000
㉔차감액(㉓-㉒)				5,975,625	-910,241
㉕최저한세적용에 따른 특별상각부인액					손금산입
조정액	㉖상각부인액(㉔+㉕)			5,975,625	
	㉗기왕부인액중 당기 손금추인액 (⑪, 단 ⑪≤|△㉔|)			손금불산입	-910,241
㉘당기말부인액누계(⑪+㉖-|㉗|)				5,975,625	751,872
당기말의제 상 각 액	㉙당기의제상각액(|△㉔|-|㉗|)				
	㉚의제상각누계액(⑩+㉙)				
신고조정 감가상각비계산 (2013.12.31 이전 취득분)	㉛기준상각률				국제기업회계기준적용
	㉜종전상각비				
	㉝종전감가상각비 한도[㉜-{㉝-(㉘-⑪)}]				
	㉞추가손금산입대상액				
	㉟동종자산 한도계산 후 추가손금산입액				
신고조정 감가상각비계산 (2014.1.1 이후 취득분)	㊱기획재정부령으로 정하는 기준내용연수				
	㊲기준감가상각비 한도				
	㊳추가손금산입액				
㊴추가 손금산입 후 당기말부인액 누계 (㉘-㉟-㊳)				5,975,625	751,872

유형자산감가상각비조정명세서(정률법)

1. 고정자산등록

① 기계A

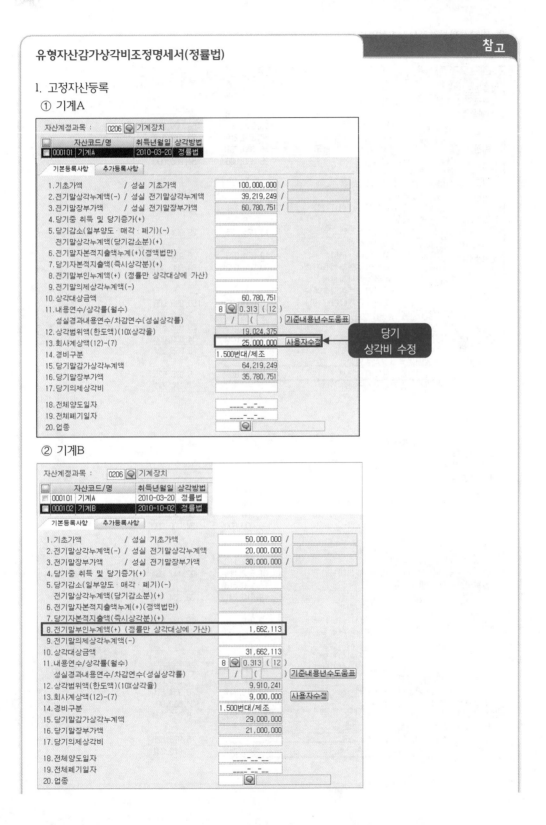

② 기계B

2. 미상각자산감가상각조정명세서

① 기계A

입력내용			금액	총계
업종코드/명				
합계표 자산구분		2. 기계장치		
(4)내용연수			8	
상각 계산 의 기초 가액	재무상태표 자산가액	(5)기말현재액	100,000,000	150,000,000
		(6)감가상각누계액	64,219,249	93,219,249
		(7)미상각잔액(5)-(6)	35,780,751	56,780,751
	(8)회사계산감가상각비		25,000,000	34,000,000
	(9)자본적지출액			
	(10)전기말의제상각누계액			
	(11)전기말부인누계액			1,662,113
	(12)가감계((7)+(8)+(9)-(10)+(11))		60,780,751	92,442,864
(13)일반상각률.특별상각률			0.313	
상각범위 액계산	당기산출 상각액	(14)일반상각액	19,024,375	28,934,616
		(15)특별상각액		
		(16)계((14)+(15))	19,024,375	28,934,616
	취득가액	(17)전기말현재취득가액	100,000,000	150,000,000
		(18)당기회사계산증가액		
		(19)당기자본적지출액		
		(20)계((17)+(18)+(19))	100,000,000	150,000,000
	(21) 잔존가액		5,000,000	7,500,000
	(22) 당기상각시인범위액		19,024,375	28,934,616
(23)회사계상상각액((8)+(9))			25,000,000	34,000,000
(24)차감액 ((23)-(22))			5,975,625	5,065,384
(25)최저한세적용에따른특별상각부인액				
조정액	(26) 상각부인액 ((24)+(25))		5,975,625	5,975,625
	(27) 기왕부인액중당기손금추인액			910,241

② 기계B

입력내용			금액	총계
업종코드/명				
합계표 자산구분		2. 기계장치		
(4)내용연수			8	
상각 계산 의 기초 가액	재무상태표 자산가액	(5)기말현재액	50,000,000	150,000,000
		(6)감가상각누계액	29,000,000	93,219,249
		(7)미상각잔액(5)-(6)	21,000,000	56,780,751
	(8)회사계산감가상각비		9,000,000	34,000,000
	(9)자본적지출액			
	(10)전기말의제상각누계액			
	(11)전기말부인누계액		1,662,113	1,662,113
	(12)가감계((7)+(8)+(9)-(10)+(11))		31,662,113	92,442,864
(13)일반상각률.특별상각률			0.313	
상각범위 액계산	당기산출 상각액	(14)일반상각액	9,910,241	28,934,616
		(15)특별상각액		
		(16)계((14)+(15))	9,910,241	28,934,616
	취득가액	(17)전기말현재취득가액	50,000,000	150,000,000
		(18)당기회사계산증가액		
		(19)당기자본적지출액		
		(20)계((17)+(18)+(19))	50,000,000	150,000,000
	(21) 잔존가액		2,500,000	7,500,000
	(22) 당기상각시인범위액		9,910,241	28,934,616
(23)회사계상상각액((8)+(9))			9,000,000	34,000,000
(24)차감액 ((23)-(22))			-910,241	5,065,384
(25)최저한세적용에따른특별상각부인액				
조정액	(26) 상각부인액 ((24)+(25))			5,975,625
	(27) 기왕부인액중당기손금추인액		910,241	910,241

<예제 8 - 3> 감가상각비(정액법)

㈜ 무궁의 다음 자료에 의하여 7기의 세무조정을 행하시오.

1. 감가상각자료

자산명	건 물 제조공장	건 물 본사사옥
취득연월일	2010년 11월 7일	2010년 4월 7일
상각방법	정액법	정액법
내용연수	35년	40년
당기말 재무상태표 취득가액	350,000,000원	100,000,000원
전기말 재무상태표 감가상각누계액	94,500,000원	?
당기말 재무상태표 감가상각누계액	?	11,875,000원
당기 손익계산서 감가상각비	20,500,000원	2,500,000원
전기감가상각부인액	–	26,325,000원
상각률(정액법)	0.029	0.025

2. 세법상 자본적지출에 해당하는 금액 중 수선비로 처리한 금액은 다음과 같다.

구 분	제조공장	본사사옥
전 기	30,000,000원	27,000,000원
당 기	–	34,000,000원

해답

1. 정액법은 세무상 취득가액을 구하는게 핵심입니다.

2. 감가상각비에 한도 계산 및 세무조정

① 제조공장

세무상취득가액(A)		상각범위액(B)	
= 기말재무상태표상 취득가액 + 즉시상각의제액(전기) + 즉시상각의제액(당기)	350,000,000원 30,000,000원 -	상각률	11,020,000원
380,000,000원		0.029	
회사계상상각비(C)		20,500,000원	
시부인액(B - C)		부인액 9,480,000원	
세무조정		〈손금불산입〉 감가상각비 한도 초과 9,480,000원(유보)	

② 본사사옥

세무상취득가액(A)		상각범위액(B)	
= 기말재무상태표상 취득가액 + 즉시상각의제액(전기) + 즉시상각의제액(당기)	100,000,000원 27,000,000원 34,000,000원	상각률	4,025,000원
161,000,000원		0.025	
회사계상상각비(C)		2,500,000원(손익계산서) + 34,000,000원(당기즉시상각의제액) = 36,500,000원	
시부인액(B - C)		부인액 32,475,000원	
세무조정		〈손금불산입〉 감가상각비 한도 초과 32,475,000원(유보)	

☞ 직전년도 상부가액 = 취득가액(100,000,000) - 전기말누계액(11,875,000 - 2,500,000) = 90,125,000원
  소액비 수선요건 = MAX(① 90,125,000×5%, ② 6백만원 미만) = 6백만원 미만

■ 법인세법 시행규칙 [별지 제20호 서식(2)] (앞 쪽)

사 업 연 도	· · ~ · ·	유형 · 무형자산감가상각비 조정명세서(정액법)	법 인 명	
			사업자등록번호	

자산 구분	①종류또는업종명		총계	건물	건물
	②구조(용도)또는자산명			제조공장	본사사옥
	③취득일			2010.11.7	2010.4.7
④내용연수(기준 · 신고)				35	40
상각 계산의 기초 가액	재무상태표 자산가액	⑤기말현재액		350,000,000	100,000,000
		⑥감가상각누계액		115,000,000	11,875,000
		⑦미상각잔액(⑤-⑥)		235,000,000	88,125,000
	회사계산 상각비	⑧전기말누계		94,500,000	9,375,000
		⑨당기상각비		20,500,000	2,500,000
		⑩당기말누계(⑧+⑨)		115,000,000	11,875,000
	자본적 지출액	⑪전기말누계		30,000,000	27,000,000
		⑫당기지출액			34,000,000
		⑬합계(⑪+⑫)		30,000,000	61,000,000
⑭취득가액(⑦+⑩+⑬)				380,000,000	161,000,000
⑮일반상각률 · 특별상각률				0.029	0.025
상각 범위액 계산	당기산출 상각액	⑯일반상각액		11,020,000	4,025,000
		⑰특별상각액			
		⑱ 계(⑯+⑰)		11,020,000	4,025,000
	⑲당기상각시인범위액 {⑱, 단 ⑱≦⑭-⑧-⑪+⑤-전기⑱}			11,020,000	4,025,000
⑳회사계상상각액(⑨+⑫)				20,500,000	36,500,000
㉑차감액(⑳-⑲)				9,480,000	32,475,000
㉒최저한세적용에따른특별상각부인액					
조정액	㉓상각부인액(㉑+㉒)			9,480,000	32,475,000
	㉔기왕부인액중 당기 손금 추인액 (㉕, 단 ㉕≦ㅣ△㉑ㅣ)			손금불산입	
부인액누계	㉕전기말부인액누계(전기㉖)				26,325,000
	㉖당기말부인액누계(㉕+㉓-ㅣ㉔ㅣ)			9,480,000	58,800,000
당기말 의제상각액	㉗당기의제상각액(ㅣ△㉑ㅣ-ㅣ㉔ㅣ)				
	㉘의제상각의누계(전기㉘+㉗)				
신고조정감가 상각비계산 (2013.12.31 이전 취득분)	㉙기준상각률				
	㉚종전상각비				
	㉛종전감가상각비 한도[㉚-{⑳-(㉖-㉕)}]				
	㉜추가손금산입대상액				
	㉝동종자산 한도계산 후 추가손금산입액				
신고조정감가 상각비계산 (2014.1.1 이후 취득분)	㉞기획재정부령으로 정하는 기준내용연수				
	㉟기준감가상각비 한도				
	㊱추가손금산입액				
㊲추가 손금산입 후 당기말부인액 누계 (㉖-㉝-㊱)				9,480,000	58,800,000

유형자산감가상각비조정명세서(정액법) 참고

I. 고정자산등록

① 제조공장

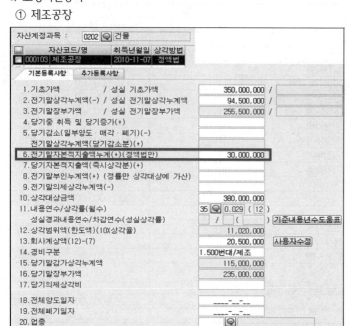

② 본사사옥

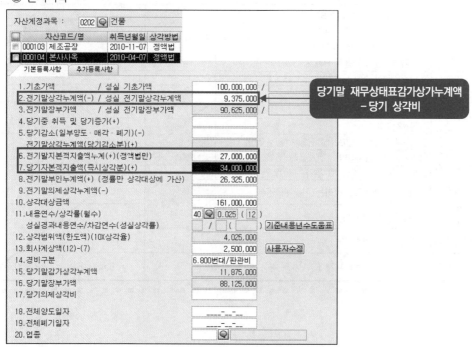

당기말 재무상태표감가상각누계액
- 당기 상각비

2. 미상각자산감가상각조정명세서

① 제조공장

입력내용			금액	총계
업종코드/명				
합계표 자산구분	1. 건축물			
(4)내용연수(기준.신고)			35	
상각 계산 의 기초 가액	재무상태표 자산가액	(5)기말현재액	350,000,000	450,000,000
		(6)감가상각누계액	115,000,000	126,875,000
		(7)미상각잔액(5)-(6)	235,000,000	323,125,000
	회사계산 상각비	(8)전기말누계	94,500,000	103,875,000
		(9)당기상각비	20,500,000	23,000,000
		(10)당기말누계(8)+(9)	115,000,000	126,875,000
	자본적 지출액	(11)전기말누계	30,000,000	57,000,000
		(12)당기지출액		34,000,000
		(13)합계(11)+(12)	30,000,000	91,000,000
(14)취득가액((7)+(10)+(13))			380,000,000	541,000,000
(15)일반상각률.특별상각률			0.029	
상각범위 액계산	당기산출 상각액	(16)일반상각액	11,020,000	15,045,000
		(17)특별상각액		
		(18)계((16)+(17))	11,020,000	15,045,000
	(19) 당기상각시인범위액		11,020,000	15,045,000
(20)회사계상상각액((9)+(12))			20,500,000	57,000,000
(21)차감액((20)-(19))			9,480,000	41,955,000
(22)최저한세적용에따른특별상각부인액				
조정액	(23) 상각부인액((21)+(22))		9,480,000	41,955,000
	(24) 기왕부인액중당기손금추인액			
부인액 누계	(25) 전기말부인누계액			26,325,000
	(26) 당기말부인누계액 (25)+(23)-|24|		9,480,000	68,280,000
당기말	(27) 당기의제상각액 |△(21)|-|(24)|			

② 본사사옥

입력내용			금액	총계
업종코드/명				
합계표 자산구분	1. 건축물			
(4)내용연수(기준.신고)			40	
상각 계산 의 기초 가액	재무상태표 자산가액	(5)기말현재액	100,000,000	450,000,000
		(6)감가상각누계액	11,875,000	126,875,000
		(7)미상각잔액(5)-(6)	88,125,000	323,125,000
	회사계산 상각비	(8)전기말누계	9,375,000	103,875,000
		(9)당기상각비	2,500,000	23,000,000
		(10)당기말누계(8)+(9)	11,875,000	126,875,000
	자본적 지출액	(11)전기말누계	27,000,000	57,000,000
		(12)당기지출액	34,000,000	34,000,000
		(13)합계(11)+(12)	61,000,000	91,000,000
(14)취득가액((7)+(10)+(13))			161,000,000	541,000,000
(15)일반상각률.특별상각률			0.025	
상각범위 액계산	당기산출 상각액	(16)일반상각액	4,025,000	15,045,000
		(17)특별상각액		
		(18)계((16)+(17))	4,025,000	15,045,000
	(19) 당기상각시인범위액		4,025,000	15,045,000
(20)회사계상상각액((9)+(12))			36,500,000	57,000,000
(21)차감액((20)-(19))			32,475,000	41,955,000
(22)최저한세적용에따른특별상각부인액				
조정액	(23) 상각부인액((21)+(22))		32,475,000	41,955,000
	(24) 기왕부인액중당기손금추인액			
부인액 누계	(25) 전기말부인누계액		26,325,000	26,325,000
	(26) 당기말부인누계액 (25)+(23)-|24|		58,800,000	68,280,000
당기말 의제상각액	(27) 당기의제상각액 |△(21)|-|(24)|			
	(28) 의제상각누계액			50,000,000
신고조정 감가상각 비계산	(29) 기준상각률			
	(30) 종전상각비			
	(31) 종전감가상각비 한도			
	(32) 추가손금산입대상액			
	(33) 동종자산 한도계산 후 추가손금산			
신고조정 감가상각 비계산	(34) 기획재정부령으로 정하는 기준내용			
	(35) 기준감가상각비 한도			
	(36) 추가손금산입액			
	(37) 추가 손금산입 후 당기말부인액 누계		58,800,000	68,280,000

연/습/문/제

 세무조정

[1] 전기말 기계장치에 감가상각비 한도초과액은 1,000,000원이 있었으며 당기에 세법상 감가상각비 한도액은 3,000,000원이나 회사는 감가상각비를 인식하지 아니하였다.

[2] 당기에 취득한 차량운반구의 감가상각비 세법상 한도액은 1,000,000원인데, 회사는 손익계산서상에 900,000원을 인식하였으며 즉시상각의제의 규정을 적용받는 금액이 450,000원이 있다.

[3] 재무상태표 및 손익계산서에는 다음과 같은 계정과목이 포함되어 있으며 기업회계기준에 따라 정확하게 회계처리되었다.

계정과목	금 액	비 고
감가상각비	15,000,000원	세법상의 감가상각범위액은 20,000,000원이며 전기감가상각부인액이 3,000,000원이 있다.

[4] 기계장치에 대하여 전기분 시인부족액 5,000,000원에 대해 당기에 다음과 같이 회계처리하였다.
(차) 전기오류수정손실(이익잉여금)   5,000,000   (대) 감가상각누계액   5,000,000

결산서	(차)	(대)
세무상	(차)	(대)
수정분개	**(차)**	**(대)**
세무조정		

224

객관식

01. 다음 중 법인세법상 감가상각에 대한 설명으로 틀린 것은?

① 장기할부조건으로 매입한 고정자산의 경우 대금의 청산 또는 소유권의 이전여부에 관계없이 고정자산 가액 전액을 자산으로 계상하고 감가상각대상 자산에 포함한다.

② 상각범위액에 미달하여 상각하거나 감가상각비를 전혀 계상하지 아니하는 경우에도 법인세법상 인정된다.

③ 감가상각자산을 취득하기 위하여 지출한 금액과 감가상각대상자산에 대한 자본적 지출을 손금으로 계상한 경우에는 이를 감가상각한 것으로 보아 상각범위액을 계산한다.

④ 정률법으로 감가상각하는 경우 취득가액의 5%에 해당하는 잔존가액은 최초로 감가상각비를 계상하는 사업연도의 상각범위액에 가산한다.

02. 법인세법상 감가상각시부인 없이 전액 손금으로 인정되는 자산이 아닌 것은?

① 어업에 사용되는 어구(어선용구를 포함한다)

② 영화필름, 공구, 가구, 전기기구, 가스기기, 가정용 기구·비품, 시계, 시험기기, 측정기기 및 간판

③ 대여사업용 비디오테이프 및 음악용 콤팩트디스크로서 개별자산의 취득가액이 100만원 미만인 것

④ 전화기(휴대용 전화기를 포함한다) 및 개인용 컴퓨터(그 주변기기를 포함한다)

03. 다음 중 법인세법상 고정자산의 감가상각과 관련된 내용으로 옳지 않은 것은?

① 감가상각방법의 변경신고는 해당 변경된 감가상각방법을 적용하고자 하는 최초사업연도의 종료일까지 하여야 한다.

② 감가상각의제는 법인세가 면제되는 법인에 대한 강제상각제도이다.

③ 시설의 개체, 기술낙후로 생산설비의 일부를 폐기한 경우 장부가액에서 1,000원을 공제한 금액을 신고조정으로 손금산입할 수 있다.

④ 개별자산별로 수선비로 지출한 가액이 직전사업연도 종료일 현재 재무상태표상 자산가액의 5%에 미달하는 경우에는 수익적 지출로 처리할 수 있다.

04. 특정 감가상각자산에 대하여 전기로부터 시인부족액이 30만원 이월되었다. 해당 사업연도에 상각부인액 100만원이 발생하였다면 세무조정과 차기로 이월될 시부인액은 얼마인가?

	세무조정	차기이월 시부인액
①	30만원 손금불산입	상각부인액 70만원
②	100만원 손금불산입	상각부인액 100만원
③	30만원 손금산입	상각부인액 70만원
④	100만원 손금산입	상각부인액 100만원

05. 다음의 자료에 의해 법인세법상 20x2년 감가상각에 대한 세무조정을 하였을 경우 옳은 것은?

> (1) 20x1년 기계장치 감가상각 세무조정 : 100,000원 시인부족액 발생
> (2) 20x1년 건   물 감가상각 세무조정 : 100,000원 상각부인액 발생
> (3) 20x2년 기계장치 감가상각 세무조정 : 100,000원 상각부인액 발생
> (4) 20x2년 건   물 감가상각 세무조정 : 200,000원 시인부족액 발생

① 손금불산입 100,000원, 손금산입 100,000원
② 손금산입 100,000원
③ 손금불산입 100,000원, 손금산입 200,000원
④ 손금불산입 100,000원

06. ㈜명옥상사와 ㈜인천상사는 1억원의 고정자산을 취득하여 감가상각을 하고 다음과 같이 회계처리하였다. 법인세 신고시 옳게 세무조정한 것은?

구 분	세법상 한도액	회사 계상액	전기유보잔액	세무조정
㈜명옥상사	20,000,000	18,000,000	3,000,000	(가)
㈜인천상사	25,000,000	29,000,000	0	(나)

	(가)	(나)
①	〈손금산입〉 전기감가상각비 3,000,000	세무조정 없음
②	〈손금산입〉 전기감가상각비 2,000,000	〈손금불산입〉 감가상각비 4,000,000
③	세무조정 없음	〈손금불산입〉 감가상각비 4,000,000
④	〈손금불산입〉 감가상각비 2,000,000	〈손금산입〉 감가상각비 4,000,000

07. ㈜세무는 전기 재무상태표상의 취득가액 12억원, 감가상각누계액이 2억원이고 상각부인액이 1억원인 건물에 대하여 당기에 수선비 48,000,000원을 비용으로 처리하였다. 수선비는 엘리베이터설치비 40,000,000원과 도색비 8,000,000원이다. 이에 대한 세무상 처리로서 옳은 것은?

① 수선비를 비용으로 인정하여 별도의 세무조정을 하지 아니한다.

② 48,000,000원을 즉시상각의제로 보아 세무조정한다.

③ 40,000,000원을 손금불산입하여 유보로 처분한다.

④ 40,000,000원을 즉시상각의제로 보아 세무조정한다.

08. ㈜사이비리아는 PC방을 운영하고 있다. 다음 중 감가상각자산의 취득가액을 손금으로 계상한 경우 감가상각 시부인계산 없이 손금으로 인정하는 법인세법상 특례에 해당하지 않는 것은?

① 사업의 개시를 위하여 컴퓨터 20대(한대 당 10만원)를 취득하고, 이를 비용처리하였다.

② 사업과 관련한 200만원짜리 휴대용 전화기를 취득하고, 이를 비용처리하였다.

③ 매장 계산대에서 사용할 200만원짜리 개인용 컴퓨터를 사업개시 후에 구입하고, 이를 비용처리하였다.

④ 매장입구에 200만원짜리 간판을 설치하고, 이를 비용처리하였다.

09. 법인세법상 재고자산 평가방법과 감가상각방법에 대한 설명으로 잘못된 것은?

① 재고자산은 자산구분별, 종류별, 영업장별로 서로 다른 평가방법을 선택할 수 있다.

② 재고자산평가방법 변경시 신고후 승인을 필요로 한다.

③ 개발비에 대한 감가상각방법은 정액법만 가능하다.

④ 사용수익기부자산가액의 감가상각방법은 사용수익기간에 따른 정액법만 가능하다.

10. 다음은 법인세법상 감가상각제도에 대한 내용이다. 옳지 않은 것은?

① 법인세를 면제 또는 감면받은 사업연도에 감가상각비를 상각범위액보다 과소계상한 경우에는 감가상각의제 규정을 적용한다.

② 고정자산에 대하여 평가증과 감가상각을 병행한 경우에는 먼저 평가증을 한 이후 감가상각한 것으로 보아 상각범위액을 계산한다.

③ 사업연도 기간 중 발생한 자본적 지출은 월할계산하지 않고 감가상각 기초가액에 합산하여 상각범위액을 계산한다.

④ 비용으로 계상한 수선비가 개별자산별로 600만원 미만이거나 직전 사업연도종료일 현재 재무상태표상 자산가액의 5%에 미달하는 경우에는 자본적 지출에 해당하는 금액이 포함되어 있더라도 전액을 손금으로 인정한다.

11. 다음 중 법인세법 상 감가상각방법을 신고하지 않은 경우 적용하는 상각방법으로 옳은 것은?

    ① 광업용 유형고정자산 : 생산량비례법   ② 제조업의 기계장치 : 정액법

    ③ 광업권 : 정률법   ④ 개발비 : 5년간 정률법

 주관식

01. 다음 자료를 참고하여 감가상각비관련 세무조정을 하시오.

1. 20X0년말 고정자산대장

코드	계정과목	자산명	취득일	취득가액	당기말감가상각누계액	내용연수	감가상각방법
101	건물(판관)	본사사옥	2018.01.01.	6억원	1,000만원	30년	정액법

2. 20X1년말 고정자산대장

코드	계정과목	자산명	취득일	취득가액	당기말감가상각누계액	내용연수	감가상각방법
101	건물(판관)	본사사옥	2018.01.01.	6.15억원	5,000만원	30년	정액법

3. 기타

   – 당기에 본사사옥에 엘리베이터 설치를 위해 1,500만원을 지출하였다.(자본적 지출)

   – 당기에 건물에 대한 전기분 시인부족액을 다음과 같이 수정분개하였다.

     (차) 전기오류수정손실(이익잉여금) 10,000,000원   (대) 감가상각누계액 10,000,000원

   – 감가상각방법 및 내용연수(상각률 0.034)는 상기 자료에 제시된 내용으로 관할세무서에 신고하였다.

   – 감가상각방법 및 내용연수는 법인세법상 기준을 적용한다.

02. 다음 자료를 감가상각비관련 세무조정을 하시오.

구분	코드	자산명	취득가액	전기말감가상각 누계액	취득일자	회사계상 감가상각비
기계장치	101	연삭기	25,000,000원	16,000,000원	2016.7.1.	9,000,000원

1. 회사는 제조업을 영위하고 있으며 해당자산은 제조공정에 사용하고 있다.
2. **회사는 감가상각방법을 신고하지 않았다.**
3. 회사가 신고한 기계장치에 대한 내용연수는 5년(상각률 0.451)으로 적법한 것으로 가정한다.
4. 수선비계정에는 연삭기에 대한 자본적 지출액 10,000,000원이 포함되어 있다.
5. 연삭기에 대한 전기말 상각부인액은 3,000,000원이다.

03. 다음 자료를 참고하여 감가상각비관련 세무조정을 하시오.

1. 감가상각대상자산
   - 계정과목 : 차량운반구
   - 자산코드 / 자산명 : 001 / 1톤포터트럭
   - 취득 시 사용 가능할 때까지의 운반비 1,000,000원, 차량취득세 1,000,000원이다.
   20x0년 12월 16일 자동차세 500,000원을 납부하였다.

취득일	취득가액(부대비용 제외한 금액)	전기(20x0) 감가상각누계액	기준내용연수	경비구분/ 업종	상각 방법
전년도. 8. 1.	30,000,000원	7,000,000원	5년 (상각률 0.451)	제조	정률법

2. 회사는 1톤트럭 차량운반구에 대하여 전기에 다음과 같이 세무조정을 하였다.
   - (손금불산입) 감가상각비 상각부인액 986,667(유보)
3. 당기 제조원가명세서에 반영된 차량운반구(1톤 포터트럭)의 감가상각비 : 10,000,000원

연/습/문/제 답안

🔑 세무조정

1. 세무조정	〈손금산입〉 전기 감가상각비 추인　1,000,000원(△유보)

2. 즉시상각의제

- ▸ 회사계상각비 : 900,000원(손익계산서) + 450,000원(즉시상각의제액) = 1,350,000원
- ▸ 한도액 : 1,000,000원
- ▸ 한도초과액 : 350,000원

세무조정	〈손금불산입〉 감가상각비한도초과액　350,000원(유보)

3. 세무조정	〈손금산입〉 전기 감가상각비 추인　3,000,000원(△유보)

4. 잉여금으로 처리된 감가상각비

결산서	(차) 잉 여 금	5,000,000	(대) 감가상각누계액	5,000,000
세무상	(차) 감가상각비	5,000,000	(대) 감가상각누계액	5,000,000
수정분개	**(차) 감가상각비**	**5,000,000**	**(대) 잉 여 금**	**5,000,000**
세무조정	〈손금산입〉 전기오류수정손실(잉여금)　5,000,000원(기타) ☞ 동시에 회사계상감가상각비에 5,000,000을 가산하고 시부인계산한다.			

객관식

1	2	3	4	5	6	7	8	9	10	11			
④	③	③	②	①	②	①	①	②	②	①			

[풀이 - 객관식]

01. 잔존가액은 **미상각잔액이 최초로 취득가액의 5% 이하가 되는 사업연도의 상각범위액에 가산**한다.

02. 대여사업용 비디오테이프 및 음악용 콤팩트디스크로서 개별자산의 취득가액이 30만원 미만인 것

03. 결산조정에 의해 손금산입할 수 있다.

04. 해당 사업연도에 상각부인액이 발생하면, 해당 금액을 손금불산입하고 동 부인액을 이월한다. 전년도에 발생한 시인부족액은 차기 이후 세무조정에 영향을 미치지 않는다.

05. 기계장치에 대한 전년도 시인부족액은 없는 것이므로 20×2년 상각부인액 100,000원은 손금불산입하고, 건물에 대한 전년도 상각부인액 100,000원은 20×2년 시인부족액 200,000원이 발생하였으므로 전년도 상각부인액 100,000원을 한도로 손금추인한다.

06. 가 : 손금산입 가능한 금액 = Min(2,000,000, 3,000,000)

　　　(세무조정) 손금산입 전기감가상각비 2,000,000

　　　나 : 손금불산입액 = 29,000,000 - 25,000,000 = 4,000,000

　　　(세무조정) 손금불산입 감가상각비 4,000,000

07. **수선비(48,000,000)가 전기 재무상태표상의 장부가액(12억원 - 2억원)의 5% 미만**이므로 수선비를 비용으로 인정하여 별도의 세무조정을 하지 않는다.

08. **사업의 개시를 위하여 취득한 자산은 감가상각 시부인 대상에 해당**한다.

09. 재고자산평가방법 변경시 신고후 승인을 필요로 하지 아니하다.

10. 법인이 고정자산에 대하여 평가증과 감가상각을 병행한 경우에는 **먼저 감가상각을 한 이후 평가증을 한 것으로 보아 상각범위액을 계산**한다.

11. ② 제조업의 기계장치 무신고시 : 정률법, ③ 광업권 무신고시 : 생산량비례법,

　　　④ **개발비 무신고시 : 5년간 균등상각법**

 주관식

01. 감가상각비(정액법)

세무상취득가액(A)		상각범위액(B)	
= 기말재무상태표상 취득가액 + 즉시상각의제액(전기) + 즉시상각의제액(당기)	615,000,000	상각률	20,910,000
	615,000,000	0.034	
회사계상상각비(C)	40,000,000(당기 감가상각 누계액 증가)		
시부인액(B - C)	**부인액 19,090,000**		

〈세무조정〉

손금산입	전기오류수정손실(이익잉여금)	10,000,000원	기타
손금불산입	감가상각비(건물)	19,090,000원	유보

02. 감가상각비(정률법)
- 회사는 감가상각방법을 신고하지 않았으므로 정률법을 선택한다.

세무상취득가액(A)		세무상 기초감가상각누계액(B)	
= 기말재무상태표상 취득가액	25,000,000	기초재무상태표상 감가상각누계액	16,000,000
+ 즉시상각의제액(당기)	10,000,000	(－) 전기상각부인누계액	(3,000,000)
35,000,000		13,000,000	
미상각잔액(C = A－B) = 22,000,000			
상각범위액(D)	세무상미상각잔액(C)×상각률(0.451) = 9,922,000		
회사계상상각비(E)	9,000,000원(상각비) + 10,000,000원(수선비) = 19,000,000		
시부인액(D－E)	**부인액 9,078,000**		

〈세무조정〉

손금불산입	감가상각비(기계)	9,078,000원	유보

03. 감가상각비(정률법)

세무상취득가액(A)		세무상 기초감가상각누계액(B)	
= 기말재무상태표상 취득가액	32,000,000	기초재무상태표상 감가상각누계액	7,000,000
+ 즉시상각의제액(당기)		(－) 전기상각부인누계액	(986,667)
32,000,000		6,013,333	
미상각잔액(C = A－B) = 25,986,667			
상각범위액(D)	세무상미상각잔액(C)×상각률(0.451) = 11,719,986		
회사계상상각비(E)	10,000,000원		
시부인액(D－E)	**시인액 1,719,986원 ☞유보추인 986,667원**		

〈세무조정〉

손금산입	감가상각비(차량)	986,667원	△유보

지급이자

로그인 전산세무 1급

NCS세무 - 5 │ 법인세 신고 – 각사업연도 세무조정/ 부속서류 작성하기

제1절 │ 지급이자 손금불산입의 의의

차입금에 대한 지급이자는 업무와 관련된 비용이므로 원칙적으로 손금으로 인정된다.
다만 법인세법은 몇 가지 사유로 일정한 지급이자를 손금불산입하도록 규정하고 있다.

〈지급이자 손금불산입 종류와 세무조정순서〉

세무조정순서	손금불산입액	소득처분
1. 채권자불분명이자	해당 이자	대표자상여
2. 비실명채권 · 증권이자	해당 이자	(원천징수세액은 기타사외유출)
3. 건설자금이자(특정차입금이자)	해당 이자	원칙 : 유보
4. 업무무관자산 등에 대한 지급이자	업무무관자산 및 가지급금에 대한 지급이자	기타사외유출

제2절	채권자불분명사채이자

1. 취지

채권자불분명 사채이자란 다음의 차입금에서 발생한 이자(알선수수료·사례금 등 명칭여하를 불문하고 사채를 차입하고 지급하는 일체의 금품을 포함)를 말한다.

① 채권자의 주소·성명을 확인할 수 없는 차입금
② 채권자의 능력·자산상태로 보아 금전을 대여한 것으로 인정할 수 없는 차입금
③ 채권자와의 금전거래사실·거래내용이 불분명한 차입금

채권자가 불분명한 사채를 가공채무로 보아 소득금액을 감소시키는 행위를 방지함과 동시에 사채시장의 양성화를 위해 도입한 제도이다.

2. 소득처분

만약 채권자불분명사채이자 10,000원을 지급하면서 소득세 40%와 지방소득세(소득세의 10%)를 원천징수하였다고 가정하자.

결산서	(차) 지급이자(이자비용) 10,000	(대) 현 금 5,600 예 수 금[*1] 4,400
세무상	(차) 잉 여 금 10,000	(대) 현 금 5,600 예 수 금 4,400
수정분개	**(차) 잉여금＋부당** 5,600(채권자) **잉 여 금** 4,400(국가)	**(대) 지 급 이 자** 10,000
세무조정	〈손금불산입〉 채권자불분명사채이자 5,600원(상여)[*2] 〈손금불산입〉 사채이자에 대한 원천징수세액 4,400원(기타사외유출)	

*1. 원천징수세액 상당액은 결국 국가 등에 귀속되므로 기타사외유출로 소득처분한다.
*2. 증빙의 입증책임은 대표이사에게 있다. 따라서 대표자 상여로 소득처분한다.

제3절 비실명 채권·증권이자

1. 취지

채권 등의 발행법인이 채권 등의 소지자에게 직접 이자 등을 지급하는 경우 발행법인에게 실명확인을 하도록 강제함으로써 금융소득 종합과세를 정착시키기 위한 취지이다.

2. 소득처분은 채권자불분명사채이자와 같다.

제4절 건설자금이자

1. 취지

건설자금이자는 사업용 고정자산(유형·무형자산)의 매입·제작·건설에 소요되는 차입금에 대한 건설기간 중의 지급이자 또는 이와 유사한 성질의 지출금을 말한다.

2. 기업회계기준과 비교

	기업회계기준		법인세법	
대상자산	유형자산, 무형자산, 재고자산, 투자자산 등		**고정자산(유형·무형자산)**	
적 용	• 일반기업회계기준 : 원가산입과 기간비용 중 선택 • 국제회계기준 : 취득원가산입		**특정차입금**[*1]	**취득원가 산입(강제)**
			일반차입금	취득원가 산입과 당기 손금산입 중 선택

*1. 특정차입금 : 사업용 고정자산의 건설 등에 소요된 차입금에 대한 지급이자 또는 이와 유사한 지출금을 말한다.

3. 건설자금이자의 세무상 처리

특정차입금이자를 비용으로 계상한 경우에 다음과 같이 처리한다.
또한 건설자금의 일시예치로 인한 이자수익은 제외한다.

		세 무 조 정	
		당 기	차 기 이 후
비상각자산(토지)		손금불산입(유보)	처분시 손금추인(△유보)
상각 자산	건설이 완료된 경우	**즉시상각의제 (감가상각비로 보아 시부인계산)**	–
	건설중인 경우	손금불산입(유보)	**건설완료 후 상각부인액으로 의제**

제5절   업무무관자산 등에 대한 지급이자

1. 개요

법인이 **업무무관부동산**(별장 등) 또는 **업무무관동산**(골동품 등)을 보유하거나 **특수관계자에게 업무와 무관한 가지급 등**을 지급한 경우 이에 상당하는 지급이자는 손금불산입한다. 여기서 가지급금이란 회계상 가지급금의 개념과 다른 것으로서 업무와 관계없는 특수관계자에 대한 일체의 자금 대여액을 말한다.

2. 지급이자 손금불산입액의 계산

$$손금불산입액 = 지급이자 \times \frac{(업무무관자산적수 + 업무무관가지급금적수^{*1})}{차입금적수}$$

*1. 1보다 클 경우 1를 한도로 한다.

(1) 업무무관자산

손금편 중 업무무관경비의 업무무관자산과 동일하다.

(2) 업무무관가지급금(후술하는 가지급금 인정이자의 가지급금과 동일하다)

명칭여하에 불구하고 법인의 업무와 관련이 없는 자금의 대여를 말하고, **이자를 수령하고 있는지의 여부를 불문한다.**

그러나 다음의 항목은 <u>업무무관가지급금 등의 범위에서 제외된다.</u>

① 미지급소득에 대한 소득세를 법인이 대납한 금액

② 국외투자법인에 종사하거나 종사할 자의 여비·급료 기타비용을 대신하여 부담하고 이를 가지급금등으로 계상한 금액

③ 퇴직금전환금

④ **소득의 귀속이 불분명하여 대표자에게 상여처분한 금액에 대한 소득세를 법인이 납부하고 이를 가지급금으로 계상한 금액**

⑤ 사용인에 대한 월정액 급여액의 범위 안에서의 일시적인 급료의 가불금

⑥ 사용인에 대한 경조사비의 대여액

⑦ **사용인(사용인의 자녀 포함)에 대한 학자금의 대여액**

⑧ **중소기업의 근로자(임원, 지배주주등 제외)에 대한 주택 구입·전세자금 대여금**

또한 동일인에 대한 가지급금 등과 가수금이 함께 있는 경우에는 이를 상계한 후의 잔액을 가지급금 등으로 하나, 다만 상환기간 및 이자율에 관한 약정이 있어 상계할 수 없는 경우에는 상계를 하지 않는다.

(3) 지급이자 및 차입금의 범위

지급이자에 포함되는 것	지급이자에 포함되지 않는 것
① 금융어음[*1]의 할인료 ② 금융리스료 ③ 사채할인발행차금 상각액	① 상업어음[*1]의 할인료 ② 운용리스료 ③ 자산취득으로 생긴 채무에 대한 현재가치할인차금 ④ 연지급수입이자[*2]

<u>지급이자에 포함되는 것과 그에 대응되는 차입금에 대해서 손금불산입규정이 적용된다.</u>

[*1.] 어음에는 실제 상품의 매매와 관련하여 발행하는 상업어음과 단순히 자금을 융통하는 과정에서 차용증서 대신 발행하는 금융어음으로 구분한다.

[*2.] 수입자가 선적서류 또는 물품을 인수한 날로부터 일정 기간이 경과한 후에 수입대금을 결제하는 조건의 수입을 말하며, 이에 대한 이자를 말한다.

(4) 지급이자와 차입금적수는 선순위 손금불산입분(채권자불분명사채이자, 비실명증권이자, 건설자금이자)을 제외한다.

| <예제 9 - 1> 지급이자 |

㈜ 무궁(중소기업)의 다음 자료에 의하여 7기의 세무조정을 행하시오.

1. 손익계산서상의 지급이자의 내역은 다음과 같다. (1년은 365일이다.)

연이자율	지급이자	차입금적수[*1]	기 타
25%	1,000,000원	1,460,000,000원	채권자불분명사채이자로서 원천징수세액은 418,000원
20%	2,000,000원	3,650,000,000원	
15%	3,000,000원	7,300,000,000원	
10%	2,500,000원	9,125,000,000원	특정차입금으로 미완공인 건물
합 계	8,500,000원	21,535,000,000원	

*1. 차입금적수＝지급이자÷연이자율×365일로 계산된다.

2. 건설중인 자산내역

자산명	대출기관	차입일	차입금액	이자율	준공예정일
공장건물	국민은행	20X1.1.1	25,000,000원	10%	20X3.12.31

3. 업무무관자산내역

구 분	금 액	비 고
골동품	3,000,000원	전기에 취득(대표이사 집무실에 비치)

4. 가지급금내역
   (1) 대표이사에 가지급금에 대한 명세는 다음과 같다.

일 자	적 요	차 변	대 변	잔 액
1. 1	전기이월	10,000,000원		10,000,000원
7. 1	지 급	10,000,000원		20,000,000원
10.1	회 수		10,000,000원	10,000,000원

(2) 임직원의 가지급금에 대한 명세는 다음과 같다.

지급대상자	지급일	금 액	비 고
전무이사	10.01	10,000,000원	미지급근로소득에 대한 소득세를 법인이 대납한 금액
상무이사	6.01	5,000,000원	주택임차자금 대여액
경리과장	7.01	15,000,000원	우리사주취득시 소요된 자금대여액
영업부대리	9.01	20,000,000원	자녀학자금 대여
합 계		60,000,000원	

해답

세무조정순서	손금불산입액	세무조정
1. 채권자불분명이자	582,000원	〈손금불산입〉 대표자상여
	418,000원	〈손금불산입〉 기타사외유출
2. 비실명채권·증권이자	－	
3. 건설자금이자(특정차입금이자)	2,500,000원	〈손금불산입〉 유보 * 건설이 완료 후 상각부인액의제 　(감가상각비편에서 언급)
4. 업무무관자산 등에 대한 지급이자	**3,075,342원**[*1]	〈손금불산입〉 기타사외유출

[*1] [업무무관자산등에 대한 지급이자] :

① 업무무관자산 적수 : 3,000,000원×365일＝1,095,000,000원

② 업무무관가지급금 적수 : 5,640,000,000원

　　㉠ 대표이사에 대한 가지급금 적수 : 10,000,000원

　　　　10,000,000원×(181일[*2] : 1.1~6.30)＋20,000,000원×(92일 : 7.1~9.30) ＋

　　　　10,000,000원×(92일 : 10.1~12.31)＝4,570,000,000원

　　　*2. 1년은 365일이며, 상반기 181일, 하반기 184일이다.

　　㉡ 상무이사에 대한 가지급금 적수

　　　　5,000,000원×214일(30일＋184일[*2])＝1,070,000,000원

　　☞ **미지급 근로소득에 대한 소득세를 법인이 대납한 금액, 우리사주취득시 소요된 자금대여액, 자녀학자금 대여**
　　　 액은 업무무관가지급대상에서 제외되나 임원의 주택자금대여액은 대상임.

③ 지급이자 : 선순위 부인된 이자를 제외한다.

　　5,000,000원 [8,500,000원－1,000,000원(채권자불분명사채이자)－2,500,000원(건설자금이자)]

④ 차입금적수 : 10,950,000,000원(선부인된 채권자불분명사채이자, 건설자금이자 제외)

⑤ 손금불산입액 : 5,000,000원 × $\dfrac{(1,095,000,000원＋5,640,000,000원)}{10,950,000,000원}$ ＝3,075,342원

[업무무관부동산등에 관련한 차입금이자조정명세서] 을표, 갑표순으로 작성한다.

〈업무무관부동산등에 관련한 차입금 이자조정명세서(을)〉

업무무관 자산에 대하여 적수를 구한다.

[별지 제26호 서식(을)] (앞쪽)

사업 연도	. . . ~ . . .	업무무관부동산등에 관련한 차입금 이자조정명세서(을)	법 인 명	
			사업자등록번호	

		①연월일	②적요	③차변	④대변	⑤잔액	⑥일수	⑦적수
1. 업무무관부동산의적수								
2. 업무무관동산의 적수		1.1	전기이월	3,000,000		3,000,000	365	1,095,000,000
		계		3,000,000		3,000,000	365	1,095,000,000
3. 가 지 급 금 등 의 적 수	⑧가지급금등의 적수	1.1	전기이월	10,000,000		10,000,000	151	1,510,000,000
		6.1	지급	5,000,000		15,000,000	30	450,000,0000
		7.1	지급	10,000,000		25,000,000	92	2,300,000,000
		10.1	회수		10,000,000	15,000,000	92	1,380,000,000
		계		25,000,000	10,000,000	15,000,000	365	5,640,000,000
	⑨가수금등의 적수							
		계						
4. 그 밖의 적수								
		계						
5. 자기자본 적수계산								

⑩대차대조표자산총계	⑪대차대조표 부채총계	⑫자기자본 (⑩-⑪)	⑬사업연도일수	⑭적수

〈업무무관부동산등에 관련한 차입금 이자조정명세서(갑)〉

1 2. 지급이자 및 차입금 적수계산 ⇒ **2** 1. 업무무관부동산 등에 관련한 차입금 지급이자 순으로 작성한다.

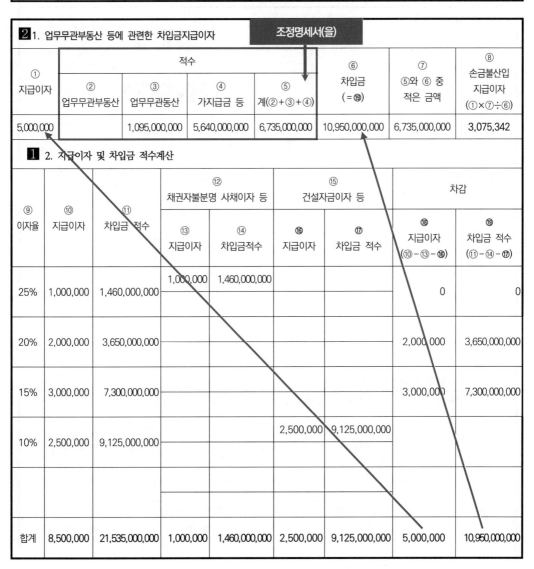

[별지 제26호 서식(갑)] (앞쪽)

사업 연도	· · · ~ · · ·	업무무관부동산등에관련한 차입금이자조정명세서(갑)	법 인 명	
			사업자등록번호	

2 1. 업무무관부동산 등에 관련한 차입금지급이자   **조정명세서(을)**

① 지급이자	적수				⑥ 차입금 (=⑲)	⑦ ⑤와 ⑥ 중 적은 금액	⑧ 손금불산입 지급이자 (①×⑦÷⑥)
	② 업무무관부동산	③ 업무무관동산	④ 가지급금 등	⑤ 계((②+③+④)			
5,000,000		1,095,000,000	5,640,000,000	6,735,000,000	10,950,000,000	6,735,000,000	3,075,342

1 2. 지급이자 및 차입금 적수계산

⑨ 이자율	⑩ 지급이자	⑪ 차입금 적수	⑫ 채권자불분명 사채이자 등		⑮ 건설자금이자 등		차감	
			⑬ 지급이자	⑭ 차입금적수	⑯ 지급이자	⑰ 차입금 적수	⑱ 지급이자 (⑩-⑬-⑯)	⑲ 차입금 적수 (⑪-⑭-⑰)
25%	1,000,000	1,460,000,000	1,000,000	1,460,000,000			0	0
20%	2,000,000	3,650,000,000					2,000,000	3,650,000,000
15%	3,000,000	7,300,000,000					3,000,000	7,300,000,000
10%	2,500,000	9,125,000,000			2,500,000	9,125,000,000		
합계	8,500,000	21,535,000,000	1,000,000	1,460,000,000	2,500,000	9,125,000,000	5,000,000	10,950,000,000

[건설자금이자 조정명세서]

1 2. 특정차입금 건설자금이자계산 명세⇒ **2** 1. 건설자금이자 조정순으로 작성한다.

■ 법인세법 시행규칙 [별지 제25호 서식]　　　　　　　　　　　　　　　　　　　(앞 쪽)

사 업 연 도	．．． ~ ．．．	건설자금이자조정명세서		법 인 명	
				사업자등록번호	

②1. 건설자금이자 조정

구분	①건설자금이자	②회사계상액	③상각대상자산분	④차감조정액 (①-②-③)
건설완료자산분				
건설중인자산분	2,500,000	0		2,500,000
계				

①2. 특정차입금 건설자금이자계산 명세

⑤건설 자산명	⑥대출 기관명	⑦ 차입일	⑧차입 금액	⑨ 이자율	⑩당기 지급이자	⑪준공일 또는 준공예정일	⑫건설자금 이자계산 대상일수	⑬건설자금 이자계상 대상금액
공장 건물	국민 은행	20X1.1.1	25,000,000	10%	2,500,000	20X3.12.31	365	2,500,000
계			25,000,000		2,500,000			2,500,000

3. 일반차입금 건설자금이자계산 명세

⑭해당 사업연도 중 건설등에 소요된 기간에 실제로 발생한 일반차입금의 지급이자 등 합계			
⑮해당 건설등에 대하여 해당 사업연도에 지출한 금액의 적수	⑯해당 사업연도의 특정차입금의 적수	⑰사업연도 일수	⑱계산대상금액 (⑮/⑰ − ⑯/⑰)
⑲일반차입금 지급이자 등의 합계	⑳해당 사업연도의 일반차입금의 적수	㉑자본화이자율 (⑲÷⑳/⑰)	㉒비교대상금액 (⑱×㉑)
㉓일반차입금 건설자금이자계상 대상금액[Min (⑭, ㉒)]			

242

업무무관부동산등에관련한차입금이자조정명세서

1. 적수입력(을) 1년은 365일로 가정

① 업무무관동산

	①월일		②적요	③차변	④대변	⑤잔액	⑥일수	⑦적수
1	1	1	전기이월	3,000,000		3,000,000	365	1,095,000,000
2								

1.적수입력(을)　2.지급이자 손금불산입(갑)
1.업무무관부동산　2.업무무관동산　3.가지급금　4.가수금　5.그밖의　불러오기　적요수정

② 가지급금

	①월일		②적요	③차변	④대변	⑤잔액	⑥일수	⑦적수
1	1	1	전기이월	10,000,000		10,000,000	151	1,510,000,000
2	6	1	지　급	5,000,000		15,000,000	30	450,000,000
3	7	1	지　급	10,000,000		25,000,000	92	2,300,000,000
4	10	1	회　수		10,000,000	15,000,000	92	1,380,000,000
5								

1.적수입력(을)　2.지급이자 손금불산입(갑)
1.업무무관부동산　2.업무무관동산　3.가지급금　4.가수금　5.그밖의　불러오기　적요수

2. 지급이자 손금불산입(갑)

① 지급이자 및 차입금 적수 계산

2. 지급이자 및 차입금 적수 계산 [연이율 일수 현재: 365일]　단수차이조정　연일수

	(9)이자율(%)	(10)지급이자	(11)차입금적수	(12)채권자불분명 사채이자 수령자불분명 사채이자		(15)건설 자금 이자 국조법 14조에 따른 이자		차 감	
				(13)지급이자	(14)차입금적수	(16)지급이자	(17)차입금적수	(18)지급이자(10-13-16)	(19)차입금적수(11-14-17)
1	25	1,000,000	1,460,000,000	1,000,000	1,460,000,000				
2	20	2,000,000	3,650,000,000					2,000,000	3,650,000,000
3	15	3,000,000	7,300,000,000					3,000,000	7,300,000,000
4	10	2,500,000	9,125,000,000			2,500,000	9,125,000,000		

② 업무무관부동산 등에 관련한 차입금 지급이자

1.적수입력(을)　2.지급이자 손금불산입(갑)

1.업무무관부동산 등에 관련한 차입금 지급이자

①지급이자	적 수				⑥차입금(=19)	⑦ ⑤와 ⑥중 적은 금액	⑧손금불산입 지급이자(①×⑦÷⑥)
	②업무무관부동산	③업무무관동산	④가지급금 등	⑤계(②+③+④)			
5,000,000		1,095,000,000	5,640,000,000	6,735,000,000	10,950,000,000	6,735,000,000	3,075,342

건설자금이자조정명세서

1. 특정차입금 건설자금이자계산 명세

2. 특정차입금 건설자금이자계산 명세

	⑤건설 자산명	⑥대출 기관명	⑦차입일	⑧차입금액	⑨이자율	⑩지급이자 (일시이자수익차감)	⑪준공일 (또는 예정일)	⑫대상일수 (공사일수)	⑬대상금액 (건설이자)
1	공장건물	국민은행	/01/01	25,000,000	10.000	2,500,000	20X3/12/31	365	2,500,000
2									

2. 건설자금이자계산 조정

1. 건설자금이자계산 조정

구 분	① 건설자금이자	② 회사계상액	③ 상각대상자산분	④ 차감조정액(①-②-③)
건설완료자산분				
건설중인자산분	2,500,000			2,500,000
계	2,500,000			2,500,000

연/습/문/제

 세무조정

[1] 채권자불분명사채이자를 지급하면서 다음과 같은 회계처리를 하였고, 예수금은 원천징수세액으로 납부하였다.

이자 지급시	(차) 이자비용	1,800,000	(대) 보통예금	1,305,000
			예 수 금	495,000
원천징수세액 납부시	(차) 예 수 금	495,000	(대) 현　금	495,000

결산서	(차)	(대)
세무상	(차)	(대)
수정분개	(차)	(대)
세무조정		

[2] 회사에서 건설중인 사업용고정자산으로 공장건물을 짓고 있으며 회사의 이자율별 차입금액 내역은 다음과 같다. (단, 차입금 전액은 공장건물 건설과 관련되었다고 가정한다.)

자산명	차입일자	차입은행	차입금액	차입 이자율	당기지급이자비용
물류창고	20x1.7.1	신한은행	2,5000,000	8%	100,000

결산서	(차)	(대)
세무상	(차)	(대)
수정분개	(차)	(대)
세무조정		

객관식

01. 다음의 법인세법상 지급이자에 대한 손금불산입 항목이 동시에 적용되는 경우 그 적용순서로 옳은 것은?

> ㉠ 비실명 채권·증권의 이자
> ㉡ 채권자가 불분명한 사채이자
> ㉢ 업무무관자산 등에 대한 지급이자
> ㉣ 건설자금에 충당한 차입금이자

① ㉡-㉠-㉣-㉢　　　　　　　② ㉣-㉠-㉢-㉡
③ ㉡-㉢-㉠-㉣　　　　　　　④ ㉢-㉠-㉡-㉣

02. 현행 법인세법상 지급이자의 손금불산입에 대한 설명으로 틀린 것은?

① 완공된 상각자산에 대한 건설자금이자를 과소계상한 경우 이자비용으로 처리한 건설자금이자 전액을 손금불산입하고 유보로 소득처분한다.

② 채권자불분명 사채이자는 전액을 손금에 산입하지 아니하며 사채이자에 대한 원천징수세액상당 액은 기타사외유출로 처분하고 나머지는 대표자에 대한 상여로 소득처분한다.

③ 특수관계자에 대한 업무와 관련없는 가지급금에 대한 지급이자의 손금불산입 적수계산시 동일인 에 대한 가지급금과 가수금은 이를 상계하여 계산한다.

④ 지급이자의 손금불산입 규정이 동시에 적용되는 경우 채권자가 불분명한 사채이자, 지급받은자 가 불분명한 채권등이자, 건설자금에 충당한 차입금이자, 업무무관자산등에 대한 지급이자의 순 서로 적용한다.

03. 다음 중 법인세법상 지급이자 손금불산입에 대한 설명으로 옳지 않은 것은?

① 채권자가 불분명한 사채이자는 손금불산입하고 대표자 상여로 처분하되, 그에 대한 원천징수세 액은 기타사외유출로 처분한다.

② 특수관계 없는 자에 대한 가지급금은 손금불산입대상이 아니다.

③ 사채할인차금상각액은 지급이자손금불산입규정의 적용시 지급이자로 본다.

④ 업무무관자산 등 관련이자 손금불산입규정은 차입금과다법인인 경우에만 적용된다.

04~05 다음의 자료를 이용하여 물음에 답하시오.

| (1) 사업연도 : 20X1.1.1~20X1.12.31 |

(2) 손익계산서상 이자비용과 관련된 세부내역은 다음과 같다.

자금조달방법	이자율	지급이자	적수
천국캐피탈	16%	1,600,000원	3,650,000,000원
사 채	12%	2,400,000원	7,300,000,000원
국제은행	8%	800,000원	3,650,000,000원
계		4,800,000원	14,600,000,000원

(3) 12%의 지급이자 중 1,200,000원은 지급받는 자가 불분명한 사채이자이다.

(4) 20X1.12.31 현재 자기자본은 500,000,000원이다.(자산총액 10억원, 부채총액 5억원)

(5) 전기이월된 비업무용부동산 10,000,000원이 있다.

(6) 대표이사에게 1월 1일 가지급한 금액 10,000,000원이 있다.

(7) 1년은 365일이라 가정한다.

04. 법인세법상 업무무관자산 관련 지급이자 손금불산입액을 계산하기 위한 업무무관자산 관련 적수는 얼마인가?

① 3,640,000,000원
② 3,650,000,000원
③ 7,290,000,000원
④ 7,300,000,000원

05. 업무무관 자산관련 적수를 50억원으로 가정하고 법인세법상 업무무관자산 관련 지급이자 손금불산입액은 얼마인가?

① 1,643,835원
② 1,843,835원
③ 2,283,952원
④ 2,483,952원

06. ㈜인천(2기 : 20X1.1.1 ~ 20X1.12.31)은 오디오를 제조하여 판매하는 회사이다. 동 회사의 경리담당자는 공장건물의 신축과 관련하여 차입한 차입금에서 발생한 건설자금이자 25,000,000원 중 13,000,000원은 이자비용으로 회계처리 하였고, 12,000,000원은 공장건물의 취득원가에 산입하였다. ㈜인천은 법인세 신고시 소득금액조정합계표에 반영할 내용으로 알맞은 것은?

① (손금불산입) 건설자금이자 13,000,000 (유보)
② (손금산입) 공장건물 12,000,000(△유보)
③ (손금산입) 건설자금이자 13,000,000(기타)
④ (손금불산입) 건설자금이자 12,000,000(기타사외유출)

07. 법인세법상 채권자불분명사채에 해당하는 경우 그 지급이자를 손금불산입한다. 다음 중 채권자불분명사채의 범위에 해당하지 않는 것은?

① 채권자의 주소 및 성명을 확인할 수 없는 차입금

② 채권자의 능력 및 자산상태로 보아 금전을 대여한 것으로 인정할 수 없는 차입금

③ 채권자와의 금전거래사실 및 거래내용이 불분명한 차입금

④ 채권자와 법인의 관계가 특수관계에 해당하는 경우의 차입금

08. 다음은 법인세법상 소득처분에 관한 설명이다. 옳지 않은 것은?

① 세무조사과정에서 현금매출이 누락된 사실이 발각된 경우에는 부가가치세를 포함한 전액을 익금산입하고 대표자 상여로 처분한다.

② 사외유출된 소득의 귀속자가 주주이며 임원인 경우에는 배당으로 처분한다.

③ 채권자가 불분명한 사채이자(동 이자에 대한 원천징수세액은 제외)는 대표자 상여로 처분하고, 이자에 대한 원천징수세액은 기타사외유출로 처분한다.

④ 천재지변 기타 불가항력으로 장부 등이 멸실되는 경우를 제외하고 추계조사에 의하여 결정된 과세표준과 법인세비용차감전이익과의 차액은 대표자 상여로 처분한다.

 주관식

01. 다음 자료에 의하여 필요한 세무조정을 하시오.

(1) 차입에 대한 이자지급 내역(손익계산서에 모두 반영되어 있음)

이자율	지급이자	차입금	비고
연 12%	2,400,000원	20,000,000원	전액 채권자 불분명의 사채이자(원천징수세액 : 660,000원)
연 4%	3,600,000원	90,000,000원	일반 차입금이자
연 6%	2,100,000원	35,000,000원	전액 미완공 건물신축에 사용
연 6%	1,500,000원	25,000,000원	기업운영자금 대출이자

(2) 당기 말 현재 대여금 잔액 및 내역

구분	성명	내용	잔액	대여일
대표이사	안대표	업무와 직접 관련 없는 대여금	42,000,000원	1월 1일
직원	고대리	본인 학자금 대여액	20,000,000원	7월 1일

(3) 기타

- 위 내역 외 가지급금, 가수금은 없다.
- 가지급금 인정이자에 대한 세무조정은 생략하고, 1년은 365일로 가정한다.

02. 다음 자료에 의하여 필요한 세무조정을 하시오.

> **(1) 차입금 및 이자지급 내역**
>
> | 이자율 | 지급이자 | 차입금 | 비고 |
> |---|---|---|---|
> | 연 15% | 1,500,000원 | 10,000,000원 | 채권자 불분명의 사채이자(원천징수세액 : 231,000원) |
> | 연 5% | 1,000,000원 | 20,000,000원 | 미완공 건물신축에 사용 |
> | 연 6% | 1,800,000원 | 30,000,000원 | 일반 차입금 |
>
> ※ 회사는 발생한 이자를 전액 손익계산서상에 이자비용으로 계상하였다.
>
> **(2) 당기말 현재 대여금 잔액 및 내역**
>
> | 구분 | 내 용 | 잔 액 | 대여일 |
> |---|---|---|---|
> | 김대표 | 소득의 귀속이 불분명하여 대표자에게 소득처분한 금액에 대한 소득세를 법인이 납부하고 이를 가지급금으로 계상한 금액 | 5,000,000원 | 2월 15일 |
> | 이상무 | 주택구입 자금(회사의 임원임) | 40,000,000원 | 10월 15일 |
>
> **(3) 기타 :** 회사는 중소기업이고, 연일수는 365일로 가정한다.

연/습/문/제 답안

250

🔑 세무조정

1. 채권자불문명 사채이자

결산서	(차)	이자비용	1,800,000	(대)	보통예금 현　금	1,305,000 495,000
세무상	(차)	잉 여 금	1,800,000	(대)	보통예금 현　금	1,305,000 495,000
수정분개	(차)	잉 여 금 잉 여 금	1,305,000(채권자) 495,000(국 가)	(대)	이자비용	1,800,000
세무조정	《손금불산입》 채권자불분명사채이자　1,305,000원(상여) 《손금불산입》 사채이자원천징수세액　495,000원(기타사외유출)					

2. 건설자금이자

결산서	(차)	이자비용	100,000	(대)	현　금	100,000
세무상	(차)	건설중인자산	100,000	(대)	현　금	100,000
수정분개	(차)	건설중인자산	100,000	(대)	이자비용	100,000
세무조정	《손금불산입》 건설자금이자 100,000원 (유보) ☞ 건물완공 후 상각부인액으로 의제					

🔑 객관식

1	2	3	4	5	6	7	8							
①	①	④	④	①	①	④	②							

[풀이 - 객관식]

02. 완공된 상각자산에 대한 건설자금이자를 과소계상한 경우 이자비용으로 처리한 건설자금이자를 감가상각비로 보아 감가상각비 시부인을 적용한다.

03. 차입금과다법인이 아닌 경우에도 적용된다.

04. 업무무관부동산 10,000,000원×365일＋대표이사가지급금 10,000,000원×365일
＝7,300,000,000원

05.

세무조정순서	손금불산입액	세무조정
1. 채권자불분명이자	1,200,000원	〈손금불산입〉 대표자상여
2. 비실명채권 · 증권이자	－	
3. 건설자금이자(특정차입금이자)		
4. 업무무관자산 등에 대한 지급이자	1,643,835원[*1]	〈손금불산입〉 기타사외유출

*1. 지급이자(선부인된이자 제외)×업무무관자산 및 가지급금적수/차입금적수(선부인된 차입금적수 차감)
＝(4,800,000 － 1,200,000)×[5,000,000,000/(14,600,000,000 － 3,650,000,000)]＝1,643,835원

06.

결산서	(차)	지급이자	13,000,000	(대)	현 금	25,000,000		
		건설중인자산	12,000,000					
세무상	(차)	건설중인자산	25,000,000	(대)	현 금	25,000,000		
수정분개	**(차)**	**건설중인자산**	**13,000,000**	**(대)**	**지급이자**	**13,000,000**		
세무조정	〈손금불산입〉 건설자금이자 13,000,000(유보)							

07. ①②③이 채권자 불분명사채의 범위에 해당하고, 특수관계자간의 거래는 채권자불분명사채에 해당하지 않는다.

08. 임원이며 주주인 경우에는 상여로 처분한다.

☞ 주관식

01. 업무무관 부동산등에 관련한 차입이자

세무조정순서	손금불산입액	세무조정
1. 채권자불분명이자	1,740,000원	〈손금불산입〉 대표자상여
	660,000원	〈손금불산입〉 기타사외유출
2. 건설자금이자(특정차입금이자)	2,100,000원	〈손금불산입〉 유보
3. 업무무관자산 등에 대한 지급이자	**1,862,608원**	〈손금불산입〉 기타사외유출

[업무무관자산등에 대한 지급이자]

① 업무무관(대표이사)가지급금 적수 : 42,000,000원×365일＝15,330,000,000원

  ☞ 직원의 학자금 대여액은 업무무관 가지급금에서 제외

② 지급이자 : 선순위 부인된 이자를 제외한다.

  5,100,000원 [9,600,000원－2,400,000원(채권자불분명사채이자)－2,100,000원(건설자금이자)]

③ 차입금적수 : 10,950,000,000원(선부인된 채권자불분명사채이자, 건설자금이자 제외)

이자율	지급이자	차입금	차입금적수
연 4%	3,600,000원	90,000,000원	32,850,000,000
연 6%	1,500,000원	25,000,000원	9,125,000,000
계			41,975,000,000

④ 손금불산입액 : $5,100,000원 \times \dfrac{15,330,000,000원}{41,975,000,000원}=1,862,608원$

02. 업무무관 부동산등에 관련한 차입이자

세무조정순서	손금불산입액	세무조정
1. 채권자불분명이자	1,269,000원	〈손금불산입〉 대표자상여
	231,000원	〈손금불산입〉 기타사외유출
2. 건설자금이자	1,000,000원	〈손금불산입〉 유보
3. 업무무관자산 등에 대한 지급이자	**512,876원**	〈손금불산입〉 기타사외유출

[업무무관자산등에 대한 지급이자] :

① 업무무관가지급금 적수

  －이상무 주택구입자금 : 40,000,000원×78일(10.15~12.31, 17＋30＋31)＝3,120,000,000원

    ☞ 소득처분에 대한 소득세 대납과 중소기업의 근로자에 대한 주택 구입·전세자금 대여금도 업무무관 가지급금에서 제외된다.

② 지급이자 : 1,800,000(선순위 부인된 이자를 제외한다).

③ 차입금적수 : 30,000,000×365일＝10,950,000,000원

④ 손금불산입액 : $1,800,000원 \times \dfrac{3,120,000,000원}{10,950,000,000원}=512,876원$

퇴직급여관련

NCS세무 - 5 법인세 신고 – 각사업연도 세무조정/ 부속서류 작성하기

제1절 퇴직급여충당금의 이해

　기업회계기준에서는 종업원의 퇴직금에 대해서 발생주의에 따라 비용을 인식한다. 퇴직금은 퇴사시점에 비용을 인식하는 게 아니라 임직원이 근로제공기간에 배분하여 퇴직급여충당부채라는 부채성 충당부채로 인식한다.

　법인세법에서는 법인이 설정한 퇴직급여 충당부채를 인정하지 않고, 퇴직연금부담금 등의 부담을 통한 외부적립을 한 경우에 한하여 동 금액 상당액을 손금으로 인정해 주고 있다.

　다음의 예를 통해서 퇴직급여충당금(법인세법상 명칭)을 이해해 보도록 하자.

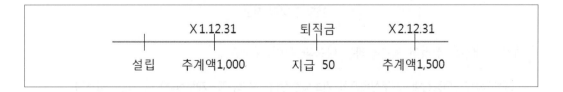

	기업회계		법인세법	
퇴충 기말잔액	**퇴직급여추계액 × 100%**		**퇴직급여추계액 × 0%**	
X1.12.31	(차) 퇴 직 급 여	1,000	(차) 퇴 직 급 여	0
	(대) 퇴직급여충당금	1,000	(대) 퇴직급여충당금	0
수정분개	**(차) 퇴직급여충당금**	**1,000**	**(대) 퇴직급여**	**1,000**
세무조정	〈**손금불산입**〉 **퇴직급여충당금 한도 초과 1,000(유보)**			
지 급	(차) 퇴직급여충당금	50	(차) 퇴 직 급 여	50
	(대) 현 금	50	(대) 현 금	50
수정분개	**(차) 퇴직급여**	**50**	**(대) 퇴직급여충당금**	**50**
세무조정	〈**손금산입**〉 **퇴직급여충당금 50(△유보)** ⇦ **유보추인**			
X2.12.31	(차) 퇴 직 급 여	550[*1]	(차) 퇴 직 급 여	0
	(대) 퇴직급여충당금	550	(대) 퇴직급여충당금	0
수정분개	**(차) 퇴직급여충당금**	**550**	**(대) 퇴직급여**	**550**
세무조정	〈**손금불산입**〉 **퇴직급여충당금 한도 초과 550(유보)**			

*1. 기말추계액－설정전퇴충잔액＝1,500－(1,000－50)＝550

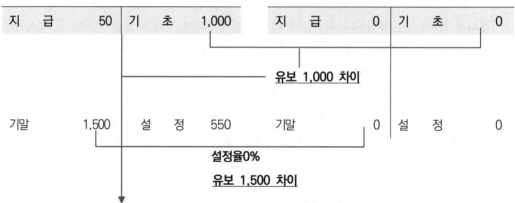

여기서 **세무상 설정전 퇴충잔액**은 다음과 같이 계산된다.

설정전세무상퇴충잔액 = 재무상태표상 기초퇴충잔액 - 유보잔액 - 재무상태표상 충당금감소액 **= (1,000 - 1,000 - 50) = -50**

음수인 경우 "0"으로 보고
손금산입 50△유보(추인)

| 제2절 | 퇴직급여충당금의 손금산입 |

☞ 퇴충한도가 추계액의 0%가 되므로 출제가능성은 떨어지나, 기본적인 논리는 알고 계셔야 퇴직
연금부담금 조정명세서가 이해됩니다.

퇴직급여충당금 한도액 = MIN[①, ②]
① 급여액기준 : 총급여액의×5% ☜ **퇴직금규정 조작 방지차원**
② 추계액기준 : (퇴직급여추계액×0%*1 + 퇴직금전환금*2) - 설정전세무상 퇴충잔액

---

*1. 2016년 이후 "0%"로서 퇴직급여추계액에 대해서 한도는 없지만 퇴직금전환금이 남아 있을 경우 한도가 계산된다.

*2. 연금보험료의 납부로 인한 가입자 및 사용자의 부담을 완화하기 위하여 퇴직금에서 연금보험료로 전환하여 납부하는
제도로서 1999년 폐지되었다. 납부한 퇴직금전환금은 퇴직금을 미리 지급한 것으로 보며, 가입자가 퇴직할 때 지급
하는 퇴직금에서 퇴직금전환금으로 납부된 금액을 공제하고 지급한다. 아직 소멸하지 않고 남아 있는 당기말 재무
상태표에 계상된 퇴직금전환금잔액을 말한다.

1. 총급여액

① 근로의 제공으로 인하여 받는 봉급 등 이와 유사한 성질의 급여총액과 이익처분에 의한 상
여금을 말한다.(인정상여는 제외한다.)

② **1년 미만 임직원의 경우 퇴직급여지급시 포함한다.**

③ 비과세근로소득과 손금불산입된 금액은 제외한다.

④ **확정기여형퇴직연금 대상자와 퇴사자는 제외**한다.

2. 퇴직급여추계액 : MAX[①일시퇴직기준 추계액, ②보험수리적기준추계액]

① 일시퇴직기준 추계액 : 해당 사업연도 종료일 현재 재직하는 임원이나 사용인(**확정기여형
퇴직연금대상자 제외**)의 전원 퇴직할 경우에 퇴직급여로 지급되어야 할 추계액(규정상의
금액)을 말한다. 만약 퇴직급여지급규정이 없는 경우 근로자퇴직급여보장법이 정하는 바에
따라 계산한 금액으로 한다.

② 보험수리적기준추계액(근로자퇴직급여보장법) : 매사업연도 말일 현재 급여에 소요되는 비
용 예상액의 현재가치와 부담금 수입예상액의 현재가치를 추정하여 산정된 금액(확정급여
형 퇴직연금미가입자는 일시퇴직기준추계액으로 한다.)

3. 설정전세무상 퇴충잔액 ※ T계정으로 생각하십시오

퇴직급여충당금(회계 – 20X2)

지 급	50	기 초	1,000(유보 900)
기말잔액	1,500	설 정	550
계	1,550	계	1,550

> 설정전세무상퇴충잔액
> 1,000 – 900 – 50 = 50

☞ 설정전 세무상 퇴충잔액이 (–)인 경우 : 손금추인해주시고 설정전 세무상 퇴충잔액은 0로 보시면 됩니다.

4. 세무조정 : 결산조정사항(한도초과액에 대해서만 손금불산입)

5. 퇴직금 지급시 처리방법

법인이 임원 또는 사용인에게 지급하는 퇴직급여는 임원 또는 사용인이 **현실적으로 퇴직(근무관계가 종료되는 것)하는 경우**에 지급하는 것에 한정한다. 그리고 이미 손금으로 계상된 퇴직급여충당금이 있으면 그 퇴직급여충당금에서 먼저 지급해야 한다.

현실적으로 퇴직하지 않은 임원 또는 사용인에게 지급한 퇴직급여는 현실적으로 퇴직할 때까지 이를 업무와 관련이 없는 가지급금으로 본다.

<예제 10 - 1> 퇴직급여충당금

㈜ 무궁의 다음 자료에 의하여 7기의 세무조정을 행하시오.

1. 기말 재무상태표상의 퇴직급여충당금 계정 변동내역은 다음과 같다.

차	변	대	변
당기지급	20,000,000원	전기이월	100,000,000원
차기이월	110,000,000원	당기설정	30,000,000원

퇴직급여충당금 기초잔액과 관련된 퇴직급여충당금한도초과액이 10,000,000원이 있다. 또한 확정기여형 퇴직연금 종업원의 퇴직급여충당금 설정액이 8,000,000원이 포함되어 있다.

2. 당기 말 현재 퇴직급여추계액은 800,000,000원(확정기여형 퇴직연금 가입자 추계액이 100,000,000원 포함)이다.

3. 결산서상에 반영된 인건비내역은 다음과 같다.(확정기여형 퇴직연금가입자 제외)

구 분	1년 이상 근속자		1년 미만 근속자	
	인원	급 여	인원	급 여
생산부	15명	150,000,000원	1명	20,000,000원
판매부	7명	50,000,000원	2명	30,000,000원
계	22명	200,000,000원	3명	50,000,000원

판매부 급여 총액(임원포함)중 임원상여금 10,000,000원이 상여규정을 초과하여 지급한 것이다.

4. 1년미만 근무한 임원, 사용인에 대해서도 당해 법인의 퇴직급여지급규정에 의하여 퇴직 시 퇴직급여를 지급한다.

5. 퇴직금전환금이 3,000,000원이 있다.

해답

1. 임원상여금 한도 초과액 : 10,000,000원(손금불산입, 상여)

2. **T계정을 그려서 생각하셔야 합니다. 그래야 빨리 풀 수 있습니다.**

퇴직급여충당금(회계)

지 급	20,000,000원	기 초	100,000,000원
		(유보 10,000,000원)	
		(확정기여형 8,000,000원)	
기말잔액	110,000,000원	설 정	30,000,000원
계	130,000,000원	계	130,000,000원

세무상 설정전 퇴충잔액(확정기여형 퇴직연금자 제외)

회사계상액

3. 한도계산 및 세무조정
   ① 회사계상액 : 30,000,000원
   ② 한도액 : MIN[㉠ 총급여액기준 ㉡ 추계액기준] = 0원
      ㉠ [250,000,000원 – 10,000,000원(손不 임원상여)] × 5% = 12,000,000원
         ☞ 1년 미만 근속자도 퇴직금 지급대상이므로 총급여액에 포함한다.
      ㉡ [(800,000,000원 – 100,000,000원) × 0% + 3,000,000원(퇴직금전환금)
         –(100,000,000원 – 10,000,000원 – 20,000,000원 – 8,000,000원(확정기여형퇴직연금가입자)]
         = △59,000,000원
   ③ 한도초과액(①–②) : 30,000,000원
   ④ 세무조정 : 〈손금불산입〉 퇴직급여충당금 한도 초과   30,000,000원(유보)

[퇴직급여충당금 조정명세서]

■ 2. 총급여액 및 퇴직급여 추계액명세 ⇒ 2 1. 퇴직급여충당금 조정 순으로 작성한다.

■ 법인세법 시행규칙 [별지 제32호 서식]   (앞 쪽)

사 업 연 도	· · · ~ · · ·	퇴직급여충당금 조정명세서		법 인 명	
				사업자등록번호	

2 1. 퇴직급여충당금 조정

세무상설정전 충당금잔액

「법인세법 시행령」 제60조제1항에 따른 한도액	①퇴직급여 지급대상이 되는 임원 또는 사용인에게 지급한 총급여액(⑲의 계)		②설정률	③한도액 (①×②)	비 고
	240,000,000		5/100	12,000,000	

「법인세법 시행령」 제60조 제2항및제3항에 따른 한도액	④장부상 충당금 기초잔액	⑤확정기여형 퇴직연금자의 퇴직급여충당금	⑥기중 충당금 환입액	⑦기초충당금 부인누계액	⑧기중 퇴직금 지급액	⑨차감액 (④-⑤-⑥ -⑦-⑧) (△)
	100,000,000	8,000,000		10,000,000	20,000,000	62,000,000
	⑩추계액 대비 설정액 (㉒×설정률)		⑪퇴직금전환금	⑫설정률 감소에 따른 환입을 제외하는 금액 MAX(⑨-⑩-⑪, 0)		⑬누적한도액 (⑩-⑨+⑪+⑫)
	0		3,000,000	59,000,000		0

한도초과액 계 산	⑭한도액 MIN(③, ⑬)		⑮회사계상액		⑯한도초과액 (⑮-⑭)	
	0		30,000,000		30,000,000	

1 2. 총급여액 및 퇴직급여추계액 명세

구 분 \ 계정명	⑰총급여액		⑱퇴직급여 지급대상이 아닌 임원 또는 사용인에 대한 급여액		⑲퇴직급여 지급대상이 되는 임원 또는 사용인에 대한 급여액		⑳기말현재 임원 또는 사용인 전원의 퇴직시 퇴직급여 추계액	
	인원	금 액	인원	금 액	인원	금 액	인원	금 액
임금(제)	16	170,000,000			16	170,000,000	25	700,000,000
급여(판)	9	70,000,000			9	70,000,000	㉑「근로자퇴직급여 보장법」에 따른 추계액	
							인원	금 액
							㉒세법상 추계액 MAX(⑳, ㉑)	
계	25	240,000,000			25	240,000,000	25	700,000,000

총급여액

퇴직급여추계액

참고

퇴직급여충당금 조정명세서

1. 총급여액 및 퇴직급여추계액 명세

2.총급여액 및 퇴직급여추계액 명세							2 퇴직금추계액명세서	
계정과목명	17.총급여액		18.퇴직급여 지급대상이 아닌 임원 또는 사용인에 대한 급여액		19.퇴직급여 지급대상이 되는 임원 또는 사용인에 대한 급여액		20.기말 현재 임원 또는 사용인 전원의 퇴직시 퇴직급여추계액	
	인원	금액	인원	금액	인원	금액	인원	금액
0504.임금(제)	16	170,000,000			16	170,000,000	25	700,000,000
0802.직원급여(판)	9	70,000,000			9	70,000,000	21.(근로퇴직급여보장법) 에 따른 추계액	
							22.세법상 추계액 MAX(20, 21)	
합계	25	240,000,000			25	240,000,000		700,000,000

2. 퇴직급여충당금 조정

3 1.퇴직급여충당금 조정					
『법인세법 시행령』 제60조 제1항에 따른 한도액	1.퇴직급여 지급대상이 되는 임원 또는 사용인에게 지급한 총급여액((19)의 계)		2.설정률	3.한도액 (① * ②)	비 고
	240,000,000		5 / 100	12,000,000	
『법인세법 시행령』 제60조 제2항 및 제3항에 따른 한도액	4.장부상 충당금 기초잔액	5.확정기여형퇴직연금자의 설정전기계상된퇴직급여충당금	6.기중 충당금 환입액	7.기초 충당금 부인누계액	8.기중 퇴직금 지급액
	100,000,000	8,000,000		10,000,000	20,000,000
	9.차감액 (④ - ⑤ - ⑥ - ⑦ - ⑧)	10.추계액 대비 설정액 ((22) * 0 / 100)	11.퇴직금 전환금	12.설정율 감소에 따른 환입을 제외하는금액(MAX(⑨-⑩-⑪,0)	13.누적한도액 (⑩ - ⑨ + ⑪ + ⑫)
	62,000,000		3,000,000		59,000,000
한도초과액 계 산	14.한도액 (③과 ⑬중 적은 금액)		15.회사 계상액		16.한도초과액 ((15) - (14))
			30,000,000		30,000,000

제3절   퇴직연금부담금

1. 취지

임원과 사용인에 대한 퇴직급여의 안정적 보장을 위하여 퇴직급여충당금의 내부적립은 2016년부터 폐지되고 퇴직연금 부담금 등의 외부적립을 한 경우에 한하여 손금으로 인정하고 있다. 이러한 퇴직연금제도는 퇴직금 재원의 안정성을 확보하도록 유도하고 있다.

2. 퇴직연금부담금의 손금산입방법

(1) 확정급여형 퇴직연금제도의 회계처리 및 세무조정

1. 퇴직급여설정

결산서	(차)	퇴직급여	100	(대)	퇴직급여충당금	100
세무상			−(퇴충한도 "0"가정)			
수정분개	**(차)**	**퇴직급여충당금**	**100**	**(대)**	**퇴직급여**	**100**
세무조정	〈손금불산입〉 퇴직급여 한도 초과		100(유보)			

2. 연금부담금 납부

결산서	(차)	퇴직연금운용자산	100	(대)	현 금	100
세무상	(차)	퇴직연금운용자산	100	(대)	현 금	100
		연금부담금(비용)	**100**		**퇴직연금충당금(부채)**	**100**
수정분개	**(차)**	**연금부담금(비용)**	**100**	**(대)**	**퇴직연금충당금**	**100**
세무조정	① 〈손금산입〉 퇴직연금부담금 100(△유보) ☞ 퇴직연금부담금에 대해서 기업회계기준은 결산조정(결산서에 비용 처리)을 허용하지 않는다. 따라서 세법은 신고조정을 허용한다.					

3. 퇴직시(70 일시금 선택)

결산서	(차)	퇴직급여충당금	70	(대)	퇴직연금운용자산	70
세무상	(차)	퇴직연금충당금	70	(대)	퇴직연금운용자산	70
수정분개	**(차)**	**퇴직연금충당금** **(재무상태계정)**	**70**	**(대)**	**퇴직급여충당금** **(재무상태계정)**	**70**
세무조정	〈손금산입〉 퇴직급여충당금 70(△유보) ② 〈손금불산입〉 퇴직연금부담금 70(유보) ①+②＝기손금산입퇴직연금부담금(30)					

(2) 퇴직연금부담금은 손금산입한도액

> **퇴직연금부담금 손금한도액 = MIN[①, ②]**
> ① **추계액기준** : [기말퇴직급여추계액 – 기말세무상 퇴직급여충당금잔액]
>   – 기손금산입퇴직연금부담금 – 확정기여형퇴직연금 손금인정액[*1]
>   *1. 퇴직급여추계액에 확정기여형 설정자도 포함되어 있으면 차감
> ② **예치금기준** : 기말 퇴직연금운용자산잔액 – 기손금산입퇴직연금부담금

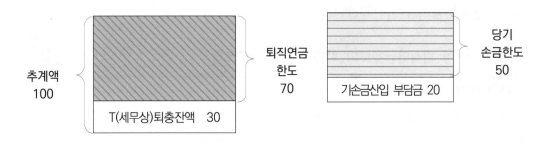

<u>위의 산식을 T계정으로 이해하고 모든 문제를 T계정을 이용해서 푸세요!!!</u>
쉽게 풀 수 있습니다.

결국 손금산입은 퇴직급여추계액 중 내부적립을 제외한 금액(세무상 퇴충잔액)을 한도로 사외에 납부한 퇴직연금부담금에 대해서 손금산입하겠다는 것이 법인세법 입장입니다.

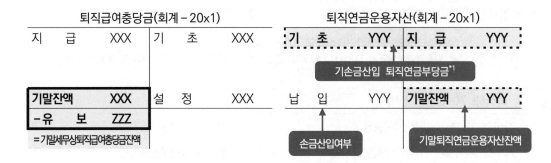

*1. <u>기손금산입퇴직연금부담금은 퇴직연금운용자산금액과 반드시 일치하지 않을 수도 있다.</u>
   <u>그럴 경우 차이부분만 반영하면 됩니다.</u>

(3) 세무조정

> **회사계상액 – 손금산입한도액 = (–) : 손금산입(△유보)[1]**
> 회사계상액 – 손금산입한도액 = (+) : 손금불산입(유보)

[1]. 일반적으로 결산서에 비용처리가 안되므로 퇴직연금부담금을 납부시 손금산입의 세무조정만 나타난다.

회사계상액 : "0"

☞ 퇴직연금부담금에 대해서 기업회계기준은 결산조정(결산서에 비용 처리)을 허용하지 않는다. 만약 기업회계기준을 위반하여 비용처리하면 비용처리를 감안하여 회사계상액을 반영하면 된다.

| <예제 10 - 2> 퇴직연금부담금 |

㈜ 무궁의 다음 자료에 의하여 7기의 세무조정을 행하시오.

당사는 확정급여형 퇴직연금제도를 운영하고 있다. 단, 퇴직연금기여금에 대한 세무조정만을 행하고 퇴직급여충당금 등 기타 세무조정은 이미 적정하게 이루어졌다고 가정한다.

1. 당기 퇴직급여충당금의 계정내역은 다음과 같다.

퇴직급여충당금

		기초잔액	70,000,000원
기말잔액	130,000,000원	당기증가	60,000,000원
	130,000,000원		130,000,000원

당기말 퇴직급여충당금에 대한 손금불산입 누계액은 60,900,000원으로 가정하며, 당기말 현재 퇴직금 추계액은 157,000,000원이다.

2. 당기 퇴직연금부담금의 계정내역은 다음과 같다.

퇴직연금운용자산

기초잔액	49,000,000원	해 약	10,000,000원
당기불입액	38,900,000원	기말잔액	77,900,000원
	87,900,000원		87,900,000원

기초잔액에 대한 손금산입액은 49,000,000원이다.

해답

1. T계정을 그려서 생각하시면 편합니다.

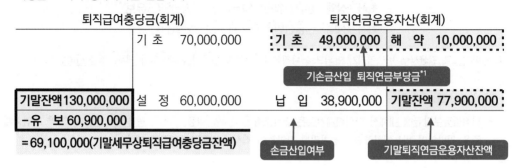

2. **퇴직시 연금해약분에 대한 세무조정**

〈손금불산입〉 퇴직연금부담금 지급 10,000,000(유보)

3. 한도계산 및 세무조정

① 회사계상액 : 0원(신고조정사항으로 결산서에 비용으로 반영되지 않았음)

② 한도액 : MIN[㉠ 추계액기준 ㉡ 예치금기준] = 38,900,000원

㉠ [157,000,000원 - 69,100,000원] - [49,000,000원 - 10,000,000원](기손금산입퇴직연금)

= 48,900,000원

㉡ [77,900,000원 - 39,000,000원] = 38,900,000원

③ 한도초과액(①-②) : -38,900,000원

④ 세무조정 : 〈손금산입〉 퇴직연금부담금 38,900,000원(△유보)

☞ 기말퇴직연금부담금 유보잔액 = 49,000,000원 - 10,000,000원 + 38,900,000원 = 77,900,000원

[퇴직연금부담금 조정명세서]

1 2.나 기말퇴직연금예치금등의 계산 ⇒ **2** 2.가 손금산입대상 부담금등 계산 ⇒

3 1.퇴직연금 등의 부담금 조정 순으로 작성한다.

사 업 연 도	. . . ~ . . .	퇴직연금부담금 조정명세서	법 인 명	
			사업자등록번호	

3 1. 퇴직연금 등의 부담금 조정

①퇴직급여추계액	당기말 현재 퇴직급여충당금(세무상)				⑥퇴직부담금등 손금산입 누적 한도액 (① - ⑤)
	②장부상 기말잔액	③확정기여형 퇴직연금자의 퇴직급여충당금	④당기말 부인 누계액	⑤차감액 (② - ③ - ④)	
157,000,000	130,000,000		60,900,000	69,100,000	87,900,000

⑦이미 손금 산입한 부담금 등(⑰)	⑧손금산입한도액 (⑥ - ⑦) 〈추계액기준한도〉	⑨손금산입대상 부담금 등(⑱)	⑩손금산입범위액 (⑧과 ⑨ 중 작은 금액)	⑪회사손금 계상액	⑫조정금액 (⑩ - ⑪)
39,000,000	48,900,000	38,900,000	38,900,000	0	38,900,000

회사계상액   손금산입

2. 이미 손금산입한 부담금 등의 계산

2 가. 손금산입대상 부담금 등 계산 ◀── 퇴직연금운용자산 T계정
(기손금산입퇴직연금 부담금)

⑬퇴직연금 예치금등 계(㉒)	⑭기초퇴직연금 충당금등 및 전기말신고조정에 의한 손금산입액	⑮퇴직연금충당금 등 손금부인 누계액	⑯기중퇴직연금등	⑰이미 손금산입한 부담금등 (⑭ - ⑮ - ⑯)	⑱손금산입대상 부담금 등 (⑬ - ⑰) 〈예치금기준한도〉
77,900,000	49,000,000		10,000,000	39,000,000	38,9000,000

1 나. 기말 퇴직연금 예치금 등의 계산 ◀── 퇴직연금운용자산 T계정

⑲기초퇴직연금예치금 등	⑳기중 퇴직연금예치금 등 수령 및 해약액	㉑당기 퇴직연금예치금 등의 납입액	㉒퇴직연금예치금 등 계 (⑲ - ⑳ + ㉑)
49,000,000	10,000,000	38,900,000	77,900,000

참고

퇴직연금부담금등 조정명세서

1. 이미 손금산입한 부담금 등의 계산

① 기말퇴직연금 예치금등의 계산(퇴직연금운용자산 T계정)

2.이미 손금산입한 부담금 등의 계산

나.기말 퇴직연금 예치금 등의 계산

19.기초 퇴직연금예치금 등	20.기중 퇴직연금예치금 등 수령 및 해약액	21.당기 퇴직연금예치금 등의 납입액	22.퇴직연금예치금 등 계 (19 - 20 + 21)
49,000,000	10,000,000	38,900,000	77,900,000

② 손금산입대상 부담금 등 계산(퇴직연금운용자산 T계정)

가.손금산입대상 부담금 등 계산

13.퇴직연금예치금 등 계 (22)	14.기초퇴직연금충당금등 및 전기말 신고조정에 의한 손금산입액	15.퇴직연금충당금등 손금부인 누계액	16.기중퇴직연금등 수령 및 해약액	17.이미 손금산입한 부담금등 (14 - 15 - 16)	18.손금산입대상 부담금 등 (13 - 17)
77,900,000	49,000,000		10,000,000	39,000,000	38,900,000

예치금기준 한도

2. 퇴직연금 등의 부담금 조정

1.퇴직연금 등의 부담금 조정

1.퇴직급여추계액	당기말 현재 퇴직급여충당금					6.퇴직부담금 등 손금산입 누적한도액 (① - ⑤)
	2.장부상 기말잔액	3.확정기여형퇴직연금자의 설정전 기계상된 퇴직급여충당금	4.당기말 부인 누계액	5.차감액 (② - ③ - ④)		
157,000,000	130,000,000		60,900,000	69,100,000		87,900,000

7.이미 손금산입한 부담금 등 (17)	8.손금산입 한도액 (⑥ - ⑦)	9.손금산입 대상 부담금 등 (18)	10.손금산입범위액 (⑧과 ⑨중 적은 금액)	11.회사 손금 계상액	12.조정금액 (⑩ - ⑪)
39,000,000	48,900,000	38,900,000	38,900,000		38,900,000

추계액기준 한도

연/습/문/제

 객관식

01. 법인세법상 현실적 퇴직으로 보는 것은?

① 정부투자기관 등이 민영화됨에 따라 전종업원의 사표를 수리한 후 재 채용한 경우

② 외국법인의 국내지점 종업원이 본점으로 전출하는 경우

③ 법인의 부장이 업무상 공로를 인정받아 이사로 취임한 경우

④ 법인의 대주주변동으로 인하여 계산의 편의 그 밖의 사유로 전 사용인에게 퇴직금을 지급한 경우

02. 법인세법상 퇴직급여충당금에 관한 다음 설명으로 옳은 것은?

① 해당 사업연도의 퇴직급여충당금 한도초과액은 다음 사업연도에 자동적으로 손금산입된다.

② 결산상 손금에 산입하지 아니한 퇴직급여충당금은 신고조정에 의하여 손금에 산입할 수 있다.

③ 현실적인 퇴직을 하였으나 법인의 자금사정으로 퇴직급여를 미지급한 경우에도 퇴직급여충당금에서 차감하여야 한다.

④ 해당 법인과 직·간접으로 출자관계에 있는 법인으로 종업원이 전출하는 경우에는 현실적 퇴직이 아니므로 퇴직급여를 지급할 수 없다.

03. 다음은 법인세법상 퇴직급여충당금에 손금산입한도액 계산과 관련된 내용이다. 다음 중 옳지 않은 것은?

① 퇴직급여충당금 설정대상 총급여액은 비과세 근로소득과 손금불산입된 금액을 포함하여 계산한다.

② 퇴직금추계액은 당해 사업연도 종료일 현재 재직하는 임원 또는 사용인의 전원이 퇴직할 경우에 퇴직급여로 처리될 추계액을 말한다.

③ 퇴직금추계액의 계산시 확정기여형 퇴직연금이 설정된 자는 제외하고 계산하다.

④ 퇴직급여충당금의 조정은 결산조정 사항이다.

04. 다음 중 법인세법상 퇴직금, 퇴직급여충당금 및 퇴직연금충당금에 관련된 설명으로 틀린 것은?

① 퇴직급여충당금을 손금에 산입한 내국법인이 임원이나 직원에게 퇴직금을 지급하는 경우에는 그 퇴직급여충당금에서 먼저 지급하여야 한다.

② 법인의 직원이 당해 법인의 임원으로 취임하면서 퇴직금을 지급받는 경우 현실적인 퇴직으로 보지 않는다.

③ 퇴직급여지급규정에서 1년 미만의 근속자에게도 퇴직금을 지급하는 규정이 있는 경우 기중에 입사한 임직원에 대하여 퇴직급여충당금을 설정할 수 있다.

④ 직원의 퇴직을 퇴직급여의 지급사유로 하는 퇴직연금부담금으로서 확정기여형으로 지출하는 금액은 해당 사업연도의 소득금액계산에 있어서 이를 전액 손금에 산입한다.

 주관식

01. 다음의 자료를 이용하여 필요한 세무조정을 하시오.

(1) 퇴직급여충당부채 내역

전기이월	기말잔액	당기지급액	당기설정액
25,000,000원	28,000,000원	23,000,000원	26,000,000원

- 전기 자본금과적립금조정명세(을)서식에 퇴직급여충당금한도초과액 500,000원이 있다.
- 당기 지급 내역
  ① 1년 이상 근속한 사용인의 퇴직 : 3,000,000원
  ② 사용인이 임원으로 취임 : 20,000,000원

(2) 급여내역

구 분		총급여액		근속기간 1년 미만자의 급여
급여(판)	4	180,000,000원	1	10,000,000원
상여(판)	4	13,000,000원		
임금(제)	11	550,000,000원	2	16,000,000원
계	15	743,000,000원	3	26,000,000원

- 총급여액에는 근속기간 1년 미만자의 급여가 포함되어 있다.
- 위의 상여 중에는 정관상 급여지급기준을 초과한 임원상여금 3,000,000원이 포함되어 있다.

(3) 기타 사항
- 사업연도 종료일 현재 퇴직급여 지급대상 임원 및 사용인에 대한 퇴직금 추계액은 280,000,000원이고, 보험수리적 퇴직급여추계액은 300,000,000원이다.
- 당사의 **퇴직금지급규정상 1년 미만 근속자에게는 퇴직금을 지급하지 않는다.**
- 당사는 퇴직연금에 가입한 적이 없다.

02. 다음의 자료를 이용하여 필요한 세무조정을 하시오.

> 1. 퇴직금추계액
>   • 기말 현재 직원, 임원 전원 퇴직시 퇴직금추계액 : 320,000,000원
> 2. 퇴직급여충당금내역
>   • 기초퇴직급여충당금 : 30,000,000원
>   • 전기말 현재 퇴직급여충당금부인액 : 6,000,000원
> 3. 당기퇴직현황
>   • 20x1년 퇴직금지급액은 총 20,000,000원이며 전액 퇴직급여충당금과 상계하였다.
>   • 퇴직연금 수령액은 4,000,000원이다.
> 4. 퇴직연금현황
>   • 20x1년 기초 퇴직연금운용자산 금액은 230,000,000원이다.
>   • 확정급여형 퇴직연금과 관련하여 신고조정으로 손금산입하고 있으며, 전기분까지 신고조정으로 손금산입된 금액은 230,000,000원이다.
>   • 당기 회사의 퇴직연금불입액은 50,000,000원이다.

연/습/문/제 답안

🔑 객관식

1	2	3	4								
③	③	①	②								

[풀이 - 객관식]

01. **사용인이 임원으로 취임한 경우에는 현실적인 퇴직**으로 본다.

02. ① 퇴직급여충당금 한도초과액은 대손충당금 한도초과액과 달리 퇴직급여지급시 세무상 상계하여야 할 퇴직급여충당금을 초과하여 상계한 경우 또는 장부상 퇴직급여충당금 부인액을 환입하는 경우에만 손금 산입된다.

② 퇴직급여충당금은 결산조정사항이므로 신고조정에 의하여 손금에 산입할 수 없다.

④ 해당 법인과 직·간접으로 출자관계에 있는 법인으로 종업원이 전출하는 경우에는 현실적 퇴직으로 보아 퇴직급여를 지급할 수도 있고, 현실적인 퇴직으로 보지 않을 수도 있다.

03. **비과세급여를 제외하고 총급여액을 계산**한다.

04. **직원(사용인)에서 임원으로 취임시 현실적인 퇴직**으로 본다.

주관식

01. 퇴직급여충당금

1. <u>임원상여금 한도 초과액 : 3,000,000원(손금불산입, 상여)</u>

2. 퇴직급여충당금 T계정

<table>
<tr><td colspan="4" align="center">퇴직급여충당금(회계)</td><td></td></tr>
<tr><td>②지　급</td><td align="right">23,000,000원</td><td>①기　초</td><td align="right">25,000,000원</td><td rowspan="2">세무상 설정전
퇴충잔액
(①－②－③)</td></tr>
<tr><td></td><td></td><td colspan="2" align="right">(③유보 500,000원)</td></tr>
<tr><td>기말잔액</td><td align="right">28,000,000원</td><td>설　정</td><td align="right">26,000,000원</td><td>회사계상액</td></tr>
<tr><td align="center">계</td><td align="right">51,000,000원</td><td align="center">계</td><td align="right">51,000,000원</td><td></td></tr>
</table>

3. 한도계산 및 세무조정

① 회사계상액 : 26,000,000원

② 한도액 : MIN[㉠ 총급여액기준 ㉡ 추계액기준] = 0원

㉠ [743,000,000원 - 26,000,000원(1년 미만) - 3,000,000(임원)] × 5% = 35,700,000원

㉡ 300,000,000원 × 0% - (25,000,000원 - 500,000원 - 23,000,000원)] = △1,500,000원

③ 한도초과액(① - ②) : 26,000,000원(손금불산입, 유보)

4. 세무조정

손금불산입	임원상여 한도초과액	3,000,000원	상여
손금불산입	퇴직급여충당금 한도초과액	26,000,000원	유보

02. 퇴직연금부담금

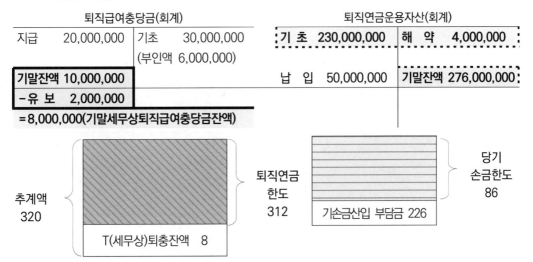

1. 퇴직시 세무조정

결산서	(차) 퇴직급여충당금	4,000,000	(대) 퇴직연금운용자산	4,000,000
세무상	(차) 퇴직연금충당금	4,000,000	(대) 퇴직연금운용자산	4,000,000
수정분개	(차) **퇴직연금충당금** (재무상태계정)	**4,000,000**	(대) **퇴직급여충당금** (재무상태계정)	**4,000,000**
세무조정	〈손금산입〉 **퇴직급여충당금 4,000,000(△유보)** 〈손금불산입〉 **퇴직연금부담금** 4,000,000**(유보)**			
	퇴직급여충당금 유보잔액 = 6,000,000 − 4,000,000 = 2,000,000			

2. 한도계산 및 세무조정
  ① 회사계상액 : 0원(신고조정사항으로 결산서에 비용으로 반영되지 않았음)
  ② 한도액 : MIN[㉠ 추계액기준 ㉡ 예치금기준] = 50,000,000원
    ㉠ [320,000,000원 − 8,000,000원] − [230,000,000원 − 4,000,000원] = 86,000,000원
    ㉡ [276,000,000원 − (230,000,000원 − 4,000,000원)] = 50,000,000원
  ③ 한도초과액(① − ②) : − 50,000,000원(손금산입, △유보)

3. 세무조정

익금산입	퇴직연금운용자산	4,000,000원	유보
손금산입	퇴직급여충당금	4,000,000원	△유보
손금산입	퇴직연금부담금	50,000,000원	△유보

대손금 및 대손충당금 외

법인세 신고 - 각사업연도 세무조정 / 부속서류 작성하기

제1절　의의

대손금이란 회수할 수 없는 채권금액을 말한다. 이러한 대손채권에 대해서 기업회계기준에서는 과거의 경험을 통해서 산출한 대손추산율을 추정하게 되어 있다. 그러나 법인세법에서는 기업의 자의적인 판단을 배제하고 세무행정의 편의 등을 위하여 객관적인 대손율에 의하여 대손충당금의 범위를 정하고 있다.

〈기업회계기준과 법인세법의 차이〉

	기업회계기준	법인세법
회계처리	보충법	총액법
대손금	주관적 판단	**법정요건(신고조정, 결산조정)**
대손추산액	주관적 판단	**법정산식**

법인세법은 **전기에 설정한 비용(대손충당금) 잔액을 모두 환입하고 다시 설정하는 방법을 요구**한다. 이것을 **총액법**이라 한다.

	보충법(기업회계)	총액법(법인세법)
X1.12.31	(차) 비용 100 (대) 미지급비용 100	(차) 비용 100 (대) 미지급비용 100
X2. 1. 1	-	**(차) 미지급비용 100 (대) 수익 100**
X2.12.31	(차) 비용 20 (대) 미지급비용 20	**(차) 비용 120 (대) 미지급비용 120**

따라서 대손충당금은 총액법으로 생각하셔서 문제를 풀어야 한다.

다음의 예를 들어서 대손충당금의 총액법을 이해하자.

대손충당금(회계 – X1년도)

대 손*1	40원	기 초	100원
		현 금	10원
기말잔액	**120원**	**설 정**	**50원**
계	160원	계	160원

세무상 회사계상액

세무상자료

*1. 법인세법상 대손요건충족 : 30원
* 법인세법상 기말대손예상액 : 100원

기업회계기준은 보충법에 따라 회계처리한다. 다음의 예에서 총액법으로 회계처리한 것으로 가정하고 세무조정을 해보자.

1. x1. 1.1

기업회계(총액법)	(차) 대손충당금 100 (대) 수익 100
법인세법	(차) 대손충당금 100 (대) 수익 100
수정분개	-
세무조정	-

2. 대손 40 발생(세무상 대손요건 충족 30)

기업회계(총액법)	(차) 대손상각비 40 (대) 매출채권 40
법인세법	(차) 대손상각비 30 (대) 매출채권 30
수정분개	**(차) 매출채권 10 (대) 대손상각비 10**
세무조정	〈손금불산입〉 대손부인채권 10(유보)

3. 대손처리한 채권 10 회수

기업회계(총액법)	(차)	현 금	10	(대)	수 익	10
법인세법	(차)	현 금	10	(대)	수 익	10
수정분개	–					
세무조정	–					

4. x1.12.31 대손상각비 설정

기업회계(총액법)	(차)	대손상각비	120[*1]	(대)	대손충당금	120
법인세법	(차)	대손상각비	100	(대)	대손충당금	100
수정분개	(차)	대손충당금	20	(대)	대손상각비	20
세무조정	〈손금불산입〉 대손충당금 한도초과 20(유보)[*2]					

5. x2.1.1

기업회계(총액법)	(차)	대손충당금	120	(대)	수익	120
법인세법	(차)	대손충당금	100	(대)	수익	100
수정분개	(차)	수익	20	(대)	대손충당금	20
세무조정	〈손금산입〉 전기대손충당금 추인 20원(△유보)					

(손금추인)

*1. 결국 장부상대손충당금 기말잔액이 세무상 회사 대손상각비 계상액이 된다.

*2. 전기대손충당금한도초과액은 당기초에 손금추인한다.(총액법이기 때문에)

제2절 대손금

대손금이란 회수할 수 없는 채권금액을 말하는데, 이는 법인의 순자산을 감소시키는 손금에 해당한다. 그러나 법인세법은 대손금의 범위를 엄격하게 규정하고 있다.

1. 대손처리대상채권

대손처리할 수 없는 채권	① 특수관계자(대여시점에 판단)에 대한 업무무관가지급금 ② 보증채무 대위변제로 인한 구상채권[*1] ③ 대손세액공제를 받은 부가가치세 매출세액 미수금
대손처리할 수 있는 채권	위 이외의 모든 채권

*1. 구상채권

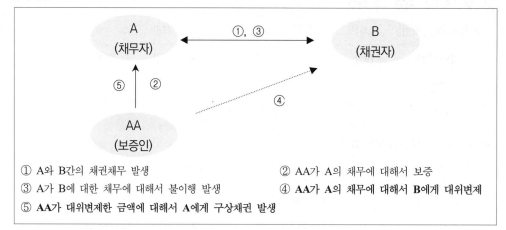

① A와 B간의 채권채무 발생　　② AA가 A의 채무에 대해서 보증
③ A가 B에 대한 채무에 대해서 불이행 발생　　④ AA가 A의 채무에 대해서 B에게 대위변제
⑤ AA가 대위변제한 금액에 대해서 A에게 구상채권 발생

2. 대손금의 범위(대손요건) 및 손금산입시기

신고조정사항은 부실도가 100%라 회수가능성이 전무하나, 결산조정사항은 회수가능성이 매우 낮은 것을 말한다.

신고조정사항	결산조정사항
① **소멸시효완성채권(상법·어음법·수표법·민법)** ② **회생계획인가의 결정 또는 법원의 면책결정에 따라 회수불능으로 확정된 채권** ③ **채무자의 재산에 대한 경매가 취소된 압류채권(민사집행법)** ④ **채무의 조정을 받아 신용회복지원협약에 따라 면책으로 확정된 채권**	① 채무자의 파산, 강제집행, 형의 집행, 사업의 폐지, 사망, 실종, 행방불명으로 인하여 회수할 수 없는 채권 ② **부도발생일*1부터 6개월 이상 지난 수표 또는 어음상의 채권 및 외상매출금**(중소기업의 외상매출금으로서 부도발생일 이전의 것) ⇨ 저당권설정분은 제외 ⇨ 대손금액 : 비망가액 1,000원 공제후 금액 ③ **중소기업의 외상매출금 및 미수금으로서 회수기일로부터 2년이 경과한 외상매출금 등**(특수관계인과의 거래는 제외) ④ 민사소송법상 재판상 화해 및 화해권고결정에 따라 회수불능으로 확정된 채권 ⑤ **회수기일이 6개월 이상 지난 채권 중 채권가액이 30만원 이하**(채무자별 채권가액의 합계액을 기준으로 한다)인 채권 ⑥ 채권의 일부 회수를 위해 일부를 불가피하게 포기한 채권(다만, 채권의 포기가 부당행위에 해당하는 것은 제외) ⑦ 금융감독원장 등이 정한 기준에 해당하는 채권 등
손금산입시기	
대손요건을 구비한 사업연도	**대손요건을 구비하고 결산상 회계처리한 사업연도**

*1. 부도발생일이란 소지하고 있는 수표 등의 지급기일(지급기일 전에 해당 수표 등을 제시하여 금융회사 등으로부터 부도 확인을 받은 날)을 말한다.

3. 대손금액

대손요건 구비시 회수불능채권을 전액 대손처리할 수 있다. 다만 **부도발생일로부터 6개월이 경과한 수표 또는 어음상의 채권과 중소기업의 외상매출금을 대손처리하는 경우**에는 **비망계정 (어음·수표 1매당 1천원, 외상매출금은 채무자별 1천원)을 제외한 금액을 대손처리**한다.

이러한 비망계정은 신고조정사항으로 완성(소멸시효 등)되는 사업연도에 대손처리하여야 한다. 또한 손금산입한 대손금 중 회수한 금액은 그 회수한 날이 속하는 사업연도에 익금산입한다.

제3절   대손충당금의 손금산입

법인이 각 사업연도에 외상매출금·대여금 등 채권의 대손에 충당하기 위하여 대손충당금을 손금으로 계상한 경우에는 일정한 금액의 범위에서 해당 사업연도의 소득금액을 계산할 때 이를 손금에 산입한다.

대손충당금 한도액 = 세무상 기말 대상 채권* × 설정율

* 세무상기말대상채권 = 재무상태표상 기말채권 ± 채권관련유보 - 설정제외채권

---

1. 설정대상제외채권

① **대손처리할 수 없는 채권(전술한 채권)**
② **할인어음, 배서양도어음**
③ **부당행위계산 부인규정 적용 시가 초과채권**

☞ 동일인에 대한 채권·채무는 상계하지 않는다. 다만 상계약정이 있는 경우에는 상계한다.

2. 설정율

MAX[① 1%, ② 대손실적율]

$$대손실적율 = \frac{세무상\ 당기대손금^{*1}}{세무상\ 전기말\ 대상채권^{*2}}$$

---

*1. 세무상당기대손금 = 장부상대손상각비 - (손금불산입)채권 + (손금산입)채권

*2. 세무상전기말대상채권 = 장부상 전기말채권 ± 전기말 채권유보 - 설정대상제외채권

3. 세무조정방법(대손충당금)

※ T계정을 그려서 이해하십시요!!

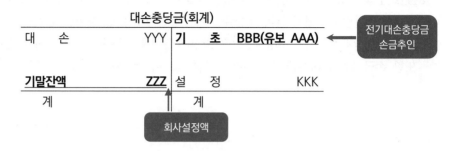

1. 전기대손충당금 부인액 손금추인		〈손금산입〉 전기대손충당금 부인액 AAA(△유보)
2. 대손충당금 한도 계산	① 회사설정액 : ZZZ ② 한도 계산	
3. 세무조정	– 한도초과	〈손금불산입〉 대손충당금 한도 초과 XXX
	– 한도미달	세무조정없음

〈대손금과 대손충당금에 대한 세무조정순서〉

세무조정순서			세무상처리
Ⅰ. 대손금	1. 대손요건충족		세무조정없음
	2. 대손요건불충족		손금불산입, 유보
Ⅱ. 대손충당금	3. 전기말 대손충당금부인액		손금산입, △유보
	4. 대손충당금한도	① 한도초과	손금불산입, 유보
		② 한도내	세무조정없음

|<예제 11 - 1> 대손금 및 대손충당금|

㈜ 무궁의 다음 자료에 의하여 7기의 세무조정을 행하시오.

1. 회사가 계상한 대손상각내역은 다음과 같다.
    (1) 대손처리한 금액은 대손충당금과 상계되었다.
        ① 10월 1일 : 거래처의 파산으로 회수불가능한 외상매출금 300,000원
        ② 10월 3일 : 거래처의 부도로 6월 경과한 받을어음 1,700,000원
        ③ 10월 10일 : 거래처의 부도로 1월 경과한 받을어음   600,000원
    (2) 다음의 대손처리한 금액은 대손상각비로 처리하였다.
        10월 15일 : 회수기일이 6개월이상 경과한 외상매출금 200,000원
2. 10월 25일 : 소멸시효 완성채권(외상매출금)이 500,000원이 있는데 회계처리하지 않았다.
3. 기초 대손충당금은 5,500,000원이었고, 기말에 대손충당금 5,000,000원을 추가 설정하였다.
    (전기말 대손충당금 부인액은 300,000원이 있다)
4. 기말 외상매출금과 받을어음 잔액은 각각 180,000,000원과 110,000,000원이며, 그 외의 채권은 없는 것으로 한다. 받을어음금액 중 46,601,000원은 할인어음에 해당한다.
5. 전기말 세무상 대손충당금 설정 채권장부가액은 134,950,000원이다.

해답

1. 대손금 검토(세무상 대손요건)

대손내역	신고/결산	회사대손계상액	세법상 시인액	세법상부인액
1. 파산등	결산조정	300,000원	300,000원	
2. 6월 경과 부도어음[1]	결산조정	1,700,000원	1,699,000원	**1,000원**
3. 6월 미경과 부도어음	-	600,000원		**600,000원**
4. 회수실익이 없는 채권	결산조정	200,000원	200,000원	손금불산입
5. 소멸시효완성채권	신고조정	0원	500,000원	
계		2,800,000원	2,699,000원	**601,000원**

[1]. 어음, 수표 1매당 1,000원의 비망가액을 남겨두어야 한다.

〈세무조정〉
〈손금불산입〉   6월 경과 부도어음 비망가액   1,000원(유보)
〈손금불산입〉   6월 미경과 부도어음   600,000원(유보)
〈손금산입〉   소멸시효완성채권   500,000원(△유보)

2. 대손충당금 한도초과계산

T계정을 그려서 문제를 푸십시오.

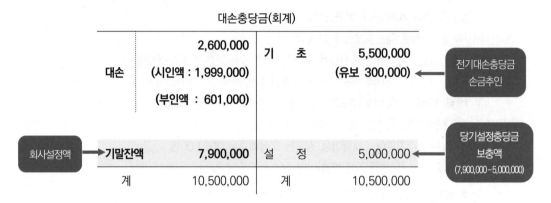

(1) 전기대손충당금 한도 초과

　〈손금산입〉 전기대손충당금 한도 초과　300,000원(△유보)

(2) 당기 대손충당금 한도 초과

　① 회사설정액 : 7,900,000원

　② 한도액 : 4,870,000원

　　㉠ 설정율 : MAX[① 1%, ② 대손실적율 : 2%] = 2%

$$\text{대손실적율} = \frac{\text{세무상 당기대손금}^{*1}}{\text{세무상 전기말 대상채권}} = \frac{2,699,000}{134,950,000} = 2\%$$

　　*1. [300,000원+1,699,000원+200,000원+500,000원] = 2,699,000원

　　㉡ 한도액 : 세법상기말대손충당금설정대상채권×설정율

　　= [180,000,000원+110,000,000원−46,601,000원(할인어음)+601,000원(대손부인채권)

　　　−500,000원(소멸시효완성채권)] ×2% = 4,870,000원

　③ 한도초과액(①−②) : 3,030,000원

　〈손금불산입〉 대손충당금 한도 초과　3,030,000원(유보)

[대손충당금 및 대손금조정명세서]

1 2. 대손금조정 ⇒ **2** 1. 대손충당금조정(채권잔액) ⇒ **3** 1. 대손충당금조정(손금산입액조정/익금산입액조정) 순으로 작성한다.

사 업 연 도	· · · ~ · · ·	대손충당금 및 대손금조정명세서	법 인 명	
			사업자등록번호	

1. 대손충당금조정

3 손 금 산입액 조 정	①채권잔액 (㉑의 금액)	②설정률			③ 한도액 (①×②)	회사계상액			⑦한도초과액 (⑥-③)
		(ㄱ) 1(2) ── 100 ( )	(ㄴ) 실적률 (2)	(ㄷ) 적립 기준 ( )		④당기계상액	⑤보충액	⑥계	
	243,500,000				4,870,000	5,000,000 (보충법 설정금액)	2,900,000 (기말잔액 -당기계상)	7,900,000	3,030,000

익 금 산입액 조 정	⑧장부상 충당금 기초잔액	⑨기중 충당금 환입액	⑩충당금 부 인 누계액	⑪당기대손금 상 계 액 (㉗의 금액)	⑫당기 설정충당금 보 충 액 (=⑤보충액)	⑬환입할 금 액 (⑧-⑨-⑩ -⑪-⑫)	⑭회사 환입액	⑮과소환입·과다 환입(△)(⑬-⑭)
	5,500,000		300,000	2,600,000	2,900,000	-300,000		-300,000

2 채 권 잔 액	⑯계정과목	⑰채권잔액의 장부가액	⑱기말현재 대손금부인누계	⑲합계 (⑰+⑱)	⑳충당금 설정제외 채 권	㉑채권잔액 (⑲-⑳)	비 고
	외상매출금	180,000,000	-500,000	179,500,000		179,500,000	
	받을어음	110,000,000	601,000	110,601,000	46,601,000	64,000,000	
	계	290,000,000	101,000	290,101,000	46,601,000	243,500,000	

> **전기부인누계액 + 당기부인액 - 당기손금액**

1 2. 대손금조정

㉒ 일자	㉓ 계정 과목	㉔ 채권 내역	㉕ 대손 사유	㉖ 금액	대손충당금상계액			당기손금계상액			비 고
					㉗ 계	㉘ 시인액	㉙ 부인액	㉚ 계	㉛ 시인액	㉜ 부인액	
10/01	외상매출금	매출채권	파산	300,000	300,000	300,000					
10/03	받을어음	매출채권	부도	1,700,000	1,700,000	1,699,000	1,000				
10/10	받을어음	매출채권	부도	600,000	600,000		600,000				
10/15	외상매출금	매출채권	소액채권	200,000				200,000	200,000		
	계			2,800,000	2,600,000	1,999,000	601,000	200,000	200,000		

> **손금불산입**

참고

대손충당금 및 대손금 조정명세서

1. 대손금조정

2. 대손금조정 작

	22.일자	23.계정과목	24.채권내역	25.대손사유	26.금액	대손충당금상계액			당기손금계상액		
						27.계	28.시인액	29.부인액	30.계	31.시인액	32.부인액
1	10.01	외상매출금	1.매출채권	1.파산	300,000	300,000	300,000				
2	10.03	받을어음	1.매출채권	5.부도(6개	1,700,000	1,700,000	1,699,000	1,000			
3	10.10	받을어음	1.매출채권	5.부도(6개	600,000	600,000		600,000			
4	10.15	외상매출금	1.매출채권	6.소멸시효	200,000				200,000	200,000	
5											

2. 채권잔액

채권잔액 크 게

	16.계정과목	17.채권잔액의 장부가액	18.기말현재대손금부인누계		19.합계 (17+18)	20.충당금설정제외채권 (할인,배서,특수채권)	21.채 권 잔 액 (19-20)
			전기	당기			
1	외상매출금	180,000,000		−500,000	179,500,000		179,500,000
2	받을어음	110,000,000		601,000	110,601,000	46,601,000	64,000,000
3							
	계	290,000,000		101,000	290,101,000	46,601,000	243,500,000

3. 대손충당금조정

1.대손충당금조정

손금산입액조정	1.채권잔액 (21의금액)	2.설정률(%)			3.한도액 (1×2)	회사계상액			7.한도초과액 (6-3)
		◎기본율	◎실적율	◎적립기준		4.당기계상액	5.보충액	6.계	
조정	243,500,000	1	2		4,870,000	5,000,000	2,900,000	7,900,000	3,030,000

익금산입액조정	8.장부상 충당금기초잔액	9.기중 충당금환입액	10.충당금부인 누계액	11.당기대손금 상계액(27의금액	12.충당금보충액 (충당금장부잔액)	13.환입할금액 (8-9-10-11-12)	14.회사환입액 (회사기말환입)	15.과소환입·과다 환입(△)(13-14)
조정	5,500,000		300,000	2,600,000	2,900,000	−300,000		−300,000

> **제4절** 일시상각충당금과 압축기장충당금

국고보조금·공사부담금·보험차익은 법인세법에 따라 모두 익금에 해당한다. 그러나 이러한 국고보조금 등은 일시적으로 세부담의 증가를 가져오므로, **손금산입을 통하여 세부담을 이연하기 위한 제도가 일시상각충당금과 압축기장충당금**에 해당한다.

1. 손금계상방법

① **원칙 : 결산조정**
    ㉠ **감가상각자산 : 일시상각충당금**
    ㉡ **그 외의 자산 : 압축기장충당금**
② **손금계상시기 : 지급받은 날이 속하는 사업연도**
③ **손금계상의 특례(신고조정 허용)**
  기업회계기준에서 일시상각충당금 등의 계상을 인정하지 않으므로 법인세법에서는 특별히 신고조정을 허용한다.

1. 국고보조금

기업회계	(차) 현 금	10억	(대) 국고보조금(자산차감)	10억
법인세법	(차) 현 금	10억	(대) 익 금	10억
수정분개	**(차) 국고보조금**	**10억**	**(대) 익 금**	**10억**
세무조정	**〈익금산입〉 국고보조금 10억(유보)**			

2. 일시상각충당금

기업회계	기업회계 불인정			
법인세법	(차) 일시상각충당금 전입액(비용)	10억	(대) 일시상각충당금	10억
수정분개	**(차) 일시상각충당금 전입액(비용)**	**10억**	**(대) 일시상각충당금**	**10억**
세무조정	**〈손금산입〉 일시상각충당금 10억(△유보)**			

☞ 이러한 국고보조금은 자산의 감가상각시 유보추인하고 동 일시상각충당금도 유보추인한다.

기타 충당부채

기업회계에서 '충당부채'란 금액이 미확정이거나 지급시기가 불확실한 부채이지만 지출가능성이 높고 그 금액을 신뢰성있게 추정할 수 있는 현재의 의무를 말한다.

기업회계기준대로 제품보증충당부채, 하자보수충당부채, 공사손실충당부채, 경품충당부채 등을 인식하였다 하더라도, **법인세법은 의무가 확정되는 시점에서 손금을 인식하므로 이러한 충당부채를 인정하지 않는다**.

따라서 **손금불산입하고 소득처분은 유보처분**을 하면 된다.

준비금

준비금은 중소기업지원 등 조세정책적 목적에서 조세의 납부를 일정기간 유예하는 조세 지원제도이다.

	X1년도	X5년도
세무상 분개	(차) 비 용 XXX (대)준비금 XXX	(차) 준비금 XXX (대) 수 익 XXX
	⇩	⇩
법인세효과	세금감소 ──────────────▶ 세금증가	
	세금에 대한 이자혜택	

1. 법인세법상 준비금

① 설정대상법인 : 보험업 등 특수업종을 영위하는 법인
② 종류 : 비영리법인의 고유목적사업준비금, 보험회사의 책임준비금, 비상위험준비금 등
③ 법인세법 규정
   - 원칙 : 신고조정불가
   - 예외 : 고유목적사업준비금과 비상위험준비금은 잉여금 처분에 의한 신고조정이 허용된다.

2. 조세특례제한법상 준비금

① 설정
  - 원칙 : 결산조정사항
  - **예외 : 신고조정이 허용됨.(잉여금처분에 의한 적립시)**
      ☞ **〈손금산입〉 XXX 준비금   △ 유보**
② 환입 : 일정기간이 경과한 후에 다시 익금산입(유보추인)

연/습/문/제

 세무조정

[1] 제1기 부가가치세 확정신고시 부도발생일로부터 6개월이 경과한 부도어음에 대하여 대손세액공제신청을 하고 회계처리는 다음과 같이 하였다.

(차) 부가세예수금　　　　　　　　　100,000원　　(대) 잡　이　익　　　　　　　　　100,000원

결산서	(차)	(대)
세무상	(차)	(대)
수정분개	**(차)**	**(대)**
세무조정		

[2] 당사가 생산하는 제품에 대하여 수년간 평가한 결과 2년내에 하자보수비용이 발생한다는 것을 확인하고 이에 대비하기 위하여 제품하자보수충당금을 계상하고 다음과 같이 회계처리하였다.

(차) 제품하자보수충당금전입액　　　500,000원　　(대) 제품하자보수충당금　　　　500,000원

결산서	(차)	(대)
세무상	(차)	(대)
수정분개	**(차)**	**(대)**
세무조정		

[3] 부도발생일부터 6개월이 지난 채권으로서 채무자의 재산에 대하여 저당권을 설정하고 있는 받을어음을 대손처리하다.

(차) 대손충당금　　　　　　　　　　400,000원　　(대) 받　을　어　음　　　　　　　400,000원

결산서	(차)	(대)
세무상	(차)	(대)
수정분개	**(차)**	**(대)**
세무조정		

[4] 당기에 대손처리한 외상매출금은 전전기에 소멸시효가 완성되었다.
  (차) 대손충당금　　　　　　　 2,500,000원　　(대) 외상매출금　　　　　　　　 2,500,000원
  전전기에 세무조정은 올바르게 처리되었다.

결산서	(차)	(대)
세무상	(차)	(대)
수정분개	**(차)**	**(대)**
세무조정		

[5] 부도발생일로부터 6개월 경과한 중소기업의 외상매출금 4,000,000원에 대해서
  다음과 같이 회계처리하다.
  (차) 대손충당금　　　　　　　 2,000,000원　　(대) 외상매출금　　　　　　　　 4,000,000원
  　　대손상각비(판)　　　　　 2,000,000원

결산서	(차)	(대)
세무상	(차)	(대)
수정분개	**(차)**	**(대)**
세무조정		

 객관식

01. 다음 중 법인세법상 신고조정사항(강제조정사항)에 해당하는 대손금이 아닌 것은?
  ① 상법에 따른 소멸시효가 완성된 외상매출금 및 미수금
  ② 부도발생일로부터 6개월 이상 지난 수표 또는 어음상의 채권 및 외상매출금
  ③ 어음법에 따른 소멸시효가 완성된 어음
  ④ 민법에 따른 소멸시효가 완성된 대여금 및 선급금

02. 법인세법상 대손금에 대한 설명이다. 결산서에 비용계상하지 않은 경우에도 세무조정에 의하여 손금인정되는 것은?

① 부도발생일 부터 6개월 이상 경과한 일정한 수표 또는 어음상의 채권 등
② 채무자의 파산, 강제집행, 사업의 폐지, 사망 등으로 회수할 수 없는 채권
③ 채무자 회생 및 파산에 관한 법에 따른 회생계획인가의 결정 또는 법원의 면책결정에 따라 회수불능으로 확정된 채권
④ 회수기일을 6개월 이상 지난 채권 중 회수비용이 해당 채권가액을 초과하여 회수실익이 없다고 인정되는 30만원(채무자별 채권가액 합계액 기준) 이하의 채권

03. 다음의 내용과 관련된 설명으로 가장 틀린 것은?

> 1. (주)대성무역에 20X0년 10월 20일 재화공급하고 받을어음을 받았다.(만기일 : 20X1.6.30)
> 2. (주)대성무역이 20X1년 5월 30일부로 부도가 발생할 가능성이 크다.

① 만약 부도가 발생한다면 부도발생일부터 6개월이 경과한 날이 속하는 과세기간의 확정신고시 대손세액공제신청이 가능하다.
② 만약 부도가 발생한다면 부도발생일부터 6개월이 경과한 날이 속하는 사업연도의 각사업연도소득금액계산시 소득금액조정합계표상에 반영할 수 있다.
③ 부도의 발생과 상관없이 소멸시효가 완성된 날이 속하는 과세기간의 확정신고시 대손세액공제신청이 가능하다.
④ 부도의 발생과 상관없이 소멸시효가 완성된 날이 속하는 사업연도의 각 사업연도소득금액 계산시 소득금액조정합계표상에 반영할 수 있다.

04. 법인세법상 대손충당금에 관한 설명으로 잘못된 것은?

① 부도어음도 대손금으로 인식하지 않은 한 설정대상채권으로 한다.
② 부당행위계산부인 규정을 적용받는 시가초과액에 상당하는 매출채권에 대하여는 대손요건이 충족된 경우에도 대손금으로 처리할 수 없다.
③ 대손충당금 시부인계산시 회사계상액은 항상 대손충당금 기말잔액이 된다.
④ 손금인정받은 대손금을 회수하고 기업회계에 입각하여 회계처리를 한 경우에는 세무조정이 필요없다.

05. 법인세법상 대손충당금에 대한 설명으로 옳지 않은 것은?

① 동일인에 대한 채권·채무가 동시에 있는 경우에도 상계한다는 약정이 없는 한 상계하지 아니하고 채권전액에 대하여 대손충당금을 설정할 수 있다.

② 대손금으로 처리하여 손금인정된 금액 중 회수된 금액은 회수된 날이 속하는 사업연도의 익금에 산입한다.

③ 손금에 산입한 대손충당금계정의 잔액은 다음 사업연도에 반드시 익금에 산입하여야 한다.

④ 모든 매출누락에 대한 익금산입액은 대손충당금 설정대상채권에 포함한다.

06. 다음 중 법인세법상 대손충당금 설정대상채권에 해당하는 것은?

① 할인어음, 배서양도한 어음

② 채무보증으로 인하여 발생한 구상채권

③ 사업과 관련하여 금전소비대차계약 등에 따라 특수관계 없는 타인에게 대여한 대여금

④ 특수관계자에게 해당 법인의 업무와 관련 없이 지급한 가지급금

 주관식

01. 다음 자료를 보고 대손충당금 및 대손금 관련 필요한 세무조정을 하시오. (단, 대손실적률은 1%이다.)

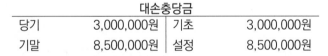

1. 매출채권 내역(대손충당금 설정대상 채권은 외상매출금뿐이라고 가정한다.)
   • 외상매출금은 804,100,000원(부가가치세 매출세액 : 54,100,000원 포함)이다.

2. 대손충당금(외상매출금 관련) 계정

대손충당금			
당기	3,000,000원	기초	3,000,000원
기말	8,500,000원	설정	8,500,000원

   ※ 전기 대손충당금 부인액 1,200,000원이 있음.

3. 대손발생 내역
   • 01/23 : 소멸시효가 완성된 외상매출금 1,000,000원(대손충당금과 상계)
   • 06/12 : 부도발생일로부터 6개월 경과한 중소기업의 외상매출금 4,000,000원
   　　　　　(대손충당금 2,000,000원, 대손상각비 2,000,000원과 상계)

02. 다음 자료를 보고 대손충당금 및 대손금 관련 필요한 세무조정을 하시오

---

(1) 당기 대손충당금과 상계된 금액의 내용
 • 20x1년 5월 1일 : ㈜민국이 발행한 약속어음으로 부도 발생일로부터 6개월이 경과한 부도어음 13,000,000원(비망계정 1,000원을 공제한 후의 금액이라고 가정함)
 • 20x1년 4월 1일 : 법원의 면책결정에 따라 회수불능으로 확정된 ㈜만세에 대한 미수금 20,000,000원
(2) 대손충당금 내역

대손충당금

받을어음	13,000,000원	전기이월	40,000,000원
미수금	20,000,000원	대손상각비	1,000,000원
차기이월	8,000,000원		
계	41,000,000원	계	41,000,000원

(3) 기말대손충당금 설정 대상 채권잔액
 • 외상매출금 : 600,000,000원(이 중 20x1년 7월 2일 소멸시효 완성 분 2,500,000원 포함)
 • 받을어음 : 200,000,000원(특수관계인에 대한 업무무관가지급금 4,000,000원 포함)
(4) 전기 자본금과적립금조정명세서(을) 기말잔액 내역은 다음과 같다.
 • 대손충당금 한도초과 2,000,000원(유보)
(5) 대손설정률은 1%로 가정한다.

연/습/문/제 답안

🗝 세무조정

1. 부도어음

결산서	(차) 부가세예수금	100,000	(대) 잡 이 익	100,000
세무상	(차) 부가세예수금	100,000	(대) 부도어음	100,000
수정분개	**(차) 잡 이 익**	**100,000**	**(대) 부도어음**	**100,000**

세무조정	**〈익금불산입〉 부도어음(잡이익)　100,000원(△유보)** ☞ 대손세액공제신청으로 공제한 부가가치세액상당액은 동 매출채권과 상계처리하여야 한다. 따라서 잡이익으로 처리된 금액은 익금불산입하고, 받을어음(부도어음)의 과대계상으로 유보처리한다.

2. 하자보수충당금

결산서	(차) 제품하자보수충당금전입액	500,000	(대) 제품하자보수충당금	500,000
세무상	* 법인세법은 하자보수충당금, 경품충당부채 등을 인정하지 않는다.			
수정분개	**(차) 제품하자보수충당금 (재무상태계정 – 부채)**	**500,000**	**(대) 제품하자보수충당금전입액 (손익계정 – 비용)**	**500,000**
세무조정	**〈손금불산입〉 제품하자보수충당금　500,000원(유보)**			

3. 저당권 설정채권

결산서	(차) 대손충당금	400,000	(대) 받을어음	400,000
세무상	* 저당권을 설정하고 있는 경우에는 회수가능성이 있어 대손요건을 충족하지 못한다.			
수정분개	**(차) 받을어음**	**400,000**	**(대) 대손충당금(대손상각비)**	**400,000**
세무조정	**〈손금불산입〉 저당권설정 대손금 부인액　400,000원(유보)**			

4. 전전기 소멸시효 완성채권

결산서	(차) 대손충당금	2,500,000	(대) 외상매출금	2,500,000
세무상	* 전전기에 세무조정을 적정하게 했으므로 당기에 세무상 분개는 없다.			
수정분개	**(차) 외상매출금**	**2,500,000**	**(대) 대손충당금**	**2,500,000**
세무조정	〈손금불산입〉 전전기 소멸시효 완성채권부인액 2,500,000원(유보) ☞ 전전기 세무조정 〈손금산입〉 소멸시효 완성채권 2,500,000원(△유보)			

5. 중소기업 외상매출금 비망가액(1,000원)

결산서	(차) 대손충당금 대손상각비	2,000,000 2,000,000	(대) 외상매출금	4,000,000
세무상	(차) 대손충당금 대손상각비	2,000,000 1,999,000	(대) 외상매출금	3,999,000
수정분개	**(차) 외상매출금**	**1,000**	**(대) 대손상각비**	**1,000**
세무조정	〈손금불산입〉 대손금 부인액(비망가액) 1,000원(유보)			

객관식

1	2	3	4	5	6								
②	③	②	②	④	③								

[풀이 - 객관식]

01. **부도발생일로부터 6개월 이상 지난 수표 또는 어음상의 채권 및 외상매출금의 경우 결산조정사항**이다.

02. ③ : 신고조정항목이고 ①②④의 사례는 결산조정항목인 대손사유이다.

03. **소득금액조정합계표상에 반영한다는 의미는 신고조정을 의미**하며 부도발생일로부터 6개월이 경과한 채권의 경우에는 반드시 결산조정을 하여야 하며 신고조정은 불가능하다. 그러나 소멸시효가 완성된 경우에는 결산조정 및 신고조정도 가능하다.

04. **부당행위계산부인규정을 적용받는 시가초과액**에 상당하는 매출채권에 대하여는 **대손충당금 설정대상채권에서 제외**되지만, **대손요건을 충족한 경우에는 대손금으로 처리**할 수 있다.

05. 현금매출누락은 익금산입하고 대표자 상여로 처리하므로 설정대상채권에 포함될 수 없다.

06. ③의 경우 대손충당금 설정대상채권에 포함됨.

주관식

01. 대손금 및 대손충당금

1. 대손금 세무조정

　- 6개월이 경과한 중소기업 외상매출금은 결산조정사항이나 비망가액 1,000원 공제 후 대손처리
　　(손금불산입, 유보)

2. 당기 대손충당금 한도 계산

대손충당금(외상매출금 + 받을어음)

대손	3,000,000	기 초	3,000,000	← 8.기초충당금
	(부인액 : 1,000)		(유보 1,200,000)	← 10.충당금부인
12.(기말잔액 - 설정액) **5. 보충액** → 기말잔액	8,500,000	설 정	8,500,000	← 4.당기계상액
계	11,500,000	계	11,500,000	

① 회사설정액 : 8,500,000원

② 한도액 : 세법상기말대손충당금설정대상채권(804,100,000 + 1,000) × 설정율(1%) = 8,041,010원

③ 한도초과액(① - ②) : 458,990원(손금불산입, 유보)

3. 세무조정

손금불산입	대손금부인액(비망가액)	1,000원	유보
손금산입	전기분 대손충당금 부인액	1,200,000원	△유보
손금불산입	당기 대손충당금한도 초과	458,990원	유보

02. 대손충당금 및 대손금조정명세서

1. 대손금조정

대손내역	신고/결산	회사대손계상액	세법상 시인액	세법상부인액
1. 6개월 경과 부도어음	결산조정	13,000,000원	13,000,000원	
2. 법원면책결정	신고조정	20,000,000원	20,000,000원	
3. 소멸시효완성	신고조정	2,500,000원	2,500,000원	
계		35,500,000원	35,500,000원	

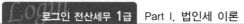

2. 당기 대손충당금 한도계산

대손충당금

대손	33,0000,000	기 초	40,000,000	← 8.기초충당금
	(시인액)		(유보 2,000,000)	← 10.충당금부인
기말잔액	8,000,000	설 정	1,000,000	← 4.당기계상액
계	41,000,000	계	41,000,000	

12.(기말잔액 – 설정액)

① 회사설정액 : 8,000,000원

② 한도액 : [600,000,000 – 2,500,000(소멸시효) + 200,000,000 – 4,000.000(업무무관 가지급금)] × 1% = 7,935,00원

③ 한도초과액(① – ②) : 65,000원(손금불산입, 유보)

3. 세무조정

손금산입	소멸시효 완성분 외상매출금	2,500,000원	△유보
손금산입	전기분 대손충당금 부인액	2,000,000원	△유보
손금불산입	당기 대손충당금한도 초과	65,000원	유보

부당행위계산부인

12

제1절 의의

법인이 그 법인과 특수관계에 있는 자와 거래시 그 법인의 소득에 대한 조세 부담을 부당히 감소시켰다고 인정되는 경우, 그 법인의 행위 또는 소득금액의 계산에 관계없이 그 법인의 각 사업연도의 소득금액을 계산할 수 있다고 규정하고 있다. 이것을 '부당행위계산의 부인'이라고 한다.

1. 부인의 요건

> **1. 특수관계자간 거래 & 2. 조세의 부당한 감소 &**
> **3. 현저한 이익의 분여[시가의 5% 이상 또는 3억원 이상]**

(1) 특수관계자

① 판단시점 : **행위당시를 기준으로 판단**

② 범위 : **쌍방관계**(어느 일방을 기준으로 특수관계에 해당하기만 하면 이들 상호간은 특수관계에 해당한다.)

① 임원의 임면권의 행사, 사업방침의 결정 등 당해 법인의 경영에 대하여 사실상 영향력을 행사하고 있다고 인정되는 자와 그 친족
② 주주 등(소액주주를 제외-지분율 1% 미만)과 그 친족
③ 법인의 임원·사용인 또는 주주 등의 사용인이나 사용인 외의 자로서 법인 또는 주주 등의 금전 기타 자산에 의하여 생계를 유지하는 자와 이들과 생계를 함께하는 친족
④ '① 내지 ③'에 규정하는 자가 발행주식총수의 30% 이상을 출자하고 있는 다른 법인
⑤ '① 내지 ③'에 규정하는 자와 당해 법인이 이사의 과반수를 차지하거나 출연금(설립을 위한 출연금에 한한다)의 50% 이상을 출연하고 그 중 1인이 설립자로 되어 있는 비영리법인
⑥ '④ 또는 ⑤'에 규정하는 자가 발행주식총수의 50% 이상을 출자하고 있는 다른 법인
⑦ 당해 법인에 50% 이상을 출자하고 있는 법인에 50% 이상을 출자하고 있는 법인이나 개인
⑧ 당해 내국법인이 기업집단에 속하는 법인인 경우 그 기업집단에 소속된 다른 계열회사와 그 계열 회사의 임원

☞ 특수관계자는 외울 필요가 없습니다.

(2) 부당행위 계산의 유형

자산의 고가매입과 자산의 저가양도가 부당행위 계산의 대표적인 유형에 해당됩니다.

1. 자산의 고가매입/ 저가양도	① 자산을 시가보다 높은 가액에 매입·현물출자받았거나 그 자산을 과대상 각한 때 ② 자산을 무상 또는 시가보다 낮은 가액으로 양도·현물출자한 때
2. 금전(임대)의 고가차용/ 저가대부	③ 금전 그 밖의 자산 또는 용역을 무상·시가보다 낮은 이율·요율이나 임대료로 대부하거나 제공한 경우 **[단, 주주가 아닌 임원(소액주주인 임원 포함) 및 사용인에게 사택을 제공하는 경우 제외]** ⇒ 출자임원 : 손금불산입, 상여 ④ 금전 기타 자산 또는 용역을 시가보다 높은 이율·요율이나 임차료로 차용하거나 제공받은 경우
3. 불균등자본거래	
4. 기타	⑤ 무수익자산을 매입·현물출자받았거나 그 자산에 대한 비용을 부담한 때 ⑥ 불량자산(채권)을 차환(양수) ⑦ 출연금을 대신 부담 ⑧ 특수 관계자로부터 영업권을 적정대가를 초과하여 취득한 때 ⑨ 주주(소액주주 제외)가 부담할 성질의 것을 법인이 부담한 때 ⑩ 기타(포괄주의)

(3) 현저한 이익의 분여

> ※ 고가매입/저가양도
> **[시가 – 거래가]≥MIN[1. 시가×5%, 2. 3억원]**

☞ 단, 상장주식의 경우 시가와 다른 가격으로 거래시 부당행위계산 부인규정 적용

2. 부인의 기준

(1) 일반적인 시가 산정방법

1. 본래의 시가	특수관계자 외의 불특정다수인과 계속적으로 거래한 가격 또는 특수관계자가 제3자간에 일반적으로 거래된 가격(상장주식의 경우 원칙적으로 불특정 다수인 간 장내거래시 해당 거래가격)	
2. 자산의 시가가 불분명시	**주식 등**	**상증세법상 평가액**
	주식 이외의 자산	**감정평가법인의 감정가액 → 상증세법상 평가액 순**

(2) 금전의 대여 또는 차용의 경우 시가

1. 원칙	**가중평균차입이자율**
2. 예외	**당좌대출이자율 : 가중평균차입이자율적용이 불가능한 경우**

3. 부인의 효과

(1) 부인금액의 익금산입과 소득처분

부당행위계산에 해당하는 경우에는 시가와의 차액 등을 익금에 산입하고, **부인금액은 그 특수관계자에게 이익을 분여한 것(사외유출)으로 취급한다.**

(2) 납세자의 행위가 조세부담을 부당히 감소시킨 것이라도 **사법적으로 적법·유효한 것으로서 그 행위 자체를 부인하는 것은 아니다.**

| 제2절 | 자산의 고가양수 및 저가양도 |

	자산의 고가양수(이중세무조정)	자산의 저가양도
1. 적용요건 검토	분여이익(매입가 - 시가 또는 시가 - 양도가)이 시가의 5% 이상이거나 3억원 이상인지 판단	
2. 세무조정	〈손금산입〉 (매입가 - 시가) △유보 〈손금불산입〉 (매입가 - 시가) 사외유출	〈손금불산입〉 (시가 - 양도가) 사외유출

<예제 12 - 1> 자산의 고가매입

㈜ 무궁의 다음 자료에 의하여 7기의 세무조정을 행하시오.

당기 초에 회사의 대표이사로부터 시가 2,000,000원인 비품을 3,000,000원
(내용년수 5년, 잔존가액 '0', 정액법)에 현금매입하였다. 회사는 기말에 동 비품에 대한 감가상각비 600,000원을 계상하였다.

해답

1. 부당행위계산규정 적용여부 판단
   (매입가액 - 시가)/시가 = (3,000,000원 - 2,000,000원)/2,000,000원 = 50% ≥ 5%

2. 세무조정

〈고가매입〉

결산서	(차) 비 품	3,000,000	(대) 현 금	3,000,000
세무상	(차) 비 품 잉 여 금	2,000,000 1,000,000	(대) 현 금	3,000,000
수정분개	**(차) 잉여금 + 부당유출**	**1,000,000**	**(대) 비 품**	**1,000,000**
	☞ 이중세무조정			
세무조정	〈손금산입〉 비품 1,000,000원(△유보) 〈손금불산입〉 고가매입 1,000,000원(상여)			

〈감가상각비〉

결산서	(차)	감가상각비	600,000	(대)	감가상각누계액	600,000
세무상	(차)	감가상각비	400,000*1	(대)	감가상각누계액	400,000
	*1. 2,000,000원/5년＝400,000원					
수정분개	**(차)**	**감가상각누계액**	**200,000**	**(대)**	**감가상각비**	**200,000**
세무조정	〈손금불산입〉 비품　200,000원(유보) ☞ 기말 비품에 대한 유보잔액은 1,000,000원－200,000원＝800,000원이다.					

<예제 12 - 2> 자산의 저가양도

㈜ 무궁의 다음 자료에 의하여 7기의 세무조정을 행하시오.

회사의 대주주에게 시가 500,000원(장부가액 400,000원)인 비품을 300,000원에 현금양도하였다.

해답

1. 부당행위계산규정 적용여부 판단

   (시가－양도가)/시가＝(500,000원－300,000원)/500,000원＝40%≥5%
2. 세무조정

결산서	(차)	현　　금	300,000	(대)	비　　품	400,000
		유형자산처분손	100,000			
세무상	(차)	현　　금	300,000	(대)	비　　품	400,000
		잉 여 금	200,000		유형자산처분익	100,000
수정분개	**(차)**	**잉여금＋부당**	**200,000**	**(대)**	**유형자산처분익**	**200,000**
세무조정	〈손금불산입〉 자산의 저가양도　200,000원(배당)					

1. 가지급금의 개념

가지급금이란 **명칭 여하에 불구하고 해당 법인의 업무와 관련이 없는 자금의 대여액**을 말한다. 따라서 법인이 **특수관계자에게 금전을 무상 또는 낮은 이율로 대여한 경우** 법인세법상 적정이자율로 계산한 이자상당액 또는 이자상당액과의 차액을 부당행위계산부인하여 익금산입하고 그 귀속자에게 소득처분을 하여야 한다.

〈업무무관가지급금에 대한 법인세법상 규제〉

구 분	세무사항
1. 가지급금의 인정이자 익금산입	**무상 또는 저율의 경우에 한함.** 즉, 적정이자 수령시 제외됨.
2. 업무무관자산 등에 대한 지급이자 손금불산입	이자수령 불문
3. 대손금 부인 및 대손충당금설정채권에서 제외	이자수령 불문

2. 가지급금의 범위

업무무관자산 등에 대한 지급이자 중 업무무관가지급금과 동일하다.

3. 인정이자의 계산 및 익금산입액

$$익금산입액 = 가지급금적수 \times 인정이자율 \times \frac{1}{365(366)} - 실제수령이자$$

(1) 가지급금적수

가지급금의 매일의 잔액을 합한 금액을 말한다. 따라서 가지급금의 초일은 산입하고 가지급금이 회수한 날은 제외한다.(초일산입 말일불산입)

동일인에 대한 가지급금과 가수금이 함께 있는 경우에는 원칙적으로 상계한다. 다만 약정(상환기간, 이자율 등)이 있어 이를 상계할 수 없는 경우에는 상계하지 않는다.

(2) 인정이자율

가중평균차입이자율을 시가로 하고 예외적으로 당좌대출이자율을 시가로 한다.

가중평균차입이자율은 자금의 대여시점에 각각의 차입금잔액(**특수관계자로부터의 차입금/채권자불분명사채 및 비실명채권·증권관련 차입금은 제외**)에 차입당시의 각각의 이자율을 곱한 금액의 합계액을 차입금잔액의 총액으로 나눈 이자율을 말한다.

$$\text{가중평균차입이자율} = \frac{\sum(\text{개별차입금잔액} \times \text{해당차입금이자율})}{\sum \text{차입금잔액}}$$

<예제 12 - 3> 가지급금인정이자

㈜ 무궁의 다음 자료에 의하여 7기의 가지급금 인정이자에 대한 세무조정을 행하시오.

1. 차입금의 내용 : 차입금은 전년도로부터 이월된 자료이다.

이자율	차입처	차입금	연간지급이자	비 고
연 14%	국민은행	10,000,000원	1,400,000원	
연 10%	국민은행	20,000,000원	2,000,000원	
연 8%	신한은행	50,000,000원	4,000,000원	
연 4%	(주)두산	50,000,000원	2,000,000원	특수관계자
계		130,000,000원	9,400,000원	

2. 가지급금 및 관련 이자수령내역

직책	성명	금전대여일	가지급금	약정이자율	이자수령액 (이자수익 계상)
대표이사	김수현	20x0.10.23	100,000,000원	무상	0원
관계회사	(주)혜성	20x1.07.01	50,000,000원	연 3%	750,000원
경리과장	김시온	20x1.05.23	20,000,000원	무상	0원

* 금전대여일로부터 현재까지 변동이 없으며 (주)혜성은 당사의 최대주주이다.
  경리과장에 대한 대여액은 본인의 대학원학자금 대여액이다.

3. 국세청장이 정한 당좌대출이자율은 연 4.6%, 1년은 365일이라 가정한다.

해답

1. 가지급금적수 계산 : **학자금대여액은 업무무관가지급금대상에서 제외된다.**

성명	대여일	가지급금	일수	적 수
김수현	1.1	100,000,000원	365일	36,500,000,000원
(주)혜성	7.1	50,000,000원	184일	9,200,000,000원

2. 인정이자율(가중평균차입이자율)

    특수관계자 차입금은 대상에서 제외한다.

$$가중평균차입이자율 = \frac{\Sigma(개별차입금잔액 \times 해당차입금이자율)}{차입금잔액의 \ 합계액}$$

$$= \frac{[14\% \times 10,000,000원 + 10\% \times 20,000,000원 + 8\% \times 50,000,000원]}{[10,000,000원 + 20,000,000원 + 50,000,000원]} = 9.25\%$$

3. 인정이자 계산

$$익금산입액 = 가지급금적수 \times 인정이자율 \times \frac{1}{365(366)} - 실제수령이자$$

성명	가지급금적수	인정이자	수령이자	익금산입액
김수현	36,500,000,000원	9,250,000원	0원	9,250,000원
(주)혜성	9,200,000,000원	2,331,506원	750,000원	1,581,506원
계		11,581,506원	750,000원	10,831,506원

4. 5% 차이가 나는지 여부

    ① 대표이사

$$\frac{인정이자 - 수령이자}{인정이자} = \frac{(9,250,000원 - 0원)}{9,250,000원} = 100\% \geq 5\%$$

    ② ㈜혜성

$$\frac{(2,331,506원 - 750,000원)}{2,331,506원} = 67.8\% \geq 5\%$$

5. 세무조정

    〈익금산입〉 가지급금 인정이자(대표이사)　 9,250,000원(상여)

    〈익금산입〉 가지급금 인정이자((주)혜성)　 1,581,506원(기타사외유출)

[가지급금등의 인정이자조정명세서] 을표, 갑표순으로 작성한다.

〈가지급금등의 인정이자조정명세서(을)〉

인명별/회사별로 각각 작성한다. **1** 3.가수금 적수 ⇒ **2** 1,2 가중평균차입이자율(당좌대출이자율)에 의한 가지급금 등 적수 및 인정이자 계산순으로 작성한다.

인명별로 작성해야하나 편의상 대표이사/(주)혜성을 한 장에 작성한다.

사 업 연 도	· · · ·	가지급금 등의 인정이자 조정명세서(을)		법 인 명	
				사업자등록번호	

직책(　　) 성명 (　　　)

2 1. 가중평균차입이자율에 따른 가지급금 등의 적수, 인정이자 계산

대여기간		③ 연월일	④ 적요	⑤차 변	⑥ 대 변	⑦잔 액 (⑤-⑥)	⑧ 일수	⑨가지급금 적수 (⑦×⑧)	⑩ 가수금 적수	⑪ 차감적수 (⑨-⑩)	⑫ 이자 율	⑬인정 이자 (⑪×⑫)
①발생 연월일	②회수 연월일											
20x1.1.1	차기 이월	20x1.1.1	전기 이월	100,000,000		100,000,000	365	36,500,000,000		36,500,000,000	9.25	9,250,000
20x1.7.1	차기 이월	20x1.7.1	대여	50,000,000		50,000,000	184	9,200,000,000		9,200,000,000	9.25	2,331,506
계												

2 2. 당좌대출이자율에 따른 가지급금 등의 적수 계산

⑭연월일	⑮적 요	⑯차 변	⑰대 변	⑱잔 액	⑲일수	⑳가지급금 적수(⑱×⑲)	㉑가수금적수	㉒차감적수 (⑳-㉑)
계								

1 3. 가수금 등의 적수 계산

㉓연월일	㉔적 요	㉕차 변	㉖대 변	㉗잔 액	㉘일수	㉙가수금적수 (㉗×㉘)
계						

〈가지급금등의 인정이자조정명세서(갑)〉

■ 1.적용이자율 선택 ⇒ ② 2,3 가중평균차입이자율(당좌대출이자율)에 따른 가지급금등의 인정이자 조정 순으로 작성한다.

사 업 연 도	· · · ~ · · ·	가지급금 등의 인정이자 조정명세서(갑)	법 인 명	
			사업자등록번호	

■ 1. 적용 이자율 선택

[0] 원칙 : 가중평균차입이자율

[　] 「법인세법 시행령」 제89조제3항제1호에 따라 해당 사업연도만 당좌대출이자율을 적용

[　] 「법인세법 시행령」 제89조제3항제1호의2에 따라 해당 대여금만 당좌대출이자율을 적용

[　] 「법인세법 시행령」 제89조제3항제2호에 따른 당좌대출이자율

익금산입

② 2. 가중평균차입이자율에 따른 가지급금 등의 인정이자 조정

① 성명	②가지급금 적수	③가수금 적수	④차감적수 (②-③)	⑤ 인정이자	⑥회사 계상액	시가인정범위		⑨조정액(=⑦) ⑦≧3억이거나 ⑧≧5%인 경우
						⑦차액 (⑤-⑥)	⑧비율(%) (⑦/⑤)×100	
김수현	36,500,000,000	0	36,500,000,000	9,250,000	0	9,250,000	100%	**9,250,000**
(주)혜성	9,200,000,000	0	9,200,000,000	2,331,506	750,000	1,581,506	67.8	**1,581,506**
계	45,700,000,000	0	45,700,000,000	11,581,506	750,000			10,831,506

② 3. 당좌대출이자율에 따른 가지급금 등의 인정이자 조정

⑩ 성명	⑪가지급금 적수	⑫가수금 적수	⑬차감적수 (⑪-⑫)	⑭ 이자율	⑮인정이자 (⑬×⑭)	⑯회사 계상액	시가인정범위		⑲조정액(=⑰) ⑰≧3억이거나 ⑱≧5%인 경우
							⑰차액 (⑮-⑯)	⑱비율(%) (⑰/⑮)× 100	
계									

참고

가지급금 등의 인정이자 조정명세서

1. 가지급금,가수금 입력

1.가지급금,가수금 입력	2.차입금 입력	3.인정이자계산 : (을)지	4.인정이자조정 : (갑)지	적용이자율선택 : [2] 가중평균차입이자율

○가지급금,가수금 선택: 1.가지급금 ▼   회계데이타불러오기

	직책	성명		적요	년월일	차변	대변	잔액	일수	적수
1	대표이사	김수현	1	1.전기이	1 1	100,000,000		100,000,000	365	36,500,000,000
2	관계회사	(주)혜성	2							
1	대표이사	김수현	1	2.대여	7 1	50,000,000		50,000,000	184	9,200,000,000
2	관계회사	(주)혜성	2							

2. 차입금입력 입력

1.가지급금,가수금 입력	2.차입금 입력	3.인정이자계산 : (을)지	4.인정이자조정 : (갑)지	적용이자율선택 : [2] 가중평균차입이자율

계정과목설정 | 새로불러오기(현재거래처) | 새로불러오기(전체거래처) | 이자율일괄적용

	거래처명			적요	연월일	차변	대변	이자대상금액	이자율 %	이자
1	국민은행		1	1.전기이	1 1		10,000,000	10,000,000	14.00000	1,400,000
2	신한은행		2	1.전기이	1 1		20,000,000	20,000,000	10.00000	2,000,000
	국민은행		1	1.전기이	1 1		50,000,000	50,000,000	8.00000	4,000,000
	신한은행		2							

3. 인정이자계산 : (을)지

김수현

입력	3.인정이자계산 : (을)지	4.인정이자조정 : (갑)지						적용이자율선택 : [2] 가중평균차입이자율

▼ 연일수(365)일

	대여기간		연월일	적요	5.차변	6.대변	7.잔액(5-6)	일수	가지급금적수(7X8)	10.가수금적수	11.차감적수	이자율(%)	13.인정이자(11X12)
	발생연월일	회수일											
1	2014 1 1	차기 이월	1 1	1.전기이월	100,000,000		100,000,000	365	36,500,000,000		36,500,000,000	9.25000	9,250,000

(주)혜성

	대여기간		연월일	적요	5.차변	6.대변	7.잔액(5-6)	일수	가지급금적수(7X8)	10.가수금적수	11.차감적수	이자율(%)	13.인정이자(11X12)
	발생연월일	회수일											
1	2014 7 1	차기 이월	7 1	2.대여	50,000,000		50,000,000	184	9,200,000,000		9,200,000,000	9.25000	2,331,506

4. 인정이자계산 : (갑)지

1.가지급금,가수금 입력	2.차입금 입력	3.인정이자계산 : (을)지	4.인정이자조정 : (갑)지

2.가중평균차입이자율에 따른 가지급금 등의 인정이자 조정 (연일수 : 365일)

	1.성명	2.가지급금적수	3.가수금적수	4.차감적수(2-3)	5.인정이자	6.회사계상액	시가인정범위		9.조정액(=7) 7>=3억,8>=5%
							7.차액(5-6)	비율(%)	
1	김수현	36,500,000,000		36,500,000,000	9,250,000		9,250,000	100.00000	9,250,000
2	(주)혜성	9,200,000,000		9,200,000,000	2,331,506	750,000	1,581,506	67.83195	1,581,506

 세무조정

[1] 영업외비용 중 투자자산처분손실 100,000원은 장부가액 3,010,000원인 상장주식을 임원인 김철민에게 2,910,000원에 양도함에 따른 것이다. 양도당시 상장주식의 시가는 3,100,000원으로 평가되었다.

결산서	(차)	(대)
세무상	(차)	(대)
수정분개	**(차)**	**(대)**
세무조정		

[2] 7기 대표이사로부터 시가 1,500,000원인 토지를 2,000,000원에 매입하고 그 매입대금은 7기에 1,700,000원 8기에 300,000원을 각각 지급하다. 토지의 취득가액 2,000,000원을 장부에 계상하다.

⟨7기⟩

결산서	(차)	(대)
세무상	(차)	(대)
수정분개	**(차)**	**(대)**
세무조정		

⟨8기⟩

결산서	(차)	(대)
세무상	(차)	(대)
수정분개	**(차)**	**(대)**
세무조정		

객관식

01. 다음 중 법인세법상 부당행위계산의 부인에 대한 설명으로 틀린 것은?

① 소액주주에 해당하는 임원이나 사용인에게 사택을 제공하는 경우에는 이를 부당행위계산의 유형 으로 보지 아니한다.

② 주권상장법인의 주식을 장내에서 거래한 경우 불특정한 다수인간 거래시에는 해당 거래가격

③ 부당행위계산의 부인규정은 내국영리법인에 한하여 적용하므로 내국비영리법인과 외국법인은 그 적용을 받지 아니한다.

④ 자본거래로 인한 부당행위계산 부인금액의 귀속자에게 증여세가 과세되는 경우 기타사외유출로 소득처분한다.

02. 법인세법상의 부당행위계산 부인에 관한 설명이다. 옳지 않은 것은?

① 비출자임원에게 사택을 무상으로 제공하는 경우에는 부당행위계산의 부인규정을 적용하지 아니 한다.

② 금전차입의 경우에는 시가는 가중평균차입이자율로 하되, 동 이자율의 적용이 불가능한 경우에 는 당좌대출이자율로 한다.

③ 시가가 불분명한 경우 주식의 시가는 상속세및증여세법상의 평가금액으로 한다.

④ 특수관계자가 아닌 제3자와의 거래에도 요건만 충족한다면 부당행위계산부인규정이 적용될 수 있다.

03. 법인세법상의 가지급금에 대한 설명으로 가장 잘못된 것은?

① 특수관계자의 가지급금에 대하여는 인정이자상당액을 익금산입한다.

② 특수관계자의 가지급금은 향후 대손이 발생하였을 경우 대손금으로 인정된다.

③ 동일인에 대한 가지급금과 가수금은 상계처리한 후 잔액을 기준으로 적용한다.

④ 이자비용 중 가지급금적수에 상응하는 이자비용은 손금불산입한다.

04. 법인의 대표이사에 대한 업무와 관련 없는 가지급금을 계상하고 있을 때 법인세법상 세무조정시 고려해야 할 사항이 아닌 것은?

① 업무무관 자산 등에 대한 지급이자 손금불산입 규정 　② 가지급금인정이자 세무조정

③ 기부금에 대한 세무조정 　　　　　　　　　　　　　④ 대손충당금에 대한 세무조정

05. 법인세법상의 부당행위계산 부인에 관한 설명으로 옳지 않은 것은?

① 특수관계에 해당하는지의 여부는 행위당시를 기준으로 하여 판단한다.

② 비영리내국법인에 대하여도 부당행위계산의 부인규정을 적용할 수 있다.

③ 법인이 주주가 아닌 임원에게 사택을 무상으로 제공하는 경우에는 부당행위계산의 부인 규정을 적용할 수 없다.

④ 법인이 특수관계에 있는 다른 법인으로부터 제품을 저가에 매입한 경우, 그제품의 취득가액은 시가이다.

06. 다음 중 법인세법상 부당행위계산 부인규정에 대한 설명으로 잘못된 것은?

① 법인과 특수관계에 있는 자와의 거래이어야 한다.

② 당해 거래행위를 통해 조세부담이 부당하게 감소하여야 한다.

③ 대주주인 출자임원에게 무상으로 사택을 제공하는 행위는 부당행위계산의 유형이라고 할 수 있다.

④ 사업연도 종료일 현재 특수관계가 소멸하였다면 부당행위계산부인을 적용하지 아니한다.

07. 법인세법상 부당행위계산의 부인규정에 관한 설명으로 가장 옳지 않은 것은?

① 특수관계자로부터 금전을 차입한 경우에는 당좌대출이자율을 시가로 할 수 있다.

② 용역을 시가보다 낮은 요율로 제공받은 경우에도 적용된다.

③ 부당행위계산의 부인을 적용하는 경우 시가와 거래금액의 차액이 3억 이상이거나 시가의 5% 이상인 경우 익금에 산입하는 것이 원칙이다.

④ 대표적 유형으로는 특수관계자에 대한 가지급금의 인정이자가 있다.

08. 법인세법상 업무무관가지급금에 대한 규제를 설명한 것이다. 규제 내용이 옳지 않은 것은?

① 업무무관가지급금에 대하여 가지급금인정이자의 익금산입

② 업무무관가지급금에 대한 가산세 적용

③ 업무무관자산 등에 대한 지급이자 손금불산입

④ 업무무관가지급금에 대한 대손금 부인

09. 법인세법상 부당행위계산의 부인규정에 대한 설명이 잘못된 것은?

　① 법인과 특수관계에 있는 자와의 거래이어야 한다.

　② 소액주주는 특수관계 여부 관계없이 발행주식총수의 1%미만이면 제외된다.

　③ 소득에 대한 조세부담이 부당하게 감소되어야 한다.

　④ 특수관계의 판정시기는 그 행위당시를 기준으로 판단한다.

10. 다음 중 법인세법상 부당행위계산을 적용함에 있어 조세의 부담을 부당히 감소시킨 것으로 인정되지 않는 것은?

　① 대표자의 친족에게 무상으로 금전을 대여한 때

　② 특수관계인으로부터 영업권을 적정대가를 초과하여 취득한 때

　③ 주주(소액주주 제외)가 부담할 성질의 것을 법인이 부담한 때

　④ 업무 수행을 위해 초청된 외국인에게 사택을 무상으로 제공한 때

 주관식

01. 다음 자료를 이용하여 가지급금 등에 인정이자에 대해서 세무조정을 히시오.

(1) 차입금의 내용 〈장기차입금으로서 전년도에서 이월된 자료이다.〉

이자율	차입금	연간지급이자	비　　　고
연 10% 연 8% 연 7%	50,000,000원 30,000,000원 40,000,000원	5,000,000원 2,400,000원 2,800,000원	연 10% 차입금은 전액 특수관계자, 나머지는 한결은행으로부터의 차입금이다.
계	120,000,000원	10,200,000원	

(2) 업무무관 가지급금 및 관련 이자수령내역은 다음과 같다.

직책	성명	금전대여일	가지급금	약정이자율	이자수령액 (이자수익 계상)
대표이사	김한결	20x0.08.23.	30,000,000원	무상	0원

(3) 회사는 가중평균차입이율로 하여 인정이자를 계산하고, 1년은 365일이라 가정한다.

02. 다음 관련 자료를 이용하여 가지급금 등 인정이자에 대해서 세무조정을 하시오.

(1) 차입금과 지급이자 내역은 다음과 같다.

이자율	지급이자	차입금	비고
20%	5,000,000원	25,000,000원	농협은행 차입금
16%	6,000,000원	37,500,000원	신한은행 차입금
10%	10,000,000원	100,000,000원	자회사인 ㈜파닉스로부터의 차입금
계	21,000,000원	162,500,000원	

전년도에 모두 차입한 것이며 원천징수세액은 없는 것으로 가정한다.

(2) 가지급금내역

	일자	가지급금	약정이자
대표이사 : 김회장	20x1. 05. 27.	97,500,000원	5,850,000원
등기이사 : 김이사	20x1. 06. 27.	16,250,000원	1,750,000원

(3) 기획재정부령으로 정하는 당좌대출이자율은 연 4.6%이며, 당 회사는 금전 대차거래에 대해 시가 적용방법을 신고한 바 없다고 가정한다.

연/습/문/제 답안

🔑 세무조정

1. 자산의 저가양도

결산서	(차) 현 금 처분손실	2,910,000 100,000	(대) 투자자산	3,010,000
세무상	(차) 현 금 잉 여 금	2,910,000 190,000	(대) 투자자산 처분이익	3,010,000 90,000
수정분개	**(차) 잉여금+부당**	**190,000**	**(대) 처분이익/손실**	**190,000**
	☞ 5%차이가 나는지 여부 : (3,100,000 – 2,910,000)/3,100,000 = 6.12%			
세무조정	〈손금불산입〉 저가양도액 190,000원(상여)			

2-1. 고가양수-7기

결산서	(차) 토 지	2,000,000	(대) 현 금 미지급금	1,700,000 300,000
세무상	(차) 토 지 잉 여 금	1,500,000 200,000	(대) 현 금	1,700,000
수정분개	**(차) 잉여금+부당 미지급금**	**200,000 300,000**	**(대) 토 지**	**500,000**
	☞ 5%차이가 나는지 여부 : (2,000,000 – 1,500,000)/1,500,000 = 33%			
세무조정	〈손금산입〉 토지 고가매입 500,000원(△유보) 〈익금산입〉 부당행위계산부인 200,000원(상여) 〈익금산입〉 미지급금(토지) 300,000원(유보)			

2-2. 고가양수-8기

결산서	(차) 미지급금	300,000	(대) 현 금	300,000
세무상	(차) 잉 여 금	300,000	(대) 현 금	300,000
수정분개	**(차) 잉여금+부당**	**300,000**	**(대) 미지급금**	**300,000**
세무조정	〈손금불산입〉 부당행위계산부인 300,000원(상여) 〈익금불산입〉 전기미지급금 300,000원(△유보)			

객관식

1	2	3	4	5	6	7	8	9	10				
③	④	②	③	④	④	②	②	②	④				

[풀이 - 객관식]

01. 법인세법상 **부당행위계산의 부인규정**은 내국법인과 외국법인, 영리법인과 비영리법인을 구분하지 아니하고 **모든 법인이 그 적용을 받는다.**

02. 부당행위계산부인의 규정은 **특수관계자와의 거래에 한하여 적용**한다.

03. 업무무관가지급금은 **대손금 부인 및 대손충당금 설정 채권에서 배제**된다.

04. 법인이 특수관계자에게 업무무관 가지급금 지급시 지급이자손금불산입, 가지급금인정이자 세무조정을 하여야 하고, 이런 채권은 대손충당금 설정대상채권에서 제외한다.

05. 법인이 특수관계에 있는 다른 법인으로부터 제품을 저가에 매입한 경우, 그 제품의 취득가액은 해당 매입가액이다.

06. 부당행위 판단시기는 **거래 당시의 특수관계자와의 거래여부로 판단**한다.

07. 부당행위계산의 부인규정은 **고가양수, 저가양도**에 해당시 적용된다.

08. 업무무관가지급금에 대한 가산세 규정은 없다.

09. **소액주주는 지배주주와 특수관계**가 아니어야 한다.

10. 초청된 외국인은 특수관계자가 아니므로 부당행위계산부인대상이 아니다.

주관식

01. 가지급금금 등 인정이자(가중평균차입이자율)

1. 가지급금적수 계산 :

대여일	가지급금	일수	적 수
1.1	30,000,000원	365	10,950,000,000원

2. 인정이자율(가중평균차입이자율)

$$가중평균차입이자율 = \frac{\sum (개별차입금잔액 \times 해당차입금이자율)}{차입금잔액의 합계액}$$

$$= \frac{[8\% \times 30,000,000원 + 7\% \times 40,000,000원]}{[30,000,000원 + 40,000,000원]} = 7.42857\%$$

3. 인정이자 계산

$$익금산입액 = 가지급금적수 \times 인정이자율 \times \frac{1}{365} - 실제수령이자$$

= 10,950,000,000×7.42857%/365 – 0 = 2,228,571원(익금산입, 상여)

4. 세무조정

익금산입	가지급금 인정이자	2,228,571원	상여

02. 가지급금금 등 인정이자(가중평균차입이자율)

1. 가지급금적수 계산 :

성명	대여일	가지급금	일수	적 수
김회장	5.27	97,500,000원	219일[*1]	21,352,500,000원
김이사	6.27	16,250,000원	188일[*2]	3,055,000,000원

*1. 5일(5월)+30일(6월)+184일(하반기)=219일   *2.4일(6월)+184일(하반기)=188일

2. 인정이자율(원칙 : 가중평균차입이자율)

특수관계자 차입금(이자율 10%)은 대상에서 제외한다.

$$가중평균차입이자율 = \frac{\Sigma\,(개별차입금잔액 \times 해당차입금이자율)}{차입금잔액의 합계액}$$

$$= \frac{[20\% \times 25,000,000원 + 16\% \times 37,500,000원]}{[25,000,000원 + 37,500,000원]} = 17.6\%$$

3. 인정이자 계산

$$익금산입액 = 가지급금적수 \times 인정이자율 \times \frac{1}{365} - 실제수령이자$$

성명	가지급금적수	인정이자	수령이자	익금산입액
김회장	21,352,500,000원	10,296,000원	5,850,000원	4,446,000원
김이사	3,055,000,000원	1,473,095원	1,750,000원	–

4. 5% 차이가 나는지 여부

① 김회장 : $\dfrac{인정이자 - 수령이자}{인정이자} = \dfrac{4,446,000}{10,296,000} = 43.2\% \geq 5\%$

② 김이사는 약정이자가 인정이자보다 크므로 익금산입액 없음

5. 세무조정

익금산입	가지급금 인정이자(김회장)	4,446,000원	상여

기부금

법인세 신고 - 각사업연도 세무조정/ 부속서류 작성하기

| 제1절 | 의의 및 범위 |

1. 기부금의 의의

기부금은 ①특수관계가 없는 자에게 ②사업과 직접 관련없이 ③무상으로 지출하는 재산적 증여의 가액을 말한다. 기부금은 업무와 관련이 없으므로 손금이 될 수 없으나 공익성이 있는 것은 일정한 한도 내에서 손금으로 인정해 주고 있다.

〈기부금과 기타유사비용의 비교〉

구 분		세무상 처리
업무무관		기부금
업무관련	특정인에 대한 지출	기업업무추진비
	불특정다수인에 대한 지출	광고선전비

2. 간주기부금(의제기부금)

특수관계없는 자에게 정당한 사유없이 **자산을 정상가액보다 낮은가액(70% 미만)으로 양도하거나 정상가액보다 높은 가액(130% 초과)으로 매입함**으로써 실질적으로 증여한 것으로 인정되는 금액은 이를 기부금으로 간주한다.

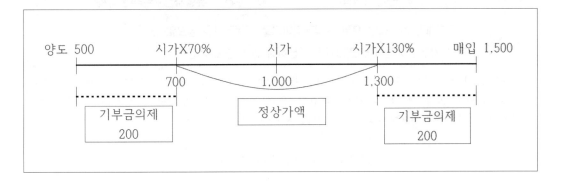

(1) 고가매입 간주기부금

특수관계없는 자에게 토지의 시가가 1,000원인데, 1,500원에 현금매입하였다고 가정하자. 정상가액은 시가의 ±30%이므로 700원~1,300원이다.

결산서	(차)	토　　지	1,500	(대)	현　　금	1,500
세무상	(차)	토　　지 간주기부금	1,300 200	(대)	현　　금	1,500
수정분개	**(차)**	**간주기부금**	**200**	**(대)**	**토　　지**	**200**
세무조정	〈손금산입〉 토지　200(△유보) → 동시에 기부금 지출액에 200원을 가산한다.					

(2) 저가양도 간주기부금

특수관계없는 자에게 토지의 시가가 1,000원(장부가액 400원)인데, 500원에 현금양도였다고 가정하자. 정상가액은 시가의 ±30%이므로 700원 ~ 1,300원이다.

결산서	(차) 현　　금 500 (대) 토　　지 400 유형자산처분익 100
세무상	(차) 현　　금 500 (대) 토　　지 400 　　　기 부 금 <u>200</u> 유형자산처분익 300
수정분개	**(차)** **기 부 금(손익계정)** **200** **(대)** **유형자산처분익(손익계정)** **200**
세무조정	**수정분개가 차·대변 모두 손익계정이므로 세무조정은 필요없다.*** **다만 기부금 지출액에 200원을 가산하여 향후 한도 계산한다.**

* 저가양도 간주기부금의 경우 장부상 기부금과 세법상 기부금의 차이는 발생하지만, 동 차이에 대하여 손금산입의 세무조정은 하지 않는다. 왜냐하면, 장부상의 분개는 기부금 200원의 비용누락과 동시에 처분이익 200원의 수익누락이 동시에 발생한 것이기 때문에 당기순이익과 각사업연도소득금액의 차이를 유발하지는 않기 때문이다.

〈간주기부금과 부당행위계산부인의 비교〉

구 분	간주기부금	부당행위계산부인
거래상대방	**특수관계없는자**	**특수관계자**
세무상 양도/취득가액	**시가 ± 30%**	**무조건 시가**

제2절　기부금의 분류

기부금은 **공익성 정도**에 따라 특례기부금, 우리사주조합기부금, 일반 기부금, 비지정기부금으로 분류한다.

특례 기부금	① **국가·지자체에 무상기증하는 금품** 　　☞ 국립, 공립학교 기부금은 특례기부금 ② 국방헌금과 국군장병 위문금품(향토예비군 포함) ③ **천재·지변 이재민 구호금품(해외이재민 구호금품 포함)** ④ **사립학교(초·중·고, 대학교) 등에의 시설비, 교육비, 연구비, 장학금 지출** ⑤ 사립학교·대한적십자사가 운영하는 병원과 국립대학병원·서울대학병원·국립암센터 　　·지방의료원에 시설비·교육비·연구비로 지출 ⑥ 사회복지사업, 그 밖의 사회복지활동의 지원에 필요한 재원을 모집·배분하는 것을 　　주된 목적으로 하는 비영리법인(전문모금기관–사회복지공동모금회) ⑦ 한국장학재단에 대한 기부금

일반기부금	(1) 다음의 비영리법인의 **고유목적사업비**로 지출하는 기부금
	① 사회복지법인(민간 사회복지시설포함), 의료법인, 국민건강보험공단
	② 어린이집, 유치원, 초·중등·고등교육법상학교, 기능·원격대학, 국립대·서울대병원 등
	③ 종교보급교화목적단체로 허가를 받아 설립한 비영리법인, 새마을운동중앙본부
	④ 정부로부터 허가 또는 인가를 받은 문화·예술단체, 학술연구단체, 환경보호운동 단체 등
	(2) 특정용도로 지출하는 기부금
	① **학교 등의 장이 추천하는 개인에게 교육비·연구비·장학금으로 지출**
	② 국민체육진흥기금 등에 출연하는 기부금 등
	(3) **사회복지시설 중 무료 또는 실비로 이용할 수 있는 것** : 아동복지시설, 장애인 복지시설 등
	(4) 국제기구에 대한 기부금(유엔난민기구, 세계식량 기구등)
비지정기부금	① **향우회, 종친회, 새마을금고, 신용협동조합에 지급한 기부금**
	② **정당에 지출하는 기부금** 등

☞ 우리사주조합기부금

법인이 해당 법인의 <u>우리사주조합에 기부시 전액 손금이 되나</u>, 여기서 우리사주조합이란 해당 법인의 우리사주조합 <u>이외의 조합</u>을 말한다.

제3절 기부금의 평가 및 귀속시기

1. 기부금의 평가(현물기부금)

① 특례 기부금·**일반 기부금** : 장부가액
② 일반(**특수관계인에게 기부**)·비기부금 : MAX[시가, 장부가액]

2. 귀속시기 : 현금주의(어음 : 결제일, 수표 : 교부일)

☞ 기업업무추진비 : 발생주의

예외 : 정부로부터 **인·허가를 받기 이전의 설립 중인 공익법인 및 단체** 등에 기부금을 지출하는 경우에는 해당 법인 및 단체가 정부로부터 **인·허가를 받은 날이 속하는 사업연도의 기부금**으로 한다.

제4절 기부금의 손금산입한도액

구 분	손금산입한도액
특례 기부금	[기준소득금액 – 이월결손금] × 50%
일반 기부금	[기준소득금액 – 이월결손금 – 특례기부금 손금산입액]] × 10%

☞ 기부금 한도계산의 결과는 소득금액조정합계표에 기재하지 않고 과세표준및세액조정계산서에 바로 기재한다.

1. 기준소득금액

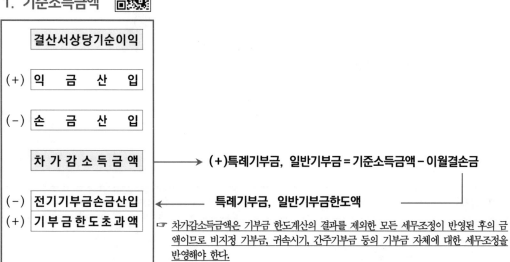

결산서상당기순이익
(+) 익 금 산 입
(−) 손 금 산 입
차 가 감 소 득 금 액
(−) 전기기부금손금산입
(+) 기 부 금 한 도 초 과 액

→ (+)특례기부금, 일반기부금 = 기준소득금액 – 이월결손금

특례기부금, 일반기부금한도액

☞ 차가감소득금액은 기부금 한도계산의 결과를 제외한 모든 세무조정이 반영된 후의 금액이므로 비지정 기부금, 귀속시기, 간주기부금 등의 기부금 자체에 대한 세무조정을 반영해야 한다.

2. 이월결손금

세무상 결손금으로서 각사업연도의 과세표준 계산시 공제가능한 이월결손금을 말한다.
[각사업연도의 개시일 전 15년(2019.12.31. 이전 개시 사업연도 발생분은 10년)이내 발생분]
다만 비중소기업은 기준소득금액의 80%을 한도로 한다.

제5절 기부금 이월공제 계산방법

(1) 이월된 기부금을 우선 공제

(2) 남은 기부금 공제한도 내에서 각사업연도에 지출한 기부금 공제

(3) 기부금 한도 초과액이월액의 손금산입

기부금의 한도초과액은 해당 사업연도의 다음 사업연도 개시일부터 10년[1] 이내에 끝나는 각 사업연도에 이월하여 이월된 각 사업연도의 해당 기부금 한도액 범위에서 그 한도초과액을 손금에 산입한다.

*1. 2013.1.1. 이후 개시하는 사업연도 지출분부터

[기업업무추진비와 기부금]

구 분	기업업무추진비	기부금
정의	업무관련＋특정인	업무무관
손익귀속시기	발생주의	현금주의
현물	MAX [① 시가 ② 장부가액]	특례, 일반 : 장부가액
		일반(특수관계인), 비지정기부금 : MAX[① 시가 ② 장부가액]
한도초과액 이월손금	없음	10년간 이월

|<예제 13 - 1> 기부금|

㈜무궁(중소기업)의 다음 자료에 의하여 7기(20x1년)의 세무조정과 각사업연도 소득금액을 계산하시오.

1. 결산서상 당기순이익 : 120,000,000원

2. 기부금 반영전
   ① 익금산입 및 손금불산입 : 25,000,000원
   ② 손금산입 및 익금불산입 : 10,000,000원

3. 결산서에 반영된 기부금은 다음과 같다.

기부일	지급처	금액(원)	적요
4월 1일	향우회	3,000,000	대표이사 고향향우회 행사시 기부
5월 10일	천안시청	2,000,000	이재민구호를 위한 성금
12월 3일	광진장학회	7,000,000	장학단체에 고유목적사업비로 기부[1]
12월 30일	사회복지	32,000,000	사회복지법인 기부[2]

*1. 기부금을 지출한 광진장학회는 주무관청에 인가를 신청하여 **20x2년 1월 20일**에 인가를 획득하였다.
*2. 사회복지법인 기부금 **32,000,000원** 중 **12,000,000원**은 현금으로 나머지는 약속어음을 발행하여 지급하였다. 약속어음의 만기일은 **20x2년 1월 31일**이다.

4. 10월 6일에 당사와 특수관계 없는 종교를 목적으로 하는 공공기관인 (재)광명의 고유목적사업을 위하여 시가가 1,000,000원이고 장부금액이 800,000원인 비품을 기부차원에서 100,000원에 저가로 양도하고 다음과 같이 회계처리하였다.

(차) 현 금	100,000원	(대) 비 품	800,000원
유형자산처분손실	700,000원		

5. 당기말 현재 남아 있는 세무상 이월결손금의 명세는 다음과 같다.

구 분	2019년도	2020년
이월결손금	5,000,000원	35,000,000원

6. 전기 이전의 일반 기부금에 대한 자료는 다음과 같다.

연도	일반기부금한도 초과액	기공제액	공제가능잔액
2022	40,000,000원	30,000,000원	10,000,000원

해답

1. 기부금 한도 계산전 세무조정

〈향우회 기부금〉

결산서	(차)	기 부 금	3,000,000	(대)	현 금	3,000,000
세무상	(차)	잉 여 금	3,000,000	(대)	현 금	3,000,000
수정분개	**(차)**	**잉 여 금**	**3,000,000**	**(대)**	**기 부 금**	**3,000,000**
세무조정		〈손금불산입〉 비지정기부금 3,000,000원(상여)				

〈인가전 기부금〉

결산서	(차)	기 부 금	7,000,000	(대)	현 금	7,000,000
세무상	(차)	선급기부금	7,000,000	(대)	현 금	7,000,000
수정분개	**(차)**	**선급기부금**	**7,000,000**	**(대)**	**기 부 금**	**7,000,000**
세무조정		〈손금불산입〉 선급기부금 7,000,000원(유보) ← X2년도 기부금				

〈어음지급 기부금〉

결산서	(차)	기 부 금	32,000,000	(대)	현 금	12,000,000
					어음지급기부금	20,000,000
세무상	(차)	기 부 금	12,000,000	(대)	현 금	12,000,000
수정분개	**(차)**	**어음지급기부금**	**20,000,000**	**(대)**	**기 부 금**	**20,000,000**
세무조정	〈손금불산입〉 어음지급기부금 20,000,000원(유보) ← 기부금은 현금주의					

〈현물기부금〉 비품의 정상가액 : 700,000~1,300,000 양도가액 100,000 기부금의제 : 600,000

결산서	(차)	현 금	100,000	(대)	비 품	800,000
		유형자산처분손	700,000			
세무상	(차)	현 금	100,000	(대)	비 품	800,000
		기 부 금	600,000			
		유형자산처분손	100,000			
수정분개	**(차)**	**기 부 금**	**600,000**	**(대)**	**유형자산처분손**	**600,000**
세무조정	**세무조정 없음 → 일반기부금에 600,000원 가산**					

2. 기부금 분류

지 급 처	특례 기부금	일반기부금		비지정 기부금	비 고
		2022	당기		
향우회 천안시청 사회복지 (재)광명	2,000,000	–	12,000,000 600,000	3,000,000	
계	2,000,000	10,000,000	12,600,000	3,000,000	

3. 기준소득금액 계산

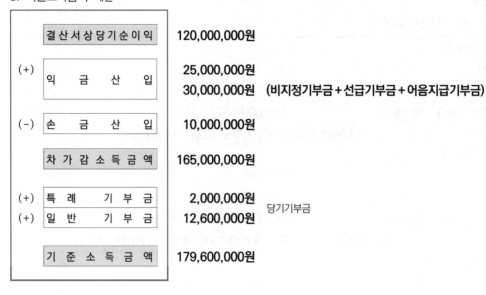

결산서상당기순이익	**120,000,000원**	
(+) 익 금 산 입	**25,000,000원**	
	30,000,000원	**(비지정기부금＋선급기부금＋어음지급기부금)**
(−) 손 금 산 입	**10,000,000원**	
차 가 감 소 득 금 액	**165,000,000원**	
(+) 특 례 기 부 금	**2,000,000원**	당기기부금
(+) 일 반 기 부 금	**12,600,000원**	
기 준 소 득 금 액	**179,600,000원**	

4. 기부금한도 계산

  (1) 특례기부금

   ① 해당액 : 2,000,000원

   ② 한도액 : (179,600,000원 − 40,000,000원[1]) × 50% = 69,800,000원

   *1. 2019년 이월결손금은 10년간, 2020년 이후 이월결손금은 15년간 공제한다.

   ③ 한도초과액 : ① − ② = − 67,800,000원(한도 이내 − 세무조정 없음)

  (2) 일반기부금

   ① 해당액 : 10,000,000(2018) + 12,600,000(당기) = 22,600,000원

   ② 한도액 : (179,600,000원 − 40,000,000원 − 2,000,000원[1]) × 10% = 13,760,000원

     *1. 특례 기부금 손금용인액

   ⓐ 이월된 기부금(2018년분) → ⓑ 당해지출기부금 순으로 공제

일반기부금 한도	2022년 이월분	당기(12,600,000)	
13,760,000	10,000,000	3,760,000	8,840,000
	(손금산입)	(손금산입)	(차기로 이월)

5. 각사업연도 소득금액의 계산

차 가 감 소 득 금 액	**165,000,000**	
(−) **전 기 기 부 금 손 금 산 입**	**10,000,000**	2022년 한도초과액 손금산입
(+) **기 부 금 한 도 초 과 액**	**8,840,000**	10년간 이월공제
각 사 업 연 도 소 득 금 액	**163,840,000**	

[기부금명세서/기부금조정명세서]

기부금명세서를 작성하고 기부금조정명세서를 작성한다.

〈기부금명세서〉

■ 법인세법 시행규칙 [별지 제22호 서식] (앞쪽)

사 업 연 도	. . . ~ . . .		기부금명세서				법 인 명		
							사업자등록번호		

구 분		③과 목	④연 월	⑤적 요	기 부 처		⑧금 액	비 고
① 유형	②코드				⑥법인명 등	⑦사 업 자 등록번호 등		
특례	10	기부금	5.10	이재민구호금품	천안시청		2,000,000	
일반	40	유형자산 처분손실	10.6	현물기부	(재)광명		600,000	
일반	40	기부금	12.30	사회복지법인 기부	사회복지		12,000,000	
기타	50	기부금	4.1	향우회기부	지역향우회		3,000,000	
기타	50	기부금	12.30	사회복지법인 기부	사회복지		20,000,000	
기타	50	기부금	12.03	고유목적사업	광진장학회		7,000,000	
⑨소계		가.「법인세법」 제24조제2항제1호의 특례기부금(코드 10)					2,000,000	
		나.「법인세법」 제24조제3항제1호의 일반기부금(코드 40)					12,600,000	
		다.「조세특례제한법」 제88조의4제13항의 우리사주조합 기부금(코드 42)						
		라. 그 밖의 기부금(코드 50)					30,000,000	
		계					44,600,000	

일반기부금

특례

〈기부금조정명세서〉

1 5.기부금이월액명세,6.당해년도 기부금 지출액 명세 ⇒ **2** 1.특례기부금 ⇒ **3** 3.일반기부금 ⇒
4 4.기부금한도초과 ⇒ **5** 5.기부금이월액명세서, 6.당해년도 기부금 지출액 명세순으로 작성한다.

■ 법인세법 시행규칙 [별지 제21호 서식]　　　　　　　　　　　　　　　　　　　　　　(앞쪽)

사업 연도	·　·　· ~ ·　·　·	기부금조정명세서	법 인 명	
			사업자 특례기부금 한도계산	

1. 「법인세법」 제24조제2항제1호에 따른 특례기부금 손금산입액 한도액 계산

① 소득금액 계	179,600,000	⑤ 이월잔액 중 손금산입액 MIN[④, ㉓]	
②「법인세법」 제13조제1항제1호에 따른 이월결손금 합계액 (「기준소득금액의 60% 한도)	40,000,000	⑥ 해당연도지출액 손금산입액 MIN[(④-⑤)〉0, ③]	2,000,000
③「법인세법」 제24조제2항제1호에 따른 특례기부금 해당 금액	2,000,000	⑦ 한도초과액[(③-⑥)〉0]	
④ 한도액 {[(①-②)〉0]×50%}	69,800,000	⑧ 소득금액 차감잔액 [(①-②-⑤-⑥)〉0]	137,600,000

2. 「조세특례제한법」 제88조의4에 따라 우리사주조합에 지출하는 기부금 손금산입액 한도액 계산

⑨「조세특례제한법」 제88조의4제13항에 따른 우리사주조합 기부금 해당 금액		⑪ 손금산입액 MIN(⑨, ⑩)	
⑩ 한도액 (⑧)×30%	기부금한도초과이월액의 손금산입	⑫ 한도초과액[(⑨-⑩)〉0]	일반기부금 한도계산

3. 「법인세법」 제24조제3항제1호에 따른 일반기부금 손금산입 한도액 계산

⑬「법인세법」 제24조제3항제1호에 따른 일반기부금 해당 금액	12,600,000	⑯해당연도지출액 손금산입액 MIN[(⑭-⑮)〉0, ⑬]	3,760,000
⑭한도액((⑧-⑪)×10%, 20%)	13,760,000	⑰한도초과액[(⑬-⑯)〉0]	8,840,000
⑮이월잔액 중 손금산입액 MIN(⑭, ㉓)	10,000,000	당기 기부금한도초과초과액	

4. 기부금 한도초과액 총액

⑱ 기부금 합계액(③+⑨+⑬)	⑲ 손금산입 합계(⑥+⑪+⑯)	㉑ 한도초과액 합계(⑱-⑲)=(⑦+⑫+⑰)
14,600,000	5,760,000	8,840,000

(뒤쪽)

5. 기부금 이월액 명세

사업 연도	기부금 종류	㉑한도초과 손금불산입액	㉒기공제액	㉓공제가능 잔액(㉑ − ㉒)	㉔해당사업연도 손금추인액	㉕차기 이월액 (㉓ − ㉔)
합계	「법인세법」 제24조제2항 제1호에 따른 특례기부금					
	「법인세법」 제24조제3항 제1호에 따른 일반기부금	40,000,000	30,000,000	10,000,000	10,000,000	0
2022	「법인세법」 제24조제2항 제1호에 따른 특례기부금					
	「법인세법」 제24조제3항 제1호에 따른 일반기부금	40,000,000	30,000,000	10,000,000	**10,000,000**	0
	「법인세법」 제24조제2항 제1호에 따른 특례기부금					
	「법인세법」 제24조제3항 제1호에 따른 일반기부금					

6. 해당 사업연도 기부금 지출액 명세

사업 연도	기부금 종류	㉖지출액 합계금액	㉗해당 사업연도 손금산입액	㉘차기 이월액 (㉖ − ㉗)
20x1	「법인세법」제24조제2항 제1호에 따른 특례기부금	2,000,000	2,000,000	0
	「법인세법」제24조제3항 제1호에 따른 일반기부금	12,600,000	3,760,000	8,840,000

참고

기부금조정명세서

1. 기부금입력

① 기부금명세서

구분		3.과목	4.월일	5.적요	기부처		8.금액	비고
1.유형	2.코드				6.법인명등	7.사업자(주민)번호등		
24조제2항제1호에 I	10	기부금	5 10	이재민 구호를 위한 성금	천안시청		2,000,000	
24조제3항제1호에 I	40	유형자산처분손실	10 5	현물기부	(재)광명		600,000	
24조제3항제1호에 I	40	기부금	12 30	사회복지법인 기부	사회복지		12,000,000	
기타	50	기부금	12 3	장학재단 고유목적사업비	광진장학회		7,000,000	
기타	50	기부금	12 30	사회복지법인 기부	사회복지		20,000,000	
기타	50	기부금	4 1	대표이사 고향향우회	향우회		3,000,000	
9.소계	가. 「법인세법」제24조제2항제1호에 따른 특례기부금					코드 10	2,000,000	
	나. 「법인세법」제24조제3항제1호에 따른 일반기부금					코드 40	12,600,000	
	다. [조세특례제한법] 제88조의4제13항의 우리사주조합 기부금					코드 42		
	라.그 밖의 기부금					코드 50	30,000,000	
계							44,600,000	

② 소득금액확정

2.소득금액확정				새로 불러오기	수정 해제
1.결산서상 당기순이익	2.익금산입	3.손금산입	4.기부금합계	5.소득금액계(1+2-3+4)	
120,000,000	55,000,000	10,000,000	14,600,000	179,600,000	

2. 기부금조정입력

① 기부금 이월액명세

5	5.기부금 이월액 명세					
사업 연도	기부금 종류	21.한도초과 손금불산입액	22.기공제액	23.공제가능 잔액(21-22)	24.해당연도 손금추인액	25.차기이월액 (23-24)
합계	「법인세법」 제24조제2항제1호에 따른 특례기부금					
	「법인세법」 제24조제3항제1호에 따른 일반기부금	40,000,000	30,000,000	10,000,000		10,000,000
2022	「법인세법」 제24조제3항제1호에 따른 일반	40,000,000	30,000,000	10,000,000		10,000,000

② 특례기부금 손금산입액 한도액 계산

1	1. 「법인세법」 제24조제2항제1호에 따른 특례기부금 손금산입액 한도액 계산		
1.소득금액 계	179,600,000	5.이월잔액 중 손금산입액 MIN[4,23]	
2.법인세법 제13조제1항제1호에 따른 이월 결손금 합계액(기준소득금액의 80% 한도)	40,000,000	6.해당연도지출액 손금산입액 MIN[(④-⑤)>0, ③]	2,000,000
3. 「법인세법」 제24조제2항제1호에 따른 특례기부금 해당 금액	2,000,000	7.한도초과액 [(3-6)>0]	
4.한도액 {[(1-2)) 0]X50%}	69,800,000	8.소득금액 차감잔액 [(①-②-⑤-⑥)>0]	137,600,000

③ 일반기부금 손금산입 한도액 계산

3	3. 「법인세법」 제24조제3항제1호에 따른 일반기부금 손금산입 한도액 계산		
13. 「법인세법」 제24조제3항제1호에 따른 일반기부금 해당금액	12,600,000	16. 해당연도지출액 손금산입액 MIN(14-15)>0, 13]	3,760,000
14. 한도액 ((8-11)x10%, 20%)	13,760,000	17.한도초과액 [(13-16)>0]	8,840,000
15. 이월잔액 중 손금산입액 MIN(14, 23)	10,000,000		

4	4.기부금 한도초과액 총액		
18. 기부금 합계액 (3+9+13)	19. 손금산입 합계 (6+11+16)	20. 한도초과액 합계 (18-19)=(7+12+17)	
14,600,000	5,760,000	8,840,000	

④ 기부금 이월액명세(해당연도 손금추인)

5	5.기부금 이월액 명세					
사업 연도	기부금 종류	21.한도초과 손금불산입액	22.기공제액	23.공제가능 잔액(21-22)	24.해당연도 손금추인액	25.차기이월액 (23-24)
합계	「법인세법」 제24조제2항제1호에 따른 특례기부금					
	「법인세법」 제24조제3항제1호에 따른 일반기부금	40,000,000	30,000,000	10,000,000	10,000,000	
2022	「법인세법」 제24조제3항제1호에 따른 일반	40,000,000	30,000,000	10,000,000	10,000,000	

⑤ 해당사업연도 기부금 지출명세(자동계산 – 한도초과액 10년간 이월공제)

5	5.기부금 이월액 명세					
사업 연도	기부금 종류	21.한도초과 손금불산입액	22.기공제액	23.공제가능 잔액(21-22)	24.해당연도 손금추인액	25.차기이월액 (23-24)
합계	「법인세법」 제24조제2항제1호에 따른 특례기부금					
	「법인세법」 제24조제3항제1호에 따른 일반기부금	40,000,000	30,000,000	10,000,000	10,000,000	
2022	「법인세법」 제24조제3항제1호에 따른 일반	40,000,000	30,000,000	10,000,000	10,000,000	

연/습/문/제

 객관식

01. 다음은 법인세법상 기부금의 요건에 대한 설명이다. 법인세법상 기부금이 되기 위한 요건에 해당하지 않는 것은?

① 특수관계 없는 자에게 지출하는 것이어야 한다.

② 공공의 이익을 위하여 지출하는 것이어야 한다.

③ 사업과 관계없이 하는 지출이어야 한다.

④ 무상으로 지출하는 재산적 증여가액이어야 한다.

02. 법인세법상 기부금과 기업업무추진비에 대한 설명 중 옳지 않은 것은?

① 정당에 기부한 정치자금은 10만원까지는 세액공제를, 10만원초과분은 특례 기부금으로 분류하여 시부인계산한다.

② 천재지변으로 인하여 생긴 이재민을 위한 구호금품은 특례 기부금에 해당한다.

③ 기업업무추진비는 발생주의, 기부금은 현금주의에 의하여 손비로 처리한다.

④ 1회의 접대에 지출한 금액이 3만원을 초과하는 기업업무추진비로써 신용카드매출전표 등 법정증빙서류를 받지 않는 경우에는 한도액 계산없이 바로 손금불산입한다.

03. 다음 중 법인세법상 기부금의 처리방법에 대한 설명으로 틀린 것은?

① 법인이 기부금 지출액을 선급금으로 회계처리한 경우 손금산입(△유보)하는 세무조정을 하여야 한다.

② 법인이 기부금을 미지급금으로 계상한 경우 실제로 지출할 때까지 기부금으로 보지 아니한다.

③ 법인이 특례 기부금을 가지급금으로 이연계상한 경우에는 이를 그 지출한 사업연도 후의 사업연도의 기부금으로 한다.

④ 수표를 발행한 경우 해당 수표를 교부한 날이 속하는 사업연도의 기부금으로 본다.

04. 다음 중 법인세법상 기업업무추진비와 기부금에 대한 설명으로 가장 틀린 것은?

① 현물기업업무추진비의 경우 장부가액 보다 시가가 높은 경우 시가로 평가한다.

② 기부금은 현금주의에 따라 인식하고, 기업업무추진비는 발생주의에 따라 인식한다.

③ 특례기부금은 시가로 평가하고, 일반기부금은 장부가액으로 평가한다.

④ 기업업무추진비한도초과액은 손금불산입 기타사외유출로 소득처분하나 기부금한도초과액은 소득금액조정합계표에 반영하지 않는다.

05. 다음은 법인세법상 기부금의 가액 및 손금귀속시기에 관한 설명이다. 다음 중 옳지 않은 것은?

① 기부금을 가지급금 등으로 이연계상한 경우에는 이를 그 이연한 사업연도의 기부금으로 하고, 지출한 사업연도에 기부금으로 보지 아니한다.

② 특례기부금을 금전 외의 자산으로 제공한 경우 해당 자산의 가액은 이를 제공한 때의 장부가액으로 한다.

③ 일반기부금(특수관계인에게 기부)과 비지정기부금을 금전 외의 자산으로 제공한 경우 해당 자산의 가액은 이를 제공한 때의 시가(시가가 장부가액보다 낮은 경우에는 장부가액)에 의한다.

④ 기부금을 미지급금으로 계상한 경우 실제로 이를 지출할 때까지는 당해 사업연도의 소득금액계산에 있어서 이를 기부금으로 보지 아니한다.

06. 다음은 법인세법상 기부금에 관한 설명이다. 다음 중 옳지 않은 것은?

① 기부금이란 특수관계 없는 자에게 사업과 직접 관계없이 무상으로 지출하는 재산적 증여액을 말한다.

② 특수관계자에게 정당한 사유 없이 자산을 정상가액보다 낮은 가액으로 양도하는 경우 기부금으로 간주한다.

③ 법인이 신용협동조합에 기부한 기부금은 비지정기부금으로 전액 손금불산입하고 기타사외유출 처분한다.

④ 기부금은 그 지출한 날이 속하는 사입연도에 귀속하는 현금주의를 채택하고 있다.

07. 다음 중 법인세법상 기업업무추진비 및 기부금에 대한 설명 중 틀린 것은?

① 기업업무추진비는 발생주의에 따라, 기부금은 현금주의에 따라 인식한다.
② 현물기부금 중 특수관계자에게 기부한 일반 기부금은 장부가액으로 평가한다.
③ 기업업무추진비 한도 초과액은 손금불산입하고 기타사외유출로 소득처분한다.
④ 기부금 한도 초과액은 소득금액조정합계표에 반영하지 않는다.

08. 다음 중 법인세법상 반드시 기타사외유출로 처분해야 하는 경우가 아닌 것은?

① 임대보증금 등의 간주익금
② 증빙누락 기업업무추진비
③ 공익성 기부금 한도초과액
④ 채권자불분명 사채이자의 원천징수세액 상당액

09. 다음 중 법인세법상 기부금과 기업업무추진비에 대한 설명으로 옳은 것은?

① 기부금한도초과액과 기업업무추진비한도초과액은 이월공제가 적용된다.
② 기부금과 기업업무추진비와 관련된 모든 세무조정사항은 소득금액조정합계표에 반영된다.
③ 중소기업여부에 따라 기업업무추진비 및 기부금 한도초과액이 달라지지 않는다.
④ 기업업무추진비 및 기부금 한도초과액은 모두 각사업연도소득금액을 증가시킨다.

10. 다음 중 법인세법상 소득금액조정합계표에 나타나는 항목이 아닌 것은?

① 특례 기부금한도초과액
② 재고자산평가감
③ 대손충당금한도초과액
④ 퇴직급여충당금한도초과액

주관식

01. 다음의 자료를 이용하여 기부금관련 세무조정을 하고 각사업연도 소득금액(중소기업)을 계산하시오.

---

1. 결산서에 반영된 기부금은 다음과 같다.

기부일	적요	기부처	사업자번호	금액
5월 10일	이재민구호를 위한 성금	경기도청	124 – 83 – 00269	5,000,000원
12월 30일	사회복지법인 기부금[주1]	사랑의 열매	124 – 82 – 09394	30,000,000원
12월 31일	한국기술협회의 일반회비[주2]	한국기술협회	163 – 86 – 00019	7,000,000원

주1) 사회복지법인 기부금 30,000,000원 중 20,000,000원은 현금으로, 나머지는 약속어음을 발행하여 지급하였다. 약속어음의 만기일은 20x2년 1월 31일이다.

주2) 한국기술협회는 영업자가 조직한 단체로서 주무관청에 등록이 된 법인이다.

2. 2018년 기부금관련 세무조정사항은 다음과 같다.

 (1) 손금불산입 일반 기부금 한도초과 7,000,000원

3. 차가감소득금액의 계산은 다음의 자료를 이용한다.

 (1) 결산서상 당기순이익 400,000,000원

 (2) 위에서 제시한 기부금 관련 사항을 제외한 세무조정사항은 다음과 같다.

   익금산입 손금불산입 80,000,000원, 손금산입 익금불산입 30,000,000원

4. 전기말 현재 이월결손금은 없다.

---

02. 다음 자료에 의하여 기부금 관련 세무조정을 하고 각사업연도소득금액(중소기업)을 계산하시오.

1. 장부상 기부금 내역은 다음과 같다.

일시	금액	비고
4월 10일	5,000,000원	국군장병위문금품
5월 8일	1,000,000원	대표이사 종친회 기부금
8월 4일	10,000,000원	사회복지법인에 대한 고유목적사업비기부금
12월 25일	3,000,000원	종교단체에 대한 어음기부금(만기일 20x2.1.10.)

2. 기부금에 대한 세무조정 전 차가감소득금액은 다음과 같다.

구분		금액(원)
결산서상 당기순이익		180,000,000
소득조정금액	익금산입	64,000,000
	손금산입	8,000,000

3. 세무상 이월결손금 중 미공제된 이월결손금은 2021년에 발생한 5,000,000원이고, 이월기부금은 2022년에 지출한 일반기부금한도초과액 8,000,000원이 있다.

연/습/문/제 답안

🔑 객관식

1	2	3	4	5	6	7	8	9	10					
②	①	③	③	①	②	②	②	④	①					

[풀이 - 객관식]

01. 기부금의 정의는 **특수관계없는 자에게 사업과 직접 관계없이 무상으로 지출하는 재산적가액**을 말한다.

02. 개인이 지출한 정치자금은 보기의 지문처럼 세액공제를 적용받지만, **법인은 정치자금법에 의하여 일체의 정치자금을 기부할 수 없다.**

03. 가지급금으로 계상하였다 하더라도 지출한 사업연도의 기부금으로 하고, 그 후의 사업연도에 있어서는 이를 기부금으로 보지 아니한다.

04. 일반기부금(특수관계인에게 기부)은 시가로 평가하고 (단, **시가가 장부가액보다 낮은 경우에는 장부가액**), **특례기부금과 일반기부금은 장부가액으로 평가**한다.

05. 기부금을 가지급금 등으로 이연계상한 경우에는 이를 그 지출한 사업연도의 기부금으로 하고, 그 후의 사업연도에 있어서는 이를 기부금으로 보지 아니한다.

06. 특수관계자와의 거래는 부당행위계산부인 대상이다.

07. 현물기부금 중 특수관계자에게 기부한 일반기부금 평가액은 장부가액과 시가 중 큰 금액으로 평가한다.

08. 증빙누락 기업업무추진비는 대표자 상여로 처분한다.

09. ① **기부금 한도초과액은 이월공제**되지만 기업업무추진비한도초과액은 이월공제가 적용되지 아니한다.

　② 기업업무추진비와 관련된 세무조정사항은 소득금액조정합계표에 반영되지만 **기부금한도초과액은 법인세과세표준 및 세액조정계산서에 반영**된다.

　③ **중소기업여부에 따라 기업업무추진비한도초과액과 기부금한도초과액은 달라진다.**

10. 특례기부금과 일반기부금 한도초과액은 **법인세과세표준 및 세액조정계산서에 직접 반영되는 항목**이다.

◉━ 주관식

01. 기부금조정

(1) 기부금 분류

기부내역	특례기부금	일반기부금		비 고
		2018	당기	
이재민 구호	5,000,000			• 어음기부금은 내년도 기부금임.
사회복지법인		7,000,000	20,000,000	
일반회비	–	–	–	• 일반회비는 전액손금 사항임.
계	5,000,000	7,000,000	20,000,000	

〈손금불산입〉 어음기부금(사회복지법인) 10,000,000원 (유보)

(2) 기준소득금액계산

가산조정 = 80,000,000 + 10,000,000(어음지급기부금) = 90,000,000

차가감소득금액 = 결산서상 당기순이익(400,000,000) + 가산조정(90,000,000)

－ 차감조정(30,000,000) = 460,000,000원

기준소득금액 = 차가감소득금액(460,000,000) + 특례(5,000,000) + 일반(20,000,000, 당기)

= 485,000,000원

(3) 특례기부금 한도계산

① 해당액 : 5,000,000원

② 한도액 : (485,000,000원 – 이월결손금(0)) × 50% = 242,500,000원

③ 한도초과액 : ① － ② = － 237,500,000원(한도 이내)

(4) 일반기부금한도 계산

① 해당액 : 7,000,000(2018) + 20,000,000(당기) = 27,000,000원

② 한도액 : (485,000,000원 – 0원 – 5,000,000원[*1]) × 10% = 48,000,000원

*1. 특례기부금 손금용인액

ⓐ 이월된 기부금(2018년분 7,000,000) → ⓑ 당해지출기부금(20,000,000)순으로 공제

기부금 한도	2018	당기	
48,000,000	7,000,000	20,000,000	0
	(손금산입)	(손금산입)	(차기로 이월)

(5) 각사업연도 소득금액 = 차가감소득금액(460,000,000) – 전기기부금손금산입(7,000,000)

= 453,000,000원

02. 기부금조정

(1) 기부금 분류

기부내역	특례기부금	일반기부금		비 고
		2022	당기	
국군장병위문 사회복지법인 대표이사 종친회 어음기부금	5,000,000	✕	10,000,000	비지정기부금(1,000,000) 내년도 일반기부금(3,000,000)
계	5,000,000	8,000,000	10,000,000	

〈손금불산입〉대표이사 종친회 기부금 1,000,000원 (상여)

〈손금불산입〉어음기부금 3,000,000원 (유보)

(2) 기준소득금액계산

가산조정 = 64,000,000 + 1,000,000(비지정기부금) + 3,000,000(어음기부금) = 68,000,000

차가감소득금액 = 결산서상 당기순이익(180,000,000) + 가산조정(68,000,000)

－ 차감조정(8,000,000) = 240,000,000원

기준소득금액 = 차가감소득금액(240,000,000) + 특례(5,000,000) + 일반(10,000,000, 당기)

= 255,000,000원

(3) 특례기부금 한도계산

① 해당액 : 5,000,000원

② 한도액 : (255,000,000 － 이월결손금(5,000,000)) × 50% = 125,000,000원

③ 한도초과액 : ① － ② = 120,000,000원(한도 이내)

(4) 일반기부금한도 계산

① 해당액 : 8,000,000(2022) + 10,000,000(당기) = 18,000,000원

② 한도액 : (255,000,000 － 5,000,000 － 5,000,000[*1]) × 10% = 24,500,000원

*1. 특례기부금 손금용인액

ⓐ 이월된 기부금(2022년분 10,000,000) → ⓑ 당해지출기부금(10,000,000)순으로 공제

일반기부금 한도	2022	당기	
24,500,000	8,000,000	10,000,000	－
	(손금산입)	(손금산입)	

(5) 각사업연도 소득금액 = 차가감소득금액(240,000,000) － 전기기부금손금산입(8,000,000)

= 232,000,000원

334

과세표준과 세액의 계산

Chapter 14

NCS세무 - 5 법인세 신고 – 법인세 신고하기 / 부속서류 작성하기

제1절   과세표준의 계산

각사업연도소득금액

(-) 이 월 결 손 금   * **15년(10년, 5년)** 이내 발생한 세무상 결손금

(-) 비 과 세 소 득

(-) 소 득 공 제

과 세 표 준

1. 이월결손금의 공제

(1) 결손금의 소급공제와 이월공제

각 사업연도의 손금총액이 익금총액을 초과하는 경우 그 초과하는 금액을 각 사업연도의 결손금이라 한다. 이러한 세무상 결손금은 그것이 발생한 사업연도에 있어서 법인의 순자산 감소를 나타내는 것이므로 다른 사업연도의 소득에서 공제되어야 한다.

따라서 법인세법은 **소급공제(이전 사업연도의 소득금액에서 공제)**하거나 **이월공제(이후 사업연도의 소득에서 공제)를 규정**하고 있다.

법인세법은 원칙적으로 이월공제를 허용하나, **중소기업 장려책의 일환**으로 소급공제도 허용하고 있다.

(2) 이월결손금의 공제

① **15년간 이월하여 공제함을 원칙으로 한다.(강제공제)**

〈결손금의 공제기간〉

2020년 이후	2009년~2019년	2008년 이전
15년	10년	5년

② 이월결손금공제 한도

일반기업	**당해연도 소득의 80%** 예외) ① 법원결정에 의한 회생계획이나 경영정상화계획을 이행중인 기업 　　　② 지급배당소득공제를 통하여 법인세를 사실상 비과세하는 명목회사 　　　③ 사업재편계획을 이행중인 법인 등
중소기업	**당해연도 소득의 100%**

③ 미소멸 세무상 이월결손금만 대상이다. 따라서 **자산수증이익, 채무면제이익으로 충당된 이월결손금은 각 사업연도의 과세표준을 계산할 때 공제된 것으로 본다.**

④ 추계결정·경정시 이월결손금은 공제를 배제한다.**(예외 : 천재·지변으로 추계시)**

(3) 결손금소급공제

> ㉠ **중소기업**
> ㉡ **직전사업연도에 납부한 법인세액이 있어야 한다.**
> ㉢ **법정신고기한내에 신고(직전사업연도와 결손금이 발생한 해당 사업연도)**

☞ 법인세 신고기한 내에 결손금소급공제신청서를 제출하지 못한 경우에는 경정청구할 수 없다.

2. 비과세

정책적인 목적 등을 위하여 국가가 과세권을 포기한 소득이다.
법인세법에서 규정된 비과세소득은 공익신탁의 신탁재산에서 발생하는 소득이 있다.

3. 소득공제

과세표준상 계산상 과세소득의 일부를 공제해 줌으로써 세부담을 경감시켜주는 제도이다.
이러한 **비과세와 소득공제(예외규정있음)의 미공제분은 다음연도로 이월되지 않는다**.

| <예제 14 - 1> 이월결손금공제 |

㈜ 무궁(중소기업)의 다음 자료에 의하여 20x1년의 세무조정과 법인세 과세표준을 계산하시오.

1. 결산서상 당기순이익 : 10,000,000원

2. 해당연도 중 결손보전을 위하여 주주로부터의 토지 10,000,000원을 증여받고 이를 영업외수익으로 계
   상하였다.

3. 기타의 세무조정사항
   ① 익금산입 및 손금불산입 : 23,000,000원
   ② 손금산입 및 익금불산입 : 12,000,000원

4. 연도별 각 사업연도 세무상 이월결손금 잔액은 다음과 같다.

2008년	2019년	2020년
4,000,000원	7,000,000원	6,000,000원

해답

1. 세무조정

〈자산수증이익〉						
결산서	(차)	토　　지	10,000,000	(대)	자산수증이익	10,000,000
세무상	(차)	토　　지	10,000,000	(대)	잉여금(결손금)	10,000,000
수정분개	**(차)**	**자산수증이익**	**10,000,000**	**(대)**	**잉여금(결손금)**	**10,000,000**
세무조정	〈익금불산입〉 자산수증이익(이월결손금보전)　10,000,000원(기타)					

2. 공제가능한 이월결손금

사업연도	세무상 이월결손금 잔액	감 소 내 역		잔액	
		당기공제액	보 전	기한내	기한경과
2008	4,000,000*1		4,000,000*2		
2019	7,000,000	1,000,000*3	6,000,000*2		
2020	6,000,000	6,000,000*3			
계	17,000,000	7,000,000	10,000,000		

*1. 2008년 이전 분은 5년간 이월공제(자산수증이익 등으로 보전 가능)

*2. 자산수증이익 이월결손금보전분 (공제시기에 제한이 없다) : 10,000,000원

*3. 2019년분은 10년간, 2020년 이후 15년간 이월공제

3. 각사업년도 소득금액 및 과세표준의 계산

결산서상당기순이익	10,000,000원	
(+) 익 금 산 입	23,000,000원	
(-) 손 금 산 입	(22,000,000원)	[12,000,000원+10,000,000원(자산수증익)]
차 가 감 소 득 금 액	11,000,000원	
각사업연도소득금액	11,000,000원	
(-) 이 월 결 손 금	**(7,000,000원)**	중소기업 100%공제
(-) 비 과 세 소 득		
(-) 소 득 공 제		
과 세 표 준	4,000,000원	

[자본금과적립금조정명세서(갑) – 이월결손금명세서]

자본금과 적립금조정명세서는 을표(유보내역 관리)와 갑표(세무상자기자본과 이월결손금관리)순으로 작성한다.

사 업 연 도	· · · ~ · · ·	자본금과 적립금 조정명세서(갑)	법 인 명	
			사업자등록번호	

Ⅰ. 자본금과 적립금 계산서

①과목 또는 사항		코드	②기초잔액	당 기 중 증 감		⑤기 말 잔 액	비 고
				③감 소	④증 가		
자본금 및 잉여금 등의 계산	1. 자 본 금	01					
	2. 자 본 잉 여 금	02					
	3. 자 본 조 정	15					
	4. 기타포괄손익누계액	18					
	5. 이 익 잉 여 금	14					
		17					
	6. 계	20					
7. 자본금과 적립금명세서(을) 계		21					
손익미계상 법인세등	8. 법 인 세	22					
	9. 지 방 소 득 세	23					
	10. 계 (8+9)	30					
11. 차 가 감 계(6+7-10)		31					

Ⅱ. 이월결손금 계산서

1. 이월결손금 발생 및 증감내역

⑥ 사업 연도	이월결손금					감 소 내 역				잔 액		
	발 생 액			⑩ 소급 공제	⑪ 차감계	⑫ 기공제액	⑬ 당기 공제액	⑭ 보전	⑮ 계	⑯ 기한 내	⑰ 기한 경과	⑱ 계
	⑦계	⑧일반 결손금	⑨배분 한도초과 결손금 (⑨=㉕)									
2008	4,000,000	4,000,000			4,000,000			4,000,000	4,000,000			
2019	7,000,000	7,000,000			7,000,000		1,000,000	6,000,000	7,000,000			
2020	6,000,000	6,000,000			6,000,000		6,000,000		6,000,000			
계	17,000,000	17,000,000			17,000,000		7,000,000	10,000,000	17,000,000			

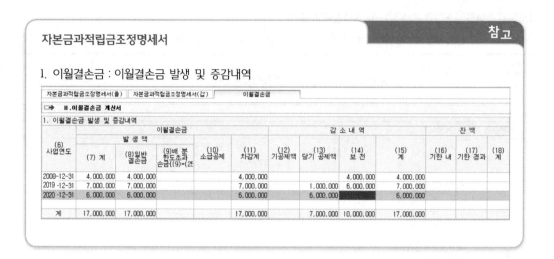

참고

자본금과적립금조정명세서

1. 이월결손금 : 이월결손금 발생 및 증감내역

제2절   산출세액 및 총부담세액의 계산

과　세　표　준		
(×) 세　　　　　　율	* **9%, 19%, 21%, 24%**	
산　출　세　액		
(−) 세액감면·세액공제		
(+) 가　　산　　세		
총　부　담　세　액		
(−) 기　납　부　세　액	* 중간예납세액, 원천징수세액, 수시부과세액(선납세금 원장 조회)	
(+) 토지등양도소득에 대한 법인세		
차감납부할세액		

1. 산출세액

① 법인세의 세율

반드시 암기하세요!

과세표준	산 출 세 액
2억원 이하	**과세표준×9%**
2억원 초과 200억원 이하	**18,000,000원+(과세표준-2억원)×19%**
200억원 초과~3,000억원 이하	37.8억+(과세표준-200억원)×21%
3,000억원 초과	625.8억+(과세표준-3,000억원)×24%

☞ 성실신고확인대상 소규모 법인(부동산 임대업 등)에 대한 법인세율 : 0~200억원 이하 19%(개정세법 25)

② 사업연도가 1년 미만인 경우

- 과세표준을 1년으로 환산하여 세율로 곱하여 1년간 산출세액을 계산하고, 월단위 세액을 계산하여 월수를 곱하여 1년 미만 월수의 세액을 계산한다.

$$산출세액 = \left\{ 과세표준 \times \frac{12}{사업연도\ 월수^{*1}} \right\} \times 세율 \times \frac{사업연도\ 월수^{*1}}{12}$$

*1. 1월 미만의 일수는 1월로 한다.

2. 세액감면(조특법)

세액감면이란 특정한 소득에 대해 사후적으로 세금을 완전히 면제해 주거나 또는 일정한 비율만큼 경감해 주는 것을 말한다.(**법인세법에는 규정되어 있지 않고 조특법에 규정되어 있음**)

$$감면세액 = 산출세액 \times \frac{감면소득}{과세표준}(100\%\ 한도) \times 감면율$$

(1) 세액감면의 종류

구 분	내 용
일반감면	감면대상소득이 발생하면 시기의 제한이 없이 감면한다.
기간감면	감면대상사업에서 최초로 소득이 발생한 과세연도와 그 다음 과세연도의 개시일부터 3년 이내에 끝나는 과세연도에 법인세의 50%를 감면한다.

(2) 조세특례제한법[*1]에 따른 세액감면

구 분	면제대상	감면내용	감면대상소득
1. 창업중소기업에 대한 세액감면 (기간감면)	수도권 과밀억제권역 외의 지역에서 창업한 중소기업, 창업벤처중소기업등	4년간 50%	해당 사업에서 발행한 소득
2. 중소기업에 대한 특별세액감면 (일반감면)	제조업 등을 경영하는 중소기업	5%~30%	

*1. 조세특례제한법은 조세의 감면 또는 중과 등 조세의 특례와 이의 제한에 관한 사항을 규정하여 과세의 공평을 기하고 조세정책을 효율적으로 수행함으로써 국민경제의 건전한 발전에 이바지함을 목적으로 한다.

☞ 조세감면의 중복지원배제 : <u>기간감면과 중소기업특별세액감면규정이 중복되는 경우에는 그 중 하나만을 선택하여 이를 적용받을 수 있다.</u>

3. 세액공제

세액공제란 산출세액에서 일정액을 공제하는 것을 말한다. 법인세법 및 조세특례제한법에 따른 세액공제는 다음과 같다.

구 분	종 류	이월공제	최저한세
1. 법인세법	① 외국납부세액공제 ② 재해손실세액공제 ③ 사실과 다른 회계처리로 인한 경정에 따른 세액공제[*1]	10년간[*3] – 기간제한 없음	적용대상이 아님
2. 조세특례제한법	① **연구·인력개발비에 대한 세액공제** ② 통합 투자세액공제	10년간[*3] 10년간[*3]	**적용대상임.**[*2]

*1. 분식회계(이익과대)로 인하여 과다납부한 법인세를 경정청구한 경우 관할 세무서장이 경정시 경정한 세액을 세액공제로 법인에게 돌려주는 것(매년 납부한 세액의 20%를 한도로 세액공제)

*2. *중소기업의 연구·인력개발비 세액공제는 적용대상에서 제외됨*

☞ 세액감면과 통합투자세액공제의 중복적용배제 : <u>중소기업특별세액감면, 기간감면과 통합투자세액공제이 중복되는 경우 하나만 선택하여 적용받을 수 있다.</u>

*3. 21.1.1 이후 신고시 이월공제기간이 경과하지 않은 분부터 적용

(1) 외국납부세액공제

국외소득이 있는 경우 원천지국의 법인세와 우리나라의 법인세를 동시에 부담하게 되므로 이러한 국제적 이중과세를 조정하기 위한 제도로 **세액공제를 받을 수 있다. 이러한 세액공제**는 10년간 이월공제되고, 미공제 분에 대해서 공제기간 종료 다음 과세연도에 손금에 산입한다.

① 외국법인세액의 범위

직접납부 외국법인세액 + 의제외국납부세액 + 간접납부 외국법인세액
② 외국납부세액 공제액 계산

$$\text{MIN}[①, ②] = \left[①\ \text{외국납부세액},\ ②\ \text{법인세 산출세액} \times \frac{\text{과세표준에 삽입된 국외원천소득}}{\text{과세표준}} \right]$$

(2) 재해손실세액공제

사업연도 중 천재지변, 기타 재해로 인하여 **자산총액의 20% 이상(토지 제외)을 상실**하여 납세가 곤란하다고 인정되는 경우에는 다음의 금액을 산출세액에서 공제한다.

$$\text{MIN}[①,②] = ①\ \text{공제대상법인세액} \times \text{재해상실비율}$$
$$② \text{ 한도액} = \text{상실된 자산가액}$$

(3) 연구 및 인력개발비세액공제(조세특례제한법)

제조업 등 일정한 사업을 영위하는 내국법인이 연구 및 인력개발비를 지출한 경우 다음의 금액을 법인세에서 공제한다.

① 신성장동력연구개발비 및 원천기술연구개발비 : 당기발생비용의 20%~40%(중소기업 최대 40%)
② **일반 연구·인력개발비**

선택[①, ②] =
① **[당기연구 및 인력개발비 지출액 – 전기발생액[1]] × 25%(중소기업 : 50%)**
② **당기연구 및 인력개발비 지출액 × 공제율(0~2%)(중소기업 : 25%, 중견기 15~8%)**

[1]. 다만, 직전년도 R&D비용이 직전 4년평균 R&D비용보다 적은 경우 증가분 방식 적용배제된다.
따라서 4년간 R&D비용을 입력하셔야 합니다.

연구전담요원에서 제외 : 지배주주 및 법인의 주식을 10% 초과하여 소유하는 주주 등

(4) 통합투자세액공제(조세특례제한법)

① 적용대상 : 소비성 서비스업, 부동산임대업 및 공급업 외의 사업을 경영하는 내국인 공제대
상자산에 투자(**중고품** 및 금융리스 이외의 리스에 의한 투자는 제외)

② 공제대상

    ⓐ 기계장치 등 사업용 유형자산

    ⓑ 위 ⓐ에 해당하지 아니하는 유·무형자산(연구, 직업훈련, 근로자 복지 관련 사업용
      자산 등)

③ 공제액 : 당기분 기본공제(Ⓐ)+투자증가분 추가공제(Ⓑ)

    • 기본공제(Ⓐ)=당해연도 투자액×기본공제율

      (일반투자분 : **중소 10%**, 중견 5%, 대기업 1%)

    • 추가공제(Ⓑ)=[당해년도 투자액 – 직전 3년 평균투자액]×추가공제율(10%)(개정세법 25)

              추가공제한도 : 기본공제액의 200%

☞ **조특법상 세액감면(일정기간만 적용되는 감면과 중소기업에 대한 특별세액감면)과 통합투자세액공제를 동시에
적용받을 수 있는 경우에는 그 중 하나만을 선택하여 적용받을 수 있다.**

(5) 통합고용세액공제(조특법)

① 대상 업종 : **소비성서비스업**(유흥주점업 등)을 **제외**한 **모든 업종**

② 상시근로자 범위 : 근로계약을 체결한 **내국인 근로자**[*]

    * 근로계약 1년 미만 근로자, 단시간 근로자, 임원·최대주주 등 제외

③ 청년 등 상시근로자 범위 : **청년 정규직근로자**(15~34세), 근로계약 체결일 기준 **60세 이상
근로자, 경력단절 여성, 장애인·상이자 등**

<예제 14 - 2> 연구 및 인력개발비 세액공제

㈜무궁의 다음 자료에 의하여 7기(20x1년)의 연구인력개발비 세액공제를 구하시오. ㈜무궁은 중소기업이라 가정한다.

1. 당해연도 자체 연구개발과 관련하여 지출한 내역은 다음과 같다.

	인건비	재료비	기타	계
개발비	32,000,000	18,000,000		50,000,000
수수료비용(판)			5,000,000	5,000,000

2. 최근 4년간 지출한 내역은 다음과 같다.
   ① 직전 1년 1월 1일 ~ 12월 31일 : 32,000,000
   ② 직전 2년 1월 1일 ~ 12월 31일 : 20,500,000
   ③ 직전 3년 1월 1일 ~ 12월 31일 : 26,500,000
   ④ 직전 4년 1월 1일 ~ 12월 31일 : 26,000,000

해답

1. 일반연구 · 인력개발비 세액공제 계산(중소기업)

   선택[①, ②] = 13,750,000원

   ① [55,000,000원 - 32,000,000원[*1]] × 50% = 11,500,000원
   ② 55,000,000원 × 25% = 13,750,000원

   *1. 직전년도 발생액

   직전년도 **R&D비용(32,000,000)**이 직전 4년평균 **R&D비용(26,250,000)**보다 크므로 증가분방식 적용이 가능하나, 당기분 지출액에 대한 세액공제가 크므로 발생기준을 선택한다.

[일반 연구 및 인력개발비 명세서]

1 **❸**해당 연도의 연구 및 인력개발비 발생명세 ⇒ **2** 연구 및 인력개발비의 증가발생액의 계산
⇒ **3** **❹**공제세액 순으로 작성한다.

일반연구 및 인력개발비 명세서

(제1쪽)

1 ❸ 해당 연도의 연구 및 인력개발비 발생 명세

구 분 계정과목	자체 연구개발비					
	인건비		재료비 등		기 타	
	인원	금액	건수	금액	건수	금액
개발비		32,000,000		18,000,000		
수수료비용						5,000,000
합 계		⑥32,000,000		⑦18,000,000		⑧5,000,000

구 분 계정과목	위탁 및 공동 연구개발비		인력개발비	맞춤형 교육비용	현장훈련 수당 등	총 계
	건수	금액				
						50,000,000
						5,000,000
합 계	⑨	⑩	⑪	⑫		⑬ 55,000,000

2 연구 및 인력개발비의 증가발생액의 계산

⑭ 해당과세연도 발생액	⑮ 직전4년 발생액 계 (⑯+⑰+⑱+⑲)	1 . ~12. ⑯(직전 1년)	1 . ~12. ⑰(직전 2년)	1 . ~12. ⑱(직전 3년)	1 . ~12. ⑲(직전 4년)
55,000,000		32,000,000	20,500,000	26,500,000	26,000,000

⑳ 직전 4년간 연평균발생액(⑮/4)	㉑ 직전 3년간 연평균발생액 (⑯+⑰+⑱)/3		㉒ 직전 2년간 연평균발생액 (⑯+⑰)/2	발생액기준
㉓ 증가발생액(2013년⑭－㉑, 2014년⑭－㉒, 2015년 이후 ⑭－⑯)			23,000,000	

3 ❹ 공제세액

해당 연도 총발생 금액 공제	중소기업	㉔ 대상금액(=⑬)		㉕ 공 제 율			㉖ 공제세액
		55,000,000		25%			13,750,000
	중소기업 유예기간 종료 이후 5년 내 기업	㉗ 대상금액(=⑬)	㉘유예기간 종료연도	㉙유예기간 종료이후 년차	㉚ 공 제 율		㉛ 공제세액
					종료 이후 1~3년차 15% 종료 이후 4~5년차 10%		
	중견 기업	㉜ 대상금액(=⑬)		㉝ 공제율			㉞ 공제세액
				8%			
	일반 기업	㉟ 대상금액(=⑬)		공제율			㊴ 공제세액
				㊱ 기본율	㊲ 추가	㊳ 계	
				3%			

증가발생금액 공제 (직전 4년간 연구·인력개발비가 발생하지 않은 경우 또는 ⑯〈⑳경우 공제 제외)	㊵ 대상금액(=㉓)	㊶ 공제율	㊷ 공제세액	*공제율 - 중소기업 : 50% - 중소기업 외의 기업 : 25%
	23,000,000	50%	11,500,000	

㊸ 해당 연도에 공제받을 세액	중소기업(㉖과 ㊷ 중 선택)	증가액기준
	중소기업 유예기간 종료 이후 5년 내 기업 (㉛과 ㊷ 중 선택)	
	중견기업(㉞와 ㊷ 중 선택)	13,750,000
	일반기업(㊴와 ㊷ 중 선택)	

참고

일반연구 및 인력개발비명세서

1. 발생명세 및 증가발생액계산

① 해당 연도의 연구 및 인력개발비 발생명세

1.발생명세 및 증가발생액계산 : (갑)	2.공제세액 : (갑)	3.연구소/전담부서 현황 : (을)지

1 해당 연도의 연구 및 인력개발비 발생 명세

계정과목	자체연구개발비					
	인건비		재료비 등		기타	
	인원	(6)금액	건수	(7)금액	건수	(8)금액
1 개발비		32,000,000		18,000,000		
2 수수료비용						5,000,000
3						
합계		32,000,000		18,000,000		5,000,000

계정과목	위탁 및 공동 연구개발비		(10)인력개발비	(11)맞춤형교육비용	(12)현장훈련 수당 등	(13)총 계
	건수	9.금액				
1 개발비						50,000,000
2 수수료비용						5,000,000
3						
합계						55,000,000

② 연구 및 인력개발비의 증가발생액의 계산

2 연구 및 인력개발비의 증가발생액의 계산

(14)해당과세연도 발생액(=(13))	(15)직전4년 발생액 계 (16+17+18+19)	(16)직전 1년 01-01 ~ 12-31	(17)직전 2년 01-01 ~ 12-31	(18)직전 3년 01-01 ~ 12-31	(19)직전 4년 01-01 ~ 12-31
55,000,000	105,000,000	32,000,000	20,500,000	26,500,000	26,000,000
(20)직전4년간 연평균 발생액	26,250,000	(21)직전3년간 연평균 발생액	26,333,333	(22)직전2년간 연평균 발생액	26,250,000
(23)증가발생액 (2013년 (14)-(21), 2014년 (14)-(22), 2015년이후 (14)-(16))					23,000,000

2. 공제세액

3 공제세액

해당 연도 총발생금액 공제	중소기업	(24)대상금액(=13) 55,000,000	(25)공제율 25%		(26)공제세액 13,750,00
	중소기업 유예기간 종료이후 5년내기업	(27)대상금액(=13)	(28)유예기간 종료연도 ----·--	(29)유예기간 종료이후년차	(30)공제율	(31)공제세액
	중견기업	(32)대상금액(=13)	(33)공제율 8%		(34)공제세액
	일반기업	(35)대상금액(=13)	공제율			(39)공제세액
			(36)기본율 3%	(37)추가	(38)계 3.00 %	
증가발생금액 공제		(40)대상금액(=23) 23,000,000	(41)공제율 50%	(42)공제세액 11,500,00	※공제율 중소기업 : 50% 중소기업외 : 30%
(43)해당연도에 공제받을 세액	중소기업(26과 42 중 선택)				
	중소기업 유예기간 종료이후 5년내 기업(31과 42 중 선택)			13,750,00	
	중견기업(34와 42 중 선택)				
	일반기업(39와 42 중 선택)				

제3절 최저한세

조세감면을 적용받는 경우라도 과다한 조세감면은 과세형평에 어긋나며 국가의 조세수입을 감소시키므로 **일정한도의 세액은 납부하도록** 하고 있는데 **이것을 최저한세라 한다.**

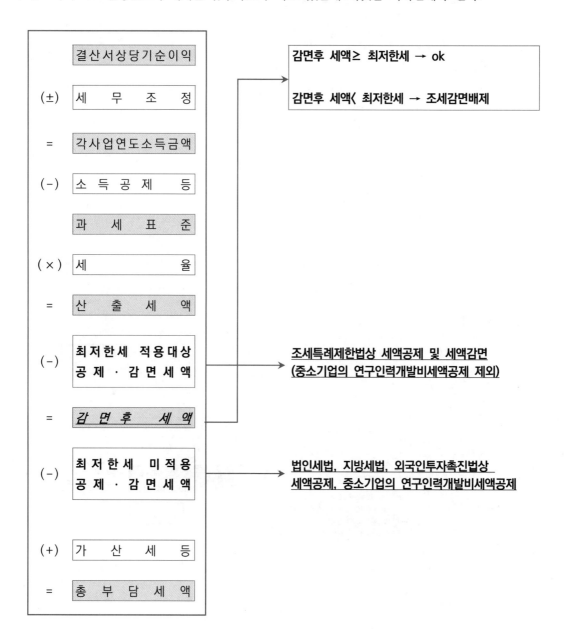

1. 최저한세의 계산

> **최저한세(중소기업) = 최저한세 적용대상인 비과세 등을 적용하지 않는 과세표준×7%[*1]**

*1. 세율

구 분	(조세감면전) 과세표준	세율
일반기업	100억원 이하	10%
	100억원 초과 1,000억원 이하	12%
	1,000억원 초과	17%

2. 최저한세의 적용대상

1. 최저한세 적용대상	**조세특례제한법상 각종 조세 특례 및 감면사항**
	제외 : 중소기업의 연구·인력개발비 세액공제, 사회적 기업 및 장애인 표준사업장에 대한 세액감면
2. 최저한세 적용제외	법인세법(외국납부세액공제 등), 지방세법, 외국인투자촉진법상의 조세특례 및 감면사항

3. 조세감면배제순위

납세의무자가 **신고시 납세의무자의 임의선택에 따라 배제**하지만, 경정하는 경우에는 다음의 순서에 따라 감면을 배제하여 추징세액을 계산하도록 하고 있다.

① 특례감가상각비의 손금산입
② 조특법상 준비금의 손금산입
③ 손금산입 및 익금불산입
④ 세액공제
⑤ 세액감면
⑥ 소득공제 및 비과세

| <예제 14 - 3> 최저한세 계산 |

㈜ 무궁(**중소기업**)의 다음 자료에 의하여 7기(20x1년)의 최저한세를 적용하여 총부담세액을 산출하시오.

1. 결산서상 당기순이익은 200,000,000원이다.

2. 익금산입·손금불산입은 40,000,000원이다.

3. 손금산입·익금불산입은 5,000,000원이다.

4. 기부금한도초과액은 6,000,000원이다.

5. 공제받을 수 있는 이월결손금은 45,000,000원이다.

6. 세액공제 및 감면세액은 다음과 같다.
   ① 중소기업특별세액감면 : 10,000,000원
   ② 연구인력개발세액공제 : 5,000,000원
   ③ 외국납부세액공제 : 3,000,000원

해답

1. 최저한세 적용대상 세액공제 및 감면세액 체크
   중소기업특별세액감면(조특법)은 최저한세 대상이고, 중소기업의 연구인력개발세액공제(조특법상 예외)와 법인세법상 세액공제는 최저한세 대상이 아니다.

2. 감면후 세액계산 및 총부담세액
   (1) 감면후 세액계산

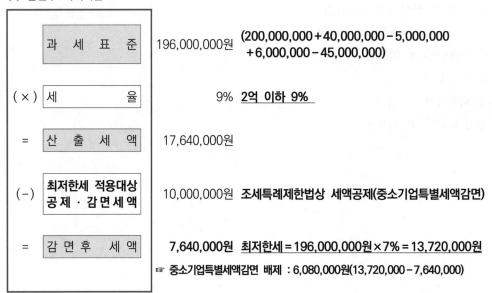

과 세 표 준	196,000,000원	(200,000,000+40,000,000－5,000,000 +6,000,000－45,000,000)
(×) 세 율	9%	**2억 이하 9%**
= 산 출 세 액	17,640,000원	
(－) 최저한세 적용대상 공제·감면세액	10,000,000원	조세특례제한법상 세액공제(중소기업특별세액감면)
= 감면후 세액	7,640,000원	최저한세＝196,000,000원×7%＝13,720,000원

☞ 중소기업특별세액감면 배제 : 6,080,000원(13,720,000－7,640,000)

(2) 총부담세액계산

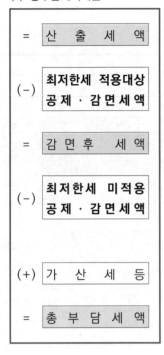

= 산 출 세 액   17,640,000원

(-) 최저한세 적용대상 공제·감면세액   3,920,000원 **중소기업특별세액감면 배제 : 6,080,000원**

= 감 면 후 세 액   13,720,000원 **최저한세**

(-) 최저한세 미적용 공제·감면세액   8,000,000원 **법인세법상 외국납부세액공제, 조특법상 중소기업의 연구인력개발비세액공제**

(+) 가 산 세 등

= 총 부 담 세 액   **5,720,000원**

[최저한세조정계산서]

③ 최저한세의 산출세액과 ⑤조정후세액의 차감후 세액이 일치하여야 한다.

사 업 연 도	· · · ~ · · ·	최저한세조정계산서		법 인 명	
				사업자등록번호	

1. 최저한세 조정 계산 내역

① 구 분	코드	②감면 후 세액	③최저한세	④조정감	⑤조정 후 세액
⑩ 결 산 서 상 당 기 순 이 익	01	200,000,000			
소 득 ⑩ 익 금 산 입	02	40,000,000			
조 정 금 액 ⑩ 손 금 산 입	03	5,000,000			
⑭ 조 정 후 소득금액(⑩+⑩−⑩)	04	235,000,000	235,000,000		235,000,000
최 저 한 세 ⑩ 준 비 금	05				
적 용 대 상 ⑯ 특별상각 및 특례 특 별 비 용 자산감가상각비	06				
⑰ 특별비용 손금산입 전 소득금액 (⑭+⑮+⑯)	07	235,000,000	235,000,000		235,000,000
⑱ 기 부 금 한 도 초 과 액	08	6,000,000	6,000,000		6,000,000
⑲ 기부금 한도초과 이월액 손금산입	09				
⑩ 각 사 업 연 도 소 득 금 액 (⑰+⑱−⑲)	10	241,000,000	241,000,000		241,000,000
⑪ 이 월 결 손 금	11	45,000,000	45,000,000		45,000,000
⑫ 비 과 세 소 득	12				
⑬ 최 저 한 세 적 용 대 상 비 과 세 소 득	13				
⑭ 최 저 한 세 적 용 대 상 익 금 불 산 입	14				
⑮ 차 가 감 소 득 금 액 (⑩−⑪−⑫+⑬+⑭)	15	196,000,000	196,000,000		196,000,000
⑯ 소 득 공 제	16				
⑰ 최 저 한 세 적 용 대 상 소 득 공 제	17				
⑱ 과 세 표 준 금 액 (⑮−⑯+⑰)	18	196,000,000	196,000,000		196,000,000
⑲ 선 박 표 준 이 익	24				
⑳ 과 세 표 준 금 액(⑱+⑲)	25	196,000,000	196,000,000		196,000,000
㉑ 세 율	19	9%	7%		9%
㉒ 산 출 세 액	20	17,640,000	13,720,000		17,640,000
㉓ 감 면 세 액	21	10,000,000		6,080,000	3,920,000
㉔ 세 액 공 제	22				
㉕ 차 감 세 액(㉒−㉓−㉔)	23	7,640,000			13,720,000

최저한세 과세표준

최저한세

감면배제금액

최저한세와 일치

2. 최저한세 세율 적용을 위한 구분 항목

㉖ 중소기업 유예기간 종 료 연 월		㉗ 유예기간 종료후 연 차		㉘ 사회적기업 여부	1. 여, 2. 부

참고

최저한세 조정계산서

①구분		코드	②감면후세액	③최저한세	④조정감	⑤조정후세액
(101) 결 산 서 상 당 기 순 이 익		01	200,000,000			
소득조정금액	(102) 익 금 산 입	02	40,000,000			
	(103) 손 금 산 입	03	5,000,000			
(104) 조 정 후 소 득 금 액 (101+102-103)		04	235,000,000	235,000,000		235,000,000
최저한세적용대상 특 별 비 용	(105) 준 비 금	05				
	(106) 특별상각, 특례상각	06				
(107) 특별비용손금산입전소득금액(104+105+106)		07	235,000,000	235,000,000		235,000,000
(108) 기 부 금 한 도 초 과 액		08	6,000,000	6,000,000		6,000,000
(109) 기부금 한도초과 이월액 손 금 산 입		09				
(110) 각 사 업 년 도 소 득 금 액 (107+108-109)		10	241,000,000	241,000,000		241,000,000
(111) 이 월 결 손 금		11	45,000,000	45,000,000		45,000,000
(112) 비 과 세 소 득		12				
(113) 최저한세적용대상 비 과 세 소 득		13				
(114) 최저한세적용대상 익금불산입 · 손금산입		14				
(115) 차가감 소 득 금 액(110-111-112+113+114)		15	196,000,000	196,000,000		196,000,000
(116) 소 득 공 제		16				
(117) 최저한세적용대상 소 득 공 제		17				
(118) 과 세 표 준 금 액(115-116+117)		18	196,000,000	196,000,000		196,000,000
(119) 선 박 표 준 이 익		24				
(120) 과 세 표 준 금 액 (118+119)		25	196,000,000	196,000,000		196,000,000
(121) 세 율		19	9 %	7 %		9 %
(122) 산 출 세 액		20	17,640,000	13,720,000		17,640,000
(123) 감 면 세 액		21	10,000,000		6,080,000	3,920,000
(124) 세 액 공 제		22				
(125) 차 감 세 액 (122-123-124)		23	7,640,000			13,720,000

최저한세 적용대상 공제 · 감면세액

제4절 가산세

종 류	적 용 대 상	가산세액
1. 무기장가산세	장부를 비치·기장의무를 이행하지 아니한 경우	MAX[①, ②] ① 무신고납부세액×20% ② 수입금액×0.07%
2. **무신고가산세**	법정신고기한까지 과세표준 신고서를 제출하지 않는 경우	MAX[①, ②] ① 무신고납부세액 × $\dfrac{\text{일반무신고과세표준}}{\text{결정과세표준}}$ ×20%(부당 40%) ② 수입금액×0.07%(부당 0.14%)
3. 과소신고가산세	과세표준신고서를 제출한 경우로서 신고한 과세표준이 신고하여야 할 과세표준에 미달	과소신고납부세액× $\dfrac{\text{과소신고과세표준}}{\text{경정과세표준}}$ ×10
4. 납부지연 가산세	납부기한까지 법인세를 납부하지 않았거나 미달한 경우	미달납부(초과환급)세액×기간× $\dfrac{2.2}{10,000}$
5. **원천징수납부지연 가산세**	원천징수세액의 미납부·미달납부	MIN[①, ②] ① **미달납부세액×3% + 미달납부세액× 미납일수×이자율** ② **미달납부세액의 10%**
6. 지급명세서 불성실가산세	지급명세서 기한 내에 미제출 또는 제출된 지급명세서의 내용이 불분명한 경우 **– 일용근로소득 지급명세서 미제출 (매월 단위 제출, 다음 달 말일 기한)**	미제출·불분명 지급금액×1% **(기한후 3개월 이내에 제출 0.5%)** **– 미제출 금액×0.25% (기한후 1개월 이내에 제출 0.125%)**
7. 간이지급명세서 불성실가산세	간이 지급명세서 기한 내에 미제출 – 상용근로소득, 원천징수대상 사업소득, 인적용역 관련 기타소득	지급금액의 1만분의 25 **(기한후 1개월 이내에 제출시에는 50% 감면 – 10만분의 125)**
8. **계산서 등 또는 계산서 합계표 불성실가산세**	– 계산서를 미교부 부실기재한 경우 또는 합계표를 제출하지 않거나 부실기재한 경우 – 가공 및 위장계산서 등(현금영수증 포함)을 수수한 경우	**– 미발급, 가공 및 위장수수×2%** **– 지연발급×1%** **– 계산서 합계표 미제출×0.5% (지연제출 0.3%)**

종 류	적 용 대 상	가산세액
9. 지출증명서류 미수취가산세	**건당 3만원 초과분에 해당하는 경비 등을 지출하고 임의증빙서류를 수취한 경우**	**미수취금액 중 손금으로 인정되는 금액 ×2%**
10. 주식등 변동상황 명세서 미제출 가산세	미제출 또는 변동상황을 누락하여 제출한 경우와 필요적 기재사항이 불분명한 경우	미제출·불분명 주식의 액면금액×1% **(기한후 1개월 이내에 제출시에는 50% 감면)**
11. 업무용승용차 관련 비용명세서	- 미제출 - 불성실	미제출 금액(손금산입액)×1% 사실과 다르게 제출한 금액×1%

| **<예제 14 - 4> 가산세** |

㈜무궁의 다음 자료에 의하여 20x1년의 가산세를 산출하시오. 법인세 과세표준신고를 20x2년 3월 31일에 하지 않아 4월 4일에 기한후신고를 이행한다고 가정하고 계산하시오.

1. 신고납부가산세 관련
   ① 무기장가산세는 대상이 아니며 일반무(과소)신고가산세를 적용하고, **납부지연가산세 계산시 미납일 수는 4일, 1일 2/10,000로** 가정한다.
   ② 산출세액 및 미납세액은 20,000,000원이고 수입금액은 6,000,000,000원이다.

2. 미제출가산세 관련
   ① 지출한 경비 중 다음의 7,000,000원을 제외한 모든 경비는 법인세법에서 요구하는 법정증빙을 갖추고 있다.

구 분	금 액	비 고
수수료비용	1,000,000	공인중개사 수수료로서, 경비 등 송금명세서를 제출하였다.
판매장려금	2,000,000	전부 현금으로 지급하다.
사무용품비	2,500,000	전부 거래건당 3만원 이하 금액이다.
복리후생비	1,500,000	전부 거래건당 3만원 초과 금액이다.

   ② 회계담당자의 실수로 3월분의 일용근로자에 대한 지급조서(일용근로자 임금 총액 : 200,000,000원)를 법정제출기한까지 제출하지 못하고 6월 10일 제출하였다.
   ③ 20x1년 중 주주가 변동된 액면금액 50,000,000원에 대한 주식등변동상황명세서 및 부속서류를 기한후 신고시 제출하기로 한다.

해답

1. 신고납부가산세

① 무신고가산세	MAX[①, ②] = 2,100,000원 ① 20,000,000 × 20% × 50%[*1] = 2,000,000원 ② 6,000,000,000 × 0.07% × 50%[*1] = 2,100,000원 *1. 1개월 내 기한후 신고시 50% 감면
② 납부지연가산세	20,000,000 × 2(가정)/10,000 × 4일 = 16,000원

2. 미제출가산세

구 분	가산세액	내 역
① 적격증빙미수취가산세 (미수취금액의 2%)	30,000원	* 거래건당 3만원을 초과하는 시 적격증빙을 수취하여야 한다. * 현금으로 지급한 판매장려금의 경우에는 세금계산서등의 수취의무가 없다. * 중개업자에게 수수료를 지급하고 송금명세서를 제출한 경우 증빙불비가산세에서 제외된다.
② 지급명세서 미제출 (미제출 금액의 0.25%)	500,000원	일용근로자에 대한 지급명세서는 매월말로부터 익월 말일까지 제출하여야한다. 다만 제출기한 경과 후 1개월 내에 제출하면 50% 감면
③ 주식등 변동상황명세서 미제출 가산세(1%)	250,000원	50,000,000 × 1% × 50% (1개월 이내 제출시 50% 감면)

가산세액계산서

1. 신고납부가산세

①구분		②계산기준	각 사업년도 소득에 대한 법인세분			
			③기준금액	④가산세율	⑤코드	⑥가산세액
무기장		산출세액		20/100	27	
		수입금액		7/10,000	28	
무신고	일반	무신고납부세액	20,000,000	10/100	29	2,000,000
		수입금액	6,000,000,000	3.5/10,000	30	2,100,000
	부정	무신고납부세액		40/100	31	
		무신고납부세액		60/100	80	
		수입금액		14/10,000	32	
과소신고	일반	과소신고납부세액		10/100	3	
	부정	과소신고납부세액		40/100	22	
		과소신고납부세액		60/100	81	
		과소신고수입금액		14/10,000	23	
부정 공제감면		공제감면세액		40/100	71	
납부지연		(일수)	4	2.0(가정)/10,000	4	160,000
		미납세액				
합 계					21	2,260,000

2. 미제출가산세

구분		계산기준	기준금액	가산세율	코드	가산세액
지출증명서류		미(허위)수취금액	1,500,000	2/100	8	30,000
지급	미(누락)제출	미(누락)제출금액		10/1,000	9	
	불분명	불분명금액		1/100	10	
	상증법 82조 1 6	미(누락)제출금액		2/1,000	61	
		불분명금액		2/1,000	62	
	상증법 82조 3 4	미(누락)제출금액		2/10,000	67	
		불분명금액		2/10,000	68	
명세서	법인세법 제75의7①(일용근로)	미제출금액	200,000,000	25/10,000	96	500,000
		불분명등		25/10,000	97	
	법인세법 제75의7①(간이지급명세서)	미제출금액		25/10,000	102	
		불분명등		25/10,000	103	
소 계					11	500,000
주식등변동	미제출	액면(출자)금액	50,000,000	5/1,000	12	250,000
	누락제출	액면(출자)금액		10/1,000	13	

|<예제 14 - 5> 법인세 과세표준 및 세액조정계산서

㈜ 무궁(**중소기업**)의 다음 자료에 의하여 17기(20x1년)의 차가감납부할세액과 분납세액을 산출하시오.

1. 손익계산서의 일부분이다.

손익계산서 20x1.1.1~20x1.12.31	(원)
- 중간생략 -	
Ⅷ 법인세차감전순이익	210,000,000
Ⅸ 법인세등	10,000,000
Ⅹ 당기순이익	200,000,000

2. 위의 자료를 제외한 세무조정 자료는 다음과 같다.
   ① 기업업무추진비한도초과액 :   3,000,000원
   ② 국세환급가산금 :   500,000원
   ③ 감가상각부인액 :   1,000,000원
   ④ 임원상여금 한도초과 :   26,000,000원
   ⑤ 단기매매증권평가이익 :   3,000,000원
   ⑥ 일반 기부금한도초과액 :   6,000,000원
   ⑦ 재고자산평가증 :   1,500,000원

3. 이월결손금의 내역은 다음과 같다.

발생연도	2008년	2019년	2020년
금 액	20,000,000원	4,000,000원	6,000,000원

4. 세액공제 및 감면세액은 다음과 같다.
   ① 중소기업특별세액감면 :   500,000원
   ② 연구인력개발세액공제 :   2,000,000원
   ③ 외국납부세액공제 :   3,000,000원

5. 기납부세액내역은 다음과 같다.
   ① 중간예납세액 :   200,000원
   ② 이자수익에 대한 원천징수세액 : 100,000원

6. 가산세 해당사항
   - 법인세 신고시점에 매출액 중 계산서를 미교부한 매출액 5,000,000원이 있음을 발견하였다.

7. 최저한세는 고려하지 않는다.

해답

1. 세무조정 및 소득금액조정합계표

익금산입 손금불산입			손금산입 익금불산입		
과 목	금 액	처 분	과 목	금 액	처 분
법인세비용	10,000,000	기타사외유출	국세환급가산금	500,000	기타
기업업무추진비한도초과	3,000,000	기타사외유출	단기매매증권평가익	3,000,000	유보
감가상각부인액	1,000,000	유보	재고자산평가증	1,500,000	유보
임원상여한도초과	26,000,000	상여			
합계	40,000,000		합계	5,000,000	

☞ 기부금한도초과액은 소득금액조정합계표에 반영하지 않고, 법인세과세표준 및 세액조정계산서에 직접 반영한다.

2. 이월결손금대상 체크 : 10,000,000원

2008년도는 5년간, 2019년은 10년간, 2020년 이후 분은 15년간 이월결손금공제대상이 된다.

3. 가산세 계산

－계산서 미발급가산세 = 5,000,000×2% = 100,000원

4. 법인세계산

결산서상당기순이익	200,000,000원	
(+) 익　금　산　입	40,000,000원	
(−) 손　금　산　입	5,000,000원	
= 차 가 감 소 득 금 액	235,000,000원	
(−) 전기기부금손금산입 (+) **기부금한도초과액**	6,000,000원	
각사업연도소득금액	241,000,000원	
(−) 이　월　결　손　금	10,000,000원	
= 과　세　표　준	231,000,000원	
(×) 세　　　　율	9%, 19% 2억 이하 9%, 2억 초과 19%	
산　출　세　액	23,890,000원	
(−) 세액감면·세액공제	5,500,000원	☞ 최저한세 적용대상 : **500,000원(중소기업특별세액감면)** 최저한세 적용제외 : **5,000,000원(외국납부세액, 연구 인력개발비세액공제)**
(+) 가　산　세	100,000원	
총　부　담　세　액	18,490,000원	
(−) 기　납　부　세　액	300,000원 ☞ 중간예납세액(200,000) 및 원천징수세액(100,000)	
차 가 감 납 부 할 세 액	*18,190,000원*	

※ **분납할 세액(10,000,000원 초과)** = [(18,190,000 − 10,000,000) − 100,000(가산세)] = 8,090,000원
　　☞ **가산세는 분납대상에서 제외**

■ 법인세법 시행규칙 [별지 제3호 서식] (앞쪽)

법인세 과세표준 및 세액조정계산서

사 업 연 도	· · ~ · ·		법인명	
			사업자등록번호	

왼쪽

① 각 사업연도 소득계산				
	⑩ 결산서상 당기순손익	01		200,000,000
소득조정금액	⑩ 익 금 산 입	02		40,000,000
	⑬ 손 금 산 입	03		5,000,000
	⑭ 차가감소득금액 (⑩+⑩-⑬)	04		235,000,000
	⑤ 기부금한도초과액	05		6,000,000
	⑯ 기부금한도초과이월액 손금산입	54		
	⑰ 각 사업연도소득금액 (⑭+⑤-⑯)	06		241,000,000

② 과세표준 계산				
	⑩ 각 사업연도소득금액 (⑩=⑰)			241,000,000
	⑩ 이 월 결 손 금	07		10,000,000
	⑩ 비 과 세 소 득	08		
	⑪ 소 득 공 제	09		
	⑫ 과 세 표 준 (⑩-⑩-⑩-⑪)	10		231,000,000
	⑲ 선 박 표 준 이 익	55		

③ 산출세액 계산				
	⑬ 과 세 표 준 (⑫+⑲)	56		231,000,000
	⑭ 세 율	11		19%
	⑮ 산 출 세 액	12		23,890,000
	⑯ 지점유보소득 (「법인세법」 제96조)	13		
	⑰ 세 율	14		
	⑱ 산 출 세 액	15		
	⑲ 합 계 (⑮+⑱)	16		

④ 납부할세액 계산				
	⑳ 산 출 세 액 (⑬=⑲)			23,890,000
	㉑ 최저한세 적용대상 공제감면세액	17		500,000
	⑫ 차 감 세 액	18		23,390,000
	㉓ 최저한세 적용제외 공제감면세액	19		5,000,000
	㉔ 가 산 세 액	20		100,000
	㉕ 가 감 계 (⑫-㉓+㉔)	21		18,490,000
기납부세액	㉖ 중 간 예 납 세 액	22		200,000
	㉗ 수 시 부 과 세 액	23		
	㉘ 원 천 납 부 세 액	24		100,000
	㉙ 간접투자회사등의 외국납부세액	25		
	⑬ 소 계 (㉖+㉗+㉘+㉙)	26		300,000
	⑬ 신고납부전가산세액	27		
	⑫ 합 계 (⑬+⑬)	28		300,000

오른쪽

⑬ 감면분추가납부세액	29			
차감납부할세액 ⑬ (⑯-⑫+⑬)	30			18,190,000

⑤ 토지등 양도소득에 대한 법인세 계산				
양도차익	⑤ 등 기 자 산	31		
	⑯ 미 등 기 자 산	32		
	⑬ 비 과 세 소 득	33		
	⑬ 과 세 표 준 (⑬+⑯-⑬)	34		
	⑲ 세 율	35		
	⑭ 산 출 세 액	36		
	⑪ 감 면 세 액	37		
	⑫ 차 감 세 액 (⑭-⑪)	38		
	⑬ 공 제 세 액	39		
	⑭ 동업기업 법인세 배분액 (가산세 제외)	58		
	⑮ 가 산 세 액 (동업기업 배분액 포함)	40		
	⑯ 가 감 계 (⑫-⑬+⑭+⑮)	41		
기납부세액	⑰ 수 시 부 과 세 액	42		
	⑱ ( ) 세 액	43		
	⑲ 계 (⑰+⑱)	44		
	⑳ 차감납부할세액 (⑯-⑲)	45		

미환류소득법인세

⑦ 세액계				
	⑤ 차가감납부할세액계 (⑬+⑲+⑯)	46		18,190,000
	⑫ 사실과 다른 회계처리 경정세액공제	57		
	⑬ 분납세액계산범위액 (⑤-⑫-⑬-⑬+⑬)	47		18,090,000
분납할 세액	⑭ 현 금 납 부	48		8,090,000
	⑮ 물 납	49		
	⑯ 계 (⑭+⑮)	50		
차가감 납부세액	⑰ 현 금 납 부	51		10,100,000
	⑱ 물 납	52		
	⑲ 계 (⑰+⑱) (⑲=⑤-⑫-⑯)	53		10,100,000

361

법인세과세표준 및 세액조정계산서

① 각사업연도소득계산			금액
101. 결산서상 당기순손익	01		200,000,000
소득조정금액 102.익금산입	02		40,000,000
금액 103.손금산입	03		5,000,000
104. 차가감소득금액 (101+102-103)	04		235,000,000
105. 기부금한도초과액	05		6,000,000
106. 기부금한도초과이월액 손금산입	54		
107. 각사업연도소득금액(104+105-106)	06		241,000,000
② 과세표준계산			
108. 각사업연도소득금액(108=107)			241,000,000
109. 이 월 결 손 금	07		10,000,000
110. 비 과 세 소 득	08		
111. 소 득 공 제	09		
112. 과 세 표 준 (108-109-110-111)	10		231,000,000
159. 선 박 표 준 이 익	55		
③ 산출세액계산			
113. 과 세 표 준 (113=112+159)	56		231,000,000
114. 세 율	11		19%
115. 산 출 세 액	12		23,890,000
116. 지 점 유 보 소 득 (법제96조)	13		
117. 세 율	14		
118. 산 출 세 액	15		
119. 합 계 (115+118)	16		23,890,000

④ 납부할세액계산			금액
120. 산 출 세 액 (120=119)			23,890,000
121. 최저한세 적용대상 공제감면세액	17		500,000
122. 차 감 세 액	18		23,390,000
123. 최저한세 적용제외 공제감면세액	19		5,000,000
124. 가 산 세 액	20		100,000
125. 가 감 계 (122-123+124)	21		18,490,000
기한내납부세액 126. 중 간 예 납 세 액	22		200,000
127. 수 시 부 과 세 액	23		
128. 원 천 납 부 세 액	24		100,000
129. 간접 회사등 외국 납부세액	25		
130. 소 계(126+127+128+129)	26		300,000
131. 신 고 납 부 전 가 산 세 액	27		
132. 합 계 (130+131)	28		300,000
133. 감 면 분 추 가 납 부 세 액	29		
134. 차 가 감 납 부 할 세 액(125-132+133)	30		18,190,000
⑤토지등 양도소득, ⑥미환류소득 법인세 계산 (TAB로 이동)			
151. 차 가 감 납 부 할 세 액 계(134+150)	46		18,190,000
⑦ 세액계 152. 사 실 과 다 른 회계 처리 경정 세액공제	57		
153. 분 납 세 액 계 산 범 위 액 (151-124-133-145-152+131)	47		18,090,000
분납할세액 154. 현 금 납 부	48		8,090,000
155. 물 납	49		
156. 계 (154+155)	50		8,090,000
차감납부세액 157. 현 금 납 부	51		10,100,000
158. 물 납	52		
160. 계 (157+158) [160=(151-152-156)]	53		10,100,000

연/습/문/제

 객관식

01. 현행 법인세법상 결손금과 이월결손금의 감소원인에 대한 설명이다. 틀린 것은?

① 중소기업의 결손금을 소급공제 신청한 경우

② 자산수증이익을 20년 전에 발생한 이월결손금 보전에 충당한 경우

③ 법인의 과세표준 계산시 5년 전에 발생한 이월결손금을 차감한 경우

④ 기부금 한도액 계산시 5년 전에 발생한 이월결손금을 차감한 경우

02. 현행 법인세법상 손금총액에서 익금총액을 차감한 후의 잔액을 결손금이라 한다. 이러한 결손금에 대한 설명으로 틀린 것은?

① 모든 법인의 결손금은 이월공제 또는 소급공제를 선택할 수 있다.

② 모든 법인의 2020년 이후 발생한 결손금은 해당사업연도 이후 15년간 이월공제를 할 수 있다.

③ 결손금소급공제는 법인세 신고기한까지 반드시 공제신청서 제출하여야 한다.

④ 이월된 결손금공제를 누락한 경우 경정 등 청구제도를 통하여 정정할 수 있다.

03. ㈜호성은 20x1년 4월 15일에 사업을 개시하였다. 다음 자료를 근거로 하여 법인세 산출세액을 계산하면 얼마인가? (회사는 중소기업이다.)

• 정관에 기재한 사업연도 : 1월 1일 ~ 12월 31일	
• 당기순이익 : 200,000,000원	• 익금산입액 : 10,000,000원
• 익금불산입액 : 40,000,000원	• 손금불산입액 : 15,000,000원
• 비과세소득 : 5,000,000원	

① 19,200,000 ② 22,000,000

③ 30,800,000 ④ 19,800,000

04. 조세특례제한법상 연구 · 인력개발비에 대한 세액공제의 설명 중 가장 올바르지 않은 것은?

(전산세무1급 79회)

① 중소기업의 경우 최저한세의 적용을 받지 않는다.

② 통합투자세액공제와 중복적용이 되지 않는다.

③ 소비성 서비스업을 영위하지 않는 내국인에게 적용한다.

④ 연구 및 인력개발비 세액공제규정을 적용받고자 하는 내국인은 과세표준신고와 함께 「연구 및 인력개발비발생에 관한 명세서」를 납세지 관할세무서장에게 제출해야 한다.

05. 현행 법인세법상 이월결손금에 대한 설명으로 옳지 않은 것은?

① 결손금 소급공제는 중소기업만을 대상으로 한다.

② 자산수증이익으로 보전된 이월결손금은 과세표준계산상 공제되지 않는다.

③ 당해연도 소득금액을 추계결정하는 경우에는 원칙적으로 이월결손금공제를 하지 않는다.

④ 이월결손금의 이월공제기간은 7년이다.

06. 다음은 이월결손금과 관련하여 법인세법상 규정을 설명한 것이다. 가장 옳지 않은 것은?

① 모든 기업은 결손금 소급공제에 따라 직전사업연도 법인세액을 환급받을 수 있다.

② 자산수증이익으로 충당된 이월결손금은 각사업연도 소득금액에서 공제된 것으로 본다.

③ 2018년 발생한 결손금은으로서 공제되지 않은 결손금은 10년간 각사업연도 소득금액에서 공제 가능하다.

④ 이월결손금은 먼저 발생한 사업연도의 결손금부터 순차로 공제한다.

07. 다음 중 법인세법상 내국법인의 각 사업연도의 소득에 대한 법인세 과세표준 계산에 대한 설명으로 틀린 것은?

① 과세표준은 각 사업연도의 소득에서 이월결손금 · 비과세소득 · 소득공제액을 순차로 공제한 금액이 된다.

② 이월결손금이란 각 사업연도 개시일 전 일정기간 내에 발생한 결손금으로서 그 후의 각 사업연도의 과세표준 계산을 할 때 공제되지 아니한 금액을 말한다.

③ 이월결손금은 공제기한 내에 임의로 선택하여 공제받을 수 없으며, 공제 가능한 사업연도의 소득금액 범위 안에서 전액 공제받아야 한다.

④ 과세표준 계산시 공제되지 아니한 비과세소득 및 소득공제는 다음 사업연도부터 3년간 이월하여 공제받을 수 있다.

08. 다음 중 법인세법상 세액공제가 아닌 것은?

① 연구·인력개발비에 대한 세액공제

② 외국납부세액공제

③ 재해손실세액공제

④ 사실과 다른 회계처리로 인한 경정에 따른 세액공제

09. 다음은 법인세법 또는 조세특례제한법상 세액공제이다. 다음 중 이월공제가 되지 아니하는 세액공제는?

① 외국납부세액공제 ② 조특법상 통합투자세액공제

③ 재해손실세액공제 ④ 연구·인력개발에 대한 세액공제

10. 조세특례제한법상의 각종 특례사항을 활용하여 산출한 법인세액이 최저한세에 미달하여 경정하는 경우에 적용배제 순서로 옳은 것은?

① 특별상각비 → 준비금 → 익금불산입액 → 세액공제 → 세액감면 → 소득공제 및 비과세

② 특별상각비 → 준비금 → 익금불산입액 → 세액감면 → 세액공제 → 소득공제 및 비과세

③ 익금불산입액 → 준비금 → 특별상각비 → 세액공제 → 세액감면 → 소득공제 및 비과세

④ 익금불산입액 → 준비금 → 특별상각비 → 세액감면 → 세액공제 → 소득공제 및 비과세

11. 법인세법상 결손금에 대한 설명으로 틀린 것은?

① 중소기업이 아닌 부동산임대업을 영위하는 법인은 결손금소급공제규정을 적용받을 수 없다.

② 추계결정의 경우에는 추계결정사유에 관계없이 이월결손금을 공제하지 않는다.

③ 모든 법인은 결손금 이월공제가 가능하다.

④ 결손금소급공제기간은 직전사업연도로 한다.

12. 다음 중 조세특례제한법상 최저한세에 대한 설명으로 가장 옳지 않은 것은?

① 최저한세는 과다한 조세감면으로 인한 세부담의 형평성과 재정확보 측면을 고려하여 최소한의 세금을 납부하도록 하는 제도이다.

② 감면후 세액이 최저한세에 미달하지 않는 경우에는 조세특례가 배제되지 않는다.

③ 최저한세로 인하여 조세특례가 배제될 때 납세의무자가 신고하거나 경정하는 경우 납세의무자의 선택에 따라 적용한다.

④ 법인세법에 의한 외국납부세액공제는 최저한세 적용 대상에 포함하지 아니한다.

13. 다음 중 아래의 (㉠), (㉡)에 들어갈 숫자를 바르게 나열한 것은?

> 내국법인의 각 사업연도의 소득에 대한 법인세의 과세표준은 각 사업연도의 소득의 범위에서 각 사업연도의 개시일 전 (㉠)년 이내에 개시한 사업연도에서 발생한 결손금을 공제한 금액으로 한다. 다만, 결손금은 각 사업연도 소득의 100분의 (㉡)(중소기업과 회생계획을 이행 중인 기업 등 제외)을 한도로 한다.

	㉠	㉡		㉠	㉡
①	10	50	②	10	60
③	15	50	④	15	80

 주관식

01. 다음 자료에 의하여 연구 및 인력개발비 세액공제액을 구하시오.

> (1) 직전 4년간 연구 및 인력개발비 발생합계(전부 일반비용)
>
> • 직전 1년 : 42,000,000원 • 직전 2년 : 35,000,000원
>
> • 직전 3년 : 24,000,000원 • 직전 4년 : 20,000,000원
>
> (2) 당해 사업연도 연구 및 인력개발비 발생내역
>
> | 계정과목/비목 | 인건비*1) | 재료비*2) |
> |---|---|---|
> | 경상연구개발비(제조) | 25,000,000원 | 5,000,000원 |
> | 개발비(무형자산) | 30,000,000원 | 10,000,000원 |
>
> *1) 당사의 연구전담부서의 연구요원의 인건비를 의미함.
>
> 다만 경상연구개발비 중 **주주(지분 15%)인 임원의 인건비가 4,000,000원 포함**되어 있다.
>
> 이 외에는 주주인 임원은 없다.
>
> ※ 연구전담부서는 과학기술부장관에게 신고한 연구개발전담부서이다.
>
> *2) 연구전담부서에서 연구용으로 사용하는 재료비용 등 이다.
>
> (3) ㈜대성전자는 당해 사업연도(20x1.1.1.~12.31.)에 중소기업에 해당한다.

02. 다음 자료를 이용하여 가산세를 계산하시오.

(1) 당사가 지출한 금액 중 10,000,000원을 제외한 모든 금액은 법인세법에서 요구하는 세금계산서 등의 적격증명서류를 갖추고 있다. 지출한 금액 10,000,000원에 대한 구체적인 내용은 다음과 같다.

구 분	금 액	비 고
임차료	2,400,000원	일반과세자인 임대인에게 임차료를 금융기관을 통해 지급하고 법인세 신고 시 송금사실을 기재한 경비등의 송금명세서를 첨부하였다.
차량운반구	5,000,000원	종업원 개인 소유차량을 취득하고 거래명세서를 받았다.
세금과공과금	1,200,000원	회사부담분 국민연금을 지급한 지로 용지가 있다.
복리후생비	1,400,000원	전부 거래 건당 3만원초과 금액으로 간이영수증을 수취하였다.

(2) 회계담당자의 실수로 3월분 일용근로자에 대한 지급명세서(일용근로자 임금 총액 : 32,000,000원)를 법정제출기한까지 제출하지 못하여 20x1년 8월 10일 제출하였다.

03. 20x1.1.1.~12.31. 법인세 과세표준신고를 20x2년 4월 3일에 기한후신고를 이행한다고 가정하고 가산세를 계산하시오.

신고납부 가산세 관련	• 무기장가산세는 대상이 아니며 일반무(과소)신고가산세를 적용하고, 납부지연가산섹 계산시 미납일수는 3일,1일 2/10,000로 가정한다. • 산출세액 및 미납세액은 17,300,000원이고 수입금액은 6,100,000,000원이다.
미제출 가산세 관련	• 지출증명서류를 제대로 수취하지 아니한 금액은 32,400,000원이다. • 20x1년 5월분 일용직근로소득에 대한 지급명세서를 20x1년 10월 01일에 제출한 금액이 18,800,000원이다. • 20x1년 중 주주가 변동된 액면금액 45,000,000원에 대한 주식등변동상황명세서 및 부속서류를 기한후 신고시 제출하기로 한다.

04. 다음 자료를 통하여 법인세법상 차가감납부할세액을 계산하시오.(당사는 **중소기업이다.**)

1. 손익계산서 일부분	**손익계산서** 20×1.1.1 ~ 20×1.12.31　　　　　　　　(원) －중간생략 － Ⅷ 법인세차감전순이익　　　　　　　150,000,000 Ⅸ 법인세비용　　　　　　　　　　　 10,000,000 Ⅹ 당기순이익　　　　　　　　　　　140,000,000
2. 세무조정 관련 자료	1. 익금산입관련 : 12,400,000원 　• 신용카드 등 미사용액 : 900,000원(간이영수증 수령함.) 　• 퇴직급여충당금한도초과액 : 1,500,000원 　• 기업업무추진비한도초과액 : 7,000,000원 　• 대손충당금 한도초과액 : 3,000,000원 2. 손금산입관련 : 11,700,000원 　• 대손충당금 과다환입액 : 5,000,000원 　• 법인세 과오납금과 환급이자 : 700,000원(환급이자 100,000원 포함) 　• 전기재고자산평가감 : 6,000,000원

3. 이월결손금 관련 자료	발생연도	2016년	2017년	2018년
	금　　액	3,000,000원	2,000,000원	1,000,000원

4. 세액공제 및 세액감면	• 중소기업특별세액감면 : 1,000,000원 • 연구인력개발세액공제 : 4,000,000원
5. 기납부세액 관련 자료	• 당기에 법인세 중간예납세액으로 5,000,000원을 납부하였다. • 원천납부세액은 70,000원이다.
6. 증빙관련자료	• 20X1년 이자소득 지급명세서(총수입금액 : 40,000,000원)를 법인세 신고시 제 출하였다. • 당사가 지출한 경비 중 3만원 초과 금액으로서 정규증빙자료를 수취하지 못한 금액 20,000,000원이 있다.

05. 중소기업인 김해물산㈜의 20x1년 귀속 법인세 신고와 관련한 자료이다. 최저한세와 세액공제 및 세액감면의 중복적용 배제를 고려한 후 법인세 신고서상의 차가감납부할 세액을 계산하시오.

(1) 표준손익계산서 일부

Ⅷ.법인세비용차감전손익	700,000,000원
Ⅸ.법인세비용	90,000,000원
Ⅹ.당기순손익	610,000,000원

(2) 세무조정 내역 : 가산조정　110,000,000원(법인세비용 포함), 차감조정　9,000,000원

(3) 전기 이월결손금 발생 및 증감내역

(6)사업연도	잔 액		
	(16)기한내	(17)기한경과	(18)계
2020	15,000,000원	0원	15,000,000원
2021	30,000,000원	0원	30,000,000원

(4) 세액공제 및 세액감면

　– 중소기업특별세액감면 : 60,000,000원

　– 창업중소기업 등에 대한 세액감면 : 73,000,000원

　– 연구인력개발비세액공제 : 12,000,000원

(5) 기타

　– 당기 건당 3만원을 초과하는 경비 중 간이영수증을 수취한 금액의 합계액이 5,000,000원 있다.

　– 법인세 중간예납으로 20,000,000원을 납부하였다.

(6) 법인세율은 2억 이하 9%, 2억 초과 19%로 가정한다.

연/습/문/제 답안

🔑 객관식

1	2	3	4	5	6	7	8	9	10	11	12	13		
④	①	①	②	④	①	④	①	③	①	②	③	④		

[풀이 - 객관식]

01. 기부금 한도액 계산시 공제되는 이월결손금은 결손금 및 이월결손금이 감소하지 아니한다.

02. 법인의 결손금에 대한 소급공제제도는 **중소기업에 한하여 공제신청서를 법인세 신고기한까지 제출**하는 경우에 적용한다.

    또한 **과대신고된 세액은 경정청구를 통해서 환급**받을 수 있다.

03. 각사업연도소득금액 : 200,000,000 + 10,000,000 - 40,000,000 + 15,000,000 = 185,000,000

    과세표준(9개월) : 185,000,000 - 5,000,000(비과세) = 180,000,000

    과세표준(1년)   : 180,000,000 × 12/9 = 240,000,000

    산출세액(1년)   : 18,000,000 + 40,000,000 × 19% = 25,600,000

    산출세액(9개월) : 25,600,000 × 9/12 = 19,200,000

04. **연구인력개발비 세액공제와 통합투자세액공제는 중복적용**된다.

05. 각 사업연도의 개시일전에 발생한 결손금으로서 일정기간 그 후의 각 사업연도의 과세표준계산에 있어서 공제되지 아니한 금액을 과세표준에서 공제한다.

06. **결손금 소급공제는 중소기업만 가능**하다.

07. 각 사업연도의 소득에 대한 법인세의 과세표준을 계산함에 있어서 공제되지 아니한 비과세소득 및 소득공제액과 최저한세의 적용으로 인하여 공제되지 아니한 소득공제액(예외규정 있음)은 다음 사업연도에 이월하여 공제할 수 없다.

08. 연구·인력개발비에 대한 세액공제는 조세특례제한법상 세액공제이다.

09. **재해손실세액공제는 이월공제가 되지 않는다.**

11. 천재지변 기타 불가항력으로 추계결정시에는 이월결손금공제가능하다.

12. 경정 시는 법정 순서에 따라 배제한다.

13. 이월결손금은 15년간 공제가 되고, **일반기업의 이월결손금 공제한도는 각사업연도소득의 80/100**

주관식

01. 일반연구 · 인력개발비 세액공제 계산(중소기업)

　(1) 연구인력개발비 대상 및 세액공제액

계정과목	인건비	재료비	계
경상연구개발비(제조)	21,000,000원	5,000,000원	26,000,000원
개발비(무형자산)	30,000,000원	10,000,000원	40,000,000원
계	51,000,000원	15,000,000원	66,000,000원

☞ 지배주주 및 10%를 초과하여 소유하는 주주의 인건비는 제외한다.

　　발생액 공제액 = 66,000,000 × 25%(중소기업) = 16,500,000원

　(2) 증가발생액 공제액

　　직전4년간 연평균발생액 = (42,000,000 + 35,000,000 + 24,000,000 + 20,000,000)/4년

　　　　　　　　　　　　　 = 30,250,000

　　전기발생액(42,000,000) > 직전 4년간 연평균발생액(30,250,000)이므로 전기발생기준으로
　　증가발생액 공제를 계산한다.

　　증가발생액공제액 = (66,000,0000 − 42,000,000) × 50%(중소기업) = 12,000,000

　(3) 연구인력개발비 세액공제액

　　선택[1.발생액공제액(16,500,000), 2.증가발생액공제액(12,000,000)] = 16,500,000원

02. 가산세 계산

　(1) 지출증명서류 미수취 가산세 : (2,400,000 + 1,400,000) × 2% = 76,000원

　　- 임차료 : **영수증 발급 대상 간이과세자인 경우만 가산세 없음.**

　　- 차량운반구 : 사업자와의 거래가 아니므로 가산세 없음.

　(2) 지급명세서 미제출가산세 : 32,000,000 × 0.25% = 80,000원

　　- 법정제출기한(4월 30일)으로부터 1개월을 초과하였으므로 감면없음

　(3) **가산세 계 = 76,000 + 80,000 = 156,000원**

03. 가산세 계산

　(1) 신고납부가산세 : 2,145,380원

　　① 무신고가산세 = MAX[㉠산출세액의 20% × 50%, ㉡ 수입금액의 0.07% × 50%] = 2,135,000원

　　　㉠ 17,300,000 × 10% = 1,730,000원

　　　㉡ 6,100,000,000 × 0.035% = 2,135,000원

　　　　☞ 법정신고기한 경과후 1개월 이내에 기한후 신고이므로 무신고가산세의 50%를 감면

　　② 납부지연 가산세 17,300,000원 × 3일 × 2(가정)/10,000 = 10,380원

(2) 미제출가산세 : 920,000원

    ① 지출증명서류 미수취가산세(2%) = 32,400,000 × 2% = 648,000원

    ② 지급명세서 미제출 가산세(0.25%) = 18,800,000 × 0.25% = 47,000원

       ☞ 일용직근로자지급명세서 제출 기한 : 매월 말의 다음달 말일까지, 기한후 1개월 이내에 제출시 50% 감면

    ③ 주식등 변동상황명세서 미제출 가산세(1%) = 45,000,000 × 1% × 50%(감면) = 225,000원

       ☞ **기한후 1월 이내에 제출시에는 50% 감면**

(3) **가산세 계 = 2,145,380 + 920,000 = 3,065,380원**

04. 차가감납부할세액

(1) 소득조정금액

- 가산조정 = 익금산입(12,400,000) + 10,000,000원(법인세비용) = 22,400,000원

- 차감조정 = 11,700,000원

(2) 가산세액 계산

- 지출증명서류 미수취 : 20,000,000 × 2% = 400,000원

- 지급명세서 미제출 : 40,000,000 × 1% × 50%(감면) = 200,000원

    ☞ **이자소득의 지급명세서 제출기한 익년도 2/E-3개월** 이내 기한후 제출시 50% 감면

(3) 법인세과세표준 및 세액조정계산서

결산서상당기순이익	140,000,000	
(+) 익 금 산 입	22,400,000	법인세비용 10,000,000원 가산
(-) 손 금 산 입	11,700,000	
= 차 가 감 소 득 금 액	150,700,000	
= 각사업연도소득금액	150,700,000	
(-) 이 월 결 손 금	6,000,000	2009년 이후 10년간 공제
= 과 세 표 준	144,700,000	
(×) 세 율	9%	**과세표준 2억 이하 9%**
산 출 세 액	13,023,000	
(-) 세액감면·세액공제	5,000,000	**최저한세 적용대상 : 1,000,000원(중소기업특별세액감면)** **최저한세 적용제외 : 4,000,000원(연구인력개발세액공제)**
(+) 가 산 세	600,000	
총 부 담 세 액	8,623,000	
(-) 기 납 부 세 액	5,070,000	**중간예납세액, 원천납부세액**
차 가 감 납 부 할 세 액	*3,553,000원*	

05. 최저한세 및 법인세과세표준 및 세액조정계산서

(1) 감면후 세액계산(중소기업)

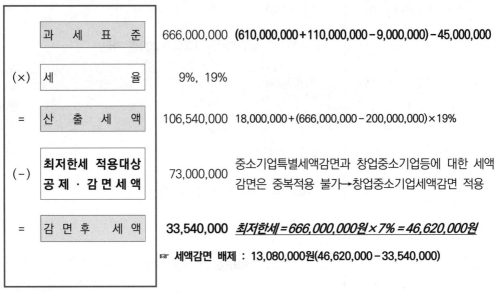

	과 세 표 준	666,000,000	**(610,000,000 + 110,000,000 − 9,000,000) − 45,000,000**
(×)	세 율	9%, 19%	
=	산 출 세 액	106,540,000	18,000,000 + (666,000,000 − 200,000,000) × 19%
(−)	최저한세 적용대상 공 제 · 감 면 세 액	73,000,000	중소기업특별세액감면과 창업중소기업등에 대한 세액 감면은 중복적용 불가→창업중소기업세액감면 적용
=	감 면 후 세 액	33,540,000	*최저한세 = 666,000,000원 × 7% = 46,620,000원*

☞ 세액감면 배제 : 13,080,000원(46,620,000 − 33,540,000)

(2) 총부담세액계산

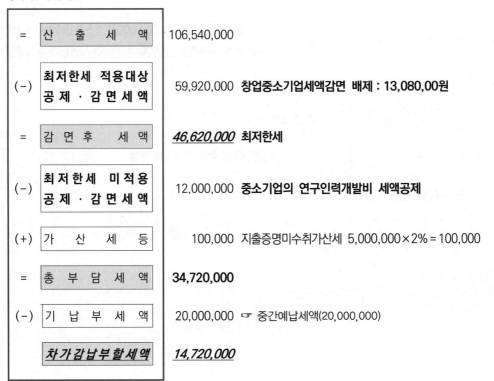

=	산 출 세 액	106,540,000	
(−)	최저한세 적용대상 공 제 · 감 면 세 액	59,920,000	**창업중소기업세액감면 배제 : 13,080,00원**
=	감 면 후 세 액	*46,620,000*	**최저한세**
(−)	최 저 한 세 미 적 용 공 제 · 감 면 세 액	12,000,000	**중소기업의 연구인력개발비 세액공제**
(+)	가 산 세 등	100,000	지출증명미수취가산세 5,000,000 × 2% = 100,000
=	총 부 담 세 액	34,720,000	
(−)	기 납 부 세 액	20,000,000	☞ 중간예납세액(20,000,000)
	차가감납부할세액	*14,720,000*	

NCS세무 - 5   법인세 신고 - 법인세 신고하기 / 부속서류 작성하기

제1절   자본금과 적립금조정명세서(을)

자본금과 적립금 조정명세서(을)은 세무조정사항 중 소득처분이 **유보인 항목의 증감내용**을 별도로 관리하는 서식이다.

〈자본금과 적립금조정명세서(을)〉

① 과목 또는 사항	② 기초잔액	당기중증감		⑤ 기말잔액	비고
		③ 감소	④ 증가		

유보추인	당기발생
(가산 −)	(가산 +)
(차감 +)	(차감 −)

당기중 증감중 감소란에는 전기 유보발생분 중 당기 추인분을 적고, 증가란에는 당기 발생분을 적는다.

<예제 15 - 1> 자본금과 적립금조정명세서(을)

㈜ 무궁의 다음 자료에 의하여 7기(20x1년)의 자본금과적립금 조정명세서(을)를 작성하시오.

1. 전기 자본금과적립금조정명세서(을)표상의 자료는 다음과 같다.

과 목	기초잔액(원)	당기중 증감(원)		기말잔액(원)
		감 소	증 가	
대 손 충 당 금 한 도 초 과			3,000,000	3,000,000
재 고 자 산 평 가 감			10,000,000	10,000,000
적 송 품 매 출 액	50,000,000	50,000,000		
적 송 품 매 출 원 가	(45,000,000)	(45,000,000)		
외 상 매 출 금			10,000,000	10,000,000
선 급 비 용			− 10,000,000	− 10,000,000
계	5,000,000	5,000,000	13,000,000	13,000,000

2. 당기의 소득금액조정합계는 다음과 같다.

익금산입 및 손금불산입		
과 목	금 액(원)	조 정 이 유
① 대손충당금한도초과액	5,000,000	당기 대손충당금 한도액을 초과한 금액임
② 증빙불비 기업업무추진비	4,000,000	증빙없는 기업업무추진비에 대한 세무조정사항임
③ 기업업무추진비한도초과액	25,650,000	당기 기업업무추진비한도액을 초과한 금액임
④ 임원퇴직금한도초과액	30,000,000	임원퇴직금지급규정을 초과한 금액
⑤ 재고자산평가감	7,500,000	재고자산의 과소계상액을 익금산입함
⑥ 전기선급비용	10,000,000	전기 손금산입분을 추인
합 계	82,150,000	

손금산입 및 익금불산입		
과 목	금 액(원)	조 정 이 유
⑦ 전기대손충당금한도초과액	3,000,000	대손충당금 과다환입액을 익금불산입함
⑧ 전기재고자산평가감	10,000,000	
⑨ 전기외상매출금	10,000,000	당기 대손요건 충족으로 손금산입함
합 계	23,000,000	

해답

1. 전기말 잔액의 당기의 기초잔액이 된다.

2. 세무조정사항 중 유보만 자본금과 적립금조정명세서(을)에 기재한다.

익금산입 및 손금불산입			
과　　목	금 액(원)	소득처분	증가/감소
① 대손충당금한도초과액	5,000,000	유보	증가(+)
② 증빙불비 기업업무추진비	4,000,000	상여	－
③ 기업업무추진비한도초과액	25,650,000	기타사외유출	－
④ 임원퇴직금한도초과액	30,000,000	상여	－
⑤ 재고자산평가감	7,500,000	유보	증가(+)
⑥ 전기선급비용	10,000,000	유보추인	감소(－)
합　　계	82,150,000		

손금산입 및 익금불산입			
과　　목	금 액(원)	소득처분	증가/감소
⑦ 전기대손충당금한도초과액	3,000,000	유보추인	감소(+)
⑧ 전기재고자산평가감	10,000,000	유보추인	감소(+)
⑨ 전기외상매출금	10,000,000	유보추인	감소(+)
합　　계	23,000,000		

3. 자본금과적립금조정명세서(을)

과　　목	기초잔액 (원)	당기중증감(원)		기말잔액 (원)
		감　　소	증　　가	
대손충당금한도초과	3,000,000	⑦3,000,000	①5,000,000	5,000,000
재 고 자 산 평 가 감	10,000,000	⑧10,000,000	⑤7,500,000	7,500,000
외 　상 　매 　출 　금	10,000,000	⑨10,000,000		0
선 　급 　비 　용	－ 10,000,000	⑥－10,000,000		0
계	13,000,000	13,000,000	12,500,000	12,500,000

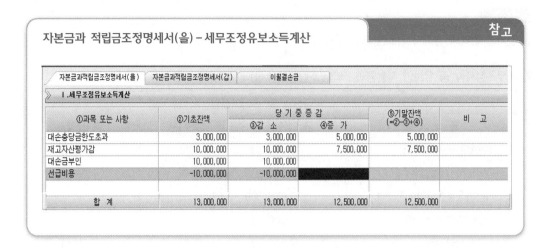

참고

자본금과 적립금조정명세서(을) – 세무조정유보소득계산

| 자본금과적립금조정명세서(을) | 자본금과적립금조정명세서(갑) | 이월결손금 |

Ⅰ.세무조정유보소득계산

①과목 또는 사항	②기초잔액	당 기 중 증 감		⑤기말잔액 (=②-③+④)	비 고
		③감 소	④증 가		
대손충당금한도초과	3,000,000	3,000,000	5,000,000	5,000,000	
재고자산평가감	10,000,000	10,000,000	7,500,000	7,500,000	
대손금부인	10,000,000	10,000,000			
선급비용	-10,000,000	-10,000,000			
합 계	13,000,000	13,000,000	12,500,000	12,500,000	

제2절 자본금과 적립금조정명세서(갑)

회사가 작성한 재무상태표상의 자본금과 잉여금을 기초로 하여 세무상의 자본금과 적립금, 세무상의 순자산(자기자본)을 나타내는 표가 자본금과 적립금조정명세서(갑)이다.

자본금과 적립금조정명세서는 을표, 갑표로 작성한다. 을표에서 구한 유보금액이 갑표에 반영되어 세무상 자기자본이 계산된다.

또한 자본금과적립금조정명세서(갑)에는 이월결손금계산서가 포함되어 있다.

Ⅰ. 자본금과 적립금 계산서

①과목 또는 사항		코드	②기초잔액	당 기 중 증 감		⑤기 말 잔 액	비 고
				③감 소	④증 가		
자본금 및 잉여금 등의 계산	1. 자본금	01					
	2. 자본잉여금	02					
	3. 자본조정	15					
	4. 기타포괄손익누계액	18					
	5. 이익잉여금	14				재무상태표상 자기자본	
		17					
	6. 계	20				↓	
7. 자본금과적립금명세서(을) 계		21				**유보잔액**	
손익 미계상 법인세등	8. 법인세	22					
	9. 지방소득세	23		손익계산서와 법인세신고서상 차이 금액		세무상 자기자본	
	10. 계(8+9)	30					
11. 차 가 감 계(6+7-10)		31				↓	

378

| <예제 15 - 2> 자본금과 적립금조정명세서(갑) |

㈜ 무궁의 다음 자료에 의하여 7기(20x1년)의 자본금과 적립금조정명세서(갑)를 작성하여 세무상 자기자본을 구하시오.

1. 재무상태표상 기초자본금계정잔액은 300,000,000원이며, 당기중 유상증자에 따른 자본금증가액은 150,000,000원이다.

2. 20X0년말 차기이월이익잉여금 계정은 125,000,000원이며, 당기중 차기이월이익잉여금 계정은 230,000,000원이다.

3. 손익계산서에 계상된 법인세비용이 법인세과세표준 및 세액신고서상의 법인세보다 법인세는 20,000,000원 지방소득세는 2,000,000원이 각각 적게 산출되었다.(전기에는 차이가 발생하지 않았다고 가정한다.)

4. 자본금과적립금조정명세서(을)의 유보 잔액은 앞에 있는 예제를 참고한다.

해답

1. 법인세신고서보다 손익계산서의 법인세등(22,000,000원)이 적게 계상되었으므로 증가란에 적어야 한다. 그래야 세무상 자기자본이 22,000,000원만큼 적게 계상된다.

Ⅰ. 자본금과 적립금 계산서

①과목 또는 사항		코드	②기초잔액	당 기 중 증 감		⑤기 말 잔 액	비 고
				③감 소	④증 가		
자본금 및 잉여금 등의 계산	1. 자본금	01	300,000,000		150,000,000	450,000,000	
	2. 자본잉여금	02					
	3. 자본조정	15					
	4. 기타포괄손익누계액	18					
	5. 이익잉여금	14	125,000,000		105,000,000	230,000,000	
		17					
	6. 계	20	425,000,000		255,000,000	680,000,000	
7. 자본금과적립금명세서(을) 계		21	13,000,000	13,000,000	12,500,000	12,500,000 ← 유보	
손익 미계상 법인세등	8. 법인세	22			20,000,000	20,000,000	
	9. 지방소득세	23			2,000,000	2,000,000	
	10. 계(8+9)	30			22,000,000	22,000,000	
11. 차 가 감 계(6+7-10)		31		세무상 자기자본 →		670,500,000	

손익계산서 법인세등<신고서상 법인세등 ⇒ 기말잔액 (+)
손익계산서 법인세등>신고서상 법인세등 ⇒ 기말잔액 (-)

참 고

자본금과 적립금조정명세서(갑) – 자본금과 적립금 계산서

| 자본금과적립금조정명세서(을) | 자본금과적립금조정명세서(갑) | 이월결손금 |

≫ I.자본금과 적립금 계산서

	①과목 또는 사항	코드	②기초잔액	당기중증감 ⑤감소	당기중증감 ④증가	⑤기 말 잔 액 (=②-③+④)	비 고
자본금및 잉여금의 계산	1.자 본 금	01	300,000,000		150,000,000	450,000,000	
	2.자 본 잉 여 금	02					
	3.자 본 조 정	15					
	4.기타포괄손익누계액	18					
	5.이 익 잉 여 금	14	125,000,000		105,000,000	230,000,000	
		17					
	6.계	20	425,000,000		255,000,000	680,000,000	
손익미계상 법인세 등	7.자본금과 적립금명세서(을)계	21	13,000,000	13,000,000	12,500,000	12,500,000	
	8.법 인 세	22			20,000,000	20,000,000	
	9.지 방 소 득 세	23			2,000,000	2,000,000	
	10. 계 (8+9)	30			22,000,000	22,000,000	
	11.차 가 감 계 (6+7-10)	31	438,000,000	13,000,000	245,500,000	670,500,000	

납세절차

NCS세무 - 5 | 법인세 신고 - 법인세 신고하기 / 부속서류 작성하기

제1절 법인세의 신고 및 납부

1. 법인세의 신고

(1) 신고기한

각사업연도종료일이 속하는 달의 말일부터 3개월(**성실신고확인대상 내국법인은 4개월**) 이내
에 신고하여야 한다. **각사업연도소득금액이 없거나 결손금이 있는 경우에도 마찬가지이다.**

(2) 신고시 제출서류

구 분	종 류	비 고
필수적 첨부서류	① **재무상태표** ② **손익계산서** ③ **이익잉여금처분계산서(결손금처리계산서)** ④ **법인세과세표준 및 세액조정계산서(세무조정계산서)** ⑤ **현금흐름표(외부감사 대상법인)**	• **필수적 첨부서류 미 첨부의 경우 무신고 로 본다.**
기타서류	⑥ 기타부속서류	

2. 법인세의 자진납부 - 분납

납부할 세액(중간예납 포함)이 1천만원(**가산세 제외**)을 초과하는 경우에는 다음의 세액을 납부기한이 경과한 날로부터 1월(중소기업은 2월) 이내에 분납할 수 있다.

구　　　분	분납가능금액
① 납부할 세액이 2천만원 이하인 경우	1천만원을 초과하는 금액
② 납부할 세액이 2천만원을 초과하는 경우	그 세액의 50% 이하의 금액

〈중소기업에 대한 세제지원〉

구　　　분	중소기업	일반기업
1. 기업업무추진비기본한도	**36,000,000원**	**12,000,000원**
2. 대손금 인정	– 부도발생일로부터 6개월 이상 경과한 외상매출금 – 외상매출금 및 미수금으로 회수기일로부터 2년이 경과한 외상매출금등	–
3. 업무무관가지급금	근로자에 대한 주택구입·전세자금대여금은 제외	
4. 이월결손금공제한도	당해연도 소득의 100%	80%
5. 결손금소급공제	허용	–
6. 분납기간	2월이내	1월 이내
7. 최저한세 세율	7%	10%~
8. 중간예납의무	중간예납세액 50만원 미만 배제	–
9. 세액감면	창업중소기업에 대한 세액감면 중소기업에 대한 특별세액감면	–
10. 통합투자세액공제	기본공제율 10%	대기업 : 1%~

3. 성실신고 확인제도

(1) 제출대상법인

① 부동산 임대업을 주된 사업으로 하는 특정 내국법인(업무용승용차관련비용과 기업업무추진비한도가 축소 적용되는 특정법인)

② **성실신고확인대상자인 개인사업자에서 법인으로 전환된지 3년 이내의 법인**

　→ **외부감사를 받은 내국법인은 제출하지 아니할 수 있다.**

(2) 성실신고확인서 제출에 대한 혜택

① **신고기한 연장 : 1개월**

② 성실신고확인비용세액공제 : 성실신고 확인비용의 60%(한도 150만원)

(3) 성실신고확인서 미제출에 대한 제재

① **가산세 부과 : MAX(산출세액의 5%, 수입금액의 0.02%)**

② 세무조사 사유에 추가

제2절　사업연도 중의 신고 · 납부

1. 중간예납

(1) 중간예납의무자

각 사업연도의 기간이 6개월을 초과하는 법인

☞ 중간예납제외자

　① 사립학교를 경영하는 법인(초 · 중 · 고 · 대학 등)

　② **신설법인(다만, 합병이나 분할에 따라 신설된 법인은 중간예납의무가 있다.)**

　③ 청산법인

　④ 중간예납세액 50만원(직전연도 실적기준 법인세액의 1/2) 미만인 중소기업

(2) 중간예납세액의 계산

아래의 두 가지 방법 중 선택하여 중간예납세액을 계산할 수 있으나, **직전연도의 산출세액이 없는 법인은 가결산방법에 의해 중간예납세액을 계산하여 납부**하여야 한다.

① 전년도 실적기준	$\left[\text{직전산출세액(가산세 포함)} - \text{직전감면세액} \cdot \text{원천징수세액}\right] \times \dfrac{6}{\text{직전월수}}$
② 가결산방법[1]	$\left[\dfrac{\text{중간예납기간의}}{\text{과세표준}} \times \dfrac{12}{6} \times \text{세율}\right] \times \dfrac{6}{12} - \text{중간예납기간의 감면} \cdot \text{원천징수세액}$

[1]. 과세표준을 1년으로 환산하여 세율로 곱하여 1년 산출세액을 계산하고, 다시 중간예납기간 월수만큼 곱한다.

(3) 중간예납세액의 납부

중간예납세액은 그 중간예납기간(12월말법인의 경우 1.1~6.30)이 지난 날부터 **2개월 이내 (8월 31일)에 납세지 관할세무서장에 납부**하여야 한다. **1천만원 초과시 분납도 가능하다.**

2. 원천징수

내국법인에게 다음의 소득을 지급하는 자는 해당 원천징수세율을 적용하여 계산한 금액에 상당하는 법인세를 징수하여 그 징수일이 속하는 달의 다음달 10일까지 관할 세무서장에게 납부하여야 한다.

구 분	원천징수세율
① 이자소득	14%(비영업대금이익 25%)
② 집합투자기구로부터의 이익 중 투자신탁의 이익	14%

3. 수시부과

법인세포탈의 우려가 있어 조세채권을 조기에 확보하여야 될 것으로 인정되는 일정한 요건(신고를 하지 않고 본점 등을 이전한 경우 등)에 대해서 사업연도 중이라도 당해 사업연도 법인세액의 일부로서 수시로 부과할 수 있도록 규정하고 있다.

연/습/문/제

 객관식

01. 다음은 법인세법상 법정서식에 대한 설명이다. 옳지 않은 것은?

① 법인세 과세표준 및 세액조정계산서 : 해당 사업연도의 소득금액 및 과세표준과 세액을 계산하는 서식

② 자본금과 적립금조정명세서(갑) : 법인의 세무상 자기자본총액(순자산)을 알 수 있는 법정서식

③ 자본금과 적립금조정명세서(을) : 유보소득의 기말잔액을 계산하기 위한 서식

④ 소득금액조정합계표 : 모든 세무조정항목의 세부내용을 나타내는 서식

02. 다음은 자본금과적립금조정명세서(을)의 일부이다. 관련된 설명으로 틀린 것은?

과목 또는 사항	기초사항	당기중증감		기말잔액
		감소	증가	
재고자산평가감	5,000,000	5,000,000	3,000,000	3,000,000

① 기말재고자산의 장부상가액이 세법상 평가액보다 3,000,000원 작다.

② 각사업연도소득은 2,000,000원 감소한다.

③ 손익계산서상의 매출원가는 세법상의 가액에 비하여 2,000,000원 과소계상되어 있다.

④ 기초재고자산은 세법상 평가액보다 장부가액이 5,000,000원 크다.

03. 다음 중 법인세법상 신고 및 납부에 관한 설명으로 옳지 않은 것은?

① 법인세는 신고납세제도를 채택하고 있기 때문에 과세표준신고에 의하여 법인세 납세의무가 구체적으로 확정된다.

② 납부할 세액이 2천만 원을 초과하는 때에는 그 세액의 50%이하의 금액을 분납할 수 있다.

③ 납부의무가 있는 내국법인은 각 사업연도의 종료일이 속하는 달의 말일부터 3개월 이내에 과세표준과 세액을 신고하여야 한다.

④ 각 사업연도의 소득금액이 없거나 결손금이 있는 법인은 법인세의 과세표준과 세액을 신고할 의무가 없다.

04. 법인세법상 법인세과세표준 및 세액의 신고와 납부에 대한 설명으로 틀린 것은?

① 수익사업을 영위하는 비영리법인도 영리법인에 준하여 신고하여야 한다.

② 소득금액이 없거나 결손시에도 신고하여야 한다.

③ 법인은 법인세액이 1천만원 이하인 경우에도 분납할 수 있다.

④ 각사업연도가 6개월을 초과하는 법인만 중간예납의무가 있다.

05. 법인세법상 (가) 및 (나)에 들어갈 날짜로 옳은 것은?

㈜우리세무의 8기 사업연도가 20x0.4.1~20x1.3.31인 경우 법인세중간예납신고납부기한은 (가)이고 법인세 확정신고납부기한은 (나)이다.

① (가) : 20x0.12.31 (나) : 20x1.06.30   ② (가) : 20x0.11.30 (나) : 20x1.06.30

③ (가) : 20x0.08.31 (나) : 20x1.03.31   ④ (가) : 20x0.11.30 (나) : 20x1.05.31

06. 다음 중 법인세법상 법인세 과세표준 신고시 필수적 첨부서류에 해당하여 제출시 무신고로 보는 서류에 해당하지 않는 것은?

① 재무상태표   ② 세무조정계산서

③ 소득금액조정합계표   ④ 이익잉여금처분계산서

07. 다음 자료를 기초로 법인세법상 자기자본금액(자본금과 적립금조정명세서 (갑)의 차가감계)을 계산하면 얼마인가?

• 해당 사업연도말 현재 장부상 자기자본	200,000,000원
• 해당 사업연도말 현재 유보소득 합계	20,000,000원
• 해당 사업연도에 손익계산서상 비용계상한 법인세 등	8,000,000원
• 해당 사업연도의 법인세액 및 지방소득세	13,000,000원
• 전기로부터 이월된 손익미계상 법인세 등의 누적액	15,000,000원

① 200,000,000원
② 210,000,000원
③ 220,000,000원
④ 225,000,000원

08. 법인세법상 다음 설명과 관련하여 잘못된 것은?

① 최저한세는 과도한 조세면제를 차단하여 세부담의 공평을 실현하기 위한 제도의 일종이다.

② 법인세 물납은 모든 납부세액이 1천만원을 초과하는 경우 신청에 의하여 가능하다.

③ 결손금 소급공제 제도는 중소기업을 우대하기 위한 제도로서 일반법인은 이에 해당하지 아니한다.

④ 감가상각시 내용연수의 변경은 일반기업회계기준과 달리 관할지방국세청장의 승인을 필요로 한다.

09. 법인세 세무조정결과(사업연도 20x1. 1. 1. ~ 12. 31.)를 기준으로 소득금액조정합계표 및 자본금과 적립금조정명세서(을)표와 관련된 세무조정사항은 각각 몇 개인가?

가. 비지정기부금	나. 기업업무추진비한도초과액
다. 감가상각비부인액	라. 일반기부금한도초과액
마. 20x2년 1월 2일이 만기인 약속어음으로 지급한 특례 기부금	

	소득금액조정합계표	자본금과 적립금조정명세서(을)
①	4개	2개
②	4개	1개
③	5개	2개
④	5개	1개

10. 법인세법상 법인의 세무상 자기자본총액(순자산)을 알 수 있는 법정서식은?

① 법인세 과세표준 및 세액조정계산서
② 소득금액조정합계표
③ 자본금과 적립금조정명세서(을)
④ 자본금과 적립금조정명세서(갑)

11. 세법상 중소기업에 대한 조세지원제도로써 올바르지 못한 것은?

① 중소기업은 각 사업연도에 세무상결손금이 발생한 경우 소급공제신청하여 직전 사업연도의 법인세를 환급받을 수 있다.

② 중소기업에 대해서는 소득세 및 법인세의 과소신고가산세를 경감한다.

③ 일정한 업종을 영위하는 중소기업은 해당업종에서 발생한 소득금액에 대해 소득세 또는 법인세를 감면한다.

④ 중소기업은 최저한세를 적용함에 있어서 낮은 세율을 적용받는다.

12. 현행 법인세법에서 중소기업에 대한 조세지원내용이 아닌 것은?

① 기업업무추진비 한도액의 증액   ② 적격증명서류 관련 가산세

③ 결손금 소급공제에 따른 환급   ④ 법인세 분납기간의 연장

13. 다음 중 법인세법상 신고 및 납부에 대한 설명으로 가장 옳지 않은 것은?

① 내국법인이 납부할 세액이 1천만원을 초과하는 경우에는 일정 기한내에 분납할 수 있다.

② 영리내국법인이 법인세 신고 시 「법인세 과세표준 및 세액신고서」를 첨부하지 않은 경우에는 무신고에 해당한다.

③ 성실신고확인서를 제출한 내국법인의 법인세 신고기한은 각 사업연도 종료일이 속하는 달의 말일부터 4개월이내이다.

④ 내국법인이 토지수용으로 인해 발생하는 소득에 대한 법인세를 금전으로 납부하기 곤란한 경우에는 물납할 수 있다.

14. 다음 중 법인세법상 중간예납의무에 대한 설명으로 가장 틀린 것은?

① 사업연도의 기간이 6개월을 초과하는 내국법인은 원칙적으로 각 사업연도 중 중간예납기간에 대한 법인세 중간예납세액을 납부할 의무가 있다.

② 중간예납기간은 해당 사업연도의 개시일부터 6개월이 되는 날까지로 한다.

③ 합병이나 분할에 의하지 아니하고 새로 설립된 법인의 설립 후 최초 사업연도는 제외한다.

④ 직전 사업연도에 중소기업인 내국법인은 직전 사업연도의 산출세액을 기준으로 계산한 중간예납세액이 30만원 미만인 경우 중간예납세액을 납부할 의무가 없다.

주관식

01. 다음 자료를 이용하여 당기말 유보잔액을 구하시오.

(1) 전기(20x0년) 소득금액조정합계표의 내용은 다음과 같고, 기초 유보잔액은 0이라 가정한다.

전기(20x0년)분 익금산입 손금불산입		
과목	금액	비고
법인세비용	10,000,000	손익계산서에 계상된 법인세비용임
기업업무추진비한도초과	5,000,000	당기 기업업무추진비한도 초과액임
기부금	7,000,000	어음기부금으로 만기가 20x1.6.20임
건물감가상각비	10,000,000	당기 감가상각부인액임
합계	32,000,000	

전기(20x0년)분 손금산입 익금불산입		
과목	금액	비고
상품	2,000,000	20x0년 귀속 상품 과대계상액임
합계	2,000,000	

(2) 당기(20x1년) 소득금액조정합계표의 내용은 다음과 같다.

당기(20x1년)분 익금산입 손금불산입		
과목	금액	비고
법인세비용	15,000,000	손익계산서에 계산된 법인세비용임
기업업무추진비한도초과	15,000,000	3만원초과 신용카드미사용 기업업무추진비임
상품	6,000,000	20x1년 귀속(당기) 상품 과소계상액임
상품	2,000,000	전기(20x0년 귀속) 상품 과대계상액
합계	38,000,000	

당기(20x1년)분 손금산입 익금불산입		
과목	금액	비고
선급비용	6,000,000	당기 선급비용 과대계상분
외상매출금	8,000,000	소멸시효완성채권임
기부금	7,000,000	어음만기 20x1. 6. 20.
건물상각부인액손금추인액	3,000,000	20x0년 귀속 건물상각부인액을 손금추인함
합계	24,000,000	

02. 다음 자료를 이용하여 기말 유보잔액을 구하시오.

1. 전기 말 자본금과적립금조정명세서(을) 잔액은 다음과 같다.
   (1) 대손충당금 한도초과액 5,000,000원
   (2) 선급비용 10,000,000원
   (3) 재고자산평가감 5,000,000원

2. 당기 중 유보금액 변동내역은 다음과 같다.
   (1) 당기 대손충당금한도초과액은 3,000,000원이다.
   (2) 선급비용은 전액 20x1.1.1.~3.31.분으로 전기 말에 손금불산입 유보로 세무조정된 금액이다.
   (3) 재고자산평가감된 재고자산이 모두 매각되었고, 당기말에는 재고자산평가감이 발생하지 아니하였다.
   (4) 당기 건물에 대한 감가상각비 한도초과액이 10,000,000원 발생하였다.

03. 다음 자료를 참고하여 당기말 기말 세무상자기자본을 구하시오.

(1) 재무상태표 요약

전기말 요약 재무상태표			
㈜강화			(단위 : 원)
유동자산	1,185,409,444	유동부채	677,205,320
비유동자산	506,550,000	비유동부채	220,810,057
		자본금	500,000,000
		자본잉여금	121,400,000
		이익잉여금	172,544,067
계	1,691,959,444	계	1,691,959,444

당기말 요약 재무상태표			
㈜강화			(단위 : 원)
유동자산	9,206,693,823	유동부채	7,865,746,616
비유동자산	5,534,550,000	비유동부채	272,810,057
		자본금	614,500,000
		자본잉여금	125,400,000
		이익잉여금	5,862,787,150
계	14,741,243,823	계	14,741,243,823

(2) 기타

- 자본금과 적립금조정명세서(을)표상의 유보 잔액은 8,100,000원이다.
- 손익계산서상 법인세비용이 법인세과세표준및세액신고서상 법인세보다 법인세 725,000원, 지방소득세 72,500원 적게 계상되었다.(단, 전기분은 고려하지 않는다.)

연/습/문/제 답안

🔑 객관식

1	2	3	4	5	6	7	8	9	10	11	12	13	14
④	④	④	③	②	③	①	②	①	④	②	②	④	④

[풀이 - 객관식]

01. 소득금액조정합계표는 익금산입·손금불산입항목의 합계와 손금산입·익금불산입항목의 합계를 법인세과세표준 및 세액조정계산서로 보내 해당 사업연도 소득금액을 계산하도록 한다. 단, 세무조정항목 중 기부금한도초과액 및 한도초과이월액 손금산입은 소득금액조정합계표에 표시하지 아니하고 **기부금조정명세서에서 계산한 후 직접 과세표준 및 세액조정계산서에 기재**된다.

02. 재고자산평가감(가산조정)은 세법상의 평가액이 장부가액보다 큰 경우 그 차액에 대하여 행하는 세무조정사항이다. 따라서 기초재고자산은 세법상 평가액이 장부가액보다 5,000,000원 크다. 각사업연도 소득은 가산조정(3,000,000)과 차감조정(5,000,000)을 반영하면 2,000,000원 감소한다.

03. **결손법인도 반드시 신고**하여야 한다.

04. **1천만원초과인 경우 분납**할 수 있다.

05. **확정신고기한은 종료일로부터 3개월 이내, 중간예납은 중간예납기간 종료일로부터 2개월 이내 신고** 납부하여야 한다.

07. 200,000,000 + 20,000,000 - (15,000,000 + 13,000,000 - 8,000,000) = 200,000,000원

08. 법인세법에서 물납제도는 없다.

09. 소득금액조정합계표는 일반기부금한도초과액을 제외한 가, 나, 다, 마의 세무조정사항이 반영되며, 자본금과적립금조정명세서(을)은 유보소득처분과 관련된 서식으로서 다, 마의 세무조정사항이 반영된다.

11. 중소기업에 대하여 과소신고가산세를 경감하는 규정은 없다.

12. **적격증빙서류 관련 가산세는 2%로 중소기업과 일반기업간에 차이가 없다.**

13. **법인세법은 물납규정이 없다.**

14. 직전 사업연도에 중소기업인 내국법인은 **직전 사업연도의 산출세액을 기준으로 계산한 중간예납세액이 50만원 미만**인 경우 중간예납세액을 납부할 의무가 없다.

☞ 주관식

01. 자본금과적립금조정명세서(을)

(1) 20x0년 소득금액조정합계표상 소득처분

익금산입 손금불산입			익금불산입 손금산입		
과목	금액	처분	과목	금액	처분
법인세비용	10,000,000	기/사	상품	2,000,000	△유보
기업업무추진비 한도초과	5,000,000	기/사			
기부금	7,000,000	유보			
건물감가상각비	10,000,000	유보			
합계	32,000,000		합계	2,000,000	

전기말유보잔액 = 7,000,000(기부금) + 10,000,000(건물) – 2,000,000(상품) = 15,000,000

(2) 20x1년 소득금액조정합계표상 소득처분

익금산입 손금불산입			익금불산입 손금산입		
과목	금액	처분	과목	금액	처분
법인세비용	15,000,000	기/사	선급비용	6,000,000	△유보
기업업무추진비 한도초과	15,000,000	기/사	외상매출금	8,000,000	△유보
상품	6,000,000	유보	기부금	7,000,000	△유보
상품	2,000,000	유보	건물감가상각비	3,000,000	△유보
합계	38,000,000		합계	24,000,000	

(3) 기말유보잔액 = 기초유보잔액(15,000,000) + 유보(6,000,000 + 2,000,000)

$$- △유보(24,000,000) = \underline{\mathbf{△1,000,000(원)}}$$

〈참고〉 자본금적립금조정명세서(을)

I.세무조정유보소득계산				
①과목 또는 사항	②기초잔액	③감 소	④증 가	⑤기말잔액 (=②-③+④)
기부금	7,000,000	7,000,000		
건물감가상각비	10,000,000	3,000,000		7,000,000
상품	-2,000,000	-2,000,000	6,000,000	6,000,000
선급비용			-6,000,000	-6,000,000
외상매출금			-8,000,000	-8,000,000
합 계	15,000,000	8,000,000	-8,000,000	-1,000,000

02. 자본금과 적립금조정명세서 (을)

(1) 당기세무조정

익금산입 손금불산입			익금불산입 손금산입		
과목	금액	처분	과목	금액	처분
당기대손충당금	3,000,000	유보	전기대손충당금	5,000,000	△유보
건물감가상각비	10,000,000	유보	전기선급비용	10,000,000	△유보
			전기재고자산	5,000,000	△유보
합계	13,000,000		합계	20,000,000	

(2) 당기말 유보잔액

기초(20,000,000)+유보(13,000,000)-△유보(20,000,000) = **13,000,000원**

〈참고〉 자본금적립금조정명세서(을)

①과목 또는 사항	②기초잔액	당 기 중 증 감		⑤기말잔액 (=②-③+④)	비 고
		③감 소	④증 가		
대손충당금한도초과	5,000,000	5,000,000	3,000,000	3,000,000	
선급비용	10,000,000	10,000,000			
재고자산평가감	5,000,000	5,000,000			
감가상각비한도초과			10,000,000	10,000,000	

03. 자본금과적립금조정명세서(갑)

세무상자기자본 = 회계상자기자본+유보±손익미계상법인세등

= 자본금(614,500,000)+자본잉여금(125,400,000)+이익잉여금(5,862,787,150)

+유보(8,100,0000)-손익미계상법인세등(725,000+72,500)

= **6,609,989,650원**

☞ **손익미계상법인세 : 손익계산서상의 법인세등<신고서상의 법인세 등이므로 차감하여 계산한다.**

〈참고〉자본금과적립금조정명세서(갑)

자본금과적립금조정명세서(을)	자본금과적립금조정명세서(갑)		이월결손금				

⇨ Ⅰ.자본금과 적립금 계산서

	①과목 또는 사항	코드	②기초잔액	당 기 중 증 감		⑤기 말 잔 액 (=②-③+④)	비 고
				③감 소	④증 가		
자본금및 잉여금의 계산	1.자 본 금	01	500,000,000		114,500,000	614,500,000	
	2.자 본 잉 여 금	02	121,400,000		4,000,000	125,400,000	
	3.자 본 조 정	15					
	4.기타포괄손익누계액	18					
	5.이 익 잉 여 금	14	172,544,067		5,690,243,083	5,862,787,150	
	12.기타	17					
	6.계	20	793,944,067		5,808,743,083	6,602,687,150	
7.자본금과 적립금명세서(을)계		21			8,100,000	8,100,000	
손익미계상 법인세 등	8.법 인 세	22			725,000	725,000	
	9.지 방 소 득 세	23			72,500	72,500	
	10. 계 (8+9)	30			797,500	797,500	
	11.차 가 감 계 (6+7-10)	31	793,944,067		5,816,045,583	6,609,989,650	

Part II

실무능력

법인조정 작업 순서도

01 소득금액확정

결산자료에 세무조정사항을 반영 후 소득금액을 확정하는 단계

기초사항검토
회사등록(중소기업여부)
표준재무제표

각사업연도소득계산
수입금액조정
감가상각비조정
과목별세무조정
기부금조정명세서

소득금액 세무조정
소득금액조정합계표
기부금조정명세서(한도계산)
법인세과세표준 및 세액조정계산서

02 과세표준 및 세액계산

법인세율적용 후 각종 공제감면세액을 계산하는 단계

과세표준 계산
이월결손금(5년, 10년)
비과세소득명세서
소득공제

산출세액계산

납부할세액계산
공제감면세액계산
세액공제조정명세서(연구및인력개발비)
공제감면세액 및 추가납부세액표
최저한세조정계산서
가산세액 계산서
원천납부세액명세서

03 법인세등 신고서 확정

법인세, 지방소득세 등 신고서를 작성하여 확정하는 단계

법인세 확정
법인세과세표준 및 세액조정계산서
법인세과세표준 및 세액신고서
법인세중간예납신고납부계산서

지방소득세

기타부속 서류
자본금과 적립금 조정명세서(갑,을)

04 신고 및 납부

확정된 신고서를 근거로 신고 및 납부하는 단계

전산세무1급(법인조정) 출제경향

구 분		연도	2023						2024					
		기출 회차	106	107	108	109	110	111	112	113	114	115	116	117
		합격률(%)	25	23	22	9	24	9	4	14	21	10	30	18
수입금액 조정	수입금액조정명세서			★				★			★		★	
	조정후수입금액명세서			★				★			★		★	
	수입배당금액명세서													
	임대보증금 등 간주익금조정명세서													
감가상각	미상각자산감가상각조정명세서외								★					★
과목별 세무조정	퇴직급여충당금조정명세서													
	퇴직연금부담금조정명세서			★	★		★				★			
	대손충당금및대손금조정명세서					★		★				★		
	기업업무추진비조정명세서					★			★			★		
	재고자산평가조정명세서													★
	세금공과금명세서		★			★		★					★	
	선급비용명세서			★			★			★				★
	가지급금인정이자조정명세서		★		★				★	★				
	업무무관지급이자조정명세서			★				★						
	건설자금이자조정명세서													
	외화자산등 평가차손익조정명세서									★				
	기부금조정명세서				★		★				★			★
	업무용승용차관련비용명세서				★		★					★	★	
소득과표	소득금액조정합계표				★							★		
공제감면 추납세액	세액공제조정명세서(3)													
	연구인력개발비발생명세서													
	공제감면세액합계표(갑,을)													
세액계산 및 신고서	법인세과세표준 및 세액조정계산서		★			★	★		★	★		★		★
	최저한세조정계산서		★									★		★
	원천납부세액명세서(갑,을)		★				★				★		★	
	가산세액계산서					★				★				
부속서류	자본금과적립금조정명세서		★	★		★			★	★				
	주식등 변동상황명세서							★						

법인조정 프로그램 기초

NCS세무 - 3　세무조정 – 신고준비

제1절　법인 조정 메뉴의 구성

　다음은 전산세무1급에 자주 출제되는 메뉴로 구성해 보았고 앞으로 다음 메뉴 위주로 설명할 것이다.

구　분	하위메뉴	비　고
1. 기초정보관리	회사 기본사항 등록 등	
2. 요약재무제표	표준대차대조표, 표준손익계산서 등	실무에서 재무제표 확정
3. 수입금액 조정	**수입금액조정명세서** **조정후 수입금액명세서** 수입배당금액명세서(2021 한번 출제) 임대보증금 간주익금조정(2021 한번 출제)	손익의 귀속시기
4. 감가상각비 조정	**고정자산등록** **미상각분감가상각조정명세서** 양도자산감가상각조정명세서 **감가상각비조정명세서합계표**	고정자산의 감가상각

구 분	하위메뉴	비 고
5. 과목별세무조정	**퇴직급여충당금조정명세서** **퇴직연금부담금조정명세서** **대손충당금 및 대손금조정명세서** **기업업무추진비조정명세서** **재고자산(유가증권)평가조정명세서** **세금과공과금명세서** **선급비용명세서** **가지급금등의 인정이자조정명세서** **업무무관지급이자조정명세서** **건설자금이자조정명세서** **외화자산등 평가차손익 조정명세서** **기부금조정명세서** **업무용 승용차 관련 비용명세서**	
6. 소득 및 과표계산	**소득금액조정합계표**	자주기출
7. 특별비용 및 공제감면조정	공제감면세액계산서(1~5) **세액공제조정명세서(3)** **연구 및 인력개발비 명세서** **공제감면세액 및 추가납부세액 합계표**	
8. 세액계산 및 신고서	**법인세과세표준 및 세액조정계산서** **최저한세조정계산서** 원천납부세액명세서 가산세액 계산서 법인세중간예납신고서	자주기출
9. 신고 및 부속서류	자본금과적립금조정명세서 주식등변동상황명세서(2021, 2023 두번 출제)	

제2절 법인조정순서(실무)

법인조정은 일반적으로 다음과 같은 순서로 작업을 합니다.

세무조정순서	내　용
1. 기초정보관리	회사기본사항 등록 등
2. 요약재무제표	
3. 수입금액조정	수입금액조정명세서 ⇒ 조정후 수입금액명세서
4. 감가상각비 및 과목별세무조정	**기부금은 모든 세무조정 후 마지막에 한다.**
5. 소득금액의 확정	소득금액조정합계표
6. 공제 · 감면세액의 확정	
7. 자본금과 적립금조정명세서	이월결손금, 세무상자기자본, 유보금액관리
8. 가산세 및 원천납부세액명세서	
9. 법인세과세표준 및 세액조정계산서	

제3절 법인조정프로그램의 공통사항

① 기능키의 설명

F12(불러오기)	관련된 전표에서 불러옵니다.
F11(저장)	**저장버튼이 있는 경우 작업이 끝나면 반드시 저장을 하고 나오도록 한다.**
F3(조정등록)	과목별세무조정에서 발생된 세무조정사항을 바로 소득금액조정합계표에 반영할 수 있다.
조정코드도움(F4)	또한 조정코드도움을 받아서 선택하여 입력할 수도 있고, 직접 입력 직접입력 도 가능하다.
F7(원장조회)	재무회계의 계정별 원장을 조회시 사용한다.
F8(잔액조회)	계정과목별 계정별원장의 기초잔액, 당기증가, 당기감소, 기말잔액으로 조회할 때 사용한다.

CF5(전체삭제)	작업 중이던 서식의 데이터 또는 일정단위의 입력된 데이터를 모두 삭제시 사용한다.
크 게	입력화면이 커진다.

② **입력순서**

1. **상단의 F12(불러오기)를 있으면 클릭하여 관련 데이터를 새로 불러올 수 있다. 일반적으로 명세서를 불러오면 데이터를 자동적으로 불러온다.**

2. 서식의 작성순서는 빨간색 숫자순으로 한다. 예를 들어 퇴직급여충당금조정명세서를 보면 다음과 같이 작성한다.

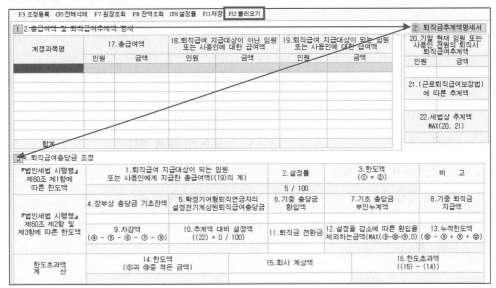

(1) 조정명세서 작업 순서(일부 명세서 포함)

조정이란 세무조정을 의미하며, 조정명세서의 작성(입력)의 완료는 해당 항목의 세무조정이 끝난 것이다. 이 때 **세무조정의 결과는 반드시 소득금액조정합계표에 반영(입력)**하여야 한다. 본 프로그램에서 소득금액조정합계표에 반영(입력)하는 작업이 F3(조정등록)이다. 따라서 조정명세서 작업이 끝나면 반드시 그 결과를 F3(조정등록)을 하여야 한다.

(2) 새로불러오기 버튼이 있는 경우

화면 우측에 F12(불러오기)가 있는 경우 **새로운 작업을 시작할 때에는** F12(불러오기) 버튼을 클릭(실행)하여 관련 데이터를 불러온 후에 필요한 입력을 하여야 한다.

3. 하단의 Tip을 참조하여 입력한다.

개 정			7.기초충당금 부인누계액란은 4.장부상 충당금 기초잔액 중에 세무상 부인액이 포함되어 있는 경우에등 부인액(확정기여형 퇴직연금 등 설정자의 설정전 기 계상된 퇴직급여충당금과 관련된 부인액 제외)을 적습니다.

4. 저장

F11(저장)을 클릭하여 소득금액합계표와 과목별세무조정명세서 등을 반드시 저장한다.

제4절 표준재무제표

전산세무1급에서는 출제된 적이 없고, 실무에서 필요한 작업순서입니다.

① 재무제표확정 : 재무회계 메뉴 [결산/재무제표]

1. 제조원가명세서 확정	조회 후 **표준[법인용]용 클릭**
2. 손익계산서 확정	조회 후 **표준[법인용]용 클릭**
3. 이익잉여금처분서 계산서 확정	
4. 재무상태표 확정	조회 후 **표준[법인용]용 클릭**

② 표준대차대조표

상단의 CF8 편집 을 클릭하여 수정할 수 있다.

③ 표준손익계산서

상단의 F3(조정등록)을 클릭하여 법인세비용을 세무조정할 수 있다.

④ 표준원가명세서

원가명세서 유형을 선택하여야 한다.

수입금액조정

NCS세무 - 5 법인세 신고 - 법인세 신고하기/ 부속서류 작성하기

제1절 수입금액조정명세서

결산서상 수입금액(매출액과 영업외수익중)과 세법상 수입금액의 차이가 있는 법인은 반드시 이 서식을 작성하여야 한다. 수입금액란에는 계정과목별로 매출액 및 영업외수익 등으로 구분하여 수입금액에 해당하는 금액을 입력한다.

여기서 수입금액이라 기업회계상 매출액과 영업외수익중 법인세에서 인정하는 일부 수입금액을 말한다.

따라서 기업회계기준에서의 매출액이란 매출에누리·환입·할인을 차감한 순매출액을 의미한다.

수입금액에 포함되는 것	수입금액에 포함되지 않는 것
1. 상품·제품매출액 2. **반제품·부산물·작업폐물 매출액** 3. 중단사업부문의 매출액	1. 영업외수익 2. 임대보증금에 대한 간주익금

| 수입금액조정계산 | 작업진행률에 의한 수입금액 | 중소기업 등 수입금액 인식기준 적용특례에 의한 수입금액 | 기타수입금액조정 |

1 1.수입금액 조정계산

	계정과목		③결산서상 수입금액	조 정		⑥조정후 수입금액 (③+④-⑤)	비 고
	①항 목	②계정과목		④가 산	⑤차 감		
1							
	계						

2 2.수입금액조정명세

가.작업 진행률에 의한 수입금액		
나.중소기업 등 수입금액 인식기준 적용특례에 의한 수입금액		
다.기타 수입금액		
계		

| 계정 | 전자 | | |

1. **1** 수입금액조정계산(계정과목과 수입금액입력)

1.매출 2.영업외수익 중 해당항목을 선택한다. **과목**란에는 계정과목코드를 입력을 해야 하는데 상단의 F4(매출조회)를 클릭하면 기장된 자료의 매출조회화면이 박스에 표시되므로 해당과목을 클릭하면 된다.

그러면 ② 과목과 ③ 결산서상 수입금액이 자동입력된다.

2. **2** 수입금액조정명세(가.작업진행률에 의한 수입금액)

상단의 작업진행률에 의한 수입금액 를 클릭한다.

| 수입금액조정계산 | 작업진행률에 의한 수입금액 | 중소기업 등 수입금액 인식기준 적용특례에 의한 수입금액 | 기타수입금액조정 |

2 2.수입금액 조정명세
가.작업진행률에 의한 수입금액

	⑦공사명	⑧도급자	⑨도급금액	작업진행률계산			⑬누적익금 산입액 (③×⑫)	⑭전기말누적 수입계상액	⑮당기회사 수입계상액	(16)조정액 (⑬-⑭-⑮)
				⑩해당사업연도말 총공사비누적액 (작업시간등)	⑪총공사 예정비 (작업시간등)	⑫진행률 (⑩/⑪)				
1										

⑨**도급금액**란은 총도급금액을 입력하고, ⑪**총공사예정비**란은 해당 사업연도 종료일 현재 추정한 총예정원가를 입력한다. ⑫**진행률**과 ⑬**누적익금산입액**은 자동 계산되며, ⑭**전기말누적수입계상액**과 ⑮**당기회사수입계상액**을 입력하면 (16)조정액이 자동 산출된다.

3. ② 수입금액조정명세(다.기타수입금액)

상단의 기타수입금액조정 을 클릭하여 다음 화면으로 이동한다.

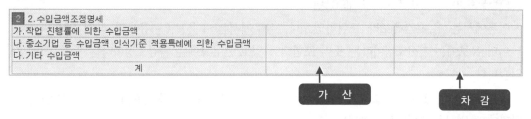

수입금액이 누락된 경우에 직접 입력한다.(23)구분란에는 누락된 매출액, 위탁매출액 등을 입력하고 해당 (25)수입금액과 (26)대응원가를 각각 입력한다.

4. ② 수입금액조정명세(조정)

④가산란과 ⑤차감란은 하단의 2.수입금액조정명세를 참고하여 가산란과 차감란에 직접입력한다.

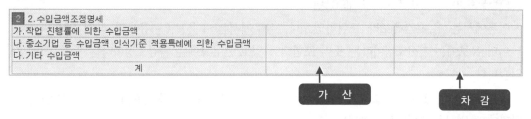

5. 조정등록

상단의 F3(조정등록)을 클릭하면 하단에 간략한 세무조정 사항이 나오고 적절한 계정과목을 선택하여 입력하면 된다.

하단의 조정코드도움(F4)을 클릭하여 적절한 조정과목을 선택해도 되고, 직접입력 을 클릭하여 간단 명료하게 회사계산 계정과목 및 익금, 손금산입 유형을 요약 하여 적는다.

이러한 과목은 회계관리 - 환경등록 - 법인에서 1.조정과목사용으로 설정되어 있으므로, 이러한 설정을 2.직접입력으로 변경하여 사용하여도 된다.

| 회계 | 원천 | 법인 |

1	의제상각 적용대상	2.일반	
2	감가상각 시부인방법	1.계정과목별시부인	1.조정과목사용
3	소득금액조정합계표 조정등록방법	1.조정과목사용	2.직접입력
4	정관상 회사사업년도	1 월 1 일 ~ 12 월 31 일	
5	신고구분	1.확정신고	

조정 등록

익금산입 및 손금불산입			손금산입 및 익금불산입		
과 목	금 액	소득처분	과 목	금 액	소득처분
합 계			합 계		

소득명세

과 목	금 액	과 목	금 액

※환경등록-조정등록방법 : 조정과목사용으로 설정됨   [손익조정] [직접입력] [계정코드도움(F2)] [조정코드도움(F4)] [삭제(F5)] [종료(ESC)]

[유보발생 및 유보감소]

이론에서는 유보,△유보라 표현하였으나, 실무에서는 +유보,(-)유보라 하지 않습니다.

이미 유보에는 가산조정이라는 뜻이 포함되어 있고 △유보에는 차감조정이라는 뜻이 포함되어 있습니다.

유보발생이란 당기에 유보가 발생된 것을 의미하고 유보감소란 전기말까지 남아 있던 유보가 당기에 추인하는 것을 의미합니다.

	가산조정	차감조정
유보발생(당기발생)	당기 유보 발생	당기 △유보 발생
유보감소(당기추인)	당기 유보 **추인**	당기 △유보 **추인**

example
예제 따라하기　**수입금액조정명세서**

(주)무궁(0401)를 선택하여 수입금액조정명세서를 작성하고 세무조정을 하여 소득금액합계표에 반영하시오.

1. 손익계산서상 매출내역(수입금액)은 조회하여 입력하시오.
2. 공사현황

공　　사　　명	한라빌딩공사	백두연수원
도　　급　　자	(주)한 라	(주)백두
공　사　기　간	전기 5.1 ~ 차기 7. 31	당기 5.1 ~ 차기 7. 31
도　급　금　액	100,000,000원	200,000,000원
예　정　총　원　가	80,000,000원	150,000,000원
전　기　공　사　원　가	15,000,000원	-
당　기　공　사　원　가	35,000,000원	15,000,000원
전　기　말　수익계상	20,000,000원	-
결　산　서　상　수익계상	20,000,000원	30,000,000원

* 전기의 세무조정사항은 없었고, 공사원가는 비용으로 계상하였다.

3. 위탁상품누락

회사는 (주)한라에 상품일부를 위탁판매하고 있다. 수탁회사((주)한라)는 당기 12월 27일 (주)영산에 상품을 판매하였으나 차기 1월 10일에 이 사실을 알려왔으나, 회사는 당기 수익으로 계상하지 않았다. 위탁상품의 판매가는 1,000,000원이며, 원가는 800,000원이다.

4. 대리점에 대한 사전약정에 의한 에누리 금액 1,500,000원(제품매출)을 영업외비용으로 처리하였다.

5. 잡이익에는 부산물매각액 1,000,000원이 있다.

해답

1. **작업진행률에 의한 수입금액 입력**

상단의 　작업진행률에 의한 수입금액　 클릭한다.

(1) 한라빌딩공사

⑧도급자	⑨도급금액	작업진행률계산			⑬누적익금산입액 (③×⑫)	⑭전기말누적수입계상액	⑮당기회사수입계상액	(16)조정액 (⑬-⑭-⑮)
		⑩해당사업연도말총공사비누적액(작업시간등)	⑪총공사예정비(작업시간등)	⑫진행률(⑩/⑪)				
1 (주)한라	100,000,000	50,000,000	80,000,000	62.50	62,500,000	20,000,000	20,000,000	22,500,000

[16] 조정액이 양수(+)인 경우에는 가산조정(익금산입), 음수(-)인경우에는 차감조정(익금불산입)을 하면 된다.

[세무조정] 〈익금산입〉 한라빌딩공사 기성고(작업진행률)차액 22,500,000원(유보, 발생)

[2] 백두연수원

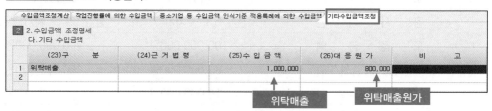

| | ⑧도급자 | ⑨도급금액 | 작업진행률계산 | | | ⑬누적익금산입액 (⑨×⑫) | ⑭전기말누적수입계상액 | ⑮당기회사수입계상액 | (16)조정액 (⑬-⑭-⑮) |
			⑩해당사업연도말 총공사비누적액 (작업시간등)	⑪총공사 예정비 (작업시간등)	⑫진행률 (⑩/⑪)				
1	(주)한라	100,000,000	50,000,000	80,000,000	62.50	62,500,000	20,000,000	20,000,000	22,500,000
2	(주)백두	200,000,000	15,000,000	150,000,000	10.00	20,000,000		30,000,000	-10,000,000
3									

[세무조정] 〈익금불산입〉 백두연수원 기성고(작업진행률) 차액 10,000,000원(유보, 발생)

2. 기타수입금액(위탁매출누락)

기타수입금액조정 으로 이동한다.

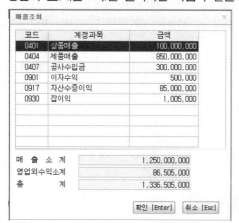

[세무조정] 〈익금산입〉 위탁매출   1,000,000원(유보, 발생)
        〈손금산입〉 위탁매출원가   800,000원(유보, 발생)

3. 수입금액조정계산

[1] 결산서상 수입금액 입력

상단의 F4(매출조회)를 클릭하면 다음과 같은 화면이 나온다.

코드	계정과목	금액
0401	상품매출	100,000,000
0404	제품매출	850,000,000
0407	공사수입금	300,000,000
0901	이자수익	500,000
0917	자산수증이익	85,000,000
0930	잡이익	1,005,000

매 출 소 계   1,250,000,000
영업외수익소계   86,505,000
총   계   1,336,505,000

확인 [Enter]   취소 [Esc]

상품매출을 더블클릭하면 결산서상 수입금액에 100,000,000원이 반영된다.

나머지 수입금액에 해당하는 것을 모두 입력한다. **공사수입금액을 입력하면 가산조정 12,500,000 원이 자동반영**된다.

또한 잡이익중 부산물매출액이 1,000,000원이므로 수정하여 입력한다.

자산수증이익과 이자수익은 법인세법상 수입금액에 해당하지 않으므로 입력하지 않는다.

(2) 조정금액 입력

① 위탁매출(상품매출)금액은 수입금액에 누락되었으므로 가산에 1,000,000원을 입력한다.

② 사전약정에 의한 에누리 금액은 매출에누리에 해당하므로 차감란에 1,500,000원을 입력한다.

[수입금액조정명세서 최종분]

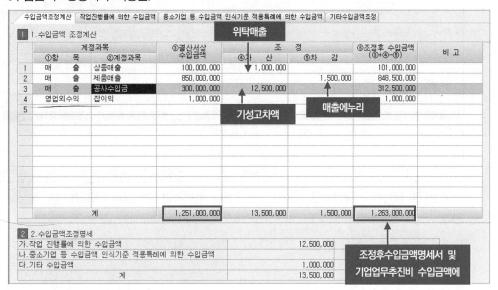

4. 조정등록(소득금액조정합계표에 반영된다)

상단의 F3(조정등록)을 클릭하면 하단의 세무조정 사항이 나오고 직접입력 을 클릭하여 과목란에 적절한 계정과목(조정과목)과 금액을 입력하고 소득처분을 선택하면 된다. 여기서 주의할 점은 **공사기성고차액은 가산조정과 차감조정을 별도 입력하여 한다.**

유보(발생)은 당기 발생분을 의미하고, 유보(감소)는 전기 발생 유보 중 추인되는 것을 말한다.
조정코드도움(F4)을 클릭하여 **조정과목등록 화면이 나타나면 해당조정과목을 선택해도 되나, 조정과목이 제한되어 있으므로 직접 입력해도 무방하다.**

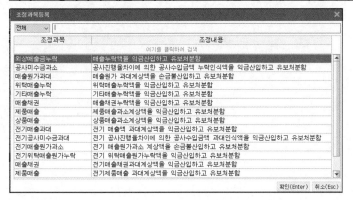

종료(Esc)를 클릭하고 메인화면 상단의 F11(저장)을 클릭하면 수입금액조정명세서는 작성이 완료된다.

제2절 조정후 수입금액명세서

조정후수입금액명세서는 앞에서 살펴본 수입금액조정명세서상의 조정후수입금액과 부가가치세 과세표준과의 차액내역을 입력하는 서식이다.

	수입금액 (법인세법)	과세표준 (부가가치세법)	차액조정 수입금액→과세표준
간 주 공 급	×	○	(+)
간 주 임 대 료	×	○	(+)
고정자산매각	×	○	(+)
진행율 차이	(+) (−)	×[*1] ×[*1]	(−) (+)
부 산 물 매 출	○	○	×
매 출 누 락	○	×	(−)
		○(수정신고)	×

> **부가가치세법상 과세표준 − 법인세법상 조정후수입금액 = 차액**

1 1.업종별 수입금액명세서								
①업 태	②종 목	순번	③기준(단순) 경비율번호	**수 입 금 액**				
				수입금액계정조회	내 수 판 매		⑦수 출 (영세율대상)	
				④계(⑤+⑥+⑦)	⑤국내생산품	⑥수입상품		
		01						
		02						
		03						
		04						
		05						
		06						
		07						
		08						
		09						
		10						
(111)기 타		11						
(112)합 계		99						

1. 🔳 업종별수입금액명세서

- 조정후 수입금액명세서를 클릭하면 수입금액조정명세서에 입력된게 자동반영된다.
- ③ 기준(단순)경비율을 입력하면, ①업태와 ②종목이 자동반영된다.

기준(단순)경비율번호는 법인세과세표준신고일 현재 기준(단순)경비율의 업태·종목 및 코드번호를 말하는데 F2를 클릭하면 아래 그림의 도움박스를 이용하여 입력한다.

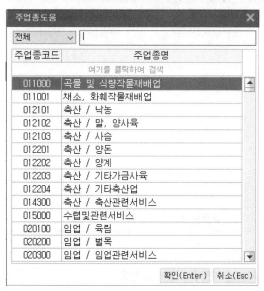

- 상단의 F8(수입조회)를 클릭하여 수입금액을 조회할 수도 있다.

내수판매의 ⑤국내생산품에 금액을 입력하면 자동적으로 차액부분이 ⑥수입상품과 ⑦수출금액란에 반영된다.

2. 🔳 부가가치세 과세표준 수입금액 차액 검토

상단의 `과세표준과 수입금액 차액검토`을 클릭하면 부가가치세 과세표준의 각 항목은 부가가치세 신고서에서 저장된 금액이 자동반영 된다. 우측의 차액(⑬)부분이 수입금액과 과세표준의 차액이다.

3. 🔳 수입금액과의 차액내역

하단에 차액내역을 입력하고, 하단의 합계액(17)이 상단의 차액(⑬)과 일치하면 된다. 구분란에 추가할 사항이 있으면 추가하여 입력하면 된다.

㈜ 무궁(0401)의 다음 자료에 의하여 조정후수입금액명세서를 작성하시오.

[자료1]

결산서상 수입금액내역이다.

구		분	기준경비율코드	금 액(원)
매 출 액	제품매출	제조/컴퓨터	300100	850,000,000
	상품매출	도매/컴퓨터	515050	100,000,000
	공사수익금	건설/주거용건물	451101	300,000,000
영업외수익	부산물매각	건설/주거용건물	451101	1,000,000
합 계				1,251,000,000

*1. 제품매출에는 **250,000,000**원이 국내수출분이다.

[자료2]

수입금액조정명세서의 추가자료

- 공사수익 : 작업진행률에 의한 수입금액으로 12,500,000원이 가산되었다.
- 상품매출 : 위탁매출누락분(1,000,000원)에 대해서는 부가가치세 신고서에 미반영되었다.
- 매출에누리 : 제품매출에누리(1,500,000원)에 대해서는 회사는 잡손실로 처리하였다.

[자료3]

부가가치세법상의 과세표준내역

구 분	금 액(원)	비 고
일 반	1,026,000,000	
영세율	250,000,000	
합 계	1,276,000,000	

1. 사업용 고정자산 매각대금 10,000,000원이 포함되어 있다.
2. 선세금계산서 : 8,000,000원(부가세 별도)을 결제받고 공급시기 전 세금계산서를 발행하였다. 결산서에 선수금으로 처리하였다.
3. 종업원들(2명)에게 창립기념일 선물로 제공한 상품이 포함되어 있으며, 원가는 5,000,000원, 시가는 7,000,000원이다.
4. 매출에누리(1,500,000원)에 대해서 (−)세금계산서를 발행하지 않았다.

해답

1. 업종별수입금액명세서

—조정후 수입금액명세서를 불러오면 자동적으로 수입금액이 자동반영된다.

—③기준경비율번호에 기준경비율 코드를 입력한다.

—상단의 F8(수입조회)을 클릭하여 수정할 수도 있다.

—⑦수출금액이 있다면 ⑤국내생산품에 수출금액(250,000,000)을 입력하면 ⑥수입상품에 "598,500,000"이 자동반영되고 이 금액을 ⑤국내생산품에 입력한다. 그리고 ⑥수입상품에 "0"을 입력하면 자동으로 ⑦수출금액에 자동반영된다.

—또한 부산물매각대금(1,000,000원)은 해당 종목(건설업—공사수익금)에 가산하여 입력한다.

【업종별 수입금액명세서 입력후】

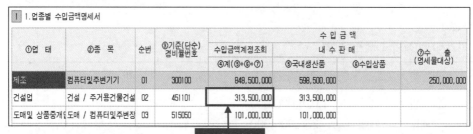

①업 태	②종 목	순번	③기준(단순)경비율번호	수입금액계정조회 ④계(⑤+⑥+⑦)	⑤국내생산품	⑥수입상품	⑦수 출(명세율대상)
제조	컴퓨터및주변기기	01	300100	848,500,000	598,500,000		250,000,000
건설업	건설 / 주거용건물건설	02	451101	313,500,000	313,500,000		
도매및 상품중개입	도매 / 컴퓨터및주변장	03	515050	101,000,000	101,000,000		

부산물 가산

—<u>업종이 여러 개인 경우 수입금액이 큰 순서로 입력되도록 한다. 자동적으로 세팅되어 있으나 직접 입력하는 문제가 나오면 수입금액이 큰 순서대로 배열하도록 한다.</u>

2. 부가가치세 과세표준과 수입금액차액 내역 작성

하단의 차액이 +13,000,000원으로 차액내역을 작성하여야 한다.

【차액내역】

구 분	부가세법상 과세표준(A)	법인세법상 수입금액(B)	±차액조정(A - B)
간주공급(개인적공급)	7,000,000	0	7,000,000
거래시기가산(선세금계산서)	8,000,000	0	8,000,000
고정자산매각액	10,000,000	0	10,000,000
작업진행율차이	0	12,500,000	- 12,500,000
매출에누리	0	- 1,500,000	1,500,000
위탁매출액	0	1,000,000	- 1,000,000
합 계	26,500,000	13,500,000	13,000,000

【과세표준과 수입금액 차액 검토】

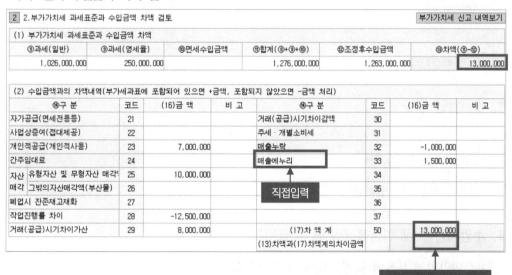

제3절 수입배당금액명세서

이중과세 조정을 위하여 수입배당금 및 익금불산입 내역을 작성하는 서식이다.

1. 1.지주회사 또는 출자법인 현황

1.법인명	2.구분	3.사업자등록번호	4.소재지	5.대표자성명	6.업태 + 종목
		---_--_-----			

2. 2.자회사 또는 배당금 지급법인 현황

No	7.법인명	8.구분	9.사업자등록번호	10.소재지	11.대표자	12.발행주식총수	13.지분율(%)
1							

3. 3.수입배당금 및 익금불산입 금액 명세

No	14.자회사 또는 배당금 지급 법인명	15.배당금액	16.익금불산입비율(%)	17.익금불산입대상금액(15*16)	18.지급이자관련익금불산입배제금액				19.익금불산입액(17-18)
					지급이자	16.비율(%)	익금불산입 적용대상자회사A주식의 장부가액	지주회사(출자법인)의 자산총액	18.배제금액	
1									
	합계								

1. 출자법인 현황

2. 배당금 지급법인 현황

발행주식 총수등을 입력한다.

3. 수입배당금 및 익금불산입 금액 명세서

해당 법인의 지분율에 맞게 익금불산입 비율을 입력한다.
※ 기업형태 구분없이 지분율에 따라 결정

자회사 지분율	익금불산입율
50% 이상	100%
20% 이상~50% 미만	80%
20% 미만	30%

㈜무궁(0401)은 지주회사가 아닌 일반법인으로 다음 자료에 의하여 수입배당금액명세서를 작성하시오.

[자료1] 배당금 지급법인 현황

회사명	법인구분	사업자 등록번호	대표자	소재지	발행주식총수	당사 지분율
㈜서울	상장법인	130-02 -31754	김기호	서울시 영등포구 국제금융로 8	1,000,000주	1%
㈜한라	기타법인 (비상장법인)	108-86 -00273	김기솔	서울시 마포구 마포대로 3	10,000주	100%

[자료2] 배당금 수취 현황

회사명	일자	배당금	대표자
㈜서울	04.10	1,000,000원	김기호
㈜한라	04.20	10,000,000원	김기솔

※ 지급이자가 없는 것으로 가정한다. 따라서 익금불산입 배제금액은 없다.

해답

1. 출자법인 현황

　－2. 구분란에서 2.일반법인을 선택한다.

① 1.지주회사 또는 출자법인 현황					
1.법인명	2.구분	3.사업자등록번호	4.소재지	5.대표자성명	6. 업태 + 종목
(주)무궁	2. 일반법인	128-81-42248	서울특별시 관악구 봉천동 150 백두빌딩 3층	이대호	제조 컴퓨터및주변기기

2. 배당금지급법인 현황

② 2.자회사 또는 배당금 지급법인 현황							
No	7.법인명	8.구분	9.사업자등록번호	10.소재지	11.대표자	12.발행주식총수	13.지분율(%)
1	(주)서울	1.주권,코스닥상장	130-02-31754	서울시 영등포구 국제금융로 8	김기호	1,000,000	1.00
2	(주)한라	2.기타법인	120-21-35093	서울시 마포구 마포대로 3	김기솔	10,000	100.00

3. 수입배당금 및 익금불산입 금액 명세

　－16. 익금불산입비율은 배당금지급법인(일반법인)의 **지분비율에 맞게 익금불산입비율을 선택한다.**

③ 3.수입배당금 및 익금불산입 금액 명세				18.지급이자관련익금불산입배제금액					19.익금불산입액 (17-18)
No	14.자회사 또는 배당금 지급 법인명	15.배당금액	16.익금불산 입비율(%)	17.익금불산입대 상금액(15*16)	지급이자	16.비율(%)	익금불산입 적용대상 주식의 장부가액	자회사(출자법 인)의 자산총액	18.배제금액	
1	(주)서울	1,000,000	30.00	300,000						300,000
2	(주)한라	10,000,000	100.00	10,000,000						10,000,000

4. 조정등록

익금불산입	수입배당금	10,300,000원	기타

제4절 임대보증금등의 간주익금조정명세서

임대보증금등의 간주익금 조정	건설비 상당액 적수계산					

1.임대보증금등의 간주익금 조정　　　　　　　　　　　　　　　　　　　　보증금적수계산 일수 수정

①임대보증금등 적　　수	②건설비상당액 적　　수	③보증금잔액 {(①-②)/365}	④이자율 (%)	⑤(③×④) 익금상당액	⑥보증금운용 수　입	⑦(⑤-⑥) 익금산입금액
			1.6			

2.임대보증금등의 적수계산　　　　　　　　　　　　　　　　　　　　　　　　　　　크게보기

	⑧일　자	⑨적　요	⑩임대보증금누계			⑪일　수	⑫적　수 (⑩×⑪)
			입금액	반환액	잔액누계		
1							
		계					

3.건설비 상당액 적수계산

가.건설비의 안분계산	⑬건설비 총액적수 ((20)의 합계)	⑭임대면적 적수 ((24)의 합계)	⑮건물연면적 적수 ((28)의 합계)	(16)건설비상당액적수 ((⑬×⑭)/⑮)

4.임대보증금등의 운용수입금액 명세서

	(29)과　목	(30)계 정 금 액	(31)보증금운용수입금액	(32)기타수입금액	(33)비　고
1					

1. 임대보증금등의 적수계산

　　임대보증금 반환, 임대보증금입금 등을 입력하면 입대보증금누계와 일수 및 적수가 자동계산
된다. 자동계산된 적수합계가 ①임대보증금등 적수에 자동 반영된다.

2. 건설비 상당액적수계산

임대보증금등의 간주익금 조정	건설비 상당액 적수계산			

3.건설비 상당액 적수계산

가.건설비의 안분계산	⑬건설비 총액적수 ((20)의 합계)	⑭임대면적 적수 ((24)의 합계)	⑮건물연면적 적수 ((28)의 합계)	(16)건설비상당액적수 ((⑬×⑭)/⑮)

나.임대면적등적수계산 : (17)건설비 총액적수

	⑧일　자	건설비 총액	(18)건설비총액 누계	(19)일　수	(20)적　수 ((18)×(19))
1					
		계			

나.임대면적등적수계산 : (21)건물임대면적 적수(공유면적 포함)

	⑧일　자	입실면적	퇴실면적	(22)임대면적 누계	(23)일　수	(24)적　수 ((22)×(23))
1						
			계			

나.임대면적등적수계산 : (25)건물연면적 적수(지하층 포함)

	⑧일　자	건물연면적 총계	(26)건물연면적 누계	(27)일　수	(28)적　수 ((26)×(27))
1					

　　나. 임대면적등의 적수계산에서 건설비 총액적수 → 건설임대면적 → 건설연면적 순으로 입
력하면, 3 **건설비상당액 적수계산**에 자동 반영된다.

　　건설비 총액적수 입력시 건물의 취득·건설비 총액(**취득 후 발생된 자본적지출액을 포함하
고 토지취득가액은 제외합니다.**)을 입력한다.

3. 임대보증금등의 운용수입금액명세서

(31)보증금 운용수입금액란에는 임대사업에서 보증금을 은행 등에서 발생한 수입이자와 할인료, 배당금, 유가증권처분이익을 입력한다.

4. 임대보증금 등의 간주익금 조정

⑦익금산입액이 자동계산되며, 상단의 F3(조정등록)을 클릭하여 세무조정사항을 반영한다.

example 예제 따라하기 **간주익금조정명세서**

㈜무궁(0401)은 부동산임대업을 주업으로 하는 영리내국법인으로 간주익금조정명세서 작성 대상법인이라 가정한다.(**정기예금이자율은 2%로 가정**한다.)

[자료1] 임대보증금 변동내역

일 자	적 요	임대면적	차 변	대 변	잔 액
전기이월		800㎡		600,000,000원	600,000,000원
4. 1.	201호 퇴실	50㎡ 감소	50,000,000원		550,000,000원

[자료2] 건물 내역

적 요	20x1. 12. 31.	20x0. 12. 31.	비 고
건 물	500,000,000원	500,000,000원	연면적 1,000㎡
감가상각누계액	(120,000,000원)	(100,000,000원)	

[자료3] 기타

이자수익 **5,000,000**원 중 **500,000**원은 임대보증금 운용수익이다.

해답

1. 임대보증금등의 적수계산(365일)

—임대보증금의 변동사항을 입력하여 적수계산을 한다.

2.임대보증금등의 적수계산 [크게보기]

No	⑧일 자		⑨적 요	⑩임대보증금누계			⑪일 수	⑫적 수 (⑩X⑪)
				입금액	반환액	잔액누계		
1	01	01	전기이월	600,000,000		600,000,000	90	54,000,000,000
2	04	01	반환		50,000,000	550,000,000	275	151,250,000,000
3								
			계	600,000,000	50,000,000	550,000,000	365	205,250,000,000

2. 건설비 상당액 적수계산

① [17]건설비 총액(건물 취득가액)을 입력하면 적수가 계산된다.

나.임대면적등적수계산 : (17)건설비 총액적수

No	⑧일 자		건설비 총액	(18)건설비총액 누계	(19)일 수	(20)적 수 ((18)X(19))
1	01	01	500,000,000	500,000,000	365	182,500,000,000

② [21]건물임대면적을 입력하면 적수가 계산된다.

나.임대면적등적수계산 : (21)건물임대면적 적수(공유면적 포함)

No	⑧일 자		입실면적	퇴실면적	(22)임대면적 누계	(23)일 수	(24)적 수 ((22)X(23))
1	01	01	800.00		800	90	72,000
2	04	01		50.00	750	275	206,250
3							
				계		365	278,250

③ [25]건물연면적을 입력하면 적수가 계산된다.

나.임대면적등적수계산 : (25)건물연면적 적수(지하층 포함)

No	⑧일 자		건물연면적 총계	(26)건물연면적 누계	(27)일 수	(28)적 수 ((26)X(27))
1	01	01	1,000.00	1,000	365	365,000

④ 건설비 상당액 적수계산(자동계산)

3.건설비 상당액 적수계산

가.건설비의 안분계산	⑬건설비 총액적수 ((20)의 합계)	⑭임대면적 적수 ((24)의 합계)	⑮건물연면적 적수 ((28)의 합계)	(16)건설비상당액적수 ((⑬X⑭)/⑮)
	182,500,000,000	278,250	365,000	139,125,000,000

3. 임대보증금 등의 운용 수입금액명세서

4.임대보증금등의 운용수입금액 명세서

No	(29)과 목	(30)계 정 금 액	(31)보증금운용수입금액	(32)기타수입금액	(33)비 고
1	이자수익	5,000,000	500,000	4,500,000	

4. 임대보증금 등의 간주익금조정

—이자율(2.0%)을 직접 입력하면 익금산입액이 자동계산된다.

1.임대보증금등의 간주익금 조정 [보증금적수계산 일수 수정]

①임대보증금등 적 수	②건설비상당액 적 수	③보증금잔액 {(①-②)/365}	④이자율 (%)	⑤(③X④) 익금상당액	⑥보증금운용 수 입	⑦(⑤-⑥) 익금산입금액
205,250,000,000	139,125,000,000	181,164,383	2.0	3,623,287	500,000	3,123,287

5. 조정등록

익금산입	임대보증금 간주익금	3,123,287원	기타사외유출

감가상각비조정

로그인 전산세무 1급

NCS세무 - 5 　법인세 신고 – 법인세 신고하기/ 부속서류 작성하기

〈감가상각조정순서〉

1. 고정자산등록	
2. 미상각분(양도자산)감가상각비	계정과목별로 나타나는 화면에 불과
3. 미상각분(양도자산)감가상각조정명세서	
4. 감가상각비조정명세서 합계표	

1. **1.기초가액** : 자산의 **취득원가를 입력**한다.

   ☞ **무형자산은 직접법으로 상각하므로 기초가액에 전기말 장부가액(취득가액 - 상각누계액)을 입력한다.**

2. 기중에 취득한 신규자산의 취득가액과 자본적지출액은 **4.당기중 취득 및 당기증가(+)란**에 입력한다.

3. **6.전기말 자본적지출누계(정액법), 7.당기자본적지출액(즉시상각분), 8.전기말부인누계액, 9.전기말의제상각누계액을 입력한다.**

4. **11.내용연수(상각률)를** 입력할 때에는 기준내용년수도움표 를 클릭하여 기준내용연수를 참고할 수 있다.

5. **13.회사상각계상비는** 사용자수정 **을 클릭하여 문제에서 주어진대로 수정한다.**

6. **14.경비구분은** 자산명에 맞게 알맞게 수정한다.(판관비 또는 제조경비)

7. **20.업종**의 🖳 을 클릭하여 해당업종을 선택한다.

구분	참고	업종코드및 명
건축물등	차량및운반구,공구,기구및 비품	01
	연와조,블럭조,콘크리트조 등	02 연와조, 블럭조
	철골,철근콘크리이트조.석조 등	03 철골,철골,석조
	선박 및 항공기 등	04 선박및항공기
업종별자산	농업,수렵업 및 임업	11 농(임)업,수렵업
	광업	12 광업
	제조업	13 제조업
	건설업	14 건설업
	도.소매업 및 소비자용품수리업	15 도.소매
	운수,창고 및 통신업	16 운수,창고,통신
	금융보험업	17 금융보험업

제2절 미상각자산감가상각 조정명세서 및 감가상각비 조정명세서

　　상단의 ⑫(불러오기)를 클릭하면 고정자산 등록한 자산이 미상각자산감가상각계산조정명세서로 불러온다. 감가상각방법에 따라서 미상각자산감가상각계산 조정명세서의 양식이 다르다. 고정자산에서 제대로 등록을 했으면 무리없이 자동으로 작성되나, 확인차원에서 몇가지 사항만 확인하면 된다.

1. 미상각자산감가상각조정명세서

[정률법]

입력내용			금액	총계
업종코드/명				
합계표 자산구분				
(4)내용연수				
상각계산의 기초가액	재무상태표 자산가액	(5)기말현재액		
		(6)감가상각누계액		
		(7)미상각잔액(5)-(6)		
	(8)회사계산감가상각비			
	(9)자본적지출액			
	(10)전기말의제상각누계액			
	(11)전기말부인누계액			
	(12)가감계((7)+(8)+(9)-(10)+(11))			
(13)일반상각률.특별상각률				
상각범위액계산	당기산출 상각액	(14)일반상각액		
		(15)특별상각액		
		(16)계((14)+(15))		
	취득가액	(17)전기말현재취득가액		
		(18)당기회사계산증가액		
		(19)당기자본적지출액		
		(20)계((17)+(18)+(19))		
	(21) 잔존가액			
	(22) 당기상각시인범위액			
(23)회사계상상각액((8)+(9))				
(24)차감액 ((23)-(22))				
(25)최저한세적용에따른특별상각부인액				
조정액	(26) 상각부인액 ((24)+(25))			
	(27) 기왕부인액중당기손금추인액			
(28) 당기말부인누계액 ((11)+(26)-|(27)|)				
당기말 의제상각액	(29) 당기의제상각액 |△(24)|-|(27)|			
	(30) 의제상각누계액 ((10)+(29))			
신고조정 감가상각 비계산	(31) 기준상각률			
	(32) 종전상각비			
	(33) 종전감가상각비 한도			
	(34) 추가손금산입대상액			
	(35) 동종자산 한도계산 후 추가손금산			
신고조정 감가상각 비계산	(36) 기획재정부령으로 정하는 기준내용			
	(37) 기준감가상각비 한도			
	(38) 추가손금산입액			
(39) 추가 손금산입 후 당기말부인액 누계				

　① (9)자본적지출액, (10)전기말 의제상각누계액, (11)전기말 부인누계액을 확인한다.

　② (23)회사계상상각액을 확인한다. 고정자산등록시 입력된 자료를 가지고 온다.

　③ (26)상각부인액은 손금불산입 세무조정하고,

　　(27)기왕상각부인액중손금추인액은 손금산입 세무조정을 하면 된다.

[정액법]

입력내용			금액	총계
업종코드/명				
합계표 자산구분				
(4)내용연수(기준.신고)				
상각 계산 의 기초 가액	재무상태표 자산가액	(5)기말현재액		
		(6)감가상각누계액		
		(7)미상각잔액(5)-(6)		
	회사계산 상각비	(8)전기말누계		
		(9)당기상각비		
		(10)당기말누계(8)+(9)		
	자본적 지출액	(11)전기말누계		
		(12)당기지출액		
		(13)합계(11)+(12)		
(14)취득가액((7)+(10)+(13))				
(15)일반상각률.특별상각률				
상각범위 액계산	당기산출 상각액	(16)일반상각액		
		(17)특별상각액		
		(18)계((16)+(17))		
	(19) 당기상각시인범위액			
(20)회사계상상각액((9)+(12))				
(21)차감액((20)-(19))				
(22)최저한세적용에따른특별상각부인액				
조정액	(23) 상각부인액((21)+(22))			
	(24) 기왕부인액중당기손금추인액			
부인액 누계	(25) 전기말부인누계액			
	(26) 당기말부인누계액 (25)+(23)-|24|			
당기말 의제상각액	(27) 당기의제상각액 |Δ(21)|-|(24)|			
	(28) 의제상각누계액			
신고조정 감가상각 비계산	(29) 기준상각률			
	(30) 종전상각비			
	(31) 종전감가상각비 한도			
	(32) 추가손금산입대상액			
	(33) 동종자산 한도계산 후 추가손금산			
신고조정 감가상각 비계산	(34) 기획재정부령으로 정하는 기준내용			
	(35) 기준감가상각비 한도			
	(36) 추가손금산입액			
(37) 추가 손금산입 후 당기말부인액 누계				

① (9)당기상각비, (11)(12) 전기, 당기 자본적지출액(즉시상각의제액)을 확인한다.

② (20)회사계상상각액을 확인한다.

③ (23)상각부인액은 손금불산입 세무조정하고,

　(24)기왕상각부인액중손금추인액은 손금산입 세무조정을 하면 된다.

2. 감가상각비 조정명세서 합계표

감가상각비 조정명세서 합계표는 고정자산별로 조정금액이 집계된다.

1.자산구분		코드	2.합계액	유형고정자산			6.무형고정자산
				3.건축물	4.기계장치	5.기타자산	
재무 상태표 상가액	101.기말현재액	01					
	102.감가상각누계액	02					
	103.미상각잔액	03					
104.상각범위액		04					
105.회사손금계상액		05					
조정 금액	106.상각부인액 (105-104)	06					
	107.시인부족액 (104-105)	07					
	108.기왕부인액 중 당기손금추인액	08					
109.신고조정손금계상액		09					

3. 조정등록

상단의 F3(조정등록)을 클릭하여 세무조정사항을 직접 입력한다.

example 예제 따라하기 **감가상각비 조정**

㈜ 무궁(0401)의 다음 자료에 의하여 고정자산을 등록하고, 미상각자산 감가상각조정명세서와 감가상각비조정명세서합계표를 작성하고, 세무조정을 하여 소득금액합계표에 반영하시오.

[정액법]

1. 감가상각자료(건물)

자 산 코 드	101	당기말 B/S 취득가액	35,000,000원
자 산 명	공장창고	전기말 B/S 감가상각누계액	1,500,000원
취 득 연 월 일	2016년 1월 1일	당기 I/S 감가상각비	1,750,000원
상 각 방 법	미신고	전기말감가상각부인누계액	300,000원
기 준 내 용 연 수	20년	**전 기 의 제 상 각 누 적 액**	–
업 종 코 드	02		

2. 수선비로서 세법상 자본적지출에 해당하는 금액 중 비용 처리한 금액은 다음과 같다.

전기	7,000,000원	당기	8,000,000원

[정률법]

1. 감가상각자료(기계장치)

자 산 코 드	103	당기말 B/S 취득가액	50,000,000원
자 산 명	조립기	전기말 B/S 감가상각누계액	15,000,000원
취 득 연 월 일	2017년 1월 1일	당기 I/S 감가상각비	10,000,000원
상 각 방 법	미신고	전기말감가상각부인누계액	2,000,000원
기 준 내 용 연 수	5년	**전 기 의 제 상 각 누 적 액**	**1,000,000원**
업 종 코 드	13		

2. 수선비로서 세법상 자본적지출에 해당하는 금액 중 비용 처리한 금액은 다음과 같다.

전기	8,000,000원	당기	9,000,000원

해답

회사는 감가상각방법을 신고하지 않았으므로 건물은 정액법, 기계장치는 정률법을 선택한다.

1. 정액법 [건물]

세무상 기말취득가액(A)		상각범위액(B)	
= 기말B/S상 취득가액	35,000,000원	상각률	2,500,000원
+ 즉시상각의제액(전기)	7,000,000원		
+ 즉시상각의제액(당기)	8,000,000원		
50,000,000원		0.05	
회사계상상각비(C)		9,750,000원 = 1,750,000원(감가상각비) + 8,000,000원(당기즉시상각의제액)	
시부인액(B – C)		**상각부인액 7,250,000원**	

① 고정자산 등록[(건물)]

	자산코드/명	취득년월일	상각방법
■	000101 공장창고	2016-01-01	정액법

기본등록사항 / 추가등록사항

항목	금액
1.기초가액	35,000,000
2.전기말상각누계액(-)	1,500,000
3.전기말장부가액	33,500,000
4.당기중 취득 및 당기증가(+)	
5.당기감소(일부양도·매각·폐기)(-)	
전기말상각누계액(당기감소분)(+)	
6.전기말자본적지출액누계(+)(정액법만)	7,000,000
7.당기자본적지출액(즉시상각분)(+)	8,000,000
8.전기말부인누계액(+)(정률만 상각대상에 가산)	300,000
9.전기말의제상각누계액(-)	
10.상각대상금액	50,000,000
11.내용연수/상각률(월수)	20 ⋯ 0.05 (12) [연수별상각율]
12.상각범위액(한도액)(10X상각율)	2,500,000
13.회사계상액(12)-(7)	1,750,000 [사용자수정]
14.경비구분	1.500번대/제조
15.당기말감가상각누계액	3,250,000
16.당기말장부가액	31,750,000
17.당기의제상각비	
18.전체양도일자	----_-_--
19.전체폐기일자	----_-_--
20.업종	02 ⋯ 연와조, 블럭조

② 미상각분감가상각조정명세서[건물]

상단의 F12(불러오기)를 클릭하면 등록한 고정자산이 입력된다. 유형자산(정액법)을 선택하면 고정자산 등록한 내역에 대해서 감가상각시부인한 내역이 나타난다.

입력내용			금액	총계
업종코드/명 02		연와조,블럭조		
합계표 자산구분		1. 건축물		
(4)내용연수(기준.신고)			20	
상각 계산 의 기초 가액	재무상태표 자산가액	(5)기말현재액	35,000,000	35,000,000
		(6)감가상각누계액	3,250,000	3,250,000
		(7)미상각잔액(5)-(6)	31,750,000	31,750,000
	회사계산 상각비	(8)전기말누계	1,500,000	1,500,000
		(9)당기상각비	1,750,000	1,750,000
		(10)당기말누계(8)+(9)	3,250,000	3,250,000
	자본적 지출액	(11)전기말누계	7,000,000	7,000,000
		(12)당기지출액	8,000,000	8,000,000
		(13)합계(11)+(12)	15,000,000	15,000,000
(14)취득가액((7)+(10)+(13))			50,000,000	50,000,000
(15)일반상각률.특별상각률			0.05	
상각범위 액계산	당기산출 상각액	(16)일반상각액	2,500,000	2,500,000
		(17)특별상각액		
		(18)계((16)+(17))	2,500,000	2,500,000
	(19) 당기상각시인범위액		2,500,000	2,500,000
(20)회사계상상각액((9)+(12))			9,750,000	9,750,000
(21)차감액((20)-(19))			7,250,000	7,250,000
(22)최저한세적용에따른특별상각부인액				
조정액	(23) 상각부인액((21)+(22))		7,250,000	7,250,000
	(24) 기왕부인액중당기손금추인액			
부인액 누계	(25) 전기말부인누계액		300,000	300,000
	(26) 당기말부인누계액 (25)+(23)-|24|		7,550,000	7,550,000
당기말 의제상각액	(27) 당기의제상각액 |△(21)|-|(24)|			
	(28) 의제상각누계액			

[11],[12] 자본적 지출액이 제대로 반영됐나 확인하고 [23] 상각부인액 7,250,000원을 세무조정한다.

[세무조정] 〈손금불산입〉 건물감가상각비부인액 **7,250,000원[유보, 발생]**

☞ **64회 전산세무1급**에서 **정액법**일 경우 전기말 감가상각부인누계액을 (25)전기말 부인누계액에 직접 입력했으나, **고정자산등록시 8.전기말부인누계액**에 직접 입력하면 (25)란에 자동반영된다.

2. 정률법 [기계장치]

세무상 기말취득가액(A)		세무상 기초감가상각누계액(B)	
= 기말B/S상 취득가액	50,000,000원	기초B/S상 감가상각누계액	15,000,000원
+ 즉시상각의제액(당기)	9,000,000원	(-) 전기상각부인누계액	(2,000,000원)
		(+) 전기의제상각누계액	1,000,000원
59,000,000원		14,000,000원	
미상각잔액(C=A-B)=45,000,000원			
상각범위액(D)	세무상미상각잔액(C)×상각률(0.451)=20,295,000원		
회사계상상각비(E)	10,000,000원(상각비)+9,000,000원(당기즉시상각의제)=19,000,000원		
시부인액(D-E)	**시인액 1,295,000원-손금추인**		

① 고정자산 등록(기계장치)

㉠ 정률법인 경우 7.즉시상각의제액중 당기분 9,000,000원만 입력한다.

㉡ 9.전기말의제상각누계액 1,000,000원을 입력한다.

	자산코드/명	취득년월일	상각방법	기본등록사항	추가등록사항
■	000103 조립기	2017-01-01	정률법		

기본등록사항

	금액	
1.기초가액	50,000,000	
2.전기말상각누계액(-)	15,000,000	
3.전기말장부가액	35,000,000	
4.당기중 취득 및 당기증가(+)		
5.당기감소(일부양도·매각·폐기)(-)		
전기말상각누계액(당기감소분)(+)		
6.전기말자본적지출액누계(+)(정액법만)		
7.당기자본적지출액(즉시상각분)(+)	9,000,000	
8.전기말부인누계액(+) (정률만 상각대상에 가산)	2,000,000	
9.전기말의제상각누계액(-)	1,000,000	
10.상각대상금액	45,000,000	
11.내용연수/상각률(월수)	5	0.451 (12) 연수별상각율
12.상각범위액(한도액)(10X상각률)	20,295,000	
13.회사계상액(12)-(7)	10,000,000	사용자수정
14.경비구분	1.500번대/제조	
15.당기말감가상각누계액	25,000,000	
16.당기말장부가액	25,000,000	
17.당기의제상각비		
18.전체양도일자	----.--.--	
19.전체폐기일자	----.--.--	
20.업종	13 제조업	

② 미상각분감가상각조정명세서(기계장치)

	입력내용		금액	총계
업종코드/명	13	제조업		
합계표 자산구분		2. 기계장치		
(4)내용연수			5	
상각 계산 의 기초 가액	재무상태표 자산가액	(5)기말현재액	50,000,000	50,000,000
		(6)감가상각누계액	25,000,000	25,000,000
		(7)미상각잔액(5)-(6)	25,000,000	25,000,000
	(8)회사계산감가상각비		10,000,000	10,000,000
	(9)자본적지출액		9,000,000	9,000,000
	(10)전기말의제상각누계액		1,000,000	1,000,000
	(11)전기말부인누계액		2,000,000	2,000,000
	(12)가감계((7)+(8)+(9)-(10)+(11))		45,000,000	45,000,000
(13)일반상각률.특별상각률			0.451	
상각범위 액계산	당기산출 상각액	(14)일반상각액	20,295,000	20,295,000
		(15)특별상각액		
		(16)계((14)+(15))	20,295,000	20,295,000
	취득가액	(17)전기말현재취득가액	50,000,000	50,000,000
		(18)당기회사계산증가액		
		(19)당기자본적지출액	9,000,000	9,000,000
		(20)계((17)+(18)+(19))	59,000,000	59,000,000
	(21) 잔존가액		2,950,000	2,950,000
	(22) 당기상각시인범위액		20,295,000	20,295,000
(23)회사계상상각액((8)+(9))			19,000,000	19,000,000
(24)차감액 ((23)-(22))			-1,295,000	-1,295,000
(25)최저한세적용에따른특별상각부인액				
조정액	(26) 상각부인액((24)+(25))			
	(27) 기왕부인액중당기손금추인액		1,295,000	1,295,000
	(28) 당기말부인누계액 ((11)+(26)-|(27)|)		705,000	705,000
당기말 의제상각액	(29) 당기의제상각액 |△(24)|-|(27)|			
	(30) 의제상각누계액 ((10)+(29))		1,000,000	1,000,000

[9]자본적 지출액(당기), [10]의제상각누계액, [11]전기말부인누계액이 제대로 반영했나 확인하고 [27] 당기손금추인액 1,295,000원을 세무조정한다.

[세무조정] 〈손금산입〉 전기기계장치감가상각비추인액   1,295,000원(유보, 감소)

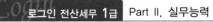

3. 감가상각비조정명세서 합계표

상단의 [F12](불러오기)를 클릭한다.

1.자산구분		코드	2.합계액	유형자산			6.무형자산
				3.건축물	4.기계장치	5.기타자산	
재무 상태표 상가액	101.기말현재액	01	85,000,000	35,000,000	50,000,000		
	102.감가상각누계액	02	28,250,000	3,250,000	25,000,000		
	103.미상각잔액	03	56,750,000	31,750,000	25,000,000		
104.상각범위액		04	22,795,000	2,500,000	20,295,000		
105.회사손금계상액		05	28,750,000	9,750,000	19,000,000		
조정 금액	106.상각부인액 (105-104)	06	7,250,000	7,250,000			
	107.시인부족액 (104-105)	07	1,295,000		1,295,000		
	108.기왕부인액 중 당기손금추인액	08	1,295,000		1,295,000		
109.신고조정손금계상액		09					

상단의 [F11](저장)을 클릭하고 감가상각비조정명세서 합계표를 저장한다.

4. 조정등록

미상각자산감가상각조정명세서의 상단의 [F3](조정등록)를 클릭하여 하단의 조정코드도움([F4])를 선택하여 세무조정사항을 등록하면 된다. 직접입력도 가능하다.

익금산입 및 손금불산입			손금산입 및 익금불산입		
과 목	금 액	소득처분	과 목	금 액	소득처분
건물감가상각비한도초과	7,250,000	유보발생	위탁매출원가누락	800,000	유보발생
퇴직급여충당금 한도초과	65,000,000	유보발생	공사기성고차액-백두	10,000,000	유보발생
퇴직연금해약	5,000,000	유보감소	전기기계장치감가상각비한도초과	1,295,000	유보감소

유보추인은
'감소'를 선택

과목별세무조정

제1절 퇴직급여충당금조정명세서

| 1 | 2.총급여액 및 퇴직급여추계액 명세 | | | | | | | 2 | 퇴직금추계액명세서 |

계정과목명	17.총급여액		18.퇴직급여 지급대상이 아닌 임원 또는 사용인에 대한 급여액		19.퇴직급여 지급대상이 되는 임원 또는 사용인에 대한 급여액		20.기말 현재 임원 또는 사용인 전원의 퇴직시 퇴직급여추계액	
	인원	금액	인원	금액	인원	금액	인원	금액
							7	130,000,00
							21. (근로퇴직급여보장법) 에 따른 추계액	
							22.세법상 추계액 MAX(20, 21)	
합계								130,000,00

3	1.퇴직급여충당금 조정						
『법인세법 시행령』 제60조 제1항에 따른 한도액	1.퇴직급여 지급대상이 되는 임원 또는 사용인에게 지급한 총급여액((19)의 계)			2.설정률		3.한도액 (① * ②)	비 고
				5 / 100			
『법인세법 시행령』 제60조 제2항 및 제3항에 따른 한도액	4.장부상 충당금 기초잔액		5.확정기여형퇴직연금자의 설정전기계상된퇴직급여충당금	6.기중 충당금 환입액	7.기초 충당금 부인누계액		8.기중 퇴직금 지급액
	9.차감액 (④ - ⑤ - ⑥ - ⑦ - ⑧)		10.추계액 대비 설정액 ((22) * 0 / 100)	11.퇴직금 전환금	12.설정률 감소에 따른 환입을 제외하는금액(MAX(⑨-⑩-⑪,0)		13.누적한도액 (⑩ - ③ + ⑪ + ⑫)
한도초과액 계 산	14.한도액 (③과 ⑬중 적은 금액)			15.회사 계상액		16.한도초과액 ((15) - (14))	

상단의 F12(불러오기)를 클릭하여 회계 데이타를 불러올 수 있다.

1. ① 총급여액 입력

계정명은 계정과목 코드로 입력하여야 한다. 계정코드를 모를 경우에는 F2를 이용하여 입력한다. 총급여액을 입력하고 퇴직급여 지급대상이 아닌 임원 또는 사용인에 대한 급여액과 퇴직급여 지급대상이 되지 않는 임원 또는 사용인에 대한 급여액을 구분하여 입력한다.

2. ② 퇴직급여추계액명세서

원천징수 프로그램을 이용하여 하여 데이타를 자동으로 불러 올 수 있고 직접 입력도 가능하다.

	사번	성명	입사년월일	근속기간	근속월수	최근3개월급여총액	년간상여총액	기준급여	퇴직급여추계액

2.퇴직금추계액 명세서

기준년월일 ; /12/31 □ 이전 입사자의 2018년 12월 31일까지의 기준급여를 조회합니다.
계산 유형 1 (1.3개월급여, 2.1년급여) {(최근3개월 급여총액 ÷ 3) + (연간상여총액 ÷ 12)} × (근속월수 ÷ 12)

퇴직급여추계액 계산은 유형1과 유형2 중 선택한 유형에 의하여 계산할 수 있다.
20.일시퇴직기준추계액과 21.근로자퇴직급여보장법에 따른 추계액(보험수리기준추계액)을 입력하면 큰 금액이 22.세법상 추계액이 된다.

3. ③ 퇴직급여충당금조정

상단의 F8(잔액조회)을 클릭하고 퇴직급여충당부채의 증감내역을 조회하여 입력하고, 확정기여형 퇴직연금자의 퇴직급여충당금이 계상되어 있으면 **5. 확정기여형퇴직연금자의설정전기계상된퇴직급여충당금에** 입력하고, 11.퇴직금전환금도 직접 입력한다.

4. 조정등록

16.한도초과액을 손금불산입하여 조정등록한다.

example 예제 따라하기 **퇴직급여충당금조정명세서**

㈜ 무궁(0401)의 다음 자료에 의하여 퇴직급여충당금조정명세서를 작성하고, 세무조정을 하여 소득금액합계표에 반영하시오.

1. 퇴직급여충당금 내역은 원장을 조회하시오.
2. 전기말 퇴직급여충당금 한도초과액은 15,000,000원이라 가정한다.
3. 당기 말 현재 퇴직급여추계액은 130,000,000원이다.
4. 기말 현재 퇴직금전환금은 25,000,000원이라 가정한다.
5. 결산서상에 반영된 인건비내역은 다음과 같다고 가정한다.

구 분	1년 이상 근속자		1년 미만 근속자	
	인원	급 여	인원	급 여
생산부	5명	200,000,000원	1명	20,000,000원
판매부	2명	55,000,000원	2명	30,000,000원
계	7명	255,000,000원	3명	50,000,000원

6. 법인의 퇴직급여지급규정에 의하여 1년이상 근속자에 대해서만 퇴직금을 지급한다.

해답

상단의 F12(불러오기)를 하여 장부에 반영된 금액을 반영한다.

1. 총급여액입력

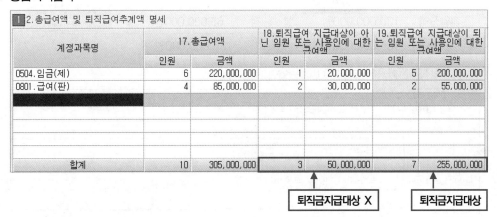

2. 퇴직급여추계액명세서

인원에 커서를 위치하고 직접 입력한다.

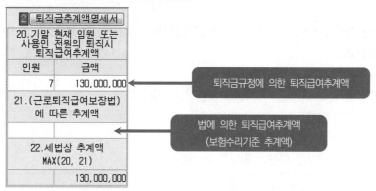

3. 퇴직급여충당금 조정

상단의 F8(잔액조회)을 클릭하고 퇴직급여충당부채의 증감내역을 조회하여 T계정을 그려서
입력하세요!!!

계정코드범위(코드)	0295 퇴직급여충당부채	~	0295 퇴직급여충당부채		
코드	계정과목명	기초잔액	당기증가	당기감소	잔액
0295	퇴직급여충당부채	100,000,000	65,000,000	35,000,000	130,000,000

퇴직급여충당금(회계)

11. 퇴직금전환금에 25,000,000원을 입력한다.

3 1.퇴직급여충당금 조정					
『법인세법 시행령』 제60조 제1항에 따른 한도액	1.퇴직급여 지급대상이 되는 임원 또는 사용인에게 지급한 총급여액((19)의 계)		2.설정률	3.한도액 (① * ②)	비 고
	255,000,000		5 / 100	12,750,000	
『법인세법 시행령』 제60조 제2항 및 제3항에 따른 한도액	4.장부상 충당금 기초잔액	5.확정기여형퇴직연금자의 설정전기계상된퇴직급여충당금	6.기중 충당금 환입액	7.기초 충당금 부인누계액	8.기중 퇴직금 지급액
	100,000,000			15,000,000	35,000,000
	9.차감액 (④ - ⑤ - ⑥ - ⑦ - ⑧)	10.추계액 대비 설정액 ((22) * 0 / 100)	11.퇴직금 전환금	12.설정율 감소에 따른 환입을 제외하는금액(MAX(⑨-⑩-⑪,0)	13.누적한도액 (⑩ - ⑨ + ⑪ + ⑫)
	50,000,000		25,000,000	25,000,000	25,000,000
한도초과액 계 산	14.한도액 (⑨과 ⑬중 적은 금액)		15.회사 계상액		16.한도초과액 ((15) - (14))
			65,000,000		65,000,000

16.한도초과액을 65,000,000원 확인하고 세무조정한다.

5. 조정등록

조정코드도움(F4) 를 선택하여 세무조정사항을 등록하면 된다. 직접입력도 가능하다.

익금산입 및 손금불산입				손금산입 및 익금불산입		
과 목	금 액	소득처분		과 목	금 액	소득처분
한라빌딩공사 기성고차액	22,500,000	유보발생		백두연수원기성고차액	10,000,000	유보발생
매출누락	1,000,000	유보발생		위탁매출원가	800,000	유보발생
건물감가상각비 한도초과	3,175,000	유보발생		기계장치 전기감가상각비추인	311,550	유보감소
퇴충한도초과	65,000,000	유보발생				
합 계	91,675,000			합 계	11,111,550	

소득명세	

과 목	금 액	과 목	금 액
퇴직급여충당금 한도초과	65,000,000		

[세무조정] 〈손금불산입〉 퇴직급여충당금 한도초과   65,000,000원(유보, 발생)

제2절   퇴직연금부담금등 조정명세서

⇒ 2.이미 손금산입한 부담금 등의 계산

1 나.기말 퇴직연금 예치금 등의 계산

19.기초 퇴직연금예치금 등	20.기중 퇴직연금예치금 등 수령 및 해약액	21.당기 퇴직연금예치금 등의 납입액	22.퇴직연금예치금 등 계 (19 - 20 + 21)

2 가.손금산입대상 부담금 등 계산

13.퇴직연금예치금 등 계 (22)	14.기초퇴직연금충당금등 및 전기말 신고조정에 의한 손금산입액	15.퇴직연금충당금등 손금부인 누계액	16.기중퇴직연금등 수령 및 해약액	17.이미 손금산입한 부담금등 (14 - 15 - 16)	18.손금산입대상 부담금 등 (13 - 17)

⇒ 1.퇴직연금 등의 부담금 조정

1.퇴직급여추계액	당기말 현재 퇴직급여충당금					6.퇴직부담금 등 손금산입 누적한도액 (① - ⑤)
	2.장부상 기말잔액	3.확정기여형퇴직연금자의 설정전 기계상된 퇴직급여충당금	4.당기말 부인 누계액	5.차감액 (② - ③ - ④)		

7.이미 손금산입한 부담금 등 (17)	8.손금산입액 한도액 (⑥ - ⑦)	9.손금산입 대상 부담금 등 (18)	10.손금산입범위액 (⑧과 ⑨중 적은 금액)	11.회사 손금 계상액	12.조정금액 (⑩ - ⑪)

상단의 F12(불러오기)를 클릭한다.

1. ① 나.기말퇴직연금 예치금등의 계산

F8(잔액조회)로 19.기초퇴직연금예치금, 20.퇴직연금예치금등 수령및 해약액, 21.당기퇴직
연금예치금등의 납입액을 입력한다.

2. ② 가.손금산입대상 부담금 등의 계산

14.기초퇴직연금충당금등 및 전기말 신고조정에 의한 손금산입액 : 직전 사업연도 세무조
정계산서상 퇴직연금부담금 등의 손금산입누계액을 입력한다.
16.기중퇴직연금등 수령 및 해약액을 입력한다.

3. ③ 1.퇴직연금 등의 부담금 조정

1,2.퇴직급여충당금조정명세서상의 금액이 불러오나 만약 불러오지 않는다면 직접 입력한다.
3.확정기여형의 퇴직연금자의 퇴직급여충당금을 입력하고, 퇴직급여충당금의 당기말 부인
누계액을 4.에 입력한다.
11.회사손금계상액은 일반적으로 "0"이다.(기업회계기준에서 불인정)
12.조정금액을 확인하고, 조정등록한다.

example 예제 따라하기 | 퇴직연금부담금조정명세서

㈜ 무궁의 다음 자료에 의하여 퇴직연금부담금 조정명세서를 작성하시오.
앞의 퇴직급여충당금과 연속된 자료이다.
1. 퇴직연금운용자산의 원장을 조회하시오.
   자본금과적립금조정명세서(을)의 퇴직연금부담금의 기초잔액은−50,000,000원이다.
2. 기말 현재 퇴직급여충당금부인누계액은 80,000,000원이다.
   〔전기부인누계액+당기부인액−퇴직급여충당금조정명세서에서 구해졌음〕
3. 당기 말 현재 퇴직급여추계액은 130,000,000원이다.

해답

퇴직연금부담금등 조정명세서를 불러오면 앞의 퇴직급여충당금자료가 입력되어 나타난다.

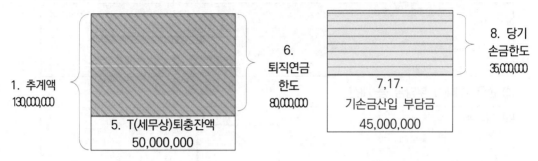

1. 기말퇴직연금예치금등의 계산

① 상단의 F8(잔액조회)을 클릭하고 퇴직연금운용자산의 증감내역을 조회하여 T계정을 그려서 입력하시면 쉽게 입력할 수 있습니다!!!

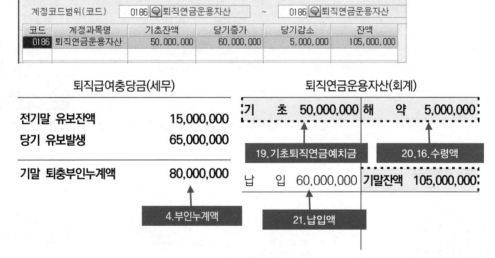

② 14.기초퇴직연금 등 신고조정에 의한 손금산입액 50,000,000원을 입력한다.

③ 11.회사손금계상액은 일반적으로 ˝0˝이다.

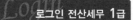

2. 최종 퇴직연금부담금 조정명세서

① 기말 퇴직연금 예치금등의 계산

2.이미 손금산입한 부담금 등의 계산			
나.기말 퇴직연금 예치금 등의 계산			
19.기초 퇴직연금예치금 등	20.기중 퇴직연금예치금 등 수령 및 해약액	21.당기 퇴직연금예치금 등의 납입액	22.퇴직연금예치금 등 계 (19 - 20 + 21)
50,000,000	5,000,000	60,000,000	105,000,000

② 손금산입대상 부담금 등 계산

2 가.손금산입대상 부담금 등 계산					
13.퇴직연금예치금 등 계 (22)	14.기초퇴직연금충당금등 및 전기말 신고조정에 의한 손금산입액	15.퇴직연금충당금등 손금부인 누계액	16.기중퇴직연금등 수령 및 해약액	17.이미 손금산입한 부담금등 (14 - 15 - 16)	18.손금산입대상 부담금 등 (13 - 17)
105,000,000	50,000,000		5,000,000	45,000,000	60,000,000

손금불산입

③ 퇴직연금 등의 부담금 조정

1.퇴직연금 등의 부담금 조정					
1.퇴직급여추계액	당기말 현재 퇴직급여충당금				6.퇴직부담금 등 손금산입 누적한도액 (① - ⑤)
	2.장부상 기말잔액	3.확정기여형 퇴직연금자의 퇴직급여충당금	4.당기말 부인 누계액	5.차감액 (② - ③ - ④)	
130,000,000	130,000,000		80,000,000	50,000,000	80,000,000
7.이미 손금산입한 부담금 등 (17)	8.손금산입액 한도액 (⑥ - ⑦)	9.손금산입 대상 부담금 등 (18)	10.손금산입범위액 (⑧과 ⑨중 적은 금액)	11.회사 손금 계상액	12.조정금액 (⑩ - ⑪)
45,000,000	35,000,000	60,000,000	35,000,000		35,000,000

손금산입

12.조정금액 35,000,000원과 16.기중퇴직연금 수령액 5,000,000원을 확인하고 세무조정한다.

3. 조정등록

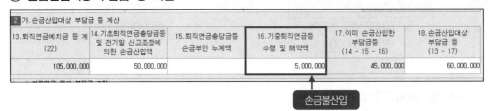

익금산입 및 손금불산입			손금산입 및 익금불산입		
과 목	금 액	소득처분	과 목	금 액	소득처분
한라빌딩공사 기성고차액	22,500,000	유보발생	백두연수원기성고차액	10,000,000	유보발생
매출누락	1,000,000	유보발생	위탁매출원가	800,000	유보발생
건물감가상각비 한도초과	3,175,000	유보발생	기계장치 전기감가상각비추인	311,550	유보감소
퇴충한도초과	65,000,000	유보발생	퇴직연금등손금산입	35,000,000	유보발생
퇴직연금부담금지급	5,000,000	유보감소			

과 목	금 액	과 목	금 액
		손금산입 범위 미달액	35,000,000

[세무조정] 〈손금불산입〉[1] 퇴직연금부담금 수령액   5,000,000원(유보, 감소)

　　　　　〈손 금 산 입〉 퇴직연금부담금 납부액   35,000,000원(유보, 발생)

☞ 퇴직연금지급액에 대하여 하단에 세무조정사항이 안나오지만 지급액에 대해서 손금불산입 유보로 세무조정(전년도 손금산입에 대한 유보추인)을 해야 한다.

☞ 기말퇴직연금부담금 △유보잔액

　＝전년도 △유보＋당기지급액(유보)＋당기 손금산입액△유보＝50,000,000－5,000,000＋35,000,000＝80,000,000원

*1. 퇴직연금지급시 퇴직급여충당부채와 상계하였다고 문제에서 제시되면, 상계된 퇴직급여충당부채에 대해서 손금추인해주어야 한다(이중세무조정).

제3절 대손충당금 및 대손금조정명세서

① 2. 대손금조정

	22.일자	23.계정과목	24.채권내역	25.대손사유	26.금액	대손충당금상계액			당기손금계상액		
						27.계	28.시인액	29.부인액	30.계	31.시인액	32.부인액
1											
		계									

② 채권잔액

	16.계정과목	17.채권잔액의 장부가액	18.기말현재대손금부인누계		19.합계 (17+18)	20.충당금설정제외채권 (할인,배서,특수채권)	21.채 권 잔 액 (19-20)
			전기	당기			
1							
	계						

③ 1.대손충당금조정

손금산입액조정	1.채권잔액 (21의금액)	2.설정률(%) ◉기본율 ◎실적율 ◎적립기준	3.한도액 (1×2)	회사계상액			7.한도초과액 (6-3)
				4.당기계상액	5.보충액	6.계	
익금산입액조정	8.장부상 충당금기초잔액	9.기중 충당금환입액	10.충당금부인 누계액	11.당기대손금 상계액(27의금액)	12.충당금보충액 (충당금장부잔액)	13.환입할금액 (8-9-10-11-12)	14.회사환입액 (회사기말환입)	15.과소환입·과다 환입(△)(13-14)

④ 3.국제회계기준 등 적용 내국법인에 대한 대손충당금 환입액의 익금불산입액의 조정

33.대손충당금 환입액의 익금불산입 금액	34.손금에 산입하여야 할 금액 MIN(3,6)	35.익금에 산입하여야 할 금액 (8-10-11)	36.차액 MAX(0,34-35)	37.상계후 대손충당금환입액의 익금불산입금액(33-36)

1. ① 2.대손금조정

① 23.계정과목은 코드로 입력을 해야 한다.

② 24.채권내역 및 25.대손사유는 하단의 메시지를 참고하여 선택 입력한다.

③ (26)금액란에는 당기 대손발생 총액을 입력하고, 대손충당금상계액의 (29)부인액란에는 세법상 부인액을, 당기손금계상액중 (32)부인액란에는 세법상부인액을 입력한다. 이러한 부인액은 손금불산입한다.

2. ② 채권잔액

① 16.계정과목은 코드로 입력을 해야 한다.

② 17.채권잔액의 장부가액은 F8(잔액조회)를 이용하여 각 채권의 잔액을 입력한다.

③ 18.기말현재대손금부인누계액은 전기부인누계액과 당기부인액의 합계를 입력한다.

④ 충당금설정제외채권

　할인어음, 배서어음등 대손충당금 설정 제외채권을 입력한다.

3. ③ 1.대손충당금조정

① 2.설정율은 대손실적률이 1%보다 클 경우 실적율을 수정한다.

② 8.장부상 충당금 기초잔액 등을 순차적으로 입력하며, 12.당기 설정충당금보충액을 입력하면 5.보충액란에 자동 반영된다.

③ 15.과소환입액(전기대손충당금부인액)은 익금산입하며, 7.한도초과액은 손금불산입한다.

example 예제 따라하기 | 대손충당금및 대손금조정명세서

㈜ 무궁(0401)의 다음 자료에 의하여 대손충당금및 대손금조정명세서를 작성하고 세무조정을 하여 소득금액합계표에 반영하시오.

1. 회사가 계상한 대손상각내역은 다음과 같다.
   〔1〕 대손처리하고 대손충당금과 상계한 금액은 다음과 같다.
   ① 7월 1일 : 거래처의 파산으로 회수불가능한 외상매출금 300,000원
   ③ 10월 1일 : 거래처의 부도로 1개월 경과한 받을어음 200,000원
   〔2〕 다음의 대손처리한 금액은 대손상각비로 처리하였다.
   7월 15일 : 채무자의 사망으로 인하여 회수불가능한 외상매출금 400,000원
   〔회사는 채무자의 재산에 저당권을 설정하고 있지 아니하다〕
   〔3〕 10월 25일 : 소멸시효 완성채권〔외상매출금〕이 1,200,000원이 있는데 회계처리하지 않았다.
2. 채권내역
   ① 받을어음 중 5,000,000원은 은행에 할인한 어음이 포함되어 있다.
   ② 외상매출금 중 3,000,000원은 업무무관가지급금에 해당한다.
3. 전기말 대손충당금 부인액은 700,000원이 있다.
4. 전기말 세무상 대손충당금 설정 채권장부가액은 127,000,000원이다.
5. 대손실적율은 소숫점 둘째자리에서 반올림한다.

해답

1. 대손금조정

대손내역	신고/결산	회사대손계상액	세법상 시인액	세법상부인액
1 파산	결산조정	300,000원	300,000원	
2. 6월미경과부도어음	–	200,000원		**200,000원**
3. 채무자 사망	결산조정	400,000원	400,000원	
4. 소멸시효완성채권	신고조정	0원	1,200,000원	
계		900,000원	1,900,000원	**200,000원**

[세무조정] 〈손금불산입〉 6개월미경과어음 200,000원(유보, 발생)
　　　　　 〈손금산입〉 소멸시효완성 1,200,000원(유보, 발생)

대손충당금과 대손상각비로 상계한 채권입력〔좌측의 ┃크 게┃를 클릭하세요.〕

	22.일자	23.계정과목	24.채권내역	25.대손사유	26.금액	대손충당금상계액			당기손금계상액		
						27.계	28.시인액	29.부인액	30.계	31.시인액	32.부인액
1	07.01	외상매출금	1.매출채권	1.파산	300,000	300,000	300,000				
2	07.15	외상매출금	1.매출채권	3.사망,실종	400,000				400,000	400,000	
3	10.01	받을어음	1.매출채권	7.부도	200,000	200,000		200,000			
		계			900,000	500,000	300,000	200,000	400,000	400,000	

손금불산입 → 200,000

2. 채권잔액

① 상단의 F12(불러오기)를 클릭하여 매출채권의 잔액(불러온 선급금은 삭제한다.)과 당기 대손 금부인액(부도어음 200,000원)을 불러온다.

② 18.대손금부인액을 입력한다.

[당기 부도어음 200,000원과 소멸시효완성채권−1,200,000원]

③ 20.충당금설정제외채권을 입력한다.

	16.계정과목	17.채권잔액의 장부가액	18.기말현재대손금부인누계		19.합계 (17+18)	20.충당금설정제외채권 (할인,배서,특수채권)	21.채 권 잔 액 (19-20)
			전기	당기			
1	외상매출금	148,300,000		−1,200,000	147,100,000	3,000,000	144,100,000
2	받을어음	114,800,000		200,000	115,000,000	5,000,000	110,000,000
3							
	계	263,100,000		−1,000,000	262,100,000	8,000,000	254,100,000

3. 대충당금조정(손금및 익금산입조정)

① F8(잔액조회)(108~111 전체 조회하고 메모해 놓는다.)

대손충당금(외상매출금과 받을어음 합산)은 T계정을 그려서 메모해 놓으세요!!!

잔액조회

계정코드범위(코드) 0108 [...]외상매출금 ~ 0111 [...]대손충당금

코드	계정과목명	기초잔액	당기증가	당기감소	잔액
0108	외상매출금	87,000,000	120,000,000	58,700,000	148,300,000
0109	대손충당금	1,000,000	7,000,000	300,000	7,700,000
0110	받을어음	40,000,000	100,000,000	25,200,000	114,800,000
0111	대손충당금	500,000	3,000,000	200,000	3,300,000

② 대손실적율 계산

설정율 : MAX[① 1%, ② 대손실적율; 1.5%] = 1.5%

$$대손실적율 = \frac{세무상\,당기대손금^{*1}}{세무상\,전기말\,대상채권} = \frac{1,900,000}{127,000,000} = 1.5\%$$

*1. [300,000원＋400,000원＋1,200,000원]＝1,900,000원

2.설정률(%)		
○ 기본율	⦿ 실적율	○ 적립기준
1	1.5	

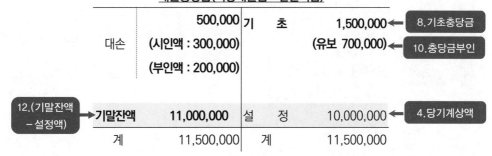

대손충당금(외상매출금 + 받을어음)

			기 초	1,500,000 ←	8.기초충당금
대손	500,000 (시인액 : 300,000) (부인액 : 200,000)		(유보 700,000) ←		10.충당금부인
12.(기말잔액 −설정액) →	기말잔액 11,000,000		설 정	10,000,000 ←	4.당기계상액
	계 11,500,000		계	11,500,000	

자동계산

손금 산입액 조정	1.대손충당금조정							
	1.채권잔액 (21의금액)	2.설정률(%)			3.한도액 (1×2)	회사계상액		7.한도초과액 (6-3)
		○기본율 ●실적율 ○적립기준				4.당기계상액	5.보충액	6.계	
	254,100,000	1		1.5	3,811,500	10,000,000	1,000,000	11,000,000	7,188,500
익금 산입액 조정	8.장부상 충당금기초잔액	9.기중 충당금환입액	10.충당금부인 누계액	11.당기대손금 상계액(27의금액)	12.충당금보충액 (충당금장부잔액)	13.환입할금액 (8-9-10-11-12)	14.회사환입액 (회사기말환입)	15.과소환입 · 과다 환입(△)(13-14)
	1,500,000		700,000	500,000	1,000,000	-700,000		-700,000

4. 조정등록

익금산입 및 손금불산입			손금산입 및 익금불산입		
과 목	금 액	소득처분	과 목	금 액	소득처분
한라빌딩공사 기성고차액	22,500,000	유보발생	백두연수원기성고차액	10,000,000	유보발생
매출누락	1,000,000	유보발생	위탁매출원가	800,000	유보발생
건물감가상각비 한도초과	3,175,000	유보발생	기계장치 전기감가상각비추인	311,550	유보감소
퇴충한도초과	65,000,000	유보발생	전기대손충당금한도초과	700,000	유보감소
퇴직연금부담금지급	5,000,000	유보감소	소멸시효완성채권	1,200,000	유보발생
6개월미경과부도어음	200,000	유보발생			
대손충당금한도초과	7,188,500	유보발생			

〈손금산입〉 전기대손충당금 한도초과 700,000원(유보, 감소)

〈손금불산입〉 6개월미경과어음 200,000원(유보, 발생)

〈손금산입〉 소멸시효완성 1,200,000원(유보, 발생)

〈손금불산입〉 대손충당금 한도초과 7,188,500원(유보, 발생)

제4절 기업업무추진비조정명세서

1.기업업무추진비 입력 (을)	2.기업업무추진비 조정 (갑)

1 1. 수입금액명세

구 분	1. 일반수입금액	2. 특수관계인간 거래금액	3. 합 계(1+2)
금 액			

2 2. 기업업무추진비 해당금액

4. 계정과목			합계			
5. 계정금액						
6. 기업업무추진비계상액 중 사적사용경비						
7. 기업업무추진비해당금액(5-6)						
8. 신용 카드 등 미사용 금액	경조사비 중 기준금액 초과액	9. 신용카드 등 미사용금액				
		10. 총 초과금액				
	국외지역 지출액 (법인세법 시행령 제41조제2항제1호)	11. 신용카드 등 미사용금액				
		12. 총 지출액				
	농어민 지출액 (법인세법 시행령 제41조제2항제2호)	13. 송금명세서 미제출금액				
		14. 총 지출액				
	기업업무추진비 중 기준금액 초과액	15. 신용카드 등 미사용금액				
		16. 총 초과금액				
17. 신용카드 등 미사용 부인액						
18. 기업업무추진비 부인액(6+17)						

1. 계정과목 설정

F6(계정과목설정)을 클릭하여 농어민 지출액을 설정할 수 있다. 이 경우 계정과목 및 적요 등록을 먼저 해야 한다. 그러나 다른 지출분에 대해서 케이렙은 고정적요가 셋팅되어 있으므로 별도 작업은 필요없고 기업업무추진비 전표입력시 해당 적요(고정적요)를 선택하여야 기업업무추진비조정명세서에 반영된다.

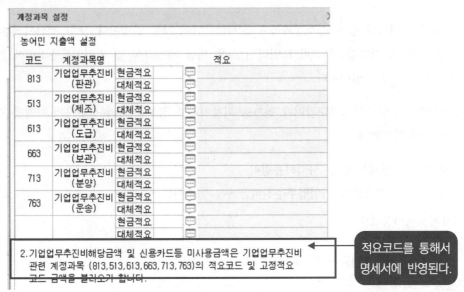

[계정과목 및 적요등록/기업업무추진비 입력시 적요]

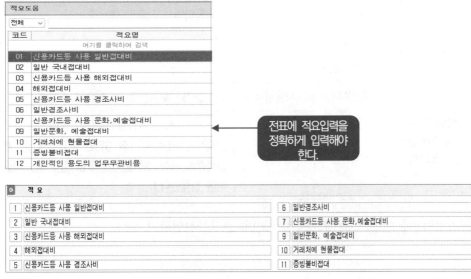

상단의 F12(불러오기)를 클릭하면 관련 전표에서 데이터를 불러온다.

2. ▮ 1.수입금액명세

수입금액조정명세서의 조정후수입금액이 ①일반수입금액란과 합계란에 자동 반영된다. 수입금액 중 ② 특수관계인간 거래금액을 입력한다.

3. ▮ 2.기업업무추진비등 해당금액

① 재무회계에서 기장한 경우 ④계정과목과 ⑤계정금액이 자동 반영된다. 또한 결산서에 다른 계정과목으로 기업업무추진비가 입력된 경우 해당 계정과목 및 기업업무추진비에 해당하는 금액을 직접 입력한다.

② ⑤계정금액에 현물기업업무추진비가 원가로 회계처리한 경우 시가와 장부가의 차액을 직접 수정하여 가산한다.

③ ⑥기업업무추진비계상액 중 사적사용경비

개인사적비용과 증빙불비 기업업무추진비금액을 입력한다.

④ ⑧신용카드미사용금액

경조사비중 기준금액초과액	⑨신용카드등미사용금액	1회 20만원 초과 경조사비중 적격증빙 미수취분
	⑩총초과금액	1회 20만원 초과 경조사비 총금액
국외지역 지출액	⑪신용카드등미사용금액	적격증빙 미수취금액
	⑫총지출액	국외지역에서 지출한 총금액
농어민 지출액	⑬송금명세서미제출금액	
	⑭총지출액	
기업업무추진비 중 기준금액 초과액	⑮신용카드등미사용금액	1회 3만원 초과분중 적격증빙미수취분
	⑯총초과금액	1회 3만원초과 기업업무추진비 총액 **(기업업무추진비중 1회 3만원 초과금액 중 개인적경비 또는 증빙불비가 있는 경우에는 차감하여 입력한다.)**

⑤ ⑱기업업무추진비부인액에 자동반영되며, 손금불산입하면 된다.

〈기업업무추진비조정명세서(갑)〉

1.기업업무추진비 입력 (을)	2.기업업무추진비 조정 (갑)	

3 기업업무추진비 한도초과액 조정			
중소기업			☐ 정부출자법인 ☐ 부동산임대업등(법.령제42조제2항)
		구분	금액
1. 기업업무추진비 해당 금액			
2. 기준금액 초과 기업업무추진비 중 신용카드 등 미사용으로 인한 손금불산입액			
3. 차감 기업업무추진비 해당금액(1-2)			
일반 기업업무추진비 한도	4. 12,000,000 (중소기업 36,000,000) X 월수(12) / 12		36,000,000
	총수입금액 기준	100억원 이하의 금액 X 30/10,000	
		100억원 초과 500억원 이하의 금액 X 20/10,000	
		500억원 초과 금액 X 3/10,000	
		5. 소계	
	일반수입금액 기준	100억원 이하의 금액 X 30/10,000	
		100억원 초과 500억원 이하의 금액 X 20/10,000	
		500억원 초과 금액 X 3/10,000	
		6. 소계	
	7. 수입금액기준	(5-6) X 10/100	
	8. 일반기업업무추진비 한도액 (4+6+7)		36,000,000
문화기업업무추진비 한도「조특법」 제136조제3항	9. 문화기업업무추진비 지출액		
	10. 문화기업업무추진비 한도액(9와 (8 X 20/100) 중 작은 금액)		
전통시장기업업무추진비 한도「조특법」 제136조제6항	11. 전통시장기업업무추진비 지출액		
	12. 전통시장기업업무추진비 한도액(11과 (8 X 10/100) 중 작은 금액)		
13. 기업업무추진비 한도액 합계(8+10+12)			36,000,000
14. 한도초과액(3-13)			
15. 손금산입한도 내 기업업무추진비 지출액(3과 13중 작은 금액)			

① 기업업무추진비조정명세서(을)표가 작성되면, (갑)표는 자동작성된다.

② 상단에 중소기업이 표시되면 ④기본금액에 **36,000,000원**이 자동 반영된다.

③ **9.문화기업업무추진비 지출액과 전통시장 사용 기업업무추진비가 있으면 직접 입력하면 된다.**

④ 14.기업업무추진비 한도초과액을 손금불산입하고 조정등록에 등록하면 된다.

---

example 예제 따라하기　**기업업무추진비조정명세서**

㈜무궁[0401]의 다음 자료에 의하여 기업업무추진비조정명세서를 작성하고 세무조정을 하여 소득금액합계표에 반영하시오.

1. 손익계산서상의 매출액과 영업외수익은 다음과 같다.[세무조정을 하지 마시고 기장된 자료는 무시하시오.]

구 분	매출액	기 타
제 품 매 출 액	850,000,000원	특수관계자간 거래분 3억원
상 품 매 출 액	100,000,000원	
공 사 수 입 금 액	300,00,000원	기업회계기준상 수입금액과 일치한다고 가정한다.
영 업 외 수 익	1,000,000원	부산물매출액
계	1,251,000,000원	

① 위탁상품 판매액이 1,000,000원 누락되었다.

② 대리점에 대한 사전약정에 의한 에누리 금액 1,500,000원(제품매출)을 영업외비용으로 처리하였다.

2. 기업업무추진비 계정금액은 다음과 같다.

기업업무추진비(판)	기업업무추진비(제)	해외기업업무추진비	계
40,450,000원	15,800,000원	1,100,000원	57,350,000원

① 기업업무추진비(판)에는 증빙없는 기업업무추진비가 1,000,000원(1건)이 있다.

② 기업업무추진비(제)에는 대표이사가 개인적으로 사용한 금액이 1,300,000원(1건)이 있다.

③ 현물기업업무추진비(판) 다음과 같이 회계처리하였다고 가정한다.

(원가 1,000,000원 시가 1,500,000원)

(차) 기업업무추진비(판) 1,150,000원　　　(대) 제　　　품　　　1,000,000원
　　　　　　　　　　　　　　　　　　　　　　부가세예수금　　　 150,000원

④ 해외기업업무추진비중에서 100,000원은 신용카드가 가맹된 외국에서 현금으로 사용한 것이다. 나머지 해외기업업무추진비는 현금 외에는 결제수단이 없는 외국에서 사용한 것이다.

⑤ 모든 기업업무추진비는 적요를 제대로 입력하였다.

해답

1. 수입금액명세

① F12(불러오기) 클릭하면 수입금액조정명세서 반영된 조정후수입금액과 기업업무추진비내역이 입력된다.

② 수입금액입력

-기업업무추진비조정명세서상의 수입금액은 기업회계기준상의 매출액(부산물, 작업폐물, 반제품매출액포함)을 매출에누리와 누락된 매출액을 가산하여야 한다. 그리고 특수관계자 매출을 구분하여 입력한다.

일반수입금액=1,251,000,000원+1,000,000원(위탁매출액)-1,500,000원(매출에누리)

= 1,250,500,000원(특수관계자 매출액 300,000,000원 포함)

-③ 합계란에 수입금액(1,250,500,000원)을 입력하고, ② 특수관계인간 거래금액 300,000,000원을 입력하면, ① 일반수입금액이 자동계산된다.

1. 수입금액명세			
구　　분	1. 일반수입금액	2. 특수관계인간 거래금액	3. 합　계(1+2)
금　　액	950,500,000	300,000,000	1,250,500,000

2. 기업업무추진비 해당금액					
4. 계정과목		합계	기업업무추진비(제조)	기업업무추진비(판관)	외기업업무추진비(판관)
5. 계정금액		57,350,000	15,800,000	40,450,000	1,100,000
6. 기업업무추진비계상액 중 사적사용경비					
7. 기업업무추진비해당금액(5-6)		57,350,000	15,800,000	40,450,000	1,100,000
8. 신용카드등 미사용금액	경조사비 중 기준금액 초과액	9. 신용카드 등 미사용금액	500,000	500,000		
		10. 총 초과금액	500,000	500,000		
	국외지역 지출액 (법인세법 시행령 제41조제2항제1호)	11. 신용카드 등 미사용금액				
		12. 총 지출액	1,100,000			1,100,000
	농어민 지출액 (법인세법 시행령 제41조제2항제2호)	13. 송금명세서 미제출금액				
		14. 총 지출액				
	기업업무추진비 중 기준금액 초과액	15. 신용카드 등 미사용금액	400,000	150,000	250,000	
		16. 총 초과금액	55,750,000	15,300,000	40,450,000	
17. 신용카드 등 미사용 부인액		900,000	650,000	250,000	
18. 기업업무추진비 부인액(6+17)		900,000	650,000	250,000	

전표에서 불러온 화면

2. 기업업무추진비등 해당금액

① 현물기업업무추진비 : 기업업무추진비(판) [⑤ 계정금액]에 차액(시가−원가) 500,000원을 가산한다. 가산 후 금액은 40,950,000원을 입력한다.

② 증빙없는 기업업무추진비 : 기업업무추진비(판) 중 [⑥기업업무추진비계상액 중 사적사용경비] 1,000,000원을 입력한다.

③ 개인사용경비 : 기업업무추진비(제) 중 [⑥기업업무추진비계상액 중 사적사용경비] 1,300,000원을 입력한다.

④ [16] 총초과금액은 ⑥사적사용경비가 3만원 초과 기업업무추진비일 경우 차감하여 입력하고, 현물기업업무추진비 500,000원을 가산한다.

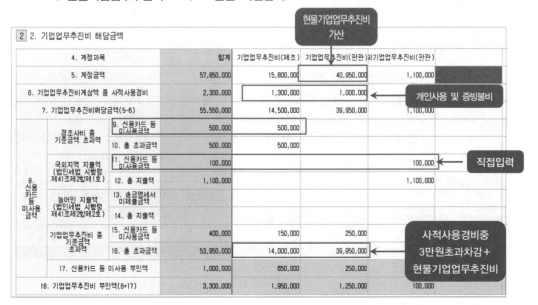

현물기업업무추진비 가산

2. 기업업무추진비 해당금액					
4. 계정과목		합계	기업업무추진비(제조)	기업업무추진비(판관)	외기업업무추진비(판관)
5. 계정금액		57,850,000	15,800,000	40,950,000	1,100,000
6. 기업업무추진비계상액 중 사적사용경비		2,300,000	1,300,000	1,000,000	
7. 기업업무추진비해당금액(5-6)		55,550,000	14,500,000	39,950,000	1,100,000
8. 신용카드등 미사용금액	경조사비 중 기준금액 초과액	9. 신용카드 등 미사용금액	500,000	500,000		
		10. 총 초과금액	500,000	500,000		
	국외지역 지출액 (법인세법 시행령 제41조제2항제1호)	11. 신용카드 등 미사용금액	100,000			100,000
		12. 총 지출액	1,100,000			1,100,000
	농어민 지출액 (법인세법 시행령 제41조제2항제2호)	13. 송금명세서 미제출금액				
		14. 총 지출액				
	기업업무추진비 중 기준금액 초과액	15. 신용카드 등 미사용금액	400,000	150,000	250,000	
		16. 총 초과금액	53,950,000	14,000,000	39,950,000	
17. 신용카드 등 미사용 부인액		1,000,000	650,000	250,000	
18. 기업업무추진비 부인액(6+17)		3,300,000	1,950,000	1,250,000	100,000

개인사용 및 증빙불비

직접입력

사적사용경비중 3만원초과차감 + 현물기업업무추진비

4. 최종 기업업무추진비조정명세서(갑)

| 1.기업업무추진비 입력 (을) | 2.기업업무추진비 조정 (갑) |

3 기업업무추진비 한도초과액 조정				
중소기업				☐ 정부출자법인 ☐ 부동산임대업등(법.령제42조제2항)
구분				금액
1. 기업업무추진비 해당 금액				55,550,000
2. 기준금액 초과 기업업무추진비 중 신용카드 등 미사용으로 인한 손금불산입액				1,000,000
3. 차감 기업업무추진비 해당금액(1-2)				54,550,000
일반 기업업무추진비 한도	4. 12,000,000 (중소기업 36,000,000) X 월수(12) / 12			36,000,000
	총수입금액 기준	100억원 이하의 금액 X 30/10,000		3,751,500
		100억원 초과 500억원 이하의 금액 X 20/10,000		
		500억원 초과 금액 X 3/10,000		
		5. 소계		3,751,500
	일반수입금액 기준	100억원 이하의 금액 X 30/10,000		2,851,500
		100억원 초과 500억원 이하의 금액 X 20/10,000		
		500억원 초과 금액 X 3/10,000		
		6. 소계		2,851,500
	7. 수입금액기준	(5-6) X 10/100		90,000
	8. 일반기업업무추진비 한도액 (4+6+7)			38,941,500
문화기업업무추진비 한도(「조특법」 제136조제3항)	9. 문화기업업무추진비 지출액			
	10. 문화기업업무추진비 한도액 (9와 (8 X 20/100) 중 작은 금액)			
전통시장기업업무추진비 한도(「조특법」 제136조제6항)	11. 전통시장기업업무추진비 지출액			
	12. 전통시장기업업무추진비 한도액(11과 (8 X 10/100) 중 작은 금액)			
13. 기업업무추진비 한도액 합계(8+10+12)				38,941,500
14. 한도초과액(3-13)				15,608,500
15. 손금산입한도 내 기업업무추진비 지출액(3과 13중 작은 금액)				38,941,500

☞ 기업업무추진비한도(①+②) = 38,941,500원

   ① 기본한도 : 36,000,000원

   ② 수입금액한도 : 950,500,000×30/1,000＋300,000,000×30/1,000×10% = 2,941,500원

5. 조정등록

   [세무조정] 〈손금불산입〉 기업업무추진비중 증빙미사용액   1,000,000원(상여)

           〈손금불산입〉 기업업무추진비중 개인적 경비   1,300,000원(상여)

           〈손금불산입〉 기준금액초과 신용카드 미사용액   1,000,000원(기타사외유출)

                 [제조경비 650,000＋판관비 250,000＋해외기업업무추진비 100,000]

           〈손금불산입〉 기업업무추진비한도초과   15,608,500원(기타사외유출)

익금산입 및 손금불산입			손금산입 및 익금불산입		
과 목	금 액	소득처분	과 목	금 액	소득처분
증빙불비기업업무추진비	1,000,000	상여	**증빙불비, 개인사용 기업업무추진비는** **구분해서 세무조정한다.**		
개인사용기업업무추진비	1,300,000	상여			
기업업무추진비 중 신용카드미사용	1,000,000	기타사외유출			
기업업무추진비 한도 초과액	15,608,500	기타사외유출			

과 목	금 액	과 목	금 액
기업업무추진비 중 사적경비	2,300,000		
기업업무추진비 중 신용카드 미사용	1,000,000		
기업업무추진비 한도 초과액	15,608,500		

제5절	재고자산(유가증권)평가조정명세서

1 1. 재고자산 평가방법 검토

4. 자산별	2. 신고일	3. 신고방법	4. 평가방법	5. 적부	6. 비고
제 품 및 상 품					
반제품및재공품					
원 재 료					
저 장 품					
유가증권(채권)					
유가증권(기타)					

2 2. 평가조정 계산

	7. 과목		8. 품명	9. 규격	10. 단위	11. 수량	회사계산(장부가)		세법
	코드	과목명					12. 단가	13. 금액	14. 단가
1									

1. **1** 1.재고자산평가방법 검토

① 2.신고일과 3.신고방법에는 회사가 신고한 재고자산평가방법을 입력한다.

② 4.평가방법란에는 회사가 실제로 평가한 방법을 입력하여 5.적부란에 신고방법대로 평가하였는지 여부를 ○,×로 표시한다.

2. **2** 2.평가조정계산

① 7.과목 : 해당 계정과목코드를 입력한다.

② 18.조정액의 평가감(+)의 경우는 손금불산입하고 평가증(△)의 경우는 손금산입한다.

③ 재고자산별로 조정액을 조정등록한다.

예제 따라하기   재고자산평가조정명세서

㈜ 무궁(0401)의 다음 자료에 의하여 재고자산조정명세서를 작성하고 세무조정을 하여 소득금액합계표에 반영하시오.

구분	제품	재공품	원재료	저장품
평가방법 신고일	2010. 3. 31	무신고	2010. 3. 31	2010. 3. 31
신고한 평가방법	후입선출법	무신고	총평균법	총평균법
회사 평가방법	후입선출법	총평균법	총평균법	후입선출법
선입선출법평가액	83,200,000원	8,920,000원	27,300,000원	970,000원
후입선출법평가액	82,500,000원	8,470,000원	25,720,000원	927,000원
총평균법평가액	82,900,000원	8,530,000원	26,800,000원	945,000원

1. 재공품에 대하여 당기 10월 30일에 선입선출법으로 평가방법을 신고하였다.
2. 원재료는 착오로 장부에 27,500,000원을 계상하였다.
3. 저장품에 대하여 종전의 총평균법에서 후입선출법으로 당기부터 평가방법을 변경하기로 하고 당기 10월 5일에 이에 대한 변경신고를 행하였다.

해답

	신고방법	평가방법	세법상평가방법	비 고
제 품	후입선출법	후입선출법	후입선출법	
재공품	–	총평균법	무신고 : 선입선출법	**무신고시 변경할 평가방법을 적용하고자 하는 사업연도의 종료일 이전 3월이 되는 날(9/30)까지 변경신고하여야 한다.**
원재료	총평균법	총평균법	총평균법	착오에 의한 재고자산평가액은 임의변경으로 보지 않는다.
저장품	총평균법	후입선출법	임의변경 MAX[①선입선출법 ②총평균법]	9월 30일까지 변경신고를 하여야 하므로, 당해연도까지 총평균법으로 평가해야함.

1. 재고자산평가방법 검토

4.자산별	2.신고일	3.신고방법	4.평가방법	5.적부	6.비고
제 품 및 상 품	2010-03-31	03:후입선출법	03:후입선출법	O	
반제품및재공품		00:무신고	04:총평균법	×	
원 재 료	2010-03-31	04:총평균법	04:총평균법	O	
저 장 품	2010-03-31	04:총평균법	03:후입선출법	×	

2. 평가조정계산

─품명, 규격, 단위, 수량에 대한 자료가 없으므로 입력생략한다.

2 2. 평가조정 계산

	7.과목		8.품명	9.규격	10.단위	11.수량	회사계산(장부가)		조정계산금액				18.조정액
							12.단가	13.금액	세법상신고방법		IFO(무신고,임의변경시)		
	코드	과목명							14.단가	15.금액	16.단가	17.금액	
1	0150	제품						82,500,000		82,500,000			
2	0169	재공품						8,530,000				8,920,000	390,000
3	0153	원재료						27,500,000		26,800,000			-700,000
4	0167	저장품						927,000		945,000		970,000	43,000

3. 조정등록

[세무조정] 〈손금불산입〉 재공품평가감   390,000원(유보, 발생)
          〈손 금 산 입〉 원재료평가증   700,000원(유보, 발생)
          〈손금불산입〉 저장품평가감   43,000원(유보, 발생)

익금산입 및 손금불산입

과 목	금 액	소득처분
퇴충한도초과	65,000,000	유보발생
퇴직연금부담금지급	5,000,000	유보감소
6개월미경과부도어음	200,000	유보발생
대손충당금한도초과	7,188,500	유보발생
증빙불비접대비	1,000,000	상여
개인사용접대비	1,300,000	상여
접대비중신용카드미사용	1,000,000	기타사외유출
접대비한도초과액	8,589,000	기타사외유출
재공품평가감	390,000	유보발생
저장품평가감	43,000	유보발생
합 계	116,385,500	

손금산입 및 익금불산입

과 목	금 액	소득처분
백두연수원기성고차액	10,000,000	유보발생
위탁매출원가	800,000	유보발생
기계장치 전기감가상각비추인	311,550	유보감소
퇴직연금부담금납부액	35,000,000	유보발생
전기대손충당금한도초과	700,000	유보감소
소멸시효완성채권	1,200,000	유보발생
원재료평가증	700,000	유보발생
합 계	48,711,550	

소득명세 1

계정과목별로 세무조정해야 한다.

과 목	금 액	과 목	금 액
		재고자산평가증	267,000

제6절   세금과공과금명세서

[3024] 세금과공과금명세서

Esc 종료 F1 도움 F2 코드 F3 조정등록 F4 과목추가 F5 삭제 CF5 전체삭제 F6 불산입만표기 F7 원장조회 ▽ F9 인쇄 F11 저장 F12 불러오기

코드	계정과목	월일	거래내용	코드	지급처	금액	손금불산입표시

F12(불러오기)를 클릭하여 내용을 검토하여 손금불산입 사항이 있는 경우 비고란 1.손금불산입을 표시한다.

계정과목 추가시 상단의 F4(과목추가)를 클릭하여 계정과목을 추가할 수도 있다.

 세금과공과금명세서

㈜무궁의 기장된 자료를 이용하여 세금과공과금명세서를 작성하고 소득금액조정합계표에 반영하시오..

해답

F12(불러오기)를 클릭하여 데이터를 불러오고 비고란에 커서를 위치하여 손금불산입항목에 대해서 손금불산입 : 1을 선택한다.

코드	계정과목	월	일	거래내용	코드	지급처	금액	손금불산입표시
0817	세금과공과	2	19	폐수배출부담금		기타사외유출	500,000	손금불산입
0517	세금과공과	2	22	산재보험료			100,000	
0817	세금과공과	2	28	소득분지방소득세		기타사외유출	1,000,000	손금불산입
0817	세금과공과	4	10	법인인 동업자조합에 대한 일반회비			50,000	
0817	세금과공과	4	24	주식양도시 증권거래세			40,000	
0817	세금과공과	4	25	증자시 발생한 등록세		기타	71,000	손금불산입
0817	세금과공과	7	15	부가가치세 가산세		기타사외유출	120,000	손금불산입
0817	세금과공과	7	22	간주임대료 부가가치세			230,000	
0817	세금과공과	7	27	상무이사 자택 재산세		상여	150,000	손금불산입
0817	세금과공과	7	27	재산분 주민세			100,000	
0817	세금과공과	9	1	산재보험료 가산금		기타사외유출	125,000	손금불산입
0817	세금과공과	9	1	산재보험료 연체료			25,000	
0517	세금과공과	9	10	환경개선부담금			50,000	
0517	세금과공과	9	18	토지에 대한 개발부담금		유보	1,150,000	손금불산입

손 금 불 산 입 계		3,116,000	
합 계		3,711,000	

[조정등록] 〈손금불산입〉 폐수배출부담금   500,000원 (기타사외유출)

〈손금불산입〉 소득분지방소득세   1,000,000원 (기타사외유출)

〈손금불산입〉 증자시 등록세   71,000원 (기타)

〈손금불산입〉 부가가치세가산세   120,000원 (기타사외유출)

〈손금불산입〉 상무이사자택재산세   150,000원 (상여)

〈손금불산입〉 산재보험료 가산금   125,000원 (기타사외유출)

〈손금불산입〉 토지개발부담금   1,150,000원 (유보, 발생)

☞ 세무조정은 소득처분(귀속재)별로 하는 게 원칙입니다. 그리고 항목별로 하라는 문제가 있을 경우 각각에 대해서 세무조정을 하십시오. 조정코드도움 항목에 없는 것은 직접 입력하시오!!

익금산입 및 손금불산입				손금산입 및 익금불산입		
과 목	금 액	소득처분		과 목	금 액	소득처분
접대비한도초과액	8,589,000	기타사외유출		백두연수원기성고차액	10,000,000	유보발생
재공품평가감	390,000	유보발생		위탁매출원가	800,000	유보발생
저장품평가감	43,000	유보발생		기계장치 전기감가상각비추인	311,550	유보감소
폐수배출부담금	500,000	기타사외유출		퇴직연금부담금납부액	35,000,000	유보발생
소득분지방소득세	1,000,000	기타사외유출		전기대손충당금한도초과	700,000	유보감소
증자시 등록세	71,000	기타		소멸시효완성채권	1,200,000	유보발생
부가가치세 가산세	120,000	기타사외유출		원재료평가증	700,000	유보발생
상무이사 자택재산세0	150,000	상여				
산재보험료 가산금	125,000	기타사외유출				
토지개발부담금	1,150,000	유보발생				

제7절   선급비용명세서

[3025] 선급비용명세서
Esc 종료 F1 도움 F2 코드 F3 조정등록 F4 계정구분등록 F5 삭제 CF5 전체삭제 F6 단수처리 ▾ F7 원장조회 F8 인쇄 F11 저장 F12 불러오기

계정구분	거래내용	거래처	대상기간		지급액	선급비용	회사계상액	조정대상금액
			시작일	종료일				

1. 계정구분등록

F4(계정구분등록)을 클릭하면 다음의 화면에서 추가 등록이 가능하다.

계정구분등록

	계정과목명	기간계산원칙
1	미경과 이자	한편산입
2	선급 보험료	양편산입
3	선급 임차료	한편산입
4		
5		

확인(TAB)   취소(ESC)

☞ 교육용에서는 기간계산원칙 수정이 불가하다.

2. 계정구분

1.미경과 이자, 2.선급보험료, 3.선급임차료 하나를 선택한다.

3. 세무조정대상금액

기간, 지급액을 입력하면 선급비용이 계산되고 회사계상액을 입력하면 손금불산입 해당 금액이 자동 계산된다.

 선급비용명세서

㈜무궁(0401)의 다음 자료를 이용하여 선급비용명세서를 소득금액조정합계표에 반영하시오.(기장된 내역과 무관하다.)

－회계처리내역(현금지급)－

과 목	일자	내 역	지급액	회사계상액	기 간
이자비용	7.01	차입금이자	1,100,000원	0	당기 7.01 ~차기 6.30
보험료	3.01	자동차보험료	600,000원	0	당기 3.01 ~차기 2/E
임차료	9.01	임차료선급	800,000원	200,000원	당기 9.01 ~차기 8.31

해답

1. 선급비용명세서

	계정구분	거래내용	거래처	대상기간 시작일	대상기간 종료일	지급액	선급비용	회사계상액	조정대상금액
	미경과 이자	차입금이자		2025-07-01 20x1	2026-06-30	1,100,000	546,978		546,978
	선급 보험료	자동차보험료		2025-03-01 20x1	2026-02-28	600,000	96,986		96,986
	선급 임차료	임차료선급		2025-09-01 20x1	2026-08-31	800,000	534,065	200,000	334,065

2. 조정등록

[세무조정] 〈손금불산입〉 선급 이자비용   546,978원(유보, 발생)
　　　　　　 〈손금불산입〉 선급 보험료   96,986원(유보, 발생)
　　　　　　 〈손금불산입〉 선급 임차료   334,065원(유보, 발생)

제8절 인정이자조정명세서

---

1. 가지급금, 가수금 입력, 2. 차입금입력, 3. 인정이자(을표, 갑표)순으로 작성한다.

　　 적용이자율선택 : [2] 가중평균차입이자율 　을 클릭하여 적용이자율을 선택하고, 상단의 F11 (연일수변경)를 변경도 가능하다.

〈1.가지급금,가수금 입력〉

1.가지급금.가수금 입력	2.차입금 입력	3.인정이자계산 : (을)지	4.인정이자조정 : (갑)지	적용이자율선택 : [2] 가중평균차입이자율			
		○가지급금,가수금 선택 : 1.가지급금 ▼			회계데이타불러오기		
	직책	성명		적요	년월일	차변	대변	잔액	일수	적수
1			1							

① 　회계데이타불러오기　를 클릭하여 기장된 데이터를 불러올 수 있다.

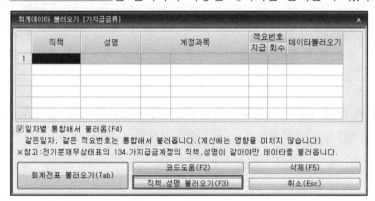

	직책	성명	계정과목	적요번호 지급 회수	데이타불러오기
1					

☑ 일자별 통합해서 불러옴(F4)
　같은일자, 같은 적요번호는 통합해서 불러옵니다.(계산에는 영향을 미치지 않습니다)
※참고 :전기분재무상태표의 134.가지급금계정의 직책,성명이 같아야만 데이타를 불러옵니다.

회계전표 불러오기(Tab)	코드도움(F2)	삭제(F5)
	직책,성명 불러오기(F3)	취소(Esc)

　불러오지 않은 임직원의 직책과 성명 그리고 적요번호(2,5)를 입력하여 회계전표를 불러온다.

② 가수금의 데이터도 같이 불러온다.

〈2.차입금입력〉

1.가지급금.가수금 입력	2.차입금 입력	3.인정이자계산 : (을)지	4.인정이자조정 : (갑)지	적용이자율선택 : [2] 가중평균차입이자율				
			계정과목설정	새로불러오기(현재거래처)	새로불러오기(전체거래처)	이자율일괄적용		
	거래처명			적요	연월일	차변	대변	이자대상금액	이자율 %	이자
1		1								

계정과목을 설정해도 되고, 설정된 계정과목으로 불러올 수도 있고, 직접 입력도 가능하다.

① [새로불러오기(현재거래처)]를 클릭하여 기장된 데이터를 불러올 수도 있다.

② 거래처별 차입금과 상환액 및 이자율을 일자별로 입력한다.

〈3.인정이자계산 – 을〉

1.가지급금.가수금 입력	2.차입금 입력	3.인정이자계산 : (을)지	4.인정이자조정 : (갑)지	적용이자율선택 : [2] 가중평균차입이자율

ㅇ이자율 선택: 1.가중평균차입이자율 ▾ 연일수(365)일

	직책	성명		대여기간		연월일	적요	5.차변	6.대변	7.잔액(5-6)	일수
				발생연월일	회수일						

입력된 가지급등과 차입금으로 자동 계산된다.

〈4.인정이자조정 – 갑〉

원칙 : 가중평균차입이자율로 작성하고, 예외적으로 당좌대출이자율로 작성한다.

1.가지급금.가수금 입력	2.차입금 입력	3.인정이자계산 : (을)지	4.인정이자조정 : (갑)지	적용이자율선택 : [2] 가중평균차입이자율

당좌대출이자율

	1.성명	2.가지급금적수	3.가수금적수	4.차감적수(2-3)	5.인정이자	6.회사계상액	시가인정범위		9.조정액(=7) 7>=3억,8>=5%
							7.차액(5-6)	비율(%)	

자동적으로 인정이자가 계산되고, 6.회사계상액에는 회사가 수령한 이자를 입력하면, 9.조정액이 계산되고, 동 금액을 손금불산입하고 조정등록에 등록하면 된다.

(주)무궁의 가지급금등의 인정이자 조정명세서를 작성하고 세무조정을 하여 소득금액합계표에 반영하시오.

1. 차입금의 내용 : 차입금은 전년도로부터 이월된 자료로 가정하고 직접 입력한다.

이자율	차입처	차입금	연간지급이자	비 고
연 14%	국민은행	10,000,000원	1,400,000원	
연 10%	국민은행	20,000,000원	2,000,000원	
연 8%	신한은행	50,000,000원	4,000,000원	
연 4%	(주)두산	50,000,000원	2,000,000원	특수관계자
계		130,000,000원	9,400,000원	

2. 가지급금 내역
① 대표자 : 이대호(적요번호 : 지급 1, 회수 4)

일자	적 요	금 액
1.1	전기이월	10,000,000원
3.25	대여	20,000,000원
7.25	대여	15,000,000원

　─대표자의 가지급금은 업무와 무관하다고 가정한다.
② 경리과장 : 김기호(적요번호 : 지급 2, 회수 5)

일자	적 요	금 액
3.03	대여	50,000,000원

　─회사 업무와 무관하게 대여한 금액이다.
　─연말 이자수령액은 1,200,000원을 수령하였다고 가정한다.

3. 가수금 내역 : 대표자(적요번호 : 반제 1)

일자	적 요	금 액
4.01	일시가수	13,000,000원

4. 국세청장이 정한 당좌대출이자율은 연 4.6%(가정), 가중평균차입이자율은 연 9.25%이다.
☞ 적요번호가 주어지지 않았을 경우 기초정보관리─계정과목 및 적요등록(가지급금)에서 적요번호를 직접 찾아서 입력해야 한다.

해답

1. 가지급금입력(365일)

① 상단의 적용이자율을 | 적용이자율선택 : [2] 가중평균차입이자율 | 을 선택한다.

② 상단에서 가지급금을 선택하고 우측의 | 회계데이타불러오기 | 을 클릭하고 경리과장과 김기호를 입력하고, 적요번호는 2,5번을 입력하고 회계전표를 불러온다.

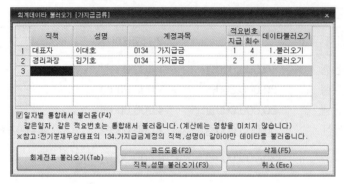

③ 가지급금 내역이 나타난다.(문제에서 주어진대로 직접입력해도 무방하다.)

	직책	성명		적요	년월일		차변	대변	잔액	일수	적수
1	대표자	이대호	1	1.전기이	20x1	1 1	10,000,000		10,000,000	83	830,000,000
2			2	2.대여	20x1	3 25	20,000,000		30,000,000	122	3,660,000,000
			3	2.대여	20x1	7 25	15,000,000		45,000,000	160	7,200,000,000

	직책	성명		적요	년월일		차변	대변	잔액	일수	적수
1	대표자	이대호	1	2.대여	20x1	3 3	50,000,000		50,000,000	304	15,200,000,000
2	경리과장	김기호	2								

2. 가수금입력

① 상단에서 가수금을 선택하고 우측의 | 회계데이타불러오기 | 을 클릭하고 코드도움으로 직책, 성명, 계정과목, 적요번호, 데이타불러오기(1.불러오기)을 입력하고 회계전표를 불러온다.

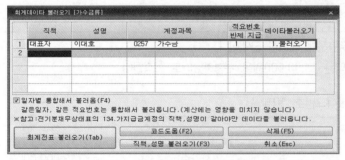

| ○가지급금,가수금 선택: | 2.가수금 ∨ | | | | | 회계데이타불러오기 |

	직책	성명		적요	년월일	차변	대변	잔액	일수	적수
1	대표자	이대호	1	2.가수	20x1 4 1		13,000,000	13,000,000	275	3,575,000,000

3. 차입금입력

☞ 특수관계자인 (주)두산의 차입금은 입력에서 제외한다.

1.가지급금.가수금 입력	2.차입금 입력	3.인정이자계산 : (을)지	4.인정이자조정 : (갑)지	적용이자율선택 : [2] 가중평균차입이자율

계정과목설정	새로불러오기(현재거래처)	새로불러오기(전체거래처)	이자율일괄적용

	거래처명		□	적요	연월일	차변	대변	이자대상금액	이자율 %	이자
1	국민은행	1	☐	1.전기이	1 1		10,000,000	10,000,000	14.00000	1,400,000
2	신한은행	2	☐	1.전기이	1 1		20,000,000	20,000,000	10.00000	2,000,000
3		3								

	거래처명		□	적요	연월일	차변	대변	이자대상금액	이자율 %	이자
1	국민은행	1	☐	1.전기이	1 1		50,000,000	50,000,000	8.00000	4,000,000
2	신한은행	2	☐							
3										

4. 인정이자계산—을

―가중평균이자율(9.25%)이 자동계산(앞에 입력한 차입금자료)

① 이대호

연월일	적요	5.차변	6.대변	7.잔액(5-6)	일수	가지급금적수(7X8)	10.가수금적수	11.차감적수	이자율(%)	13.인정이자(11X12)
1 1	1.전기이월	10,000,000		10,000,000	365	3,650,000,000	3,575,000,000	75,000,000	9.25000	19,006
3 25	2.대여	20,000,000		20,000,000	282	5,640,000,000		5,640,000,000	9.25000	1,429,315
7 25	2.대여	15,000,000		15,000,000	160	2,400,000,000		2,400,000,000	9.25000	608,219

② 김기호

연월일	적요	5.차변	6.대변	7.잔액(5-6)	일수	가지급금적수(7X8)	10.가수금적수	11.차감적수	이자율(%)	13.인정이자(11X12)
3 3	2.대여	50,000,000		50,000,000	304	15,200,000,000		15,200,000,000	9.25000	3,852,054

5. 인정이자계산—갑(연일수 : 365일)

회사가 수령한 이자를 6.회사계상액(김기호 1,200,000원)에 입력한다.

							시가인정범위		9. 조정액(=7)
	1.성명	2.가지급금적수	3.가수금적수	4.차감적수(2-3)	5.인정이자	6.회사계상액	7.차액(5-6)	비율(%)	7>=3억,8>=5%
1	이대호	11,690,000,000	3,575,000,000	8,115,000,000	2,056,540		2,056,540	100.00000	2,056,540
2	김기호	15,200,000,000		15,200,000,000	3,852,054	1,200,000	2,652,054	68.84778	2,652,054

[세무조정] 〈익금산입〉 인정이자(대표이사)   2,056,540원(상여)

　　　　　　 〈익금산입〉 인정이자(경리과장)   2,652,054원(상여)

6. 조정등록

설급비용(이자비용)과소계상	568,131	유보발생
가지급금인정이자(대표이사)	2,056,540	상여
가지급금인정이자(기타임원)	2,652,054	상여

인별세무조정

제9절 업무무관부동산등에 관련한 차입금이자조정명세서

(을)표는 1. 업무무관부동산 2. 업무무관동산 3. 가지급금 4. 가수금 5. 그밖의 자산순으로 작성한다.

〈1.2.업무무관부동산, 동산의 적수입력〉

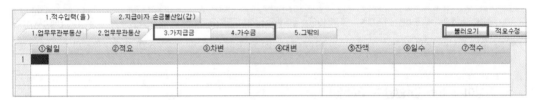

취득연월일 등을 입력하면 자동적으로 적수가 계산된다.

〈3.4.가지급금, 가수금의 적수〉

불러오기 를 클릭하여 가지급금인정이자조정명세서상의 가지급금, 가수금을 불러온다.

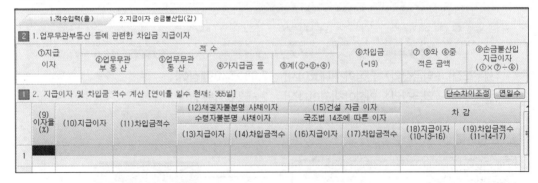

〈업무무관부동산 등에 관련한 차입금 지급이자조정명세서(갑) – 지급이자 손금불산입〉

① 앞에서 입력한 적수가 자동 반영된다.
② (12)채권자불분명사채이자 (15)건설자금이자를 입력하면 상단에 자동적(지급이자 및 손금불산입이자)으로 계산된다.
③ 해당 이자를 조정등록하면 된다.

㈜무궁(0401)의 다음 자료에 의하여 업무무관부동산등에 관련한 차입금 지급이자조정명세서를 작성하고 세무조정을 하여 소득금액합계표에 반영하시오.

1. 손익계산서상의 지급이자의 내역은 다음과 같다고 가정한다.

연이자율	지급이자	기 타
25%	1,000,000원	채권자불분명사채이자로서 원천징수세액은 385,000원이라 가정한다.
20%	2,000,000원	
15%	3,000,000원	
10%	2,500,000원	특정차입금으로 미완공인 건물
합 계	8,500,000원	

2. 업무무관자산내역

구 분	금 액	비 고
골동품	3,000,000원	전기에 취득(대표이사 집무실에 비치)

3. 업무무관가지급금
   -인정이자 예제와 같다.

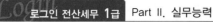

해답

1. 업무무관동산 입력

	①월일	②적요	③차변	④대변	⑤잔액	⑥일수	⑦적수
1	1 1	전기이월	3,000,000		3,000,000	365	1,095,000,000
2							

1.업무무관부동산　2.업무무관동산　3.가지급금　4.가수금　5.그밖의　　불러오기　적요수정

2. 가지급금/가수금 등의 적수

불러오기 를 클릭하여 가지급금인정이자조정명세서에 반영된 금액을 불러온다. 직접 입력해도 된다.

1.업무무관부동산　2.업무무관동산　**3.가지급금**　4.가수금　5.그밖의　　불러오기　적요수

	①월일	②적요	③차변	④대변	⑤잔액	⑥일수	⑦적수
1	1 1	전기이월	10000000		10,000,000	61	610,000,000
2	3 3	지 급	50000000		60,000,000	22	1,320,000,000
3	3 25	지 급	20000000		80,000,000	122	9,760,000,000
4	7 25	지 급	15000000		95,000,000	160	15,200,000,000
5							

1.업무무관부동산　2.업무무관동산　3.가지급금　**4.가수금**　5.그밖의　　불러오기　적요수

	①월일	②적요	③차변	④대변	⑤잔액	⑥일수	⑦적수
1	4 1	가 수		13000000	13,000,000	275	3,575,000,000
2							

3. 업무무관 지급이자조정명세서(갑)

(1) 지급이자 및 차입금적수 계산

① 연일수 을 클릭하여 해당연도의 일수를 확인하고, 수정한다.

② 지급이자 및 차입금적수 계산에 자료를 입력하면 상단의 손금불산입 지급이자가 자동계산된다.

1 2. 지급이자 및 차입금 적수 계산 [연이율 일수 현재: 365일]　　단수차이조정　연일수

	(9)이자율(%)	(10)지급이자	(11)차입금적수	(12)채권자불분명 사채이자 수령자불분명 사채이자 (13)지급이자	(14)차입금적수	(15)건설 자금 이자 국조법 14조에 따른 이자 (16)지급이자	(17)차입금적수	차 감 (18)지급이자(10-13-16)	(19)차입금적수(11-14-17)
1	25.00000	1,000,000	1,460,000,000	1,000,000	1,460,000,000				
2	20.00000	2,000,000	3,650,000,000					2,000,000	3,650,000,000
3	15.00000	3,000,000	7,300,000,000					3,000,000	7,300,000,000
4	10.00000	2,500,000	9,125,000,000			2,500,000	9,125,000,000		
	합계	8,500,000	21,535,000,000	1,000,000	1,460,000,000	2,500,000	9,125,000,000	5,000,000	10,950,000,000

1.적수입력(을)　　2.지급이자 손금불산입(갑)

2 1. 업무무관부동산 등에 관련한 차입금 지급이자

①지급이자	적 수 ②업무무관부동산	③업무무관동산	④가지급금 등	⑤계(②+③+④)	⑥차입금(=19)	⑦ ⑤와 ⑥중 적은 금액	⑧손금불산입지급이자(①×⑦÷⑥)
5,000,000		1,095,000,000	23,315,000,000	24,410,000,000	10,950,000,000	10,950,000,000	5,000,00

4. 조정등록

[세무조정]

〈손금불산입〉 채권자불분명사채이자　　　　　　　　615,000원 (상여)

〈손금불산입〉 채권자불분명사채이자(원천징수세액)　385,000원 (기타사외유출)

〈손금불산입〉 업무무관자산 지급이자　　　　　　5,000,000원 (기타사외유출)

〈손금불산입〉 건설자금이자(건물)　　　　　　　2,500,000원 (유보, 발생)

채권자불분명사채이자	615,000	상여
채권자불분명사채이자-원천징수	385,000	기타사외유출
건설자금이자	2,500,000	유보발생
업무무관자산관련이자	5,000,000	기타사외유출

제10절 건설자금이자조정명세서

① 2. 특정차입금 건설자금이자계산 명세

	⑤건설 자산명	⑥대출 기관명	⑦차입일	⑧차입금액	⑨이자율	⑩지급이자 (일시이자수익차감)	⑪준공일 (또는 예정일)	⑫대상일수 (공사일수)	⑬대상금액 (건설이자)
1								
	합계							

② 3. 일반차입금 건설자금이자계산 명세

⑭해당 사업년도 중 건설등에 소요된 기간에 실제로 발생한 일반 차입금의 지급이자 등 합계			
⑮해당 건설등에 대하여 해당 사업연도에 지출한 금액의 적수	(16)해당 사업연도의 특정차입금의 적수	(17)사연연도 일수	(18)계산대상금액 (15/17 - 16/17)
(19)일반차입금 지급이자 등의 합계	(20)해당 사업연도의 일반 차입금의 적수	(21)자본화이자율 19/(20/17)	(22)비교대상금액 (18 * 21)
(23)일반차입금 건설자금이자계상 대상금액 ([min (14), (22)])			

③ 1. 건설자금이자계산 조정

구 분	① 건설자금이자	② 회사계상액	③ 상각대상자산분	④ 차감조정액(①-②-③)
건설완료자산분				
건설중인자산분				
계				

전자	
	토지, 건물, 기계장치등 순으로 기입합니다.

1. ① 2.특정차입금 건설자금이자 계산명세

⑧ 차입금액란에는 건설자금에 충당하기 위하여 차입한 자금의 총액을 입력하되, 그 차입금의 일부를 운영자금에 사용한 경우에는 동 금액을 차감한 금액을 입력한다.

⑩ 당기 지급이자란에는 **당해 차입금의 지급이자** 또는 이와 유사한 성질의 지출금의 합계액을 기입하되, **동 차입금의 일시예금에서 생기는 수입이자를 차감**하여 적는다.

2. ③ 1.건설자금이자조정

② 회사계상액란에는 회사가 장부상 건설중인자산 등으로 계상한 지급이자금액을 입력한다.
③ 상각대상자산분란에는 토지 등 비상각자산분을 제외한 금액을 입력한다.

건설자금이자 조정명세서

㈜ 무궁(0401)의 다음 자료에 의하여 건설자금이자조정명세서를 작성하시오.

1. 건설자금이자 2,500,000원의 내역은 다음과 같다.

자산명	대출기관	차입일	차입금액	이자율	준공예정일
공장건물	국민은행	2023.01.01	25,000,000원	10%	2030.12.31

2. 이자비용 전액은 비용으로 처리했다고 가정한다. (1년은 365일로 한다.)

해답

1. 특정차입금 건설자금이자계산명세

⑬ 건설자금이자계산대상금액은 직접 계산하여 입력한다.

2. 특정차입금 건설자금이자계산 명세

No	⑤건설자산명	⑥대출기관명	⑦차입일	⑧차입금액	⑨이자율	⑩지급이자 (일시이자수익차감)	⑪준공일 (또는 예정일)	⑫대상일수 (공사일수)	⑬대상금액 (건설이자)
1	공장건물	국민은행	2023-01-01	25,000,000	10.000	2,500,000	2030-12-31	365	2,500,000
2									

2. 건설자금이자계산조정

1. 건설자금이자계산 조정

구 분	① 건설자금이자	② 회사계상액	③ 상각대상자산분	④ 차감조정액(①-②-③)
건설완료자산분				
건설중인자산분	2,500,000			2,500,000
계	2,500,000			2,500,000

여기에서는 조정등록을 할 필요가 없다. 업무무관부동산등에 관련한 차입금이자조정명세서에서 건설자금이자에 대해서 세무조정을 입력했기 때문이다.

제11절 외화자산등 평가차손익조정명세서

〈을표〉

②외화종류(자산)	③외화금액	④장부가액		⑦평가금액		⑩평가손익
		⑤적용환율	⑥원화금액	⑧적용환율	⑨원화금액	자 산(⑨-⑥)
1						
합 계						

외화자산,부채의평가(을지)　　통화선도,스왑,환변동보험의평가(을지)　　환율조정차,대등(갑지)

②외화종류(부채)	③외화금액	④장부가액		⑦평가금액		⑩평가손익
		⑤적용환율	⑥원화금액	⑧적용환율	⑨원화금액	부 채(⑥-⑨)
1						

- 외화종류별로 평가손익을 계산하되 장부가액기장시 적용환율이 서로 다른 경우에는 적용
환율별로 각각 구분하여 입력한다.

⑤ 적용환율란에는 **해당사업연도에 발생한 경우 발생시에 적용한 환율을 적고, 직전사업연
도 이전에 발생하여 해당 사업연도로 이월된 경우 직전 사업연도 종료일 현재 평가시에 적용
한 환율을 기재**한다.

⑧ 적용환율란에는 세무서에 신고한 평가방법에 의한 환율(기준환율 또는 재정환율)을 입력한다.

〈갑표〉

①구분		②당기손익금 해당액	③회사손익금 계상액	조정		⑥손익조정금액 (②-③)
				④차익조정(③-②)	⑤차손조정(②-③)	
가.화폐성 외화자산.부채 평가손익						
나.통화선도,통화스왑,환변동보험 평가손익						
다.환율조정 계정손익	차익					
	차손					
계						

③ 회사손익계상액은 법인이 해당사업연도 결산시 외화자산 및 부채와 관련하여 계상한 평
가손익을 적습니다.

⑥ 손익조정금액이 음수(-)인 경우에는 손금산입하고, 양수(+)인 경우에는 익금에 산입한
다. 자산·부채별로 각각 세무조정하여 조정등록한다.

㈜ 무궁의 다음 자료에 의하여 외화자산등 평가차손익조정명세서를 작성하시오.
회사는 외화자산·부채에 대하여 사업연도 종료일 현재의 매매기준율 등으로 평가하는 방법을 신고하였으나, 회사는 기말에 대고객외국매입율로 평가를 하였다.(기장된 내역과 무관하다.)

―회사의 외화자산·부채내역―

과　목	외화금액	당기 발생시 환율	대고객 외국환매입율	기말 매매기준율
장기대여금	USD 10,000	1,100/$	1,200원/$	1,150원/$
단기차입금	JPY 200,000	11.5/¥	14원/¥	13.7원/¥

해답

1. 외화자산 및 외화부채입력

외화자산,부채의평가(을지)	통화선도,스왑,환변동보험의평가(을지)	환율조정차,대등(갑지)

	②외화종류(자산)	③외화금액	④장부가액		⑦평가금액		⑩평가손익 자 산 (⑨-⑥)
			⑤적용환율	⑥원화금액	⑧적용환율	⑨원화금액	
1	USD	10,000	1,100	11,000,000	1,150	11,500,000	500,000
2							

익금

	②외화종류(부채)	③외화금액	④장부가액		⑦평가금액		⑩평가손익 부 채 (⑥-⑨)
			⑤적용환율	⑥원화금액	⑧적용환율	⑨원화금액	
1	JPY	200,000	11.5	2,300,000	13.7	2,740,000	▲ -440,000
2							

손금

계정과목	발생일 기준 환율	장부상 평가 환율	외화금액	장부상 평가손익 (A)	세무상 평가환율	세무상 평가손익 (B)	차이 (B-A)
장기대여금	1,100	1,200	$10,000	1,000,000	1,150	500,000	-500,000
단기차입금	11.5	14.0	¥200,000	-500,000	13.7	-440,000	60,000
회계상 손익금계상액				500,000	세무상손익금	60,000	-440,000

2. 외화자산등 평가차손익조정명세서(갑)

①구분		②당기손익금 해당액	③회사손익금 계상액	조정		⑥손익조정금액 (②-③)
				④차익조정(③-②)	⑤차손조정(②-③)	
가.화폐성 외화자산·부채 평가손익		60,000	500,000			-440,000
나.통화선도.통화스왑,환변동보험 평가손익						
다.환율조정 계정손익	차익					
	차손					
계		60,000	500,000			-440,000

3. 조정등록

상단의 F3(조정등록)을 클릭하고 세무조정사항을 자산·부채별로 각각 입력한다.

[세무조정] 〈손금산입〉 외화장기대여금   500,000원(유보, 발생)

　　　　　　　〈익금산입〉 외화단기차입금   60,000원(유보, 발생)

익금산입 및 손금불산입			손금산입 및 익금불산입		
과 목	금 액	소득처분	과 목	금 액	소득처분
외화단기차입금	60,000	유보발생	외화장기대여금	500,000	유보발생

제12절 　기부금조정명세서

[기부금입력]

구분		3.과목	4.월일	5.적요	기부처		8.금액	비고
1.유형	2.코드				6.법인명등	7.사업자(주민)번호등		
4조제2항제1호에	10	기부금						
9.소계		가. 「법인세법」 제24조제2항제1호에 따른 특례기부금				코드 10		
		나. 「법인세법」 제24조제3항제1호에 따른 일반기부금				코드 40		
		다. 〔조세특례제한법〕 제88조의4제13항의 우리사주조합 기부금				코드 42		
		라. 그 밖의 기부금				코드 50		
		계						

2.소득금액확정				새로 불러오기　　수정
1.결산서상 당기순이익	2.익금산입	3.손금산입	4.기부금합계	5.소득금액계(1+2-3+4)

① F12(불러오기)를 클릭하면 기장한 데이터가 자동 반영된다. 직접 입력할 수도 있다.

② 유형란에서 1.특례, 2.일반, 4.그밖의 기부금을 선택한다. 같은 기부금이라도 귀속시기가 틀리면 나누어서 각각 입력한다.

④ 2.소득금액확정은 　새로 불러오기 　로 기반영된 소득금액조정합계표를 불러올 수도 있고 수정도 가능하다.

[기부금조정]

1. ⑤ 5.기부금이월액명세

2013년 이후 기부금 한도초과액에 대해서 연도별로 입력한다.

5	5.기부금 이월액 명세					
사업 연도	기부금 종류	21.한도초과 손금불산입액	22.기공제액	23.공제가능 잔액(21-22)	24.해당연도 손금추인액	25.차기이월액 (23-24)
합계	「법인세법」 제24조제2항제1호에 따른 특례기부금					
	「법인세법」 제24조제3항제1호에 따른 일반기부금					

2. ☐1 1. 특례기부금 손금산입한도액 계산

2. 15년(2009~2019 발생분은 10년) 내에 세무상 이월결손금잔액을 입력한다.

5. 이월잔액이 있는 경우 먼저 손금산입하고, 미달액이 있는 경우 6. 해당연도 지출액 특례기부금을 손금산입한다.

1	1. 「법인세법」 제24조제2항제1호에 따른 특례기부금 손금산입액 한도액 계산	
1.소득금액 계		5.이월잔액 중 손금산입액 MIN[4,23]
2.법인세법 제13조제1항제1호에 따른 이월 결손금 합계액(기준소득금액의 80% 한도)		6.해당연도지출액 손금산입액 MIN[(④-⑤)>0, ③]
3. 「법인세법」 제24조제2항제1호에 따른 특례기부금 해당 금액		7.한도초과액 [(3-6)>0]
4.한도액 {[(1-2)> 0]×50%}		8.소득금액 차감잔액 [(①-②-⑤-⑥)>0]

3. ☐3 3. 일반기부금손금산입액한도액 계산

15. 이월잔액이 있는 경우 먼저 손금산입하고, 미달액이 있는 경우 16. 해당연도 일반기부금을 손금산입한다. 한도초과액이 발생한 경우 10년간 이월 공제된다.

3	3. 「법인세법」 제24조제3항제1호에 따른 일반기부금 손금산입 한도액 계산				
13. 「법인세법」 제24조제3항제1호에 따른 일반기부금 해당액			16. 해당연도지출액 손금산입액 MIN(14-15)>0, 13]		
14. 한도액 ((8-11)×10%, 20%)			17. 한도초과액 [(13-16)>0]		
15. 이월잔액 중 손금산입액 MIN(14, 23)					
4	4.기부금 한도초과액 총액				
18. 기부금 합계액 (3+9+13)		19. 손금산입 합계 (6+11+16)		20. 한도초과액 합계 (18-19)=(7+12+17)	

4. ☐5 5.기부금이월액명세

24. 해당연도 손금추인액을 입력한다.

5	5.기부금 이월액 명세					
사업 연도	기부금 종류	21.한도초과 손금불산입액	22.기공제액	23.공제가능 잔액(21-22)	24.해당연도 손금추인액	25.차기이월액 (23-24)
합계	「법인세법」 제24조제2항제1호에 따른 특례기부금					
	「법인세법」 제24조제3항제1호에 따른 일반기부금					

example 예제 **따라하기** **기부금조정명세서**

㈜ 무궁의 다음 자료를 이용하여 기부금조정명세서 및 소득금액조정합계표를 작성하시오.(나머지는 기장된 내역과 무관하다고 가정하고 직접 입력하시오.)

1. 결산서에 반영된 기부금은 다음과 같다.

기부일	지 급 처	금 액(원)	적 요
4월 30일	천안시청	4,000,000	이재민구호를 위한 성금
5월 31일	사회복지법인	3,000,000	고유목적사업비로 기부
6월 30일	남서울대학교	4,000,000	대표이사 총동창회 기부금
9월 30일	광진장학회	9,000,000	장학단체에 고유목적사업비로 기부[1]
계		20,000,000	

*1. 고유목적 사업비 9,000,000원 중 7,000,000원은 현금으로 나머지는 약속어음을 발행하여 지급하였다. 약속어음의 만기일은 내년도 1월 31일이다.

2. 10월 6일에 당사와 특수관계없는 종교를 목적으로 하는 공공기관인 (재)광명으로부터 시가가 1,000,000원인 토지를 5,000,000원에 고가 매입하고 다음과 같이 회계처리하다.

(차) 토 지	5,000,000원	(대) 현 금	5,000,000원

3. 소득금액계산내역을 다음과 같이 가정하고 수정한다.
   (1) 결산서상 당기순이익 : 200,000,000원
   (2) **기부금세무조정 반영후** 다음과 같다고 가정한다.
      ① 익금산입 및 손금불산입 : 150,000,000원
      ② 손금산입 및 익금불산입 : 50,000,000원

4. 당기말 현재 남아 있는 세무상 이월결손금의 명세는 다음과 같다.

구 분	2008년	2017년
이월결손금	5,000,000원	40,000,000원

5. 2018년 일반 기부금에 대한 자료는 다음과 같다.

구 분	일반 기부금한도초과액	기공제액	공제가능잔액
2018년	40,000,000원	25,000,000원	15,000,000원

해답

1. 기부금명세서

① 장부에 반영된 기부금은 F12(불러오기)로 불러올 수 있다.

② 6.법인명은 F2를 이용하여 등록된 거래처가 있으면 입력할 수 있다.

③ 간주기부금(광명) : 매입가—시가의 130% = 5,000,000 — 1,000,000×130% = 3,700,000원

④ 어음지급기부금(광진장학회)는 어음지급기부금(2,000,000원 : 기타)과 현금지급기부금

  (7,000,000원 : 일반)을 나누어 입력한다.

구분		3.과목	4.월일		5.적요	기부처		8.금액	비고
1.유형	2.코드					6.법인명등	7.사업자(주민)번호등		
24조제2항제1호에	10	기부금	4	30	이재민구호를 위한 성금	천안시청		4,000,000	
24조제3항제1호에	40	기부금	5	31	고유목적사업비로 기부	사회복지법인		3,000,000	
기타	50	기부금	6	30	대표이사 총동창회 기부금	남서울대학교		4,000,000	
24조제3항제1호에	40	기부금	9	30	고유목적사업비로 기부	광진장학회		7,000,000	
기타	50	기부금	9	30	고유목적사업비로 기부	광진장학회		2,000,000	
24조제3항제1호에	40	기부금	10	6	간주기부금	(재)광명		3,700,000	
9.소계		가. 「법인세법」 제24조제2항제1호에 따른 특례기부금					코드 10	4,000,000	
		나. 「법인세법」 제24조제3항제1호에 따른 일반기부금					코드 40	13,700,000	
		다. 〔조세특례제한법〕 제88조의4제13항의 우리사주조합 기부금					코드 42		
		라. 그 밖의 기부금					코드 50	6,000,000	
		계						23,700,000	

2. 조정등록(기부금 조정전 세무조정)

[세무조정]

〈손금불산입〉 어음지급기부금   2,000,000원(유보, 발생)

〈손금불산입〉 비지정기부금(남서울대 총동창회   4,000,000원(상여)

〈손금산입〉 토지(간주기부금)*1   3,700,000원(유보, 발생)

익금산입 및 손금불산입			손금산입 및 익금불산입		
과 목	금 액	소득처분	과 목	금 액	소득처분
어음지급기부금	2,000,000	유보발생	토지간주기부금	3,700,000	유보발생
남서울대총동창회기부	4,000,000	상여			

*1. 고가매입기부금

결산서	(차)	토 지	5,000,000	(대)	현 금	5,000,000
세무상	(차)	토 지	1,300,000	(대)	현 금	5,000,000
		간주기부금	3,700,000			
수정분개	(차)	간주기부금	3,700,000	(대)	토 지	3,700,000
세무조정	〈손금산입〉 토지 3,700,000원 (△유보)⇒동시에 기부금 지출액에 3,700,000원을 가산					

3. 소득금액확정

2.소득금액확정				새로 불러오기	수정 해제
1.결산서상 당기순이익	2.익금산입	3.손금산입	4.기부금합계		5.소득금액계(1+2-3+4)
200,000,000	150,000,000	50,000,000	17,700,000		317,700,000

⇒ 수정을 클릭하여 문제에서 주어진 대로 수정한다.

4. 기부금조정

(1) 기부금 이월액명세 작성

5	5.기부금 이월액 명세					
사업연도	기부금 종류	21.한도초과 손금불산입액	22.기공제액	23.공제가능 잔액(21-22)	24.해당연도 손금추인액	25.차기이월액 (23-24)
합계	「법인세법」 제24조제2항제1호에 따른 특례기부금					
	「법인세법」 제24조제3항제1호에 따른 일반기부금	40,000,000	25,000,000	15,000,000		15,000,000
2018	「법인세법」 제24조제3항제1호에 따른 일반	40,000,000	25,000,000	15,000,000		15,000,000

(2) 특례 기부금 한도 계산

2008년도 이월결손금은 5년이 경과되었으므로 제외하고 2017년도분 40,000,000원을 입력한다.

1	1. 「법인세법」 제24조제2항제1호에 따른 특례기부금 손금산입액 한도액 계산		
1.소득금액 계	317,700,000	5.이월잔액 중 손금산입액 MIN[4,23]	
2.법인세법 제13조제1항제1호에 따른 이월 결손금 합계액(기준소득금액의 80% 한도)	40,000,000	6.해당연도지출액 손금산입액 MIN[(④-⑤)>0, ③]	4,000,000
3. 「법인세법」 제24조제2항제1호에 따른 특례기부금 해당 금액	4,000,000	7.한도초과액 [(3-6)>0]	
4.한도액 {[(1-2)> 0]X50%}	138,850,000	8.소득금액 차감잔액 [((①-②-⑤-⑥)>0]	273,700,000

(3) 일반 기부금한도 계산

ⓐ 이월된 기부금(2018년 분 15,000,000) → ⓑ 당해지출기부금(13,700,000)순으로 공제

일반기부금 한도	2018	당기	
		13,700,000	
27,370,000	15,000,000	12,370,000	*1,330,000*
	(손금산입)	(손금산입)	(차기로 이월)

3	3. 「법인세법」 제24조제3항제1호에 따른 일반기부금 손금산입 한도액 계산		
13. 「법인세법」 제24조제3항제1호에 따른 일반기부금 해당금액	13,700,000	16. 해당연도지출액 손금산입액 MIN[(14-15)>0, 13]	12,370,000
14. 한도액 ((8-11)x10%, 20%)	27,370,000	17. 한도초과액 [(13-16)>0]	1,330,000
15. 이월잔액 중 손금산입액 MIN(14, 23)	15,000,000		
4	4.기부금 한도초과액 총액		
18. 기부금 합계액 (3+9+13)		19. 손금산입 합계 (6+11+16)	20. 한도초과액 합계 (18-19)=(7+12+17)
	17,700,000	16,370,000	1,330,000

[4] 기부금이월액 명세 작성
① 기부금이월액 명세 작성

2018년 기부금이월액 중 당기 손금추인액(15,000,000)을 26. 해당연도 손금 추인액에 입력한다.

5	5.기부금 이월액 명세					
사업연도	기부금 종류	21.한도초과 손금불산입액	22.기공제액	23.공제가능 잔액(21-22)	24.해당연도 손금추인액	25.차기이월액 (23-24)
합계	「법인세법」 제24조제2항제1호에 따른 특례기부금					
	「법인세법」 제24조제3항제1호에 따른 일반기부금	40,000,000	25,000,000	15,000,000	15,000,000	
2018	「법인세법」 제24조제3항제1호에 따른 일반	40,000,000	25,000,000	15,000,000	15,000,000	

② 해당사업연도 기부금 지출액명세(자동계산)

당해년도 일반기부금 한도초과액(28.차기 이월액 1,330,000)은 10년간 이월공제된다.

6	6. 해당 사업연도 기부금 지출액 명세			
사업연도	기부금 종류	26.지출액 합계금액	27.해당 사업연도 손금산입액	28.차기 이월액(26-27)
합계	「법인세법」 제24조제2항제1호에 따른 특례기부금	4,000,000	4,000,000	
	「법인세법」 제24조제3항제1호에 따른 일반기부금	13,700,000	12,370,000	1,330,000

5. 기부금한도초과이월액 손금산입 확인

① 각사업연도소득계산	101.결 산 서 상 당 기 순 손 익	01	200,000,000
	소 득 조 정 금 액 102.익 금 산 입	02	150,000,000
	103.손 금 산 입	03	50,000,000
	104.차 가 감 소득금액 (101+102-103)	04	300,000,000
	105.기 부 금 한 도 초 과 액	05	1,330,000
	106.기부금 한도초과 이월액 손금산입	54	15,000,000
	107.각사업연도소득금액(104+105-106)	06	286,330,000

[법인세과세표준 및 세액조정계산서]를 클릭하고 상단의 F12(불러오기)를 클릭하면 106.기부금한도초과이월액손금산입에 15,000,000원과 기부금한도초과액 1,330,000원이 입력된 것을 확인하고 상단의 F11(저장)로 저장한다.

필자주

기부금명세서 작성시 어음기부금은 기타기부금으로 입력해야 합니다. 그리고 라. 그밖의 기부금은 손금불산입해야 합니다.

국세청 서식작성방법을 보면 미지급분(통상 어음지급기부금을 의미함)을 포함하고, 그밖의 기부금은 "50 : 기타"로 하고 그 밖의 기부금은 손금불산입한다고 되어 있습니다.

수험생들이 이의신청을 제기하면 출제위원들이 최소한 국세청작성서식을 읽어서 오류가 최소화할 수 있도록 해야 할 것입니다.

■ 법인세법 시행규칙 [별지 제22호 서식]　　　　　　　　　　　　　　　　　　(앞 쪽)

사 업 연 도	·　·　· ~		기부금 명세서			법　인　명			
						사업자등록번호			

구　분		③과목	④연월	⑤적요	기 부 처		⑧금액	비고
① 유형	②코드				⑥법인명 등	⑦사업자등록번호 등		

작 성 방 법

1. ①유형란 : 「법인세법」제24조제2항에 따른 기부금은 "특례"으로,「조세특례제한법」제73조제1항에 따른 기부금은 "특례"로,「법인세법」제24조제1항에 따른 기부금은 "일반"으로, *그 밖의 기부금은 "기타"로 하고,* 동일한 기부처에 대하여는 월별로 합계하여 적습니다. 다만, 기부처가 국가기관인 경우(고유번호증의 등록번호 중 가운데 번호가 "83"인 것을 말합니다)에는 최초 지급월을 적고 해당 사업연도의 합계액으로 적을 수 있으며, 이 경우 비고란에 "합계"라고 적어야 합니다.

-중　략-

6. ⑧금액란 : 가지급금으로 처리한 기부금 등을 포함하고 미지급분은 그 밖의 기부금에 포함시키며, 기부금을 금전 외의 자산으로 제공한 경우 해당 자산의 가액은 이를 제공한 때의 시가(시가가 장부가액보다 낮은 경우에는 장부가액)를 적습니다. 다만,「법인세법」제24조제1항·제2항에 따른 기부금 및「조세특례제한법」제73조제1항에 따른 기부금은 이를 제공한 때의 장부가액으로 적습니다.
7. 금전 외의 현물기부의 경우에는 비고란에 자산내역을 간략히 적습니다.
8. ⑨소계란의 가.~라.에 해당하는 기부금 종류별 소계 금액은 기부금조정명세서(별지 제21호 서식)의 각 해당란에 적습니다.
9. *⑨소계란의 라. 그 밖의 기부금 소계는 손금불산입합니다.*

기부금 명세서의 국세청 서식작성방법을 보면 미지급분(통상 어음지급기부금을 의미함)을 포함하고, 그 밖의 기부금은 "50 : 기타"로 하고 그 밖의 기부금은 손금불산입한다고 되어 있습니다.
그러나 전산세무시험에서는 서식작성 방법에 위배되게 미지급분 기부금을 포함하지 않고 답안을 제시하므로 수험생들께서는 미지급분 기부금에 대해서 기부금명세서에 입력하지 마시고 답안을 작성하시면 됩니다.

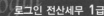
제13절 업무용승용차 관련 비용명세서

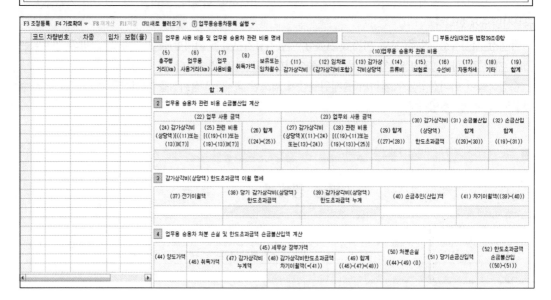

상단의 업무용승용차 등록을 실행하고 등록 후 새로불러오기를 하고 입력하면 된다.

example
예제 따라하기   **업무용승용차 관련 비용명세서(자가)**

㈜ 무궁의 다음 자료를 이용하여 업무용승용차관련 비용명세서를 작성하고, 소득금액조정합계표를 작성하시오.

1. 업무용 승용차(대표이사) 내역

코드	차량번호	취득일자	임차여부	보험기간	전기이월 누적거리
0101	123가1234 (제네시스)	2019.01.01	자가	당기 1.1~12.31	10,000km

2. 업무용 사용비율

총주행거리	업무용사용거리
20,000km	16,000km

3. 업무용승용차 관련 비용

취득가액	감가상각비(연)	유류비(연)	보험료(연)	기타(연)
80,000,000원	16,000,000원	10,000,000원	1,000,000원	5,000,000원

4. 전년도 업무용승용차 감가상각비 한도초과액 2,000,000원이 있다.

해답

1. 업무용승용차 등록(0101, 123가1234, 제네시스)

```
┌─ 차량 상세 등록 내용
│
│  1. 고정자산계정과목        0208  ⋯ 차량운반구
│  2. 고정자산코드/명         ⋯
│  3. 취득일자               2019-01-01 ⋯
│  4. 경비구분               6.800번대/판관비
│  5. 사용자 부서            ⋯
│  6. 사용자 직책            대표이사
│  7. 사용자 성명            ⋯
│  8. 임차여부               자가
│  9. 임차기간               ----.--.-- ⋯ ~ ----.--.-- ⋯
│  10. 보험가입여부          가입
│  11. 보험기간             -01-01 ⋯ ~ -12-31 ⋯
│                          ----.--.-- ⋯ ~ ----.--.-- ⋯
│  12. 운행기록부사용여부     여    전기이월누적거리  10,000 km
```

2. 업무용 승용차 관련 비용등 입력

| 1 | 업무용 사용 비율 및 업무용 승용차 관련 비용 명세 (운행기록부: 적용) 취득일: 2019-01-01 □부동산임대업등 법령39조③항 | | | | | | | | | | | | | |

(5) 총주행 거리(km)	(6) 업무용 사용거리(km)	(7) 업무 사용비율	(8) 취득가액	(9) 보유또는 임차월수	(10)업무용 승용차 관련 비용							
					(11) 감가상각비	(12)임차료 (감가상각비포함)	(13)감가상 각비상당액	(14) 유류비	(15) 보험료	(16) 수선비	(17) 자동차세	(18) 기타	(19) 합계
20,000	16,000	80	80,000,000	12	16,000,000			10,000,000	1,000,000			5,000,000	32,000,000
합 계					16,000,000			10,000,000	1,000,000			5,000,000	32,000,000

| 2 | 업무용 승용차 관련 비용 손금불산입 계산 | | | | | | | | | |

(22) 업무 사용 금액			(23) 업무외 사용 금액			(30) 감가상각비 (상당액) 한도초과금액	(31) 손금불산입 합계 ((29)+(30))	(32) 손금산입 합계 ((19)-(31))
(24) 감가상각비 (상당액)[((11)또는 (13))X(7)]	(25) 관련 비용 [((19)-(11)또는 (19)-(13))X(7)]	(26)합계 (24)+(25)	(27) 감가상각비 (상당액)X(11)-(24) 또는13)-(24)	(28) 관련 비용 [((19)-(11)또는 (19)-(13))-(25)]	(29) 합계 ((27)+(28))			
12,800,000	12,800,000	25,600,000	3,200,000	3,200,000	6,400,000	4,800,000	11,200,000	20,800,000
12,800,000	12,800,000	25,600,000	3,200,000	3,200,000	6,400,000	4,800,000	11,200,000	20,800,000

| 3 | 감가상각비(상당액) 한도초과금액 이월 명세 | | | | |

(37) 전기이월액	(38) 당기 감가상각비(상당액) 한도초과금액	(39) 감가상각비(상당액) 한도초과금액 누계	(40) 손금추인(산입)액	(41) 차기이월액((39)-(40))
2,000,000	4,800,000	6,800,000		6,800,000
2,000,000	4,800,000	6,800,000		6,800,000

3. 세무조정

〈손금불산입〉 업무미사용분　　　　　　 6,400,000원 (상여)

〈손금불산입〉 감가상각비 한도초과액　 4,800,000원 (유보발생)

☞ 참고사항

(1) 감가상각비 시부인

    – 회사계상액   16,000,000원

    – 상각범위액(한도) 16,000,000원(**80,000,000원/5년, 정액법**)

    – 상각비 초과금액 없음

(2) 업무미사용금액의 손금불산입

    업무용승용차관련비용×(1 – 업무사용비율)＝32,000,000×(1 – 80%)＝**6,400,000(손금불산입, 상여)**

(3) 업무사용 감가상각비 중 800만원 초과분의 손금불산입

    16,000,000×80%–8,000,000＝**4,800,000원(손금불산입, 유보)**

---

example 예제 따라하기   **업무용승용차 관련 비용명세서(렌트)**

㈜무궁의 다음 자료를 이용하여 업무용승용차관련 비용명세서를 작성하고, 소득금액조정합계표를 작성하시오.

1. 업무용 승용차(관리본부 전무이사) 내역

코드	차량번호	임차기간 (보험기간)	임차여부	전용보험가입	운행기록부
0103	456가4567 (그랜저)	당기 01.01~ 당기 12.31	렌트	가입	사용

2. 운행기록업무용 사용비율

전기이월 누적거리	출퇴근거리	업무용사용거리	업무외사용거리	총주행거리
20,000km	2,000km	7,000km	1,000km	10,000km

3. 업무용승용차 관련 비용

월렌트료	유류비(연)	기타(연)
1,500,000원	5,000,000원	3,000,000원

해답

1. 업무용승용차 등록(0103, 456가4567, 그랜저, 임차여부 : 렌트)

⊏▶ 차량 상세 등록 내용	
1.고정자산계정과목	0208 □ 차량운반구
2.고정자산코드/명	
3.취득일자	20×1-01-01
4.경비구분	6.800번대/판관비
5.사용자 부서	관리본부
6.사용자 직책	전무이사
7.사용자 성명	
8.임차여부	렌트
9.임차기간	20×1-01-01 ~ 20×1-12-31
10.보험가입여부	가입
11.보험기간	20×1-01-01 ~ 20×1-12-31
	----.--.-- ~ ----.--.--
12.운행기록부사용여부 여　전기이월누적거리	20,000 km
13.출퇴근사용여부 여　출퇴근거리	2,000 km

2. 업무용 승용차 관련 비용등 입력

| 1 업무용 사용 비율 및 업무용 승용차 관련 비용 명세 (운행기록부: 적용) 임차기간: 20×1-01-01 ~20×1-12-31 □부동산임대업등 법령39조③항 |

(5) 총주행 거리(km)	(6) 업무용 사용 거리(km)	(7) 업무 사용비율	(8) 취득가액	(9) 보유또는 임차월수	(11) 감가상각비	(12)임차료 (감가상각비포함)	(13)감가상 각비상당액	(14) 유류비	(15) 보험료	(16) 수선비	(17) 자동차세	(18) 기타	(19) 합계
10,000	9,000	90		12		18,000,000	12,600,000	5,000,000				3,000,000	26,000,000
합 계						18,000,000	12,600,000	5,000,000				3,000,000	26,000,000

위 표의 (10)업무용 승용차 관련 비용

| 2 업무용 승용차 관련 비용 손금불산입 계산 |

(24)감가상각비 (상당액)[((11)또는 (13))X(7)]	(25)관련 비용 [((19)-(11)또는 (19)-(13))X(7)]	(26)합계 ((24)+(25))	(27)감가상각비 (상당액)X(11)-(24) 또는(13)-(24))	(28)관련 비용 [((19)-(11)또는 (19)-(13))-(25)]	(29)합계 ((27)+(28))	(30)감가상각비 (상당액) 한도초과금액	(31)손금불산입 합계 ((29)+(30))	(32)손금산입 합계 ((19)-(31))
11,340,000	12,060,000	23,400,000	1,260,000	1,340,000	2,600,000	3,340,000	5,940,000	20,060,000
11,340,000	12,060,000	23,400,000	1,260,000	1,340,000	2,600,000	3,340,000	5,940,000	20,060,000

(22)업무 사용 금액 / (23)업무외 사용 금액

| 3 감가상각비(상당액) 한도초과금액 이월 명세 |

(37) 전기이월액	(38) 당기 감가상각비(상당액) 한도초과금액	(39) 감가상각비(상당액) 한도초과금액 누계	(40) 손금추인(산입)액	(41) 차기이월액((39)-(40))
	3,340,000	3,340,000		3,340,000
	3,340,000	3,340,000		3,340,000

3. 세무조정

| 〈손금불산입〉 업무미사용분 | 2,600,000원 (상여) |
| 〈손금불산입〉 감가상각비상당액 한도초과액 | 3,340,000원 (기타사외유출) |

☞ 참고사항

(1) 업무미사용금액의 손금불산입

① 업무사용비율 = 업무용사용거리(9,000Km)/총주행거리(10,000km) = 90%

② 업무용승용차관련비용 = 렌트료(1,500,000원)×12개월 + 유류비(5,000,000) + 기타(3,000,000)

　　　　　　　　　　　　= 26,000,000원

③ 업무용승용차관련비용×(1 − 업무사용비율) = 26,000,000×(1 − 90%) = **2,600,000(손불, 상여)**

(2) 업무사용감가상각비 상당액 중 800만원 초과분 손금불산입

① 감가상각비 상당액 : 18,000,000(임차료)×70%(감가상각비 상당 비율)

　　　　　　　　　　　×90%(업무사용 비율) = 11,340,000원

② 8백만원 초과분 **손금불산입　3,340,000원(기타사외유출)**

`example`
예제 **따라하기**　　업무용승용차 관련 비용명세서(운용리스)

㈜무궁의 다음 자료를 이용하여 업무용승용차관련 비용명세서를 작성하고, 소득금액조정합계표를 작성하시오.

1. 업무용 승용차(관리본부 상무이사) 내역

코드	차량번호	임차기간 (보험기간)	임차여부	전용보험 가입	운행기록부
0104	789가7897 (SM7)	당기 01.01~ 당기 12.31	운용리스	가입	사용

2. 운행기록업무용 사용비율

전기이월 누적거리	출퇴근거리	업무용사용거리	업무외사용거리	총주행거리
20,000km	2,000km	7,000km	1,000km	10,000km

3. 업무용승용차 관련 비용(연간)

리스료	유류비	보험료	수선비	자동차세	기타
12,000,000	5,000,000	1,000,000	2,000,000	3,000,000	4,000,000

리스료에는 보험료, 수선유지비, 자동차세가 포함되어 있지 않다.

해답

1. 업무용승용차 등록(0104, 789가7897, 임차여부 : 운용리스)

차량 상세 등록 내용	
1.고정자산계정과목	0208 ┅ 차량운반구
2.고정자산코드/명	┅
3.취득일자	20×1-01-01 ┅
4.경비구분	6.800번대/판관비
5.사용자 부서	관리본부 ┅
6.사용자 직책	상무이사
7.사용자 성명	┅
8.임차여부	운용리스
9.임차기간	20×1-01-01 ┅ ~ 20×1-12-31 ┅
10.보험가입여부	가입
11.보험기간	20×1-01-01 ┅ ~ 20×1-12-31 ┅
	----·--·-- ┅ ~ ----·--·-- ┅
12.운행기록부사용여부	여 전기이월누적거리 20,000 ㎞
13.출퇴근사용여부	여 출퇴근거리 2,000 ㎞

2. 업무용 승용차 관련 비용등 입력

─감가상각비 상당액에 리스료(보험료, 수선유지비, 자동차세 미포함)를 입력

1 업무용 사용 비율 및 업무용 승용차 관련 비용 명세 （운행기록부: 적용） 임차기간: 20×1-01-01 ~20×1-12-31 □부동산임대업등 법령39조③항

(5) 총주행 거리(km)	(6) 업무용 사용 거리(km)	(7) 업무 사용비율	(8) 취득가액	(9) 보유또는 임차월수	(10)업무용 승용차 관련 비용								
					(11) 감가상각비	(12) 임차료 (감가상각비포함)	(13) 감가상 각비상당액	(14) 유류비	(15) 보험료	(16) 수선비	(17) 자동차세	(18) 기타	(19) 합계
10,000	9,000	90.0000		12		12,000,000	12,000,000	5,000,000	1,000,000	2,000,000	3,000,000	4,000,000	27,000,000
합 계						12,000,000	12,000,000	5,000,000	1,000,000	2,000,000	3,000,000	4,000,000	27,000,000

2 업무용 승용차 관련 비용 손금불산입 계산

(22) 업무 사용 금액			(23) 업무외 사용 금액			(30) 감가상각비 (상당액) 한도초과금액	(31) 손금불산입 합계	(32) 손금산입 합계
(24) 감가상각비 (상당액)[((11)또는 (13))×(7)]	(25) 관련 비용 [((19)-(11)또는 (19)-(13))×(7)]	(26) 합계 ((24)+(25))	(27) 감가상각비 (상당액)×(11)-(24) 또는(13)-(24)	(28) 관련 비용 [((19)-(11)또는 (19)-(13))-(25)]	(29) 합계 ((27)+(28))		((29)+(30))	((19)-(31))
10,800,000	13,500,000	24,300,000	1,200,000	1,500,000	2,700,000	2,800,000	5,500,000	21,500,000
10,800,000	13,500,000	24,300,000	1,200,000	1,500,000	2,700,000	2,800,000	5,500,000	21,500,000

3 감가상각비(상당액) 한도초과금액 이월 명세

(37) 전기이월액	(38) 당기 감가상각비(상당액) 한도초과금액	(39) 감가상각비(상당액) 한도초과금액 누계	(40) 손금추인(산입)액	(41) 차기이월액((39)-(40))
	2,800,000	2,800,000		2,800,000

3. 세무조정

〈손금불산입〉 업무미사용분	2,700,000원 (상여)
〈손금불산입〉 감가상각비상당액 한도초과액	2,800,000원 (기타사외유출)

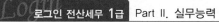
☞ 참고사항

  (1) 업무미사용금액의 손금불산입

    ① 업무사용비율 = 업무용사용거리(9,000Km)/총주행거리(10,000km) = 90%

    ② 업무용승용차관련비용 = 27,000,000원

    ③ 업무용승용차관련비용×(1 – 업무사용비율) = 27,000,000×(1 – 90%) = **2,700,000(손불, 상여)**

  (2) 업무사용감가상각비 상당액 중 800만원 초과분 손금불산입

    ① 감가상각비 상당액 : 12,000,000(리스료)×90%(업무사용 비율) = 10,800,000원

    ② 8백만원 초과분 **손금불산입　2,800,000원(기타사외유출)**

〈렌트 VS 리스〉

구분	사업자	감가상각비 상당액
렌트	시설대여업자외의 자동차대여사업자	**임차료×70%**
(운용)리스	시설대여업자	**임차료에 포함된 보험료, 자동차세, 수선유지비를 차감한 금액**

NCS세무 - 5   법인세 신고 - 법인세 신고하기/ 부속서류 작성하기

제1절   소득금액조정합계표

익금산입 및 손금불산입			손금산입 및 익금불산입		
과 목	금 액	소득처분	과 목	금 액	소득처분
합 계			합 계		

1. 각 세무조정 메뉴에서 조정등록을 통하여 본 서식에 집계된다. 또한 별도로 직접 입력할 수도 있다.

2. 해당과목을 F4(조정코드) 또는 F6(직접입력)을 클릭하여 입력한다.

3. 가산조정

　　1.유보발생, 2.유보감소, 3.배당, 4.상여, 5.기타소득, 6.기타사외유출, 7.기타중 하나를 선택한다.

4. 차감조정→　1.유보발생, 2.유보감소, 3.기타 중 하나를 선택한다.

㈜무궁(0401)의 다음의 세무조정사항을 반영하여 소득금액조정합계표를 작성하시오.(기장된 자료와는 무관하다)

1. 당기분 법인세와 지방소득세가 결산서상 법인세비용으로 계상되어 있다.

2. 재무상태표 및 손익계산서에는 다음과 같은 계정과목이 포함되어 있으며 기업회계기준에 따라 정확하게 회계처리 되었다.

이자수익	500,000원	정기예금에 대한 이자수익으로서 만기는 내년도 5월 20일이며 기간경과분을 계상한 것이다.
단기투자자산평가익	600,000원	시장성있는 주식에 대한 기말평가이익이다.

3. 법인세 신고시 결손으로서 결손금 소급공제신청을 하여 작년에 납부한 법인세 5,000,000원을 환급받았는데 이는 잡이익으로 처리되어 있다.

4. 회사는 정부로부터 국고보조금 5,000,000원을 지원받았으며 이를 자본조정계정으로 회계처리 하였다. 동 국고보조금은 압축기장충당금이나 일시상각충당금 설정대상이 아니다.(상환의무가 없음)

5. 당사가 생산하는 제품에 대하여 수년간 평가한 결과 2년내에 하자보수비용이 발생한다는 것을 확인하고 이에 대비하기 위하여 제품하자보수충당금을 계상하고 다음과 같이 회계처리하였다.
(차) 제품하자보수충당금전입액 500,000원   (대) 제품하자보수충당금   500,000원

6. 자기주식을 2,000,000원에 취득한 후 1,500,000원에 처분하고, 기업회계기준에 따라 회계처리 하였다.

7. 출자상근임원에 대한 상여금을 10,000,000원 지급하였으나 그 지급규정상으로는 7,000,000원으로 되어 있음을 발견하였다. 지급규정보다 추가지급된 이유는 회사에 기여한 공로가 많아 지급된 것이다.

해답

1. 세무조정

1. 법인세 비용

세무조정	〈손금불산입〉 법인세비용	20,000,000원 (기타사외유출)

2. 이자수익, 단기매매증권평가익 : 세법 불인정

세무조정	〈익금불산입〉 이자수익 〈익금불산입〉 단기투자자산평가익	500,000원 (유보, 발생) 600,000원 (유보, 발생)

3. 법인세환급 : 이월익금

세무조정	〈익금불산입〉 법인세환급	5,000,000원 (기타)

4. 국고보조금

결산서	(차) 현　　　금　　5,000,000	(대) 국고보조금　　5,000,000 　　　(자본조정)
세무상	(차) 현　　　금　　5,000,000	(대) 익　금　　5,000,000
세무조정	〈익금산입〉 국고보조금	5,000,000원 (기타)

5. 제품하자보수충당금 : 법인세법 불인정

세무조정	〈손금불산입〉 하자보수충당금	500,000원 (유보, 발생)

6. 자기주식처분손 : 세법상 손금

세무조정	〈손금산입〉 자기주식처분손	500,000원 (기타)

7. 임원상여금한도초과

세무조정	〈손금불산입〉 임원상여한도 초과	3,000,000원 (상여)

2. 법인세조회

상단의 F7(원장조회)를 클릭하여 법인세(20,000,000원)을 조회한다.

원장조회							
기 간 [ ]년 12 월 31 일 ~ [ ]년 12 월 31 일 　전표수정(F3) 합계옵션(F6) 원장인쇄(F9)							
계정과목 0998 법인세비용 - 0998 법인세비용 << < 0998:법인세비용 > >>							
일자	번호	적 요	코드	거 래 처	차 변	대 변	잔 액
12-31	00005				20,000,000		20,000,000
		[월　　계]			20,000,000		
		[누　　계]			20,000,000		

3. 조정등록(소득금액조정합계표에 반영된다)

과목에 2글자를 입력하여 검색하거나 F4(조정코드)를 클릭하여 검색란에 2글자를 입력하여
검색하여 입력하거나 F6(직접입력)을 할 수도 있다.

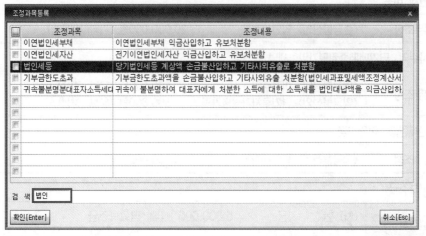

익금산입 및 손금불산입			손금산입 및 익금불산입		
과 목	금 액	소득처분	과 목	금 액	소득처분
법인세등	20,000,000	기타사외유출	미수이자	500,000	유보발생
잉여금에 계상한 국고보조금	5,000,000	기타	단기매매증권평가이익	600,000	유보발생
하자보수충당금	500,000	유보발생	법인세환급액	5,000,000	기타
임원상여한도초과	3,000,000	상여	자기주식처분손	500,000	기타

NCS세무 - 5 법인세 신고 - 법인세 신고하기/ 부속서류 작성하기

제1절 공제감면세액계산서(1)

① 구 분	② 계 산 기 준	③ 계 산 명 세		④ 공제감면세액
(1) 공공차관도입에 따른 법 인 세 감 면	산출세액 × (감면소득 / 과세표준금액)	산출세액		
		감면세액		
		과표금액		
(2) 재해손실세액공제	미납부 또는 납부할세액 × (상실된 사업용 자산가액 / 사업용 자산총액)	미납세액		
		상실가액		
		자산총액		
(3)				
계				

⑤				
(1) 재 해 내 용		미납부 또는 납부할 세 액 명 세	구분	
(2) 재해 발생일	----_-.-.--			
(3) 공제 신청일	----_-.-.--		세액	

재해손실세액공제란은 사업용 자산총액(토지 제외)에 대한 상실자산의 비율이 20% 이상인 경우에 미납 또는 납부할 법인세액에 상실비율만큼 공제해준다.

이러한 재해손실세액 공제는 공제감면세액 합계표에 반영된다. 출제된 적이 없습니다.

제2절   공제감면세액계산서(2)

	①구분 (F2-코드도움)	산출세액	감면소득	과세표준	외국인투자 비율(%)	감면율 (%)	③감면대상 세액
1							

① 구분란은 직접 입력할 수 없으므로 F2를 클릭하여 해당되는 감면세액을 선택하면 하단
   에 근거법과 계산기준/내역이 나타나므로 참고하여 입력한다.

② **이러한 감면세액은 공제감면세액 합계표에 반영된다.**

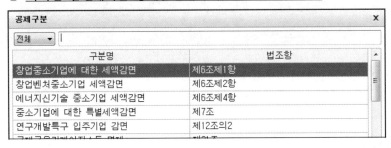

제3절   공제감면세액계산서(4)

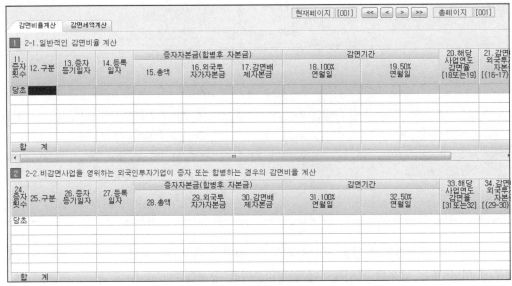

외국인 투자기업의 법인세감면세액을 계산한다. 출제된 적이 없습니다.

제4절 공제감면세액계산서(5)

1 3.국외원천소득총액계산 명세 〔크 게〕

국가코드	국가명	국 외 원 천 소 득							22.계
		15.이자	16.배당	17.임대,사용료	18.인적용역	19.양도	20.사업	21.그밖의	
1									
합 계									

2 4.차감되는 감면국외원천소득계산 명세

국가코드	국가명	23.감면 국외원천소득 항목	24.감면 국외원천소득	25.감면비율(%)	26.차감 감면국외원천(24×25)
1					
합 계					

3 1.공제한도액 계산

1.국외원천소득총액 (22의 합계액)	2.차감 감면국외원천 (26의 합계액)	3.외국납부세액공제 대상(1-2)	4.계산기준			6.공제한도
			과세표준	산출세액	외국납부세액공제(3)	

4 2.공제세액계산 〔크 게〕

7.사업년도	8.외국납부	해당 사업연도 공제액				이월액 잔액		
		9.계(≤6)	10.이월공제분	11.해당연도 발생분	12.계(13+14)	13.기한내	14.기한경과
1	당기							
2								
합 계								

법인세법상 외국납부세액공제액을 계산한다. 출제된 적이 없습니다.

제5절 연구 및 인력개발비 명세서

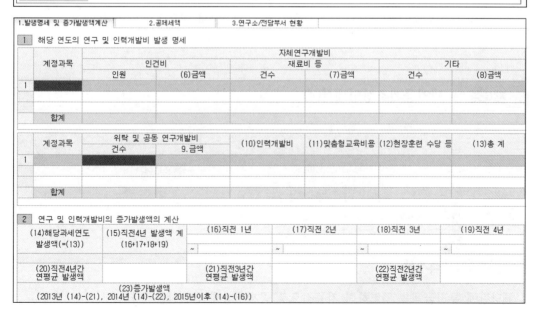

3	공제세액						
해당 연도	중소기업	(24)대상금액(=13)		(25)공제율			(26)공제세액
				25%			
	중소기업 유예기간 종료이후 5년내기업	(27)대상금액(=13)	(28)유예기간 종료연도	(29)유예기간 종료이후년차		(30)공제율	(31)공제세액
			----_--				
총발생금액 공제	중견기업	(32)대상금액(=13)		(33)공제율			(34)공제세액
				8%			
	일반기업	(35)대상금액(=13)		공제율			(39)공제세액
			(36)기본율	(37)추가		(38)계	
			2%				

증가발생금액 공제	(40)대상금액(=23)	(41)공제율	(42)공제세액	※공제율 중소기업 : 50% 중소기업외 : 40%
		50%		

(43)해당연도에 공제받을 세액	중소기업(26과 42 중 선택)	※ 최저한세 설정
	중소기업 유예기간 종료이후 5년내 기업(31과 42 중 선택)	◉ 제외
	중견기업(34와 42 중 선택)	○ 대상
	일반기업(39와 42 중 선택)	

1. ① 해당연도의 연구및인력개발비 발생명세

연구 및 인력개발을 위한 인건비, 재료비, 위탁 및 공동기술개발비, 중소기업 등에의 위탁비용 등이 있는 경우 계정과목별로 입력한다.

2. ② 연구 및 인력개발비의 증가발생액의 계산

해당기간(4년간)에 맞추어서 발생금액을 입력한다.

3. ③ 공제세액 : (43)공제세액이 자동계산된다.

최저한세 대상여부를 체크한다. 중소기업일 경우 최저한세 적용대상 제외이다.

제6절　세액공제조정명세서(3)

1.세액공제(1)	2.세액공제(2)	3.당기공제 및 이월액계산

구분	계산기준	계산명세		공제대상 세 액
		투자액	공제율	
중소기업 등 투자세액공제	투자금액 × 1(2,3,5,10)/100			
상생결제 지급금액에 대한 세액공제	지급기한 15일 이내 : 지급 금액의 0.5% 지급기한 15일 ~ 30일 : 지급 금액의 0.3% 지급기한 30일 ~ 60일 : 지급 금액의 0.015%	F4-계산내역		
대.중소기업 상생협력을 위한 기금출연 세액공제	출연금 × 10/100			

1. 공제대상세액계산

해당란에 투자금액을 입력하면 자동적으로 공제대상세액이 산출된다.

2. 공제대상세액 찾기

마우스 오른쪽 키를 클릭하여 "찾기"로 해당 세액공제를 찾는다.

해당 세액공제를 찾은 다음 F4(계산내역)을 클릭하여 문제에서 주어진 대로 입력한다.

고용을 증대시킨 기업에 대한 세액공제

1차년도 세액공제액 계산

법인 구분	구분			직전 과세연도 대비 상시근로자 증가인원	1인당 공제금액	세액공제액
중소기업	수도권 내	청년 등			1천1백만원	
		청년 등 외			7백만원	
	수도권 밖	청년 등			1천2백만원	
		청년 등 외			7백7십만원	
	계					
중견 기업	청년 등				8백만원	
	청년 등 외				4백5십만원	
	계					
일반 기업	청년 등				4백만원	
	청년 등 외					
	계					

1차년도 세액공제액	
2차년도 세액공제액	
3차년도 세액공제액	
합 계	

3. 당기공제 및 이월액계산

① 공제대상세액이 있는 경우 F2를 이용하여 선택한다.

② 공제대상세액을 (107)당기분란에 입력한다.

③ 전기로부터 이월된 공제세액이 있는 경우에 (108)이월분란에는 입력하고, 당기공제세액 /이월공제세액을 (109)~(113)에 해당 연차에 입력한다.

④ 공제세액을 입력 후 **상단의 F6(최저배제)를 클릭하여 최저한세 적용배제**를 할 수 있다. 이 경우 공제감면세액합계표에 최저한세 배제세액공제나 배제세액감면으로 바로 반영된다.

489

제7절 공제감면세액 합계표

최저한세배제세액감면	최저한세배제세액공제	최저한세적용세액감면	최저한세적용세액공제,면제	비과세,이월과세추가납부액	익금불산입	손금산입

	①구 분	②근 거 법 조 항		코드	③대상세액	④감면(공제)세액
세액감면	(101)해외자원개발투자배당 감면	「조특법」	제22조	03		
	(102)수도권과밀억제권역외 지역이전 중소기업 세액감면	「조특법」	제63조	69		
	(103)공장의 수도권 밖 지역이전 세액감면	「조특법」	제63조의2제2항제1호	08		
	(104)본사의 수도권 밖 지역이전 세액감면	「조특법」	제63조의2제2항제2호	09		
	(105)영농조합법인 감면	「조특법」	제66조	04		
	(106)영어조합법인 감면	「조특법」	제67조	07		
	(107)농업회사법인 감면(농업소득)	「조특법」	제68조	1B		
	(108)행정중심복합도시 등 공장이전에 대한 조세감면	「조특법」	제85조의2제3항	1A		
	(109)해외진출기업의 국내복귀에 대한 세액감면(철수방식	「조특법」	제104조의24제1항제1호	1F		
	(110)해외진출기업의 국내복귀에 대한 세액감면(유지방식	「조특법」	제104조의24제1항제2호	1H		
	(111)고도기술수반사업 외국인투자 세액감면	「조특법」	제121조의2제1항제1호	86		
	(112)외국인투자지역내 외국인투자 세액감면	「조특법」	제121조의2제1항제2호 또는 제2.	87		
	(113)경제자유구역내 외국인투자 세액감면	「조특법」	제121조의2제1항제2호의2	88		
	(114)경제자유구역 개발사업시행자 세액감면	「조특법」	제121조의2제1항제2호의3	57		
	(115)제주투자진흥지구의 개발사업시행자 세액감면	「조특법」	제121조의2제1항제2호의4	58		
	(116)기업도시 개발구역내 외국인투자 세액감면	「조특법」	제121조의2제1항제2호의6	59		
	(117)기업도시 개발사업의 시행자 세액감면	「조특법」	제121조의2제1항제2호의7	60		

1. 최저한세배제세액감면 최저한세배제세액공제 **(최저한세 적용배제 – 법인세법상 세액공제)** 또는

   최저한세적용세액감면 최저한세적용세액공제,면제 **(최저한세 적용 – 조특법상 세액공제 : 중소기업의 경우 연구인력개발비세액공제 제외)**에 적절하게 입력되었는지 체크한다.

2. ③ 대상세액

   공제감면세액계산서/세액공제조정명세서에서 입력한 것을 불러온다. 직접 입력도 가능하다.

3. ④ 감면(공제)세액

   각 공제감면세액계산서에 의하여 계산된 공제세액 중 당기에 공제될 세액은 범위 안에서 공제순위에 따라 감면 구분별로 입력한다.

〈세액공제입력순서 – 최저한세 미적용시〉

1. 법인세 과세표준 및 세액조정계산서	산출세액확정
2. ① 공제감면세액계산서(1,2,4,5) ② 연구인력개발비발생명세서	작성후 세액공제조정명세서(3)에 반영
3. ③ 세액공제조정명세서(3)	당기 세액공제대상금액 확정
4. 공제감면세액 및 추가납부세액합계표	당기 공제감면세액 집계
5. 법인세 과세표준 및 세액조정계산서	최종 세액감면 및 세액공제 확정

예제 따라하기 **연구 및 인력개발비 발생명세서**

㈜ 무궁의 다음 자료에 의하여 연구 및 인력개발비 발생명세서를 작성하시고, 세액공제는 당기발생 기준과 증가발생액 기준 중 큰 금액으로 한다. 그리고 최저한세는 고려하지 않는다.

1. 당해연도 연구개발과 관련하여 지출한 내역은 다음과 같다.

	인건비	재료비	위탁개발비	교육비용
개발비	22,000,000(4명)	10,000,000(100건)		
경상연구개발비(판)			3,000,000(1건)	
수수료비용(제)				3,000,000

2. 최근 4년간 지출한 연구인력개발비 내역

	직전 1년	직전 2년	직전 3년	직전 4년
개발비외	30,000,000	29,000,000	28,000,000	31,000,000

해답

1. 발생명세 및 증가발생액 계산

① 해당연도의 연구 및 인력개발비 발생명세

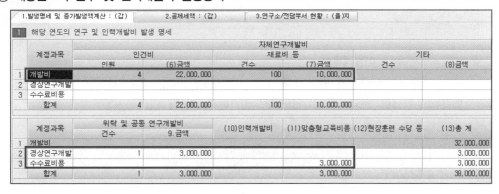

② 연구 및 인력개발비의 증가발생액의 계산

☞ 직전년도 R&D비용이 직전 4년평균 R&D비용보다 적은 경우 증가분 방식을 적용배제한다. 따라서 4년간 R&D비용을 입력하셔야 합니다.

2. 공제세액(갑) : 중소기업이므로 최저한세 설정 제외에 체크되어야 한다.

3	공제세액							
해당 연도 총발생금액 공제	중소기업	(24)대상금액(=13)		(25)공제율			(26)공제세액	
		38,000,000		25%			9,500,000	
	중소기업 유예기간 종료이후 5년내기업	(27)대상금액(=13)	(28)유예기간 종료연도	(29)유예기간 종료이후차	(30)공제율		(31)공제세액	
				___-__				
	중견기업	(32)대상금액(=13)		(33)공제율			(34)공제세액	
				8%				
	일반기업	(35)대상금액(=13)	공제율				(39)공제세액	
			(36)기본율	(37)추가	(38)계			
			2%					
증가발생금액 공제		(40)대상금액(=23)	(41)공제율		(42)공제세액		※공제율 중소기업 : 50% 중소기업외 : 30%	
		8,000,000	50%		4,000,000			
(43)해당연도에 공제받을 세액		중소기업(26과 42 중 선택)					9,500,000	※ 최저한세 설정 ◉ 제외 ○ 대상
		중소기업 유예기간 종료이후 5년내 기업(31과 42 중 선택)						
		중견기업(34와 42 중 선택)						
		일반기업(39와 42 중 선택)						

3. 세액공제조정명세서(3)

상단의 F12(불러오기)를 클릭하여 연구인력개발비세액공제를 반영한다.

1.세액공제(1)	2.세액공제(2)	3.당기공제 및 이월액계산		
구분	계산기준	계산명세		공제대상 세 액
		투자액	공제율	
중소기업투자세액공제	투자금액 × 3/100			
기업의 어음제도개선을 위한 세액공제	(환어음 등 지급금액-약속어음결제금액) × ((4,5)/1000, 15/10000) *산출세액의 10% 한도	F4-계산내역		
대.중소기업 상생협력을 위한 기금출연 세액공제	출연금 × 7/100			
연구·인력개발비세액공제 (최저한세 적용제외)	'14.1.1~'14.12.31.: 발생액×3-4(8,10,15,20,25,30)/100 또는 2년간 연평균 발생액의 초과액×40(50)/100	F4-계산내역		9,500,000

4. 당기공제세액 및 이월액계산

(107)당기분을 9,500,000원을 입력하고 (108)이월분란에는 전기이전으로부터 이월된 금액을 입력해야 하므로, 해당 금액이 없으므로 입력하지 않는다.

1.세액공제(1)	2.세액공제(2)	3.당기공제 및 이월액계산												
(105)구분	(106) 사업연도	요공제액		당기공제대상세액									
		(107)당기분	(108)이월분	(109)당기분	110)1차연되	111)2차연되	112)3차연되	113)4차연되	114)5차연되	15)6차연되	116)7차연되	(117
연구·인력개발비세액	20x1	9,500,000		9,500,000								

5. 최저한세 적용배제 세액공제 입력 : 상단의 F6(최저배제)를 클릭하여 배제세액공제 금액을 입력한다.

20x1	9,500,000
합 계	9,500,000

6. 공제감면세액 및 추가납부세액합계표

—상단의 F12(불러오기)를 클릭하여 연구인력개발비세액공제를 반영한다.

그리고 세액공제(138)연구인력개발비세액공제(최저한세 적용제외)의 대상세액 및 감면(공제) 세액이 입력된 것을 확인하고 저장한다.

| 최저한세배제세액감면 | 최저한세배제세액공제 | 최저한세적용세액감면 | 최저한세적용세액공제,면제 | 비과세,이월과세추가납부액 | 익금불산입 | 손금산입 | |

①구　　　　분	②근 거 법 조 항	코드	③대상세액	④감면(공제)세액
(139)외국납부세액공제	「법인세법」제57조 및 「조특법」제104조의6	101		
(140)재해손실세액공제	「법인세법」제58조	102		
(141)신성장·원천기술 연구개발비세액공제(최저한세 적용제외)	「조특법」제10조 제1호	16A		
(142)국가전략기술 연구개발비세액공제(최저한세 적용제외)	「조특법」제10조제1항제2호	10D		
(143)일반연구·인력개발비세액공제(최저한세 적용제외)	「조특법」제10조제3호	16B	9,500,000	9,500,000

example 예제 따라하기 | 세액공제조정명세서(3)

㈜무궁(0401)의 다음 자료에 의하여 세액공제조정명세서(3)을 작성하시오. 최저한세는 고려하지 않는다. 당기에 신규 투자한 기계장치(일반)에 대하여 통합투자세액공제(공제율 10%, 추가공제는 없다.)를 적용받고자 한다.

구 분	기계장치A	기계장치B
취득일	당기 2. 10	당기 4. 20
취득가액	12,000,000원	50,000,000원
비고	중고품	신제품(취득가액에는 정부보조금으로 구입한 금액이 10,000,000원 포함되어 있다.)

해답

1. 통합투자세액공제계산

－통합투자세액공제는 원칙적으로 신규투자자산에 대해서만 공제한다.(예외 : 근로자복지증진시설 투자세액공제)

－정부보조금 등으로 투자한 금액에 대해서는 세액공제가 배제된다.

통합투자세액공제

구분	투자종류	투자금액	공제율	공제세액
기본공제	신성장사업화시설			
	신성장사업화시설외	40,000,000	10 %	4,000,000
추가공제			3%	
합계				4,000,000

| 1.세액공제(1) | 2.세액공제(2) | 3.당기공제 및 이월액계산 |

구분	계산기준	계산명세 투자액	공제율	공제대상세액
통합투자세액공제		F4-계산내역		4,000,000

2. 당기공제세액 및 이월액계산

(105)구분	(106)사업연도	요공제액		당기공제대상세액				
		(107)당기분	(108)이월분	(109)당기분	(110)1차연도	(111)2차연도	(112)3차연도	(113)4
통합투자세액공제	20×1	4,000,000		4,000,000				

3. 공제감면세액합계표

상단의 F12(불러오기)를 하여 입력된 통합투자세액공제를 불러온다.

최저한세배제세액감면	최저한세배제세액공제	최저한세적용세액감면	최저한세적용세액공제,면제	비과세,이월과세추가납부액	익금불산입	손금산입

①구 분	②근 거 법 조 항	코드	⑤전기이월액	⑥당기발생액	⑦공제세액
(228)통합 투자 세액공제	「조특법」 제24조	13₩		4,000,000	4,000,000

제8절 세액공제신청서

CF5 전체삭제	F6 구분조회	F7 과세연도	F8 신청일	F11저장	F12 불러오기

⑥구분	⑦근거법령	⑧코드	⑨공제율(%)	⑩대상세액	⑪공제세액
(101)중소기업투자세액공제	영 제4조제7항	131			
(102)상생결제 지급금액에 대한 세액공제	영 제6조의4제4항	14Z			
(103)대ㆍ중소기업상생협력기금 출연 세액공제	영 제7조의2제5항	14M			
(104)협력중소기업에 대한 유형고정자산 무상임대 세액공	영 제7조의2제9항	18D			

F12(불러오기)를 클릭하여 앞에서 작성한 세액공제내역을 불러올 수도 있고, 직접 입력이 가능하다. 입력 후 상단의 F11(저장)을 클릭한다.

최저한세배제세액감면	최저한세배제세액공제	최저한세적용세액감면	최저한세적용세액공제,면제	비과세,이월과세추가납부액	익금불산입	손금산입

①구 분	②근 거 법 조 항	코드	⑤전기이월액	⑥당기발생액	⑦공제세액
(172)중소기업투자세액공제	「조특법」 제5조	131		900,000	900,000
(173)기업의 어음제도개선을 위한 세액공제	「조특법」 제7조의2	175			

세액계산 및 신고서

NCS세무 - 5   법인세 신고 – 법인세 신고하기/ 부속서류 작성하기/중간예납신고하기

제1절	원천납부세액명세서

〈원천납부세액 명세서(갑)〉

원천납부세액(갑)	원천납부세액(을)

	1.적요 (이자발생사유)	2.원 천 징 수 의 무 자		3.원천 징수일	4.이자금액	5.세율(%)	6.법인세
		사업자(주민)번호	상호(성명)				
1							

F12(불러오기)를 클릭하여 [이자금액 관련 계정과목]이 나타나며, 재무회계에 기장된 내용이 자동으로 반영된다.

㈜ 무궁의 다음 자료에 의하여 원천납부세액명세서(갑)를 작성하시오.
기장된 자료는 무시한다.

원천 징수일	적요	원천징수의무자		이자금액	세율
		사업자등록번호	상호		
8/31	정기예금이자	112 – 81 – 60125	(주)국민은행	2,500,000	14%
10/01	정기적금이자	236 – 43 – 17937	(주)한미은행	1,071,430	14%

해답

해당 사항을 직접 입력한다.

	1.적요 (이자발생사유)	2.원 천 징 수 의 무 자			3.원천 징수일	4.이자·배당금액	5.세율(%)	6.법인세	지방세 납세지
		구분	사업자(주민)번호	상호(성명)					
1	정기예금이자	내국인	112-81-60125	(주)국민은행	8 31	2,500,000	14.00	350,000	
2	정기적금이자	내국인	236-43-17937	(주)한미은행	10 1	1,071,430	14.00	150,000	

제2절 가산세액 계산서

①구분		각 사업년도 소득에 대한 법인세분					
		②계산기준	③기준금액	④가산세율	⑤코드	⑥가산세액	
무기장		산출세액		20/100	27		
		수입금액		7/10,000	28		
무신고	일반	무신고납부세액		20/100	29		
		수입금액		7/10,000	30		
	부정	무신고납부세액		40/100	31		
		무신고납부세액		60/100	80		
		수입금액		14/10,000	32		
과소신고	일반	과소신고납부세액		10/100	3		
	부정	과소신고납부세액		40/100	22		
		과소신고납부세액		60/100	81		
		과소신고수입금액		14/10,000	23		
납부지연		(일수)		2.2/10,000	4		
		미납세액					
합 계					21		

F12(불러오기)를 클릭하면 지출증빙미수취금액을 불러올 수 있고 직접입력도 가능하다.

example 예제 **따라하기** **가산세액 계산서(신고납부)**

㈜무궁의 법인세 과세표준신고(신고기한 3월 31일)를 4월 3일에 기한후 신고를 한다고 가정하고, 가산세액계산서(신고납부가산세)를 작성하시오.

1. 무기장가산세는 대상이 아니며 일반무신고가산세를 적용하고, 미납일수는 3일, 1일 2.2/10,000 로 가정한다.

2. 산출세액 및 미납세액은 20,000,000원이고 수입금액은 7,000,000,000원이다.

해답

[신고납부관련가산세]

1. 무신고가산세＝MAX[①산출세액의 20%, ② 수입금액의 0.07%]
   신고기한 경과후 1개월 이내에 기한후신고이므로 무신고가산세의 50%를 감면하여 적용한다.
   MAX[①산출세액의 10%, ② 수입금액의 0.035%]

2. 납부지연가산세 20,000,000원×3일×2.2(가정)/10,000
   미납일수는 자진 납부기한 기한(20x2.03.31)후 납부일자(20x2.04.03)를 입력하면 미납일수는 자동 계산된다.

신고납부가산세	미제출가산세	토지등양도소득가산세	미환류소득		
①구분		각 사업년도 소득에 대한 법인세분			
		②계산기준	③기준금액	④가산세율	⑤코드	⑥가산세액
무기장		산출세액		20/100	27	
		수입금액		7/10,000	28	
무신고	일반	무신고납부세액	20,000,000	10/100	29	2,000,000
		수입금액	7,000,000,000	3.5/10,000	30	2,450,000
	부정	무신고납부세액		40/100	31	
		무신고납부세액		60/100	80	
		수입금액		14/10,000	32	
과소신고	일반	과소신고납부세액		10/100	3	
	부정	과소신고납부세액		40/100	22	
		과소신고납부세액		60/100	81	
		과소신고수입금액		14/10,000	23	
납부지연		(일수)	3	2.2/10,000	4	13,200
		미납세액	20,000,000			

㈜ 무궁의 다음 자료에 의하여 가산세액을 계산하시오.

1. 3월분 일용근로자에 대한 지급명세서를 경리담당자의 단순한 실수로 인하여 제출기한(4월 30일) 경과 후 1개월 이내 제출하였다. 일용근로자에 대한 급여총액은 80,000,000원이었다.

2. 당기 지출경비 중 세법상 정규지출증빙을 수취하지 아니한 금액은 다음의 4건뿐이다.

구 분	금 액	비 고
사무용품비	24,000	정규지출증빙 대신에 간이영수증을 수령하였다.
판매장려금	1,000,000	전부 현금으로 지급하였다.
수수료비용	300,000	소득세법상 원천징수대상 사업소득으로서 적절하게 원천징수하였다.
도서인쇄비	45,000	정규지출증빙 대신에 간이영수증을 수령하였다.

해답

1. 지급명세서 미제출 = **80,000,000원 × 0.25% × 50% = 100,000원**
   ─ 일용근로자 지급명세서에 대하여 기한 후 1개월 이내에 제출시 50% 감면대상이다.

2. 지출증빙미수취가산세 : 45,000원 × 2% = 900원
   거래건당 3만원을 초과하는 경우에는 법인세법에서 요구하는 세금계산서등의 증빙을 갖추어야 하며 그러하지 아니한 경우에는 미수취금액의 2%의 증빙불비가산세를 적용한다. 그러나 현금으로 지급한 판매장려금의 경우에는 재화에 해당하지 아니하므로 세금계산서등의 수취의무가 없다. 또한 원천징수한 경비는 지출증빙미수취가산세 대상이 아니다.

구분		계산기준	기준금액	가산세율	코드	가산세액
지출증명서류		미(허위)수취금액	45,000	2/100	8	900
지급 명세서	미(누락)제출	미(누락)제출금액		5/1,000	9	
	불분명	불분명금액		1/100	10	
	상증법 82조 1 6	미(누락)제출금액		2/1,000	61	
		불분명금액		2/1,000	62	
	상증법 82조 3 4	미(누락)제출금액		2/10,000	67	
		불분명금액		2/10,000	68	
	법인세법 제75의7①(일용근로)	미제출금액	80,000,000	12.5/10,000	96	100,000
		불분명등		25/10,000	97	
	법인세법 제75의7①(간이지급명세서)	미제출금액		25/10,000	102	
		불분명등		25/10,000	103	
소 계					11	100,000

제3절 법인세과세표준 및 세액조정계산서(자주 기출)

① 각 사 업 연 도 소 득 계 산	101. 결 산 서 상 당 기 순 손 익	01			④ 납 부 할 세 액 계 산	120. 산 출 세 액 (120=119)			
	소 득 조 정 금 액	102.익 금 산 입	02			121. 최저한세 적용대상공제감면세액	17		
		103.손 금 산 입	03			122. 차 감 세 액	18		
	104. 차 가 감 소 득 금 액 (101+102-103)	04				123. 최저한세 적용제외 공제감면세액	19		
	105. 기 부 금 한 도 초 과 액	05				124. 가 산 세 액	20		
	106. 기 부 금 한 도 초 과 이월액 손금산입	54				125. 가 감 계 (122-123+124)	21		
	107. 각 사 업 연 도 소 득 금 액(104+105-106)	06			기 납 부 세 액	기한내납부세액	126. 중 간 예 납 세 액	22	
② 과 세 표 준 계 산	108. 각 사 업 연 도 소 득 금 액 (108=107)						127. 수 시 부 과 세 액	23	
	109. 이 월 결 손 금	07					128. 원 천 납 부 세 액	24	
	110. 비 과 세 소 득	08					129. 간접 회사등 외국 납부세액	25	
	111. 소 득 공 제	09					130. 소 계(126+127+128+129)	26	
	112. 과 세 표 준 (108-109-110-111)	10					131. 신 고 납 부 전 가 산 세 액	27	
	159. 선 박 표 준 이 익	55					132. 합 계 (130+131)	28	
③ 산 출 세 액 계 산	113. 과 세 표 준 (113=112+159)	56				133. 감 면 분 추 가 납 부 세 액	29		
	114. 세 율	11				134. 차 가 감 납 부 할 세 액(125-132+133)	30		
	115. 산 출 세 액	12			⑤토지등 양도소득, ⑥미환류소득 법인세 계산 (TAB로 이동)				
	116. 지 점 유 보 소 득 (법 제96조)	13			⑦ 세 액 계	151. 차감 납부할 세액계 (134+150+166)	46		
	117. 세 율	14				152. 사 실 과 다 른 회계 처리 경정 세액공제	57		
	118. 산 출 세 액	15				153. 분 납 세 액 계 산 범 위 액 (151-124-133-145-152+131)	47		
	119. 합 계 (115+118)	16				154. 분 납 할 세 액	48		
						155. 차 감 납 부 세 액 (151-152-154)	49		

1. 표준재무제표 및 과목별 세무조정 등에서 관련된 서식이 자동반영 된다.

3. 121.최저한세 적용대상공제감면세과 123.최저한세 적용제외 공제감면세액을을 정확하게 입력할 수 있어야 한다.

2. 126.중간예납세액은 원장을 조회하여 입력해야 한다.

3. 분납할 세액은 회계프로그램이 자동계산해주므로 하단의 메시지를 참고하여 입력하면 된다.

example 예제 따라하기 **법인세과세표준 및 세액조정계산서**

㈜무궁(0401)의 다음 자료에 의하여 법인세과세표준 및 세액조정계산서를 작성하시오.[**회사는 중소기업으로 최저한세는 고려하지 마십시오.**]

다음 주어진 자료 이외에는 없는 것으로 하고 기존 입력된 자료는 무시하고 직접입력하시오.

1. 당기순이익 : 200,000,000원
2. 세무조정사항
   ① 가산조정 : 40,000,000원
   ② 차감조정 : 5,000,000원
3. 기부금 관련 사항은 다음과 같다.

구 분	일반기부금지출액	일반기부금한도액
2020	10,000,000원	7,000,000원
당 기	18,000,000원	20,000,000원

4. 세무상 이월결손금잔액의 자료는 다음과 같다.

	2008년	2019년	2020년
금 액	5,000,000원	18,000,000원	12,000,000원

5. 세액공제 및 감면세액은 다음과 같다.
   ① 통합투자세액공제 : 2,000,000원
   ② 창업중소기업에 대한 세액감면 : 1,000,000원
   ③ 연구인력개발세액공제 : 500,000원
   ④ 외국납부세액공제 : 300,000원
6. 선납세금계정(700,000원)에는 중간예납세액(600,000원)과 이자소득 원천납부세액(100,000원)이 포함되어 있다.
7. 법인세 신고시점(3월 31일)에 매출액 중 계산서를 미교부한 매출액 5,000,000원이 있음을 발견하였다.
8. 납부세액은 분납이 가능한 경우 분납신청하고자 한다.

해답

1. 기존의 입력된 자료에 직접 입력한다.

2. 기부금한도초과액 손금산입

   ⓐ 이월된 기부금(전기한도 초과분 3,000,000) → ⓑ 당해지출기부금(18,000,000)순으로 공제

일반기부금 한도	2020	당기	
20,000,000	3,000,000	18,000,000	
		17,000,000	*1,000,00*
	(손금산입)	(손금산입)	*(차기로 이월)*

3. 이월결손금

   - 2008년 이월결손금은 5년이 경과되었으므로 공제불가
   - 2019년 이월결손금은 10년, 2020년 이후 이월결손금은 15년간 이월공제 가능하므로 30,000,000원 입력

4. 최저한세적용대상공제감면세액

   - **기간감면(창업중소기업에 대한 세액감면)과 통합투자세액공제규정이 중복되는 경우에는 그 중 하나만을 선택하여 이를 적용받을 수 있다.** 따라서 통합투자세액공제(2,000,000원)을 입력한다.

5. 최저한세적용제외 공제감면세액

   - 연구인력개발세액공제(500,000원), 외국납부세액공제(300,000원) 입력

6. 가산세

   - 계산서미발급가산세(2%) 100,000원 입력

7. 중간예납세액(600,000원)과 원천납부세액(100,000원) 입력

8. 분납할세액 : 5,500,000원 입력(**가산세는 분납대상에서 제외된다**)

① 각 사 업 면 도 소 득 계 산	101. 결 산 서 상 당 기 순 손 익	01	200,000,000
	소 득 조 정 금 액 102. 익 금 산 입	02	40,000,000
	103. 손 금 산 입	03	5,000,000
	104. 차 가 감 소 득 금 액 (101+102-103)	04	235,000,000
	105. 기 부 금 한 도 초 과 액	05	1,000,000
	106. 기 부 금 한 도 초 과 이월액 손금산입	54	3,000,000
	107. 각 사 업 연 도 소 득 금 액(104+105-106)	06	233,000,000
② 과 세 표 준 계 산	108. 각 사 업 연 도 소 득 금 액 (108=107)		233,000,000
	109. 이 월 결 손 금	07	30,000,000
	110. 비 과 세 소 득	08	
	111. 소 득 공 제	09	
	112. 과 세 표 준 (108-109-110-111)	10	203,000,000
	159. 선 박 표 준 이 익	55	
③ 산 출 세 액 계 산	113. 과 세 표 준 (113=112+159)	56	203,000,000
	114. 세 율	11	19%
	115. 산 출 세 액	12	18,570,000
	116. 지 점 유 보 소 득 (법 제96조)	13	
	117. 세 율	14	
	118. 산 출 세 액	15	
	119. 합 계 (115+118)	16	18,570,000

④ 납 부 할 세 액 계 산	120. 산 출 세 액 (120=119)		18,570,000
	121. 최저한세 적 용 대 상 공제 감 면 세 액	17	2,000,000
	122. 차 감 세 액	18	16,570,000
	123. 최저한세 적 용 제 외 공 제 감 면 세 액	19	800,000
	124. 가 산 세 액	20	100,000
	125. 가 감 계 (122-123+124)	21	15,870,000
	기한내납부세액 126. 중 간 예 납 세 액	22	600,000
	127. 수 시 부 과 세 액	23	
	128. 원 천 납 부 세 액	24	100,000
	129. 간접 회사등 외국 납부세액	25	
	130. 소 계 (126+127+128+129)	26	700,000
	131. 신 고 납 부 전 가 산 세 액	27	
	132. 합 계 (130+131)	28	700,000
	133. 감 면 분 추 가 납 부 세 액	29	
	134. 차 가 감 납 부 할 세 액 (125-132+133)	30	15,170,000
	⑤토지등 양도소득, ⑥미환류소득 법인세 계산 (TAB로 이동)		
⑦ 세 액 계	151. 차감 납부할 세액계 (134+150+166)	46	15,170,000
	152. 사 실 과 다 른 회계 처 리 경정 세액공제	57	
	153. 분 납 세 액 계 산 범 위 액 (151-124-133-145-152+131)	47	15,070,000
	154. 분 납 할 세 액	48	5,070,000
	155. 차 감 납 부 세 액 (151-152-154)	49	10,100,000

9. 상단의 F11(저장)을 클릭하여 새로 입력한 것을 저장한다.

제4절 법인세과세표준 및 세액신고서

(13)법인구분		I	1.내국	2.외국	3.외투	비율%		(14)조정구분		I	1.외부		2.자기
(15)종류별 구분		중소	중견	출자	그외	당기순이익과세		(16)외부감사대상		2	1.여		2.부
영리 법인	상장법인	11	71	81	91			(17)신고구분		1	1.정기신고		
	코스닥상장	21	72	82	92						2.수정신고		1.서면분석 2.기타
	기타법인	30	73	83	93						3.기한후신고	4.중도폐업신고 5.경정청구	
비영리법인		60	74	84	94	50		(11)사업연도			2025-01-01 ~		2025-12-31
(19)결산확정일		___-__-__		(20)신고일		2026-03-31		(18)법인유형별구분		100	🗨 기타		
(22)신고기한연장승인			1.신청일			___-__-__		2.연장기한					___-__-__

구분		여/부			구분		여/부		
(23)주식변동		2	1.여	2.부	(24)장부전산화		1	1.여	2.부
(25)사업연도의제		2	1.여	2.부	(26)결손금소급공제 법인세환급신청		2	1.여	2.부
(27)감가상각방법(내용연수)신고서제출		2	1.여	2.부	(28)재고자산등평가방법신고서 제출		2	1.여	2.부
(29)기능통화 채택 재무제표 작성		2	1.여	2.부	(30)과세표준 환산시 적용환율(원단위)				
(31)동업기업의 출자자(동업자)		2	1.여	2.부	(32)국제회계기준(K-IFRS)적용		2	1.여	2.부
(47)기능통화 도입기업의 과세표준 계산방법					(48)미환류소득에 대한 법인세 신고		2	1.여	2.부
(49)성실신고확인서 제출		2	1.여	2.부					

구 분	법인세	토지등양도소득에대한법인세	미환류소득에 대한 법인세	계
(33)수입금액				
(34)과세표준				
(35)산출세액				
(36)총부담세액				
(37)기납부세액				
(38)차감납부할세액				
(39)분납할세액				
(40)차감납부세액				

(41)조정반번호	- ____ (42)조정자관리번호 - ____- (43)조정자성명	사업자등록번호 ___-__-_____ ☎ - -
국세환급금 계좌신고	(44)예입처 🗨	은행 본(지점)
	(45)예금종류	예금 (46)계좌번호

1. **(33)수입금액**은 조정 후 수입금액 명세서상 수입금액 합계액이 자동반영된다.

2. **(17)신고구분** : 신고구분을 입력한다.

3. **(26)결손금소급공제환급** : 소급공제 여·부를 선택한다.

제5절 최저한세 조정계산서

①구분		23	②감면후세액	③최저한세	④조정감	⑤조정후세액
(101) 결 산 서 상 당 기 순 이 익		01				
소득조정금액	(102) 익 금 산 입	02				
	(103) 손 금 산 입	03				
(104) 조 정 후 소 득 금 액 (101+102-103)		04				
최저한세적용대상 특 별 비 용	(105) 준 비 금	05				
	(106) 특별상각, 특례상각	06				
(107) 특별비용손금산입전소득금액(104+105+106)		07				
(108) 기 부 금 한 도 초 과 액		08				
(109) 기부금 한도초과 이월액 손 금 산 입		09				
(110) 각 사 업 년 도 소 득 금 액 (107+108-109)		10				
(111) 이 월 결 손 금		11				
(112) 비 과 세 소 득		12				
(113) 최저한세적용대상 비 과 세 소 득		13				
(114) 최저한세적용대상 익 금 불 산 입		14				
(115) 차가감 소 득 금 액(110-111-112+113+114)		15				
(116) 소 득 공 제		16				
(117) 최저한세적용대상 소 득 공 제		17				
(118) 과 세 표 준 금 액(115-116+117)		18				
(119) 선 박 표 준 이 익		24				
(120) 과 세 표 준 금 액 (118+119)		25				
(121) 세 율		19				
(122) 산 출 세 액		20				
(123) 감 면 세 액		21				
(124) 세 액 공 제		22				
(125) 차 감 세 액 (122-123-124)		23				

1. 상단의 F12(불러오기)를 클릭하면 기작성한 법인세과세표준 및 세액조정계산서의 금액을 불러온다.

2. (123)감면세액과 (124)세액공제는 최저한세 적용대상의 금액을 입력해야 한다.

3. ③최저한세의 (122)산출세액이 계산되고, ④조정감에 최저한세 배제되는금액을 입력한다. 최종적으로 최저한세의 (122)산출세액과 ⑤조정후세액의 (125)차감세액을 일치시켜야 한다.

4. 감면배제되는 세액감면과 세액공제를 과세표준및 세액조정계산서에 반영하여야 최종적으로 신고서작성이 완료된다.

〈세액공제입력순서 – 최저한세 적용시〉

1. 법인세 과세표준 및 세액조정계산서	산출세액 확정
2. 공제감면세액계산서/연구인력개발비발생명세서	작성 후 세액공제조정명세서(3)에 반영
3. 세액공제조정명세서(3)	당기 세액공제대상금액
4. 최저한세조정계산서	**최저한세 적용여부 검토**
5. 세액공제조정명세서(3)	당기 공제 및 이월세액 계산
6. 공제감면세액 및 추가납부세액합계표	당기 공제감면세액 집계
7. 법인세 과세표준 및 세액조정계산서	최종신고서 확정

example
예제 따라하기   최저한세 조정계산서

무궁(주)(0402)의 다음 자료에 의하여 최저한세 조정계산서와 법인세과세표준 및 세액조정계산서를 작성하시오.

1. 당기순이익 : 300,000,000원
2. 세무조정사항
   ① 가산조정 : 100,000,000원
   ② 차감조정 : 200,000,000원
3. 사업용자산(기계설비, 신성장사업화시설외) 취득에 440,000,000원(중고자산 200,000,000원 포함)이 당기 중 전액 투자가 완료되었고 통합투자세액공제요건(공제율 10%, 추가공제는 없음)을 충족한다.
4. 분납할 세액이 있으면 분납하시오.

해답

1. 법인세과세표준 및 세액조정계산서(산출세액 계산)

① 각 사 업 연 도 소 득 계 산	101.결 산 서 상 당 기 순 손 익	01	300,000,000
	소 득 조 정 금 액 102.익 금 산 입	02	100,000,000
	103.손 금 산 입	03	200,000,000
	104.차 가 감 소 득 금 액 (101+102-103)	04	200,000,000
	105.기 부 금 한 도 초 과 액	05	
	106.기 부 금 한 도 초 과 이월액 손금산입	54	
	107.각 사 업 연 도 소 득 금 액(104+105-106)	06	200,000,000
② 과 세 표 준 계 산	108.각 사 업 연 도 소 득 금 액 (108=107)		200,000,000
	109.이 월 결 손 금	07	
	110.비 과 세 소 득	08	
	111.소 득 공 제	09	
	112.과 세 표 준 (108-109-110-111)	10	200,000,000
	159.선 박 표 준 이 익	55	
③ 산 출	113.과 세 표 준 (113=112+159)	56	200,000,000
	114.세 율	11	9%
	115.산 출 세 액	12	18,000,000

2. 세액공제조정명세서(3)
   ① 세액공제(2) 중고자산은 대상에서 제외

1.세액공제(1)	2.세액공제(2)	3.당기공제 및 이월액계산		
구분	계산기준	계산명세		공제대상세액
		투자액	공제율	
통합투자세액공제		F4-계산내역		24,000,000

② 당기 공제 및 이월액계산 : 당기공제대상세액 반영

	1.세액공제(1)	2.세액공제(2)	3.당기공제 및 이월액계산						
(105)구분	(106)사업연도	요공제액		당기공제대상세액				
		(107)당기분	(108)이월분	(109)당기분	(110)1차연도	(111)2차연도	(112)3차연도	(113)4차
통합투자세액공제	20×1	24,000,000		24,000,000				

3. 최저한세 조정계산서

―상단의 F12(불러오기)를 클릭한다.

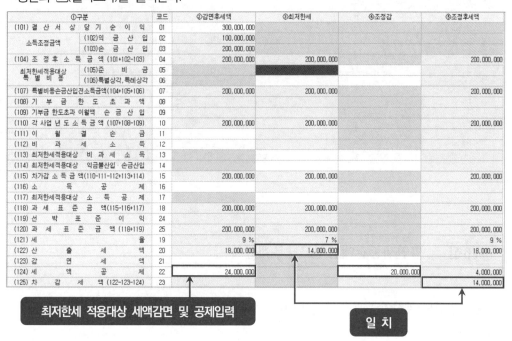

☞ 최저한세 적용대상세액공제 중 미공제분 : 20,000,000원

4. 세액공제조정명세서(3) : 3.당기공제 및 이월액 계산

(105)구분	(106)사업연도	요공제액		(109)당기분
		(107)당기분	(108)이월분	
통합투자세액공제	2023	24,000,000		24,000,000
(121)최저한세적용에따른 미공제액	(122)기타사유로인한 미공제액	(123)공제세액(120-121-122)	(124)소멸	(125)이월액(107+108-123-124)
20,000,000		4,000,000		20,000,000

5. 공제감면세액 및 추가납부세액합계표(갑) : 최저한세 적용세액공제

최저한세배제세액감면	최저한세배제세액공제	최저한세적용세액감면	최저한세적용세액공제,면제	비과세,이월과세추가납부액	익금불산입	손금산입

①구 분	②근 거 법 조 항	코드	⑥전기이월액	⑧당기발생액	⑦공제세액
(229)통합 투자 세액공제	「조특법」 제24조	13W		24,000,000	4,000,000

6. 법인세 과세표준 및 세액조정계산서

① 각 사 업 연 도 소 득 계 산	101. 결 산 서 상 당 기 순 손 익	01	300,000,000
	소득조정 102.익 금 산 입	02	100,000,000
	금 액 103.손 금 산 입	03	200,000,000
	104. 차 가 감 소 득 금 액 (101+102-103)	04	200,000,000
	105. 기 부 금 한 도 초 과 액	05	
	106. 기 부 금 한 도 초 과 이월액 손금산입	54	
	107. 각 사 업 연 도 소 득 금 액 (104+105-106)	06	200,000,000
② 과 세 표 준 계 산	108. 각 사 업 연 도 소 득 금 액 (108=107)		200,000,000
	109. 이 월 결 손 금	07	
	110. 비 과 세 소 득	08	
	111. 소 득 공 제	09	
	112. 과 세 표 준 (108-109-110-111)	10	200,000,000
	159. 선 박 표 준 이 익	55	
③ 산 출 세 액 계 산	113. 과 세 표 준 (113=112+159)	56	200,000,000
	114. 세 율	11	9%
	115. 산 출 세 액	12	18,000,000
	116. 지 점 유 보 소 득 (법 제96조)	13	
	117. 세 율	14	
	118. 산 출 세 액	15	
	119. 합 계 (115+118)	16	18,000,000

④ 납 부 할 세 액 계 산	120. 산 출 세 액 (120=119)		18,000,000
	121. 최저한세 적용대상공제감면세액	17	4,000,000
	122. 차 감 세 액	18	14,000,000
	123. 최저한세 적용제외공제감면세액	19	
	124. 가 산 세 액	20	
	125. 가 감 계 (122-123+124)	21	14,000,000
	기납부 세액	126. 중 간 예 납 세 액	22	
		127. 수 시 부 과 세 액	23	
		128. 원 천 납 부 세 액	24	
		129. 간접 회사등 외국 납부세액	25	
		130. 소 계 (126+127+128+129)	26	
	131. 신 고 납부전 가 산 세 액	27	
	132. 합 계 (130+131)	28	
	133. 감 면 분 추 가 납 부 세 액	29	
	134. 차 가 감 납 부 할 세 액 (125-132+133)	30	14,000,000

⑤토지등 양도소득, ⑥미환류소득 법인세 계산 (TAB로 이동)

⑦ 세 액 계	151. 차 가 감 납 부 할 세 액 계 (134+150)	46	14,000,000
	152. 사 실 과 다 른 회계 처 리 경정 세액공제	57	
	153. 분 납 세 액 계 산 범 위 액 (151-124-133-145-152+131)	47	14,000,000
분납할 세액	154. 현 금 납 부	48	4,000,000
	155. 물 납	49	
	156. 계 (154+155)	50	4,000,000
차감 납부 세액	157. 현 금 납 부	51	10,000,000
	158. 물 납	52	
	160. 계 (157+158) [160=(151-152-156)]	53	10,000,000

제6절 법인세중간예납신고납부계산서

직전사업연도 계산기준과 자기계산기준중 하나를 선택하여 중간예납을 할 수 있다.
출제된 적이 없습니다.

구 분	**1**	1. 직전 사업년도 법인세 기준	2. 자기계산기준			종류별구분:	영리법인	1. 중소기업

12. 사업연도	-	13. 직전 사업연도 월수	12	개월	14. 예납기간	.01.01 ~ :.06.30
15. 수입금액		16. 신고일			17. 신고납부구분	1. 정기신고

신 고 및 납 부 세 액 의 계 산

구 분					법 인 세
① 직전 사업년도 법인세 기준 (『법인세법』 제63조제1항)	직전 사업년도 법인세	101. 산 출 세 액	01		
		102. 공 제 감 면 세 액	02		
		103. 가 산 세 액	03		
		104. 확 정 세 액 (101 - 102 + 103)	04		
		105. 수 시 부 과 세 액	05		
		106. 원 천 납 부 세 액	06		
		107. 차 감 세 액 (104 - 105 - 106)	07		
	108. 중 간 예 납 세 액 (107 × 6 / 직전사업년도 월수)		09		
	109. 고 용 창 출 투 자 세 액 공 제 액		11		
	110. 차 감 중 간 예 납 세 액 (108 - 109)		12		
	112. 가 산 세 액		13	미납세액 미납일수 세 율 3 / 10,000	
	112. 납 부 할 세 액 계 (110 + 111)		14		
	113. 분 납 세 액		15		
	114. 납 부 세 액 (112 - 113)		16		

신고부속서류

제1절 자본금과적립금조정명세서(을)

자본금과적립금조정명세서(을)	자본금과적립금조정명세서(갑)	이월결손금	

Ⅰ.세무조정유보소득계산

①과목 또는 사항	②기초잔액	당 기 중 증 감		⑤기말잔액 (=②-③+④)	비 고
		③감 소	④증 가		

1. 전기에서 이월된 사항 이외의 ①과목 또는 사항은 한글로 입력하거나 F2을 이용하여 계정과목 코드로 입력한다.

2. **당기중증감의 증가란에는 당기 발생분[가산조정(+), 차감조정(-)]을 감소란에는 유보추인 [가산조정(-), 차감조정(+)]을 입력한다.**

3. 기말잔액의 합계액은 자본금과적립금조정명세서(갑)표의 유보금액에 반영된다.

example 예제 따라하기 자본금과적립립금조정명세서(을)

㈜무궁(0401)의 다음 자료에 의하여 자본금과적립금 조정명세서(을)를 작성하시오.
기존 자료를 전체 삭제하고 아래의 자료를 직접 입력한다.

1. 전기 자본금과적립금조정명세서(을)표상의 자료는 다음과 같다.

과 목	기초잔액(원)	당기중증감(원)		기말잔액(원)
		감 소	증 가	
대손충당금한도초과			3,000,000	3,000,000
재 고 자 산 평 가 감			10,000,000	10,000,000
적 송 품 매 출 액	50,000,000	50,000,000		
적 송 품 매 출 원 가	(45,000,000)	(45,000,000)		
외 상 매 출 금			10,000,000	10,000,000
선 급 비 용			-10,000,000	-10,000,000
계	5,000,000	5,000,000	13,000,000	13,000,000

2. 당기의 소득금액조정합계는 다음과 같다.

익금산입 및 손금불산입		
과 목	금 액(원)	조 정 이 유
대 손 충 당 금 한 도 초 과 액	5,000,000	당기 대손충당금 한도액을 초과한 금액임
증빙불비 기업업무추진비	4,000,000	증빙없는 기업업무추진비에 대한 세무조정사항임
기업업무추진비한도초과액	25,650,000	당기 기업업무추진비한도액을 초과한 금액임
임 원 퇴 직 금 한 도 초 과 액	30,000,000	임원퇴직금지급규정을 초과한 금액
재 고 자 산 평 가 감	7,500,000	재고자산의 과소계상액을 익금산입함
어 음 지 급 기 부 금	1,000,000	어음결제일은 익년도 1월10일이다
전 기 선 급 비 용	10,000,000	낭기에 선액 비용처리하였나
합 계	83,150,000	

손금산입 및 익금불산입		
과 목	금 액(원)	조 정 이 유
전기대손충당금한도초과액	3,000,000	전기대손충당금 과다환입액을 익금불산입함
전 기 재 고 자 산 평 가 감	10,000,000	
전 기 외 상 매 출 금	10,000,000	당기 대손요건 충족으로 손금산입함
단 기 매 매 증 권 평 가 익	5,000,000	
합 계	28,000,000	

해답

1. 유보금액 판단 : 유보만 입력하고, 증가란에는 당기 발생분[가산조정(+), 차감조정(−)]을 감소란에는 유보추인[가산조정(−), 차감조정(+)]을 입력한다.

익금산입 및 손금불산입			
과　　목	금 액(원)	소득처분	증가/감소
대 손 충 당 금 한 도 초 과 액	5,000,000	유보	증가(+)
증 빙 불 비　기 업 업 무 추 진 비	–	상여	–
기 업 업 무 추 진 비 한 도 초 과 액	–	기타사외유출	–
임 원 퇴 직 금 한 도 초 과 액	–	상여	–
재 고 자 산 평 가 감	7,500,000	유보	증가(+)
어 음 지 급 기 부 금	1,000,000	유보	증가(+)
전 기 선 급 비 용	10,000,000	유보추인	감소(−)
합계	23,500,000		

손금산입 및 익금불산입			
과　　목	금 액(원)	소득처분	증가/감소
대 손 충 당 금 한 도 초 과 액	3,000,000	유보추인	감소(+)
전 기 재 고 자 산 평 가 감	10,000,000	유보추인	감소(+)
외 상 매 출 금	10,000,000	유보추인	감소(+)
단 기 매 매 증 권 평 가 익	5,000,000	유보	증가(−)
합계	28,000,000		

2. 자본금과적립금조정명세서(을)

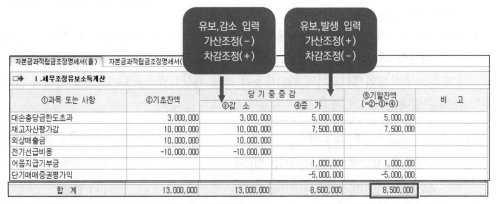

검증 : 기말잔액＝기초잔액＋가산조정−차감조정

＝13,000,000원＋23,500,000원−28,000,000원＝8,500,000원

| 제2절 | 자본금과적립금조정명세서(갑) |

〈자본금과적립금조정명세서 – 세무상자기자본〉

| 자본금과적립금조정명세서(을) | **자본금과적립금조정명세서(갑)** | 이월결손금 |

⇨ Ⅰ.자본금과 적립금 계산서

①과목 또는 사항		코드	②기초잔액	당 기 중 증 감		⑤기 말 잔 액 (=②-③+④)	비 고
				③감 소	④증 가		
자본금및 잉여금의 계산	1.자 본 금	01					
	2.자 본 잉 여 금	02					
	3.자 본 조 정	15					
	4.기타포괄손익누계액	18					
	5.이 익 잉 여 금	14					
	12.기타	17					
	6.계	20					
7.자본금과 적립금명세서(을)계		21					
손익미계상 법인세 등	8.법 인 세	22					
	9.지 방 소 득 세	23					
	10. 계 (8+9)	30					
11.차 가 감 계 (6+7-10)		31					

⇨ Ⅲ.회계기준 변경에 따른 자본금과 적립금 기초잔액 수정

27.과목 또는 사항	28.코드	29.전기말 잔액	기초잔액 수정		32.수정후 기초잔액 (29+30-31)	33.비고
			(30)증가	(31)감소		

1. 상단의 F12(불러오기)로 기장된 데이터를 불러 올 수도 있고 직접 입력해도 된다.
2. ②기초잔액은 직전 사업연도의 자본금과 적립금조정명세서(갑)의 기말잔액란의 금액을 기입한다.
3. 자본잉여금, 이익잉여금의 과목 또는 사항을 추가로 입력하고자 할 경우에는 입력하고자 하는 란에 과목을 바로 입력한다.
4. 7.자본금과적립금계산서는 (을)표의 유보금액이 자동 반영된다.
5. 8.법인세와 9.지방소득세는 손익계산서에 계상되지 아니한 법인세를 기재한다. 조정계산에 의한 법인세 차액 등).
   손익계산서가 법인세신고서의 법인세등이 적게 계상되었으면 (+)금액을 반대의 경우 (-) 금액을 입력한다.

구 분	④ 증가란(손익미계상 법인세등)
손익계산서 법인세>법인세신고서상 법인세	**(-) 입력**
손익계산서 법인세<법인세신고서상 법인세	**(+) 입력**

6. 11.차가감계의 ⑤기말잔액이 세무상 자기자본이 된다.

example 예제 따라하기 | 자본금과적립금조정명세서(갑) - 세무상자기자본

㈜ 무궁(0401)의 자본금과적립금조정명세서(갑)을 작성하시오.

기장된 자료는 무시하고 다음의 자료로만 작성한다.

- 재무상태표상 기초자본금계정잔액은 969,600,000원이며, 당기중 증감이 없었다.
- 재무상태표상 기초자본잉여금계정잔액은 50,000,000원이며, 당기중 증감이 없었다.
- 전기말 이월이익잉여금 계정은 170,000,000원이며, 당기중 차기이월이익잉여금 계정은 420,000,000원이다.
- 손익계산서에 계상된 법인세비용이 법인세과세표준 및 세액신고서상의 법인세보다 법인세는 2,300,000원 지방소득세는 230,000원이 각각 적게 산출되었다.(전기분은 고려치 않음)
- 유보금액은 앞의 예제에서 작성된 자본금과적립금조정명세서(을)를 반영한다.

해답

상단의 F12(불러오기)를 클릭할 수도 있고, 직접입력도 가능하다.

법인세는 법인세신고서가 손익계산서 보다 많으므로 증가란에 (+)금액을 입력한다.

(법인세신고서(법인세등) → 손익계산서(법인세)이므로 증가란에 (+)금액을 입력하면, 세무상 자기자본은 그만큼 감소한다.)

자본금과적립금조정명세서(을) | 자본금과적립금조정명세서(갑) | 이월결손금

I.자본금과 적립금 계산서

①과목 또는 사항		코드	②기초잔액	당 기 중 증 감 ③감 소	당 기 중 증 감 ④증 가	⑤기 말 잔 액 (=②-③+④)	비 고
자본금및 잉여금의 계산	1.자 본 금	01	969,600,000			969,600,000	
	2.자 본 잉 여 금	02	50,000,000			50,000,000	
	3.자 본 조 정	15					
	4.기타포괄손익누계액	18					
	5.이 익 잉 여 금	14	170,000,000		250,000,000	420,000,000	
		17					
	6.계	20	1,189,600,000		250,000,000	1,439,600,000	
손익미계상 법인세 등	7.자본금과 적립금명세서(을)계	21	13,000,000	13,000,000	8,500,000	8,500,000	
	8.법 인 세	22			2,300,000	2,300,000	
	9.지 방 소 득 세	23			230,000	230,000	
	10. 계 (8+9)	30			2,530,000	2,530,000	
	11.차 가 감 계 (6+7-10)	31	1,202,600,000	13,000,000	255,970,000	1,445,570,000	

III.회계기준 변경에 따른 자본금과 적립금 기초잔액 수정

27.과목 또는 사항	28.코드	29.전기말 잔액	기초잔액 수정 (30)증가	기초잔액 수정 (31)감소	32.수정후 기 (29+30-3	세무상자기자본

〈자본금과적립금조정명세서 – 이월결손금계산서〉

자본금과적립금조정명세서(을)	자본금과적립금조정명세서(갑)	이월결손금

▷ II. 이월결손금 계산서

1. 이월결손금 발생 및 증감내역

(6)사업연도	이월결손금			감 소 내 역						잔 액		
	(7) 계	(8)일반 결손금	(9)배 분 한도초과 결손금{(9)=(25)}	(10) 소급공제	(11) 차감계	(12) 기공제액	(13) 당기 공제액	(14) 보 전	(15) 계	(16) 기한 내	(17) 기한 경과	(18) 계
계												

**2. 법인세 신고 사업연도의 결손금에 동업기업으로부터 배분한도를 초과하여 배분받은 결손금(배분한도 초과결손금)이포함되어 있는 경우
사업연도별 이월결손금 구분내역**

(19) 법 인 세 신 고 사업연도 종 료 일	(20) 동업기업 과세연도	(21) 손금산입한 배분한도 초 과 결 손 금	(22) 법 인 세 신 고 사업연도 결 손 금	배분한도 초과결손금이 포함된 이월결손금 사업연도별 구분			
				(23) 합 계 {(23) = (25) + (26)}	배분한도 초과결손금 해당액		(26)법인세 신고 사업연도 이월결손금 해당액 {(8)일반결손금으로 계상} {(21)>=(22)의 경우는 0, (22)<(21)의 경우는 (22)-(21)}
					(24) 이월결손금 계상 사업연도	(25) 이월결손금 {(25)=(9)} (21)과(22) 중 작은 것에 상당하는 금액	

(6)사업연도별로 이월결손금을 입력한다.

(8)일반결손금, (10)소급공제 금액을 입력한다.

(12)기공제액란 : 직전사업연도까지 과세표준계산상 공제된 이월결손금 누계액을 입력한다.

(13)당기공제액란 : 당기공제대상 이월결손금을 기재하되, 법인세과세표준 및 세액조정계산서의 각 사업연도소득금액을 한도로 한다.

(14) 보전란 : 이월결손금 발생액 중 채무면제익, 자산수증익 등 익금불산입으로 보전한 금액을 입력한다.

(16)(18) 기한내, 기한경과 : 공제기한 내 해당분과 기한경과분을 합한 금액을 적습니다.

example 예제 따라하기　**자본금과적립금조정명세서(갑) – 이월결손금명세서**

㈜ 무궁의 기장된 자료를 이용하여 자본금과적립금조정명세서(갑)의 이월결손금명세서를 작성하시오. 기장된 자료는 무시하시오.

1. 법인의 각 사업연도별 각사업연도소득금액은 다음과 같다.[음수금액은 세무상 결손금이다.]

사업연도	2015년	2016년	2017년	2018년	20x1년
금　　액	(30,000,000)	(12,000,000)	(13,000,000)	12,000,000	11,000,000

2019~2023년의 소득금액은 '0'이라 가정한다.

2. 위의 이월결손금 잔액은 당기에 대주주가 결손보전 목적으로 기증한 자산수증익 10,000,000원을 상계하기 전의 금액이다.

해답

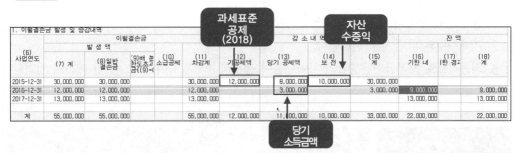

2015년도 결손금(10년간 이월공제) 30,000,000원은 2018년 소득금액 합계 12,000,000원에서 공제되고, 그리고 자산수증익(이월결손금)으로 10,000,000원이 충당된다. 그리고 20x1년 소득금액에서 8,000,000원이 공제되어 잔액은 "0"가 된다.

2016년 결손금 12,000,000원은 20x1년 소득금액 3,000,000원으로 공제되고, 잔액 9,000,000원이 이월된다. 2017년 결손금 13,000,000원은 전액 이월된다.

제3절 주식등 변동상황명세서

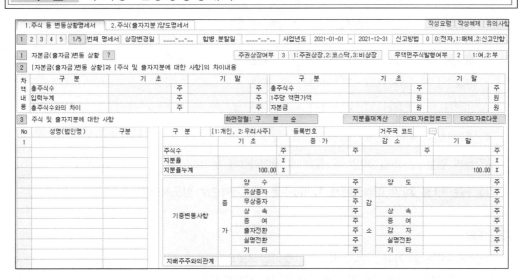

1. 자본금 변동상황

1. 기초 주식수(보통주, 우선주 구분)와 액면가를 입력하면 기초 자본금이 계산된다.
2. 자본금 변동원인(유상증자, 무상증자 등)과 주식수와 액면가를 입력한다.
3. 기말자본금을 최종확인한다.

2. 주식 및 출자비분에 대한 사항(변동사항)건설비 상당액적수계산

1. 주주별로 주식의 변동내역을 입력한다.
2. 지배주주와의 관계를 선택한다.
3. 최종적으로 자본금변동상황의 차이내용이 총주식수와의 차이가 "0"이 될 때까지 입력한다.

example 예제 따라하기 **주식등 변동상황명세서**

㈜ 무궁의 다음 자료를 참조하여 주식등 변동상황명세서를 작성하시오

[자료1] 자본금 변동내역(1주당 금액 **10,000원**, 발행할 주식의 총수 : **100,000주**)

일자	누적주식수(보통주)	액면금액(누적)	비고
1. 1	10,000주	100,000,000원	
6.30	15,000주	150,000,000원	6월 30일 변경등기

[자료2] 주주 변동내역

성명	주민등록번호	지배주주관계	주식수 변동내역	
			기초	기말
홍길동	621111 – 1111111	본인	6,000주	9,000주
김철수	641111 – 1111111	없음	4,000주	5,000주
이영희	661111 – 2111111	없음	–	1,000주

☞ 주민등록번호는 정당한 것으로 가정한다.

─홍길동과 김철수는 **6월 30일** 유상증자에 액면가액에 참여하였다.

─김철수는 **11월 30일** 이영희에게 **1,000주**를 액면가액으로 양도하였다.

해답

1. 자본금 변동상황(기말 자본금 150,000,000원 확인)

원인코드 1.유상증자(증)입력 및 기말 주식수 및 액면가 입력

⑧일자	주식종류	⑨원인코드	증가(감소)한 주식의 내용			⑬증가(감소) 자본금(⑪×⑫)
			⑪주식수	⑫주당액면가	주당발행(인수)가액	
기초	보통주		10,000	10,000		100,000,000
	우선주					
20×1-06-30 1	보통주	1 유상증자(증)	5,000	10,000		50,000,000
기말	보통주		15,000	10,000		150,000,000
	우선주					

2. 주식 및 출자지분에 대한 사항의 차이 내용—총주식수와의 차이가 "0"가 될 때까지 입력

3. 주식 및 출자지분에 대한 사항

① 홍길동(유상증자 3,000주, 지배주주와의 관계 : 00.본인)

3	주식 및 출자지분에 대한 사항		화면정렬: 구 분 순		지분율재계산	EXCEL자료업로드	EXCEL자료다운

No	성명(법인명)	구분
1	홍길동	2.개 인
2		

구 분	[1:개인, 2:우리사주]	등록번호		거주국 코드 KR	대한민국

	기 초	증 가	감 소	기 말
주식수	6,000 주	3,000 주	주	9,000 주
지분율	60 %			60 %
지분율누계	60.00 %			60.00 %

기중변동사항	증가	양 수		주	감소	양 도		주
		유상증자	3,000	주				주
		무상증자		주				주
		상 속		주		상 속		주
		증 여		주		증 여		주
		출자전환		주		감 자		주
		실명전환		주		실명전환		주
		기 타		주		기 타		주

지배주주와의관계	00 본인

② 김철수(유상증자 2,000주, 양도 1,000주, 지배주주와의 관계 : 09.기타)

3	주식 및 출자지분에 대한 사항		화면정렬: 구 분 순		지분율재계산	EXCEL자료업로드	EXCEL자료다운

No	성명(법인명)	구분
1	홍길동	2.개 인
2	김철수	2.개 인
3	이영희	2.개 인
4		

구 분	[1:개인, 2:우리사주]	등록번호 641111-1111111		거주국 코드 KR	대한민국

	기 초	증 가	감 소	기 말
주식수	4,000 주	2,000 주	1,000 주	5,000 주
지분율	40 %			33.33 %
지분율누계	140.00 %			126.66 %

기중변동사항	증가	양 수		주	감소	양 도	1,000	주
		유상증자	2,000	주				주
		무상증자		주				주
		상 속		주		상 속		주
		증 여		주		증 여		주
		출자전환		주		감 자		주
		실명전환		주		실명전환		주
		기 타		주		기 타		주

지배주주와의관계	09 기타

③ 이영희(양수 1,000주, 지배주주와의 관계 : 09.기타)

3	주식 및 출자지분에 대한 사항		화면정렬: 구 분 순		지분율재계산	EXCEL자료업로드	EXCEL자료다운

No	성명(법인명)	구분
1	홍길동	2.개 인
2	김철수	2.개 인
3	이영희	2.개 인
4		

구 분	[1:개인, 2:우리사주]	등록번호		거주국 코드 KR	대한민국

	기 초	증 가	감 소	기 말
주식수	주	1,000 주	주	1,000 주
지분율	%			6.67 %
지분율누계	100.00 %			100.00 %

기중변동사항	증가	양 수	1,000	주	감소	양 도		주
		유상증자		주				주
		무상증자		주				주
		상 속		주		상 속		주
		증 여		주		증 여		주
		출자전환		주		감 자		주
		실명전환		주		실명전환		주
		기 타		주		기 타		주

지배주주와의관계	09 기타

4. 자본금변동상황과 주식에 대한 사항의 차이내용(자동반영)

2	[자본금(출자금)변동 상황]과 [주식 및 출자지분에 대한 사항]의 차이내용						
차액내용	구 분	기 초	기 말	구 분	기 초	기 말
	총주식수	10,000 주	15,000 주	총주식수	10,000 주	15,000 주
	입력누계	10,000 주	15,000 주	1주당 액면가액	10,000 원	10,000 원
	총주식수와의 차이	주	주	자본금	100,000,000 원	150,000,000 원

Part III

모의고사

![실무모의고사 1회 법인조정]

(주)나리(0411)는 전자제품에 대한 제조 · 도매업을 영위하는 중소기업이며, 당해 사업연도는 20x1.1.1
~20x1.12.31이다. 법인세무조정메뉴를 이용하여 재무회계 기장자료와 제시된 보충자료에 의하여 당해 사업연
도의 세무조정을 하시오. (30점)

문제 1 다음 자료를 이용하여 대손충당금 및 대손금 조정명세서를 작성하고 관련세무조정을 하시
오. (6점)

[1] 대손처리내역은 다음과 같다.
① 거래처의 부도(부도일 : 당기 10월 1일)로 인하여 회수가 불가능한 받을어음 500,000원에 대해
서 10월1일 다음과 같이 회계처리하였다.

(차) 대손상각비(판)	200,000원	(대) 받을어음	500,000원
대손충당금	300,000원		

② 거래처의 파산(파산일 : 당기 7월 1일)으로 대손처리한 외상매출금
1,000,000원을 대손처리하면서 7월 1일 다음과 같이 회계 처리하였다.

(차) 대손충당금	1,000,000원	(대) 외상매출금	1,000,000원

[2] 대손충당금의 전기이월액 중 세무상 부인액은 300,000원이 있다.

[3] 12월 31일 현재 법인세법상 대손충당금 설정대상채권은 다음과 같다고 가정한다.

계정과목	금 액	비 고
외상매출금	147,600,000원	특수관계자에 대한 업무무관가지급금 10,000,000원이 포함됨
받을어음	114,500,000원	할인어음 3,000,000원 포함됨

[4] 대손실적율은 1.3%로 가정한다.

문제 2 당사는 근로자의 퇴직금에 대하여 퇴직연금 중 확정급여형으로 가입하였으며, 그 자료는 다음과 같다. 퇴직연금부담금조정명세서를 작성하고, 세무조정사항을 소득금액조정합계표에 반영하시오. 참고로 당사는 퇴직연금에 대하여 전액 퇴직연금운용자산으로 처리하고 있다.(기장된 자료는 무시한하고, 퇴직급여충당부채 한도 계산은 고려하지 않는다.)(6점)

[1] 당기 퇴직급여충당금의 계정내역과 세무조정내역은 다음과 같다.

퇴직급여충당금			
지 급	10,000,000원	기 초 잔 액	70,000,000원
기 말 잔 액	120,000,000원	당 기 증 가	60,000,000원
	130,000,000원		130,000,000원

☞ 당기말 현재 세무상 부인누계액은 100,000,000원이다.

[2] 당기말 퇴직급여추계액은 120,000,000원이다.

[3] 퇴직연금운용자산 계정내역

퇴직연금운용자산			
기초잔액	15,000,000	당기감소액	6,000,000
당기납부액	18,000,000	기말잔액	27,000,000
	33,000,000		33,000,000

퇴직연금운용자산 당기감소액은 퇴직요건을 충족한 근로자가 퇴직(일시금 선택)시 발생된 것으로 이와 관련된 회사의 회계처리는 다음과 같다.

(차) 퇴직급여충당부채　　　　10,000,000　　(대) 퇴직연금운용자산　　　6,000,000
　　　　　　　　　　　　　　　　　　　　　　보통예금　　　　　　　4,000,000

[4] 퇴직연금운용자산의 기초잔액은 전액 전기에 신고조정에 의하여 손금산입된 금액으로 전기 자본금과적립금조정명세서(을)에 15,000,000(△유보)으로 기입되어 있다.

문제 3 다음 자료에 의하여 업무무관지급이자조정명세서(갑)(을)을 작성하고, 필요한 세무조정을 소득금액조정합계표에 반영하시오. 기장된 내역과 무관하다. (6점)

[1] 차입금의 내역은 다음과 같다고 가정한다.

이자율	차입금	지급이자	비 고
8%	100,000,000	8,000,000	
10%	50,000,000	3,500,000	
12%	40,000,000	4,500,000	차입금 전액은 사옥신축을 위하여 차입하였고 준공일은 당해연도 11월30일이다.
15%	100,000,000	15,000,000	
합 계	290,000,000	31,000,000	

① 차입금이자율 15%인 것 중에서 12,000,000원은 채권자가 불분명한 사채이자로서 원천징수대상 세액은 4,620,000원이다.

② 회사는 발생한 이자를 전액손익계산서상 이자비용으로 회계처리하였다.

[2] 당기말 현재 대여금 잔액 및 내역

구 분	적 요	잔 액	대 여 일	수령이자
김길동 (대표이사)	소득의 귀속이 불분명하여 대표자에게 상여처분한 금액에 대한 소득세를 법인이 납부하고 이를 가지급금으로 계상한 금액	3,500,000원	3월 1일	무이자
김영호 (상무이사)	주택자금 구입	10,000,000원	5월15일	400,000원
이영실 (부장)	경조사비 대여액	5,000,000원	4월 15일	무이자
이찬휘 (과장)	일시적인 자금 대여액	20,000,000원	6월 21일	800,000원

문제 4 **다음 자료에 의하여 임대보증금 간주익금 조정명세서를 작성하시오.**

본 문제에 한하여 간주익금 계산 대상법인으로 보고, 정기예금이자율은 2%로 가정한다.

[1] 건물 및 부속토지 관련 자료

계정과목	적요	취득원가	당기말 감가상각누계액	취득일	면적
토지	건물 부속토지	200,000,000원		2020.1.1.	
건물	상가	300,000,000원	50,000,000원	2021.1.1.	연면적 1,000㎡

[2] 임대현황(갑법인)

임대기간	임대보증금	월임대료	임대건물면적	비고
20x0.1.1.~20x2.12.31.	200,000,000원	5,000,000원	500㎡	1호
20x1.7.1.~20x2.12.31.	100,000,000원	2,000,000원	200㎡	2호[*1]

*1. 갑법인과 **20x1년 7월 1일**에 상가(2호)사용에 대한 추가 임대차계약을 체결하였다.

[3] 임대보증금 등 운용현황

계정과목	임대보증금운용수입	기타수입금액	합계
단기투자자산처분익	1,000,000원	500,000원	1,500,000원

문제 5 다음 자료에 의하여 과세표준 및 세액조정계산서를 작성하시오. 기장된 자료를 이용하지 말고 직접 입력하시오. 회사는 중소기업이다. (6점)

[1] 손익계산서상 당기순이익은 350,000,000원이다.

[2] 가산조정 100,000,000원 차감조정 50,000,000원이다.

[3] 전년도 특례기부금을 공제받지 못한 3,000,000원이 있다(당해연도 특례기부금은 없다).

[4] 2020년 이월결손금 20,000,000원이 있다.

[5] 중소기업에 대한 특별세액 감면은 3,500,000원이 있다.

[6] 연구인력개발비 세액공제 2,000,000원이 있다.

[7] 기장자료 중 사업과 관련하여 사업자로부터 3만원 초과하는 재화 · 용역을 공급받고 정규증빙을 수취하지 않은 금액이 3,000,000원이 있다.

[8] 선납세금 계정을 조회한 결과 중간예납세액은 2,000,000원이며, 이자수익 원천납부세액은 1,000,000원이다.

[9] 최저한세는 고려하지 않는다.

[10] 분납이 가능한 경우 최대한 금액을 분납하도록 한다.

실무모의고사 1회 답안 및 해설

문제 1 대손충당금 및 대손금조정명세서

[1] 대손금조정 및 채권잔액 입력

대손충당금과 대손상각비로 계상한 대손채권입력

2. 대손금조정

	22.일자	23.계정과목	24.채권내역	25.대손사유	26.금액	대손충당금상계액			당기손금계상액		
						27.계	28.시인액	29.부인액	30.계	31.시인액	32.부인액
1	10.01	받을어음	1.매출채권	5.부도(6개	500,000	300,000		300,000	200,000		200,000
2	07.01	외상매출금	1.매출채권	1.파산	1,000,000	1,000,000	1,000,000				
3											
		계			1,500,000	1,300,000	1,000,000	300,000	200,000		200,000

채권잔액

	16.계정과목	17.채권잔액의 장부가액	18.기말현재대손금부인누계		19.합계 (17+18)	20.충당금설정제외채권 (할인,배서,특수채권)	21.채권잔액 (19-20)
			전기	당기			
1	외상매출금	147,600,000			147,600,000	10,000,000	137,600,000
2	받을어음	114,500,000		500,000	115,000,000	3,000,000	112,000,000
	계	262,100,000		500,000	262,600,000	13,000,000	249,600,000

[2] 대충당금조정(손금및 익금산입조정)

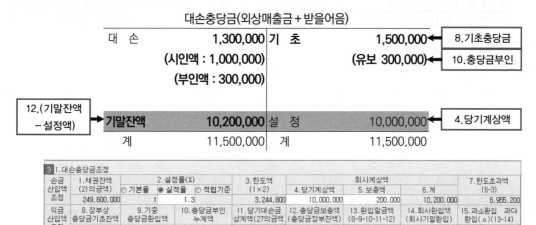

대손충당금(외상매출금 + 받을어음)

대 손	1,300,000	기 초	1,500,000	← 8.기초충당금
(시인액 : 1,000,000)		(유보 300,000)	← 10.충당금부인
(부인액 : 300,000)			

12.(기말잔액 – 설정액)

| 기말잔액 | 10,200,000 | 설 정 | 10,000,000 | ← 4.당기계상액 |
| 계 | 11,500,000 | 계 | 11,500,000 |

1.대손충당금조정

손금 산입액 조정	1.채권잔액 (21의금액)	2.설정률(%)			3.한도액 (1×2)	회사계상액			7.한도초과액 (6-3)
		○기본율	●실적율	○적립기준		4.당기계상액	5.보충액	6.계	
조정	249,600,000	1		1.3	3,244,800	10,000,000	200,000	10,200,000	6,955,200
익금 산입액 조정	8.장부상 충당금기초잔액	9.기중 충당금환입액	10.충당금부인 누계액	11.당기대손 상계액(27의금액)	12.충당금보충액 (충당금장부잔액)	13.환입할금액 (8-9-10-11-12)	14.회사환입액 (회사기말환입)	15.과소환입 · 과다 환입(△)(13-14)	
조정	1,500,000		300,000	1,300,000	200,000	-300,000		-300,000	

[3] 조정등록

〈손금산입〉 전기대손충당금한도 초과 300,000원 (유보감소)

〈손금불산입〉 대손금부인(받을어음) 500,000원 (유보발생)

〈손금불산입〉 대손충당금한도 초과 6,955,200원 (유보발생)

문제 2 **퇴직연금부담금등 조정명세서**

[1] 퇴직연금부담금등 조정명세서

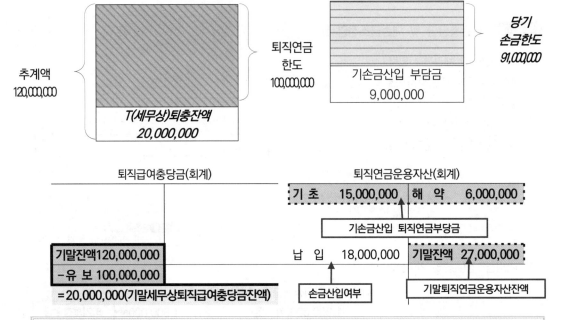

2.이미 손금산입한 부담금 등의 계산			

1 나.기말 퇴직연금 예치금 등의 계산

19.기초 퇴직연금예치금 등	20.기중 퇴직연금예치금 등 수령 및 해약액	21.당기 퇴직연금예치금 등의 납입액	22.퇴직연금예치금 등 계 (19 - 20 + 21)
15,000,000	6,000,000	18,000,000	27,000,000

2 가.손금산입대상 부담금 등 계산

13.퇴직연금예치금 등 계 (22)	14.기초퇴직연금충당금등 및 전기말 신고조정에 의한 손금산입액	15.퇴직연금충당금등 손금부인 누계액	16.기중퇴직연금등 수령 및 해약액	17.이미 손금산입한 부담금등 (14 - 15 - 16)	18.손금산입대상 부담금 등 (13 - 17)
27,000,000	15,000,000		6,000,000	9,000,000	18,000,000

1.퇴직연금 등의 부담금 조정					

1.퇴직급여추계액	당기말 현재 퇴직급여충당금				6.퇴직부담금 등 손금산입 누적한도액 (① - ⑤)
	2.장부상 기말잔액	3.확정기여형퇴직연금자의 설정전 기계상된 퇴직급여충당금	4.당기말 부인 누계액	5.차감액 (② - ③ - ④)	
120,000,000	120,000,000		100,000,000	20,000,000	100,000,000
7.이미 손금산입한 부담금 등 (17)	8.손금산입 한도액 (⑥ - ⑦)	9.손금산입 대상 부담금 등 (18)	10.손금산입범위액 (⑧과 ⑨중 적은 금액)	11.회사 손금 계상액	12.조정금액 (⑩ - ⑪)
9,000,000	91,000,000	18,000,000	18,000,000		18,000,000

[2] 조정등록

〈손금불산입〉 퇴직연금등지급　　　　6,000,000(유보감소) ⇒ 퇴사시 이중세무조정
〈손금산입〉 퇴직급여충당부채　　　　6,000,000(유보감소)
〈손금산입〉 퇴직연금등손금산입　　18,000,000(유보발생)

524

문제 3 업무무관지급이자조정명세서

[1] 가지급금등의 적수 : 김영호(임원의 주택구입자금), 이찬휘가 업무무관가지급금에 해당한다.

	1.적수입력(을)	2.지급이자 손금불산입(갑)					
	1.업무무관부동산	2.업무무관동산	**3.가지급금**	4.가수금	5.그밖의		불러오기 / 적요수정
	①월일	②적요	③차변	④대변	⑤잔액	⑥일수	⑦적수
1	5 15	지 급	10,000,000		10,000,000	37	370,000,000
2	6 21	지 급	20,000,000		30,000,000	194	5,820,000,000
3							

[2] 업무무관 지급이자조정명세서(갑)

(1) 지급이자 및 차입금적수 계산

- 연일수 을 클릭하여 해당연도의 일수를 확인한다.

- 지급이자 및 차입금적수 계산에 자료를 입력하면 상단의 손금불산입 지급이자가 자동계산된다.

① 지급이자 및 차입금적수계산

	(9)이자율(%)	(10)지급이자	(11)차입금적수	(12)채권자불분명 사채이자 수령자불분명 사채이자		(15)건설 자금 이자 국조법 14조에 따른 이자		차 감	
				(13)지급이자	(14)차입금적수	(16)지급이자	(17)차입금적수	(18)지급이자 (10-13-16)	(19)차입금적수 (11-14-17)
1	15	15,000,000	36,500,000,000	12,000,000	29,200,000,000			3,000,000	7,300,000,000
2	12	4,500,000	13,687,500,000			4,500,000	13,687,500,000		
3	10	3,500,000	12,775,000,000					3,500,000	12,775,000,000
4	8	8,000,000	36,500,000,000					8,000,000	36,500,000,000
5									
합계		31,000,000	99,462,500,000	12,000,000	29,200,000,000	4,500,000	13,687,500,000	14,500,000	56,575,000,000

② 업무무관부동산등에 관련한 차입금 이자

①지급 이자	적 수				⑥차입금 (=19)	⑦ ⑤와 ⑥중 적은 금액	⑧손금불산입 지급이자 (①×⑦÷⑥)
	②업무무관 부 동 산	③업무무관 동 산	④가지급금 등	⑤계(②+③+④)			
14,500,000			6,190,000,000	6,190,000,000	56,575,000,000	6,190,000,000	1,586,478

[3] 조정등록

〈손금불산입〉 채권자불분명사채이자(원천세제외)　7,380,000원(상여)

〈손금불산입〉 채권자불분명사채이자(원천세)　　　4,620,000원(기타사외유출)

〈손금불산입〉 업무무관자산지급이자　　　　　　1,586,478원(기타사외유출)

☞ 건설자금이자는 건물이 완공되었으므로 즉시상각의제규정을 적용한다.

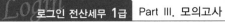

문제 4 임대보증금등의 간주익금조정명세서

[1] 임대보증금등의 적수계산

No	⑧일 자		⑨적 요	⑩임대보증금누계			⑪일 수	⑫적 수 (⑩×⑪)
				입금액	반환액	잔액누계		
1	01	01	전기이월	200,000,000		200,000,000	181	36,200,000,000
2	07	01		100,000,000		300,000,000	184	55,200,000,000
3								
			계	300,000,000	0	300,000,000	365	91,400,000,000

(title row: 2.임대보증금등의 적수계산 / 크게보기)

[2] 건설비 상당액 적수 적수계산

3.건설비 상당액 적수계산

가.건설비의 안분계산	⑬건설비 총액적수 ((20)의 합계)	⑭임대면적 적수 ((24)의 합계)	⑮건물연면적 적수 ((28)의 합계)	(16)건설비상당액적수 ((⑬×⑭)/⑮)
	109,500,000,000	219,300	365,000	65,790,000,000

나.임대면적등적수계산 : (17)건설비 총액적수

No	⑧일 자		건설비 총액	(18)건설비총액 누계	(19)일 수	(20)적 수 ((18)×(19))
1	01	01	300,000,000	300,000,000	365	109,500,000,000
2						
			계		365	109,500,000,000

나.임대면적등적수계산 : (21)건물임대면적 적수(공유면적 포함)

No	⑧일 자		입실면적	퇴실면적	(22)임대면적 누계	(23)일 수	(24)적 수 ((22)×(23))
1	01	01	500.00		500	181	90,500
2	07	01	200.00		700	184	128,800
3							
			계			365	219,300

나.임대면적등적수계산 : (25)건물연면적 적수(지하층 포함)

No	⑧일 자		건물연면적 총계	(26)건물연면적 누계	(27)일 수	(28)적 수 ((26)×(27))
1	01	01	1,000.00	1,000	365	365,000
			계		365	365,000

[3] 임대보증금등의 운용수입금액 명세서

4.임대보증금등의 운용수입금액 명세서

No	(29)과 목	(30)계 정 금 액	(31)보증금운용수입금액	(32)기타수입금액	(33)비 고
1	단기투자자산처분이익	1,500,000	1,000,000	500,000	

[4] 임대보증금등의 간주익금조정(이자율 2%로 가정)

1.임대보증금등의 간주익금 조정 · 보증금적수계산 일수 수정

①임대보증금등 적 수	②건설비상당액 적 수	③보증금잔액 {(①-②)/365}	④이자율 (%)	⑤(③×④) 익금상당액	⑥보증금운용 수 입	⑦(⑤-⑥) 익금산입금액
91,400,000,000	65,790,000,000	70,164,383	2.0	1,403,287	1,000,000	403,287

[5] 조정등록

〈손금불산입〉 임대보증금 등 간주익금 403,287원(기타사외유출)

문제 5 법인세과세표준 및 세액조정계산서

[1] 특례기부금의 이월공제는 10년간이다.

[2] 중소기업에 대한 특별세액감면은 최저한세 적용대상이다.

[3] 중소기업의 연구인력개발비세액공제는 최저한세 적용제외이다.

[4] 지출증빙미수취가산세는 2%이다.

① 각사업연도소득계산	101. 결 산 서 상 당 기 순 손 익	01	350,000,000
	소 득 조 정 금 액 102.익 금 산 입	02	100,000,000
	103.손 금 산 입	03	50,000,000
	104. 차 가 감 소 득 금 액 (101+102-103)	04	400,000,000
	105. 기 부 금 한 도 초 과 액	05	
	106. 기 부 금 한 도 초 과 이월액 손금산입	54	3,000,000
	107. 각 사 업 연 도 소 득 금 액 (104+105-106)	06	397,000,000

② 과세표준계산	108. 각 사 업 연 도 소 득 금 액 (108=107)		397,000,000
	109. 이 월 결 손 금	07	20,000,000
	110. 비 과 세 소 득	08	
	111. 소 득 공 제	09	
	112. 과 세 표 준 (108-109-110-111)	10	377,000,000
	159. 선 박 표 준 이 익	55	

③ 산출세액계산	113. 과 세 표 준 (113=112+159)	56	377,000,000
	114. 세 율	11	19%
	115. 산 출 세 액	12	51,630,000
	116. 지 점 유 보 소 득 (법 제96조)	13	
	117. 세 율	14	
	118. 산 출 세 액	15	
	119. 합 계 (115+118)	16	51,630,000

④ 납부할세액계산	120. 산 출 세 액 (120=119)		51,630,000
	121. 최저한세 적용대상공제감면세액	17	3,500,000
	122. 차 감 세 액	18	48,130,000
	123. 최저한세 적용제외 공제 감면세액	19	2,000,000
	124. 가 산 세 액	20	60,000
	125. 가 감 계 (122-123+124)	21	46,190,000
	기납부세액 126. 중 간 예 납 세 액	22	2,000,000
	127. 수 시 부 과 세 액	23	
	128. 원 천 납 부 세 액	24	1,000,000
	129. 간접 회사등 외국 납부세액	25	
	130. 소 계 (126+127+128+129)	26	3,000,000
	131. 신 고 납부전 가 산 세 액	27	
	132. 합 계 (130+131)	28	3,000,000
	133. 감 면 분 추 가 납 부 세 액	29	
	134. 차 가 감 납 부 할 세(125+132+133)	30	43,190,000

	⑤토지등 양도소득, ⑥미환류소득 법인세 계산 (TAB로 이동)		
⑦ 세액계	151. 차 가 감 납부할 세 액 계(134+150)	46	43,190,000
	152. 사 실 과 다 른 회계 처리 경정 세액공제	57	
	153. 분 납 세 액 계 산 범 위 액 (151-124-133-145-152+131)	47	43,130,000
분납할 세액	154. 현 금 납 부	48	21,565,000
	155. 물 납	49	
	156. 계 (154+155)	50	21,565,000
차감납부세액	157. 현 금 납 부	51	21,625,000
	158. 물 납	52	
	160. 계 (157+158) [160=(151-152-156)]	53	21,625,000

실무모의고사 2회 법인조정

(주)장미(0412)는 전자제품에 대한 제조·건설·도매업을 영위하는 중소기업이며, 당해 사업연도는 20x1.1.1~20x1.12.31이다. 법인세무조정메뉴를 이용하여 재무회계 기장자료와 제시된 보충자료에 의하여 당해 사업연도의 세무조정을 하시오. (30점)

문제 1 다음 자료에 의하여 고정자산을 등록하고, 미상각분감가상각조정명세, 감가상각비 조정명세서를 작성하고, 세무조정사항을 소득금액조정합계표에 입력하시오.

[1] 다음 자산을 고정자산등록한다.

구분	계정과목	자산코드	자산명	취득일	B/S상 기초가액	전기말 상각누계액	회사계상 감가상각비
사무용	건 물	101	사옥	2017.11.10	400,000,000	14,000,000	13,000,000
공장용	기계장치	102	콤푸레샤	2020.02.06	80,000,000	47,000,000	22,000,000
공장용	차량운반구	103	화물차	2020.06.12	25,000,000	4,000,000	9,471,000

* 사옥의 경우 당기에 자본적 지출비용 10,000,000원을 자산취득가액으로 회계처리하다.

[2] 추가자료

① 상각방법·내용연수·업종코드

회사는 세부담 최소화를 위해 신고내용연수를 최저내용연수로 신고하였다.

자 산 명	상각방법	기준내용연수	업종코드
사 옥	정액법	40년	03
콤푸레샤	정률법	8년	13
화 물 차	정률법	5년	01

② 건물의 경우 자본금과 적립금명세서(을)에 상각부인액 10,000,000원이 있다.

③ 승용차 수리비 중 8,000,000원을 수익적지출로 보아 당기 비용처리하였으나 자본적지출에 해당한다.

문제 2 다음의 자료를 이용하여 기업업무추진비조정명세서(갑)(을)를 작성하고, 관련된 세무조정
내용을 소득금액조정합계표에 반영하시오. (6점)

[1] 기업업무추진비 계정금액 및 기업업무추진비 중 신용카드 등 사용금액은 기장된 자료에 의해 자동으로 반영된다.

[2] 판매비와 관리비의 기업업무추진비계정 중 현금으로 지출된 500,000원은 업무와 관련 없이 상무이사의 개인
적인 용도로 사용된 것이다(1회의 기업업무추진비 지출액이다).

[3] 다음의 사항은 다른 계정에 계상된 것이다. 기업업무추진비 해당사항을 찾아서 세무조정에 반영하시오.
　① 광고선전비(판관비)
　－ 거래처에 대한 경조사비로 1건 300,000원(현금지급)
　－ 매출처 거래처에게 사업과 관련한 증정품 1,000,000원 구입분(세금계산서 1매 수취)
　② 세금과공과(판관비)
　－ 사용인이 조직한 법인인 단체에 시설비 1,250,000원 지급분(세금계산서수취 및 VAT포함 금액임)
　－ 거래처에 대한 선물대로서 세금계산서를 수취하고 매입세액 불공제된 부가가치세 500,000원

[4] 총수입금금액은 15억원이고 이중에 특수관계자에 대한 매출 3억원이 있다.

문제 3 다음 사항을 이용하여 기부금 조정명세서 및 기부금명세서를 작성하고 관련된 세무조정사
항을 소득금액조정합계표에 반영하시오.

[1] 결산서상 당기순이익　200,000,000원으로 가정한다.

[2] 기부금 조정전 가산조정은 35,000,000원, 차감조정은 20,000,000원이라 가정한다.

[3] 결산서에 반영된 기부금은 다음과 같고 기부금명세서에 직접 입력한다.

기부일	기부처	적　　요	금　액(원)
4월 30일	한강의료원[*1]	고유목적사업비	5,000,000
5월 31일	서울시	이재민구호	7,000,000
11월 30일	나눔	사회복지법인 기부금	30,000,000[*2]
12월 31일	한국전자협회[*3]	일반회비	5,000,000
계			47,000,000

*1 의료법에 의한 의료법인에 고유목적사업비로 기부

*2 사회복지법인 기부금 30,000,000원 중 10,000,000원은 현금으로 나머지는 약속어음을 발행하여 지급하였다. 약속어음의 만기일은 내년도 1월 31일이다.

*3 한국전자협회는 영업자가 조직한 단체로서 주무관청에 등록이 된 법인이다.

[4] 전년도 사회복지법인(도움)에 기부하고 지급한 어음이 18,000,000원 올해 1월 31일 결제되다(전년도에 적정하게 세무조정하다).

[5] 2020년 발생했던 특례기부금 10,000,000원이 한도초과로 손금불산입한 기부금 이월액이 있다.

[6] 2008년도에 발생한 이월결손금 10,000,000원이 있다.

문제 4 다음 자료를 이용하여 연구 및 인력개발비 발생명세서, 세액공제조정명세서(3), 공제감면세액합계표를 작성하고, 최저한세를 고려하여 최종적으로 법인세과세표준 및 세액조정계산서(분납은 최대로 함.)를 작성하시오. ※ 회사는 중소기업이다.(6점)

[1] 법인세 산출세액 계산 자료라 가정한다.

당기순이익	가산조정	차감조정	기부금	
			한도초과액	이월액손금산입
300,000,000원	100,000,000원	200,000,000원	9,000,000원	10,000,000원

[2] 다음 자료에 의하여 연구 및 인력개발비 명세서를 작성하시오.

① 제조업을 영위하는 당사에서 지출한 연구 및 인력개발비는 다음과 같다.

계 정 과 목	구분 및 비목	
	인건비	재료비
급 여(판)	10,000,000원(2명)	
경상연구개발비(판)		12,000,000원(10건)

② 직전 4년간 지출한 연구 및 인력개발비는 다음과 같다

직전1년	직전2년	직전3년	직전4년
12,000,000원	13,000,000원	12,000,000원	15,000,000원

③ 연구 및 인력개발비 세액공제는 최대 금액으로 한다.

[3] 다음은 신규 투자한 기계장치에 대하여 통합투자세액공제(추가공제는 없고, 신성장사업화 시설이 아님)를 당기에 적용받고자 한다.

구 분	기계장치(절단기)	기계장치(선반기)
취득일	당기 3. 10	당기 5. 12
취득가액	400,000,000원	50,000,000원
비고	신제품	중고

문제 5 자본금과적립금조정명세서(갑)(이월결손금 계산서 포함)을 작성하시오. 단, 아래 자료 이외의 입력된 데이터상의 자료는 무시한다. (6점)

[1] 재무상태표상 기초자본금계정잔액은 300,000,000원이며, 당기중 유상증자에 따른 자본금증가액은 150,000,000원이다.

[2] 전기말 차기이월이익잉여금 계정은 195,459,520원이며, 당기중 차기이월이익잉여금 계정은 425,459,520원이다.

[3] 손익계산서에 계상된 법인세비용이 법인세과세표준 및 세액신고서상의 법인세보다 법인세는 12,815,113원 주민세는 1,281,511원이 각각 적게 계상되었다(전기분은 고려치 않음).

[4] 자본금과적립금조정명세서(을)의 유보금액은 다음 사항을 반영한다.

기초잔액	감소	증가	기말잔액
0	18,940,000	29,269,000	10,329,000

[5] 법인의 과세표준계산 시 각 사업연도소득금액에서 차감하고 남은 이월결손금의 잔액은 다음과 같다.

구 분	2008년	2015년
결손금발생총액	60,000,000원	10,000,000원
결손금공제액	30,000,000원	0원
결손금공제후잔액	30,000,000원	10,000,000원

- 위의 이월결손금 잔액은 당기에 대주주가 결손보전 목적으로 기증한 자산수증이익 37,000,000원을 상계하기 전의 금액이며 동 자산수증이익은 손익계산서상 영업외수익으로 포함되어 있으며 소득금액조정합계표에는 익금불산입으로 반영되어 있다.
- 당기의 각사업연도 소득금액은 15,000,000원이라 가정한다.

실무모의고사 2회 답안 및 해설

문제 1 감가상각비 조정

[1] 고정자산등록

신고내용연수는 기준내용연수의 ±25%범위 내에서 신고내용연수로 할 수 있다.

건물 : 30년   기계장치 : 6년   차량운반구 : 4년(소숫점 발생시 짝수년도 선택)

① 사옥(101.사옥, 2017 - 11 - 10, 정액법)

 - 자본적지출액에 대해서 4.당기중 취득 및 당기 증가란에 입력한다.

미상각분 감가상각계산		
기본등록사항 / 추가등록사항		
1.기초가액 / 성실 기초가액	400,000,000 /	
2.전기말상각누계액(-) / 성실 전기말상각누계액	14,000,000 /	
3.전기말장부가액 / 성실 전기말장부가액	386,000,000 /	
4.당기중 취득 및 당기증가(+)	10,000,000	
5.당기감소(일부양도 · 매각 · 폐기)(-)		
전기말상각누계액(당기감소분)(+)		
6.전기말자본적지출액누계(+)(정액법만)		
7.당기자본적지출액(즉시상각분)(+)		
8.전기말부인누계액(+) (정률만 상각대상에 가산)	10,000,000	
9.전기말의제상각누계액(-)		
10.상각대상금액	410,000,000	
11.내용연수/상각률(월수)	30 🔍 0.034 (12)	
성실경과내용연수/차감연수(성실상각률)	/ ( )	기준내용년수도움표
12.상각범위액(한도액)(10X상각율)	13,940,000	
13.회사계상액(12)-(7)	13,000,000	사용자수정
14.경비구분	6.800번대/판관비	
15.당기말감가상각누계액	27,000,000	
16.당기말장부가액	383,000,000	
17.당기의제상각비		
18.전체양도일자	---- - -	
19.전체폐기일자	---- - -	
20.업종	03 🔍 철골,철골,석조	

② 콤퓨레샤(102.콤퓨레샤, 2020 - 02 - 06, 정률법)

```
미상각분 감가상각계산

기본등록사항   추가등록사항

  1.기초가액              / 성실 기초가액           80,000,000 /
  2.전기말상각누계액(-) / 성실 전기말상각누계액    47,000,000 /
  3.전기말장부가액        / 성실 전기말장부가액      33,000,000 /
  4.당기중 취득 및 당기증가(+)
  5.당기감소(일부양도·매각·폐기)(-)
    전기말상각누계액(당기감소분)(+)
  6.전기말자본적지출액누계(+)(정액법만)
  7.당기자본적지출액(즉시상각분)
  8.전기말부인누계액(+) (정률만 상각대상에 가산)
  9.전기말의제상각누계액(-)
 10.상각대상금액                                   33,000,000
 11.내용연수/상각률(월수)          6  ⋯ 0.394 ( 12)
    성실경과내용연수/차감연수(성실상각률)        /    (        )  [기준내용년수도움표]
 12.상각범위액(한도액)(10X상각율)                13,002,000
 13.회사계상액(12)-(7)                            22,000,000   [사용자수정]
 14.경비구분                        1.500번대/제조
 15.당기말감가상각누계액                          69,000,000
 16.당기말장부가액                                11,000,000
 17.당기의제상각비
 18.전체양도일자                   ----_-_--
 19.전체폐기일자                   ----_-_--
 20.업종                            13  ⋯ 제조업
```

③ 승용차(103.승용차, 2020 - 06 - 12, 정률법)

- 즉시상각의제액 8,000,000원, 회사계상액 9,471,000원 수정

```
기본등록사항   추가등록사항

  1.기초가액                                      25,000,000
  2.전기말상각누계액(-)                            4,000,000
  3.전기말장부가액                                21,000,000
  4.당기중 취득 및 당기증가(+)
  5.당기감소(일부양도·매각·폐기)(-)
    전기말상각누계액(당기감소분)(+)
  6.전기말자본적지출액누계(+)(정액법만)
  7.당기자본적지출액(즉시상각분)(+)                8,000,000
  8.전기말부인누계액(+) (정률만 상각대상에 가산)
  9.전기말의제상각누계액(-)
 10.상각대상금액                                  29,000,000
 11.내용연수/상각률(월수)          4  ⋯ 0.528 ( 12)  [연수별상각율]
 12.상각범위액(한도액)(10X상각율)                15,312,000
 13.회사계상액(12)-(7)                             9,471,000   [사용자수정]
 14.경비구분                        1.500번대/제조
 15.당기말감가상각누계액                          13,471,000
 16.당기말장부가액                                11,529,000
 17.당기의제상각비
 18.전체양도일자                   ----_-_--
 19.전체폐기일자                   ----_-_--
 20.업종                            01  ⋯ 차량밑운반구
```

[2] 미상각분감가상각조정명세

① 사옥

입력내용			금액	총계
업종코드/명	03	철골,철골,석조		
합계표 자산구분		1. 건축물		
(4)내용연수(기준,신고)			30	
상각 계산 의 기초 가액	재무상태표 자산가액	(5)기말현재액	410,000,000	410,000,000
		(6)감가상각누계액	27,000,000	27,000,000
		(7)미상각잔액(5)-(6)	383,000,000	383,000,000
	회사계산 상각비	(8)전기말누계	14,000,000	14,000,000
		(9)당기상각비	13,000,000	13,000,000
		(10)당기말누계(8)+(9)	27,000,000	27,000,000
	자본적 지출액	(11)전기말누계		
		(12)당기지출액		
		(13)합계(11)+(12)		
(14)취득가액((7)+(10)+(13))			410,000,000	410,000,000
(15)일반상각률,특별상각률			0.034	
상각범위 액계산	당기산출 상각액	(16)일반상각액	13,940,000	13,940,000
		(17)특별상각액		
		(18)계((16)+(17))	13,940,000	13,940,000
	(19) 당기상각시인범위액		13,940,000	13,940,000
(20)회사계상상각액((9)+(12))			13,000,000	13,000,000
(21)차감액((20)-(19))			-940,000	-940,000
(22)최저한세적용에따른특별상각부인액				
조정액	(23) 상각부인액((21)+(22))			
	(24) 기왕부인액중당기손금추인액		940,000	940,000
부인액 누계	(25) 전기말부인누계액		10,000,000	10,000,000
	(26) 당기말부인누계액 (25)+(23)-|24|		9,060,000	9,060,000
당기말 의제상각액	(27) 당기의제상각액 |△(21)|-|(24)|			
	(28) 의제상각누계액			
신고조정	(29) 기준상각률			
	(30) 종전상각비			

☞ **검증(사옥)**

세무상취득가액(A)		상각범위액(B)	
= 기말B/S상 취득가액 + 즉시상각의제액(전기) + 즉시상각의제액(당기)	410,000,000원	상각률	13,940,000원
410,000,000원		0.034	
회사계상상각비(C)		13,000,000원	
시부인액(B − C)		시인부족액 940,000원(손금산입)	

② 콤퓨레샤

입력내용			금액	총계
업종코드/명	13	제조업		
합계표 자산구분		2. 기계장치		
(4)내용연수			6	
상각 계산 의 기초 가액	재무상태표 자산가액	(5)기말현재액	80,000,000	80,000,000
		(6)감가상각누계액	69,000,000	69,000,000
		(7)미상각잔액(5)-(6)	11,000,000	11,000,000
	(8)회사계산감가상각비		22,000,000	22,000,000
	(9)자본적지출액			
	(10)전기말의제상각누계액			
	(11)전기말부인누계액			
	(12)가감계((7)+(8)+(9)-(10)+(11))		33,000,000	33,000,000
(13)일반상각률.특별상각률			0.394	
상각범위 액계산	당기산출 상각액	(14)일반상각액	13,002,000	13,002,000
		(15)특별상각액		
		(16)계((14)+(15))	13,002,000	13,002,000
	취득가액	(17)전기말현재취득가액	80,000,000	80,000,000
		(18)당기회사계산증가액		
		(19)당기자본적지출액		
		(20)계((17)+(18)+(19))	80,000,000	80,000,000
	(21) 잔존가액		4,000,000	4,000,000
	(22) 당기상각시인범위액		13,002,000	13,002,000
(23)회사계상상각액((8)+(9))			22,000,000	22,000,000
(24)차감액 ((23)-(22))			8,998,000	8,998,000
(25)최저한세적용에따른특별상각부인액				
조정액	(26) 상각부인액 ((24)+(25))		8,998,000	8,998,000
	(27) 기왕부인액중당기손금추인액			

☞ **검증(콤퓨레샤)**

세무상취득가액(A)		세무상 기초감가상각누계액(B)	
= 기말B/S상 취득가액	80,000,000원	기초B/S상 감가상각누계액	47,000,000원
+ 즉시상각의제액(당기)		(-) 전기상각부인누계액	0원
80,000,000원		47,000,000원	
미상각잔액(C=A-B)=33,000,000원			
상각범위액(D)	세무상미상각잔액(C)×상각률(0.394) = 13,002,000원		
회사계상상각비(E)	22,000,000원		
시부인액(D-E)	**상각부인액 8,998,000원(손금불산입)**		

③ 화물차

입력내용			금액	총계
업종코드/명	01	차량및운반구		
합계표 자산구분		3. 기타자산		
(4)내용연수			4	
상각 계산 의 기초 가액	재무상태표 자산가액	(5)기말현재액	25,000,000	25,000,000
		(6)감가상각누계액	13,471,000	13,471,000
		(7)미상각잔액(5)-(6)	11,529,000	11,529,000
	(8)회사계산감가상각비		9,471,000	9,471,000
	(9)자본적지출액		8,000,000	8,000,000
	(10)전기말의제상각누계액			
	(11)전기말부인누계액			
	(12)가감계((7)+(8)+(9)-(10)+(11))		29,000,000	29,000,000
(13)일반상각률.특별상각률			0.528	
상각범위 액계산	당기산출 상각액	(14)일반상각액	15,312,000	15,312,000
		(15)특별상각액		
		(16)계((14)+(15))	15,312,000	15,312,000
	취득가액	(17)전기말현재취득가액	25,000,000	25,000,000
		(18)당기회사계산증가액		
		(19)당기자본적지출액	8,000,000	8,000,000
		(20)계((17)+(18)+(19))	33,000,000	33,000,000
	(21) 잔존가액		1,650,000	1,650,000
	(22) 당기상각시인범위액		15,312,000	15,312,000
(23)회사계상상각액((8)+(9))			17,471,000	17,471,000
(24)차감액 ((23)-(22))			2,159,000	2,159,000
(25)최저한세적용에따른특별상각부인액				
조정액	(26) 상각부인액 ((24)+(25))		2,159,000	2,159,000
	(27) 기왕부인액중당기손금추인액			
(28) 당기말부인누계액 ((11)+(26)-|(27)|)			2,159,000	2,159,000
당기말	(29) 당기의제상각액 |△(24)|-|(27)|			

☞ **검증(화물차)**

세무상취득가액(A)		세무상 기초감가상각누계액(B)	
= 기말B/S상 취득가액	25,000,000원	기초B/S상 감가상각누계액	4,000,000원
+ 즉시상각의제액(당기)	8,000,000원	(-) 전기상각부인누계액	0원
33,000,000원		4,000,000원	

미상각잔액(C=A-B)=29,000,000원	
상각범위액(D)	세무상미상각잔액(C)×상각률(0.528) = 15,312,000원
회사계상상각비(E)	17,471,000원(9,471,000 + 8,000,000)
시부인액(D-E)	**상각부인액 2,159,000원(손금불산입)**

[3] 감가상각조정명세서

1.자 산 구 분		코드	2.합 계 액	유 형 자 산			6.무형자산
				3.건 축 물	4.기계장치	5.기타자산	
재무 상태표 상가액	101.기말현재액	01	515,000,000	410,000,000	80,000,000	25,000,000	
	102.감가상각누계액	02	82,471,000	27,000,000	42,000,000	13,471,000	
	103.미상각잔액	03	432,529,000	383,000,000	38,000,000	11,529,000	
104.상각범위액		04	42,254,000	13,940,000	13,002,000	15,312,000	
105.회사손금계상액		05	52,471,000	13,000,000	22,000,000	17,471,000	
조정 금액	106.상각부인액 (105-104)	06	11,157,000		8,998,000	2,159,000	
	107.시인부족액 (104-105)	07	940,000	940,000			
	108.기왕부인액 중 당기손금추인액	08					
109.신고조정손금계상액		09					

[4] 조정등록

　　〈손금불산입〉 감가상각비한도초과(기계)　　8,998,000원(유보발생)

　　〈손금불산입〉 감가상각비한도초과(차량)　　2,159,000원(유보발생)

　　〈손금산입〉　기왕부인액중 당기손금추인(건물)　940,000원(유보감소)

문제 2 | 기업업무추진비조정명세서

[1] 수입금액명세

1. 수입금액명세			
구　　분	1. 일반수입금액	2. 특수관계인간 거래금액	3. 합　　계(1+2)
금　　액	1,200,000,000	300,000,000	1,500,000,000

[2] 기업업무추진비등 해당금액

① 기업업무추진비(판)

　　개인사용 기업업무추진비(500,000원) 6.사적사용경비에 입력하고 동시에 16.총초과금액에서 차감한다.

② 광고선전비 중 기업업무추진비 해당액　1,300,000원 입력

　　경조사비는 신용카드 미사용기업업무추진비 300,000원 입력

　　16.총초과금액에 경조사비를 제외한 1,000,000원 입력

③ 세금과공과금 중 기업업무추진비 해당액 1,750,000원 입력

　　☞ 사용인이 조직한 법인인 단체(예 : 노조)의 시설비는 기업업무추진비에 해당한다.

　　16.총초과금액에 1,750,000원 입력

2 2. 기업업무추진비 해당금액

4. 계정과목		합계	기업업무추진비(판관)	광고선전비	세금과공과
5. 계정금액		23,500,000	20,450,000	1,300,000	1,750,000
6. 기업업무추진비계상액 중 사적사용경비		500,000	500,000		
7. 기업업무추진비해당금액(5-6)		23,000,000	19,950,000	1,300,000	1,750,000
8. 신용카드등 미사용금액	경조사비 중 기준금액 초과액	9. 신용카드 등 미사용금액	300,000		300,000	
		10. 총 초과금액	300,000		300,000	
	국외지역 지출액 (법인세법 시행령 제41조제2항제1호)	11. 신용카드 등 미사용금액				
		12. 총 지출액				
	농어민 지출액 (법인세법 시행령 제41조제2항제2호)	13. 송금명세서 미제출금액				
		14. 총 지출액				
	기업업무추진비 중 기준금액 초과액	15. 신용카드 등 미사용금액	250,000	250,000		
		16. 총 초과금액	22,700,000	19,950,000	1,000,000	1,750,000
17. 신용카드 등 미사용 부인액		550,000	250,000	300,000	
18. 기업업무추진비 부인액(6+17)		1,050,000	750,000	300,000	

☞ 기업업무추진비한도(①+②) = 39,690,000원

① 기본한도 : 36,000,000원

② 수입금액한도 : 1,200,000,000×30/10,000+300,000,000×30/10,000×10% = 3,690,000원

[3] 최종 기업업무추진비조정명세서(갑)

중소기업			☐ 정부출자법인 ☐ 부동산임대업등(법.령제42조제2항)	
구분				금액
1. 기업업무추진비 해당 금액				23,000,000
2. 기준금액 초과 기업업무추진비 중 신용카드 등 미사용으로 인한 손금불산입액				550,000
3. 차감 기업업무추진비 해당금액(1-2)				22,450,000
기업업무추진비 한도	일반 기업업무추진비 한도	4. 12,000,000 (중소기업 36,000,000) X 월수(12) / 12		36,000,000
		총수입금액 기준	100억원 이하의 금액 X 30/10,000	4,500,000
			100억원 초과 500억원 이하의 금액 X 20/10,000	
			500억원 초과 금액 X 3/10,000	
			5. 소계	4,500,000
		일반수입금액 기준	100억원 이하의 금액 X 30/10,000	3,600,000
			100억원 초과 500억원 이하의 금액 X 20/10,000	
			500억원 초과 금액 X 3/10,000	
			6. 소계	3,600,000
		7. 수입금액기준	(5-6) X 10/100	90,000
		8. 일반기업업무추진비 한도액 (4+6+7)		39,690,000
문화기업업무추진비 한도(「조특법」 제136조제3항)	9. 문화기업업무추진비 지출액			
	10. 문화기업업무추진비 한도액(9와 (8 X 20/100) 중 작은 금액)			
전통시장기업업무추진비 한도(「조특법」 제136조제6항)	11. 전통시장기업업무추진비 지출액			
	12. 전통시장기업업무추진비 한도액(11과 (8 X 10/100) 중 작은 금액)			
13. 기업업무추진비 한도액 합계(8+10+12)				39,690,000
14. 한도초과액(3-13)				
15. 손금산입한도 내 기업업무추진비 지출액(3과 13중 작은 금액)				22,450,000

[3] 조정등록

〈손금불산입〉 기업업무추진비중 개인경비 500,000원(상여)

〈손금불산입〉 신용카드등 미사용금액   550,000원(기타사외유출)

문제 3 | 기부금조정명세서

[1] 기부금명세서

① 영업자가 조직한 단체로서 주무관청에 등록한 법인에 대한 일반회비 납부액은 전액 손금이다.

② 내년도 결제 어음기부금은 내년도 기부금에 해당한다.(20,000,000원)

③ 올해 결제 어음 기부금은 금년도 기부금에 해당한다.(18,000,000원)

1.기부금명세서 〔월별로 전환〕 〔구분만 별도 입력하〕

구분		3.과목	4.월일		5.적요	기부처		8.금액	비고
1.유형	2.코드					6.법인명등	사업자(주민)번호		
24조제3항제1호에	40	기부금	4	30	고유목적사업비	한강의료원		5,000,000	
24조제2항제1호에	10	기부금	5	31	이재민구호	서울시		7,000,000	
24조제3항제1호에	40	기부금	11	30	사회복지법인 기부금	나눔		10,000,000	
기타	50	기부금	11	30	사회복지법인 기부금	나눔		20,000,000	
24조제3항제1호에	40	기부금	1	31	사회복지법인 기부금	도움		18,000,000	
9.소계		가. 「법인세법」 제24조제2항제1호에 따른 특례기부금					코드 10	7,000,000	
		나. 「법인세법」 제24조제3항제1호에 따른 일반기부금					코드 40	33,000,000	
		다. 〔조세특례제한법〕 제88조의4제13항의 우리사주조합 기부금					코드 42		
		라. 그 밖의 기부금					코드 50	20,000,000	
		계						60,000,000	

[2] 조정등록(기부금 조정전 세무조정)

〈손금불산입〉 어음지급기부금　　　　20,000,000원(유보발생)

〈손금산입〉　전기어음지급기부금　　18,000,000원(유보감소)

[3] 소득금액수정

가산조정 : 55,000,000원[35,000,000 + 20,000,000(어음기부금)]

차감조정 : 38,000,000원[20,000,000 + 18,000,000(전기어음기부금)]

2.소득금액확정 〔새로 불러오기〕 〔수정 해제〕

1.결산서상 당기순이익	2.익금산입	3.손금산입	4.기부금합계	5.소득금액계(1+2-3+4)
200,000,000	55,000,000	38,000,000	40,000,000	257,000,000

[4] 기부금 한도 계산 및 이월액 손금산입

① 기부금 이월액 명세(특례기부금 한도 초과액 10,000,000원)

5 5.기부금 이월액 명세

사업 연도	기부금 종류	21.한도초과 손금불산입액	22.기공제액	23.공제가능 잔액(21-22)	24.해당연도 손금추인액	25.차기이월액 (23-24)
합계	「법인세법」 제24조제2항제1호에 따른 특례기부금	10,000,000		10,000,000		10,000,000
	「법인세법」 제24조제3항제1호에 따른 일반기부금					
2020	「법인세법」 제24조제2항제1호에 따른 특례	10,000,000		10,000,000		10,000,000

② 특례기부금 한도 계산 : 2008년도 이월결손금은 5년이 경과했으므로 입력할 필요가 없다.

1	1.「법인세법」 제24조제2항제1호에 따른 특례기부금 손금산입액 한도액 계산		
1.소득금액 계	257,000,000	5.이월잔액 중 손금산입액 MIN[4,23]	10,000,000
2. 법인세법 제13조제1항제1호에 따른 이월 결손금 합계액(기준소득금액의 80% 한도)		6.해당연도지출액 손금산입액 MIN[(⑥-⑤)>0, ⑤]	7,000,000
3.「법인세법」 제24조제2항제1호에 따른 특례기부금 해당 금액	7,000,000	7.한도초과액 [(3-6)>0]	
4.한도액 {[(1-2)〉 0]X50%}	128,500,000	8.소득금액 차감잔액 [(①-②-⑤-⑥)>0]	240,000,000

③ 일반기부금 한도 계산

3	3.「법인세법」 제24조제3항제1호에 따른 일반기부금 손금산입 한도액 계산		
13.「법인세법」 제24조제3항제1호에 따른 일반기부금 해당금액	33,000,000	16. 해당연도지출액 손금산입액 MIN[(14-15)>0, 13]	24,000,000
14. 한도액 ((8-11)x10%, 20%)	24,000,000	17. 한도초과액 [(13-16)>0]	9,000,000
15. 이월잔액 중 손금산입액 MIN(14, 23)			
4	4.기부금 한도초과액 총액		
18. 기부금 합계액 (3+9+13)		19. 손금산입 합계 (6+11+16)	20. 한도초과액 합계 (18-19)=(7+12+17)
40,000,000		31,000,000	9,000,000

④ 기부금 이월액 명세(특례기부금 한도 초과액 손금추인 10,000,000원)

5	5.기부금 이월액 명세					
사업연도	기부금 종류	21.한도초과 손금불산입액	22.기공제액	23.공제가능 잔액(21-22)	24.해당연도 손금추인액	25.차기이월액 (23-24)
합계	「법인세법」 제24조제2항제1호에 따른 특례기부금	10,000,000		10,000,000	10,000,000	
	「법인세법」 제24조제3항제1호에 따른 일반기부금					
2020	「법인세법」 제24조제2항제1호에 따른 특례	10,000,000		10,000,000	10,000,000	

⑤ 해당사업연도 기부금 지출액 명세(자동 계산)

6	6. 해당 사업연도 기부금 지출액 명세			
사업연도	기부금 종류	26.지출액 합계금액	27.해당 사업연도 손금산입액	28. 차기 이월액(26-27)
합계	「법인세법」 제24조제2항제1호에 따른 특례기부금	7,000,000	7,000,000	
	「법인세법」 제24조제3항제1호에 따른 일반기부금	33,000,000	24,000,000	9,000,000

28.차기이월액 9,000,000원은 10년간 이월공제된다.

문제 4   최저한세 및 법인세과세표준 및 세액계산서외

> 1.세액공제조정명세서(공제세액) → 2.세액조정계산서(산출세액) → 3.최저한세
> → 4.세액공제조정명세서(이월세액) → 5.세액조정계산서(최종)

[1] 연구 및 인력개발비 발생명세서

1. 발생명세 및 증가발생액 계산

　　① 해당 연도의 연구 및 인력개발비 발생명세

1	해당 연도의 연구 및 인력개발비 발생 명세						
No	계정과목	자체연구개발비					
		인건비		재료비 등		기타	
		인원	(6)금액	건수	(7)금액	건수	(8)금액
1	급여	2	10,000,000	10	12,000,000		

② 연구 및 인력개발비의 증가발생액의 계산

2 연구 및 인력개발비의 증가발생액의 계산					
(14)해당과세연도 발생액(=(13))	(15)직전4년 발생액 계 (16+17+18+19)	(16)직전 1년 -01-01 ~ -12-31	(17)직전 2년 -01-01 ~ -12-31	(18)직전 3년 -01-01 ~ -12-31	(19)직전 4년 -01-01 ~ -12-31
22,000,000	52,000,000	12,000,000	13,000,000	12,000,000	15,000,000
(20)직전4년간 연평균 발생액	13,000,000	(21)직전3년간 연평균 발생액	12,333,333	(22)직전2년간 연평균 발생액	12,500,000
(23)증가발생액 (2013년 (14)-(21), 2014년 (14)-(22), 2015년이후 (14)-(16))					

2. 공제세액

3 공제세액					
해당 연도 총발생금액 공제	중소기업	(24)대상금액(=13)	(25)공제율		(26)공제세액
		22,000,000	25%		5,500,000
	중소기업 유예기간 종료이후 5년내기업	(27)대상금액(=13)	(28)유예기간 종료연도 (29)유예기간 종료이후년차	(30)공제율	(31)공제세액
			----,--		
	중견기업	(32)대상금액(=13)	(33)공제율		(34)공제세액
			8%		
	일반기업	(35)대상금액(=13)	공제율 (36)기본율 (37)추가 (38)계		(39)공제세액
			3% 3.00 %		
증가발생금액 공제		(40)대상금액(=23)	(41)공제율	(42)공제세액	※공제율 중소기업 : 50% 중소기업외 : 30%
		10,000,000	50%	5,000,000	
(43)해당연도에 공제받을 세액	중소기업(26과 42 중 선택) 중소기업 유예기간 종료이후 5년내 기업(31과 42 중 선택) 중견기업(34와 42 중 선택) 일반기업(39와 42 중 선택)			5,500,000	

[2] 세액공제조정명세서(3)

1. 세액공제(1)

- 상단의 불러오기를 클릭하여 연구인력개발비 세액공제(최저한세 적용제외) 5,500,000원을 불러온다.

구분	계산기준	계산명세		공제대상 세 액
		투자액	공제율	
신성장·원천기술 연구개발비세액공제 (최저한세 적용제외)				
연구·인력개발비세액공제 (최저한세 적용제외)	(일반 연구·인력개발비) '17.1.1.이후:발생액×1-3(8,10,15,20,25,30)/100 또는 직전 발생액의 초과액×30(40,50)/100 '18.1.1.이후:발생액×0-2(8,10,15,20,25,30)/100 또는 직전 발생액의 초과액×25(40,50)/100	F4-계산내역		5,500,000
신성장·원천기술 연구개발비세액공제 (최저한세 적용대상)	(신성장·원천기술 연구개발비) '17.1.1. 이후: 발생액×20(30)/100			
연구·인력개발비세액공제 (최저한세 적용대상)		F4-계산내역		

2. 세액공제(2) : 중고품에 대한 투자는 통합투자세액공제대상에서 제외한다. 공제율 10%

구분	투자종류	투자금액	공제율	공제세액
기본공제	신성장사업화시설			
	신성장사업화시설외	400,000,000	10 %	40,000,000
추가공제			3%	
합계				40,000,000

→ 저장

구분	계산기준	계산명세		공제대상세액
		투자액	공제율	
통합투자세액공제		F4-계산내역		40,000,000

3. 당기공제세액 및 이월액 계산 : 상단의 불러오기를 하고 저장한다.

	(105)구분	(106)사업연도	요공제액		당기공제대상세액				
			(107)당기분	(108)이월분	(109)당기분	(110)1차연도	(111)2차연도	(112)3차연도	(113)4차연
1	통합투자세액공제	20×1	40,000,000		40,000,000				
		소계	40,000,000		40,000,000				
	연구·인력개발비세액	20×1	5,500,000		5,500,000				

[3] 법인세과세표준 세액조정계산서(산출세액 계산)→저장

① 각사업연도소득계산	101. 결 산 서 상 당 기 순 손 익	01	300,000,000
	소 득 조 정 금 액 102. 익 금 산 입	02	100,000,000
	103. 손 금 산 입	03	200,000,000
	104. 차 가 감 소 득 금 액 (101+102-103)	04	200,000,000
	105. 기 부 금 한 도 초 과 액	05	9,000,000
	106. 기 부 금 한 도 초 과 이월액 손금산입	54	10,000,000
	107. 각 사 업 연 도 소 득 금 액(104+105-106)	06	199,000,000
② 과세표준계산	108. 각 사 업 연 도 소 득 금 액 (108=107)		199,000,000
	109. 이 월 결 손 금	07	
	110. 비 과 세 소 득	08	
	111. 소 득 공 제	09	
	112. 과 세 표 준 (108-109-110-111)	10	199,000,000
	159. 선 박 표 준 이 익	55	
③ 산출	113. 과 세 표 준 (113=112+159)	56	199,000,000
	114. 세 율	11	9%
	115. 산 출 세 액	12	17,910,000

[4] 최저한세 법인세과세표준 세액조정계산서(산출세액 계산) 불러오기 후→저장

①구분		코드	②감면후세액	③최저한세	④조정감	⑤조정후세액
(101) 결 산 서 상 당 기 순 이 익		01	300,000,000			
소득조정금액	(102)익 금 산 입	02	100,000,000			
	(103)손 금 산 입	03	200,000,000			
(104) 조 정 후 소 득 금 액 (101+102-103)		04	200,000,000	200,000,000		200,000,000
최저한세적용대상 특 별 비 용	(105)준 비 금	05				
	(106)특별상각, 특례상각	06				
(107) 특별비용손금산입전소득금액(104+105+106)		07	200,000,000	200,000,000		200,000,000
(108) 기 부 금 한 도 초 과 액		08	9,000,000	9,000,000		9,000,000
(109) 기부금 한도초과 이월액 손 금 산 입		09	10,000,000	10,000,000		10,000,000
(110) 각 사 업 년 도 소 득 금 액(107+108-109)		10	199,000,000	199,000,000		199,000,000
(111) 이 월 결 손 금		11				
(112) 비 과 세 소 득		12				
(113) 최저한세적용대상 비 과 세 소 득		13				
(114) 최저한세적용대상 익금불산입·손금산입		14				
(115) 차가감 소 득 금 액(110-111-112+113+114)		15	199,000,000	199,000,000		199,000,000
(116) 소 득 공 제		16				
(117) 최저한세적용대상 소 득 공 제		17				
(118) 과 세 표 준 금 액(115-116+117)		18	199,000,000	199,000,000		199,000,000
(119) 선 박 표 준 이 익		24				
(120) 과 세 표 준 금 액 (118+119)		25	199,000,000	199,000,000		199,000,000
(121) 세 율		19	9 %	7 %		9 %
(122) 산 출 세 액		20	17,910,000	13,930,000		17,910,000
(123) 감 면 세 액		21	40,000,000		36,020,000	3,980,000
(124) 세 액 공 제		22				
(125) 차 감 세 액 (122-123-124)		23				13,930,000

[5] 세액공제조정명세서(3) 3.당기공제 및 이월액 계산

(105)구분	(106)사업연도	요공제액				(121)최저한세적용에 따른 미공제액	(122)기타사유로 인한 미공제액	(123)공제세액(120-121-122)	(124)소멸	(125)이월액(107+108-123-124)
		(107)당기분	(108)이월분	(109)당기분	(110)1차연도					
통합투자세액공제	2023	40,000,000		40,000,000		36,020,000		3,980,000		36,020,000
연구·인력개발비세액	2023	5,500,000		5,500,000					5,500,000	

[6] 공제감면세액합계표

① 최저한세배제세액공제 - 불러오기 클릭

①구분	②근거법조항	코드	③대상세액	④감면(공제)세액
(139)외국납부세액공제	「법인세법」 제57조 및 「조특법」 제104조의6	101		
(140)재해손실세액공제	「법인세법」 제58조	102		
(141)신성장·원천기술 연구개발비세액공제(최저한세 적용제외)	「조특법」 제10조 제1호	16A		
(142)국가전략기술 연구개발비세액공제(최저한세 적용제외)	「조특법」 제10조제1항제2호	10D		
(143)일반연구·인력개발비세액공제(최저한세 적용제외)	「조특법」 제10조제3호	16B	5,500,000	5,500,000

② 최저한세적용세액공제, 면제

①구분	②근거법조항	코드	⑤전기이월액	⑥당기발생액	⑦공제세액
(229)통합 투자 세액공제	「조특법」 제24조	13W		40,000,000	3,980,000

[7] 법인세과세표준 세액조정계산서(최종)

	번호	항목	코드	금액		번호	항목	코드	금액
① 각 사업 연도 소득 계산	101. 결산서상 당기순손익	01	300,000,000	④ 납 부 할 세 액 계 산	120. 산 출 세 액 (120=119)		17,910,000
	소득조정금액	102.익 금 산 입	02	100,000,000		121. 최저한세 적용 대상 공제 감면 세액	17	3,980,000
		103.손 금 산 입	03	200,000,000		122. 차 감 세 액	18	13,930,000
	104. 차 가 감 소 득 금 액 (101+102-103)	04	200,000,000		123. 최저한세 적용 제외 공제 감면 세액	19	5,500,000
	105. 기 부 금 한 도 초 과 액	05	9,000,000		124. 가 산 세 액	20	
	106. 기 부 금 한 도 초 과 이월액 손금산입	54	10,000,000		125. 가 감 계 (122-123+124)	21	8,430,000
	107. 각 사업 연도 소득 금액 (104+105-106)	06	199,000,000	⑦ 기한내 납부세액	126. 중 간 예 납 세 액	22	
② 과 세 표 준 계 산	108. 각 사업 연도 소득 금액 (108=107)		199,000,000		127. 수 시 부 과 세 액	23	
	109. 이 월 결 손 금	07			128. 원 천 납 부 세 액	24	
	110. 비 과 세 소 득	08			129. 간접 회사등 외국 납부세액	25	
	111. 소 득 공 제	09			130. 소 계 (126+127+128+129)	26	
	112. 과 세 표 준 (108-109-110-111)	10	199,000,000		131. 신 고 납부전 가 산 세 액	27	
	159. 선 박 표 준 이 익	55			132. 합 계 (130+131)	28	
③ 산 출 세 액 계 산	113. 과 세 표 준 (113=112+159)	56	199,000,000		133. 감 면 분 추 가 납 부 세 액	29	
	114. 세 율	11	9%		134. 차 가 감 납 부 할 세 액 (125-132+133)	30	8,430,000
	115. 산 출 세 액	12	17,910,000	⑤토지등 양도소득, ⑥미환류소득 법인세 계산 (TAB로 이동)			
	116. 지 점 유 보 소 득 (법 제96조)	13			151. 차 가 감 납 부 할 세 액 계 (134+150)	46	8,430,000
	117. 세 율	14		⑦ 세 액 계	152. 사 실 과 다른 회계 처리 경정 세액공제	57	
	118. 산 출 세 액	15			153. 분 납 세 액 계 산 범위액 (151-124-133-145-152+131)	47	8,430,000
	119. 합 계 (115+118)	16	17,910,000	분납할 세액	154. 현 금 납 부	48	
					155. 물 납	49	
					156. 계 (154+155)	50	
				차감 납부 세액	157. 현 금 납 부	51	8,430,000
					158. 물 납	52	
					160. 계 (157+158) [160=(151-152-156)]	53	8,430,000

543

문제 5 자본금과적립금조정명세서

[1] 자본금과적립금조정명세서(갑 – 세무상자기자본)

자본금과적립금조정명세서(을)	자본금과적립금조정명세서(갑)		이월결손금

I.자본금과 적립금 계산서

	①과목 또는 사항	코드	②기초잔액	당 기 중 증 감		⑤기 말 잔 액 (=②-③+④)	비 고
				③감 소	④증 가		
자본금및 잉여금의 계산	1.자 본 금	01	300,000,000		150,000,000	450,000,000	
	2.자 본 잉 여 금	02					
	3.자 본 조 정	15					
	4.기타포괄손익누계액	18					
	5.이 익 잉 여 금	14	195,459,520		230,000,000	425,459,520	
		17					
	6.계	20	495,459,520		380,000,000	875,459,520	
7.자본금과 적립금명세서(을)계		21		18,940,000	29,269,000	10,329,000	
손익미계상 법인세 등	8.법 인 세	22			12,815,113	12,815,113	
	9.지 방 소 득 세	23			1,281,511	1,281,511	
	10. 계 (8+9)	30			14,096,624	14,096,624	
11.차 가 감 계 (6+7-10)		31	495,459,520	18,940,000	395,172,376	871,691,896	

[2] 자본금과적립금조정명세서(갑 – 이월결손금계산서)

II.이월결손금 계산서

1. 이월결손금 발생 및 증감내역

(6) 사업연도	이월결손금					감 소 내 역				잔 액		
	발 생 액			(10) 소급공제	(11) 차감계	(12) 기공제액	(13) 당기 공제액	(14) 보 전	(15) 계	(16) 기한 내	(17) 기한 경과	(18) 계
	(7) 계	(8)일반 결손금	(9)배 분 한도초과 는금{(9)=(2									
2008-12-31	60,000,000	60,000,000			60,000,000	30,000,000		30,000,000	60,000,000			
2015-12-31	10,000,000	10,000,000			10,000,000		3,000,000	7,000,000	10,000,000			
계	70,000,000	70,000,000			70,000,000	30,000,000	3,000,000	37,000,000	70,000,000			

자산수증이익 37,000,000원은 이월결손금 보전에 사용하고, 2015년 이월결손금은 당기 각사업연도 소득금액에서 공제한다.

실무모의고사 3회 법인조정

(주)국화(0413)는 전자제품에 대한 제조 · 건설 · 도매업을 영위하는 중소기업이며, 당해 사업연도는 20x1.1.1~ 20x1.12.31이다. 법인세무조정메뉴를 이용하여 재무회계 기장자료와 제시된 보충자료에 의하여 당해 사업연도의 세무조정을 하시오. (30점)

문제 1 다음 자료에 의하여 수입금액조정명세서를 작성하고 세무조정사항을 조정등록을 하시오. **기장된 자료를 무시하고 작성하시오.** (6점)

1. 결산서상 수입금액
   • 제품매출 : 1,075,300,000원,   • 공사수입금액 : 350,000,000원
2. 영업외수익의 잡이익계정의 내용은 다음과 같다.
   • 폐자재매각수입 : 1,200,000원,   • 기타 회계처리오류사항 : 250,000원
3. 상품권을 1,000,000원 현금 발행하고 제품매출로 계상하였다.
4. 장기도급공사의 현장별 계약내용 및 진행률은 다음과 같다.
   • 공 사 명 : 신나리빌딩내장공사   • 도 급 자 : 신나리
   • 공사기간 : 전기 4. 20 ~ 차기 4. 20   • 도급금액 : 300,000,000원
   • 총공사예정액 : 200,000,000원   • 당해연도 총공사비누적액 : 140,000,000원
   • 전기말까지의 수입금액계상액 : 135,000,000원
   • 결산서상 당기수입계상금액 : 45,000,000원

문제 2 다음의 자료를 이용하여 재고자산평가조정명세서를 관련된 세무조정내용을 소득금액조정 합계표에 반영하시오. (6점)

구 분	신고일	평 가 방 법		품 명	수 량	단 가		
		신고방법	평가방법			회사 계상액	선입 선출법	총평균법
제 품	2009. 4. 26	총평균법	총평균법	컴퓨터	100개	200,000	220,000	200,000
재공품	2009. 4. 26	총평균법	후입선출법	메모리	5,000개	12,000	11,000	11,500
원재료	무신고	–	후입선출법	IC	20,000개	5,000	5,100	5,150

※ 당기 10월 01일 재공품의 평가방법을 후입선출법으로 변경신고하였다.

문제 3 다음 자료에 의하여 세금과공과금(판매비와관리비)명세서를 작성하고 세무조정사항을 조정
등록을 하시오. **직접 입력하여 작성하시오.** (6점)

일자	적 요	지 급 처	금 액
3.10	부가가치세대급금(원재료매입)	–	400,000원
4.25	상공회의소 회비	대한상공회의소	200,000원
5.30	법인세분 지방소득세	관악구청	1,500,000원
6.20	산재보험료 가산금	근로복지공단	300,000원
7.25	재산세	관악구청	3,000,000원
8.30	토지취득세	관악구청	3,500,000원
9.30	자동차세	관악구청	2,100,000원
10.01	대한적십자회비	대한적십자사	500,000원
10.25	간주임대료에 대한 부가가치세	–	250,000원

문제 4 상기 세무조정사항과 다음의 세무조정사항을 반영하여 소득금액조정합계표를 작성하시오.
(6점)

[1] 법인세 등이 계상되어 있으며 재무회계 기장데이타를 참조하시오.

[2] 재무상태표상 자본조정(자기주식 처분손)은 장부가액 3,000,000원인 자기주식을 2,500,000원에 처분
함에 따라 발생한 자기주식처분손실이다.

[3] 전기 상품권 판매(1,500,000원)에 대하여 전기 손익계산서에 매출액으로 회계처리하였다. 기말 현재 상품권
200,000원은 회수되지 않았다(전기에 세무조정은 적절하게 처리하였다. 전기에 회수된 상품권은 없다).

[4] 수수료비용 계정에는 자본금 증자시 발생한 신주발행비 350,000원이 포함되어 있다.

[5] 기말에 회사의 목표이익을 초과하여 임원들에게 300,000,000원과 직원들에게 140,000,000원의 특별
상여를 지급하였다. 특별상여는 손익계산서 상여금계정으로 계상하였다. 회사는 임직원에 대한 상여금 규정
이 없다.

[6] 소멸시효 완성된 매출채권에 3,000,000원에 대하여 대손처리하지 아니하고 재무상태표에 채권으로 계
상되어 있다.

문제 5 다음 자료에 의하여 과세표준 및 세액조정계산서를 작성하시오. 단, 아래 자료 이외의 입력된 데이터상의 자료는 무시한다.※ 회사는 중소기업이다. (6점)

[1] 당기순이익 150,000,000원 가산조정 100,000,000원 차감조정(이월결손금 보전 후) 50,000,000원이라 가정한다.

[2] 법인세법상의 특례기부금과 일반기부금 관련된 자료는 다음과 같다.

구 분	특례기부금		일반기부금	
	한도액	지출액	한도액	지출액
2020	10,000,000원	12,000,000원	5,000,000원	12,000,000원
당기	10,000,000원	3,000,000원	20,000,000원	15,000,000원

[3] 연도별 각 세무상 이월결손금 잔액은 다음과 같다.

2008년	2019년	2020년
10,000,000원	7,000,000원	13,000,000원

※ 이월결손금보전목적으로 대표이사로부터 자산수증이익 8,000,000원이 발생되어 정상적인 세무처리를 하였다.

[4] 당해 사업연도의 세액공제 및 세액 감면 발생금액
    (1) 중소기업에 대한 특별세액 감면 : 1,500,000원
    (2) 통합투자세액공제 : 800,000원
    (3) 연구 및 인력개발비 세액공제 : 2,000,000원
    (4) 재해손실세액공제 : 1,000,000원

[5] 결산시 법인세등 계정으로 대체한 선납세금계정에는 중간예납세액 600,000원과 원천납부세액 200,000원이 포함되어 있다.

[6] 계산서 1건(10,000,000원)에 대하여 계산서 합계표를 제출기한까지 제출하지 못하였고 제출기한 다음날에 제출하였다.

[7] 분납가능한 최대한의 금액을 분납하도록 처리한다.

실무모의고사 3회 답안 및 해설

문제 1 수입금액조정명세서

[1] 작업진행률에 의한 수입금액

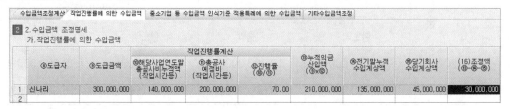

	⑧도급자	⑨도급금액	⑩해당사업연도말 총공사비누적액 (작업시간등)	⑪총공사 예정비 (작업시간등)	⑫진행률 (⑩/⑪)	⑬누적익금 산입액 (⑨×⑫)	⑭전기말누적 수입계상액	⑮당기회사 수입계상액	(16)조정액 (⑬-⑭-⑮)
1	신나리	300,000,000	140,000,000	200,000,000	70.00	210,000,000	135,000,000	45,000,000	30,000,000
2									

[2] 기타수입금액(상품권의 수익귀속시기는 판매기준이다.)

	(23)구 분	(24)근 거 법 령	(25)수 입 금 액	(26)대 응 원 가	비 고
1	상품권판매		-1,000,000		
2					

[3] 수입금액조정계산

	계정과목 ①항 목	②계정과목	③결산서상 수입금액	조 정 ④가 산	⑤차 감	⑥조정후 수입금액 (③+④-⑤)	비 고
1	매 출	제품매출	1,075,300,000		1,000,000	1,074,300,000	
2	매 출	공사수입금	350,000,000	30,000,000		380,000,000	
3	영업외수익	잡이익	1,200,000			1,200,000	
4							

[4] 조정등록

〈손금불산입〉 공사미수금 과소계상   30,000,000원(유보발생)

〈손금산입〉 매출과대계상(상품권)   1,000,000원(유보발생)

문제 2 재고자산평가조정명세서

	신고방법	평가방법	세법상평가방법	비고
제 품	총평균법	총평균법	총평균법	
재공품	총평균법	후입선출법	임의변경MAX [①선입선출법 ②총평균법]	9월 30일까지 변경신고하여야 적법한 신고이다.
원재료	무신고	후입선출법	무신고(선입선출법)	

[1] 재고자산평가조정명세서

1. 재고자산 평가방법 검토

4.자산별	2.신고일	3.신고방법	4.평가방법	5.적부	6.비고
제 품 및 상 품	2009-04-26	총 평 균 법	총 평 균 법	○	
반제품및재공품	2009-04-26	총 평 균 법	후입선출법	×	
원 재 료		무 신 고	후입선출법	×	
저 장 품					
유가증권(채권)					
유가증권(기타)					

2. 평가조정 계산

	7.과목		8.종명	9.규격	10.단위	11.수량	회사계산(장부가) 12.단가	회사계산(장부가) 13.금액	세법상신고방법 14.단가	세법상신고방법 15.금액	FIFO(무신고,임의변경시) 16.단가	FIFO(무신고,임의변경시) 17.금액	18.조정액
	코드	과목명											
1	0150	제품	컴퓨터		개	100	200,000	20,000,000	200,000	20,000,000			
2	0169	재공품	메모리		개	5,000	12,000	60,000,000	11,500	57,500,000	11,000	55,000,000	-2,500,000
3	0153	원재료	IC		개	20,000	5,000	100,000,000			5,100	102,000,000	2,000,000

[2] 조정등록 : 세무조정은 재고자산 계정과목별로 해야 한다.

〈손금불산입〉 원재료 평가감   2,000,000원(유보발생)

〈손금산입〉 재공품 평가증   2,500,000원(유보발생)

문제 3 세금과공과금명세서

[1] 세금과공과금 명세서

코 드	계정과목	월 일	거래내용	코 드	지급처	금 액	손금불산입표시
0817	세금과공과금	3 10	부가세대급금-원재료			400,000	손금불산입
0817	세금과공과금	4 25	상곹회의소회비		대한상공회의소	200,000	
0817	세금과공과금	5 30	법인세분 지방소득세		관악구청	1,500,000	손금불산입
0817	세금과공과금	6 20	산재보험료 가산금		근로복지공단	300,000	손금불산입
0817	세금과공과금	7 25	재산세		관악구청	3,000,000	
0817	세금과공과금	8 30	토지취득세		관악구청	3,500,000	손금불산입
0817	세금과공과금	9 30	자동차세		관악구청	2,100,000	
0817	세금과공과금	10 1	대한적십자회비		대한적십자사	500,000	
0817	세금과공과금	10 25	간주임대료에 대한 부가세			250,000	

[2] 조정등록

〈손금불산입〉 부가세대급금(원재료)   400,000원(유보발생)

〈손금불산입〉 토지분 취득세   3,500,000원(유보발생)

〈손금불산입〉 산재보험료가산금   300,000원(기타사외유출)

〈손금불산입〉 법인세분 지방소득세   1,500,000원(기타사외유출)

문제 4   소득금액조정합계표

1. 법인세등

세무조정	(손금불산입) 법인세비용	20,000,000원 (기타사외유출)

2. 자기주식처분손실

세무조정	(손금산입) 자기주식처분손실	500,000원 (기타)

3. 전기 상품권 판매 : 유보추인

전기세무조정	(익금불산입) 상품권판매 1,500,000원 (유보, 발생)
	☞ 전기상품권판매에 대해서 수익을 인식했으므로 익금불산입한다.
당기세무조정	(익금산입) 전기상품권판매 1,300,000원 (유보, 감소) → 유보추인

4. 신주발행비

세무조정	(손금불산입) 신주발행비	350,000원 (기타)

5. 임원상여금

세무조정	(손금불산입) 임원상여한도초과 300,000,000원 (상여)

6. 소멸시효완성채권

세무조정	(손금산입) 소멸시효완성 매출채권 3,000,000원 (유보, 발생)

문제 5   과세표준 및 세액조정계산서

[1] 기부금한도초과액이월액 손금산입

	특례기부금한도초과	일반기부금한도초과	이월액손금산입
2020	2,000,000원	7,000,000원	–

☞ 기부금 한도초과액은 **10년간** 이월손금산입이 가능하다.

〈기부금한도 계산〉

ⓐ 이월된 기부금(2020년분 한도초과) → ⓑ 당해 지출 기부금순으로 공제

종류	2020한도 초과	당기한도	당기지출액		
특례	**2,000,000**	10,000,000	3,000,000		
			3,000,000	0	
	(손금산입)		(손금산입)	(차기로 이월)	
일반	**7,000,000**	20,000,000	15,000,000		
			13,000,000	**2,000,000**	
	(손금산입)		(손금산입)	**(차기로 이월)**	

[2] 이월결손금

	발생액	공제액	보전액	잔액
2008	10,000,000원		8,000,000원*1	2,000,000원
2019	7,000,000원	7,000,000원		원
2020	13,000,000원	13,000,000원		원
계	30,000,000원	*20,000,000원*	8,000,000원	**2,000,000원**

☞ 2019년 이월결손금은 10년간, 2020년 이월결손금은 15년간 공제가 가능하나, 2008년 이전 이월결손금은 5년간 공제가능하다.

*1. 과세표준 공제는 불가능하나, 자산수증이익으로 보전된다.

[3] 세액공제 및 감면

① 최저한세 적용대상 : 1,500,000원(중소기업특별세액감면)

☞ **조특법상 세액감면과 통합투자세액공제는 중복적용이 불가능하다.**

② 최저한세 적용제외 : 3,000,000원(재해손실세액공제, 연구 및 인력개발비세액공제)

[4] 가산세

계산서합계표 미제출가산세(0.5%) : 25,000원(1개월 이내 제출시 50% 감면)

[5] 과세표준 및 세액조정계산서

① 각사업연도소득계산	101. 결산서상 당기순손익	01	150,000,000
	소득조정금액 102.익 금 산 입	02	100,000,000
	103.손 금 산 입	03	50,000,000
	104. 차 가 감 소 득 금 액 (101+102-103)	04	200,000,000
	105. 기 부 금 한 도 초 과 액	05	2,000,000
	106. 기 부 금 한 도 초 과 이월액 손금산입	54	9,000,000
	107. 각 사 업 연 도 소 득 금 액(104+105-106)	06	193,000,000

② 과세표준계산	108. 각 사 업 연 도 소 득 금 액 (108=107)		193,000,000
	109. 이 월 결 손 금	07	20,000,000
	110. 비 과 세 소 득	08	
	111. 소 득 공 제	09	
	112. 과 세 표 준 (108-109-110-111)	10	173,000,000
	159. 선 박 표 준 이 익	55	

③ 산출세액계산	113. 과 세 표 준 (113=112+159)	56	173,000,000
	114. 세 율	11	9%
	115. 산 출 세 액	12	15,570,000
	116. 지 점 유 보 소 득 (법 제96조)	13	
	117. 세 율	14	
	118. 산 출 세 액	15	
	119. 합 계 (115+118)	16	15,570,000

④ 납부할세액계산	120. 산 출 세 액 (120=119)		15,570,000
	121. 최저한세 적용 대상 공제 감면 세 액	17	1,500,000
	122. 차 감 세 액	18	14,070,000
	123. 최저한세 적용 제 외 공 제 감 면 세 액	19	3,000,000
	124. 가 산 세 액	20	25,000
	125. 가 감 계 (122-123+124)	21	11,095,000
	기한내납부세액 126. 중 간 예 납 세 액	22	600,000
	127. 수 시 부 과 세 액	23	
	128. 원 천 납 부 세 액	24	200,000
	129. 간접 회사등 외국 납부세액	25	
	130. 소 계(126+127+128+129)	26	800,000
	131. 신 고 납 부 전 가 산 세 액	27	
	132. 합 계 (130+131)	28	800,000
	133. 감 면 분 추 가 납 부 세 액	29	
	134. 차 가 감 납 부 할 세 액(125-132+133)	30	10,295,000

⑤토지등 양도소득, ⑥미환류소득 법인세 계산 (TAB로 이동)

⑦ 세액계	151. 차감 납부할 세액계 (134+150+166)	46	10,295,000
	152. 사 실 과 다 른 회계 처리 경정 세액공제	57	
	153. 분 납 세 액 계 산 범 위 액 (151-124-133-145-152+131)	47	10,270,000
	154. 분 납 할 세 액	48	270,000
	155. 차 감 납 부 세 액 (151-152-154)	49	10,025,000

551

실무모의고사 4회 법인조정

(주)달래(0414)는 전자제품에 대한 제조ㆍ건설ㆍ도매업을 영위하는 중소기업이며, 당해 사업연도는 20x1.1.1~20x1.12.31이다. 법인세무조정메뉴를 이용하여 재무회계 기장자료와 제시된 보충자료에 의하여 당해 사업연도의 세무조정을 하시오. (30점)

문제 1 조정후수입금액명세서를 작성하시오. (6점)

기장된 자료와 무관하나 부가가치세 과세표준은 입력된 자료를 활용한다.

[1] 계정과목별 결산서상 수입금액은 조회하면 다음과 같다.

계정과목		기준경비율 코드	결산서상 수입금액
항목	과목		
매출	제품매출	300100	750,500,000원
매출	상품매출	515070	480,500,000원*1
계			1,231,000,000원

*1. 수출분 250,000,000원이 포함되어 있다.

[2] 부가가치세 신고자료
① 공급시기가 내년도인 제품매출에 대하여 당기 12월 20일에 대금 24,200,000원(공급가액 22,000,000원, 부가가치세 2,200,000원)을 결제 받고 공급시기 전 선발행 세금계산서를 교부하였다. 결산서에는 선수금으로 처리하였다.
② 부가가치세 과세표준에는 차량운반구(취득가액 18,000,000원, 감가상각누계액 9,500,000원)를 10,000,000원에 매각한 금액이 포함되어 있다.
③ 사업상증여 11,300,000원이 포함되어 있다.
④ 간주임대료 700,000원이 있다.

문제 2 가지급금등 인정이자조정명세서(갑,을)를 작성하시오. (6점)

[1] 차입금, 지급이자, 가지급금, 이자수익등 관련 자료는 재무상태표나 손익계산서상에 반영된 데이터를 무시하고 문제에서 주어진 자료만 적용하여 직접 입력한다.

[2] 차입금의 내용 : 전년도 부터 차입한 금액으로 당해년도까지 변동사항이 없다.

이자율	차입금	연간지급이자	비 고
연 10%	10,000,000원	1,000,000원	신한은행
연 8%	20,000,000원	1,600,000원	신한은행
연 7%	50,000,000원	3,500,000원	신한은행
연 4%	50,000,000원	2,000,000원	특수관계자인 ㈜천안으로부터 차입
계	130,000,000원	8,100,000원	

[3] 가지급금 및 대여 내역

직책	성명	금전대여일	대여내역	가지급금	이자수령액
대표이사	김길동	전년이월	업무무관	10,000,000원	0원
상무이사	김막동	10.31	주택자금	30,000,000원	375,000원
최대주주	(주)아산	8.01	업무무관	50,000,000원	1,530,000원

[4] 국세청장이 정한 당좌대출이자율은 연 4.6%로 가정한다.

문제 3 업무용승용차를 등록하고 업무용승용차 관련 비용명세서를 작성하고 세무조정하시오.(6점)

[1] 업무용 승용차(렌트)

1. 업무용 승용차(천안공장장 전무이사) 내역

코드	차량번호	임차기간 (보험기간)	임차여부	전용보험가입	운행기록부
0101	123가4567 (그랜저)	당기.01.01~ 당기 12.31	렌트	가입	사용

2. 운행기록

출퇴근거리	업무용사용거리	업무외사용거리	총주행거리
1,000km	7,000km	2,000km	10,000km

3. 업무용승용차 관련 비용(연간)

렌트료	유류비	기타	계
18,000,000	5,000,000	4,000,000	27,000,000

※ 취득일은 당기 1월 1일이다.

[2] 업무용 승용차(운용리스)

1. 업무용 승용차(영업부 상무이사) 내역

코드	차량번호	임차기간 (보험기간)	임차여부	전용보험가입	운행기록부
0103	456가7890 (소나타)	당기.01.01~ 당기 12.31	운용리스	가입	사용

2. 운행기록

출퇴근거리	업무용사용거리	업무외사용거리	총주행거리
1,000km	8,000km	1,000km	10,000km

3. 업무용승용차 관련 비용(연간)

리스료	유류비	보험료	수선비	자동차세	계
12,000,000	5,000,000	4,000,000	3,000,000	2,000,000	26,000,000

* **리스료에는 보험료, 수선비, 자동차세가 미포함됨.**

※ 취득일은 당기 1월 1일이다.

문제 4 다음 통합투자세액공제를 세액공제조정명세서(3)에 반영하여 최저한세를 검토하고, 최종적으로 법인세과세표준세액조정계산서를 작성하시오. (6점)

[1] 통합투자세액공제(공제율 10%, 추가공제는 없다.)

취 득 일	취득금액	공제세액	미공제 이월세액
20x0	1,000,000,000원	100,000,000	20,000,000
20x1	30,000,000원	??	??

[2] 중소기업 특별세액감면 10,000,000원이 계산되었다.

[3] 각사업연도 소득금액은 다음과 같다고 가정한다.
- 당기순이익 : 200,000,000원
- 가산 조정 : 100,000,000원   - 차감 조정 : 110,000,000원

문제 5 다음 자료를 이용하여 자본금과적립금조정명세서(을)을 작성하시오.(단, 기존자료 및 다른 문제 내용은 무시하고 아래 자료만을 이용하도록 하고 세무조정은 생략한다.)(6점)

1. 전기 말 자본금과적립금조정명세서(을) 잔액은 다음과 같다.
   (1) 대손충당금 한도초과액 5,000,000원
   (2) 선급비용 10,000,000원
   (3) 재고자산평가감 5,000,000원

2. 당기 중 유보금액 변동내역은 다음과 같다.
   (1) 당기 대손충당금한도초과액은 3,000,000원이다.
   (2) 선급비용은 전액 20x1.1.1.~3.31.분으로 전기 말에 손금불산입 유보로 세무조정된 금액이다.
   (3) 재고자산평가감된 재고자산이 모두 매각되었고, 당기말에는 재고자산평가감이 발생하지 아니하였다.
   (4) 당기 건물에 대한 감가상각비 한도초과액이 10,000,000원 발생하였다.

실무모의고사 4회 답안 및 해설

문제 1 조정후수입금액명세서

[1] 업종별수입금액명세서

①업 태	②종 목	순번	③기준(단순)경비율번호	수입금액 계정조회 ④계(⑤+⑥+⑦)	⑤국내생산품	⑥수입상품	⑦수 출(영세율대상)
제조,건설,도소매	컴퓨터및주변기기	01	300100	750,500,000	750,500,000		
도매및 상품중개	전기용 기계장비 및 관	02	515070	480,500,000	230,500,000		250,000,000
		03					
		04					
		05					
		06					
		07					
		08					
		09					
		10					
(111)기 타		11					
(112)합 계		99		1,231,000,000	981,000,000		250,000,000

[2] 과세표준과 수입금액 차액검토(일괄작성)

(1) 부가가치세 과세표준과 수입금액 차액

⑧과세(일반)	⑨과세(영세율)	⑩면세수입금액	⑪합계(⑧+⑨+⑩)	⑫조정후수입금액	⑬차액(⑪-⑫)
1,025,000,000	250,000,000		1,275,000,000	1,231,000,000	44,000,000

(2) 수입금액과의 차액내역(부가세과표에 포함되어 있으면 +금액, 포함되지 않았으면 -금액 처리)

⑭구 분	코드	(16)금 액	비 고	⑭구 분	코드	(16)금 액	비 고
자가공급(면세전용등)	21			거래(공급)시기차이감액	30		
사업상증여(접대제공)	22	11,300,000		주세·개별소비세	31		
개인적공급(개인적사용)	23			매출누락	32		
간주임대료	24	700,000			33		
자산 고정자산매각액	25	10,000,000			34		
매각 그밖의자산매각액(부산물)	26				35		
폐업시 잔존재고재화	27				36		
작업진행률 차이	28				37		
거래(공급)시기차이가산	29	22,000,000		(17)차 액 계	50	44,000,000	
				(13)차액과(17)차액계의차이금액			

문제 2 가지급금등의 인정이자조정명세서

[1] 가지급금입력(인별입력)

① 김길동

	적요	년월일		차변	대변	잔액	일수	적수
	o가지급금,가수금 선택 :	1.가지급금 ∨						회계데이타불러오기
1	1.전기이월	1	1	10,000,000		10,000,000	365	3,650,000,000

② 김막동

	적요	년월일		차변	대변	잔액	일수	적수
1	2.대여	10	31	30,000,000		30,000,000	62	1,860,000,000
2								

③ ㈜아산

	적요	년월일		차변	대변	잔액	일수	적수
1	2.대여	8	1	50,000,000		50,000,000	153	7,650,000,000
2								

[2] 차입금입력 : 특수관계자간 차입금은 입력대상에서 제외

1.가지급금,가수금 입력	2.차입금 입력	3.인정이자계산 : (을)지	4.인정이자조정 : (갑)지		적용이자율선택 : [2] 가중평균차입이자율
		계정과목설정	새로불러오기(현재거래처)	새로불러오기(전체거래처)	이자율일괄적용

	거래처명			적요	연월일		차변	대변	이자대상금액	이자율 %	이자
1	신한은행		1	1.전기이월	1	1		10,000,000	10,000,000	10.00000	1,000,000
2			2	1.전기이월	1	1		20,000,000	20,000,000	8.00000	1,600,000
			3	1.전기이월	1	1		50,000,000	50,000,000	7.00000	3,500,000
			4								

[3] 인정이자계산(원칙 : 가중평균차입이자율 7.625%)

		2.가중평균차입이자율에 따른 가지급금 등의 인정이자 조정 (연일수 : 365일)							
	1.성명	2.가지급금적수	3.가수금적수	4.차감적수(2-3)	5.인정이자	6.회사계상액	시가인정범위		9.조정액(=7) 7>=3억,8>=5%
							7.차액(5-6)	비율(%)	
1	김길동	3,650,000,000		3,650,000,000	762,500		762,500	100.00000	762,500
2	김막동	1,860,000,000		1,860,000,000	388,561	375,000	13,561	3.49005	
3	아산	7,650,000,000		7,650,000,000	1,598,116	1,530,000	68,116	4.26226	

[4] 조정등록

〈익금산입〉 가지급금인정이자(대표이사)　　　　　762,500원(상여)

☞ 김막동과 (주)아산은 현저한 차이(5% 이상)이 아니므로 세무조정이 불필요하다.

문제 3 업무용승용차관련 비용명세서

[1] 업무용승용차(임차여부 : 렌트)

1. 업무사용비율 = 업무용사용거리(8,000Km)/총주행거리(10,000km) = 80%

2. 업무미사용금액의 손금불산입(렌트)

    업무용승용차관련비용(27,000,000)×(1-80%) = **5,400,000(손불, 상여)**

3. 업무사용감가상각비상당액 중 800만원 초과분
    - 감가상각비 상당액 : 18,000,000(렌트료)×**70%(감가상각비 상당 비율)**×80% = 10,080,000원
    - 800만원 초과분 = **2,080,000원(손불, 기타사외유출)**

    #### (1) 업무용승용차 등록(101. 123가4567 그랜저)

1.고정자산계정과목	0208 ··· 차량운반구
2.고정자산코드/명	···
3.취득일자	20x1 -01-01 ···
4.경비구분	1.500번대/제조
5.사용자 부서	천안공장장 ···
6.사용자 직책	전무이사
7.사용자 성명	···
8.임차여부	렌트
9.임차기간	20x1 -01-01 ··· ~ 20x1 -12-31 ···
10.보험가입여부	가입
11.보험기간	20x1 -01-01 ··· ~ 20x1 -12-31 ···
	----- ··· ~ ----- ···
12.운행기록부사용여부	여 전기이월누적거리 [ ] km
13.출퇴근사용여부	여 출퇴근거리 [1,000] km

    #### (2) 업무용 승용차 관련 비용등 입력

(3) 세무조정

〈손금불산입〉 업무미사용분   5,400,000원(상여)

〈손금불산입〉 감가상각비상당액 800만원 초과분   2,080,000원(기타사외유출)

[2] 업무용승용차(임차여부 : 운용리스)

1. 업무사용비율 = 업무용사용거리(9,000Km)/총주행거리(10,000km) = 90%

2. 업무미사용금액의 손금불산입(렌트)

   업무용승용차관련비용(26,000,000)×(1 - 90%) = **2,600,000(손불, 상여)**

3. 업무사용감가상각비 상당액 중 800만원 초과분

   - 감가상각비 상당액 : 12,000,000(리스료)×90% = 10,800,000원

   - 800만원 초과분 = **2,800,000원(손불, 기타사외유출)**

   (1) 업무용승용차 등록(103. 456가7890 소나타)

항목	값
1.고정자산계정과목	0208 차량운반구
2.고정자산코드/명	
3.취득일자	20x1 -01-01
4.경비구분	6.800번대/판관비
5.사용자 부서	영업부
6.사용자 직책	상무이사
7.사용자 성명	
8.임차여부	운용리스
9.임차기간	20x1 -01-01 ~ 20x1 -12-31
10.보험가입여부	가입
11.보험기간	20x1 -01-01 ~ 20x1 -12-31
12.운행기록부사용여부	여 전기이월누적거리 km
13.출퇴근사용여부	여 출퇴근거리 1,000 km

   (2) 업무용승용차 관련 비용등 입력

| 1 | 업무용 사용 비율 및 업무용 승용차 관련 비용 명세 | (운행기록부: 적용) | 임차기간: -01-01 ~ -12-31 | ☐ 부동산임대업등 법령39조③항 |

(5) 총주행거리(km)	(6) 업무용 사용 거리(km)	(7) 업무 사용비율	(8) 취득가액	(9) 보유또는 임차횟수	(10)업무용 승용차 관련 비용							
					(11) 감가상각비	(12) 임차료 (감가상각비포함)	(13) 감가각비상당액	(14) 유류비	(15) 보험료	(16) 수선비	(17) 자동차세	(18) 기타	(19) 합계
10,000	9,000	90.0000		12		12,000,000	10,800,000	5,000,000	4,000,000	3,000,000	2,000,000		26,000,000
	합 계					30,000,000	24,600,000	10,000,000	4,000,000	3,000,000	2,000,000	4,000,000	53,000,000

| 2 | 업무용 승용차 관련 비용 손금불산입 계산 |

(22) 업무 사용 금액			(23) 업무외 사용 금액			(30) 감가상각비 (상당액) 한도초과금액	(31) 손금불산입 합계	(32) 손금산입 합계
(24) 감가상각비 (상당액)[((11)또는 (13))X(7)]	(25) 관련 비용 [((19)-(11)또는 (19)-(13))X(7)]	(26)합계 ((24)+(25))	(27) 감가상각비 (상당액)X(11)-(24) 또는(13)-(24)]	(28) 관련 비용 [((19)-(11)또는 (19)-(13))-(25)]	(29) 합계 ((27)+(28))		((29)+(30))	((19)-(31))
10,800,000	12,600,000	23,400,000	1,200,000	1,400,000	2,600,000	2,800,000	5,400,000	20,600,000
20,880,000	24,120,000	45,000,000	3,720,000	4,280,000	8,000,000	4,880,000	12,880,000	40,120,000

| 3 | 감가상각비(상당액) 한도초과금액 이월 명세 |

(37) 전기이월액	(38) 당기 감가상각비(상당액) 한도초과금액	(39) 감가상각비(상당액) 한도초과금액 누계	(40) 손금추인(산입)액	(41) 차기이월액((39)-(40))
	2,800,000	2,800,000		2,800,000

(3) 세무조정

〈손금불산입〉 업무미사용분	2,600,000원(상여)
〈손금불산입〉 감가상각비상당액 800만원 초과분	2,800,000원(기타사외유출)

문제 4 법인세과세표준 및 세액조정계산서

[1] 법인세과세표준 및 세액조정계산서 산출세액 산정 및 저장

① 각사업연도소득계산	101. 결 산 서 상 당 기 순 손 익	01	200,000,000
	소득조정금액 102.익 금 산 입	02	100,000,000
	103.손 금 산 입	03	110,000,000
	104. 차 가 감 소 득 금 액 (101+102-103)	04	190,000,000
	105. 기 부 금 한 도 초 과 액	05	
	106. 기 부 금 한 도 초 과 이월액 손금산입	54	
	107. 각 사 업 연 도 소 득 금 액(104+105-106)	06	190,000,000
② 과세표준계산	108. 각 사 업 연 도 소 득 금 액 (108=107)		190,000,000
	109. 이 월 결 손 금	07	
	110. 비 과 세 소 득	08	
	111. 소 득 공 제	09	
	112. 과 세 표 준 (108-109-110-111)	10	190,000,000
	159. 선 박 표 준 이 익	55	
③ 산출	113. 과 세 표 준 (113=112+159)	56	190,000,000
	114. 세 율	11	9%
	115. 산 출 세 액	12	17,100,000

[2] 세액공제조정명세서(3)

중소기업특별세액 감면(10,000,000)과 통합투자세액공제(0.3억×10%)는 중복적용이 배제되므로 세액감면이 더 크므로 세액감면을 적용한다. 다만 전년도로부터 이월된 통합투자세액공제(20,000,000)은 공제가 가능하다.

(1) 3.당기 공제세액 및 이월액 계산

 - 전년도 (108)이월분과 (110)1차연도에 20,000,000원을 입력한다.

1.세액공제(1)	2.세액공제(2)	**3.당기공제 및 이월액계산**							
(105)구분	(106) 사업연도	요공제액			당기공제대상세액				
		(107)당기분	(108)이월분	(109)당기분	(110)1차연도	(111)2차연도	(112)3차연도	(113)4차	
통합투자세액공제	20×0		20,000,000		20,000,000				

[3] 최저한세 조정계산서

[새로불러오기]를 클릭하여 소득금액, 과세표준, 산출세액을 자동반영하고, 중소기업특별세액 (10,000,000) 감면을 21.감면세액에 입력한다.

①구분		코드	②감면후세액	③최저한세	④조정감	⑤조정후세액
(101) 결 산 서 상 당 기 순 이 익		01	200,000,000			
소득조정금액	(102)익 금 산 입	02	100,000,000			
	(103)손 금 산 입	03	110,000,000			
(104) 조 정 후 소 득 금 액 (101+102-103)		04	190,000,000	190,000,000		190,000,000
최저한세적용대상 특별비용	(105)준 비 금	05				
	(106)특별상각,특례상각	06				
(107) 특별비용손금산입전소득금액(104+105+106)		07	190,000,000	190,000,000		190,000,000
(108) 기 부 금 한 도 초 과 액		08				
(109) 기부금 한도초과 이월액 손 금 산 입		09				
(110) 각 사 업 년 도 소 득 금 액 (107+108-109)		10	190,000,000	190,000,000		190,000,000
(111) 이 월 결 손 금		11				
(112) 비 과 세 소 득		12				
(113) 최저한세적용대상 비 과 세 소 득		13				
(114) 최저한세적용대상 익금불산입·손금산입		14				
(115) 차가감 소 득 금 액(110-111-112+113+114)		15	190,000,000	190,000,000		190,000,000
(116) 소 득 공 제		16				
(117) 최저한세적용대상 소 득 공 제		17				
(118) 과 세 표 준 금 액(115-116+117)		18	190,000,000	190,000,000		190,000,000
(119) 선 박 표 준 이 익		24				
(120) 과 세 표 준 금 액 (118+119)		25	190,000,000	190,000,000		190,000,000
(121) 세 율		19	9 %	7 %		9 %
(122) 산 출 세 액		20	17,100,000	13,300,000		17,100,000
(123) 감 면 세 액		21	10,000,000		6,200,000	3,800,000
(124) 세 액 공 제		22	20,000,000		20,000,000	
(125) 차 감 세 액 (122-123-124)		23				13,300,000

- 중소기업특별세액감면중 6,200,000원이 배제되어 3,800,000원이 특별세액감면이 된다.
- 전년도로부터 이월된 통합투자세액공제 20,000,000원은 추가로 이월된다.

[4] 세액공제조정명세서(3) [2. 당기 공제 세액 및 이월액 계산]

- 전년도 이월공제세액은 (116)최저한세적용에 따른 미공제세액란 20,000,000원을 입력하여 내년도로 다시 이월된다.

(105)구분	(106)사업연도	요공제액				(116)최저한세적용에 따른 미공제액	(117)기타사유로인한 미공제액	(118)공제세액 (115-116-117)	(119)소멸	(120)이월액 (107+108-118+119)
		(107)당기분	(108)이월분	(109)당기분	(110)1차연도					
통합투자세액공제	20×0		20,000,000		20,000,000	20,000,000				20,000,000

[5] 법인세과세표준 및 세액조정계산서(최종)

- 121.최저한세 적용대상공제감면세액에 3,800,000원을 입력한다.

① 각 사 업 연 도 소 득 계 산	101. 결 산 서 상 당 기 순 손 익	01	200,000,000		④ 납 부 할 세 액 계 산	120. 산 출 세 액 (120=119)		17,100,000		
	소득조정 금 액	102.익 금 산 입	02	100,000,000		121. 최저한세 적 용 대 상 공 제 감 면 세 액	17	3,800,000		
		103.손 금 산 입	03	110,000,000		122. 차 감 세 액	18	13,300,000		
	104. 차 가 감 소 득 금 액 (101+102-103)	04	190,000,000			123. 최저한세 적 용 제 외 공 제 감 면 세 액	19			
	105. 기 부 금 한 도 초 과 액	05				124. 가 산 세 액	20			
	106. 기 부 금 한 도 초 과 이월액 손금산입	54				125. 가 감 계 (122-123+124)	21	13,300,000		
	107. 각 사 업 연 도 소 득 금 액 (104+105-106)	06	190,000,000		기납부세액	기한내납부세액	126. 중 간 예 납 세 액	22		
② 과 세 표 준 계 산	108. 각 사 업 연 도 소 득 금 액 (108=107)		190,000,000				127. 수 시 부 과 세 액	23		
	109. 이 월 결 손 금	07					128. 원 천 납 부 세 액	24		
	110. 비 과 세 소 득	08					129. 간접 회사등 외국 납부세액	25		
	111. 소 득 공 제	09					130. 소 계 (126+127+128+129)	26		
	112. 과 세 표 준 (108-109-110-111)	10	190,000,000				131. 신 고 납 부 전 가 산 세 액	27		
	159. 선 박 표 준 이 익	55					132. 합 계 (130+131)	28		
③ 산 출 세 액 계 산	113. 과 세 표 준 (113=112+159)	56	190,000,000			133. 감 면 분 추 가 납 부 세 액	29			
	114. 세 율	11	9%			134. 차 가 감 납 부 할 세 액 (125-132+133)	30	13,300,000		
	115. 산 출 세 액	12	17,100,000		⑤토지등 양도소득, ⑥미환류소득 법인세 계산 (TAB로 이동)					
	116. 지 점 유 보 소 득 (법 제96조)	13			⑦ 세 액 계	151. 차감 납부할 세액계 (134+150+166)	46	13,300,000		
	117. 세 율	14				152. 사 실 과 다 른 회계 처리 경정 세액공제	57			
	118. 산 출 세 액	15				153. 분 납 세 액 계 산 범 위 액 (151-124-133-145-152+131)	47	13,300,000		
	119. 합 계 (115+118)	16	17,100,000			154. 분 납 할 세 액	48	3,300,000		
						155. 차 감 납 부 세 액 (151-152-154)	49	10,000,000		

문제 5 자본금과 적립금조정명세서(을)

①과목 또는 사항	②기초잔액	당 기 중 증 감		⑤기말잔액 (=②-③+④)	비 고
		③감 소	④증 가		
대손충당금한도초과	5,000,000	5,000,000	3,000,000	3,000,000	
선급비용	10,000,000	10,000,000			
재고자산평가감	5,000,000	5,000,000			
감가상각비한도초과			10,000,000	10,000,000	

Part IV

최신기출문제

〈전산세무 1급 출제내역〉

이론	1. 재무회계	10점	객관식 5문항
	2. 원가회계	10점	객관식 5문항
	3. 세무회계	10점	객관식 5문항(부가가치세, 소득세, 법인세)
실무	1. 전표입력	12점	일반전표 및 매입매출전표 입력
	2. 부가가치세	10점	**부가가치세 수정, 기한후 신고서(가산세), 전자신고** **부가세 부속명세서**
	3. 결산자료입력	8점	수동결산 및 자동결산 **법인세 계산 및 입력**
	4. 원천징수	10점	**사원등록(인적공제)/** 급여자료입력/ **연말정산** **원천징수이행상황신고서, 전자신고** **기타소득, 사업소득, 금융소득자료 입력**
	5. 법인조정	30점	**수입금액 조정** **감가상각비 조정** **과목별 세무조정** **법인세과세표준및 세액조정계산서**
	계	100점	

2025년 주요 개정세법 (전산세무1급 - 법인조정 관련)

〈법인세(조특법 포함)〉

1. 임직원 할인금액을 수익에 포함

   | 신설 | 법인의 임직원에 대한 재화·용역 등 할인금액 |

2. 임직원 할인금액을 손비에 포함

   | 신설 | 법인의 임직원에 대한 재화·용역 등 할인금액
법인이 계열회사에 지급하는 할인금액 상당액 |

3. 부동산 임대업을 주된 사업으로 하는 소규모 법인에 대한 세율 조정

   | 신설 | 200억원 이하 19% |

4. 다음의 업종은 중소·중견기업에서 제외(조특법)

   | 추가 | • 부동산임대업
• 성실신고확인대상 소규모 법인(부동산 임대업을 주된 사업) |

3교시 | A형

종목 및 등급 : 전산세무1급 — 제한시간 : 90분
(15:00 ~ 16:30) — 페이지수 : 14p

▶시험시작 전 문제를 풀지 말것◀

① USB 수령	·감독관으로부터 시험에 필요한 응시종목별 기초백데이타 설치용 USB를 수령한다. ·USB 꼬리표가 본인의 응시종목과 일치하는지 확인하고, 꼬리표 뒷면에 수험정보를 정확히 기재한다.
② USB 설치	·USB를 컴퓨터의 USB 포트에 삽입하여 인식된 해당 USB 드라이브로 이동한다. ·USB드라이브에서 기초백데이타설치프로그램인 'Tax.exe' 파일을 실행한다. 　[주의] USB는 처음 설치이후, 시험 중 수험자 임의로 절대 재설치(초기화)하지 말 것.
③ 수험정보입력	·[수험번호(8자리)]와 [성명]을 정확히 입력한 후 [설치]버튼을 클릭한다. 　※ 입력한 수험정보는 이후 절대 수정이 불가하니 정확히 입력할 것.
④ 시험지 수령	·시험지와 본인의 응시종목(급수) 일치 여부 및 문제유형(A 또는 B)을 확인한다. ·문제유형(A 또는 B)을 프로그램에 입력한다. ·시험지의 총 페이지수를 확인한다. 　※응시종목 및 급수와 파본 여부를 확인하지 않은 것에 대한 책임은 수험자에게 있음.
⑤ 시험 시작	·감독관이 불러주는 '감독관확인번호'를 정확히 입력하고, 시험에 응시한다.
(시험을 마치면) ⑥ USB 저장	·이론문제의 답은 메인화면에서 이론문제 답안작성 을 클릭하여 입력한다. ·실무문제의 답은 문항별 요구사항을 수험자가 파악하여 각 메뉴에 입력한다. ·이론과 실무문제의 답을 모두 입력한 후 답안저장(USB로 저장) 을 클릭하여 답안을 저장한다. ·저장완료 메시지를 확인한다.
⑦ USB 제출	·답안이 수록된 USB 메모리를 빼서, <감독관>에게 제출 후 조용히 퇴실한다.

▶ 본 자격시험은 전산프로그램을 이용한 자격시험입니다. 컴퓨터의 사양에 따라 전산프로그램이 원활히 작동하지 않을 수도 있으므로 전산프로그램의 진행속도를 고려하여 입력해주시기 바랍니다.

▶ 수험번호나 성명 등을 잘못 입력했거나, 답안을 USB에 저장하지 않음으로써 발생하는 일체의 불이익과 책임은 수험자 본인에게 있습니다.

▶ 타인의 답안을 자신의 답안으로 부정 복사한 경우 해당 관련자는 모두 불합격 처리됩니다.

▶ 타인 및 본인의 답안을 복사하거나 외부로 반출하는 행위는 모두 부정행위 처리됩니다.

▶ PC, 프로그램 등 조작미숙으로 시험이 불가능하다고 판단될 경우 불합격처리 될 수 있습니다.

▶ 시험 진행 중에는 자격검정(KcLep)프로그램을 제외한 일체의 다른 프로그램을 사용할 수 없습니다.
　(예시. 인터넷, 메모장, 윈도우 계산기 등)

이론문제 답안작성 을 한번도 클릭하지 않으면 답안저장(USB로 저장) 을 클릭해도 답안이 저장되지 않습니다.

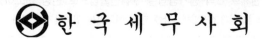

한국세무사회

제117회 전산세무 1급(법인조정)

합격율	시험년월
18%	2024.12

㈜사랑상회(1171)는 전자제품 등을 생산하고 제조·도매업 및 도급공사업을 영위하는 중소기업이며, 당해 사업연도는 20x1.1.1.~20x1.12.31.이다. [법인조정] 메뉴를 이용하여 기장되어 있는 재무회계 장부 자료와 제시된 보충자료에 의하여 해당 사업연도의 세무조정을 하시오. (30점) ※ 회사 선택 시 유의하시오.

[작성대상서식]

1. 재고자산(유가증권)평가조정명세서
2. 선급비용명세서
3. 미상각자산감가상각조정명세서, 감가상각비조정명세서합계표
4. 기부금조정명세서
5. 법인세과세표준및세액조정계산서, 최저한세조정계산서

[1] 다음 자료에 따라 [재고자산(유가증권)평가조정명세서]를 작성하고 재고자산별로 각각 세무조정을 하시오. (6점)

재고자산	수량	신고방법	평가방법	장부상 평가액 (단가)	총평균법 (단가)	후입선출법 (단가)	선입선출법 (단가)
제품 A	20,000개	선입선출법	총평균법	3,000원/개	3,000원/개	2,500원/개	2,200원/개
재공품 B	20,000개	총평균법	총평균법	1,500원/개	1,500원/개	1,800원/개	1,300원/개
원재료 C	25,000개	총평균법	후입선출법	2,300원/개	1,000원/개	2,300원/개	1,100원/개

① 회사는 사업 개시 후 2016년 1월 5일에 '재고자산 등 평가방법신고(변경신고)서'를 즉시 관할세무서장에게 제출하였다(제품, 재공품, 원재료 모두 총평균법으로 신고하였다).
② 20x1년 9월 15일 제품 A의 평가방법을 선입선출법으로 변경 신고하였다.
③ 20x1년 10월 25일 원재료 C의 평가방법을 후입선출법으로 변경 신고하였다.

※ 임의변경 시에는 재고자산평가조정명세서상에 당초 신고일을 입력하기로 한다.

[2] 다음 자료는 당기 보험료 내역이다. [선급비용명세서]를 작성하고, 보험료와 선급비용에 대하여 세무조정하시오(단, 기존에 입력된 데이터는 무시하고 제시된 자료만을 이용하여 계산하며, 세무조정은 각 건별로 할 것). (6점)

1. 당기 보험료 지출 내역

거래내용	지급액	거래처	보험기간	비고
공장화재보험	1,374,000원	KC화재	20x1.02.16.~20x2.02.16.	장부상 선급비용 110,000원을 계상함
자동차보험	798,420원	DG손해보험	20x1.05.27.~20x2.05.27.	운반 트럭에 대한 것으로 전액 보험료(제) 처리함
보증서보험	78,040원	서울보증보험	20x1.10.11.~20x4.10.10.	제조업과 관련 있으며 장부상 선급비용 미계상함

2. 자본금과적립금조정명세서(을)의 기초잔액은 324,165원으로 당기 기초금액이다. 해당 금액은 자동차보험과 관련된 것으로, 보험기간은 20x0.12.26.~20x1.05.26.이다.

[3] 불러온 데이터는 무시하고 다음의 자료만을 이용하여 기계장치를 [고정자산등록] 메뉴에 등록하여 [미상각자산감가상각조정명세서] 및 [감가상각비조정명세서합계표]를 작성하고 필요한 세무조정을 하시오. (6점)

---

1. 고정자산
   - 당사는 인건비 절감 및 시스템 자동화 구축을 위하여 기계장치[주1](자산코드 : 201, 자산명 : 과자 분류기)를 2024년 11월 11일에 취득하였으며 2024년 12월 1일부터 해당 기계장치를 사용개시 하였다.
   ※ (주1) 취득가액은 300,000,000원이다.

2. 전기(20x0년) 말 현재 자본금과적립금조정명세서

| ① 과목 | ② 기초잔액 | 당기중증감 | | ⑤ 기말잔액 |
		③ 감소	④ 증가	
기계장치 감가상각비 한도초과액			11,275,000원	11,275,000원

3. 감가상각대상자산

자산코드	계정과목	품목	취득일자	취득가액	전기(20x0년) 말 감가상각누계액	당기(20x1년) 감가상각비 계상액	경비구분
201	기계장치	과자분류기	2024.11.11.	300,000,000원	22,550,000원	135,300,000원	제조

• 기계장치에 대한 지출액(자본적 지출의 성격) 14,735,000원(부가가치세 별도)을 당기(20x1년) 비용처리하였다.
• 기계장치의 내용연수는 5년을 적용하고, 감가상각방법은 신고하지 않은 것으로 가정한다.
• 기말 재고자산은 없는 것으로 가정한다.

[4] 다음 자료를 이용하여 [기부금조정명세서]를 작성하고 필요한 세무조정을 하시오. (6점)

1. 당기 기부금 내역은 다음과 같다. 적요 및 기부처 입력은 무시하고, 당기 기부금이 아닌 경우 기부금 명세서에 입력하지 않는다.

일자	금액	지급 내역
1월 12일	8,000,000원	국립대학병원에 연구비로 지출한 기부금
5월 9일	500,000원	향우회 회비(대표이사가 속한 지역 향우회기부금)
9월 20일	1,000,000원	태풍으로 인한 이재민 구호금품
12월 5일	3,000,000원	S 종교단체 어음 기부금(만기일 : 20x2.01.10.)

2. 기부금 한도 계산과 관련된 자료는 다음과 같다.
   • 2023년도에 발생한 세무상 이월결손금 잔액 20,000,000원이 있다.
   • 기부금 관련 세무조정을 반영하기 전의 [법인세과세표준및세액조정계산서]상 차가감소득금액 내역은 아래와 같다(단, 당사는 중소기업이며, 불러온 자료는 무시하고 아래의 자료만을 이용할 것).

구분		금액
결산서상 당기순이익		250,000,000원
소득조정금액	익금산입	30,000,000원
	손금산입	18,000,000원
차가감소득금액		262,000,000원

[5] 불러온 자료는 무시하고 다음의 주어진 자료만을 이용하여 [법인세과세표준및세액조정계산서] 및 [최저한세조정계산서]를 작성하시오(단, 당사는 세법상 중소기업에 해당한다). (6점)

---

1. 손익계산서의 일부분이다.
   (1) 법인세차감전순이익 : 770,000,000원
   (2) 법인세등 : 170,000,000원
   (3) 당기순이익 : 600,000,000원

2. 소득금액조정합계표는 다음과 같다.

익금산입 및 손금불산입			손금산입 및 익금불산입		
법인세등	170,000,000원	기타사외유출	업무용승용차 감가상각비	5,000,000원	△유보
대손충당금 한도초과액	63,000,000원	유보			
벌과금등	3,000,000원	기타사외유출			
업무용승용차 업무미사용분	7,000,000원	상여			
합계	243,000,000원		합계	5,000,000원	

3. 기부금과 관련된 내역은 다음과 같이 가정하기로 한다.
   (1) 기부금 한도초과액 : 20,000,000원
   (2) 기부금 한도초과 이월액 손금산입액 : 8,000,000원

4. 납부할 세액 및 차감납부세액 계산 시 고려사항
   (1) 통합고용증대세액공제 : 91,500,000원(최저한세 대상)
   (2) 법인세법상 가산세 : 850,000원
   (3) 법인세 중간예납세액 : 21,000,000원
   (4) 이자소득에 대한 원천납부세액 : 3,800,000원
   (5) 최대한 많은 금액을 분납으로 처리하도록 한다.

제117회 전산세무1급 답안 및 해설

[1] 재고자산평가조정명세서

1. [재고자산(유가증권)평가조정명세서]

1. 자산별	2. 신고일	3. 신고방법	4. 평가방법	5. 적부	6. 비고
제 품 및 상 품	20x1-09-15	02:선입선출법	04:총평균법	×	
반제품및재공품	2016-01-05	04:총평균법	04:총평균법	○	
원 재 료	2016-01-05	04:총평균법	03:후입선출법	×	
저 장 품					
유가증권(채권)					
유가증권(기타)					

1. 재고자산 평가방법 검토

	계산근거	평가액(천원)		세무조정
		장부상	세법상	
제품	임의변경에 해당함. MAX[①선입선출법,②총평균법]	60,000	44,000	〈손금산입〉 제품 평가증 16,000,000(△유보)
재공품	총평균법	30,000	30,000	
원재료	임의변경에 해당함. MAX[①선입선출법,②총평균법]	57,500	27,500	〈손금산입〉 원재료 평가증 30,000,000(△유보)

2. 평가조정 계산

No	7.과목 코드	과목명	8.품명	9.규격	10.단위	11.수량	회사계산(장부가) 12.단가	13.금액	조정계산금액 세법상신고방법 14.단가	15.금액	FIFO(무신고,임의변경시) 16.단가	17.금액	18.조정액
1	0150	제품				20,000.0000	3,000.0000	60,000,000	2,200.0000	44,000,000	2,200.0000	44,000,000	-16,000,000
2	0169	재공품				20,000.0000	1,500.0000	30,000,000	1,500.0000	30,000,000			
3	0153	원재료				25,000.0000	2,300.0000	57,500,000	1,000.0000	25,000,000	1,100.0000	27,500,000	-30,000,000

2. 세무조정

〈손 금 산 입〉 재고자산평가증(제품 A)　　　　　16,000,000원 (유보발생)
〈손 금 산 입〉 재고자산평가증(원재료 C)　　　　　30,000,000원 (유보발생)

[2] 선급비용명세서

1. [선급비용명세서]

	계정구분	거래내용	거래처	대상기간 시작일	대상기간 종료일	지급액	선급비용	회사계상액	조정대상금액
○	선급 보험료	공장화재보험	KC화재	2025-02-16	2026-02-16	1,374,000	176,442	110,000	66,442
○	선급 보험료	자동차보험	DG손해보험	2025-05-27	2026-05-27	798,420	320,676		320,676
○	선급 보험료	보증서보험	서울보증보험	2025-10-11	2028-10-10	78,040	72,201		72,201

2. 세무조정

〈 손 금 산 입 〉 전기 선급비용(또는 선급보험료)　　　　　324,165원 (유보감소)
〈 손금불산입 〉 선급비용(공장화재보험)　　　　　　　　　 66,442원 (유보발생)
〈 손금불산입 〉 선급비용(자동차보험)　　　　　　　　　　320,676원 (유보발생)
〈 손금불산입 〉 선급비용(보증서보험)　　　　　　　　　　 72,201원 (유보발생)

[3] 고정자산

〈기계장치(감가상각방법 미신고시 정률법)〉

세무상취득가액(A)		세무상 기초감가상각누계액(B)	
= 기말 재무상태표상 취득가액	300,000,000	기초 재무상태표상 감가상각누계액	22,550,000
+ 즉시상각의제액(당기)	14,735,000	(-) 전기상각부인누계액	(11,275,000)
314,735,000		11,275,000	
미상각잔액(C＝A-B)＝303,460,000			
상각범위액(D)	세무상미상각잔액(C)×상각률(0.451) = 136,860,460		
회사계상상각비(E)	135,300,000원(상각비) + 14,735,000원(즉시상각) = 150,035,000		
시부인액(D-E)	**부인액 13,174,540(손금불산입, 유보)**		

1. [고정자산등록] 메뉴(201. 과자분류기) 취득년월일 2024년 11월 11일

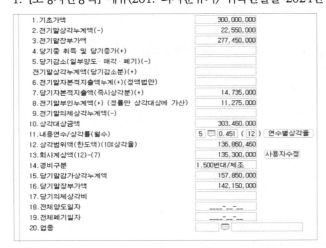

2. [미상각자산감가상각조정명세서]

입력내용		금액	총계
업종코드/명			
합계표 자산구분	2. 기계장치		
(4)내용연수		5	
상각 계산 의 기초 가액	재무상태표 자산가액 (5)기말현재액	300,000,000	300,000,000
	(6)감가상각누계액	157,850,000	157,850,000
	(7)미상각잔액(5)-(6)	142,150,000	142,150,000
	(8)회사계산감가상각비	135,300,000	135,300,000
	(9)자본적지출액	14,735,000	14,735,000
	(10)전기말의제상각누계액		
	(11)전기말부인누계액	11,275,000	11,275,000
	(12)가감계((7)+(8)+(9)-(10)+(11))	303,460,000	303,460,000
(13)일반상각률.특별상각률		0.451	
상각범위 액계산	당기산출 상각액 (14)일반상각액	136,860,460	136,860,460
	(15)특별상각액		
	(16)계((14)+(15))	136,860,460	136,860,460
	취득가액 (17)전기말현재취득가액	300,000,000	300,000,000
	(18)당기회사계산증가액		
	(19)당기자본적지출액	14,735,000	14,735,000
	(20)계((17)+(18)+(19))	314,735,000	314,735,000
	(21) 잔존가액	15,736,750	15,736,750
	(22) 당기상각시인범위액	136,860,460	136,860,460
(23)회사계상상각액((8)+(9))		150,035,000	150,035,000
(24)차감액((23)-(22))		13,174,540	13,174,540
(25)최저한세적용에따른특별상각부인액			
조정액	(26) 상각부인액 ((24)+(25))	13,174,540	13,174,540
	(27) 기왕부인액중당기손금추인액		
(28) 당기말부인누계액 ((11)+(26)-l(27)l)		24,449,540	24,449,540
당기말	(29) 당기의제상각액 l△(24)l-l(27)l		

3. [감가상각비조정명세서합계표]

1.자산구분		코드	2.합계액	유형자산			6.무형자산
				3.건축물	4.기계장치	5.기타자산	
재무 상태표 상가액	101.기말현재액	01	300,000,000		300,000,000		
	102.감가상각누계액	02	157,850,000		157,850,000		
	103.미상각잔액	03	142,150,000		142,150,000		
	104.상각범위액	04	136,860,460		136,860,460		
	105.회사손금계상액	05	150,035,000		150,035,000		
조정	106.상각부인액 (105-104)	06	13,174,540		13,174,540		
	107.시인부족액 (104-105)	07					

4. 세무조정

〈손금불산입〉 기계장치 감가상각비 한도초과   13,174,540원 (유보발생)

[4] 기부금조정명세서

1. [기부금조정명세서] 메뉴 → [기부금입력] 탭

1.기부금 입력	2.기부금 조정								

1.기부금명세서								월별로 전환 구분만 별도 입력하기 유형별 정렬	
구분		3.과목	4.월일		5.적요	기부처		8.금액	비고
1.유형	2.코드					6.법인명등	7.사업자(주민)번호등		
24조제2항제1호에	10	기부금	1	12	국립대학병원에 연구비로 지출한			8,000,000	
기타	50	기부금	5	9	향우회 회비 (대표이사가 속한			500,000	
24조제2항제1호에	10	기부금	9	20	태풍으로 인한 이재민 구호금품			1,000,000	
9.소계	가. 「법인세법」 제24조제2항제1호에 따른 특례기부금					코드 10		9,000,000	
	나. 「법인세법」 제24조제3항제1호에 따른 일반기부금					코드 40			
	다. [조세특례제한법] 제88조의4제13항의 우리사주조합 기부금					코드 42			
	라.그 밖의 기부금					코드 50		500,000	
	계							9,500,000	

☞ 당기기부금만 입력하라고 제시하였으므로 어음기부금은 미입력한다.

2. [기부금조정명세서] 메뉴 → 2.소득금액 확정

2.소득금액확정				새로 불러오기	수정
1.결산서상 당기순이익	2.익금산입	3.손금산입	4.기부금합계	5.소득금액계(1+2-3+4)	
250,000,000	33,500,000	18,000,000	9,000,000	274,500,000	

3. [기부금조정명세서] 메뉴 → [기부금조정] 탭

`1.기부금 입력` `2.기부금 조정`

1	1. 「법인세법」 제24조제2항제1호에 따른 특례기부금 손금산입액 한도액 계산			
1.소득금액 계		274,500,000	5.이월잔액 중 손금산입액 MIN[4,23]	
2.법인세법 제13조제1항제1호에 따른 이월 결손금 합계액(기준소득금액의 80% 한도)		20,000,000	6.해당연도지출액 손금산입액 MIN[(④-⑤)>0, ③]	9,000,000
3. 「법인세법」 제24조제2항제1호에 따른 특례기부금 해당 금액		9,000,000	7.한도초과액 [(3-6)>0]	
4.한도액 {[(1-2)> 0]×50%}		127,250,000	8.소득금액 차감잔액 [(①-②-⑤-⑥)>0]	245,500,000
2	2. 「조세특례제한법」 제88조의4에 따라 우리사주조합에 지출하는 기부금 손금산입액 한도액 계산			
9.「조세특례제한법」 제88조의4제13항에 따른 우리사주조합 기부금 해당 금액			11. 손금산입액 MIN(9, 10)	
10. 한도액 (8×30%)		73,650,000	12. 한도초과액 [(9-10)>0]	
3	3. 「법인세법」 제24조제3항제1호에 따른 일반기부금 손금산입 한도액 계산			
13.「법인세법」 제24조제3항제1호에 따른 일반기부금 해당금액		24,550,000	16. 해당연도지출액 손금산입액 MIN[(14-15)>0, 13]	
14. 한도액 ((8-11)×10%, 20%)			17. 한도초과액 [(13-16)>0]	
15. 이월잔액 중 손금산입액 MIN(14, 23)				
4	4.기부금 한도초과액 총액			
18. 기부금 합계액 (3+9+13)		19. 손금산입 합계 (6+11+16)		20. 한도초과액 합계 (18-19)=(7+12+17)
	9,000,000		9,000,000	

5	5.기부금 이월액 명세						
사업 연도	기부금 종류	21.한도초과 손금불산입액	22.기공제액	23.공제가능 잔액(21-22)	24.해당연도 손금추인액	25.차기이월액 (23-24)
합계	「법인세법」 제24조제2항제1호에 따른 특례기부금					
	「법인세법」 제24조제3항제1호에 따른 일반기부금					

6	6. 해당 사업연도 기부금 지출액 명세			
사업연도	기부금 종류	26.지출액 합계금액	27.해당 사업연도 손금산입액	28.차기 이월액(26-27)
합계	「법인세법」 제24조제2항제1호에 따른 특례기부금	9,000,000	9,000,000	
	「법인세법」 제24조제3항제1호에 따른 일반기부금			

4. 세무조정

〈손금불산입〉 향우회 회비　　　　　　　　500,000원 (상　　　여)
〈손금불산입〉 S종교단체 어음　　　　　3,000,000원 (유보발생)

[5] 법인세과세표준세액조정계산서 및 최저한세 조정계산서

1. [법인세과세표준및세액조정계산서] 산출세액계산

① 각사업연도소득계산	101. 결 산 서 상 당 기 순 손 익	01	600,000,000
	소 득 조 정 금 액 　102.익 금 산 입	02	243,000,000
	103.손 금 산 입	03	5,000,000
	104. 차 가 감 소 득 금 액 (101+102-103)	04	838,000,000
	105. 기 부 금 한 도 초 과 액	05	20,000,000
	106. 기 부 금 한 도 초 과 이월액 손금산입	54	8,000,000
	107. 각 사 업 연 도 소 득 금 액(104+105-106)	06	850,000,000
② 과세표준계산	108. 각 사 업 연 도 소 득 금 액 (108=107)		850,000,000
	109. 이 월 결 손 금	07	
	110. 비 과 세 소 득	08	
	111. 소 득 공 제	09	
	112. 과 세 표 준 (108-109-110-111)	10	850,000,000
	159. 선 박 표 준 이 익	55	
③ 산출	113. 과 세 표 준 (113=112+159)	56	850,000,000
	114. 세 율	11	19%
	115. 산 출 세 액	12	141,500,000

2. [최저한세조정계산서]

①구분		코드	②감면후세액	③최저한세	④조정감	⑤조정후세액
(101) 결 산 서 상 당 기 순 이 익		01	600,000,000			
소득조정금액	(102)익 금 산 입	02	243,000,000			
	(103)손 금 산 입	03	5,000,000			
(104) 조 정 후 소 득 금 액 (101+102-103)		04	838,000,000	838,000,000		838,000,000
최저한세적용대상 특 별 비 용	(105)준 비 금	05				
	(106)특별상각,특례상각	06				
(107) 특별비용손금산입전소득금액(104+105+106)		07	838,000,000	838,000,000		838,000,000
(108) 기 부 금 한 도 초 과 액		08	20,000,000	20,000,000		20,000,000
(109) 기부금 한도초과 이월액 손 금 산 입		09	8,000,000	8,000,000		8,000,000
(110) 각 사업 년 도 소 득 금 액 (107+108-109)		10	850,000,000	850,000,000		850,000,000
(111) 이 월 결 손 금		11				
(112) 비 과 세 소 득		12				
(113) 최저한세적용대상 비 과 세 소 득		13				
(114) 최저한세적용대상 익금불산입·손금산입		14				
(115) 차가감 소 득 금 액 (110-111-112+113+114)		15	850,000,000	850,000,000		850,000,000
(116) 소 득 공 제		16				
(117) 최저한세적용대상 소 득 공 제		17				
(118) 과 세 표 준 금 액 (115-116+117)		18	850,000,000	850,000,000		850,000,000
(119) 선 박 표 준 이 익		24				
(120) 과 세 표 준 금 액 (118+119)		25	850,000,000	850,000,000		850,000,000
(121) 세 율		19	19 %	7 %		19 %
(122) 산 출 세 액		20	141,500,000	59,500,000		141,500,000
(123) 감 면 세 액		21				
(124) 세 액 공 제		22	91,500,000		9,500,000	82,000,000
(125) 차 감 세 액 (122-123-124)		23	50,000,000			59,500,000

3. [법인세과세표준및세액조정계산서] 121.최저한세적용대상공제감면세액 82,000,000원

① 각 사 업 연 도 소 득 계 산	101. 결 산 서 상 당 기 순 손 익	01	600,000,000
	소 득 조 정 금 액 102.익 금 산 입	02	243,000,000
	103.손 금 산 입	03	5,000,000
	104. 차 가 감 소 득 금 액 (101+102-103)	04	838,000,000
	105. 기 부 금 한 도 초 과 액	05	20,000,000
	106. 기 부 금 한 도 초 과 이월액 손금산입	54	8,000,000
	107. 각 사 업 연 도 소 득 금 액(104+105-106)	06	850,000,000
② 과 세 표 준 계 산	108. 각 사 업 연 도 소 득 금 액 (108=107)		850,000,000
	109. 이 월 결 손 금	07	
	110. 비 과 세 소 득	08	
	111. 소 득 공 제	09	
	112. 과 세 표 준 (108-109-110-111)	10	850,000,000
	159. 선 박 표 준 이 익	55	
③ 산 출 세 액 계 산	113. 과 세 표 준 (113=112+159)	56	850,000,000
	114. 세 율	11	19%
	115. 산 출 세 액	12	141,500,000
	116. 지 점 유 보 소 득 (법제96조)	13	
	117. 세 율	14	
	118. 산 출 세 액	15	
	119. 합 계 (115+118)	16	141,500,000

④ 납 부 할 세 액 계 산	120. 산 출 세 액 (120=119)		141,500,000
	121. 최 저 한 세 적 용 대 상 공 제 감 면 세 액	17	82,000,000
	122. 차 감 세 액	18	59,500,000
	123. 최 저 한 세 적 용 제 외 공 제 감 면 세 액	19	
	124. 가 산 세 액	20	850,000
	125. 가 감 계 (122-123+124)	21	60,350,000
기 한 내 납 부 세 액	126. 중 간 예 납 세 액	22	21,000,000
	127. 수 시 부 과 세 액	23	
	128. 원 천 납 부 세 액	24	3,800,000
	129. 간접 회사등 외국 납부세액	25	
	130. 소 계 (126+127+128+129)	26	24,800,000
	131. 신 고 납 부 전 가 산 세 액	27	
	132. 합 계 (130+131)	28	24,800,000
	133. 감 면 분 추 가 납 부 세 액	29	
	134. 차 가 감 납 부 할 세 액(125-132+133)	30	35,550,000

⑤토지등 양도소득, ⑥미환류소득 법인세 계산 (TAB로 이동)

⑦ 세 액 계	151. 차감 납부할 세액계 (134+150+166)	46	35,550,000
	152. 사 실 과 다 른 회계 처리 경정 세액공제	57	
	153. 분 납 세 액 계 산 범 위 액 (151-124-133-145-152+131)	47	34,700,000
	154. 분 납 할 세 액	48	17,350,000
	155. 차 감 납 부 세 액 (151-152-154)	49	18,200,000

제115회 전산세무 1급(법인조정)

합격율	시험년월
10%	2024.8

㈜사선전자(1151)는 금속제품을 생산하고 제조 · 도매업 및 도급공사업을 영위하는 중소기업이며, 당해 사업연도는 20x1.1.1.~20x1.12.31.이다. [법인조정] 메뉴를 이용하여 기장되어 있는 재무회계 장부 자료와 제시된 보충자료에 의하여 해당 사업연도의 세무조정을 하시오. (30점) ※ 회사 선택 시 유의하시오.

[1] 다음 자료는 영업부서에서 업무용으로 사용중인 법인차량(코드 : 101) 관련 자료이다. 5인승 승용차 제네시스(55하4033)를 ㈜브라보캐피탈과 운용리스계약을 체결하여 사용 중이다. [업무용승용차등록] 메뉴 및 [업무용승용차관련비용명세서]를 작성하고, 관련 세무조정을 하시오(단, 당사는 부동산임대업을 영위하지 않으며, 사용자 부서 및 사용자 직책, 사용자 성명, 전용번호판 부착여부 입력은 생략할 것). (6점)

구분	금액	비고
운용리스료	14,400,000원	• 매월 1,200,000원, 전자계산서를 수령하였다. • 주어진 차량 관련 비용 외 다른 항목은 고려하지 않으며, 감가상각비상당액은 12,895,000원이다.
유류비	4,100,000원	
리스계약기간	20x0.05.03.~20x2.05.03.	
보험기간	리스계약기간과 동일하다.	
거리	1. 전기이월누적거리 : 21,000km 2. 출퇴근거리 : 6,400km 3. 업무와 관련 없는 사용거리 : 1,600km 4. 당기 총 주행거리 : 8,000km	
기타사항	• 취득일자는 2023.05.03.을 입력하기로 한다. • 임직원전용보험에 가입하고, 운행기록부는 작성하였다고 가정한다. • 전기 업무용승용차 감가상각비 한도초과 이월액 8,000,000원이 있다.	

[2] 다음의 자료만을 이용하여 [기업업무추진비조정명세서(갑),(을)] 메뉴를 작성하고 필요한 세무
조정을 하시오. (6점)

1. 매출내역(상품매출 및 제품매출)

구분	특수관계인 매출액	그 외 매출액	합계
법인세법상 매출액	200,000,000원	1,810,000,000원	2,010,000,000원
기업회계기준상 매출액	200,000,000원	1,800,000,000원	2,000,000,000원

2. 기업업무추진비 계정 내역

구분	관련 내역	제조경비	판매비와관리비
건당 3만원 초과	법인카드 사용분	21,000,000원[주1]	25,900,000원
	직원카드 사용분	2,000,000원	5,000,000원
	거래처 현금 경조사비[주2]	3,000,000원	3,500,000원
건당 3만원 이하	간이영수증 수령	200,000원	100,000원
합 계		26,200,000원	34,500,000원

주1) 기업업무추진비(제조경비, 법인카드 사용분)에는 문화비로 지출한 금액 2,000,000원이 포함되어 있다.
주2) 거래처 현금 경조사비는 전액 건당 20만원 이하이다.

3. 기타 계정 내역

계정과목	금액	관련사항
소모품비(판)	1,500,000원	현금영수증을 발급받고 구입한 물품(1건, 면세 대상 물품)을 거래처에게 선물하였다.
광고선전비(판)	1,400,000원	법인카드로 구입한 달력을 불특정 다수인에게 제공하였다.

4. 기업업무추진비는 모두 회사 업무와 관련하여 사용하였다.

[3] 다음의 자료만을 이용하여 [법인세과세표준및세액조정계산서]와 [최저한세조정계산서]를 작성
하시오. (6점)

1. 손익계산서상 당기순이익 : 535,000,000원
2. 익금산입 총액 : 34,500,000원
3. 손금산입 총액 : 2,900,000원
4. 기부금한도초과액 : 1,800,000원
5. 공제가능한 이월결손금 : 3,522,000원
6. 세액공제 및 세액감면
   ① 중소기업특별세액감면 : 13,000,000원
   ② 고용증대세액공제 : 35,000,000원
   ③ 사회보험료세액공제 : 1,200,000원
7. 지출증명서류 미수취 가산세 : 190,000원
8. 법인세 중간예납세액 : 5,000,000원
9. 원천납부세액 : 7,000,000원
10. 당사는 중소기업이며 분납 가능한 금액까지 분납 신청하고자 한다.

[4] 다음의 자료를 참조하여 [대손충당금및대손금조정명세서] 메뉴를 작성하고, [소득금액조정합계표및명세
서]에 세무조정을 반영하시오(단, [소득금액조정합계표및명세서]의 소득명세는 생략함). (6점)

1. 당기 대손충당금 내역

차 변		대 변	
과 목	금 액	과 목	금 액
외상매출금	15,000,000원	전기이월	80,000,000원
받을어음	35,000,000원	당기설정	6,000,000원

• 전기말 자본금과적립금조정명세서(을)에 전기대손충당금한도초과액 8,795,000원이 계상되어 있다.
• 당사는 중소기업에 해당하며, 대손설정율은 1%로 설정한다.
2. 당기에 대손충당금과 상계한 내용
   (1) ㈜김가의 외상매출금 10,000,000원을 소멸시효완성으로 인하여 3월 31일에 대손확정함.
   (2) ㈜유가의 파산으로 인하여 회수할 수 없는 외상매출금 5,000,000원을 6월 30일에 대손확정함.
   (3) ㈜최가의 받을어음 20,000,000원을 부도발생일 9월 1일에 대손확정함.
   (4) ㈜이가의 받을어음 15,000,000원을 11월 2일에 대손확정함(부도발생일은 당해연도 5월 1일임).
   (5) ㈜우가의 강제집행으로 인하여 회수할 수 없는 기계장치 미수금 15,000,000원을 6월 25일에 대
       손확정함.
3. 당기말 설정대상채권으로는 외상매출금 1,570,000,000원과 받을어음 100,000,000원이 계상되어 있다.

[5] 다음의 자료를 이용하여 [소득금액조정합계표]를 완성하시오. 재무상태표 및 손익계산서에는 다음과 같은 계정과목이 포함되어 있으며 기업회계기준에 따라 정확하게 회계처리 되었다. (6점)

계정과목	금액	비고
법인세등	18,000,000원	법인지방소득세 2,000,000원이 포함되어 있다.
퇴직급여	35,000,000원	대표이사의 퇴직급여로, 주주총회에서 대표이사를 연임하기로 결정하여 과거 임기에 대한 퇴직급여를 지급하고 계상한 것으로 확인되었다. (대표이사 퇴직급여 초과지급액이 발생하면 퇴직 시까지 가지급금으로 간주한다.)
세금과공과	10,000,000원	토지에 대한 개발부담금 3,000,000원이 포함되어 있다.
감가상각비	4,000,000원	업무용승용차(3,000cc, 2022.01.01. 취득)의 감가상각비로서 상각범위액은 6,000,000원이다.
건물관리비	5,000,000원	법인의 출자자(소액주주가 아님)인 임원이 사용하고 있는 사택유지비를 전액 건물관리비로 계상하였다.
잡이익	700,000원	업무용 화물트럭에 대한 자동차세 과오납금에 대한 환급금 600,000원과 환급금이자 100,000원을 모두 잡이익으로 회계처리 하였다.

제115회 전산세무1급 답안 및 해설

[1] 업무용승용차관련 비용명세서

1. [업무용승용차등록] 메뉴(101, 55하4033, 제네시스)

차량 상세 등록 내용	
1.고정자산계정과목	
2.고정자산코드/명	
3.취득일자	2023-05-03
4.경비구분	6.800번대/판관비
5.사용자 부서	
6.사용자 직책	
7.사용자 성명	
8.임차여부	운용리스
9.임차기간	20x0-05-03 ~ 20x2-05-03
10.보험가입여부	가입
11.보험기간	20x0-05-03 ~ 20x2-05-03
	----- ~ -----
12.운행기록부사용여부	여 전기이월누적거리 21,000 km
13.전용번호판 부착여부	여
14.출퇴근사용여부	여 출퇴근거리 6,400 km
15.차량	

2. [업무용승용차관련비용명세서] 메뉴

(5) 총주행 거리(km)	(6) 업무용 사용 거리(km)	(7) 업무 사용비율	(8) 취득가액	(9) 보유또는 임차월수	(10)업무용 승용차 관련 비용								
					(11) 감가상각비	(12)임차료 (감가상각비포함)	(13)감가상 각비상당액	(14) 유류비	(15) 보험료	(16) 수선비	(17) 자동차세	(18) 기타	(19) 합계
8,000	6,400	80.0000		12		14,400,000	12,895,000	4,100,000					18,500,000
합 계						14,400,000	12,895,000	4,100,000					18,500,000

| 2 | 업무용 승용차 관련 비용 손금불산입 계산 |

(22) 업무 사용 금액			(23) 업무외 사용 금액			(30) 감가상각비 (상당액) 한도초과금액	(31) 손금불산입 합계 ((29)+(30))	(32) 손금산입 합계 ((19)-(31))
(24) 감가상각비 (상당액)[((11)또는 (13))X(7)]	(25) 관련 비용 [((19)-(11)또는 (19)-(13))X(7)]	(26) 합계 ((24)+(25))	(27) 감가상각비 (상당액)X(11)-(24) 또는(13)-(24)]	(28) 관련 비용 [((19)-(11)또는 (19)-(13))-(25)]	(29) 합계 ((27)+(28))			
10,316,000	4,484,000	14,800,000	2,579,000	1,121,000	3,700,000	2,316,000	6,016,000	12,484,000
10,316,000	4,484,000	14,800,000	2,579,000	1,121,000	3,700,000	2,316,000	6,016,000	12,484,000

| 3 | 감가상각비(상당액) 한도초과금액 이월 명세 |

(37) 전기이월액	(38) 당기 감가상각비(상당액) 한도초과금액	(39) 감가상각비(상당액) 한도초과금액 누계	(40) 손금추인(산입)액	(41) 차기이월액((39)-(40))
8,000,000	2,316,000	10,316,000		10,316,000
8,000,000	2,316,000	10,316,000		10,316,000

| 4 | 업무용 승용차 처분 손실 및 한도초과금액 손금불산입액 계산 |

3. 세무조정

〈 손 금 불 산 입〉업무용승용차 업무미사용분   3,700,000원 (상   여)

〈 손 금 불 산 입〉감가상각비상당액 한도초과액   2,316,000원 (기타사외유출)

[2] 기업업무추진조정명세서

1. [기업업무추진비조정명세서(을)]
(1) 수입금액 명세

1.기업업무추진비 입력 (을)	2.기업업무추진비 조정 (갑)		

1 1. 수입금액명세

구 분	① 일반수입금액	② 특수관계인간 거래금액	③ 합 계(①+②)
금 액	1,800,000,000	200,000,000	2,000,000,000

(2) 기업업무추진비 해당금액

2 2. 기업업무추진비 해당금액

④ 계정과목		합계	기업업무추진비(제조)	기업업무추진비(판관)	소모품비	
⑤ 계정금액		62,200,000	26,200,000	34,500,000	1,500,000	
⑥ 기업업무추진비계상액 중 사적사용경비						
⑦ 기업업무추진비해당금액(⑤-⑥)		62,200,000	26,200,000	34,500,000	1,500,000	
⑧ 신용카드 등 미사용금액	경조사비 중 기준금액 초과액	⑨신용카드 등 미사용금액				
		⑩총 초과금액				
	국외지역 지출액 (법인세법 시행령 제41조제2항제1호)	⑪신용카드 등 미사용금액				
		⑫총 지출액				
	농어민 지출액 (법인세법 시행령 제41조제2항제2호)	⑬송금명세서 미제출금액				
		⑭총 지출액				
	기업업무추진비 중 기준금액 초과액	⑮신용카드 등 미사용금액	7,000,000	2,000,000	5,000,000	
		(16)총 초과금액	55,400,000	23,000,000	30,900,000	1,500,000
(17) 신용카드 등 미사용 부인액		7,000,000	2,000,000	5,000,000		
(18) 기업업무추진비 부인액(⑥+(17))		7,000,000	2,000,000	5,000,000		

2. [기업업무추진비조정명세서(갑)] 문화기업업무추진비 2,000,000원

1.기업업무추진비 입력 (을)	2.기업업무추진비 조정 (갑)	

3 기업업무추진비 한도초과액 조정

중소기업		☐ 정부출자법인 ☐ 부동산임대업등(법.령제42조제2항)	
구분			금액
1. 기업업무추진비 해당 금액			62,200,000
2. 기준금액 초과 기업업무추진비 중 신용카드 등 미사용으로 인한 손금불산입액			7,000,000
3. 차감 기업업무추진비 해당금액(1-2)			55,200,000
기업업무추진비 한도	일반 기업업무추진비	4. 12,000,000 (중소기업 36,000,000) X 월수(12) / 12	36,000,000
		총수입금액 기준	100억원 이하의 금액 X 30/10,000	6,000,000
			100억원 초과 500억원 이하의 금액 X 20/10,000	
			500억원 초과 금액 X 3/10,000	
		5. 소계	6,000,000
		일반수입금액 기준	100억원 이하의 금액 X 30/10,000	5,400,000
			100억원 초과 500억원 이하의 금액 X 20/10,000	
			500억원 초과 금액 X 3/10,000	
		6. 소계	5,400,000
		7. 수입금액기준	(5-6) X 10/100	60,000
		8. 일반기업업무추진비 한도액 (4+6+7)	41,460,000
문화기업업무추진비 한도(「조특법」 제136조제3항)	9. 문화기업업무추진비 지출액		2,000,000
	10. 문화기업업무추진비 한도액(9와 (8 X 20/100) 중 작은 금액)		2,000,000
전통시장기업업무추진비 한도(「조특법」 제136조제6항)	11. 전통시장기업업무추진비 지출액		
	12. 전통시장기업업무추진비 한도액(11과 (8 X 10/100) 중 작은 금액)		
13. 기업업무추진비 한도액 합계(8+10+12)			43,460,000
14. 한도초과액(3-13)			11,740,000
15. 손금산입한도 내 기업업무추진비 지출액(3과 13중 작은 금액)			43,460,000

3. 세무조정

〈 손 금 불 산 입〉신용카드미사용액   7,000,000원 (기타사외유출)

〈 손 금 불 산 입〉기업업무추진비 한도초과액   11,740,000원 (기타사외유출)

[3] 세액고정계산서 및 최저한세 조정계산서

1. [법인세과세표준및세액조정계산서] 산출세액 계산

① 각사업연도소득계산	101. 결 산 서 상 당 기 순 손 익	01	535,000,000
	소득조정금액 102.익 금 산 입	02	34,500,000
	103.손 금 산 입	03	2,900,000
	104. 차 가 감 소 득 금 액 (101+102-103)	04	566,600,000
	105. 기 부 금 한 도 초 과 액	05	1,800,000
	106. 기 부 금 한 도 초 과 이월액 손금산입	54	
	107. 각 사 업 연 도 소 득 금 액 (104+105-106)	06	568,400,000
② 과세표준계산	108. 각 사 업 연 도 소 득 금 액 (108=107)		568,400,000
	109. 이 월 결 손 금	07	3,522,000
	110. 비 과 세 소 득	08	
	111. 소 득 공 제	09	
	112. 과 세 표 준 (108-109-110-111)	10	564,878,000
	159. 선 박 표 준 이 익	55	
③ 산출	113. 과 세 표 준 (113=112+159)	56	564,878,000
	114. 세 율	11	19%
	115. 산 출 세 액	12	87,326,820

2. [최저한세조정계산서] 감면세액(13,000,000), 세액공제(36,200,000) 입력

①구분		코드	②감면후세액	③최저한세	④조정감	⑤조정후세액
(101) 결 산 서 상 당 기 순 이 익		01	535,000,000			
소득조정금액	(102)익 금 산 입	02	34,500,000			
	(103)손 금 산 입	03	2,900,000			
(104) 조 정 후 소 득 금 액 (101+102-103)		04	566,600,000	566,600,000		566,600,000
최저한세적용대상 특별비용	(105)준 비 금	05				
	(106)특별상각, 특례상각	06				
(107) 특별비용손금산입전소득금액(104+106)		07	566,600,000	566,600,000		566,600,000
(108) 기 부 금 한 도 초 과 액		08	1,800,000	1,800,000		1,800,000
(109) 기부금 한도초과 이월액 손 금 산 입		09				
(110) 각 사 업 년 도 소 득 금 액 (107+108-109)		10	568,400,000	568,400,000		568,400,000
(111) 이 월 결 손 금		11	3,522,000	3,522,000		3,522,000
(112) 비 과 세 소 득		12				
(113) 최저한세적용대상 비 과 세 소 득		13				
(114) 최저한세적용대상 익금불산입 · 손금산입		14				
(115) 차가감 소 득 금 액(110-111-112+113+114)		15	564,878,000	564,878,000		564,878,000
(116) 소 득 공 제		16				
(117) 최저한세적용대상 소 득 공 제		17				
(118) 과 세 표 준 금 액(115-116+117)		18	564,878,000	564,878,000		564,878,000
(119) 선 박 표 준 이 익		24				
(120) 과 세 표 준 금 액 (118+119)		25	564,878,000	564,878,000		564,878,000
(121) 세 율		19	19 %	7 %		19 %
(122) 산 출 세 액		20	87,326,820	39,541,460		87,326,820
(123) 감 면 세 액		21	13,000,000			13,000,000
(124) 세 액 공 제		22	36,200,000		1,414,640	34,785,360
(125) 차 감 세 액 (122-123-124)		23	38,126,820			39,541,460

3. [법인세과세표준및세액조정계산서] 최저한세 적용대상공제감면세액 47,785,360

① 각사업연도소득계산	101. 결 산 서 상 당 기 순 손 익	01	535,000,000
	소득조정 102. 익 금 산 입	02	34,500,000
	금 액 103. 손 금 산 입	03	2,900,000
	104. 차 가 감 소 득 금 액 (101+102-103)	04	566,600,000
	105. 기 부 금 한 도 초 과 액	05	1,800,000
	106. 기 부 금 한 도 초 과 이 월 액 손 금 산 입	54	
	107. 각 사 업 연 도 소 득 금 액 (104+105-106)	06	568,400,000
② 과세표준계산	108. 각 사 업 연 도 소 득 금 액 (108=107)		568,400,000
	109. 이 월 결 손 금	07	3,522,000
	110. 비 과 세 소 득	08	
	111. 소 득 공 제	09	
	112. 과 세 표 준 (108-109-110-111)	10	564,878,000
	159. 선 박 표 준 이 익	55	
③ 산출세액계산	113. 과 세 표 준 (113=112+159)	56	564,878,000
	114. 세 율	11	19%
	115. 산 출 세 액	12	87,326,820
	116. 지 점 유 보 소 득 (법 제96조)	13	
	117. 세 율	14	
	118. 산 출 세 액	15	
	119. 합 계 (115+118)	16	87,326,820

④ 납부할세액계산	120. 산 출 세 액 (120=119)		87,326,820
	121. 최 저 한 세 적 용 대 상 공 제 감 면 세 액	17	47,785,360
	122. 차 감 세 액	18	39,541,460
	123. 최 저 한 세 적 용 제 외 공 제 감 면 세 액	19	
	124. 가 산 세 액	20	190,000
	125. 가 감 계 (122-123+124)	21	39,731,460
	기납부세액 126. 중 간 예 납 세 액	22	5,000,000
	기한내납부세액 127. 수 시 부 과 세 액	23	
	128. 원 천 납 부 세 액	24	7,000,000
	129. 간접 회사등 외국 납부세액	25	
	130. 소 계 (126+127+128+129)	26	12,000,000
	131. 신 고 납 부 전 가 산 세 액	27	
	132. 합 계 (130+131)	28	12,000,000
	133. 감 면 분 추 가 납 부 세 액	29	
	134. 차 가 감 납 부 할 세 액 (125-132+133)	30	27,731,460
⑤토지등 양도소득, ⑥미환류소득 법인세 계산 (TAB로 이동)			
⑦ 세액계	151. 차 감 납 부 할 세 액 계 (134+150+166)	46	27,731,460
	152. 사 실 과 다 른 회 계 처 리 경 정 세 액 공 제	57	
	153. 분 납 세 액 계 산 범 위 액 (151-124-133-145-152+131)	47	27,541,460
	154. 분 납 할 세 액	48	13,770,730
	155. 차 감 납 부 세 액 (151-152-154)	49	13,960,730

[4] 대손충당금 조정명세서

1. [대손충당금및대손금조정명세서]

(1) 대손금조정

No	22.일자	23.계정과목	24.채권내역	25.대손사유	26.금액	대손충당금상계액 27.계	28.시인액	29.부인액	당기 손비계상액 30.계	31.시인액	32.부인액
1	03.31	외상매출금	1.매출채권	6.소멸시효완성	10,000,000	10,000,000	10,000,000				
2	06.30	외상매출금	1.매출채권	1.파산	5,000,000	5,000,000	5,000,000				
3	09.01	받을어음	1.매출채권	5.부도(6개월경과)	20,000,000	20,000,000		20,000,000			
4	11.02	받을어음	1.매출채권	5.부도(6개월경과)	15,000,000	15,000,000	14,999,000	1,000			
5	06.25	미수금	2.미수금	2.강제집행	15,000,000	15,000,000	15,000,000				
	계				65,000,000	65,000,000	44,999,000	20,001,000			

→ (주)이가의 받을어음 비망가액 1,000원

(2) 채권잔액(부인금액 20,000,000+1,000)

No	16.계정과목	17.채권잔액의 장부가액	18.기말현재대손금부인누계 전기	당기	19.합계 (17+18)	20.충당금설정제외채권 (할인,배서,특수채권)	21.채권잔액 (19-20)
1	외상매출금	1,570,000,000			1,570,000,000		1,570,000,000
2	받을어음	100,000,000		20,001,000	120,001,000		120,001,000
3							
	계	1,670,000,000		20,001,000	1,690,001,000		1,690,001,000

(3) 대손충당금 조정

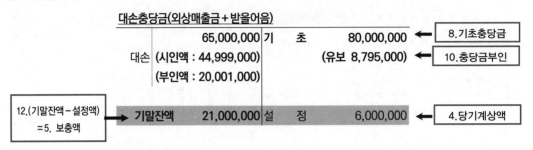

대손충당금(외상매출금 + 받을어음)

		기 초	80,000,000	← 8.기초충당금
65,000,000	대손 (시인액 : 44,999,000)	(유보 8,795,000)		← 10.충당금부인
	(부인액 : 20,001,000)			
12.(기말잔액 - 설정액) =5. 보충액 → 기말잔액	21,000,000	설 정	6,000,000	← 4.당기계상액

손금 산입액 조정	1.채권잔액 (21의금액)	2.설정률(%)			3.한도액 (1×2)	회사계상액			7.한도초과액 (6-3)
		◉기본율	○실적율	○적립기준		4.당기계상액	5.보충액	6.계	
조정	1,690,001,000	1			16,900,010	6,000,000	15,000,000	21,000,000	4,099,990

익금 산입액 조정	8.장부상 충당금기초잔액	9.기중 충당금환입액	10.충당금부인 누계액	11.당기대손금 상계액(27의금액)	12.충당금보충액 (충당금장부잔액)	13.환입할금액 (8-9-10-11-12)	14.회사환입액 (회사기말환입)	15.과소환입·과다 환입(△)(13-14)
조정	80,000,000		8,795,000	65,000,000	15,000,000	-8,795,000		-8,795,000

2. 세무조정

〈손금불산입〉 받을어음   20,001,000원 (유 보 발 생)

〈손금불산입〉 대손충당금한도초과액   4,099,990원 (유 보 발 생)

〈손 금 산 입〉 전기대손충당금한도초과액   8,795,000원 (유 보 감 소)

[5] 세무조정

〈손금불산입 〉 법인세등   118,000,000원 (기타사외유출)

〈손금불산입〉 업무무관가지급금   35,000,000원 (유 보 발 생)

〈손금불산입〉 토지개발부담금   3,000,000원 (유 보 발 생)

〈손 금 산 입〉 업무용승용차감가상각비   2,000,000원 (유 보 발 생)

☞업무용승용차는 강제상각이므로 시인액에 대해서 손금산입

〈손금불산입〉 출자임원사택유지비   5,000,000원 (상   여)

〈익금불산입〉 자동차세환급금이자   100,000원 (기   타)

제114회 전산세무 1급(법인조정)

합격율	시험년월
21%	2024.6

서강기업㈜(1141)은 전자부품의 제조 및 건설업을 영위하는 중소기업으로, 당해 사업연도는 20x1.1.1.~20x1.12.31.이다. [법인조정] 메뉴를 이용하여 기장되어 있는 재무회계 장부 자료와 제시된 보충자료에 의하여 해당 사업연도의 세무조정을 하시오. (30점) ※ 회사 선택 시 유의하시오.

[1] 다음 자료를 이용하여 [수입금액조정명세서] 및 [조정후수입금액명세서]를 작성하고, 필요한 세무조정을 하시오. (7점)

(1) 손익계산서상 수입금액은 다음과 같다.

구분	계정과목	기준경비율코드	결산서상 수입금액
1	제품매출	321012	1,535,000,000원
2	공사수입금	452127	298,150,000원
	계		1,833,150,000원

(2) 아래의 공사에 대하여 손익계산서상 공사수입금액으로 200,000,000원을 계상하였다. 당사는 작업진행률에 의하여 공사수입금액을 인식하여야 하며, 작업진행률 관련 자료는 다음과 같다.

- 공사명 : 우리중학교 증축공사
- 도급자 : 세종특별시 교육청

항목	금액
도급금액	1,000,000,000원
총공사예정비용	700,000,000원
당기말 총공사비 누적액	455,000,000원
전기말 누적 공사수입 계상액	400,000,000원

(3) 당사가 수탁자에게 판매를 위탁한 제품을 수탁자가 12월 31일에 판매한 제품매출 15,000,000원(제품매출원가 10,000,000원)이 손익계산서 및 부가가치세 신고서에 반영되지 않았다.

부가가치세법상 과세표준 내역

구분	금액	비고
제품매출	1,535,000,000원	–
공사수입금	298,150,000원	–
고정자산매각대금(수입금액 제외)	15,000,000원	기계장치 매각으로 세금계산서를 발행함
계	1,848,150,000원	–

[2] 다음 자료를 이용하여 [퇴직연금부담금등조정명세서]를 작성하고, 관련된 세무조정을 [소득금액조정합계표및명세서]에 반영하시오. (6점)

1. 퇴직금추계액
   • 기말 현재 임·직원 전원 퇴직 시 퇴직금추계액 : 280,000,000원
2. 퇴직급여충당금 내역
   • 기말 퇴직급여충당금 : 25,000,000원
   • 기말 현재 퇴직급여충당금부인 누계액 : 25,000,000원
3. 당기 퇴직 현황 및 퇴직연금 현황
   • 퇴직연금운용자산의 기초 금액 : 210,000,000원
   • 당기 퇴직연금불입액 : 40,000,000원
   • 당기 중 퇴직급여 회계처리는 다음과 같다.

   (차) 퇴직급여   16,000,000원   (대) 퇴직연금운용자산   3,000,000원
                                                      보통예금   13,000,000원
   • 당사는 확정급여(DB)형 퇴직연금과 관련하여 신고조정으로 손금산입하고 있으며, 전기 말까지 신고조정으로 손금산입한 금액은 210,000,000원이다.

[3] 다음의 고정자산에 대하여 [고정자산등록]을 하고, [미상각자산감가상각조정명세서] 및 [감가
상각비조정명세서합계표]를 작성한 뒤 자산별로 각각 필요한 세무조정을 하시오. (7점)

1. 감가상각대상자산

구분	코드	자산명	취득일	취득가액	전기말 감가상각누계액	당기 감가상각비 계상액	경비구분 / 업종
기계장치	100	A	2022.08.17.	300,000,000원	160,000,000원	60,000,000원	제조
기계장치	101	B	2023.07.21.	200,000,000원	40,000,000원	80,000,000원	제조

당사는 기계장치의 감가상각방법을 신고하지 않았지만, 기계장치의 내용연수는 5년으로 신고하였다.
기계장치 A의 전기말 상각부인액은 8,000,000원, 기계장치 B의 전기말 상각부인액은 4,000,000
원이다.

2. 당기 수선 내역

자산명	수선비	회계처리	계정과목
A	20,000,000원	비용으로 처리	수선비(제)
B	15,000,000원	자산으로 처리	기계장치

위 수선비 지출 내역은 모두 자본적지출에 해당한다.

[4] 다음의 자료만을 이용하여 [기부금조정명세서]를 작성하고 필요한 세무조정을 하시오. (6점)

(1) 당기 기부금 내용은 다음과 같으며 적요 및 기부처 입력은 생략한다.

일자	금액	지급내용
08월 20일	7,000,000원	한라대학교(사립학교)에 연구비로 지출한 기부금
09월 05일	4,000,000원	A사회복지법인 고유목적사업기부금
11월 20일	2,000,000원	정부로부터 인·허가를 받지 않은 B예술단체에 지급한 금액
12월 10일	6,000,000원	C종교단체 어음 기부금(만기일 20x2.01.05.)

(2) 기부금 한도 계산과 관련된 자료는 다음과 같다.
- 전기 말까지 발생한 기부금 중 손금산입 한도 초과로 이월된 금액은 2023년 일반기부금 한도초과액 7,000,000원이다.
- 기부금 관련 세무조정을 반영하기 전 [법인세과세표준및세액조정계산서]상 차가감소득금액 내역은 아래와 같고, 세무상 이월결손금 25,000,000원(2020년도 발생분)이 있다(단, 당사는 중소기업이며, 불러온 자료는 무시하고 아래의 자료만을 이용할 것).

구분		금액
결산서상 당기순이익		200,000,000원
소득조정금액	익금산입	40,000,000원
	손금산입	12,000,000원
차가감소득금액		228,000,000원

[5] 다음의 자료는 20x1년 1월 1일부터 12월 31일까지의 원천징수와 관련한 자료이다. 주어진 자료를 이용하여 [원천납부세액명세서(갑)]를 작성하시오(단, 지방세 납세지의 입력은 생략할 것). (4점)

적요	원천징수 대상금액	원천징수일	원천징수세율	원천징수의무자	사업자등록번호
정기예금 이자	8,000,000원	20x1.06.30.	14%	㈜부전은행	103-81-05259
비영업대금 이자	10,000,000원	20x1.10.31.	25%	㈜삼송테크	210-81-23588
정기적금 이자	5,000,000원	20x1.12.31.	14%	㈜서울은행	105-81-85337

제114회 전산세무1급 답안 및 해설

[1] 수입금액조정명세서, 조정후 수입금액명세서

1. [수입금액조정명세서]

(1) [작업진행률에 의한 수입금액] 탭

No	⑦공사명	⑧도급자	⑨도급금액	⑩해당사업연도말 총공사비누적액 (작업시간등)	⑪총공사 예정비 (작업시간등)	⑫진행률 (⑩/⑪)	⑬누적익금 산입액 (⑨×⑫)	⑭전기말누적 수입계상액	⑮당기회사 수입계상액	(16)조정액 (⑬-⑭-⑮)
					작업진행률계산					
1	우리중학교 증축공사	세종특별시 교육청	1,000,000,000	455,000,000	700,000,000	65.00	650,000,000	400,000,000	200,000,000	50,000,000
2										

(2) [기타수입금액조정] 탭

No	(23)구 분	(24)근 거 법 령	(25)수 입 금 액	(26)대 응 원 가	비 고
1	제품매출		15,000,000	10,000,000	
2					

(3) [수입금액조정계산] 탭

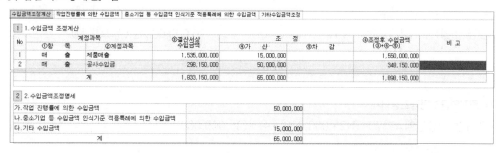

2. [조정후수입금액명세서]

(1) [업종별 수입금액 명세서] 탭

①업 태	④종 목	순번	③기준(단순) 경비율번호	수 입 금 액			
				④계(⑤+⑥+⑦)	내 수 판 매		⑦수 출 (영세율대상)
					⑤국내생산품	⑥수입상품	
제조업	전자부품	01	321012	1,550,000,000	1,550,000,000		
건설업	일반 통신 공사업	02	452127	348,150,000	348,150,000		
(111)기 타		11					
(112)합 계		99		1,898,150,000	1,898,150,000		

(2) [과세표준과 수입금액 차액검토] 탭

| 업종별 수입금액 명세서 | 과세표준과 수입금액 차액검토 | | | | | |

2. 부가가치세 과세표준과 수입금액 차액 검토   부가가치세 신고 내역보기

(1) 부가가치세 과세표준과 수입금액 차액

⑧과세(일반)	⑨과세(영세율)	⑩면세수입금액	⑪합계(⑧+⑨+⑩)	⑫조정후수입금액	⑬차액(⑪-⑫)
1,848,150,000			1,848,150,000	1,898,150,000	-50,000,000

(2) 수입금액과의 차액내역(부가세과표에 포함되어 있으면 +금액, 포함되지 않았으면 -금액 처리)

⑭구 분		코드	(16)금 액	비 고	⑭구 분	코드	(16)금 액	비 고
자가공급(면세전용등)		21			거래(공급)시기차이감액	30		
사업상증여(접대제공)		22			주세 · 개별소비세	31		
개인적공급(개인적사용)		23			매출누락	32	-15,000,000	
간주임대료		24				33		
자산매각	유형자산 및 무형자산 매각액	25	15,000,000			34		
	그밖의자산매각액(부산물)	26				35		
폐업시 잔존재고재화		27				36		
작업진행률 차이		28	-50,000,000			37		
거래(공급)시기차이가산		29			(17)차 액 계	50	-50,000,000	
					(13)차액과(17)차액계의차이금액			

3. 세무조정

〈 익 금 산 입 〉	공사수입금액 누락	50,000,000원 (유보발생)
〈 익 금 산 입 〉	위탁매출 누락	15,000,000원 (유보발생)
〈 손 금 산 입 〉	위탁매출원가 누락	10,000,000원 (유보발생)

[2] 퇴직연금부담금조정명세서

→ T기말 퇴중잔액 = 기말퇴충(25,000,000) − 유보(25,000,000) = 0원

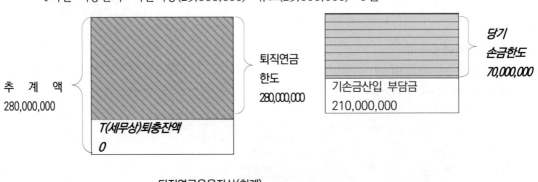

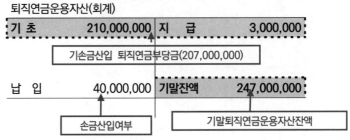

1. 기말퇴직연금 예치금 등의 계산

	2.이미 손금산입한 부담금 등의 계산

나.기말 퇴직연금 예치금 등의 계산

19.기초 퇴직연금예치금 등	20.기중 퇴직연금예치금 등 수령 및 해약액	21.당기 퇴직연금예치금 등의 납입액	22.퇴직연금예치금 등 계 (19 - 20 + 21)
210,000,000	3,000,000	40,000,000	247,000,000

2. 손금산입대상 부담금 등 계산

2 가.손금산입대상 부담금 등 계산

13.퇴직연금예치금 등 계 (22)	14.기초퇴직연금충당금등 및 전기말 신고조정에 의한 손금산입액	15.퇴직연금충당금등 손금부인 누계액	16.기중퇴직연금등 수령 및 해약액	17.이미 손금산입한 부담금등 (14 - 15 - 16)	18.손금산입대상 부담금 등 (13 - 17)
247,000,000	210,000,000		3,000,000	207,000,000	40,000,000

3. 퇴직연금부담금 조정

	1.퇴직연금 등의 부담금 조정

1.퇴직급여추계액	당기말 현재 퇴직급여충당금				6.퇴직부담금 등 손금산입 누적한도액 (① - ⑤)
	2.장부상 기말잔액	3.확정기여형퇴직연금자의 설정전 기계상된 퇴직급여충당금	4.당기말 부인 누계액	5.차감액 (② - ③ - ④)	
280,000,000	25,000,000		25,000,000		280,000,000
7.이미 손금산입한 부담금 등 (17)	8.손금산입액 한도액 (⑥ - ⑦)	9.손금산입 대상 부담금 등 (18)	10.손금산입범위액 (⑧과 ⑨중 적은 금액)	11.회사 손금 계상액	12.조정금액 (⑩ - ⑪)
207,000,000	73,000,000	40,000,000	40,000,000		40,000,000

4. 세무조정

〈익금산입〉 퇴직연금운용자산   3,000,000원 (유보감소)
〈손금산입〉 퇴직연금충당부채   40,000,000원 (유보발생)

[3] 미상각자산감가상각조정명세서

〈기계장치 A〉

세무상취득가액(A)		세무상 기초감가상각누계액(B)	
= 기말 재무상태표상 취득가액	300,000,000	기초 재무상태표상 감가상각누계액	160,000,000
+ 즉시상각의제액(당기)	20,000,000	(−) 전기상각부인누계액	△8,000,000
320,000,000		152,000,000	
미상각잔액(C = A − B) = 168,000,000			
상각범위액(D)	세무상미상각잔액(C) × 상각률(0.451) = 75,768,000		
회사계상상각비(E)	60,000,000원(상각비) + 20,000,000원(수선비) = 80,000,000		
시부인액(D − E)	**부인액 4,232,000(손금불산입, 유보)**		

〈기계장치 B〉

세무상취득가액(A)		세무상 기초감가상각누계액(B)	
= 기말 재무상태표상 취득가액	200,000,000	기초 재무상태표상 감가상각누계액	40,000,000
+ 자본적 지출	15,000,000	(−) 전기상각부인누계액	△4,000,000
215,000,000		36,000,000	
미상각잔액(C = A − B) = 179,000,000			
상각범위액(D)	세무상미상각잔액(C) × 상각률(0.451) = 80,729,000		
회사계상상각비(E)	80,000,000원		
시부인액(D − E)	**시인액 729,000(손금산입, △유보)**		

1. [고정자산등록]

(1) 기계장치 A(2022.08.17.)　　　　(2) 기계장치 B(2023.07.21.)

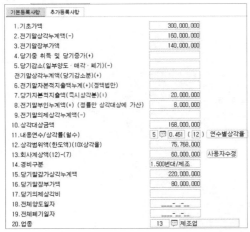

2. [미상각자산감가상각조정명세서]

(1) 기계장치 A(2022.08.17.)

입력내용			금액
업종코드/명	13	제조업	
합계표 자산구분		2. 기계장치	
(4)내용연수			5
상각 계산 의 기초 가액	재무상태표 자산가액	(5)기말현재액	300,000,000
		(6)감가상각누계액	220,000,000
		(7)미상각잔액(5)-(6)	80,000,000
	(8)회사계산감가상각비		60,000,000
	(9)자본적지출액		20,000,000
	(10)전기말의제상각누계액		
	(11)전기말부인누계액		8,000,000
	(12)가감계((7)+(8)+(9)-(10)+(11))		168,000,000
(13)일반상각률.특별상각률			0.451
상각범위 액계산	당기산출 상각액	(14)일반상각액	75,768,000
		(15)특별상각액	
		(16)계((14)+(15))	75,768,000
	취득가액	(17)전기말현재취득가액	300,000,000
		(18)당기회사계산증가액	
		(19)당기자본적지출액	20,000,000
		(20)계((17)+(18)+(19))	320,000,000
	(21) 잔존가액		16,000,000
	(22) 당기상각시인범위액		75,768,000
(23)회사계상상각액((8)+(9))			80,000,000
(24)차감액 ((23)-(22))			4,232,000
(25)최저한세적용에따른특별상각부인액			
조정액	(26) 상각부인액((24)+(25))		4,232,000
	(27) 기왕부인액중당기손금추인액		
(28) 당기말부인누계액 ((11)+(26)-|(27)|)			12,232,000
당기말 의제상각액	(29) 당기의제상각액 |△(24)|-|(27)|		
	(30) 의제상각누계액 ((10)+(29))		
신고조정 감가상각 비계산	(31) 기준상각률		
	(32) 종전상각비		
	(33) 종전감가상각비 한도		
	(34) 추가손금산입대상액		
	(35) 동종자산 한도계산 후 추가손금산		
신고조정 감가상각 비계산	(36) 기획재정부령으로 정하는 기준내용		
	(37) 기준감가상각비 한도		
	(38) 추가손금산입		
(39) 추가 손금산입 후 당기말부인액 누계			12,232,000

(2) 기계장치 B(2023.07.21.)

입력내용			금액
업종코드/명	13	제조업	
합계표 자산구분		2. 기계장치	
(4)내용연수			5
상각 계산 의 기초 가액	재무상태표 자산가액	(5)기말현재액	215,000,000
		(6)감가상각누계액	120,000,000
		(7)미상각잔액(5)-(6)	95,000,000
	(8)회사계산감가상각비		80,000,000
	(9)자본적지출액		
	(10)전기말의제상각누계액		
	(11)전기말부인누계액		4,000,000
	(12)가감계((7)+(8)+(9)-(10)+(11))		179,000,000
(13)일반상각률.특별상각률			0.451
상각범위 액계산	당기산출 상각액	(14)일반상각액	80,729,000
		(15)특별상각액	
		(16)계((14)+(15))	80,729,000
	취득가액	(17)전기말현재취득가액	200,000,000
		(18)당기회사계산증가액	15,000,000
		(19)당기자본적지출액	
		(20)계((17)+(18)+(19))	215,000,000
	(21) 잔존가액		10,750,000
	(22) 당기상각시인범위액		80,729,000
(23)회사계상상각액((8)+(9))			80,000,000
(24)차감액 ((23)-(22))			-729,000
(25)최저한세적용에따른특별상각부인액			
조정액	(26) 상각부인액((24)+(25))		
	(27) 기왕부인액중당기손금추인액		729,000
(28) 당기말부인누계액 ((11)+(26)-|(27)|)			3,271,000
당기말 의제상각액	(29) 당기의제상각액 |△(24)|-|(27)|		
	(30) 의제상각누계액 ((10)+(29))		
신고조정 감가상각 비계산	(31) 기준상각률		
	(32) 종전상각비		
	(33) 종전감가상각비 한도		
	(34) 추가손금산입대상액		
	(35) 동종자산 한도계산 후 추가손금산		
신고조정 감가상각 비계산	(36) 기획재정부령으로 정하는 기준내용		
	(37) 기준감가상각비 한도		
	(38) 추가손금산입		
(39) 추가 손금산입 후 당기말부인액 누계			3,271,000

3. [감가상각비조정명세서합계표]

1.자 산 구 분		코드	2.합 계 액	유 형 자 산			6.무형자산
				3.건 축 물	4.기계장치	5.기타자산	
재무 상태표 상각액	101.기말현재액	01	515,000,000		515,000,000		
	102.감가상각누계액	02	340,000,000		340,000,000		
	103.미상각잔액	03	175,000,000		175,000,000		
104.상각범위액		04	156,497,000		156,497,000		
105.회사손금계상액		05	160,000,000		160,000,000		
조정 금액	106.상각부인액 (105-104)	06	4,232,000		4,232,000		
	107.시인부족액 (104-105)	07	729,000		729,000		
	108.기왕부인액 중 당기손금추인액	08	729,000		729,000		
109.신고조정손금계상액		09					

4. 세무조정

〈손금불산입〉 기계장치 A 감가상각비 한도초과액　　　　4,232,000원 (유보발생)

〈손 금 산 입〉 기계장치 B 감가상각비 시인부족액　　　　729,000원 (유보감소)

[4] [기부금조정명세서]

1. [1.기부금 입력] 탭

① 기부금명세서

1.기부금 입력	2.기부금 조정

1.기부금명세서 [월별로 전환] [구분만 별도 입력하기] [유형별 정렬]

구분		3.과목	4.월일	5.적요	기부처		8.금액	비고
1.유형	2.코드				6.법인명등	7.사업자(주민)번호등		
24조제2항제1호에	10	기부금	8 20	한라대학교(사립학교)에 연구비	한라대학교		7,000,000	
24조제3항제1호에	40	기부금	9 5	A사회복지법인 고유목적사업기부	A사회복지법인		4,000,000	
기타	50	기부금	11 20	정부로부터 인·허가를 받지 않은	B예술단체		2,000,000	
9.소계		가. 「법인세법」 제24조제2항제1호에 따른 특례기부금			코드 10		7,000,000	
		나. 「법인세법」 제24조제3항제1호에 따른 일반기부금			코드 40		4,000,000	
		다. 「조세특례제한법」 제88조의4제13항의 우리사주조합 기부금			코드 42			
		라.그 밖의 기부금			코드 50		2,000,000	
		계					13,000,000	

② 소득금액 확정

2.소득금액확정 [새로 불러오기] [수정]

1.결산서상 당기순이익	2.익금산입	3.손금산입	4.기부금합계	5.소득금액계(1+2-3+4)
200,000,000	48,000,000	12,000,000	11,000,000	247,000,0

※ 어음기부금 : 그밖의기부금(코드 50, 기타기부금)으로 입력하는 것이 정확한 입력방법임.

2. [2.기부금 조정] 탭

1.기부금 입력	2.기부금 조정

Ⅰ	1. 「법인세법」 제24조제2항제1호에 따른 특례기부금 손금산입액 한도액 계산		
1.소득금액 계	247,000,000	5.이월잔액 중 손금산입액 MIN[4,23]	
2.법인세법 제13조제1항제1호에 따른 이월 결손금 합계액(기준소득금액의 80% 한도)	25,000,000	6.해당연도지출액 손금산입액 MIN[(④-⑤)>0, ③]	7,000,000
3. 「법인세법」 제24조제2항제1호에 따른 특례기부금 해당 금액	7,000,000	7.한도초과액 [(3-6)>0]	
4.한도액 {[(1-2) 0]X50%}	111,000,000	8.소득금액 차감잔액 [(①-②-⑤-⑥)>0]	215,000,000
Ⅱ	2. 「조세특례제한법」 제88조의4에 따라 우리사주조합에 지출하는 기부금 손금산입액 한도액 계산		
9. 「조세특례제한법」 제88조의4제13항에 따른 우리사주조합 기부금 해당 금액		11. 손금산입액 MIN(9, 10)	
10. 한도액 (8×30%)	64,500,000	12. 한도초과액 [(9-10)>0]	
Ⅲ	3. 3. 「법인세법」 제24조제3항제1호에 따른 일반기부금 손금산입 한도액 계산		
13. 「법인세법」 제24조제3항제1호에 따른 일반기부금 해당금액	4,000,000	16. 해당연도지출액 손금산입액 MIN[(14-15)>0, 13]	4,000,000
14. 한도액 ((8-11)×10%, 20%)	21,500,000	17. 한도초과액 [(13-16)>0]	
15. 이월잔액 중 손금산입액 MIN(14, 23)	7,000,000		
Ⅳ	4.기부금 한도초과액 총액		
18. 기부금 합계액 (3+9+13)		19. 손금산입 합계 (6+11+16)	20. 한도초과액 합계 (18-19)=(7+12+17)
	11,000,000	11,000,000	

Ⅴ	5.기부금 이월 명세					
사업연도	기부금 종류		21.한도초과 손금불산입액	22.기공제액	23.공제가능 잔액(21 22)	24.해당연도 손금추인액	25.차기이월액 (23-24)
합계	「법인세법」 제24조제2항제1호에 따른 특례기부금						
	「법인세법」 제24조제3항제1호에 따른 일반기부금		7,000,000			7,000,000	7,000,000
2023	「법인세법」 제24조제3항제1호에 따른 일반		7,000,000			7,000,000	7,000,000

Ⅵ	6. 해당 사업연도 기부금 지출액 명세			
사업연도	기부금 종류	26.지출액 합계금액	27.해당 사업연도 손금산입액	28.차기 이월액(26-27)
합계	「법인세법」 제24조제2항제1호에 따른 특례기부금	7,000,000	7,000,000	
	「법인세법」 제24조제3항제1호에 따른 일반기부금	4,000,000	4,000,000	

3. 세무조정

〈손금불산입〉　인·허가 받지 않은 B예술단체 기부금　　　　　2,000,000원 (기타사외유출)

〈손금불산입〉　C종교단체 어음 기부금　　　　　　　　　　　6,000,000원 (유 보 발 생)

[5] [원천납부세액명세서] > [원천납부세액(갑)] 탭

| 원천납부세액(갑) | 원천납부세액(을) | | | | | | | | | |

No		1.적요 (이자발생사유)	2.원천징수의무자			3.원천 징수일		4.이자·배당금액	5.세율(%)	6.법인세	지방세 납세지
			구분	사업자(주민)번호	상호(성명)						
1	☐	정기예금 이자	내국인	103-81-05259	(주)부전은행	6	30	8,000,000	14.00	1,120,000	
2	☐	비영업대금 이자	내국인	210-81-23588	(주)삼송테크	10	31	10,000,000	25.00	2,500,000	
3	☐	정기적금 이자	내국인	105-81-85337	(주)서율은행	12	31	5,000,000	14.00	700,000	
4	☐										
	☐										
	☐										
	☐										
	☐										
	☐										
	☐										
	☐										
	☐										
		합 계						23,000,000		4,320,000	

제112회 전산세무 1급(법인조정)

합격율	시험년월
4%	2024.2

㈜선호물산(1121)은 제조·도소매업 및 건설업을 영위하는 중소기업이며, 당해 사업연도는 20x1.1.1. ~20x1.12.31.이다. [법인조정] 메뉴를 이용하여 기장되어 있는 재무회계 장부 자료와 제시된 보충자료에 의하여 해당 사업연도의 세무조정을 하시오. (30점)

[1] 다음은 기업업무추진비와 관련된 자료이다. [기업업무추진비조정명세서]를 작성하고 필요한 세무조정을 하시오. (6점)

1. 손익계산서상 기업업무추진비(판)계정의 금액은 20,000,000원이며, 다음의 금액이 포함되어 있다.
   - 전기 말 법인카드로 기업업무추진비 1,000,000원을 지출하였으나 회계처리를 하지 않아 이를 법인 카드 대금 결제일인 20x1년 1월 25일에 기업업무추진비로 계상하였다.
2. 건설중인자산(당기 말 현재 공사 진행 중)에 배부된 기업업무추진비(도급) 3,000,000원 중에는 대표 이사가 개인적으로 사용한 금액으로써 대표이사가 부담해야 할 기업업무추진비 500,000원이 포함되어 있다.
3. 당기 수입금액 합계는 2,525,000,000원으로 제품매출 1,385,000,000원, 상품매출 1,140,000,000원이다.
4. 전기 이전의 세무조정은 모두 적법하게 이루어진 상황이며, 위 외의 기업업무추진비 지출액은 없다.
5. 위 기업업무추진비 중 신용카드 등 미사용금액은 없다.

[2] 다음 자료를 이용하여 [고정자산등록] 메뉴에 고정자산을 등록하고, [미상각자산감가상각조정명세서]를 작성하고 필요한 세무조정을 하시오. (6점)

[자료1]

자산 코드	구분	자산명	취득일	취득가액	전기말 상각누계액	제조원가명세서에 반영된 상각비	경비 구분
1	기계장치 (업종코드 : 13)	기계장치	2020.06.01.	60,000,000원	12,000,000원	4,000,000원	제조

[자료2]
- 회사는 감가상각방법을 세법에서 정하는 시기에 정액법으로 신고하였다.
- 회사는 감가상각대상자산의 내용연수를 무신고하였다.

구분		기준내용연수
기계장치		6년
상각률	정액법	0.166
	정률법	0.394

- 수선비 계정에는 기계장치에 대한 자본적 지출액 10,000,000원이 포함되어 있다.
- 회사는 20x1년 1월 1일 전기 과소상각비 해당액을 아래와 같이 회계처리하였다.

  (차) 전기오류수정손실(이익잉여금)　　3,000,000원　　(대) 감가상각누계액(기계장치)　　3,000,000원

[3] 다음 자료를 이용하여 [가지급금등의인정이자조정명세서]를 작성하고, 필요한 세무조정을 하 시오. (6점)

---

1. 손익계산서상 지급이자 내역

구분	국민은행	하나은행	합계
연 이자율	4.9%	5.7%	
지급이자	6,370,000원	17,100,000원	23,470,000원
차입금	130,000,000원	300,000,000원	
비고	차입금 발생일 : 20x0.11.10.	차입금 발생일 : 20x0.01.05.	

2. 대표이사 장경석의 가지급금 및 가수금 내역

일자	금액	비고
20x1.02.09.	100,000,000원	업무와 무관하게 대표이사에게 대여한 금액
20x1.05.25.	20,000,000원	대표이사에게 미지급한 소득에 대한 소득세 대납액
20x1.08.27.	60,000,000원	대표이사 대여금 중 일부를 대표이사로부터 회수한 금액

3. 기타 추가사항
   • 회사는 대표이사 대여금에 대하여 별도의 이자 지급에 관한 약정을 하지 않았으며, 결산일에 대표이사 대여금에 대한 이자수익을 아래와 같이 회계처리하였다.
   (차) 미수수익　　　　　　　2,000,000원　　　(대) 이자수익　　　　　　　2,000,000원
   • 회사는 전년도부터 당좌대출이자율(4.6%)을 시가로 적용한다.
   • 불러온 자료는 무시하고 직접 입력하여 작성한다.

[4] 당사는 소기업으로서 「중소기업에 대한 특별세액감면」을 적용받으려 한다. 불러온 자료는 무시하고, 다음의 자료만을 이용하여 [법인세과세표준및세액조정계산서]를 작성하시오. (6점)

1. 표준손익계산서 일부

Ⅷ.법인세비용차감전손익	217	461,600,000원
Ⅸ.법인세비용	218	61,600,000원
Ⅹ.당기순손익	219	400,000,000원

2. 소득금액조정합계표

익금산입 및 손금불산입			손금산입 및 익금불산입		
과 목	금 액	소득처분	과 목	금 액	소득처분
법인세비용	61,600,000원	기타사외유출	재고자산평가증	3,000,000원	유보감소
기업업무추진비 한도초과	20,000,000원	기타사외유출			
세금과공과	1,400,000원	기타사외유출			
합계	83,000,000원		합계	3,000,000원	

3. 기타자료
   • 감면소득금액은 300,000,000원, 감면율은 20%이다.
   • 전년 대비 상시근로자 수의 변동은 없으며, 최저한세 적용 감면배제금액도 없다.
   • 지급명세서불성실가산세 500,000원이 있다.
   • 법인세 중간예납세액은 20,000,000원이고, 분납을 최대한 적용받고자 한다.

[5] 다음 자료만을 이용하여 [자본금과적립금조정명세서(갑)(을)]를 작성하시오(단, 전산상에 입력
된 기존 자료는 무시할 것). (6점)

1. 전기(20x0년) 자본금과적립금조정명세서(을)표상의 자료는 다음과 같다.

과목	기초잔액	당기중증감		기말잔액
		감소	증가	
업무용승용차	13,200,000원	8,000,000원		5,200,000원
단기매매증권평가손실	15,000,000원	3,000,000원		12,000,000원

2. 당기(20x1년)의 소득금액조정합계표내역은 다음과 같다.

손금산입및익금불산입		
과목	금액(원)	조정 이유
업무용승용차	5,200,000	전기 업무용승용차 감가상각 한도 초과액 추인
단기매매증권	5,000,000	단기매매증권평가이익(전기 유보 감소로 세무조정)

3. 당기말 재무상태표의 자본 내역은 다음과 같다.

과목	제15기 당기 20x1년 1월 1일~20x1년 12월 31일	제14기 전기 20x0년 1월 1일~20x0년 12월 31일
	금액(원)	금액(원)
Ⅰ. 자본금	250,000,000	200,000,000
Ⅱ. 자본잉여금	30,000,000	50,000,000
Ⅲ. 자본조정	20,000,000	20,000,000
Ⅳ. 기타포괄손익누계액	50,000,000	50,000,000
Ⅴ. 이익잉여금	107,000,000	52,000,000
(당기순이익)		
당기 :	55,000,000	25,000,000
전기 :	25,000,000	5,000,000
자본총계	457,000,000	372,000,000

• 법인세과세표준및세액신고서의 법인세 총부담세액이 손익계산서에 계상된 법인세비용보다 1,200,000원,
지방소득세는 150,000원 각각 더 많이 산출되었다.(전기분은 고려하지 않음).
• 이월결손금과 당기결손금은 발생하지 않았다.

제112회 전산세무1급 답안 및 해설

[1] 기업업무추진비조정명세서

1. [기업업무추진비조정명세서(을)]

1. 수입금액명세

구　분	1. 일반수입금액	2. 특수관계인간 거래금액	3. 합　계(1+2)
금　액	2,525,000,000		2,525,000,000

2. 기업업무추진비 해당금액

		합계	기업업무추진비(도급)	기업업무추진비(판관)	
4. 계정과목					
5. 계정금액		22,000,000	3,000,000	19,000,000	
6. 기업업무추진비계상액 중 사적사용경비		500,000	500,000		
7. 기업업무추진비해당금액(5-6)		21,500,000	2,500,000	19,000,000	
8. 신용카드 등 미사용금액	결조사비 중 기준금액 초과액	9. 신용카드 등 미사용금액			
		10. 총 초과금액			
	국외지역 지출액 (법인세법 시행령 제41조제2항제1호)	11. 신용카드 등 미사용금액			
		12. 총 지출액			
	농어민 지출액 (법인세법 시행령 제41조제2항제2호)	13. 송금명세서 미제출금액			
		14. 총 지출액			
	기업업무추진비 중 기준금액 초과액	15. 신용카드 등 미사용금액			
		16. 총 초과금액	21,500,000	2,500,000	19,000,000
17. 신용카드 등 미사용 부인액					
18. 기업업무추진비 부인액(6+17)		500,000	500,000		

- 불러오기>기업업무추진비(판) 20,000,000원에서 전기 기업업무추진비 1,000,000원을 차감한 19,000,000원을 계정금액에 수정하여 입력한다.

2. [기업업무추진비조정명세서(갑)]

3. 기업업무추진비 한도초과액 조정

중소기업				□ 정부출자법인 □ 부동산임대업등이(법.령제42조제2항)
		구분		금액
1. 기업업무추진비 해당 금액				21,500,000
2. 기준금액 초과 기업업무추진비 중 신용카드 등 미사용으로 인한 손금불산입액				
3. 차감 기업업무추진비 해당금액(1-2)				21,500,000
일반 기업업무추진비 한도	4. 12,000,000 (중소기업 36,000,000) X 월수(12) / 12			36,000,000
	총수입금액 기준	100억원 이하의 금액 X 30/10,000		7,575,000
		100억원 초과 500억원 이하의 금액 X 20/10,000		
		500억원 초과 금액 X 3/10,000		
		5. 소계		7,575,000
	일반수입금액 기준	100억원 이하의 금액 X 30/10,000		7,575,000
		100억원 초과 500억원 이하의 금액 X 20/10,000		
		500억원 초과 금액 X 3/10,000		
		6. 소계		7,575,000
	7. 수입금액기준	(5-6) X 10/100		
	8. 일반기업업무추진비 한도액 (4+6+7)			43,575,000
문화기업업무추진비 한도(「조특법」 제136조제3항)	9. 문화기업업무추진비 지출액			
	10. 문화기업업무추진비 한도액(9와 (8 X 20/100) 중 작은 금액)			
전통시장기업업무추진비 한도(「조특법」 제136조제6항)	11. 전통시장기업업무추진비 지출액			
	12. 전통시장기업업무추진비 한도액(11과 (8 X 10/100) 중 작은 금액)			
13. 기업업무추진비 한도액 합계(8+10+12)				43,575,000
14. 한도초과액(3-13)				
15. 손금산입한도 내 기업업무추진비 지출액(3과 13중 작은 금액)				21,500,000

3. 세무조정

〈 손금불산입 〉 전기 기업업무추진비　　　　　　　1,000,000원 (유보감소)[주1]

〈 손 금 산 입 〉 건설중인자산　　　　　　　　　　 500,000원 (유보발생)[주2]

〈 손금불산입 〉 대표이사 개인적 사용 기업업무추진비　 500,000원 (상　　여)[주2]

주1) 전기 이전의 세무조정은 적법하게 이루어졌으므로 **전기의 세무조정은 〈손금산입〉 기업업무추진비(유보)로 처리**된다.

주2) 건설중인자산이 회계상 500,000원 과다계상되었으므로 **건설중인자산은 〈손금산입〉**하고, 동 금액은 대표이사의 개인적 사용분으로서 손금에 해당하지 않기 때문에 대표자 상여로 소득처분한다.

[2] 고정자산

1. 감가상각한도 계산

기계장치(정액법)→기준내용연수(무신고) 6년(상각률 0.166)

세무상취득가액(A)		상각범위액(B)	
= 기말 재무상태표상 취득가액	60,000,000	상각율	11,620,000
+ 즉시상각의제액(전기)	0		
+ 즉시상각의제액(당기)	10,000,000		
70,000,000		0.166	
회사계상상각비(C)	4,000,000(감가상각비)+3,000,000(이익잉여금)+ 10,000,000(당기즉시상각의제액) = 17,000,000원		
시부인액(B−C)	부인액 5,380,000(손금불산입, 유보)		

2. [고정자산등록] 000001.기계장치, 2020-06-01, 정액법

기본등록사항	추가등록사항	
1.기초가액		60,000,000
2.전기말상각누계액(-)		12,000,000
3.전기말장부가액		48,000,000
4.당기중 취득 및 당기증가(+)		
5.당기감소(일부양도·매각·폐기)(-)		
전기말상각누계액(당기감소분)(+)		
6.전기말자본적지출액누계(+)(정액법만)		
7.당기자본적지출액(즉시상각분)(+)		10,000,000
8.전기말부인누계액(+)(정률만 상각대상에 가산)		
9.전기말의제상각누계액(-)		
10.상각대상금액		70,000,000
11.내용연수/상각률(월수)	6 0.166 (12)	연수별상각율
12.상각범위액(한도액)(10X상각율)		11,620,000
13.회사계상액(12)-(7)		7,000,000 사용자수정
14.경비구분	1.500번대/제조	
15.당기말감가상각누계액		19,000,000
16.당기말장부가액		41,000,000
17.당기의제상각비		
18.전체양도일자	--	
19.전체폐기일자	--	
20.업종	13 제조업	

3. [미상각자산감가상각조정명세서]

입력내용			금액
업종코드/명	13	제조업	
합계표 자산구분	2. 기계장치		
(4)내용연수(기준.신고)			6
상각 계산 의 기초 가액	재무상태표 자산가액	(5)기말현재액	60,000,000
		(6)감가상각누계액	19,000,000
		(7)미상각잔액(5)-(6)	41,000,000
	회사계산 상각비	(8)전기말누계	12,000,000
		(9)당기상각비	7,000,000
		(10)당기말누계(8)+(9)	19,000,000
	자본적 지출액	(11)전기말누계	
		(12)당기지출액	10,000,000
		(13)합계(11)+(12)	10,000,000
(14)취득가액((7)+(10)+(13))			70,000,000
(15)일반상각률.특별상각률			0.166
상각범위 액계산	당기산출 상각액	(16)일반상각액	11,620,000
		(17)특별상각액	
		(18)계((16)+(17))	11,620,000
	(19) 당기상각시인범위액		11,620,000
(20)회사계상상각액((9)+(12))			17,000,000
(21)차감액((20)-(19))			5,380,000
(22)최저한세적용에따른특별상각부인액			
조정액	(23) 상각부인액((21)+(22))		5,380,000
	(24) 기왕부인액중당기손금추인액		
부인액 누계	(25) 전기말부인누계액		
	(26) 당기말부인누계액 (25)+(23)-|24|		5,380,000
당기말 의제상각액	(27) 당기의제상각액 |△(21)|-|(24)|		
	(28) 의제상각누계액		
신고조정 감가상각 비계산	(29) 기준상각률		
	(30) 종전상각비		
	(31) 종전감가상각비 한도		
	(32) 추가손금산입대상액		
	(33) 동종자산 한도계산후 추가손금산		
신고조정 감가상각 비계산	(34) 기획재정부령으로 정하는 기준내용		
	(35) 기준감가상각비 한도		
	(36) 추가손금산입액		
(37) 추가 손금산입 후 당기말부인액 누계			5,380,000

602

4. 세무조정

〈손금불산입〉 기계장치감가상각부인액   5,380,000원 (유보발생)

〈손 금 산 입〉 전기오류수정손실   3,000,000원 (기   타)

[3] 가지급금등의 인정이자조정명세서

1. [가지급금등의인정이자조정명세서]>[1.가지급금.가수금 입력] 탭

No	직책	성명	구분	No	적요	년월일	차변	대변	잔액	일수	적수
1	대표이사	장경석		1	2.대여	20x1 2 9	100,000,000		100,000,000	199	19,900,000,000
				2	3.회수	20x1 8 27		60,000,000	40,000,000	127	5,080,000,000
				3							

이자율선택 : [1] 당좌대출이자율로 계산

○가지급금.가수금 선택 : 1.가지급금

회계데이터불러오기

선택사업연도

선택사업연도 : 20x0 -01 -01 ~ 20x0 -12-31

<참고>

※ 당좌대출이자율을 계속 적용시 최초 선택한 사업연도를 입력합니다.

☞ 대표이사에게 **미지급한 소득에 대한 소득세 대납액은 가지급금으로 보지 않는다.**

☞ 당좌대출이자율을 선택 시 3년간 계속 적용해야 하므로 [2.차입금 입력] 탭은 작성하지 않아도 된다.

2. [가지급금등의인정이자조정명세서]>[4.인정이자조정 : (갑)지] 탭

3.당좌대출이자율에 따른 가지급금 등의 인정이자 조정 (연일수 : 365일)

No	10.성명	11.가지급금적수	12.가수금적수	13.차감적수(11-12)	14.이자율(%)	15.인정이자(13X14)	16.회사계상액	시가인정범위		19.조정액(=17) 17>=3억,18>=5%
								17.차액(15-16)	18.비율(%)	
1	장경석	24,980,000,000		24,980,000,000	4.60	3,148,164		3,148,164	100.00000	3,148,164

이자율선택 : [1] 당좌대출이자율로 계산

☞ 미수이자는 익금불산입 사항이므로 회사계상액에 입력해서는 안된다.

3. 세무조정

〈익금불산입〉 미수이자   2,000,000원 (유보발생)

〈익 금 산 입〉 가지급금인정이자   3,148,164원 (상   여)

[4] [법인세과세표준 및 세액조정계산서]

① 각 사 업 연 도 소 득 계 산	101. 결 산 서 상 당 기 순 손 익	01	400,000,000		④ 납 부 할 세 액 계 산	120. 산 출 세 액 (120=119)		71,200,000		
	소 득 조 정 금 액	102.익 금 산 입	02	83,000,000		121. 최저한세 적 용 대 상 공 제 감 면 세 액	17	8,900,000		
		103.손 금 산 입	03	3,000,000		122. 차 감 세 액	18	62,300,000		
	104. 차 가 감 소 득 금 액 (101+102-103)	04	480,000,000			123. 최저한세 적 용 제 외 공 제 감 면 세 액	19			
	105. 기 부 금 한 도 초 과 액	05				124. 가 산 세 액	20	500,000		
	106. 기 부 금 한 도 초 과 이월액 손금산입	54				125. 가 감 계(122-123+124)	21	62,800,000		
	107. 각 사 업 연 도 소 득 금 액(104+105-106)	06	480,000,000			기한내납부세액 126. 중 간 예 납 세 액	22	20,000,000		
② 과 세 표 준 계 산	108. 각 사 업 연 도 소 득 금 액 (109=107)		480,000,000			127. 수 시 부 과 세 액	23			
	109. 이 월 결 손 금	07				128. 원 천 납 부 세 액	24			
	110. 비 과 세 소 득	08				129. 간접 회사등 외국 납부세액	25			
	111. 소 득 공 제	09				130. 소 계(126+127+128+129)	26	20,000,000		
	112. 과 세 표 준 (108-109-110-111)	10	480,000,000			131. 신 고 납 부 전 가 산 세 액	27			
	159. 선 박 표 준 이 익	55				132. 합 계 (130+131)	28	20,000,000		
③ 산 출 세 액 계 산	113. 과 세 표 준 (113=112+159)	56	480,000,000			133. 감 면 분 추 가 납 부 세 액	29			
	114. 세 율	11	19%			134. 차 가 감 납 부 할 세 액(125-132+133)	30	42,800,000		
	115. 산 출 세 액	12	71,200,000			⑤토지등 양도소득, ⑥미환류소득 법인세 계산 (TAB로 이동)				
	116. 지 점 유 보 소 득 (법 제96조)	13			⑦ 세 액 계	151. 차감 납부할 세액계 (134+150+166)	46	42,800,000		
	117. 세 율	14				152. 사 실 과 다 른 회계 처 리 경정 세액공제	57			
	118. 산 출 세 액	15				153. 분 납 세 액 계 산 범 위 액 (151-124-133-145-152+131)	47	42,300,000		
	119. 합 계 (115+118)	16	71,200,000			154. 분 납 할 세 액	48	21,150,000		
						155. 차 감 납 부 세 액 (151-152-154)	49	21,650,000		

• 중소기업특별세액감면 = 산출세액 71,200,000원 × $\dfrac{\text{감면소득금액 } 300,000,000원}{\text{과세표준 } 480,000,000원}$ × 0.2

= 8,900,000원(최저한세 적용대상공제감면세액)

[5] [자본금과적립금조정명세서]

1. [자본금과적립금조정명세서]>[자본금과적립금조정명세서(을)] 탭

Ⅰ.세무조정유보소득계산

①과목 또는 사항	②기초잔액	당 기 중 증 감		⑤기말잔액 (=②-③+④)	비 고
		③감 소	④증 가		
업무용승용차	5,200,000	5,200,000			
단기매매증권	12,000,000	5,000,000		7,000,000	
합 계	17,200,000	10,200,000		7,000,000	

2. [자본금과적립금조정명세서]>[자본금과 적립금조정명세서(갑)] 탭

자본금과적립금조정명세서(을)	자본금과적립금조정명세서(병)	자본금과적립금조정명세서(갑)	이월결손금

Ⅰ.자본금과 적립금 계산서

①과목 또는 사항		코드	②기초잔액	당 기 중 증 감		⑤기 말 잔 액 (=②-③+④)	비 고
				③감 소	④증 가		
자본금및 잉여금의 계산	1.자 본 금	01	200,000,000		50,000,000	250,000,000	
	2.자 본 잉 여 금	02	50,000,000	20,000,000		30,000,000	
	3.자 본 조 정	15	20,000,000			20,000,000	
	4.기타포괄손익누계액	18	50,000,000			50,000,000	
	5.이 익 잉 여 금	14	52,000,000		55,000,000	107,000,000	
	12.기타	17					
	6.계	20	372,000,000	20,000,000	105,000,000	457,000,000	
7.자본금과 적립금명세서(을)계 + (병)계		21	17,200,000	10,200,000		7,000,000	
손익미계상 법인세 등	8.법 인 세	22			1,200,000	1,200,000	
	9.지 방 소 득 세	23			150,000	150,000	
	10. 계 (8+9)	30			1,350,000	1,350,000	
11.차 가 감 계 (6+7-10)		31	389,200,000	30,200,000	103,650,000	462,650,000	

사업 연도	· · · ~ · · ·	임대보증금등의 간주익금조정명세서	법인명	
			사업자등록번호	

4 ❶ 임대보증금 등의 간주익금조정

①임대보증금 등적수	②건설비 상당액적수	③보증금 잔액 [(①-②)÷365 또는 366]	④이자율	⑤익금 상당액(③×④)	⑥보증금 운용수입	⑦익금산입금액 (⑤-⑥)

1 ❷ 임대보증금 등 적수계산

⑧일 자	⑨적 요	⑩임대보증금누계	⑪일 수	⑫적수(⑩×⑪)

2 ❸ 건설비 상당액 적수계산

가. 건설비의 안분계산

⑬건설비총액적수 (⑳의 합계)	⑭임대면적적수 (㉔의 합계)	⑮건물 연면적적수 (㉘의 합계)	⑯건설비상당액적수 (⑬×⑭÷⑮)

나. 임대면적 등 적수계산

⑰건설비총액적수			㉑건물 임대면적 적수			㉕건물연면적 적수		
⑱건설비 총액누계	⑲임대 일수	⑳적수 (⑱×⑲)	㉒임대 면적누계	㉓임대 일수	㉔적수 (㉒×㉓)	㉖건물 연면적누계	㉗임대 일수	㉘적수 (㉖×㉗)
합 계			합 계			합 계		

3 ❹ 임대보증금 운용수입금액 명세

㉙과 목	㉚계정금액	㉛보증금운용수입금액	㉜기타 수입금액	비 고
계				

■ 법인세법 시행규칙 [별지 제16호의2서식]

수입배당금액명세서

사업연도		법인명		사업자등록번호	

1. 지주회사 또는 출자법인 현황

①법인명	②구분	③사업자등록번호	④소재지	⑤대표자 성명	⑥업태종목

2. 자회사 또는 배당금 지급법인 현황

⑦법인명	⑧구분	⑨사업자등록번호	⑩소재지	⑪대표자	⑫발행 주식총수	⑬지분율(%)

3. 수입배당금 및 익금불산입 금액 명세

⑭자회사 또는 배당금 지급법인명	⑮배당금액	⑯익금불산입 비율(%)	⑰익금불산입 대상금액 (⑮×⑯)	⑱지급이자 관련 익금불산입 배제금액	⑲익금불산입액 (⑰－⑱)
계					

사 업 연 도	· · · ~ · · ·	수입금액조정명세서	법 인 명	
			사업자등록번호	

② 1. 수입금액 조정계산

계 정 과 목		③결산서상 수입금액	조 정		⑥조정 후 수입금액 (③+④-⑤)	비 고
①항 목	②과 목		④가 산	⑤차 감		
	계					

① 2. 수입금액 조정명세

가. 작업진행률에 의한 수입금액

⑦ 공사명	⑧ 도급자	⑨ 도급 금액	작업진행률계산			⑬누적익금 산입액 (⑨×⑫)	⑭전기말 누적수입 계상액	⑮당기 회사수입 계상액	세무조정 ↓ ⑯조정액 (⑬-⑭-⑮)
			⑩해당사업 연도말 총공사비 누적액	⑪ 총공사 예정비	⑫ 진행률 (⑩/⑪)				
계									

나. 중소기업 등 수입금액 인식기준 적용특례에 의한 수입금액

계 정 과 목		⑲세법상 당기 수입금액	⑳당기 회사수입 금액 계상액	㉑조정액 (⑲-⑳)	㉒근거법령
⑰항 목	⑱과 목				
	계	익금산입	손금산입		

다. 기타 수입금액

㉓구 분	㉔근 거 법 령	㉕수 입 금 액	㉖대 응 원 가	비 고
계				

210mm×297mm[일반용지 70g/㎡(재활용품)]

사업 연도	· · · ~ · · ·	조정후수입금액명세서	법 인 명	
			사업자등록번호	

① 1. 업종별 수입금액명세서

①업태	②종목	코드	③기준 (단순)경비율 번호	수입금액			
				④계(⑤+⑥+⑦)	내수		⑦수출
					⑤국내생산품	⑥수입상품	
		01					
		02					
〈103〉		03					
〈104〉		04					
〈106〉		06					
〈107〉		07					
〈111〉기타		11					
〈112〉합계		99					

2. 부가가치세 과세표준과 수입금액 차액 검토

② (1) 부가가치세 과세표준과 수입금액 차액

⑧과세(일반)	⑨과세(영세율)	⑩면세수입금액	⑪합계(⑧+⑨+⑩)	⑫수입금액	⑬차액(⑪−⑫)

③ (2) 수입금액과의 차액내역

⑭구분		⑮ 코드	〈16〉금액	비고	⑭구분	⑮ 코드	〈16〉금액	비고
자가공급		21			거래시기차이감액	30		
사업상증여		22			주세·특별소비세	31		
개인적공급		23			매출누락	32		
간주임대료		24				33		
자 산 매 각	**고정자산매각액**	25				34		
	그 밖의 자산매각액	26				35		
잔존재고재화		27				36		
작업진행률차이		28				37		
거래시기차이가산		29			〈17〉차액계	50		

사업연도		■재고자산 □유가증권 **평가조정명세서**		법인명	(주)무궁

※관리번호 ☐ - ☐   사업자등록번호 ☐☐ - ☐ - ☐☐☐☐

※ 표시란은 기입하지 마십시오.

①1. 재고자산평가방법검토

①자산별	②평가방법 신고연월일	③신고방법	④평가방법	⑤적부	⑥비고
유가증권 채권					
기타					

②2. 평가조정계산

⑦ 과목	⑧ 품명	⑨ 규격	⑩ 단위	⑪ 수량	회사계산		조정계산금액				⑱조정액(⑮ 또는 ⑮와 ⑰중 큰 금액 – ⑬)
					⑫ 단가	⑬ 금액	신고방법		선입선출법		
							⑭ 단가	⑮ 금액	⑯ 단가	⑰ 금액	
계											

계정과목별로 세무조정해야 한다.

609

■ 법인세법 시행규칙 [별지 제40호 서식(을)]

(앞 쪽)

| 사 업 연 도 | · · · ~ · · · | | 외화자산 등 평가차손익조정명세서(을) | | | | | 법 인 명 | |
| | | | | | | | | 사업자등록번호 | |

① 구분	②외화종류	③외화금액	④장부가액		⑦평가금액		⑩평가손익 자산(⑨-⑥) 부채(⑥-⑨)
			⑤적용환율	⑥원화금액	⑧적용환율	⑨원화금액	
외화 자산							
	합 계						
외화 부채							
	합 계						
통화 선도							
	합 계						
통화 스왑							
	합 계						
환변동 보험							
	합 계						
총 계							

당기 : 발생일
전기 : 직전년도 평가환율

210mm×297mm[백상지 80g/㎡ 또는 중질지 80g/㎡]

■ 법인세법 시행규칙 [별지 제40호서식(갑)] (앞 쪽)

| 사 업
연 도 | · · ·
~
· · · | 외화자산 등
평가차손익조정명세서(갑) | 법인명 | |
| | | | 사업자등록번호 | |

1. 손익 조정금액

①구　　분	②당기손익금 해　당　액	③회사손익금 계　상　액	조　　정		⑥손익 조정금액 ((②-③))
			④차익조정 (③-②)	⑤차손조정 (②-③)	
가. 화폐성 외화자산·부채 　　평 가 손 익					
나.통화선도·통화스왑· 　환변동 보험 평가손익					
다. 환 율 조 정 　　계 정 손 익　차익					
차손					
계					

2. 환율조정계정 손익계산 명세

⑦구　분	⑧최종 상환(회수)기일	⑨전기 이월액	⑩ 당기경과일수 ――――――― 잔존일수	⑪손익금 해당액 (⑨×⑩)	⑫차기 이월액 (⑨-⑪)	비　고
			―――――			
			―――――			
			―――――			
			―――――			
			―――――			
			―――――			
			―――――			
			―――――			
			―――――			
			―――――			
			―――――			
계	차　익					
	차　손					

사 업 연 도	· · · ~ · · ·	기업업무추진비 조정명세서(을)	법 인 명	
			사업자등록번호	

1. 수입금액명세

구 분	①일반수입금액	②특수관계인간 거래금액	③합 계(①+②)
금 액			

2. 기업업무추진비 해당 금액

④계 정 과 목			합 계
⑤계 정 금 액			← 현물기업업무추진비 가산
⑥기업업무추진비 계상액 중 사적사용경비			← 개인사용경비+증비불비
⑦기업업무추진비 해당 금액(⑤-⑥)			
⑧신용카드 등 미사용 금액	경조사비 중 기준 금액 초과액	⑨신용카드 등 미사용금액	
		⑩총초과금액	← 분자 : 분모중 신용카드미사용액 분모 : 20만원초과
	국외지역 지출액 (「법인세법 시행령」 제41조 제2항제1호)	⑪신용카드 등 미사용금액	
		⑫총지출액	
	농어민 지출액 (「법인세법 시행령」 제41조 제2항제2호)	⑬송금명세서 미제출금액	
		⑭총지출액	
	기업업무추진비 중 기준금액 초과액	⑮신용카드 등 미사용금액	← 분자 : 분모중 신용카드미사용액 분모 : 3만원초과기업업무추진비 총액
		⑯총초과금액	
⑰신용카드 등 미사용 부인액 (⑨+⑪+⑬+⑮)			← 신용카드미사용액중 분자금액 합계
⑱기업업무추진비 부인액 (⑥+⑰)			← 손금불산입, 사외유출

사 업 연 도	. . ~ . .	기업업무추진비 조정명세서(갑)	법 인 명	
			사업자등록번호	

구 분				금 액
① 기업업무추진비 해당 금액				
② 기준금액 초과 기업업무추진비 중 신용카드 등 미사용으로 인한 손금불산입액				
③ 차감 기업업무추진비 해당 금액(①-②)				
일반 기업업무 추진비 한도	④	1,200만원 (중소기업 3,600만원)	× 해당 사업연도 월수( ) / 12	
	총수입금액 기준	100억원 이하의 금액 × 30/10,000		
		100억원 초과 500억원 이하의 금액 × 20/10,000		
		500억원 초과 금액 × 3/10,000		
		⑤ 소계		
	일반수입금액 기준	100억원 이하의 금액 × 30/10,000		
		100억원 초과 500억원 이하의 금액 × 20/10,000		
		500억원 초과 금액 × 3/10,000		
		⑥ 소계		
	⑦ 수입금액 기준	(⑤-⑥) × 20(10)/100		
	⑧ 일반 기업업무추진비 한도액(④+⑥+⑦)			
문화기업 업무추진비 한도 (「조세특례 제한법」 제136조 제3항)	⑨ 문화 기업업무추진비 지출액			
	⑩ 문화 기업업무추진비 한도액 [⑨와 (⑧×20/100)에 해당하는 금액 중 적은 금액]			
전통시장 기업업무 추진비 한도 (「조세특례 제한법」 제136조제6항)	⑪ 전통시장 기업업무추진비 지출액			
	⑫ 전통시장 기업업무추진비 한도액 [⑪과 (⑧×10/100)에 해당하는 금액 중 적은 금액]			
⑬ 기업업무추진비 한도액 합계(⑧+⑩+⑫)				
⑭ 한도초과액(③-⑬)				
⑮ 손금산입 한도 내 기업업무추진비 지출액(③과 ⑬에 해당하는 금액 중 적은 금액)				

613

[별지 제26호 서식(을)]   (앞쪽)

사업 연도	· · · ~ · · ·	업무무관부동산등에 관련한 차입금 이자조정명세서(을)	법　인　명	
			사업자등록번호	

		① 연월일	②적요	③차변	④대변	⑤잔액	⑥일수	⑦적수
1. 업무무관 부동산의적수								
2. 업무무관 동산의 적수								
		계						
3. 가 지 급 금 등 의 적 수	⑧가지급금 등의 적수							
		계						
	⑨가수금 등의 적수							
		계						
4. 그 밖의 적수								
		계						

5. 자기자본 적수계산

⑩대차대조표 자산총계	⑪대차대조표 부채총계	⑫자기자본 (⑩－⑪)	⑬사업연도 일수	⑭적수

사업 연도	· · · ~ · · ·	업무무관부동산등에관련한 차입금이자조정명세서(갑)	법 인 명	
			사업자등록번호	

②1. 업무무관부동산 등에 관련한 차입금지급이자

①지급 이자	적수 ← 조정명세서(을)				⑥차입금 (=⟨19⟩)	⑦ ⑤와 ⑥중 적은 금액	⑧손금불산입 지급이자 (①×⑦÷⑥)
	② 업무무관 부동산	③ 업무무관 동산	④ 가지급금 등	⑤계 (②+③+④)			

① 2. 지급이자 및 차입금 적수계산

⑨ 이 자 율	⑩ 지급 이자	⑪ 차입금 적 수	⑫채권자불분명 사채이자 등		⑮건설자금이자 등		차감	
			⑬지급 이자	⑭차입금 적수	⑯ 지급 이자	⑰차입금 적수	⑱지급이자 (⑩-⑬-⑯)	⑲차입금적수 (⑪-⑭-⑰)
합계								

■ 법인세법 시행규칙 [별지 제20호서식(1)]　　　　　　　　　　　　　　　　　　　　　(앞 쪽)

사 업 연 도	·　·　· ~ ·　·　·	유형자산감가상각비 조정명세서(정률법)	법 인 명	
			사업자등록번호	

자산 구분	①종류 또는 업종명	총계		
	②구조(용도) 또는 자산명			
	③취득일			
④내용연수(기준·신고)				
상각 계산의 기초 가액	재무상태표 자산가액	⑤기말현재액			
		⑥감가상각누계액			
		⑦미상각잔액(⑤-⑥)			
	⑧회사계산감가상각비			
	⑨자본적지출액			
	⑩전기말의제상각누계액			
	⑪전기말부인누계			
	⑫가감계(⑦+⑧+⑨-⑩+⑪)			
⑬일반상각률·특별상각률				
상각 범위액 계산	당기산출 상각액	⑭일반상각액			
		⑮특별상각액			
		⑯계(⑭+⑮)			
	취득가액	⑰전기말현재취득가액			
		⑱당기회사계산증가액			
		⑲당기자본적지출액			
		⑳ 계(⑰+⑱+⑲)			
	㉑잔존가액(⑳×5/100)			
	㉒당기상각시인범위액 {⑯, 단 (⑫-⑯)≤㉑인 경우 ⑫}			
㉓회사계상상각액(⑧+⑨)				
㉔차감액(㉓-㉒)				
㉕최저한세적용에 따른 특별상각부인액				
조정액	㉖상각부인액(㉔+㉕)			
	㉗기왕부인액중 당기 손금추인액 ((⑪, 단 ⑪≤ │△㉔│)			
㉘당기말부인액누계(⑪+㉖-│㉗│)				
당기말의제 상각액	㉙당기의제상각액(│△㉔│-│㉗│)			
	㉚의제상각누계(⑩+㉙)			
신고조정 감가상각비 계산(2013. 12.31 이전 취득분)	㉛기순상각률			
	㉜종전상각비			
	㉝종전감가상각비 한도[㉜-{㉓-(㉘-⑪)}]			
	㉞추가손금산입대상액			
	㉟동종자산 한도계산 후 추가손금산입액			
신고조정 감가상각비 계산(2014. 1.1 이후 취득분)	㊱기획재정부령으로 정하는 기준내용연수			
	㊲기준감가상각비 한도			
	㊳추가손금산입액			
㊴추가 손금산입 후 당기말부인액 누계(㉘-㉟-㊳)				

손금산입

손금불산입

국제기업회계기준적용

| 사 업
연 도 | . . .
~
. . . | 유형 · 무형자산감가상각비
조정명세서(정액법) | 법 인 명 | |
| | | | 사업자등록번호 | |

자산 구분	①종류 또는 업종명		총계		
	②구조(용도) 또는 자산명				
	③취득일				
④내용연수(기준 · 신고)					
상각 계산의 기초가액	재무상태표 자산가액	⑤기말현재액			
		⑥감가상각누계액			
		⑦미상각잔액(⑤－⑥)			
	회사계산 상각비	⑧전기말누계			
		⑨당기상각비			
		⑩당기말누계(⑧＋⑨)			
	자본적 지출액	⑪전기말누계			
		⑫당기지출액			
		⑬합계(⑪＋⑫)			
⑭취득가액(⑦＋⑩＋⑬)					
⑮일반상각률 · 특별상각률					
상각 범위액 계산	당기산출 상각액	⑯일반상각액			
		⑰특별상각액			
		⑱ 계(⑯＋⑰)			
	⑲당기상각시인범위액 {⑱, 단 ⑱≤⑭－⑧－⑪＋㉕－전기㉘}				
⑳회사계상상각액(⑨＋⑫)					
㉑차감액(⑳－⑲)					
㉒최저한세적용에따른특별상각부인액					
조정액	㉓상각부인액(㉑＋㉒)				
	㉔기왕부인액중 당기 손금 추인액 (㉕, 단 ㉕≤｜△㉑｜)			손금불산입	
부인액누계	㉕전기말부인액누계(전기㉖)				
	㉖당기말부인액누계(㉕＋㉓－｜㉔｜)				
당기말의제 상각액	㉗당기의제상각액(｜△㉑｜－｜㉔｜)				
	㉘의제상각의누계(전기㉘＋㉗)				
신고조정 감가상각비 계산 (2013.12. 31 이전 취득분)	㉙기준상각률				
	㉚종전상각비				
	㉛종전감가상각비 한도[㉚－{⑳－(㉖－㉕)}]				
	㉜추가손금산입대상액				
	㉝동종자산 한도계산 후 추가손금산입액				
신고조정 감가상각비 계산 (2014.1.1 이후 취득분)	㉞기획재정부령으로 정하는 기준내용연수				
	㉟기준감가상각비 한도				
	㊱추가손금산입액				
㊲추가 손금산입 후 당기말부인액 누계(㉖－㉝－㊱)					

■ 법인세법 시행규칙 [별지 제32호서식] (앞 쪽)

사 업 연 도	· · · ~ · · ·	퇴직급여충당금 조정명세서	법 인 명	
			사업자등록번호	

1. 퇴직급여충당금 조정

「법인세법 시행령」 제60조 제1항에 따른 한도액	①퇴직급여 지급대상이 되는 임원 또는 사용인에게 지급한 총급여액(⑲의 계)			②설정률	③한도액 (①×②)	비 고 세무상설정전 충당금잔액
				5/100		

「법인세법 시행령」 제60조 제2항 및 제3항에 따른 한도액	④장부상 충당금 기초잔액	⑤확정기여형 퇴직연금자의 퇴직급여충당금	⑥기중 충당금 환입액	⑦기초충당금 부인누계액	⑧기중퇴직금 지급액	⑨차감액 (④-⑤-⑥ -⑦-⑧) (△)
	⑩추계액 대비 설정액 (㉒×설정률)	⑪퇴직금전환금		⑫설정률 감소에 따른 환입을 제외하는 금액 MAX(⑨-⑩-⑪, 0)		⑬누적한도액 (⑩-⑨+⑪+⑫)

한도초과액 계 산	⑭한도액 MIN(③, ⑬)	⑮회사계상액	⑯한도초과액 (⑮-⑭)

2. 총급여액 및 퇴직급여추계액 명세

구 분 계정명	⑰총급여액		⑱퇴직급여 지급대상이 아닌 임원 또는 사용 인에 대한 급여액		⑲퇴직급여 지급대상이 되는 임원 또는 사용인 에 대한 급여액		⑳기말현재 임원 또 는 사용인 전원의 퇴직시 퇴직급여 추계액	
	인 원	금 액	인 원	금 액	인 원	금 액	인 원	금 액
퇴지급여(제)								
퇴직급여(판)							㉑「근로자퇴직급여 보장법」에 따른 추 계액	
							인 원	금 액
							㉒세법상 추계액 MAX(⑳, ㉑)	
계								

총급여액 → (⑲ 계)

퇴직급여추계액 → (㉒ 계)

사 업 연 도	· · ~ · ·	퇴직연금부담금 조정명세서	법 인 명	
			사업자등록번호	

③ 1. 퇴직연금 등의 부담금 조정

①퇴직급여추계액	당기말 현재 퇴직급여충당금(세무상)					⑥퇴직부담금등 손금산입 누적 한도액 (①-⑤)
	②장부상 기말잔액	③확정기여형 퇴직연금자의 퇴직급여충당금	④당기말 부인 누계액	⑤차감액 (②-③-④)		

⑦이미 손금 산입한 부담금 등(⑰)	⑧손금산입한도액 (⑥-⑦) 〈추계액기준한도〉	⑨손금산입대상 부담금 등(⑱)	⑩손금산입범위액 (⑧과 ⑨ 중 작은 금액)	⑪회사손금 계상액	⑫조정금액 (⑩-⑪)

회사계상액 → ⑪
손금산입 → ⑫

2. 이미 손금산입한 부담금 등의 계산

② 가. 손금산입대상 부담금 등 계산 ← 퇴직연금운용자산T계정
(기손금산입퇴직연금 부담금)

⑬퇴직연금 예치금등 계(㉒)	⑭기초퇴직연금 충당금등 및 전기말신고조정에 의한 손금산입액	⑮퇴직연금충당금 등 손금부인 누계액	⑯기중퇴직연금 등	⑰이미 손금산입한 부담금등 (⑭-⑮-⑯)	⑱손금산입대상 부담금 등 (⑬-⑰) 〈예치금기준한도〉

① 나. 기말 퇴직연금 예치금 등의 계산 ← 퇴직연금운용자산T계정

⑲기초퇴직연금 예치금 등	⑳기중 퇴직연금예치금 등 수령 및 해약액	㉑당기 퇴직연금예치금 등의 납입액	㉒퇴직연금예치금 등 계 (⑲-⑳+㉑)

사 업 연 도	・ ・ ・ ~ ・ ・ ・	대손충당금 및 대손금조정명세서	법 인 명	
			사업자등록번호	

1. 대손충당금조정

③ 손 금 산입액 조 정	①채권잔액 (㉑의 금액)	②설정률			③ 한도액 (①×②)	회사계상액			⑦한도초과액 (⑥－③)
						④당기계상액	⑤보충액	⑥계	
		(ㄱ) 1(2) ---- 100 ( )	(ㄴ) 실적률 ( )	(ㄷ) 적립 기준 ( )		(보충법 설정금액)	(기말잔액 －당기계상)		
익 금 산입액 조 정	⑧장부상 충당금 기초잔액	⑨기중 충당금 환입액	⑩충당금 부 인 누계액	⑪당기대손금 상 계 액 (㉗의 금액)		⑫당기 설정충당금 보 충 액 (=⑤보충액)	⑬환입할 금 액 (⑧－⑨－⑩ －⑪－⑫)	⑭회사 환입액	⑮과소환입・ 과다환입(△) (⑬－⑭)
② 채 권 잔 액	⑯계정과목	⑰채권잔액의 장부가액	⑱기말현재 대손금부인누계	⑲합계 (⑰＋⑱)		⑳충당금 설정제외 채 권	㉑채권잔액 (⑲－⑳)	비 고	
	계		**전기부인누계액＋당기부인액－당기손금액**						

① 2. 대손금조정

㉒ 일자	㉓ 계정 과목	㉔ 채권 내역	㉕ 대손 사유	㉖ 금액	대손충당금상계액			당기손금계상액			비 고
					㉗ 계	㉘ 시인액	㉙ 부인액	㉚ 계	㉛ 시인액	㉜ 부인액	
	계						**손금불산입**				

3. 국제회계기준 등 적용 내국법인에 대한 대손충당금 환입액의 익금불산입액의 조정

㉝대손충당금 환입액의 익금불산입 금액	익금에 산입할 금액			�37상계후 대손충당금 환입액의 익금불산입 금액(㉝－㊱)	비 고
	㉞「법인세법」제34조제1항에 따라 손금에 산입하여야 할 금액Min(③,⑥)	㉟「법인세법」제34조제4 항에 따라 익금에 산입하여야 할 금액 (⑧－⑩－⑪)	㊱차액 Max(0,㉞－㉟)		

사 업 연 도	· ~ · · · ·	가지급금 등의 인정이자 조정명세서(을)	법 인 명	
			사업자등록번호	

직책(   ) 성명 (   )

② 1. 가중평균차입이자율에 따른 가지급금 등의 적수, 인정이자 계산

대여기간		③ 연월일	④적 요	⑤차 변	⑥ 대 변	⑦잔 액 (⑤-⑥)	⑧ 일 수	⑨ 가지급금 적수 (⑦×⑧)	⑩ 가수금 적수	⑪ 차감적수 (⑨-⑩)	⑫ 이자 율	⑬인정 이자 (⑪×⑫)
①발생 연월일	② 회수 연월일											
	계											

② 2. 당좌대출이자율에 따른 가지급금 등의 적수 계산

⑭연월일	⑮적 요	⑯차 변	⑰대 변	⑱잔 액	⑲일수	⑳가지급금 적수(⑱×⑲)	㉑가수금적수	㉒차감적수 (⑳-㉑)
계								

① 3. 가수금 등의 적수 계산

㉓연월일	㉔적 요	㉕차 변	㉖대 변	㉗잔 액	㉘일수	㉙ 가수금적수 (㉗×㉘)
계						

사 업 연 도	· · · ~ · · ·	가지급금 등의 인정이자 조정명세서(갑)	법 인 명	
			사업자등록번호	

1 1. 적용 이자율 선택

[0] 원칙 : 가중평균차입이자율

[ ] 「법인세법 시행령」제89조제3항제1호에 따라 해당 사업연도만 당좌대출이자율을 적용

[ ] 「법인세법 시행령」제89조제3항제1호의2에 따라 해당 대여금만 당좌대출이자율을 적용

[ ] 「법인세법 시행령」제89조제3항제2호에 따른 당좌대출이자율

> 익금산입

2 2. 가중평균차입이자율에 따른 가지급금 등의 인정이자 조정

① 성명	② 가지급금 적수	③ 가수금 적수	④차감적수 (②-③)	⑤ 인정이자	⑥회사 계상액	시가인정범위		⑨조정액(=⑦) ⑦≧3억이거나 ⑧≧5%인 경우
						⑦차액 (⑤-⑥)	⑧비율(%) (⑦/⑤)× 100	
계								

2 3. 당좌대출이자율에 따른 가지급금 등의 인정이자 조정

⑩ 성명	⑪ 가지급금 적수	⑫ 가수금 적수	⑬ 차감적수 (⑪-⑫)	⑭ 이 자 율	⑮ 인정이자 (⑬×⑭)	⑯ 회사 계상액	시가인정범위		⑲조정액(=⑰) ⑰≧3억이거나 ⑱≧5%인 경우
							⑰차액 (⑮-⑯)	⑱비율(%) (⑰/⑮)× 100	
계									

| 사 업
연 도 | · · ·
~
· · · | 기부금명세서 | 법인명 | |
| | | | 사업자등록번호 | |

구　분		③과 목	④연 월	⑤적 요	기 부 처		⑧금 액	비 고
① 유형	②코드				⑥ 법인명 등	⑦사 업 자 등록번호 등		
⑨소계	가.「법인세법」제24조제2항제1호의 특례기부금(코드 10)							
	나.「법인세법」제24조제3항제1호의 일반기부금(코드 40)							
	다.「조세특례제한법」제88조의4제13항의 우리사주조합 기부금 　(코드 42)							
	라. 그 밖의 기부금(코드 50)							
계								

■ 법인세법 시행규칙 [별지 제21호서식] (앞쪽)

사업 연도	. . . ~ . . .	기부금조정명세서	법인명	
			사업자등록번호	

1. 「법인세법」 제24조제2항제1호에 따른 특례기부금 손금산입액 한도액 계산

① 소득금액 계		⑤ 이월잔액 중 손금산입액 MIN[④, ㉓]	
②「법인세법」 제13조제1항제1호에 따른 이월결손금 합계액 (「기준소득금액의 60% 한도)		⑥ 해당연도지출액 손금산입액 MIN[(④-⑤)〉0, ③]	
③「법인세법」 제24조제2항제1호에 따른 특례기부금 해당 금액		⑦ 한도초과액[(③-⑥)〉0]	
④ 한도액 {[(①-②)〉0]×50%}		⑧ 소득금액 차감잔액 [(①-②-⑤-⑥)〉0]	

2. 「조세특례제한법」 제88조의4에 따라 우리사주조합에 지출하는 기부금 손금산입액 한도액 계산

⑨「조세특례제한법」 제88조의4제 13항에 따른 우리사주조합 기 부금 해당 금액		⑪ 손금산입액 MIN(⑨, ⑩)	
⑩ 한도액(⑧)×30%		⑫ 한도초과액[(⑨-⑩)〉0]	

3. 「법인세법」 제24조제3항제1호에 따른 일반기부금 손금산입 한도액 계산

⑬「법인세법」 제24조제3항제1호 에 따른 일반기부금 해당 금액		⑯ 해당연도지출액 손금산입액 MIN[(⑭-⑮)〉0, ⑬]	
⑭ 한도액((⑧-⑪)×10%, 20%)		⑰ 한도초과액[(⑬-⑯)〉0]	
⑮ 이월잔액 중 손금산입액 MIN(⑭, ㉓)			

4. 기부금 한도초과액 총액

⑱ 기부금 합계액(③+⑨+⑬)	⑲ 손금산입 합계 (⑥+⑪+⑯)	⑳ 한도초과액 합계 (⑱-⑲) = (⑦+⑫+⑰)

(뒤쪽)

5. 기부금 이월액 명세

사업 연도	기부금 종류	㉑한도초과 손금불산입액	㉒ 기공제액	㉓공제가능 잔액(㉑ - ㉒)	㉔해당사업연도 손금추인액	㉕차기이월액 (㉓ - ㉔)
합계	「법인세법」 제24조제2항 제1호에 따른 특례기부금					
	「법인세법」 제24조제3항 제1호에 따른 일반기부금					
	「법인세법」 제24조제2항 제1호에 따른 특례기부금					
	「법인세법」 제24조제3항 제1호에 따른 일반기부금					
	「법인세법」 제24조제2항 제1호에 따른 특례기부금					
	「법인세법」 제24조제3항 제1호에 따른 일반기부금					

6. 해당 사업연도 기부금 지출액 명세

사업 연도	기부금 종류	㉖지출액 합계금액	㉗해당 사업연도 손금산입액	㉘차기 이월액 (㉖ - ㉗)
	「법인세법」제24조제2항 제1호에 따른 특례기부금			
	「법인세법」제24조제3항 제1호에 따른 일반기부금			

625

■ 법인세법 시행규칙 [별지 제29호서식]

(3쪽 중 제1쪽)

업무용승용차 관련비용 명세서

사 업 연 도	. . ~ . .	법 인 명	
		사업자등록번호	

1. 업무사용비율 및 업무용승용차 관련비용 명세 [부동산임대업 주업법인 [ ]여, [ ]부]

① 차량번호	② 차종	③ 임차여부	④ 보험가입여부	⑤ 운행기록작성여부	⑥ 총주행거리(km)	⑦ 업무용사용거리(km)	⑧ 업무사용비율(⑦/⑥)	⑨ 취득가액(취득일, 임차기간)	⑩ 해당연도보유 또는 임차기간 월수	⑪ 업무용승용차 관련비용								
										⑫ 감가상각비	⑬ 임차료 ⑭ 감가상각비상당액	⑮ 유류비	⑯ 보험료	⑰ 수선비	⑱ 자동차세	⑲ 기타	⑳ 합계	
								(. .)										
								(. .)										
								(. .)										
								(. .)										
㉑ 합계																		

2. 업무용승용차 관련비용 손금불산입 계산

㉒ 차량번호	업무사용금액		업무외사용금액		㉛ 감가상각비(상당액) 한도초과금액	㉜ 손금불산입합계 (㉚+㉛)	㉝ 손금산입합계 (⑳-㉜)
	㉓ 감가상각비(상당액) [((⑫또는⑭)X⑧)]	㉔ 관련비용 [((⑳-⑫)또는 (⑳-⑭))X⑧]	㉖ 감가상각비(상당액) (⑫-㉓또는⑭-㉔)	㉙ 관련비용 [(⑳-⑫또는⑳-⑭) -㉔]			
		㉕ 합계 (㉓+㉔)		㉘ 합계 (㉖+㉗)			
			㉗ 관련비용 [(⑳-⑫또는⑳-⑭)-㉔]				
㉞ 합계							

210㎜×297㎜[백상지 80g/㎡ 또는 중질지 80g/㎡]

3. 감가상각비(상당액) 한도초과금액 이월명세

㉟ 차량번호	㊱ 차종	㊲ 취득일(임차기간)	㊳ 전기이월액	㊴ 당기 감가상각비(상당액) 한도초과금액	㊵ 감가상각비(상당액) 한도초과금액 누계	㊶ 손금추인(산입)액	㊷ 차기이월액(㊵-㊶)
㊸ 합계							

4. 업무용승용차 처분손실 및 한도초과금액 손금불산입액 계산

| ㊹ 차량번호 | ㊺ 양도가액 | ㊻ 세무상 장부가액 | | | ㊿ 합계 (㊼-㊽+㊾) | 51 처분손실 (㊺-㊿<0) | 52 당기손금산입액 | 53 한도초과금액 손금불산입 (51-52) |
		㊼ 취득가액	㊽ 감가상각비 누계액	㊾ 감가상각비한도초과금 액 차기이월액(=㊷)				
54 합계								

5. 업무용승용차 처분손실 한도초과금액 이월명세

55 차량번호	56 차종	57 처분일	58 전기이월액	59 손금산입액	60 차기이월액 (58-59)
61 합계					

사 업 연 도	· · ~ · · ·	자본금과 적립금 조정명세서(갑)	법 인 명	
			사업자등록번호	

I. 자본금과 적립금 계산서

①과목 또는 사항		코드	②기초잔액	당 기 중 증 감		⑤기 말 잔 액	비 고
				③감 소	④증 가		
자본금 및 잉여금 등의 계산	1. 자 본 금	01					
	2. 자 본 잉 여 금	02					
	3. 자 본 조 정	15					
	4. 기타포괄손익누계액	18					
	5. 이 익 잉 여 금	14					
		17					
	6. 계	20					
7. 자본금과 적립금명세서(을) 계		21					
손익미계상 법인세등	8. 법 인 세	22					
	9. 지 방 소 득 세	23					
	10. 계 (8+9)	30					
11. 차 가 감 계(6+7-10)		31					

II. 이월결손금 계산서

1. 이월결손금 발생 및 증감내역

⑥ 사업 연도	이월결손금					감 소 내 역				잔 액		
	발 생 액											
	⑦계	⑧일반 결손금	⑨배 분 한도초과 결손금 (⑨=㉕)	⑩ 소급 공제	⑪ 차감계	⑫ 기공제액	⑬ 당기 공제액	⑭ 보전	⑮ 계	⑯ 기한 내	⑰ 기한 경과	⑱ 계

2. 법인세 신고 사업연도의 결손금에 동업기업으로부터 배분한도를 초과하여 배분받은 결손금(배분한도 초과결손금)이 포함되어 있는 경우 사업연도별 이월결손금 구분내역

⑲ 법인세 신 고 사업연도	⑳ 동업기업 과세연도 종 료 일	㉑ 손금산입한 배분한도 초 과 결 손 금	㉒ 법인세 신 고 사업연도 결손금	배분한도 초과결손금이 포함된 이월결손금 사업연도별 구분			
				㉓ 합 계 (㉓=㉕+㉖)	배분한도 초과결손금 해당액		㉖법인세 신고 사업연도 발생 이월결손금 해당액 (⑧일반결손금으로 계상) (㉑≥㉒의 경우는 "0", ㉑<㉒의 경우는 ㉒-㉑)
					㉔ 이월결손금 발생 사업연도	㉕이월결손금 (㉕=㉑)과㉒ 중 작은 것에 상당하는 금액	

III. 회계기준 변경에 따른 자본금과 적립금 기초잔액 수정

㉗과목 또는 사항	㉘코드	㉙전기말 잔액	기초잔액 수정		㉜수정후 기초잔액 (㉙+㉚-㉛)	㉝비 고
			㉚증가	㉛감소		

일반연구 및 인력개발비 명세서

❸ 해당 연도의 연구 및 인력개발비 발생 명세

구 분\계정과목	자체 연구개발비					
	인건비		재료비 등		기 타	
	인원	금액	건수	금액	건수	금액
합 계		⑥		⑦		⑧

구 분\계정과목	위탁 및 공동 연구개발비		인력개발비	맞춤형 교육비용	현장훈련 수당 등	총 계
	건수	금액				
합 계	⑨		⑩	⑪	⑫	⑬

연구 및 인력개발비의 증가발생액의 계산

⑭ 해당과세연도 발생액	⑮ 직전4년 발생액 계 (⑯+⑰+⑱+⑲)	⑯(직전 1년)	⑰(직전 2년)	⑱(직전 3년)	⑲(직전 4년)
⑳ 직전 4년간 연평균발생액 (⑮/4)		㉑ 직전 3년간 연평균발생액 (⑯+⑰+⑱)/3		㉒ 직전 2년간 연평균발생액 (⑯+⑰)/2	
㉓ 증가발생액(2013년⑭-㉑, 2014년⑭-㉒, 2015년 이후 ⑭-⑯)					**발생액기준**

❹ 공제세액

해당 연도 총발생 금액 공제	중소기업	㉔ 대상금액(=⑬)		㉕ 공 제 율		㉖ 공제세액
				25%		
	중소기업 유예기간 종료 이후 5년 내 기업	㉗ 대상금액(=⑬)	㉘유예기간 종료연도	㉙유예기간 종료이후 년차	㉚ 공 제 율	㉛ 공제세액
					종료 이후 1~3년차 15% 종료 이후 4~5년차 10%	
	중견 기업	㉜ 대상금액(=⑬)		㉝ 공제율		㉞ 공제세액
				8%		
	일반 기업	㉟ 대상금액(=⑬)	공제율			㊴ 공제세액
			㊱ 기본율	㊲ 추가	㊳ 계	
			3%			

증가발생금액 공제 (직전 4년간 연구·인력개발비가 발생하지 않은 경우 또는 ⑯⟨⑳경우 공제 제외)	㊵ 대상금액(=㉓)	㊶ 공제율	㊷ 공제세액	*공제율 -중소기업 : 50% -중소기업 외의 기업 : 30%
		50%		

㊸ 해당 연도에 공제받을 세액	중소기업 (㉖과 ㊷ 중 선택)
	중소기업 유예기간 종료 이후 5년 내 기업 (㉛과 ㊷ 중 선택)
	중견기업(㉞와 ㊷ 중 선택)
	일반기업(㊴와 ㊷ 중 선택)

증가액기준

629

■ 법인세법 시행규칙 [별지 제3호 서식] (앞쪽)

사 업 연 도	· · ~ · ·	**법인세 과세표준 및 세액조정계산서**	법인명	
			사업자등록번호	

①	⑩ 결산서상 당기순손익	01		⑭ 감 면 분 추 가 납 부 세	29	
각 사 업 연 도 소 득 계 산	소 득 조 정 금 액 ⑩ 익 금 산 입	02		⑭ 차 감 납 부 할 세 액 (⑬−⑫+⑬)	30	
	⑩ 손 금 산 입	03				
	⑩ 차 가 감 소 득 금 액 (⑩+⑩−⑩)	04		양도 차익 ⑱ 등 기 자 산	31	
	⑩ 기 부 금 한 도 초 과 액	05		⑯ 미 등 기 자 산	32	
	⑯ 기부금한도초과이월액 손금산입	54		⑰ 비 과 세 소 득	33	
	⑰ 각 사업연도소득금액 (⑩+⑩−⑯)	06		⑱ 과 세 표 준 (⑬+⑯−⑰)	34	
② 과 세 표 준 계 산	⑱ 각 사 업 연 도 소 득 금 액 (⑱=⑰)			⑤ 토지 등양 도소 득에 대한 법인 세 계산 ⑲ 세 율	35	
	⑲ 이 월 결 손 금	07		⑭ 산 출 세 액	36	
	⑩ 비 과 세 소 득	08		⑭ 감 면 세 액	37	
	⑪ 소 득 공 제	09		⑫ 차 감 세 액 (⑭−⑭)	38	
	⑫ 과 세 표 준 (⑱−⑲−⑩−⑪)	10		⑬ 공 제 세 액	39	
				⑭ 동업기업 법인세 배분액 (가산세 제외)	58	
	⑲ 선 박 표 준 이 익	55		⑮ 가 산 세 액 (동업기업 배분액 포함)	40	
③ 산 출 세 액 계 산	⑬ 과 세 표 준(⑫+⑲)	56		⑯ 가 감 계(⑫−⑬+⑭+⑮)	41	
	⑭ 세 율	11		기 납 부 세 액 ⑰ 수 시 부 과 세 액	42	
	⑮ 산 출 세 액	12		⑱ ( ) 세 액	43	
	⑯ 지 점 유 보 소 득 (「법인세법」 제96조)	13		⑲ 계 (⑰+⑱)	44	
	⑰ 세 율	14		⑮ 차감납부할세액(⑯−⑲)	45	
	⑱ 산 출 세 액	15				
	⑲ 합 계(⑮+⑱)	16		⑯ 과세대상 미환류소득	59	
④ 납 부 할 세 액 계 산	⑳ 산 출 세 액(⑳ = ⑲)			⑥ 미환 류 소득 법인 세 ⑫ 세 율	60	
	㉑ 최 저 한 세 적 용 대 상 공 제 감 면 세 액	17		⑬ 산 출 세 액	61	
	㉒ 차 감 세 액	18		⑭ 가 산 세 액	62	
	㉓ 최 저 한 세 적 용 제 외 공 제 감 면 세 액	19		⑮ 이 자 상 당 액	63	
	㉔ 가 산 세 액	20		⑯ 납부할세액(⑯+⑭+⑮)	64	
	㉕ 가 감 계(⑫−㉓+㉔)	21				
	기 한 내 납 부 세 액 ㉖ 중 간 예 납 세 액	22		㉑ 차 감 납 부 할 세 액 계 (⑭+⑮)	46	
	㉗ 수 시 부 과 세 액	23		㉒ 사실과 다른 회계처리 경정 세액 공제	57	
	㉘ 원 천 납 부 세 액	24		㉓ 분 납 세 액 계 산 범 위 액 (㉑−⑫−⑬−⑭+⑲)	47	
	㉙ 간접투자회사등의 외국납부세액	25		⑦ 세 액 계 분 납 할 세 액 ㉔ 현 금 납 부	48	
	㉚ 소 계 (㉕+㉗+㉘+㉙)	26		㉕ 물 납	49	
	㉛ 신 고 납 부 전 가 산 세 액	27		㉖ 계 (㉔+㉕)	50	
	㉜ 합 계(㉚+㉛)	28		차 감 납 부 세 액 ㉗ 현 금 납 부	51	
				㉘ 물 납	52	
				㉙ 계 (㉗+㉘) (㉙=㉑−㉒−㉖)	53	

210mm×297mm[백상지 80g/㎡ 또는 중질지 80g/㎡]

사 업 연 도	· · · ~ · · ·	최저한세조정계산서	법 인 명	
			사업자등록번호	

1. 최저한세 조정 계산 내역

① 구　　　　분	코드	②감면 후 세액	③최저한세	④조정감	⑤조정 후 세액
⑩결 산 서 상　당 기 순 이 익	01				
소　　　　득 ⑩ 익 금 산 입	02				
조 정 금 액 ⑩ 손 금 산 입	03				
⑩조 정 후 소득금액 (⑩ + ⑩ − ⑩)	04				
최 저 한 세 ⑩ 준 비 금	05				
적 용 대 상 ⑩ 특 별 상 각 및 특 별 비 용 특례자산감가상각비	06				
⑩특별비용 손금산입 전 소득금액 (⑩ + ⑩ + ⑩)	07				
⑩기 부 금 한 도 초 과 액	08				
⑩기부금 한도초과 이월액 손금산입	09				
⑩각 사 업 연 도 소 득 금 액 (⑩ + ⑩ − ⑩)	10				
⑪이　　월　　결　　손　　금	11				
⑫비　　과　　세　　소　　득	12				
⑬최 저 한 세 적 용 대 상 비　　과　　세　　소　　득	13				
⑭최 저 한 세 적 용 대 상 익　　금　　불　　산　　입	14				
⑮차 가 감 소 득 금 액 (⑩ − ⑪ − ⑫ + ⑬ + ⑭)	15				
⑯소　　　득　　　공　　　제	16				
⑰최 저 한 세 적 용 대 상 소　　　득　　　공　　　제	17				
⑱과 　 세 　 표 　 준 　 금 　 액 (⑮ − ⑯ + ⑰)	18				
⑲선 　 박 　 표 　 준 　 이 　 익	24				
⑳과 세 표 준 금 액 (⑱ + ⑲)	25				
㉑세　　　　　　　　　　율	19				
㉒산　　　출　　　세　　　액	20				
㉓감　　　면　　　세　　　액	21				
㉔세　　　액　　　공　　　제	22				
㉕차 감 세 액 (㉒ − ㉓ − ㉔)	23				

2. 최저한세 세율 적용을 위한 구분 항목

㉖ 중소기업 유예기간 　 종 료 연 월		㉗ 유예기간 종료후 　 연 　 차		㉘ 사회적기업 여부	1. 여, 2. 부

저자약력

■ **김영철 세무사**
- · 고려대학교 공과대학 산업공학과
- · 한국방송통신대학 경영대학원 회계 · 세무전공
- · (전)POSCO 광양제철소 생산관리부
- · (전)삼성 SDI 천안(사) 경리/관리과장
- · (전)강원랜드 회계팀장
- · (전)코스닥상장법인CFO(ERP. ISO추진팀장)
- · (전)농업진흥청/농어촌공사/소상공인지원센타 세법 · 회계강사

로그인 **전산세무 1급(법인조정)**

1 3 판 발 행 : 2025년 2월 20일

저   자 : 김 영 철

발   행   인 : 허 병 관

발   행   처 : 도서출판 어울림

주   소 : 서울시 영등포구 양산로 57-5, 1301호 (양평동3가)

전   화 : 02-2232-8607, 8602

팩   스 : 02-2232-8608

등   록 : 제2-4071호

Homepage : http://www.aubook.co.kr

저자와의
협의하에
인지생략

ISBN   978-89-6239-969-1   13320   정 가 : 28,000원